T0171386

Die Sprache der Musik

Peter Gülke

Die Sprache der Musik

Essays zur Musik von Bach bis Hollinger

2001

Verlag J.B. Metzler Stuttgart · Weimar
Bärenreiter Kassel

Gemeinschaftsausgabe der Verlage J. B. Metzler, Stuttgart und Bärenreiter, Kassel

Die Deutsche Bibliothek – CIP-Einheitsaufnahme

Gülke, Peter:
Die Sprache der Musik: Essays zur Musik von Bach
bis Holliger / Peter Gülke.
– Stuttgart; Weimar: Metzler; Kassel: Bärenreiter, 2001

ISBN 978-3-476-01862-5 (Metzler)
ISBN 978-3-476-02813-6 (eBook)
DOI 10.1007/978-3-476-02813-6
ISBN 978-3-7618-2025-4 (Bärenreiter)

© 2001 Springer-Verlag GmbH Deutschland
Ursprünglich erschienen bei J.B. Metzlersche Verlagsbuchhandlung
und Bärenreiter Verlag. Karl Vötterle GmbH & Co. KG 2001
www.metzler.de
info@metzler.de

Inhalt

I. Über Musik schreiben 1
Selbstvorstellung 2
Über Musik schreiben 4
Wiedereröffnung der Stadthalle Wuppertal 8
Tönende Zeitbäume. Vom musikalischen Umgang mit einer
    undefinierbaren Kategorie 11
Schalks banale Trompete oder Grenzlinien der Fertigstellung.
    Beobachtungen bei Corelli, Mozart und Bruckner 21
Zwischen opus perfectum und work in progress 36

II. Musikwissenschaft 41
Die Nazis und der Fauxbourdon. Anfragen an nicht vergehende
    Vergangenheit: Heinrich Besseler 42
Zu Georg Kneplers 90. Geburtstag. Festrede in der Hochschule
    für Musik »Hanns Eisler« am 15. Dezember 1996 63
Meditatio Mortis – Das Verklingen der Töne als Problem des
    musikalischen Denkens. Gedenkrede auf Fritz Reckow 71

III. Szene, Wort und Musik 85
Das schwierige Theaterspielwerk. Notizen während der Arbeit
    an »Così fan tutte« 86
Eine Lanze für den Dialog 115
Nicht nur der Musik zuliebe. Über Schuberts »Fierrabras« 121
Die widerwillig gut verkaufte Braut 127
Carmen 137
Aida tanzt 140
Einverständnis: eine halbe Minute »La bohème« 142
»... des Wahnsinns sanfte Flügel«. Trakls er-sprochene Musik . . . 144

IV. Komponisten, Werke und Sinfonien 149
Zwischen Botschaft, Newton und Theodizee. Zur Dramaturgie
    in Bachs »Matthäus-Passion« 150
Haydns »Tageszeiten«-Sinfonien 170
Worte Wortdeutung versperrend. Zur Vokalfassung von Haydns
    »Die Sieben letzten Worte unseres Erlösers am Kreuz« 176

Neue Beiträge zur Kenntnis des Sinfonikers Schubert. Die Fragmente
    D 615, D 708 A und D 936 A 180
Wie und auf welche Weise war Schubert sinfonisch? 216
Die Gegen-Sinfonie. Schuberts Große C-Dur-Sinfonie als Antwort
    auf Beethoven 223
»Vorübungen der Universalität«. Fragmente und Fragmentarisches
    bei Schubert 233
Mendelssohn und Leipzig 243
Unkomponierte Musik bei Mendelssohn? 249
»Nimm sie hin denn, diese Lieder«. Über Schaffen und Leben
    und halbwahre Zueignungen 255
Robert Schumanns »Rheinische Sinfonie« 274
Endwerke, Abschiede. Zu Brahms' sinfonischen Konzeptionen 292
»Meine Sachen sind mir lieber«. Zum Verhältnis von Bruckner und
    Brahms 299
Die mögliche und die unmögliche Vollendung. Bruckners Fassungen
    oder: Kein Ende 303
Musik aus dem Bannkreis einer literarischen Ästhetik: Debussys
    »Prélude à l'Après-Midi d'un Faune« 308
Versuch zur Ästhetik der Musik Leoš Janáčeks 352
Der Zuspruch der Schwäne. Über die Fünfte Sinfonie von Jean
    Sibelius 391
Offene Tempi in Mahlers Fünfter Sinfonie 405
Über Schönbergs Brahms-Bearbeitung 415
»... Musik, die fürs erste ... überhaupt wie keine anmutet«.
    Alban Bergs »Lyrische Suite« 428
Neoklassizismus. Überlegungen zu einem legitimationsbedürftigen
    Stilbegriff 439
Über Protest, Vergeblichkeit und verweigerte Resignation.
    Gedanken beim Studium von Petterssons neunter Sinfonie 445
Holligers »Atembogen« 452

Drucknachweise 454

Bildquellenverzeichnis 456

I. Über Musik schreiben

Selbstvorstellung

Vor zweieinhalb Jahren haben Sie mir den Sigmund-Freud-Preis zugesprochen, nun die Mitgliedschaft. Diese Doppelverurteilung macht es schwer, über alle freudige Verlegenheit hinaus mit der Frage hausieren zu gehen, ob ich ein würdiges Objekt sei – ich zöge damit die Kompetenz des Gerichtes in Zweifel. Insgeheim – als ein mit Musik und vornehmlich praktisch mit ihr Befaßter in Ihrem Kreise eine Randerscheinung – tue ich es dennoch. Im übrigen bin ich recht gut auf die Reize der Randexistenz trainiert, u.a. durch vielerlei lustvolle Grenzüberschreitungen zwischen der Begrifflichkeit des Wortes, den syntakisch vorgegebenen diskursiven Nötigungen, und der begriffslosen, auf eigene Weise bestimmten wo nicht »vernünftigen« Sprache der Musik.

Ich stamme aus Weimar und kenne es ebenso als geistige wie als ungeistige Lebensform, als ein durch seine prominenten Bürger erhöhtes und überfordertes Städtchen, welches seit langem sich in der, neuerdings vollmundig übertönten, Verlegenheit befindet, von seiner Vergangenheit in der Gegenwart den rechten Gebrauch machen zu müssen. Dort habe ich als Zehnjähriger kurz vor Kriegsende Goethes Wohnhaus zusammensinken und das Theater brennen sehen, habe zusammen mit Buchenwald-Häftlingen Trümmer geräumt und Leichen ausgegraben, wenige Monate später, auf der Friedhofsmauer sitzend, die Amerikaner unter Hinterlassung eines vornehmen Duftgemischs aus Benzin, Desinfektionsmitteln und Chesterfield-Zigaretten abziehen und gleichzeitig über die Parallelstraße die Rote Armee großenteils auf Panjewagen, zu arg verstimmten Zieharmonikas singend, einziehen sehen – eine Zeit auch der Hoffnung und des Aufbruchs, in der ein kluger Weimarer meinte, den Deutschen sei nur zu helfen durch regelmäßigen Austausch der Besatzungsmächte. In Weimar, Jena und Leipzig habe ich bei bedeutenden Lehrern Violoncello, Musikwissenschaft, Germanistik und Romanistik studiert, in Leipzig im legendären Hörsaal 40 gesessen und – im Herbst 1956 – bewegte, gefährliche Zeiten erlebt. Soweit es noch einer Traumatisierung des als »bürgerlich« Abgestempelten bedurfte, wurde sie durch Ernst Blochs Vertreibung von der Universität besorgt.

Schon der verordneten Ideologie wegen kam die als Hauptfach studierte Musikwissenschaft für den Beruf nicht in Frage; so trieb ich mich zuerst als Dramaturg, Repetitor, Cellist und Schauspielkomponist, später als Kapellmeister an etlichen Theatern herum, nach vier Stationen an der Dresdner Staatsoper, danach als Generalmusikdirektor in Weimar. Dem musikwissenschaftlichen Arbeiten, ergänzt u.a. durch Übersetzungen Grétrys und Rousseaus, ist der Rückzug aufs

Hobby nicht schlecht bekommen, einige Behinderungen und Verbote haben mich geärgert und als Bestätigungen der real bestehenden Verhältnisse schwer belastet, nicht aber existentiell gefährdet. Ein Buch über Musik des Mittelalters ist gar »populär« geworden. Im übrigen hat der Zwang zu staatstragenden Verallgemeinerungen die opponierende Neugier mindestens in zwei Richtungen getrieben – ins genauere, vorurteilsfreie Bedenken recht vieler Vermittlungen menschlicher Lebens- und Aktivitätsbereiche und in die Versenkung ins Detail, als Neugier zumal auf jene Verankerungen des Allgemeinen im Besonderen, deren Schlüssigkeit mit der Eingrenzung ihrer Zuständigkeit zunimmt. Dies – ich rede speziell von musikalischer Analyse – ist vielem in der DDR Geschriebenen nicht übel angeschlagen, zumal es eines sensibilisierten Lesers sicher sein konnte.

Daß es, mich betreffend, nicht verborgen blieb, wurde dem Weimarer Generalmusikdirektor in einer Weise deutlich gemacht, welche den Bruch mit den scheinbar lebenslänglich verordneten Verhältnissen zur Frage der Selbstachtung machte. Nicht unbedingt übereinstimmend mit der Nähe zu einer heute falsch desavouierten Aufklärung von links konnte ich nicht zufällig finden, daß ich am ersten Abend in der damals anderen Welthälfte *Fidelio* zu dirigieren hatte und am folgenden Jahresende zehnmal die Neunte Sinfonie.

Dem Exodus folgten drei Nomadenjahre als Dirigent und als von Carl Dahlhaus so rasch wie entgegenkommend habilitierter Privatdozent, sodann zehn Jahre als Generalmusikdirektor in Wuppertal. Gegenwärtig unterrichte ich an der Musikhochschule in Freiburg und bin gastierend öfter unterwegs, als meinen Vorstellungen von bodenständiger, ein Orchester bzw. eine Stadt prägender Dirigentenverantwortung entspricht.

Der Abstand zu bestimmten Betriebsformen unseres Musiklebens, den Sie hieraus ersehen mögen, findet sich in meiner Schreiberei insofern wieder, als ich hier zuweilen glaube sicherstellen zu müssen, was ich dort zunehmend veruntreut sehe – immer im Bewußtsein, daß Schreiben nach Spielen und Anhören nur die drittbeste Art und Weise ist, mit Musik umzugehen. Eben dieser drittbesten haben Sie eine Legitimation zuteil werden lassen, welche mir zu danken und auf hoffentlich inspirierte Weise zu denken aufgibt – auch, wenn fundamentale Zweifel nun aus Höflichkeitsgründen untersagt sind.

Die anderen, motivierenden Zweifel sind ohnehin rege. Sollte ich mit denen einmal nicht haushalten können, bleibt mir als unseriöse Erklärungsmöglichkeit der Einladung zu Sprache und Dichtung immer noch, Spätwirkungen eines Ururgroßvaters zu unterstellen, welcher, Musterfall des erhöhten und überforderten Weimarers, in der Literaturgeschichte zaghaft die Position des ersten Trivial-Großschriftstellers deutscher Zunge behauptet. Glücklicherweise greift sein Erfolgskind Rinaldo Rinaldini, wenn Blütendüfte lind durch abendliche Gärten streichen und Rosa nicht fern ist, regelmäßig zur Laute.

Über Musik schreiben

Über Musik und um sie herum wird viel – mancher sagt: zuviel – geredet und geschrieben; dennoch und zugleich deshalb gilt als ausgemacht, daß ihr mit Worten letztendlich nicht beizukommen sei. Der Auflösung dieses notwendigen Widerspruchs wird nicht geholfen, wenn man im Namen dessen, was George Steiner »reale Gegenwart« nannte, gegen die Schwatzsucht des feuilletonistischen Zeitalters zu Felde zieht – nicht nur, weil man ja wiederum reden müßte. Ebensowenig würde helfen, wollte man das historische, biographische, psychologische Umfeld der Musik von dieser selbst strikt unterscheiden, hier das Wort verbieten und dort erlauben; so sauber lassen die Reviere sich nicht trennen, die Menge des zu jenem Umfeld Gesagten wäre nicht denkbar ohne die Verlockung jener Bereiche, in die die definierende Begrifflichkeit des Wortes nur vorsichtig oder gar nicht dringen sollte. Von großen Komponisten wollen wir möglichst viel wissen, um dem nur eingeschränkt Wißbaren, dem Rätsel ihrer Musik näherzukommen. Mendelssohns Formulierung, Musik sei ihm nicht zu unbestimmt, um in Worte gefaßt zu werden, sondern zu bestimmt, erscheint nur dort richtig begriffen, wo man anhand jeder Musik neu reflektiert, inwiefern beide Arten von Bestimmtheit zusammenhängen. Auf eine Apologie abgehobener, »absoluter« Musik ging Mendelssohn keineswegs aus; wie die schöne und notwendige Hypostasierung der »absoluten Musik« insgesamt eher Sache von Literaten als von Musikern war.

Das mindert ihre Bedeutung keineswegs. Wie jede terminologische Verfestigung ist sie – mit Adorno zu reden – die »Narbe« eines ungelösten oder unlösbaren Problems, unter anderem weil dieses Absolutum sich je nach Gelegenheit, Art, Ort und Gestimmtheit für jeden jedesmal anders darstellt – auch im Hinblick auf die Möglichkeiten, ihm mit Worten beizukommen. So scheint eben genug Anlaß gegeben für fundamentalistische Berufungen auf den Unsagbarkeitstopos, welche das Problem zu erledigen meinen, indem sie es verdrängen. Sich im Geheimnis zu wähnen, ohne zu fragen, in welchem, ist ein fauler Trick, von dem die Musik viel zu leiden gehabt und der, die bequeme Selbstverständlichkeit des Besitzens bestätigend, ihrer Neutralisierung viel Vorschub geleistet hat. Wer die Theoriefeindlichkeit sogenannter Praktiker kennengelernt hat, die in der Musik mehr als bei anderen Künsten sich mit einem abschottenden Professionalismus verbindet, kann ein Lied davon singen.

Doch auch mit diesem Liede darf man es sich nicht leicht machen, auch hier lohnt es, nach Gründen zu fragen. Zu denen gehört u.a., daß ausführende Musiker eben Ausführende sind, denen im Sinne von »wer handelt, denkt nicht« Reflexion auf das, was sie tun, auch einmal im Wege stehen kann. Sehr wohl umgibt das, was hier molto cum grano salis »musikalische Eigentlichkeit« genannt werden soll und spätestens seit den frühen Romantikern viele Namen erhalten hat, so etwas wie eine Schweigezone, angesichts derer Worte schnell zudringlich, anmaßend, rechthaberisch erscheinen können. Nach der zumeist unverkrampften Kommentierfreude des 18. Jahrhunderts hat man das seit dem 19. stark empfunden – mit der Folge eines Schismas von Schweigern und Schwätzern, bei dem die ersteren – u.a. Brahms, Bruckner, später Bartók – die sympathischere Figur machen; in ihrer Allergie gegen ausgreifendes Ästhetisieren wären Schönberg und Strawinsky hier anzuschließen: »Unterhaltung mit dem Piloten ist untersagt« – so Picasso.

Die Abwehr zudringlichen Geredes hat ihr Recht besonders dort, wo es an jener »Eigentlichkeit« abprallt und dies nicht bemerkt; wenn es vergißt, daß es allemal nur danebentreffen kann und der Musik am ehesten genügen könnte, wenn es die Art und Weise reflektierte, in der es daneben trifft. Das Bewußtsein, von einer fugenlos deckenden *adaequatio ad rem* weit entfernt zu sein, hat in etlichen musikalischen Beschreibungen höchste Sensibilitäten und literarische Differenzierungen eingefordert – in unserem Jahrhundert bei Thomas Mann, Bloch oder Adorno –, ein Prüfstand gerade auch, wo es um Musik ging, die man nicht »abschildern« konnte, weil es sie noch nicht gab. Dantes entsprechende Visionen oder manche der frühen Romantiker nehmen Musikerlebnisse vorweg, deren materielle Grundlage erst noch komponiert werden mußte – als Beantwortung also; da waren Schreibende die besseren Propheten der Musik.

Weil Empfindlichkeit gegen das Wort oft zusammenfällt mit der gegen theoretisierende Begrifflichkeit, lohnt der Blick auf Konstellationen, in denen die Musik – lange vor der Zeit, da das als Vorwurf wohlfeil war – verdächtig wurde, *in abstracto* vorgefaßte Regeln lediglich zu exemplifizieren. Das gilt für Ars antiqua und Ars nova nicht weniger als für die Frühstadien der Oper, wie immer hinter der Abstraktion oft konkrete musikalische Wirklichkeiten standen – im ersten Fall der improvisatorische Umgang mit übersichtlichen melodischen und rhythmischen Bausteinen, im zweiten die längst hochdifferenzierte Kunst des *imitar le parole*. Immerhin hat man hier wie da den Verdacht der abgeleiteten Exemplifikation zunächst nicht gescheut, eine insofern anachronistische Betrachtungsweise, als ein prinzipieller Unterschied von Theorie und Praxis damals kaum eine Rolle spielte. Im übrigen konnte die jeweils zu Anfang unabdingbar notwendige Theorie wie ein überflüssig gewordenes Baugerüst bald danach abgetragen werden – gut verfolgbar u.a. bei einem theoriebewußten Musiker wie Monteverdi.

Der hier mehrmals als Ausgangspunkt beanspruchten Allergie wäre entgegengewirkt allein durch eine Schreibweise, bei der immer reflektiert bleibt, worüber in Musik nicht geschrieben werden kann. Jene fühlbare Lücke könnte selbst Ärgerliches vergessen machen wie, daß in Opernrezensionen zu vier Fünfteln von Sichtbarem die Rede ist und bestenfalls zu einem Fünftel von Hörbarem; daß hochambitionierte Musikerbiographien im historischen, biographischen, psychologischen Terrain Deutungen riskieren, deren Ansprüche auf der musikalisch-analytischen Seite schlicht ungedeckt bleiben, so daß neben der leichter darstellbaren Abhängigkeit des Komponierten von den Umständen seiner Entstehung vernachlässigt erscheint, inwiefern die Biographie des Komponierenden geprägt, wo nicht hervorgebracht sein kann von der Musik, die er, unter welchen Zwängen auch immer, komponieren muß; inwieweit ein Werk, eine ästhetische Struktur nicht nur erfühlt, erahnt, erdacht, hergestellt, sondern auch in vermeintlich technologischen Details gelebt ist. Die Konjunktur literarisch oft hochwertiger Künstlerbiographien hat mit solchen Vernachlässigungen leider viel zu tun.

Freilich – wer sich schreibend möglichst direkt auf Musik einläßt, betreibt ein schwieriges Geschäft. Jeder Kommentar zu ihr erscheint »sekundärer« und weiter von ihrer Wirklichkeit entfernt als ein mit Literatur oder bildender Kunst befaßter; musikalische Analysen zu schreiben und zu lesen, wenn sie sich ernsthaft aufs Detail einlassen, ist selten ein Vergnügen – schon der Umstände der Vergegenwärtigung, der mehrfachen Übersetzung wegen, die der Schreibende sich und dem Leser zumuten muß, wenn er von Taktzahlen, harmonischen und melodischen Verläufen etc. redet und klingende Musik meint. Angesichts solcher Kalamitäten beneidet er zuweilen die mit Literatur oder bildender Kunst befaßten Kollegen, welche der Unmittelbarkeit ihres Gegenstandes in einem Zitat bzw. einer Abbildung viel näher bleiben. Das erklärt die Verlockung zur übergreifenden Verallgemeinerung, zu größerer Flughöhe der Beschreibung nur allzu gut, welche mehr – oft voreilige – Überschau und Abstand vom beschwerlichen Detail versprechen. Wenngleich man entgegenhalten muß, daß man auch auf einem wohlbekannten Bild mehr und Neues sieht, wenn einer es genau beschreibt – entsprechend auch bei Musik –, bleibt die Einschränkung unwiderlegt, daß angesichts nicht vermeidbarer Fachterminologie musikalische Beschreibungen oft übermäßig technologisch geraten und, mit Schönberg zu reden, über dem Wie der Musik das Was vergessen wird. Alfred Einstein scheute die letzte Konsequenz nicht, da er meinte, Analysen seien überflüssig, weil die, die die Musik kennten, sie nicht brauchten, und die, die sie nicht kennten, mit Analysen nichts anfangen könnten.

Indes – wieviel verdanken wir denen, die ein so simples Entweder/Oder nicht gelten ließen, wie gut war es, daß z.B. Adorno sich das Schreiben von Schönberg nicht hat vermiesen lassen! Und weil sich bei Analysen lediglich sichtbar zuspitzt, was für das Verhältnis von Musik und Kommentar allgemein gilt, darf man polemisch gegenfragen, wie es z.B. um unsere Kenntnis der Musik des 18. Jahrhunderts und ihrer Darstellung stünde ohne die damals verfaßten Vortragslehren, welche seinerzeit gewiß Etlichen als entbehrliches Festschreiben von Selbstverständlichkeiten erschienen sind. Geschriebenes bleibt; das hat besondere Bedeutung bei Musik, deren Wirklichkeit nahezu identisch ist mit ihrem Vergehen, Erklingen mit Verklingen, die dem allemal unidentischen Jetzt ausgeliefert, also notwendigerweise vergeßlich ist. Daß die oft sperrig Schreibenden als ihr Gedächtnis einspringen, daß sie bewahren, was sich auf andere Weise nicht bewahren läßt, geben die Entwicklungen unseres Musikbetriebes eindringlicher zu bedenken, als uns lieb sein kann, da hochperfektionierte Vollzüge zu tönenden Abziehbildern zu schrumpfen drohen, denen das Moment der nur hier und jetzt so möglichen Mitteilung samt der an die jeweilige Konstellation gebundenen Widerständigkeit abhandenkommt.

Deren Wahrnehmung setzt einen Kontext voraus, welcher nachzuvollziehen erlaubt, wo eine Musik einverstanden ist, wo sie abweicht oder Einsprüche erhebt, zumal jene gegen ein beschönigendes, neutralisierendes Verständnis, in denen große Kunst sich vorahnend verwahrt gegen die Austrocknung zur fixierten Gegenständlichkeit und den Wärmetod in der Umarmung durch freundlich duldende, substantiell unbedürftige Toleranz. Rührt diese nicht oft daher, daß die Umstände uns die Musik vom Leibe halten? Gewiß ist Musik zu jeder Zeit eher »falsch« als »richtig« angehört worden, sofern man überhaupt von »richtig« reden darf, da es eine einzige »Richtigkeit« hier nicht gibt. Dennoch bestanden wohl nie so große Möglichkeiten, zu verdrängen, welche Resonanz wir ihr verweigern, welche Irritationen wir umgehen, welche Mitteilungen wir überhören. Eben da kann das vielgescholtene Gerede einspringen, zuweilen fast als Fortsetzung musikalischer Interpretation mit anderen Mitteln, kann Dinge bei Namen nennen und neu zu Bewußtsein bringen, die in jener selten unterkommen.

Diese schwierige Legitimation des Geschriebenen findet zusätzlich Halt, wo Worte über Musik besonders glaubwürdig erscheinen: in der Bereitschaft aufzugeben, zur Unmittelbarkeit des Klingenden hinführend sich überflüssig zu machen.

Wiedereröffnung der Stadthalle Wuppertal

Dies ist ein wichtiger Tag für die Kultur unserer Stadt, vielleicht darf man sagen: ein großer Tag. Wuppertals Bürger, besonders die, die politische Verantwortung tragen, haben mit der Rekonstruktion dieses Hauses ein Zeichen gesetzt und sich bekannt zu einer in der Vergangenheit solide fundierten, gegenwärtig bedrängten und in Zukunft hoffentlich kräftig bestätigten Identität ihres Gemeinwesens, sie haben sich bekannt zu einem Begriff von Öffentlichkeit, welcher die Kunst, hier nun das gemeinsame Erlebnis klingender Musik in einem herrlichen Saal, als eine seiner kräftigen Quellen bejaht. Sie haben immens vermehren können, was man gängigerweise »Standortvorteil« oder »Lebensqualität« nennt, und zugleich bejaht, daß, was in diesem Hause geschehen wird, über das in diesen Begriffen Erfaßte hinausgeht. Diejenigen, die mit der soeben aus der Taufe gehobenen Musik Schwierigkeiten hatten, wissen, wovon ich rede, ebenso, wie diejenigen, die, erfüllt von Erlebnissen mit vertrauter Musik, hierüber nicht sogleich reden können.

Zu den wichtigsten Legitimationen von Kunst gehört, daß sie uns mit Dingen konfrontiert, für die wir noch keine Erklärungsmuster haben, daß sie uns zwingt, Begriffe und Kategorien immerfort zu überprüfen und zu revidieren. Wie zu den schlimmsten Wirkungen der medial veranstalteten Verdummung die Illusion gehört, Kunst müsse leicht zu haben sein. Große Kunst war das nie. So sollten wir dieses Haus auch als ein gegen solche Gefahren errichtetes Bollwerk verstehen, als Einladung zum Glück gemeinsamer Anstrengungen, was in diesem Fall identisch ist mit dem Glück gleichgestimmter, gleichsinniger Gemeinsamkeit. Nur Musik vermag es zu stiften, und sie mag beitragen zu dem Bewußtsein, daß dieses die Halle der Bürger dieser Stadt und dieses Orchesters sei, sie möge einem kommunalen Kulturpatriotismus auf die Beine helfen, um den es nicht zum besten bestellt ist.

Wie sehr dieses Haus ein Haus der Bürger sein wird, bemißt sich wesentlich danach, wie sehr es sich als ein Haus der Musik erweist. Das zu betonen haben wir uns der Mithilfe großer Namen und mehrerer Jahrhunderte versichert – am heutigen Abend erklingt Musik aus fünf Jahrhunderten. Denen, die vor allem erpicht waren, diesen ersten Abend zu erleben, hält unser Programm einen mehrere Wochen währenden Festakt entgegen, u.a. mit der in der Bauzeit dieser Stadthalle entstandenen, das Erbe des 19. Jahrhunderts resümierenden Dritten Sinfonie von Mahler, mit Bachs Weihnachtsoratorium oder mit sehr verschiedenartigen Kompositionen, welche anläßlich der Einweihung repräsentativer

Bauten entstanden. Und nicht zufällig werden während der nächsten anderthalb Tage 13 Musiker des Sinfonieorchesters und etliche am Opernhaus tätige Sänger als Solisten zu hören sein. Einer engen, publizistisch allzugut unterfütterten Fixierung auf Stars halten wir die Frage entgegen, ob nicht auch eine Programmatik Qualitäten eines Stars haben könne.

Ein Haus vor allem der Musik, ein Haus der Bürger, ein Haus also für alle Interessierten: daran ist, entgegen den Verdächtigungen als elitärer Nobelschuppen, durchaus gedacht worden. Solange das Wort »elitär« Ansprüche bezeichnet, die hier gelten sollen, bejahen wir es; insofern es Abgrenzung und abgeschirmte Enklave meint, ist es verdächtig. Das schlechte Gewissen des Barmer Fabrikantensohnes Friedrich Engels gehört zum besten geschichtlichen Erbe dieser Stadt, schlechtes Gewissen gegenüber denen, die draußenstehen – gleichgültig, ob sie hereinwollen oder nicht. Großer Kunst hat solches Gewissen immer geschlagen, sie meint, gewiß oft auf Umwegen, stets auch diejenigen mit, die nicht teilhaben. In dieser Renovierung stecken auch Steuergelder von Menschen, die heute, morgen und übermorgen nicht hereinkommen. Mir ist nicht gleichgültig, wenn dem hier notwendig gewordenen Aufwand die an der Schwimmoper nächtigenden Obdachlosen gegenübergestellt werden, wenngleich es nicht schwerfällt, dagegen zu sagen, daß es töricht ist, genau diese beiden Posten gegeneinander aufrechnen zu wollen, daß es sich hier um eine Jahrhundertinvestition handelt, die mehreren Generationen zugute kommt; daß Bauten solcher Art allemal zunächst ungedeckte Vorgriffe waren und ohne Mut zu solchem Vorgriff kein Tempel, kein Dom, kein Theater, keine Konzerthalle gebaut worden wäre; daß Kunst wohl für alle da sein will, jedoch kein Gegenstand plebiszitärer Entscheidungen sein kann – wir hätten sonst weder Beethovens späte Streichquartette noch Goethes »West-östlichen Diwan«. Allerdings sollten wir uns dieses Widerspruchs stets bewußt bleiben.

Im Namen derer, die zuhören, und im Namen der Musizierenden habe ich zu danken. Ich danke den politisch Verantwortlichen für den Mut zu jenem Vorgriff und für die Treue zu ihm in bedrängter Zeit. Gestatten Sie mir, stellvertretend für alle, auch die im Parlament dieser Stadt daran Beteiligten, Ihnen liebe Frau Kraus, und Ihnen, verehrter Herr Rau, das Zeugnis ebenfalls eines Vorgriffs zu überreichen, eine Einspielung unseres Orchesters, welche im Sommer unter Baugerüsten, im Baustaub und unter allerhand unvermeidlichen Behelligungen zustandekam, Werke des Beethoven-Freundes Antonín Rejcha – Zeugnis auch des bewegenden Augenblicks, da wir mit klingendem Spiel hier wieder einzogen. Ich danke allen, die jahrelang hier gearbeitet, im Staub, in zugigen Gängen und Hallen gestanden, auf Gerüsten gehangen und mit Liebe und Sachkunde ein Haus zurückgewonnen haben, über dessen Abriß man allen Ernstes vor 30 Jahren diskutiert hat. Insbesondere danke ich dem federführenden Architektenpaar, welches in dieser Zeit selbst die Wahl der richtigen Stühle oder die fabelhaft gelungene Abstimmung der Farben zu Konstituentien der häuslichen Harmonie gemacht hat. Ich danke dem federführenden Dezernenten für Geduld, Zuversicht, Zähigkeit und für die unvermeidlichen kleinen Kriegslisten bei der Verfolgung dieses Projekts, für eine unbeirrbare Vorausschau gewissermaßen oberhalb vieler subalterner Krittelei. Ich wünsche, daß Tag für Tag die Kunst sich hier erweisen möge als die schönste vertrauensbildende Maßnahme, die Menschen ersonnen haben und immer neu ersinnen; ich wünsche, daß Genuß und Belehrung, Erbauung und Vergnügen in diesen Mauern innig verschränkt sein mögen, daß der Mut zur Begegnung mit Ungewohntem ebenso Hausrecht haben möge wie die Versenkung in bekannte, geliebte Musik; ich wünsche den Hörern erfüllte Gemüter und den Ökonomen volle Kassen, wünsche in diesen Saal internationale Prominenz ebenso wie Chöre und Liebhaberorchester dieser Stadt, wünsche mir laute Begeisterung ebenso wie jene Momente konzentrierter Stille, die uns erleben läßt, wie sehr wir im Zeichen der Musik zusammengehören können und welche Kraft solcher Gemeinsamkeit eignet. Allen, die hier musizieren, und diesem Orchester besonders, wünsche ich Erfolg und darüber hinaus etwas, wofür mir das Wort »Erfolg« zu billig erscheint: daß das Glück vollkommenen Einvernehmens im Zeichen der Musik sich immer wieder einstellen möge, als welches der ästhetische Auftrag und der humane, soziale ineinsfallen.

Tönende Zeitbäume

Vom musikalischen Umgang mit einer undefinierbaren Kategorie

»Die Zeit«, notierte Paul Valéry 1942 in seinen Cahiers, »ist vor allem in Gestalt von Eile oder Verspätung erkennbar, an Empfindungen des Wunsches, – der Erwartung, des Gewinns oder Verlusts«. Er spricht damit einen der Punkte an, wo »Zeit des Menschen« und »Zeit der Musik« identisch werden – und einen der Gründe, derentwegen man nicht von »Zeit«, sondern von »Zeiten«, verschiedenen Zeitqualitäten reden müßte. Mehr als nur eine Ahnung, daß Musik als Anwalt der Vergegenständlichung, Vermenschlichung des so schwer faßbaren wie unentbehrlichen Begriffs »Zeit« dienen könnte, hat schon Augustinus formuliert. Gegen Ende des 15. Jahrhunderts folgt ihm darin Adam von Fulda, wenn er, der Vergänglichkeit des Klingenden als eines Verklingenden eingedenk, Musik eine »meditatio mortis« nennt. Das besondere Gewicht seiner Formulierung ermißt sich daran, daß sie in eine Epoche gehört, da rational vergegenständlichende Komponenten zunehmend Geltung beanspruchen. Der Verbreitung der technischen Zeitmessung, der Ersetzung des Hahnenschreis durch den Schlag der Kirchturmuhr entspricht musikästhetisch die Rede vom »opus perfectum et absolutum« (Nikolaus Listenius, 1536), weniger als Legitimation eines kompositorischen Anspruchs denn als Bezugnahme auf die greifbare Objektivation eines »Werkes« in den anderen Kunstarten – unverkennbar dabei der Einspruch gegen die von Adam von Fulda gemeinte Vergänglichkeit des Tons: wie die enteilende Zeit im Stundenschlag oder auf dem Zifferblatt der Uhr soll der verklingende Ton als Struktur dingfest gemacht werden.

Spätestens damit wurden wichtige Wechselbeziehungen in der Philosophie der Zeit und derjenigen der Musik augenscheinlich. Die Angewiesenheit der Zeit auf das, was in ihr geschieht – für Platon »bedurfte […] es der Himmelskörper zur Hervorbringung der Zeit« –, konkretisiert sich die Musik, die »nicht bloß, sondern auch durch die Zeitfolge« wirkt, »durch einen künstlichen Zeitwechsel der Töne«. Herders anti-newtonsches »durch« rückt die Formulierung nahe heran an das Theorem, Musik strukturiere den Zeitlauf nicht nur, sondern bringe ihre Zeit mit, sie erschaffe die Zeit im Sinne jener wechselseitigen Erweckung, die für Licht und Auge zu behaupten der größte Anti-Newtonianer in seiner »Farbenlehre« nicht müde wurde. Jedenfalls scheint Newtons oberhalb alles Geschehenden und unabhängig von ihm dahinklappernde, freilich in einem pragmatisch umgrenzten Bereich unentbehrliche Zeitmaschine ins Abseits geraten, deutlich in Zusammenhang mit einer kritischen Aktualisierung des Zeitbegriffs, die sich in Klopstocks poetologischen Schriften ebenso widerspiegelt, wie sie in einer Musik sich realisiert, die den metaphysisch verbürgten Einheitsablauf des Generalbaßzeitalters kündigt, alte Sicherheiten verliert und neue Freiheiten gewinnt.

Den Zusammenhang zwischen einer nachvollziehbaren Bestimmung dessen, was Zeit sei, und musikalischen Kategorien, die Kalamität, daß dem Bedürfnis nach kategorialen Unterscheidungen die Umschläge quantifizierender Momente in qualitative in die Quere kommen, machen schon elementare Erfahrungen ersichtlich. So ist der Musiker z.B. einerseits darauf angewiesen, Rhythmus als Regulierung der Tondauer zu unterscheiden von Metrik als der Lehre von Schwereverhältnissen, andererseits kommt er bei der Spezifikation des einen ohne das andere nicht weit – nicht nur, weil man definieren kann nur mit Hilfe der Abgrenzung des Gegenstandes von dem, was er gerade nicht mehr ist, sondern auch, weil beides sich schon in den kleinen Zellen kaum unterscheiden läßt. Wohl vermögen wir ein schnelles Ticken der Uhr »amorph«, ohne Bewertung der einzelnen Schläge, wahrzunehmen; schon aber, wenn wir es als Funktion begreifen, als Einteilung des Zeitflusses in regelmäßige, gleich lange Abschnitte, wenn wir zu zählen beginnen, bewerten wir, unterscheiden wichtige und weniger wichtige Schläge; die Zeit beginnt zu pulsieren, ihr ergeht es im Verhältnis zu unserer Vorstellung wie dem Herzschlag eines Schlafenden, der sich dem Tikken des Weckers angleicht. Wieviel mehr erst, wenn die Uhr langsam tickt: da befinden wir uns sofort bei Systole und Diastole, beim Atemholen, in dem »zweierlei Gnaden« sind, da erweist sich, daß der zeitmessende Rhythmus faßbar wird nur vermöge der Intervention eines ihm definitorisch fremden Elements, der Schwere; vom Umschlag des einen ins Andere zu sprechen mutet wie eine zu hoch über der Wirklichkeit gelegene Abstraktion an, weil beide, um ineinander umschlagen zu können, zunächst je für sich hätten vorhanden gewesen sein müssen.

Anton Bruckners pedantisch ausgezählte Vier- und Zweitaktgruppen erscheinen, obenhin betrachtet, als nahezu atavistischer Tribut an einen konventionellen Begriff von periodisch regulierter Zeit, ein Tribut, welcher eigentümlich quersteht zu Bruckners Wagnissen in anderen kompositorischen Bereichen, nur zu schnell (und keineswegs grundsätzlich falsch) in Zusammenhang gesehen mit dem Zählzwang des Neurotikers und den Sicherheitsbedürfnissen eines ängstlichen, simpel-frommen Gemüts, welches in seinen Sinfonien dennoch immerfort ein Größtes und Äußerstes prätendierte. Doch eben jene zuweilen sperrige Quadrigkeit, fühlbar besonders, wenn in sequenzierenden Passagen allein der periodischen Stimmigkeit Genüge getan scheint, schafft einer ganz anderen Zeitqualität Raum – auf eine Weise, an der derjenige vorbeisieht, der nur Viertaktgruppen zählt. Die nämlich gliedert Bruckner unterschiedlich; ohne daß die Gewähr der vorgegebenen Periode und das Tempo gefährdet würden, disponiert er Beschleunigungen des musikalischen Verlaufs, wenn er z.B. vier kompakten

Viertaktern vier Zweitakter, diesen vier Eintakter und diesen oft noch vier oder acht Halbtakter folgen läßt – eine unterhalb der chronometrischen Regelmäßigkeit sich vollziehende Diminution, angesichts derer die Auskunft über unbehelligt fortlaufende Viertakter hoffnungslos äußerlich bleibt. Eher – und näher zu der Art und Weise, in der wir ihn erleben – ließe der Vorgang sich beschreiben als immer schneller und in zunehmend engeren Umlaufbahnen vollzogene Umkreisung eines Zentrums, welches sodann, meist mit dem Eintritt eines neuen Themas, erreicht wird.

Im Blick auf die Zeit – »Horizontale«, in der Bruckner seine Takte zählte, muß jene Umkreisung eines Zentrums als pure Metapher erscheinen – wie sollte Umkreisung möglich sein in einem Nacheinander, bei dem deren Zentrum am Ende liegt? Demgemäß erschiene das Bild eines stufenweise im Accelerando erreichten Ziels richtiger. Indessen wäre mit dem Verzicht auf die Umkreisung daran vorbeigesehen, daß die Wahrnehmung von Musik niemals nur in der Unmittelbarkeit aufeinanderfolgender Ereignisse festgehalten, daß die Wahrnehmung jeglicher Form auf ein Zusammenhören angewiesen ist, eine unabhängig vom horizontalen Zeitverlauf vollzogene Synthese von zuvor Gehörtem, gegenwärtig Erklingendem und demnächst Erwartetem. Aber auch diese bedarf ihrer Dimension, ihrer eigenen Zeit oder Zeitlichkeit, die Verlegenheit um deren genauere Bestimmung hat viel mit derjenigen des Augustinus zu tun, da er zu definieren versuchte, was Zeit sei. Als »Zeit, die senkrecht steht/auf der Richtung vergehender Herzen«, beschrieb Rilke die Musik, was nicht weit entfernt liegt von Blochs »tiefstem Zugleich« oder der zeitaufhebenden Gegenwärtigkeit im mystischen »Nu« – dergleichen mindestens nicht entbehrlich bei der Beschreibung dessen, was sich vorsichtiger »Erlebniszeit« nennen ließe und, einige differierende Akzentuierungen nicht gerechnet, von Bergson als »temps durée« der meßbaren Zeit, dem »temps espace«, gegenübergestellt worden ist.

Demjenigen, der Bruckners sukzessive auseinandergelegten Umkreisungen und den ihnen angehefteten Folgerungen nicht traut, mag die Pluralität musikalischer Zeiten, mindestens die Differenz der real erlebten zur chronometrisch fixierbaren, erhellen anhand des Phänomens der Wiederholung. Musik ist die wiederholendste der Künste, nur kraft – wie immer variierter – Wiederholung, kraft Korrespondenz und Bezugnahme gewinnt sie Form. Auch dort, wo sie sich dem Procedere eines fortgehenden Diskurses am stärksten annähert, in der klassischen Sonate, bedarf sie der Wiederholung in einem Maße, angesichts dessen die an verbaler Logik orientierten Beschreibungen einer »kämpfenden« Durchführung oder einer bestätigenden wenn nicht »beweisenden« Reprise samt der Vorstellung eines absolvierten Prozesses metaphorisch bleiben müssen. Kongruenzen verbaler und musikalischer Texte gelingen dort am ehesten, wo reflektiert und wahrgenommen ist, daß in Tönen mehr wiederholt werden muß als in Worten, wo die wechselseitig notwendigen Verzichte selbst zu Form und Struktur geworden sind. Schuberts instrumentale Weiterarbeit an Prägungen, die er zunächst in der Bindung an Texte gefunden hatte, so in der »Wandererphantasie« oder im Streichquartett »Der Tod und das Mädchen«, erklären sich teilweise daraus, daß er an der Musik noch etwas zu entfalten fand, was in der Bindung ans Wort zu entfalten nicht möglich war.

Das Wort Wiederholung verböte sich, begriffe man diese lediglich als Wiederkehr eines Identischen und identisch Bleibenden; »denn das, was wiederholt wird, ist gewesen, sonst könnte es nicht wiederholt werden, aber gerade dies, daß es gewesen ist, macht die Wiederholung zu dem Neuen« (Cramer). Indem das musikalische Hören das Wiederholte als solches erkennt, befreit es sich aus der Unmittelbarkeit des gegenwärtig Erklingenden, sucht nach Bezugspunkten im zuvor Gehörten und konstruiert aus diesem Erwartungen hinsichtlich des Kommenden, es hält sich in einem Zugleich von Gegenwärtigem, Vergangenem und Zukünftigem auf und relativiert die zugehörigen Quanten »realer« Zeit. Die zurückliegende, von soeben Erlebtem gesättigte Zeit wird allemal größer dimensioniert erscheinen als die zukünftige, in ungeduldiger Erwartung vorgreifend überspannte; die Positionierung, die Fracht des Erlebten und dessen Art beeinflussen die Dimension.

Würden wir den Themenbeginn der »Romance« aus Mozarts »Kleiner Nachtmusik« ausschließlich nach Maßgabe der Rhythmik als der Lehre von den Tonlängen auf dem gleichmäßig hinlaufenden »Lochstreifen« der Newtonschen Zeit eintragen, so hätte er am Satzbeginn und im fünften Takt (im folgenden immer die vollen Takte gezählt) gleiche Dimension; das aber trifft nicht zu, weil dieser jenem antwortet und als Wiederholtes bereits ein Neues ist; die Gewichtung verändert sich abermals, wenn Mozart die beiden viertaktigen »Zeilen« – die eine offen dominantisch endend, die andere tonikal schließend – wiederholt. Neu in der Textur sind beim zweiten Erklingen das Forte und der Hinzutritt der Bratschen, wie beim fünften Erklingen (Takt 13) die wechselnde Dynamik – dem piano gespielten Vordersatz antwortet ein forte gespielter Nachsatz. Offen bleibt – und im Hinblick auf die Musik wenig relevant –, ob man diese Veränderungen als Ergebnis einer Rechenschaft darüber interpretieren darf, daß die Prägung im Verlauf des Satzes, alle Wiederholungen eingerechnet, vierzehnmal erscheint und stets die Attraktionspunkte besetzt; überdies bleibt der Einstieg in dem behutsam kontrastierenden Abschnitt ab Takt 17 ebenfalls nahe beim Thema.

Freilich verfährt die Nennung der vierzehn Male unangemessen quantifizierend angesichts der Struktur der zwiebelschalengleich in drei Dimensionen ineinandergelegten rückbezogenen Verläufe. Die ersten beiden Wiederholungsabschnitte bilden als innerste »Schale« eine ABA-Form (hier als αβα bezeichnet), ihr B (β) die dominantische Ausfahrt der Takte 9–12. Dieses kleine αβα' stellt seinerseits das größere a einer zweiten »Schale« dar, abermals in ABA-Form

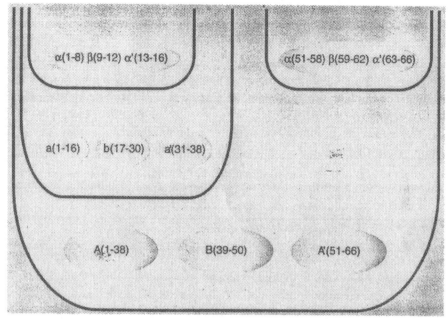

Abb. 1: Die verschachtelten Wiederholungen in Mozarts »Romance.«

(aba'), welche die Takte 1–38 umfaßt, mit stark verkürztem a' (Takte 31–38), weil diese mittlere »Schale« offengehalten werden muß zur dritten, größten, den gesamten Satz umfassenden, worin sie wiederum nur das »A« bildet im Zusammenhang mit dem durch den c-Moll-Abschnitt dargestellten »B« und einem nun wieder größeren, den Satz schließenden A' (Takte 51–66). Und dieses A' entspricht ohne Wiederholungen der »kleinsten« Schale aßa' vom Beginn (Abb. 1). Mehr Kreisgang und Rückbezug, mehr – modern gesprochen – »Kugelgestalt der Zeit« ließ sich bei so einfachem formalem Aufriß in einer horizontal auseinanderliegenden Sukzession schwerlich unterbringen, fast, daß die Musik angesichts ihrer zentripetalen Strebungen mehr ins Nacheinander hineingezwungen als in ihm entfaltet erscheint. Spräche man von »Zentrum« und benennte das Thema der »Romance« als dieses, so schlösse sich die Frage an, in welcher Dimension dieser Mittelpunkt sich befinde – nicht jedenfalls in der Horizontale des Newtonschen »Lochstreifens« –, nicht nur, weil das Thema u.a. am Anfang und am Schluß steht, sondern viel mehr noch, weil jede weitere Wiederholung mit mehr Vergangenheit und Rückbezug aufgeladen ist und diese sich der fortlaufenden, irreversibel verschenkenden Zeit entgegenstemmen. »In der prozessualen Welt heißt Struktur gebremste Zeit« (Cramer).

Gebremste, nicht angehaltene Zeit: denn das Zurückpendeln ins Zentrum, der Rückbezug, die vielfach in sich verknoteten Verläufe können als solche nur

in Erscheinung treten, weil sie sich, wie immer widerstrebend, dem Strom der
irreversibel davonlaufenden Zeit anheimgeben, beide erzeugen einander wechselseitig – welche Kennzeichnung eine sauber polarisierte Dichotomie vorgibt,
die den Bedürfnissen umgrenzter Begrifflichkeit eher genügt als der Wirklichkeit. Dies zeigen auch die Verschiebungen der meist dualistisch konzipierten Be-
griffspaare zwischen Aristoteles und Prigogine; aion und chronos sind anders
bestimmt als irreversible und reversible Zeit im Verständnis der modernen Phy-
sik; daß »jedes Ding seine Zeit« habe, ist jedem Bibelleser vertraut, weniger
schon Herders Formulierung, daß es zu einer Zeit »unendlich viele Zeiten« gebe, oder Klopstocks, daß es »gar nicht darauf ankomme, was eine Stunde nach
unserer Uhr, sondern was sie nach unserer Vorstellung« sei; und ein Scholastiker,
Thomas von Aquin, trug Sorge, vermittelnde, beiderseits offene Begriffe in der
Diskussion zu halten.

Es liegt nahe, für die zeitbremsenden, tendenziell zeitaufhebenden Prägungen
den Begriff der Gestalt in Anspruch zu nehmen, als eines Gebildes, dessen Bestandteile so schlüssig aufeinander bezogen sind, so sehr als Erzeugnisse einer
einzigen formenden Intention erscheinen, daß im Einzelnen stets das Ganze
enthalten und gegenwärtig gehalten erscheint, mithin die Wahrnehmung der
Gestalt nicht mehr von der Wahrnehmung ihrer Dimension abhängt. Bündig
formulierte, »griffige« Themen, welche man sich vergegenwärtigen kann, ohne
die Aufmerksamkeit vom gegenwärtig Erklingenden abzuziehen, geben hierfür
in der Musik das beste Beispiel. Indes, auch die Gestalt hat ihre Gelenke, auch
der scheinbar strikt auf eine Logik der Aufeinanderfolge verpflichtete Sonatensatz kennt Passagen, in denen die Kraft der Folgerichtigkeit gemindert erscheint;
mehr noch: er bedarf ihrer, er konstituiert sich nicht zuletzt daraus, daß der
Komponierende im Sinne der oben zitierten Kennzeichnung in bezug auf die
Zeit verschieden stark »bremst«. Wo er ihr freieren Lauf gewährt oder gar die
Sporen gibt, ein Ziel anvisiert und diesem zusteuert – einer neuen Harmonie,
dem Eintritt eines neuen Themas oder gar Satzteils etc., darf übrigens auch die
Rezeption locker lassen (nicht zuletzt sind Sonatensätze klug disponierte Re-
zeptionsmechanismen), den Anstrengungen jener Bremsung, der Verfestigung
in Strukturen und Gestalten entsprechen die Dosen der bei der Wahrnehmung
geforderten Konzentration.

Nicht also nur in der Umgebung einer scheinbar unveränderlich klar geprägten Gestalt (und zu ihrer Wahrnehmung vonnöten) nistet die andere, ihren Verfestigungen opponierende Zeitlichkeit, sondern in ihren Fugen selbst, und nur
dank jener »Gelenke«, der Lockerungen einer je einlinigen Folgerichtigkeit,
funktioniert sie als Gestalt. Nach dem Vordersatz des Themas von Mozarts »Romance« kann es, wie der zweite und sechste Takt zeigen, mindestens auf zweierlei verschiedene Weise weitergehen, wahrscheinlich nicht nur auf zweierlei; die
musikalische Gestalt, u.a. im Verhältnis der einander fragenden bzw. antworten-

den Melodieteile, bedarf dieser Momente, über die ein sicheres, im zuvor Erklungenen gegründetes Vorauswissen nicht automatisch hinwegträgt, und die Glieder der drei ineinanderliegenden »Schalen« könnten sich nicht zu einem Ganzen fügen, erschienen sie nicht auch als relativ autonome Gebilde – mit Grenzen, die man nicht ohne Risiko überschreitet. Der wechselnden Sicherheit hinsichtlich des Fortgangs entsprechen unterschiedliche Erlebnisse und Qualitäten von Zeit.

Deutlicher noch als bei solchen »Gelenken« tritt das bei hinleitenden Passagen in Erscheinung, etwa in den Takten 24–29, den letzten im Mittelglied b der mittleren »Schale« (aba'). Da befindet die Musik sich unterwegs, pendelt zunächst in einer Tonart und strebt dann einem Ziele entgegen; das könnte auch weniger oder mehr Takte beanspruchen als Mozart komponiert hat; zum ersten Male auch (das einzige andere befindet sich am Satzende) bricht der Verlauf aus der paartaktigen Ordnung aus. Dem Eindruck von Offenheit stehen übergreifende Integrationen nicht entgegen: der fortwährend umkreiste Melodiehauptton e, Terz der Grundtonart C-Dur, zieht hier, nun Grundton geworden, die Harmonie an sich, woraus sich ein dominantisches Gegengewicht ergibt zum demnächst eintretenden »subdominantischen« Moll. Insgesamt macht die Musik sich in dieser Passage mit dem fortziehenden Zeitlauf identisch – um sich ihm danach, am Ziel, dem Wiedereintritt des Themas (dem a' der mittleren »Schale« aba'), mindestens halb wieder zu entziehen; wir treten in eine Wiederholung ein und zehren von der – mit Kierkegaard zu reden – »Erinnerung nach vorwärts«; die Musik krümmt sich gewissermaßen zurück, und die Erfahrung dessen, worauf sie verweist, ist frisch genug, um durch das Teilzitat in den Takten 31–38 als Ganzes heraufgerufen zu erscheinen.

Im Sinne dieses pars pro toto mutet das letzte Glied der großen »Schale« (A'), die Rekapitulation in den Takten 51–67, nahezu pedantisch und buchstäblich an, wiewohl sie andererseits der Dimension einer tragenden Säule bedarf, Mozart auf Wiederholungen der ersten zweimal acht Takte verzichtet (vgl. die Wiederholungsabschnitte am Beginn) und dieses A' mit seinen sechzehn Takten gegenüber dem korrespondierenden, 38 (mit Wiederholungen 52) Takte umfassenden A so sehr verkürzt, daß man die Entsprechung gar in Frage stellen könnte. Dennoch (man denke nur an Mahlers Ungeduld mit Wiederholungen in klassischer Musik) wird hier ein konventionelles Moment fühlbar, man könnte auch sagen: ein Newtonsches, insofern die ausbuchstabierende Wiederholung jener »absoluten, wahren mathematischen Zeit« geschuldet erscheint, welche »gleichmäßig an sich und ihrer Natur nach, ohne Beziehung auf irgend etwas Äußerliches« dahinfließt (Cramer). Dank jener Beziehungslosigkeit läßt sie sich leicht als Analogie zum leeren Raum verstehen als einer Dimension, in der man Architekturen auf Symmetrien gründet. Diese Dimension indessen ist nur teilweise diejenige der Musik, tongetreue Wiederholungen erscheinen in Musik

länger als das, was sie wiederholen, mechanische Symmetrien nicht symmetrisch. In der durch musikalische Ereignisse definierten Zeit akkumulieren sich
Erfahrungen und dimensionieren die rückbezogenen Ereignisse, d. h. das »nach
vorwärts Erinnerte«. Dem ist kompositorisch früh Rechnung getragen worden:
Reprisen in Sonatensätzen werden zumeist knapper gehalten als Expositionen,
und wo nicht, bedarf es neuer Legitimationen. Im Sinne jener erlebten, akkumulierenden Zeit erscheint eine von Schubert am Ende eines Liedes fragmentarisch wiederholte Strophe vollständiger, in der Wahrnehmung der Dimension
des Bezugspunktes genauer als eine Ton für Ton rekapitulierte es wäre, denn in
der Fixierung auf die Materialität der Struktur ignoriert diese, auf welche Weise
jene Struktur seit dem ersten Erklingen »vollständiger« geworden, was ihr zugewachsen ist – Bedeutungen, Erfahrungen, die nicht mehr unmittelbar an der
Materialität des Klingenden haften und in den Freiräumen, welche die anspielende, fragmentarische Erinnerung gewährt, sicherer unterkommen.

Nahezu umgekehrt scheint Anton Bruckner, wenn er im Andante quasi Allegretto seiner vierten Sinfonie das Bratschenthema zum zweiten Male eintreten
läßt (Takte 67 ff.), diesem die Dimension verweigern zu wollen, die er unmittelbar zuvor komponiert hat – in zweimal acht Takten, einem harmonisch groß
ausholenden Verlauf (c – B – c – Ges – fis – As – Des – Es) und einer immer wieder zu neuen Bildungen fortgehenden Melodie. Nun zwingt er sie, wie beim ersten Mal in c ansetzend, schon nach vier Takten zu einer »verfrühten« Kadenzierung im weitab liegenden Gis – in einer Verbiegung, einer gewaltsamen Stauung, welche eine Forte-Entladung und einen breit gelagerten Melodiegang nach
sich zieht und dergestalt im Nacheinander von Sperre und Auslauf die der Melodie mitgegebene Dimension eindringlich fühlbar macht. Bruckner raubt dem
Thema seine »Eigenzeit«, um sie dann ihm zurückzuerstatten mit einem Nachdruck, den er als formbildende Kraft benutzt; nun trägt der musikalische Atem
nicht nur über jeweils vier, sondern in einem Zuge über zwölf Takte. Vielleicht
ließe sich hier von zuerst versperrter, dann freigegebener Zeit bzw. Dimension
sprechen. Jedenfalls eignet diesen eine »Gegenständlichkeit«, angesichts deren
eine Beschreibung lediglich als Spiel mit vorausdefinierten, enttäuschten, umgelenkten, endlich eingelösten Erwartungen bzw. »Erinnerungen nach vorwärts«
allzusehr auf den rezeptionspsychologischen Bereich beschränkt erschiene.

Daß der, der Musik zu erklären versucht, auf Worte und Begriffe angewiesen
ist und auf deren Funktionieren innerhalb einer Logik, welche nur teilweise mit
derjenigen der Musik übereinkommt, formuliert sich schnell und verifiziert sich
schwer. Auch können die Kommentatoren auf die Komponierenden verweisen,
auf Irritationen durch diskursive Logik etwa, welche die Entwicklung und das
Verständnis der Sonate begleiten und der Musik ungeheure Anstrengungen und
ungeheuren Terraingewinn abzwangen. Dagegen scheint gering zu wiegen, daß
Musik diskursive Operationen wohl darstellen, nicht aber vollziehen, daß sie, wie

gut legitimiert und inszeniert ein Repriseneintritt auch sein mag, nichts strictu
sensu beweisen kann. Dennoch hat der einseitige Hinblick auf die der diskursiven
Logik entliehenen »Kausalitäten« die Sensibilität für diejenigen Momente nicht
eben gefördert, in denen gerade die Distanz zu ihnen Zusammenhang stiftet und
bereichert. Auch musikalische Formen bilden »Zeitbäume« (Cramer), und bei
deren Verzweigungen, den Bifurkationen, ist viel zu erfahren über die Zeitempf-
findlichkeit der Komponierenden. Weil wir Schuberts »Unvollendete« (Abb. 2)
gut zu kennen meinen, müssen wir neu vergegenwärtigen, inwiefern nach dem
Abschluß des ersten Komplexes, wenn Fagotte und Hörner auf dem Ton d hängenbleiben, keineswegs ausgemacht ist, wie es weitergehe; keine konsekutive
oder gar prädestinierte Notwendigkeit führt das Ländlerthema der Celli herbei,
dieses erhält den Charakter des Geschenkten vielmehr gerade dadurch, daß für
eine kleine, kaum musikalisch regulierte Weile unklar ist, was und ob überhaupt
etwas geschehen wird. Nachdem die Musik zuvor in einer Gangart geborgen da-
hinlief, wird ihr diese Gewähr entzogen, sie artikuliert »klingendes Verstummen«, eine andere, bedrohlich ungestalte Zeitlichkeit blickt in sie hinein, Chaos
im Ursinne des Klaffenden, weit Offenstehenden, Leeren. Eine neue Struktur
bzw. Gangart muß erst aufgebaut werden und gewinnt – wie die vorige – dank
der Störung die Eindringlichkeit des der Katastrophe Entkommenen, der ein
neues Gehäuse gefunden hat. Vorbei die Zeiten, da mit dem obligatorischen Satz
auch verabredet war, dem Fortgang könne nichts passieren! Schuberts Musik erscheint ausgesetzt, immer wieder gefährdet, der geschilderte Übergang auch
Vorbote jener größeren Verstörung durch das nach dem Verstummen des Ländlerthemas in »falscher« Tonart katastrophisch einbrechende Tutti.

Besonders in den Übergängen zu den kantablen zweiten Themen, in der
Wahl ihrer Tonarten und deren vorsätzlich dürftiger Legitimierung hat Schubert
solche Bifurkationen komponiert, ebenso um einer speziellen Wahrheit seiner
Musik willen, welche auf konventionelle Sicherheiten nicht länger bauen darf,
und verbunden mit ungeheuren kompositionstechnischen Funden: Weil die
»Gesangsperiode« im ersten Satz des C-Dur-Streichquintetts D 956 in einem »zu
schnell« erreichten, schlecht fundierten Es-Dur ansetzt, kann dieses nicht als der
ihr eigene harmonische Bereich empfunden werden, erscheint als ihre spezifische Tonart nicht eine einzige, sondern die Spannung zwischen zwei harmonischen Polen, wirkt als wichtiges Agens ihrer Entfaltung die melodische Austra-
gung dieser Spannung, der allmählich eröffnete Rückweg zur »richtigen« Tonart. Solchen Erscheinungen wird eine Betrachtungsweise nicht gerecht, die einseitig die Daten einer »unbegrenzten Vorhersagbarkeit« zu sammeln bestrebt ist,
welche man »vielleicht als den grundlegenden Mythos der klassischen Wissenschaft« (Prigogine) bezeichnen könnte. Daß Schubert im Übergang zum zweiten Thema der »Unvollendeten« einen Verzweigungspunkt im Sinne von Friedrich Cramers Zeittheorie intendiert hat – samt der »Möglichkeit von Alternativ-

Abb. 2: Franz Schubert, Sinfonie h-Moll (»Unvollendete«), Allegro moderato.

wegen, die gleichberechtigt sind. Welcher dieser Wege beschritten wird, läßt sich nicht voraussagen« (Cramer) – zeigt die Klavierskizze (der Reprise; die analoge Stelle der Exposition hat sich nicht erhalten). Die modulierende Wendung der Fagotte und Hörner, welche nach dem drei Takte liegenden Ton in der Exposition von h nach G hinüberleitet, in der Reprise von fis nach D, erklingt hier nach einem nur eintaktigem Liegeton dreimal hintereinander, die neue Tonart wird ausdrücklich befestigt, der musikalische Fluß kontinuierlich aufrechterhalten. Genau das bricht Schubert in der Endfassung auf, reduziert die Stützpfeiler der Brücke und visiert eine Situation an, welche auch Alternativwege möglich erscheinen läßt.

Die von der Naturwissenschaft unserer Tage veranlaßten Differenzierungen im Zeitbegriff mögen für die Musik genauer bestimmen helfen, inwiefern »jedes veränderlich Ding das Maß seiner Zeit in sich« (Herder) hat, und, von hier aus weiterfragend, inwiefern »das tiefste Zugleich«, von dem Ernst Bloch als einer zentralen Intention der Musik sprach, mehr ist als Metapher und Ausdruck einer authentischen Erfahrung.

Schalks banale Trompete oder Grenzlinien der Fertigstellung

Beobachtungen bei Corelli, Mozart und Bruckner

Im Blick auf den Widmungsträger dieser Festschrift hieße es doppelt Eulen nach Athen tragen, wollte man entweder gegen Verhärtungen im Begriff des geschlossenen Werkes zu Felde ziehen oder umgekehrt diesem Anliegen nachweisen, inwiefern es einem Feindbild aufsitze, dem ästhetische Wirklichkeit kaum je entspricht. Indessen findet es noch im deutschen Sprachgebrauch Unterstützung, der in bezug auf Kunstwerke Fertigstellung und Vollendung kaum unterscheidet. Weil »Musik«, wie Herder sagt, eine »energische‹ Kunst ...«, weil »ihr Werkcharakter ... problematisch«[1] und ein bestimmter Vollendungsanspruch am »unmittelbaren zeitlichen Vergehen derselben«[2] schwer festzumachen ist, müssen handwerkliche und strukturelle Komponenten umso mehr als Gegenstand solcher Ansprüche herhalten. Ob gewollt oder nicht – als Form und Struktur erscheint Musik allemal vollendbarer denn in der vergänglichen Prozessualität ihrer klingenden Wirklichkeit; ihrer Deutung sind daraus etliche Verlegenheiten erwachsen, vor allem ein sehr spezifischer ästhetischer Beweisdruck. Wo er weniger schwer lastete, in anderen Künsten, trat man dem Begriff und Anspruch werkhafter Vollendung gelassener gegenüber, wurde dessen Problematik weniger dogmatisch erlebt und bedacht – etwa von Goethe anhand der Versfassung der *Iphigenie*: »Als ich mich um der Kunst und des Handwerks willen entschließen mußte, das Stück umzuschreiben, sah ich voraus, daß die besten Stellen verlieren mußten, wenn die schlechten und mittleren gewannen«[3]; in bezug auf *Tasso* sprach Goethe mehrmals provozierend von seiner »unerlaubten Sorgfalt«[4] – das hätte ein Musiker wohl nie getan. Auf wie fragwürdige Weise sich mit der Vorstellung des vollendeten Werkes und seinem So-und-nicht-anders diejenige einer Abgeschlossenheit verbinden kann, die nicht mehr nötig hat, über sich hinauszuweisen, ist oft und ausführlich reflektiert worden, viel weniger jedoch in bezug auf die Musik, inwiefern sie, anders als die anderen Künste, um überhaupt Wirklichkeit zu werden, darauf angewiesen ist, fertiggestellt zu sein, warum, während Skizzen eines Malers oder literarische Fragmente Offenbarungen darstellen können, eine nicht fertiggestellte Komposition faktisch unvorhanden, i. e. eine Katastrophe ist. Und ebenso hat bei der Musik die ihrer Deutung eigen-

---

[1] C. Dahlhaus, *Musikästhetik*, Köln 1967, S. 21.
[2] G. W. F. Hegel, *Ästhetik*, Frankfurt o. J., S. 275.
[3] Brief an Philipp Seidel vom 15. V. 1787, Berliner Ausgabe, Band VI, S. 922.
[4] A. a. O., S. 960.

tümliche Aufspaltung in substanzielle und technologische Komponenten zu
übersehen geholfen, inwiefern ein Werk oder Werkverlauf umgeben ist von einer Hüllkurve des mit knapper Not außerhalb Gebliebenen, inwiefern man, um
die Realität des gegebenen Textes herumgelagert und in verschiedenen Abstän-
den je nach der Wahrscheinlichkeit ihrer Einlösung gestaffelt, Schichten dessen
vermuten darf, was auch Realität hätte werden können, in der res facta als ver-
worfene Möglichkeit aufgehoben ist und mindestens per negationem teilhat gerade an dem, was über die Grenzen des Werkes hinausragt. Von derlei Rändern
her zu fragen muß umso weniger als impliziter Zweifel an integrierenden Möglichkeiten im Werk verdächtig erscheinen, als damit lediglich beansprucht wird,
was ästhetische Gegenstände nicht weniger betrifft als andere: daß wir sie auch
von ihren Begrenzungen her erkennen und definieren müssen, von dem aus, was
sie nicht oder gerade nicht mehr sind – nicht zu reden von dem besonderen Auskunftswert dessen, was hier herausragt. Was für den Betrachtenden gilt, gilt für
den Schaffenden erst recht. Arcangelo Corelli mußte in seinem *Weihnachtskon-
zert* zwei unterschiedliche »Ränder« ziehen, deren innerer, aus der Immanenz
der Werkstruktur gerechtfertigter, dem anderen nicht im Wege stehen durfte,
der das Concerto zu seiner Veranlassung hin so weit öffnet, daß seine Musik in
einem bestimmten Sinne nicht mehr beendbar erscheint. Mozart mußte sich im
ersten Akt von *Così fan tutte* mit dem Tatbestand einer »kritischen Masse« auseinandersetzen, die den Akt zu sprengen droht. Und der revidierende Bruckner
mutet zuweilen an wie einer, der einen Ort schon deshalb erreicht sieht, weil er
früher einmal dort gewesen ist; der wohl streicht, auf die Mitarbeit des Gestri-
chenen aber nicht verzichtet.

I

»Pastorale ad libitum« – welches Belieben ist da impliziert außer demjenigen, die
Hirtenmusik entweder zu spielen oder wegzulassen? Als »fatto per la notte di
natale«, auf ein Datum im Jahr eingeschränkt, mag Corelli sein Concerto VIII
verschenkt erschienen sein. Ohne die Pastorale sah es anders aus; verlor das Concerto dabei aber nicht mehr als einen – überdies besonders schönen – Satz, der
das Werk zu seiner Veranlassung hin öffnete? Langsam zu enden war nicht üblich.

Wenn so unverwandt von apollinischer Vollendung, überlegen summierender
Klassizität gesprochen wird wie bei Corelli (fürs Summieren waren die damali-
gen Musizierformen reichlich jung), könnte man wohl überhören, was da an
Spannungen zu schlichten war, z. B. das Erbe der Kanzone und ihrer motivischen
Einheit übereingebracht werden mußte mit den als Charaktere immer weiter
auseinanderfahrenden, immer präziser bestimmten Sätzen eines Concertos. Und

wenn beim oft nachträglichen Kompilieren der Werksammlungen auch einzelne Sätze noch ausgetauscht wurden, die Satzfolgen mithin locker gefügt erscheinen – allzuviel Beliebigkeit sollte man nicht unterstellen. Auch mit der vielberedeten Klassizität vertrüge das sich schlecht. Gewiß genügen etliche Satzcharaktere einer weitgehend fixierten Typologie, scheint deren Erfüllung horizontale Verkettungen überflüssig zu machen (Regulationen von Tempo und Tonart ausgenommen); wenn wir jedoch meinen, Corelli habe noch nicht nötig gehabt, nach übergreifenden Momenten, nach einer je einmaligen Ganzheit zu fragen oder gar derlei hinter der unmittelbaren Evidenz des Klingenden zu bewerkstelligen (womit wir die luzide Durchsichtigkeit seiner Musik mit Geheimnislosigkeit verwechseln), unterschätzen wir einen hochkultivierten Musiker, bei dem eher zu vermuten steht, daß er über ästhetische Fragen viel nachdachte, der u. a. Poussin sammelte und sicher wußte, daß dieser, auf Zarlino bezugnehmend, sich mit Korrespondenzen zwischen Musik und Malerei befaßte und Bilder in altgriechischen Modi zu malen unternahm.[5]

Schwerlich läßt sich klassizistisch nennen, wie Corelli das achte Concerto eröffnet – mit einem Überraschungseffekt, einem Anriß, dessen schroff setzender Gestus beinahe an Beethovens Fünfte Sinfonie denken läßt. Dort übrigens wird nach der Setzung sogleich verarbeitet, die »Behauptung« also erklärt und gerechtfertigt. Corelli – hier mag sein Abstand zu themenabhandelnder Musik einmal ignoriert bleiben – läßt die seine unerklärt stehen, und, als sei nichts geschehen, ein Grave folgen, bei dem er sich (»Arcate sostenuto come sta«) Improvisationen ausdrücklich verbietet; offenbar liegt ihm daran, es in aller zunächst enigmatischen Gegensätzlichkeit zum vorangegangenen Anriß hinzustellen, in seiner flutenden Polyphonie dessen ganzes Gegenteil, nach dessen berstender Aktivität eher passiven Wesens in den vornehmlich auf anderwärts eingetretene Veränderungen reagierenden Linien – als stünde es unter dem Gebot, polyphone Fügung entstehen zu lassen ausschließlich als Folgewirkung eines Druckzustandes, den vier selbständige, zu getragenem Fortgang angehaltene Stimmen herstellen, die sich aufs geringstmögliche Nachgeben beschränken. Melodische Ausgriffe begegnen selten und ziehen meist abwärts. Mindestens ebenso wie das Tempo macht diese Trägheit die Musik zum Grave; weil sie, empirisch intendiert, neu eintretende Situationen viel mehr erleidet als schafft, steht sie allem vorgefaßten Reglement periodischer Gruppierungen fern, läuft gegen Ende fast steuerlos dahin und muß harmonisch fast gewaltsam abgefangen werden – im drittletzten Takt stehen ein f-Moll- und ein D^7-Klang nebeneinander.

Die beziehungslos anmutende Gegensätzlichkeit des Vivace und des Grave – das eine zu kurz, das andere zu amorph, um für sich bestehen zu können und um

---

[5] E. Lockspeiser, »Poussin and the Modes«, in: ders., *Music and Painting*, New York usw. 1973, S. 145ff.

nicht auf übergreifende Bezügen angewiesen zu sein – spannt die Erwartungen hoch. Nicht zuletzt dank dieser Situation erreicht Corelli mit dem Eintritt des Allegro kaum weniger als eine Tempo-giusto-Wirkung im Sinne der klassischen Zeit, nahe bei dem Eindruck, hier begänne nach einer umwegigen Introduktion nun die Hauptsache. Den anachronistischen Vergleich begünstigt das motivische Tertium comparationis, das er hinstellt: Vom Vivace nimmt er den Terzanstieg, vom Grave die wechselnötige Grundformel – und entfaltet deren Mechanismus sogleich, indem er die Oberstimmen wechselweise voranschiebt. Der Motor der Bewegung sitzt im Baß, und der Wechsel von Concertino und Tutti schafft die klaren Gruppierungen, die im Grave umgangen blieben. Deren Dimensionierung nun beschäftigt Corelli in besonderer Weise; zweimal schreibt er im ersten Teil einen Auf- und einen Abstieg und geht von kleinen zu großen, am Ende wieder unregelmäßigen Gruppen fort; und er überbietet das im zweiten Teil, indem er mit Zweitaktern einsetzt, sodann in latente Dreihalbe-Takte fällt und, nachdem eine gewisse Höhe gewonnen ist, die Musik »abfließen« läßt, unbesorgt um die richtige Mündung – sie erscheint harmonisch so eindeutig bestimmt, daß die Irregularität der Gruppen kaum auffällt. Immerhin, wenn danach das Adagio eintritt (die Solo-Violine auf dem gleichen Ton), empfindet man durchaus, daß etwas kompensiert werden muß – die forttreibende Allegro-Bewegung, welche in der Kadenz nicht endgültig abgefangen erschien. Der unmittelbaren Plausibilität dieses Umschlages in meditative Ruhe, breit gelagerte Akkordflächen und opulent ausgesponnene Akkordfigurationen heftet sich die Besinnung auf den Zusammenhang an die Fersen: Schon im dritten Takt nähert das Adagio sich dem vorangegangenen Allegro fast bis zum Zitat und gibt sich so als in dessen Bannmeile liegend zu erkennen. Konsequenterweise fällt die Musik in einer Zwischenepisode gar in ein nahezu athematisches, pure Bewegung reproduzierendes Allegro-Gerassel zurück. Wenn danach das Adagio wieder eintritt, hat es die großen Abgänge wieder, auf die beide Teile des ersten Allegros hinausliefen. Erstmals danach entläßt Corelli die Musik aus dem Zwang zum unmittelbaren Fortgang – immerhin in der »falschen« Tonart Es-Dur; dies als Einschränkung zu werten gibt die geringe harmonische Schwankungsbreite des Concerto einigen Anlaß.

Dennoch, wenn irgendwo in dem raschen Wechsel der Tempi eine Zäsur liegt, dann hier; nirgendwo sonst (die Pastorale muß außerhalb des Vergleichs bleiben) läßt Corelli sich zum Kadenzieren so viel Zeit. Schon im fünften Takt wäre ein Schluß vorstellbar, auf der Eins des viertletzten abermals – beim ersten Erklingen erfolgt hier der Umschlag ins Allegro; nun setzt Corelli eine breit auslaufende Kadenzierung an, innerhalb deren der drittletzte Takt wie eine Tropierung, der vorletzte wie eine Augmentation anmuten. Vorstellbar erschiene auch dies:

Zur behaglich umständlichen Formalität dieses Schlusses hat möglicherweise auch beigetragen, daß der ungewöhnliche Terzton g gerechtfertigt werden mußte, derselbe, der den Satz eröffnete und also nach rückwärts wie vorwärts zur Haupttonart g-Moll hin vermittelt. Gleichgültig, in welcher Tonart – begonnen und geschlossen wird auf g. Von dieser Regel weichen nur das eröffnende Vivace und die schließende Hirtenmusik ab; doch eben auf sie nimmt der zur Terz aufsteigende Schluß des Adagio deutlich Bezug, gerade die eine gewisse Vorläufigkeit suggerierende Formulierung gibt im großen Kontext diesem Satzschluß besonderes Gewicht. Kommt hinzu, daß hier mit Es-Dur die Gegenposition zum G-Dur der Pastorale absolviert ist und zugleich das Mittelstück des nahezu zentralsymmetrisch angelegten Zyklus:

Vivace Grave Allegro Adagio Allegro Adagio Vivace Allegro Largo.

Möglicherweise allzu selbstverständlich erscheinen hier motivische Prägung und die Frage der zyklischen Einheit in Zusammenhang gebracht. Weder garantieren noch so starke Ähnlichkeit oder eine noch so hintergründige Korrespondenz per se ein Ganzes, noch läßt sich präzis bestimmen, welche Kompetenz ihnen – irgendwo zwischen dem mit Soggetto, Motiv, Thema etc. Gemeinten – hier zukomme; ein einigermaßen klar definierter, auf formale Verfestigungen hinzielender Bedeutungsanspruch läßt sich schwerlich zugrundelegen, kraft einer – durchaus unklassischen – Offenheit, angesichts derer ebenso gut möglich erscheint, daß bei größter Ähnlichkeit der motivischen »Kennmarken« ein Ganzes nicht zustandekomme, wie auch, daß dies sehr wohl geschehe, ohne daß von den Kennmarken her dafür vorgesorgt sei (ganz abgesehen davon, daß wir hier heuristisch ein – wie immer vages – Ganzes in einer Betrachtung voraussetzen, die andererseits die Momente, die Art dieses Ganzen doch erst erfassen will). Wie immer Werke einigen Anspruchs eine Mitte halten werden – erschwerend kommt hinzu, daß es sich bei den Kennmarken im vorliegenden Fall um gängige Prägungen handelt, Typen, Topoi, wenn nicht (sofern der pejorative Beiklang sich überhören ließe) um Allgemeinplätze. Nicht nur finden sich in Corellis opus 6 Strukturen wie die aus verschachtelten Sequenzierungen gebauten Auf- und Abgänge allenthalben, sondern auch speziellere Prägungen wie die in gegeneinander versetzten Quartansprüngen aufrechterhaltenen Orgelpunkte, gegen die von unten her melodische Bewegung anrennt oder von denen sie in gestaffelten Abgängen »abläuft«; und die beiden letzten Concerti aus opus 8 beginnen gar mit der oben beschriebenen Verbindung von Terzanstieg und dessen wechselnötig angesetzter, nachziehender Kontrapunktierung. Derlei Prägungen leisten von sich aus keine Gewähr für die Individualität eines Werkes, sondern fast im Gegenteil für Verankerung im anonymen Untergrund eines zu vielerlei Verwendung bereitstehenden Zeichenvorrats. Was Corelli mit ihnen treibt, ist allemal besonderer als sie selbst, und was er dergestalt erreicht, überragt die Horizontlinie einer allgemein verbindlichen Stilistik gewiß weniger als Werke späterer Epochen, differenziert sie aber in umso vielfältigerer Weise. Normative prägen das Sprachmaterial bis hin zur Syntax stärker, treten aber zurück, wo es um den Zusammenschluß geht, wohl gibt es mehr »Fertigbauteile«, jedoch umso weniger verbindliche Grundpläne. Den Concerti von Corellis opus 6 ist in der Satzfolge (und da mit Ausnahme des achten) kaum mehr gemeinsam als ein rascher Schlußsatz. Gleichgültig, ob hin und wieder ein Grundschema durchscheint oder Corelli ein Adagio durch eine toccatenhafte Allegro-Episode unterbricht – auch, wenn sich nachweisen ließe, daß die Buntheit der Concerti ein früheres Stadium darstelle als die strenger regulierten Kirchen- und Kammersonaten, rechtfertigt das die Annahme nicht, diese Buntheit läge abseits von den Nötigungen, die die späteren Normierungen des Großverlaufs bewirkten. Diese können insofern bequemer sein, als sie qua Zuflucht bei einer etablierten Regel den Komponierenden davon dispensieren, die Frage nach dem Ganzen jeweils neu zu stellen.

Mit dem an vorletzter (bzw. drittletzter) Stelle stehenden Vivace kehrt Corelli zur Grundtonart zurück und zum anfangs exponierten Soggetto; am Beginn des zweiten Teils begegnen die griffigen Zweitaktgruppen wieder und am Ende beider Teile »abfließende« Abgänge. So mutet dieses Vivace fast wie eine Wiederaufnahme des ersten Allegros an bzw., Tanzgebräuchen angenähert, wie dessen Übersetzung in einen raschen Tripeltakt. Lediglich das Wechselnotenmotiv spart Corelli weitgehend aus, bewahrt es gewissermaßen auf – als Thema des nachfolgenden, geradtaktigen Allegros. Auf diese Weise untermauert er die symmetrische Anlage auch von der thematischen Disposition her: der drittletzte Satz korrespondiert mit dem dritten, der vorletzte mit dem zweiten. In diesem Allegro nun überwiegen periodische Gruppierungen endgültig, und stets schimmert das schon zweimal verwendete Grundmuster hindurch – Abgänge an den Enden beider Teile, kleinere, sequenzierend versetzte Gruppen zu Beginn des zweiten; fast erscheint das erste Allegro hier in zwei Sätzen auseinandergelegt, wie auch die Identität der Schlußbildungen bestätigt, der direkteste, ein ans Zitat grenzender Rückgriff. Da scheint etwas auf von der Konzeption eines sammelnden, summierenden Finales, als welches dies Allegro dasteht, wenn die Pastorale fortbleibt. In gleicher Weise erscheint dies darin anvisiert, daß dieser Satz, anders als alle in schnellen Tempi vorangegangenen, eine »Reprise« besitzt oder doch wenigstens den Ansatz zu einer solchen, worin er das einzige Gegenstück bildet zu der durch die Tempi drastisch verdeutlichten ABA-Struktur des zentral stehenden Adagio-Allegro-Adagio-Komplexes. Ganz und gar »heiß« wird das Problem der doppelten Zwecksetzung des Allegros in dessen Schlußpassage: Finale oder Überleitung in die Pastorale. Zunächst klingt es wie Reprise, bestätigende Wiederholung, suggeriert also Abrundung und Abschluß; sodann aber scheint die Musik sich in hartnäckig wiederholten, gegeneinander versetzten Quartansprüngen zu verbeißen, einem halbtaktweise neu befestigten Orgelpunkt, gegen den die Bässe in Quartgängen anrennen, von dem sie später in Abgängen zurückweichen. So entsteht eine insistierende g-Umkreisung, fast eine Überdosis an g-Moll, kraft deren die Fallhöhe der Lösung ins pastorale Dur sich vergrößert bzw. ohne dieses der Schluß einen Zug von rechthaberischer Affirmation erhält, fast, als sollte die stattgehabte Amputation fühlbar bleiben.

Nun begegnen vergleichbar »rechthaberische« Beendigungen bei Corelli häufiger, und selbstverständlich kann man diesen Satzschluß, je nachdem, ob er das Concerto beendigt oder zu den Hirten hinführt, unterschiedlich musizieren – diese Mithilfe hat Corelli gewiß einkalkuliert, nicht aber ihr alles überlassen. Nicht irgendeine pastorale Musik in lösendem Dur läßt er folgen, sondern eine in mehrfacher Hinsicht als Mündung bestimmte; keineswegs rechtfertigt allein die Veranlassung das Finale. Im Thema erscheint das Soggetto des Anfangs wieder, der Terzanstieg, nochmals bestätigt durch die Schlußwendung der zweieinhalbtaktigen Formulierung; wieder begegnen große Abgänge, und die Quartsprünge, die zuvor den g-Moll-Bannkreis fixierten, verbindet Corelli mit dem großbogigen, im Largo-Tempo nun frei atmenden Auf und Ab vom Ende des ersten Allegro-Teils, wo es ebenfalls bereits als Strukturzitat erschien. Vor allem hat die Musik – nach acht teilweise rasch einander folgenden Tempoumschlägen – endlich Zeit. Der Übergang zur Pastorale wiederholt nicht nur denjenigen zum ersten Adagio samt dessen Plausibilität als Umschlag, er überholt ihn, insofern die Hirtenmusik mehr Raum, Dimension und Ruhe hat als alle Sätze zuvor, äußerster Gegenpol zum schroffen Aphorismus, der das Concerto eröffnete, und ebenso den großen, polyphon ausufernden Amen-Erfüllungen niederländischer Messen vergleichbar wie manchen Coden in viel jüngerer Musik, die mühelos alle Bezüge in sich sammeln, ohne noch arbeiten zu müssen. Nicht fern liegt darüberhinaus die Vermutung, für einen Mann von der Kultur und Bewußtheit Corellis habe auch der Unterschied von artifizieller und usueller Musik mitgespielt, der – wohl noch einlösbar erscheinende – Durchblick auf eine nicht artifiziell gemachte, in Zweck und Anspruch mühelos mit sich identische Musik: Nun dürfen auch die Pifferari mitspielen, nun klingen zuweilen die Bordunquinten ihrer Drehleiern an, und Kontrapunkt erscheint nurmehr am Platze, um der Rückkehr in die prätentionsfreie Einfachheit der Hirtenmusik Schwelle und Relief zu geben. Von dieser, so scheint es, will keiner mehr lassen – womit sich das Problem stellt, aufzuhören, ohne ein definitives Ende zu setzen. Noch in der allerletzten melodischen Bewegung hält Corelli den Terzanstieg gegenwärtig, und der fragende Gestus seines Schlusses eröffnet die Möglichkeit, daß die Hirtenmusik sogleich wieder von vorn beginne, oder auch: die an ihrer Statt eintretende Stille erscheint vorstrukturiert durch eine erwartungsvolle »Erinnerung nach vorn«, die der Geradlinigkeit der Verlängerung des Klingenden sicher ist. So daß die Musik hier fast zum lauschenden Organ, zumindest zur Wünschelrute des Nachlauschenden wird, Organ eines Aufgehens im Anlaß, dem werkhafte Abgrenzung hinderlich wäre.

II

Wenn im zweiten Finale von *Così fan tutte* die Verkleidungen eingestanden werden, geht das Zitieren los: Guglielmo zitiert das Duett (= Nr. 23), in dem er Dorabella zu Fall gebracht hat, Despina zitiert die Medicus-Episode aus dem ersten Finale – und Ferrando? In einem majestosen d-Moll-Allegretto stellt er sich als »Cavaliere dell'Albania« vor, in nur fünf Takten, die in ähnlicher Weise als Kennmarke erscheinen wie die acht Takte von Guglielmos Duett-Zitat.[6] Der Schluß liegt nahe, daß Ferrando wie sein Freund sich auf Bekanntes bezieht, und daß dies, möglicherweise eine Arie, erst spät gestrichen worden ist, erst, als das Finale schon komponiert und die Zeit so weit fortgeschritten war, daß die Autoren Schlußfolgerungen für die Zitierszene nicht mehr ziehen konnten. Wenn es sich um eine Arie gehandelt hat – gänzlich läßt sich nicht ausschließen, daß der d-Moll-Auftritt in einem Ensemble stand –, dann um eine, in der Ferrando sich erstmals in seiner Verkleidung vorstellt. Im Sextett hatten die schreienden Mädchen dies verhindert; so kann die Arie nur danach, bestenfalls nach Fiordiligis Felsenarie plaziert gewesen sein. Vor ihr stehend freilich hätte sie dieser als resolut-feierlicher Beantwortung eine weitere Veranlassung geliefert.

Es wäre nicht der einzige Punkt, an dem Mozart und Da Ponte revidiert hätten; die erste Guglielmo-Arie haben sie ausgetauscht gegen eine knappere, weniger profilierte; da sie die ursprüngliche, ein bedeutendes Stück mit übrigens noch deftigerem Text, opferten, müssen die Gründe schwer gewogen haben. Auf eine andere Revision verweist Mozarts Autograph[7]; dem miniaturistischen Accompagnato folgend, worin Alfonso diejenigen höhnt, die an Weibertreue

---

[6] Erstmals ausführlicher diskutiert von A. Tyson, »Notes on the Composition of Mozart's Cosi fan tutte«, in: *JAMS 1984*, S. 356 ff.

[7] Tyson, a. a. O., S. 368, mit Faksimile.

glauben, hatte zunächst sich Despina mit einer Cavatina vorgestellt, welche später durch ein Rezitativ ersetzt wurde; harmonisch mag sie vermittelt haben zwischen dem E-Dur von »Soave sia il vento« und dem groß hingestellten Es-Dur von Dorabellas Aria agitata. Zu Prüfungen, die man hinter solchen Änderungen vermuten muß, mag vor allem der Umfang des Aktes Anlaß gegeben haben; mit insgesamt 18 gezählten Nummern erscheint er fast überbelastet, und das umso mehr, als der geradlinige Handlungsablauf in Alfonsos erotischem Experiment die Zahl qualitativ neuer Situationen begrenzt.

Wenn man übrigens den allgemeinen Eindruck verifizieren will, in diesem Akt überwögen schnelle Tempi, macht man die überraschende Entdeckung, daß, von der ersten Szene abgesehen, die Tempi kaum anders dosiert sind als in vergleichbaren Fällen. Rasch erscheint das Durchschnittstempo viel eher dank der Dichte der Ereignisse. Mozart reflektiert dies – und erreicht damit ein im Großen schnelles Tempo mit etlichen gemäßigten Tempi im Einzelnen – indem er knapp, zuweilen miniaturistisch komponiert. Die drei Terzette der ersten Szene muten an wie Teilabschnitte eines großen; nicht zufällig schreibt Mozart ein Vorspiel nur beim ersten, ein längeres Nachspiel nur beim dritten, und dies erst in einem zweiten Arbeitsgang.[8] Um Miniaturen handelt es sich bei Alfonsos erster Arie, beim Duettino der Offiziere, und Nähe zur Miniatur halten selbst noch die getragenen Abschiedsensembles, das Quintett Nr. 9 noch beim Insichkreisen einer anfangs sechsmal gleichbleibenden Struktur im Orchester. Wenn Mozart einmal einen ganzen »Stollen« wiederholt, läßt sich das leicht erklären – beim ersten Duett der Mädchen als Darstellung der träge verrinnenden Zeit, bei Dorabellas Aria agitata, weil bei deren furiosem Tempo und so einheitlichem Zuschnitt ein stimmiges Ganzes anders schwer zu erreichen wäre, und bei Despinas erster Arie, einer nachgeholten, als Moment der gewichtigen Exposition dieser gefährlichen Mitspielerin. In einem großen Ensemble rekapituliert Mozart einen ganzen Stollen erstmals im Sextett Nr. 13; er trieb also, wo immer das in den etwa achtzig Minuten dieses Aktes möglich schien.

Verhielt es sich mit diesem immer so? Nicht nur sein Umfang gibt Anlaß zu überlegen, ob in einem früheren Stadium der Arbeit einmal an zwei Akte gedacht war, oder, da dies wenig genregemäß erscheint, ob eine Unterteilung den Autoren sich nicht wenigstens als Denkmodell aufgedrängt habe. Wenn, wie am ehesten zu vermuten, Ferrandos verlorene Arie zwischen dem Sextett Nr. 13 und Fiordiligis großer Arie gestanden hat, ergäbe sich eine nicht nur tonartlich plausible Zweiteilung mit dem C-Dur-Sextett als Abschluß eines mit der C-Dur-Ouvertüre beginnenden ersten Teils bzw. Aktes und der d-Moll-Arie des Ferrando als Eröffnung eines mit dem D-Dur-Finale Nr. 18 schließenden zwei-

[8] A.a.O.

ten. Angesichts der Probleme des dramatischen Tempos mutet das Sextett als inmitten eines turbulenten Aktes stehendes Ensemble breit ausgearbeitet an, als ein Finale hingegen eher knapp. Hat möglicherweise, nachdem Fiordiligi und Dorabella gerufen haben, der Versuch einer offiziellen Vorstellung gestanden, der später gestrichen wurde? Man kann es ebensowenig ausschließen wie beweisen. Bei der vermuteten Verknappung könnte schon der Hinblick auf das »zweite« Finale mitgesprochen haben, die Tatsache, daß beider Situationen einander allzusehr ähneln, lediglich Art und Vehemenz der männlichen Attacken sich verändert haben. Dies freilich gälte für den vermuteten zweiten Akt insgesamt – und genau da könnten Gründe gelegen haben, derentwegen die Akte zusammengezogen wurden. Das bedeutete nun auch, daß Da Ponte und Mozart auf Mittel und Wege sinnen mußten, die Geradlinigkeit der Handlung bereichernd und steigernd zu kompensieren, um deren Problematik vergessen zu machen. Mit Ausnahme von Dorabellas »zu frühem« furiosen Ausbruch erscheinen erst jetzt große Arien – Fiordiligis »Felsenarie«, die später ausgewechselte des Guglielmo und Ferrandos »Un'aura amorosa«. Das Finale ließe sich, vom einleitenden Duett der Mädchen bis zum Patt seines Schlusses, unschwer als verdichtende Wiederholung all dessen erklären, was seit dem ersten Auftritt der Mädchen geschehen ist. Bei der Entscheidung für einen großen Akt mag auch mitgesprochen haben, daß für den Beginn des vermuteten zweiten eine qualitativ neue Situation sich nicht herstellen und Alfonso im Sextett sich auf keine plausible Weise aus der Position des verborgen Beobachtenden herausholen ließ – es steht einem Finale schlecht an, daß einer der Mitwirkenden für die gesamte Dauer von anderen nicht erkannt werden darf. Kein Wunder, daß die Entscheidung, wenn sie zwischen den vermuteten Alternativen fiel, radikale Folgerungen nach sich zog, deren radikalste – die Streichung einer Nummer, auf welche später konkret Bezug genommen wird – darüberhinaus den Schluß nahelegt, sie sei in letzter Minute gefallen.

Auch für ein Zögern der Autoren lassen sich, abgesehen von dem Opfer bereits geschriebener Nummern, gute Gründe nennen – an erster Stelle die sinnfällige Kurve, die der hypothetische erste Akt dramaturgisch und musikalisch beschreibt. Die Dreimänner-Szene spielt in Ton und Tonart weitgehend noch im Bannkreis der Ouvertüre; als Mittelstück, endend mit dem E-Dur-Terzettino, ergäbe sich eine ausführliche Exposition mit beträchtlichen Kontrastierungen, u.a. des Soldatenchors mit »Di ... scrivermi ogni ... giorno«, und mit ebenso beträchtlichen harmonischen Ausschlägen bis hin zu Es-Dur (Nr. 11) bzw. E-Dur (Nr. 10) als fast »symmetrisch« um die C-Achse liegenden Eckpunkten. Gliedernd zwischen diesem mittleren und dem dritten Teil stünde Alfonsos vorgreifendes »Nel mare solca, e nell'arena semina«, in dem d-Moll beginnend, mit dem Ferrando den vermuteten zweiten Akt eröffnet hätte, und wie die Dreimänner-Szene endend in C-Dur. Als Eröffnung des dritten Teils und als Visitenkarte der einzigen noch zu exponierenden Mitspielerin wäre Despinas verlorene Cavatina gefolgt und dieser, auch tempomäßig zum Sextett-Finale (Nr. 13) hinleitend, Dorabellas Arie. Am Aktschluß hätte sich dramaturgisch prachtvoll ein Eins-zu-Null für Ferrando und Guglielmo hergestellt, im gewesenen zweiten Akt wiederholt und gesteigert im »Lachterzett« (Nr. 16). Mancherlei Ähnlichkeiten des abschließenden Molto Allegro mit dem Presto der Ouvertüre böten sich als Argumente für die vermutete Finalität des Sextetts an, der abschließende, dem Aufstieg der Oboe am Ouvertürenbeginn antwortende Dreiklangabstieg etwa, erst recht Finessen des Komponierens wie Alfonsos »mi da un poco di sospetto« als dem C-Dur-Brio eingesenkter Widerhaken und genaues Zitat seines »che vi sia ciascun lo dice« aus dem Terzett Nr. 2.

Bewiesen ist hier nichts, vermutet fast alles, ausgehend von der – freilich deutlich sichtbaren – Narbe des im zweiten Finale bezugslos stehenden Zitats. Selbst aber, wenn sie sich widerlegen ließe, gäbe die Leichtigkeit, mit der die Mosaiksteine der Hypothese sich ineinanderfügen, triftige Auskünfte über Problematik und Form des komplizierten ersten *Così fan tutte*-Aktes, erweist das Vermutete sich als ein nahezu möglich Gewesenes, unabhängig davon, ob Mozart und Da Ponte es in Betracht gezogen haben.

III

Die letzte Revision, der der an seiner neunten Sinfonie arbeitende Bruckner seine Dritte im Jahre 1889 unterzog, steht dank der bedrängenden Umstände, unter denen sie zustandekam, in keinem günstigen Licht.[9] Das Renommée einer Fassung letzter Hand jedenfalls möchte man bei ihr noch weniger in Anspruch nehmen als bei den anderen Sinfonien. Allerdings muß man fragen, ob die Blessuren, die das Finale unter der offenbar rigorosen Federführung der Schalk-Brüder erlitten hat, eine Sicherheit der Beurteilung bzw. Verurteilung auch von Änderungen im ersten und zweiten Satz rechtfertigt, welche einen halbwegs entmündigten Bruckner unterstellen muß und Gefahr läuft, sich in Eindeutigkeiten zu ergehen, die die Fatalitäten der Fassungsproblematik anderwärts verwehren. So sucht bei entsprechenden Fällen die Bestimmtheit ihresgleichen, mit der die vermutlich von Franz Schalk stammende Trompetenmelodie im letzten Tutti des zweiten Satzes (= Takte 188 ff.) für »themenfremd und leider nicht zu Bruckners edelsten Eingebungen gehörend«[10], für eine »sehr schlimme Zutat« bzw. als etwas »Gemeines, Triviales und dazu Unorganisches«[11] befunden wird. »Themenfrem-

---

[9] Hierzu H. Halbreich, P.-G. Langevin und R. Stephan in: *Bruckner Symposion »Die Fassungen« Linz 1980*, Bericht Linz 1981.

[10] F. Oeser, cit. a.a.O., S. 82.

[11] A.a.O.

des« fällt oft genug in die Musik dieser Sinfonie ein, nicht nur mit den auch im Jahre 1889 stehenbleibenden Wagner-Anspielungen; »themenfremd«, sofern man ihnen nicht den Rang eines eigenen thematischen Komplexes zugesteht, bleiben der gegen Ende der Exposition des ersten Satzes erscheinende Choral (= Takte 209 ff.) ebenso wie die gebet- oder epiloghafte Wendung, die am Ende des ersten Komplexes im Adagio (= Takte 30 ff. mit Auftakt) dem Tristan-Zitat vorangeht und am Ende der Durchführung des ersten Satzes der nächsten Sinfonie ein Gegenstück erhält. Die »Themenfremdheit« der ins Adagio der Siebenten einfallenden Totenmusik für Wagner ist stets bewundert, nie beanstandet worden – aus Gründen, welche anderwärts auch gelten sollten. In allen genannten Fällen dokumentiert sich eine Offenheit, welche Legitimationszwänge etwa vom Brahmsschen Zuschnitt nicht kennt, ganz und gar, wenn, wie im Falle der »Gebete« oder des Chorals, die Erfindung sich einer wohlvertrauten Typologie bedient, aber auch, wenn sie in der siebenten Sinfonie vergleichsweise äußeren Umständen mitzukomponieren erlaubt. Schalks »banale«, immerhin von Bruckner tolerierte Trompete liegt, gewiß als Extremfall, durchaus noch auf der Linie jener Offenheit: Notfalls komponiert ein anderer weiter, vollends zu Recht, wenn er seinen Beitrag nahtlos einzupassen versteht (die Veränderungen im Hornsatz zählen kaum). Fast könnte man hier ein additives scholastisches Wirklichkeitsverständnis reflektiert finden: Sofern etwas nur halbwegs triftig verknüpft und bezogen werden kann, erscheint es im betreffenden Zusammenhang bereits legitim und »real«. In den kantablen Bündeln von Bruckners »Gesangsperioden«, in deren arbiträrer Kontrapunktik, welche unterstellt, da könne etwas wegbleiben bzw. anderes hinzutreten, scheint es immer wieder auf.

Aussondern und Weglassen als Bestandteil künstlerischer Arbeit ist ein Gemeinplatz; bei Bruckners Revisionen indessen spricht man vornehmlich von Streichungen, Kürzungen, Sprüngen etc. Freilich sind die oftmals beglaubigten Bedrängungen des um die Praktikabilität seiner Sinfonien besorgten Bruckner wohl dazu angetan, den Gesichtspunkt konzentrierender Aussonderung vergessen zu machen. Die umfangreichste Streichung im Adagio der Dritten betrifft die der Wiederaufnahme des Beginns vorausgehende Episode (»F« in den Fassungen 1877 und 1889). Bruckner rekapituliert in der früheren Version dort vollständig, d.h. in 16 Takten, die 3/4-Melodie, die Redlich ein »Echo marianischer Hymnen« genannt hat. Zuvor hatte er sich in immer komplexere Strukturen hineinkomponiert; nach diesen hat er im Jahre 1877 eine volle Restituierung der »marianischen« Melodie für notwendig gehalten, begleitet sie mit kleingliedrigen Synkopierungen, die schon beim ersten Erklingen (= Takte 57 ff.) auf eine Verdichtung hintrieben – nun, beim zweiten, in ein Accelerando. Über zwei weitere Tempomodifikationen führt er hinüber in einen Abschnitt mit »quadriger«, nahezu ungefüger Kontrapunktik von der Art, die ihre Bestimmung nicht verbirgt, sondern vorzeigt. Vor dem Hintergrund der späteren Lösung nun stellt diese volle Rekapitulation sich als zu »materiell« und pedantisch dar: Bruckner verzichtet in der letzten Fassung auf die ersten acht Takte der marianischen Melodie, und so steht nun ihr verkürzter Nachsatz fürs Ganze, unterstützt durch den anschlüssigen Charakter eines Eintritts, der den nunmehr entfallenden Vordersatz als realiter erklungen voraussetzt. Gern wüßte man, ob und auf welche Weise Erfahrungen mit der Coda des ersten Satzes der siebenten Sinfonie mitgesprochen haben; auch dort (»W«, »Sehr feierlich«) tritt der Nachsatz des Hauptthemas so ein, daß kein Zweifel besteht: gemeint ist das ganze.

Einmal mit Aussonderung befaßt, streicht Bruckner nicht nur die Reminiszenz des Misterioso, welche nur als Brücke und Rekapitulation des Anfangs diente. Nun, so scheint es, will er die »Wahrheit«, die Struktur der Passage schmucklos und nackt hinstellen und tilgt alle umkleidenden, verknüpfenden, vermittelnden Komponenten. Die Rekapitulation des marianischen Gesangs verebbt nicht mehr wie in den Takten 150/151 der Fassung 1877, keine Holzbläser, an dessen melodischem Gestus festhaltend, üben mehr die »Kunst des Übergangs« und rechtfertigen den Eintritt der neuen Prägung als – zudem piano eingeführter – Kontrapunkt. Die Rekapitulation läuft nun »crescendo sempre« in einer Pausenfermate auf. Ebenso abrupt, wie diese eine Entwicklung abschneidet, setzt nach einer Fermaten-Pause fortissimo und »markiert gestrichen« ein neuer Komplex ein, die eng imitierte Prägung wohl als Umkehrung der soeben gestrandeten Melodie kenntlich, aber so andersartig in Gestus und Präsentation, daß der Bezug eher theoretisch zählt. Den Überbau der früheren Fassung – der dort nicht nur überbaut und verdeckt, sondern die kontrapunktische Fügung verursacht haben könnte – streicht Bruckner und stellt diese – prononciert simple – Fügung mit gewalttätiger Direktheit hin, hierin nahezu den unterschiedlichen Abstraktionsstufen moderner Gemälde vergleichbar. Abbruch und Neuanfang erweisen sich dergestalt als ungeduldige und zugleich puritanische Verkürzung und Konzentration einer Kontinuität, welche vordem vorhanden gewesen und nun keinesfalls vollständig gebrochen oder beseitigt ist, sondern unterschwellig mitgesetzt bleibt. Für wieviele ähnliche Passagen, deren Vorstadien wir nicht kennen, mag das gleichfalls gelten?

Die Art und Weise solcher Mit-Setzung läßt sich bei den Kürzungen des ersten Satzes zuweilen schwer bestimmen. Unverkennbar in der Funktion eines sammelnden Epilogs steht am Ende der Durchführung (»R«) eine freie Variante der »Gesangsperiode«, auf den oben erwähnten, noch viel freieren Epilog an gleicher Stelle in der nächsten Sinfonie vorausweisend. Wer nicht schon durch oftmaliges Hören auf den Verlauf eingeschworen ist, mag, was da in der letzten Fassung vorangeht, nahezu als enigmatisch, als willkürliches Nebeneinanderstellen unzusammengehöriger Komplexe empfinden. Die zunächst unisone, später akkordische Apotheose des Hauptthemas (»O« in beiden Fassungen) führt Bruckner über Skalen der Streicher in vier Blöcken fort, worin Terzanstieg und

Themenkopf kombiniert sind, was er im Weiteren verdichtet zur Kombination mehrerer Mensuren und komplizierter Versetzungen. In der Fassung 1877 kulminiert dies in vier Takten E-Dur, denen sich »pp« in Holzbläsern, dreimal sequenzierend auseinandergesetzt, der engschrittige Anstieg anschließt, mit dem nach dem ersten Unisono (= Takte 31 ff.) die Streicher »de profundis« antworteten. Dabei wird As-Dur erreicht, und dies nimmt der viertaktige Tutti-Komplex danach auf und hält es fest, dem vorangegangenen E-Dur-Block ohne dessen Versetzungen weitgehend entsprechend. Sodann treten abermals »pp« die Holzbläser ein und führen in analogen sechs Takten nach C, welches, durch eine Streicherfiguration befestigt, als Dominante das Tor zum F-Dur der epilogischen Variante des Gesangsthemas öffnet.

Zwölf Jahre später meint Bruckner auf die »diskursiven« Momente der kontrapunktischen Verdichtung und der Harmoniefolge (in den kontrastierenden Tuttiblöcken vor dem Epilog: E – As – C) verzichten zu können, meint wohl, da der Weg zum Epilog einmal gebahnt war, sich mehr und etwas anderes leisten zu können. Nach der erwähnten, fast unverändert übernommenen Apotheose (»O«) komponiert er in zwölf neuen Takten viel unmittelbarer »dramatisch« – nicht zuletzt dank einer viertaktigen Figur der Hörner – und kommt in einer Struktur an (Fassung 1889: »Q«), die wohl etliches aus der hier verworfenen Passage bewahrt, zugleich aber angereichert wird durch engere Imitationen des zuvor schon dramatisch treibenden Themenkopfs und durch eine melodische Prägung der Trompeten, welche wohl mit den Terz- und Quartanstiegen im Bereich des Hauptthemas zusammenhängt, in ihrer Neuartigkeit jedoch die Wahrnehmung dieses Zusammenhangs verhindert und unnötig macht. Danach werden aus einstmals vier Takten E-Dur nun acht zudem strukturell durch den Neuzuwachs angereicherte, fast in der Stellung und Dimension einer zweiten Kulmination nach der unisonen des Themas; und weitere vier Takte gehören allein der diminuendo zurücknehmenden Pauke. Deren liegendem E supponiert Bruckner ein zumindest nachträgliches Umdenken vom Grund- zum Leitton, danach erklingt der F-Dur-Epilog. Das liegt weitab von der Arithmetik der mediantischen Verwandtschaften von 1877 und der durch sie ermöglichten dominantischen Schlüssigkeit des Übergangs von C nach F und mag am ehesten noch in Verbindung gesehen werden mit der chromatischen Anhebung der Tonart innerhalb der »Gesangsperiode«, deren der Epilog sich erinnert. Andererseits hat nicht nur die unmittelbare Bildlichkeit der Erfindung gewonnen; mindestens gleich wichtig erscheint, daß Bruckner den Großverlauf nun in neuer Weise equilibriert: Denn das jetzt 12 Takte regierende E-Dur korrespondiert nunmehr mit dem großen, achttaktigen E-Dur-Komplex am Ende der Exposition (= Takte 209 ff.), auf den der »Choral« hinauslief, und wo, mit der Signatur von Erfüllung und Ankunft, das Hauptthema neu eintrat, als Umkehrung seinem allerersten Erscheinen präzise entsprechend. Womit dem E-Dur fast die Qualität einer zwar immer anvisierten, doch selten erreichten »Gegentonart« zuwächst, deren Bedeutung und Klang (unabhängig von ihrer Stellung in einem d-Moll-Werk) der Bruckner besonders empfinden mußte, der inzwischen die siebente Sinfonie komponiert hatte. Kraft seiner neuen Dimensionierung strahlt das zwölftaktige E-Dur über den F-Dur-Epilog hinaus auf den a-Orgelpunkt vor dem Reprisen-eintritt aus und erscheint fast wie die »eigentliche«, das Tor zum d-Moll der Re-prise öffnende Dominant. War dies, paradox gesprochen, erst möglich gewor-den, weil es zwölf Jahre lang anders gelautet hatte, weil Bruckner dank der frühe-ren Fassung die Wegstrecke gesichert erschien, unabhängig davon, ob sie nun nochmals abgegangen wurde?

Zwischen opus perfectum und work in progress

Sammlung, Serie, Gruppe, Opus, Zyklus – wenn wir uns einmal nicht für Abgrenzungen dieser Begriffe interessieren, sondern für das, was vom Zuständigkeitsbereich des einen in den des anderen hinüberreicht, geraten wir rasch an die Frage, wie es um integrierende Momente, Einmaligkeit und um die Abgeschlossenheit dessen bestellt ist, was gemeinhin vollkommen oder vollendet genannt wird. Schon der unüberlegte Sprachgebrauch, welcher die prätentiöse »Vollendung« nahezu gleichsetzt mit »Fertigstellung«, verrät jenes hermetische Verständnis, das sich mit der Vorstellung eines autonomen Kunstwerks nahezu unentrinnbar verbindet. Der plausible Allgemeinplatz, Vollkommenheit zeige sich schon darin als unabgeschlossen, daß sie über sich hinausweise, kommt gegen die Autorität des geschlossenen ästhetischen Ganzen kaum an, Plädoyers für das »offene Kunstwerk« oder das besondere Wahrheitsmoment des Fragmentarischen bilden das unvermeidliche Korreferat zu allen Apologien von Struktur und Werk. Weil sich mit deren Autorität nur zu leicht diejenige bewährter Traditionen verbindet, wird die Parteinahme für den Akt des Herstellens gegen das Hergestellte, für den Prozeß gegen dessen Ergebnis vor allem die Sache der jeweils Jüngeren sein, beginnend u.a. bei der im Deutschen durchaus polemischen Identifizierung von Klassik und Klassizismus.

Mindestens aus zwei Gründen indessen erscheint diese Situation im Zeichen des »immer schon dagewesen« billig abgefertigt. Zum einen, weil der Deutungs- und Vertretungsanspruch geschlossener Systeme im Zeitalter eines pluralistischen Weltverständnisses obsolet geworden ist und dies in der ohnehin seismographisch vorausahnenden Kunst längst durchschlägt; von Ewigkeitswerten z.B. mögen wir, so sehr wir andere Zeiten um den Glauben an sie beneiden, nicht mehr gern sprechen; was man vordem als unverrückbare Endgültigkeit großer Werke verstand, mutet uns glaubwürdig an nurmehr in der Vermittlung zu ihrer Historizität, in der Offenheit gegenüber den Momenten ihrer Vorläufigkeit. Billig abgefertigt zum zweiten, weil das Problem des als Struktur vergegenständlichten Werkes sich in der Musik grundsätzlich anders stellt als in den übrigen Künsten.

Indem Musik erklingt, verklingt sie auch; »meditatio mortis« hat sie ein Theoretiker des frühen 16. Jahrhunderts deshalb genannt. Daß man die Realität bzw. Identität des Komponierten nicht simpel greifen kann, daß man sie teilweise im notierten Text hat, jedoch ohne die eigentliche, »materielle« Realität des Klingenden, und daß diese Realität wiederum jeweils eine andere, also unidentisch ist, hat dem ästhetischen Verständnis, u.a. bei Kant und Hegel, arg zu schaffen gemacht. Die beiden haben die mangelhafte Festigkeit unzweideutig als Defizit notiert, und daß die Musik nahezu gleichzeitig bei den Jüngeren zur »algebraischen Formel« aller anderen Künste avancieren konnte (Kleist), hat auch mit einer mutig oppositionellen Umwertung jenes »Mangels« zu tun. Selbst, wenn man einräumt, daß der Theoretiker Listenius, der im Jahre 1536 vom musikalischen »opus perfectum et absolutum« sprach, »perfekt« und »absolut« anders verstand als wir, bleibt der kleine Verdacht, er habe den verklingenden Tönen, der schwierigen Identität von Vorhandensein und Vergehen, anhand derer seit Augustinus etliche Denker das Rätsel der Zeit verdeutlicht haben, Maßgaben aufnötigen wollen, welche von der Gegenständlichkeit der bildenden Kunst hergenommen sind. Der Anspruch, in der Musik bzw. beim Musizieren perfekt oder absolut zu sein oder beides zugleich, liegt dem Musizierenden, der sein Tun stets nur als Annäherung verstehen kann, ebenso fern wie dem Komponierenden, welcher nach Beendigung eines Werkes genau weiß, welche Fragen oder Aufgaben ungelöst geblieben sind, also zu weiterer Bearbeitung anstehen. Je strenger es als Struktur definiert wurde, desto genauer definiert das Werk, was in seinem Rahmen unerledigt blieb.

Das bedeutet auch, zum Kummer derer, welche vorschnell Individualität mit Eigenständigkeit ineinssetzen: je deutlicher die Einmaligkeit eines Werkes, desto deutlicher bestimmt es im Voraus mögliche Ergänzungen durch ein anderes bzw. Art und Wesen einer zyklischen Einbindung. Man braucht anstelle von »Werk« nur »Satz« zu sagen, um als Produkte genau dieser Einsicht die Normative der mehrsätzigen Instrumentalformen zu erkennen, die Totalität des Werkganzen gewonnen aus der exemplarischen Unterschiedlichkeit der einzelnen Sätze. Was einer Sonate oder Sinfonie recht ist, sollte einem Zyklus billig sein – und ist es doch nicht: Häufig liest man – dem kleinen Einmaleins der Dialektik entgegen –, bestimmte Werke seien zu groß und also zu eigenständig, als daß sie zu Gliedern eines zyklischen Zusammenhanges erniedrigt werden dürften o.ä. Wer dennoch hierauf insistiert, müßte freilich wenigstens die Problemgemeinschaft von Kompositionen bedenken, welche als Gattung oder in der Entstehungszeit einander nahestehen, und im Sinne der unerledigt gebliebenen Probleme sollte er Erklärungswege einräumen etwa in der versuchten Beantwortung der Fragen, weshalb bei Mozarts reifen Klavierkonzerten zweimal ein neutraleres drittes Stück nach einigem Abstande zwei exemplarisch unterschiedliche wie ein tertium comparationis ergänze (KV 466, 467–482; KV 488, 491–503), ob man angesichts der Sinfonien in Es, g und C vom Sommer 1788 nicht vermuten dürfe, zur Planung der Klavierquartette in g (KV 578) und Es (KV 593) habe in der Vorausschau vielleicht ein drittes, in C stehendes gehört, oder, bei den Streichquintetten in g (KV 516) und C (KV 515) habe Mozart von vornherein an ein drittes in Es gedacht – welches später tatsächlich nachfolgte, freilich gepaart mit einem in D.

Damit werden Maßstäbe der Zusammengehörigkeit unterstellt, welche kompositorisch erst erarbeitet werden mußten. Bei den üblicherweise zwölf Werke umfassenden Sammelpublikationen der Barockzeit (u.a. Corelli, Händel) traf sich eine verkaufsgünstige Menge mit der Symbolkraft einer Zahl, angesichts deren eine Strukturierung der Werkreihe zu vermuten wenig sinnvoll erscheint, sofern wir nicht gar wissen, daß der Verleger die Stücke kompiliert hat. Schon bei Buxtehude, u.a. in den zweimal sieben Trio-Sonaten op. 1 und 2, steigen die Ansprüche in Bezug auf die Legitimität der Zusammenstellung, ganz und gar in Bachs zumeist je sechs Kompositionen umfassenden Werkgruppen: Im Sinne seines exemplarischen Komponierens kann er nichts dem Zufall überlassen, erstmalig ziehen die Standards der Werkfolge mit denjenigen der Satzfolge gleich oder übertreffen sie gar, sei es in der den Spielraum der jeweiligen kompositorischen Möglichkeiten ausmessenden Unterschiedlichkeit der Brandenburgischen Konzerte oder in der kontinuierlichen Steigerung der spieltechnischen Anforderungen in den Suiten für Violoncello, nicht zu reden vom »Wohltemperierten Klavier«. Unübersehbar tritt bei Haydn ein historisches Moment hinzu, die Kodifizierung des jeweiligen Standes des Komponierens u.a. in den Streichquartetten op. 33, woran Mozart u.a. in den sechs Haydn gewidmeten Streichquartetten anknüpft, nicht weniger Beethoven in dem einzigen sechs Werke umfassenden Streichquartett-Opus 18. Noch in Dreiergruppen wie den Rasumowsky-Quartetten op. 59 ist die Intention der in einem bestimmten Rahmen realisierten exemplarischen Unterschiedlichkeit unübersehbar, auch in Zweiergruppen bzw. Werkpaaren wie der V. und VI. bzw. VII. und VIII. Sinfonie, welche nicht mehr per Opuszahl als zusammengehörig ausgewiesen sind. Und in welchem Sinne und Maße ist Brahms' Zweite Sinfonie, nahezu blitzartig bald nach Beendigung der Ersten niedergeschrieben, mit der er mehr als fünfzehn Jahre umgegangen war, auf diese bezogen, wie überhaupt kann unter solchen Umständen eine Komposition dieser Art zustandekommen, ohne auf den eben erzielten Durchbruch bezogen zu sein?

Damit haben wir über den Zuständigkeitsbereich des Zyklischen hinausgefragt, freilich auf eine Weise, welche zu dessen Bestimmung unerläßlich ist, wirft sie doch Licht auf die Fragen der Vollendbarkeit, auf den Umstand, daß ein Werk obersten Anspruchs vollendet und autonom und zugleich auf einen übergreifenden Zusammenhang angewiesen, zumindest von ihm aus triftig erklärbar sein kann. Im Übrigen tut man gut daran, dies nicht mit der Frage nach einem unmittelbaren Nachvollzug zu belasten, auch dort nicht, wo eine kleinere Zahl – knapp bei den Brandenburgischen Konzerten, vielleicht bei Mozarts letzten drei Sinfonien oder bei Beethoven op. 59 – das Beieinander an einem einzigen Konzertabend noch möglich erscheinen läßt. Dagegen mag daran erinnert sein, daß bis in die große Zeit der klassischen Sinfonie hinein die Aufführung einzelner Sätze oder einer auf Konzertbeginn bzw. -ende aufgeteilten Sinfonie üblich, mithin selbstverständlich akzeptiert war, daß man realiter immer nur den Teil eines größeren Ganzen zu hören bekam. Haydns Forderung in London, daß seine Sinfonien am Ende der Konzerte zu spielen seien, stellt einen ersten Versuch dar, die zuvor selbstverständlich hingenommene Differenz zwischen Intendiertem und Erklingendem zu verringern.

Differenz, nicht Defizit. Wollte man von diesem sprechen, hätte man die Dignität des Werkganzen auf eine Idealität bzw. Verabsolutierung hin verengt, welche bestenfalls in einzelnen Aspekten Sache der Komponierenden gewesen ist. Daß die Hypostasierung des unverwechselbaren Werkes auch mit Warenästhetik zu tun habe (je leichter als einmalig identifizierbar, desto leichter verkäuflich), erscheint dabei als theoretisch verallgemeinernder Verdacht im Vergleich mit einem praktischeren: Der Vollendungsdruck, unter den ein Komponist sich gesetzt sieht, ist stärker und von anderer Art als bei den Kollegen der anderen Künste. Um überhaupt die ihr eigene, die klingende Realität gewinnen, um gespielt werden zu können, muß Musik fertiggestellt sein; anders als ein fragmentarisches Bild oder Gedicht ist eine fragmentarische Komposition eine Katastrophe. Korrespondenzen in der Musik, dieser wiederholendsten aller Künste, dienen neben der Verdeutlichung des zu Neuem, Anderem fortziehenden Zeitlaufs anhand des Gleichbleibenden (dennoch nie Selben) nicht zuletzt der Beschwichtigung des Übels, daß notwendig rückbezogene Reprisen sich auch als billige Multiplikationen, als allein der formalen Stimmigkeit geschuldete Veranstaltungen erreichen lassen, wie u.a. in Adornos Verdächtigung klassischer Reprisen als verabredeter Tautologien durchscheint. Unterstellt man immerwährende Tuchfühlung von erfindender Phantasie und Struktur, so kann ein fertiges Werk fragmentarischer sein als ein ehrlich abgebrochenes, wenn es im bequemen Verlaß auf formale Stimmigkeiten aus Versatzstücken geschickt zusammengeflickt worden ist; auch deshalb konnte Benjamin vom Werk als der »Totenmaske der Konzeption« sprechen – Maske freilich von etwas, was ohne Maske gar nicht wahrgenommen werden könnte.

Die zeitgenössische Theorie des »offenen Kunstwerks« und die frühromantische Fragment-Ästhetik stehen einander, indem sie Möglichkeiten und Unmöglichkeiten künstlerischer Vollendung zu reflektieren zwingen, sehr nahe, weniger Widerpart denn Korrelat der klassischen Konzeption des autonomen Werkes bzw. Kritik des Anscheins, in der abgeschlossenen Gegenständlichkeit des Gewordenen, des »opus perfectum«, seien Werden und Wachsen der Imagination ans Ziel gelangt, mithin Kräfte und Antriebe des Werdeprozesses zur Ruhe gekommen. Als müsse den eingangs angesprochenen philosophischen Besorgnissen Rechnung getragen und bewiesen werden, daß die Musik es durchaus mit der dauerhaften Gegenständlichkeit der bildenden Künste aufnehmen könnte, als müsse mithilfe von deren Autorität verdrängt werden, daß bei ihr auch der Weg das Ziel und das Hergestellte vom Herstellen nicht zu trennen ist! Nicht nur

fallen Furor des Musizierens und struktureigene Dynamik der Musik in authentischen Aufführungen ineins, auch bleibt gerade bei denen, die zäh um eine
letztverbindliche Fassung der Texte gerungen, die wie Mahler bei jeder Gelegenheit revidiert haben, das Moment der Vorläufigkeit, des work in progress
spürbar – nicht nur dort, wo die einzelnen Werke wie Emanationen einer dahinterliegenden, ideal gedachten »Hauptmusik« erscheinen oder der Komponist das
jeweilige Stück explicite als temporäre Standortbestimmung einer letztlich unabschließbaren Bewegung versteht, oder auch dort, wo er qua Aleatorik des Jedesmal-anders der Ausführung in das So-und-nicht-anders der Werkstruktur
hereinzuholen versucht. Allemal definiert sich ein Gegenstand anhand der Differenz zum anderen, nicht nur in schroffer Abgrenzung, sondern stets auch als
Vermittlung; Offenes definiert sich am Abgeschlossenen – und umgekehrt; Werdendes am Gewordenen – und umgekehrt; die Indivdiualität eines einzelnen
Satzes an der Totalität des Werkganzen – und umgekehrt; die Einmaligkeit des
Werkganzen am zyklischen Zusammenhang – und umgekehrt.

II. Musikwissenschaft

Die Nazis und der Fauxbourdon

Anfragen an nicht vergehende Vergangenheit:
Heinrich Besseler

I.

Die Diskussion um Musikwissenschaft als »verspätete Disziplin«[1] zwingt im Blick auf die Jahre zwischen 1933 und 1945 und deren Nachwirkungen zur Verfolgung unterschiedlicher Verspätungen. Obenauf liegt die einer überfälligen, jahrzehntelanges Schweigen aufbrechenden Rechenschaft, bestätigt noch dadurch, daß trotz einiger Anläufe seit den achtziger Jahren die ersten bahnbrechenden Untersuchungen von nichtdeutschen Musikwissenschaftlern stammen.[2] Die gewollte, wo nicht inszenierte Verspätung indessen ließ sich nicht sauber eingrenzen, sie zog weiterreichende Verspätungen in Bezug auf Problemfelder nach sich, welche nahe bei den beschwiegenen lagen; gerade, weil sorgsam gemieden, wurden sie zu Probiersteinen einer Substanz und Methoden gleichermaßen betreffenden Selbstverständigung der Disziplin – seit dem Eklat auf dem Bonner Kongreß des Jahres 1970 war das allen Beteiligten klar. Entgegen dem Artikel »Musikwissenschaft« in der neuen MGG[3] steht außer Zweifel, daß »die Korrumpierung durch den Nationalsozialismus die westdeutsche Musikwissenschaft nach 1945 auch intellektuell noch beschädigte«; der Zweifel daran ist selbst Teil dieser Beschädigung. Bestünde er zu Recht, verlöre die Beschäftigung mit dem Thema überdies jene Motivation, welche sie, dem vermeintlichen Abstand entgegen, dringlich macht: eben die Verknüpfung mit der Selbstverständigung der Disziplin. »Appanate talpe«[4] wissen nicht oder wollen nicht wissen, wie blind sie sind.

Äußerlich verspätet zeigte die Musikwissenschaft sich zunächst in der geringen Zahl von Fachvertretern und Forschungseinrichtungen; so konnte man sich

[1] *Musikwissenschaft – eine verspätete Disziplin? Die akademische Musikforschung zwischen Fortschrittsglauben und Modernitätsverweigerung*, hrsg. von Anselm Gerhard, Stuttgart-Weimar 2000.

[2] Pamela Potter, *Most German of the Arts. Musicology and Society from the Weimar Republic to the end of Hitlers' Reich*, New Haven/London 1998; deutsche Übersetzung: *Die deutscheste der Künste. Musikwissenschaft von der Weimarer Republik bis zum Ende des Dritten Reichs*, Stuttgart 2000; Willem de Vries, *Sonderstab Musik. Music Confiscation by the Einsatzstab Reichsleiter Rosenberg unter the Nazi Occupation of western Europe*. Amsterdam 1996; deutsche Übersetzung: *Sonderstab Musik. Organisierte Plünderungen in Westeuropa 1940–45*, Köln 1998.

[3] Band VI, Kassel-Stuttgart-Weimar 1997, Sp. 1800ff.

[4] Giordano Bruno, *De la causa, principio et uno*, cit. nach: ders., *Heroische Leidenschaften und individuelles Leben*, Reinbek 1957, S. 30.

nach 1933 auf neue Weise beachtet finden und institutionell befestigt. Diese Verspätung erscheint freilich eingelagert in eine größere und substanzielle, die der überstark auf nationale Identität etc. fixierten Geisteswissenschaften, mit einem großen Anteil konservativ-antiliberal gesonnener Fachvertreter Agenten der »verpäteten Nation.« Ihr ungenau reflektiertes Hin und Her »zwischen Fortschrittsglauben und Modernitätsverweigerung«[5] ermöglichte bei führenden Vertretern – Heinrich Besseler hierin die musikologische Gegenfigur zu Martin Heidegger –, daß ein vordem die Hörsäle auslüftender Aufbruch zu neuen Ufern der nationalsozialistischen Ideologie in die Arme lief; man fühlte sich »früh« und war spät.

Wer solchen Entwicklungen im Sinne des unvermeidbaren »Wie konnte es geschehen?« nachfragt, arbeitet leicht dem Verständnis von Einstellungen, Handlungsweisen etc. zu, welchen er andererseits Verständnis verweigern muß; es sei denn, er wüßte genau, wo das Verstehbare ins Unverzeihliche umschlägt. Eben hier liegt das Problem – und der Ansatzpunkt für den Verdacht, man finde die Psychologie der Täter interessanter als die der Opfer. Nur selten lassen der Umschlag bzw. Motivationen als einigermaßen klar durchschauen wie z.B. bei dem im Hinblick auf den Kongreß in Barcelona 1936 Strippen ziehenden Besseler[6] oder bei dem mit schweijkscher List das heiße Thema »Musik und Rasse« traktierenden Friedrich Blume. Doch selbst hier wissen wir nicht, in welchem Maße die beiden nicht nur der Not gehorchend das Richtige zu tun meinten und sich als Einzelkämpfer empfanden. Das Binnenklima der Zukunft war widerwärtig. Sofern von einer solchen angesichts einer spärlichen Vertretung und Ausstattung an den Universitäten und weniger Kongresse, Symposien etc. überhaupt gesprochen werden kann – wenig Möglichkeit insgesamt, fachinterne Verhaltensnormen zu üben und Hierarchien auszubilden. Zudem fehlte eine nach Kompetenz, Erfahrung, Alter und Persönlichkeit taugliche Integrationsfigur. Von solidarischer Kollegialität ist wenig bekannt, Heinrich Besselers beste Freunde innerhalb des Faches, Higini Anglés und Jacques Handschin, waren keine Deutschen.

Die Fatalität peinlicher Rechenschaften über jene Zeit verrät sich schon in einschlägigen Formulierungen: »Bewältigung« und »Aufarbeitung« suggerieren nur zu sehr, sie könnten zu einem Ziel und Ende gebracht werden; die einstmals glaubwürdige »Trauerarbeit« ist unter der Last ihres moralischen Anspruchs zusammengebrochen und zur gängigen Münze verkommen; die Berufung auf sie – wer fährt dem gern in die Parade, der sie zu leisten prätendiert! – verrät vor allem die mit »Gnade der späten Geburt« verbundene Selbstgerechtigkeit; richtiger als

---

[5] S. Anmerkung 1.
[6] Potter, a.a.O., *Most German* …, S. 83/84.

von Gnade wäre von Bequemlichkeit zu sprechen. Wer Ruth Klüger, Jean Améry, Tadeusz Borowski, Imre Kertesz, Primo Levi oder Jorge Semprún genau liest, weiß, wie rasch der Aufarbeitungs-Anspruch nicht direkt Betroffener zur anmaßenden Lüge wird.

Das gilt auch für die Beschäftigung mit den Aktivitäten deutscher Musikwissenschaftler zwischen 1933 und 1945. »Der Idealismus«, so Rosa Luxemburg, »wächst mit dem Abstand vom Problem«. Auch vor zehn Jahren, als es wieder aufzuarbeiten galt und die emphatische Einladung hierzu offenkundig mit entsprechenden Versäumnissen nach 1945 zu tun hatte, wußten diejenigen am besten Bescheid, die weitab waren. Heute gehört zur Rechenschaft über die Nazi-Jahre allemal auch Rechenschaft über das, was unwiderruflich versäumt worden und durch keine, wie immer verständliche, Empörung einzuholen ist. Wer sie allzu laut bekundet, mißbraucht die unverdiente Überlegenheit der Nachlebenden und riskiert den Verdacht, er wisse genau, daß er in der damaligen Situation sich anders verhalten hätte. Unsere risikofreien Bestürzungen und Proteste sind nicht viel wert.

Dennoch gehören sie unabdingbar zu den Grenzgängen am nicht Entschuldbaren, um jegliches relativistische Alles-Verstehen zu meiden, welches mehr mit intellektueller Eitelkeit als Redlichkeit zu tun hat und listig Kapital daraus zu schlagen versucht, daß wir weder zu Schuldsprüchen noch zu Freisprüchen befugt sind. Wir kommen ohne Urteile nicht aus und dürfen dennoch nicht zu Gericht sitzen, wir sind zum Sammeln aller erreichbaren Indizien für einen Prozeß verpflichtet, der nicht stattfinden wird.

II.

Für »diejenigen, die zumindest einen der Totalitarismen dieses Jahrhunderts erlebt haben …, gibt es eine Phase ihres Lebens, da sie gleichsam nicht ihr eigenes Leben lebten, da sie sich in einer irgendwie unbegreiflichen Situation befanden, einer mit dem gesunden Menschenverstand kaum zu erklärenden Rolle, da sie so handelten, wie sie aus eigener Einsicht nie gehandelt hätten, Entscheidungen trafen, die nicht die innere Ausfaltung ihres Charakters, sondern eine alptraumartige äußere Macht ihnen abnötigte, und es war eine Lebensphase, an die sie sich später nur noch undeutlich, ja, unwillig erinnerten, in der sie sich selbst nicht mehr wiedererkannten, die ihnen zwar nicht gelang zu vergessen, die sich jedoch mit der Zeit allmählich zur Anekdote verfremdete, die also – jedenfalls empfinden wir es so – nicht zum organischen Teil der Person wurde, zu einem fortsetzbaren, die Persönlichkeit weiterentwickelnden Erlebnis, mit einem Wort, die sich im Menschen einfach nicht zur Erfahrung hat verdichten wollen. Dieses Nicht-Aufgearbeitete, ja, oft Nicht-Aufarbeitbare von Erfahrungen: ich glaube, das ist die für dieses Jahrhundert charakteristische und neue Erfahrung.« Imre Kertesz, der Auschwitz und Buchenwald überlebt hat, reserviert diese Erfahrung[7] nicht für seinesgleichen und riskiert den Anschein eines Freispruchs für die, nach deren Maßstäben er nur per Betriebsunfall überlebte. Versteht man seine Formulierung indessen als Rahmenbestimmung für etwas, was mit »Bewußtseinsspaltung« unzureichend bezeichnet ist, so gewinnt man einen Kontext oder Horizont, innerhalb dessen Unerklärliches beim Versuch der Einordnung nicht sogleich wegerklärt und Verstehenwollen nicht von vornherein alibi-süchtig erscheint. Zudem behält man, da die Nagelprobe des Einzelfalls sich nicht umgehen läßt, besser im Auge, daß – nicht immer mit guten Gründen – im Bereich der hohen Prinzipien wenig entschuldigt wird und im privaten viel.

Heinrich Besseler, 1900 geboren, 1923 promoviert, 1925 habilitiert, 1928 in Heidelberg zum apl. Professor berufen und wenig später Mittelpunkt einer Schule, wie es sie seinerzeit nirgends sonst gab, in denselben Jahren mit der klassisch gewordenen Darstellung der »Musik des Mittelalters und der Renaissance« hervorgetreten, war wie kein anderer ein musikwissenschaftlicher »Senkrechtstarter«, um nicht zu sagen: Jungstar. Zu den hiermit verbundenen Gefährdungen durch Selbstbezogenheit und Realitätsverlust kam eine Belastung ganz anderer Art – in seiner Familie war die Nervenkrankheit Huntigton Chorea mehrmals aufgetreten. Besseler mußte nicht nur den Ausbruch der Krankheit fürchten (dies geschah sichtbar erst spät, gegen Ende der fünfziger Jahre), sondern auch, daß sein Versäumnis, die erbliche Belastung offiziell zu melden, entdeckt werde. Dies gehört zum Hintergrund eines Verhaltens, welches als Flucht nach vorn dennoch falsch verstanden wäre, und mag erläutern, nicht entschuldigen helfen, weshalb er, obwohl in einem zweiten Spruchkammer-Verfahren als »entlastet« eingestuft, von der Universität Heidelberg nicht wieder eingestellt wurde: einen ihm selbst geltenden Gestellungsbefehl hat er auf seinen Assistenten umgelenkt und diesen später veranlaßt, Stillschweigen zu wahren. Daß Besseler in die entsprechenden Bücher des Heidelberger Seminars die Kennzeichnung »Jude« einstempeln ließ, wurde früh bekannt, erst viel später aber, daß dies in der Konsequenz eines von ihm selbst beantragten Parteigerichtsverfahrens geschah – er hatte einem rüpelhaften, ausgerechnet mit dem Studentenführer Gustav Adolf Scheel befreundeten Kommilitonen Hausverbot erteilt und war danach etlichen Schikanen ausgesetzt[8]. Der Anteil jüdischer Studenten in seinem Seminar – dies auch eine Heidelberger Tradition – war hoch, bis 1935 hat er über deren Promotionen und den Druck von Dissertationen die schützende Hand zu halten ver-

---

[7] *Rede über das Jahrhundert*, in: ders., *Eine Gedankenlänge Stille, während das Erscheinungskommando neu lädt*, Berlin 1999, S. 15.
[8] Thomas Schipperges, Artikel *Besseler, Heinrich*, in: MGG, 2. Ausgabe, Personenteil Band 2, Kassel – Stuttgart – Weimar 1999, Sp. 1514–1520.

sucht – und andererseits, da er von seinem einstmaligen Studienfreund Karl Löwith 1935 in Rom dringlich nach seiner Meinung über die jüngsten Geschehnisse befragt wurde, in verletzender Weise ausweichend reagiert[9]. »Glauben Sie
denn, der Nationalsozialismus hätte für uns über das Politische hinaus irgendeine
Anziehungskraft, wenn nicht in seinem weltanschaulichen Kern eine Denkweise
enthalten wäre, die uns einfach »gemäß« ist und überzeugt?«, schrieb er im Frühjahr 1937 privatim, also nicht als erzwungenes Lippenbekenntnis, an Jacques
Handschin[10]. Daß es »notwendig« sei, »einer guten, fachlich einwandfreien Arbeit von vorbildlicher politischer Haltung unbedingt den Vorzug zu geben vor
neutralen und richtungslosen Dissertationen der bisher üblichen Art«, wie er
1939 in einem Plädoyer für einen eigenen Assistenten[11] schrieb, kann also, wie
auch die mehrmalige Betonung seiner Parteizugehörigkeit, nicht nur als argu-
mentatives Mittel zum Zweck angesehen werden. Die im selben Schreiben formulierte politische Diffamierung eines Fachkollegen blieb nicht die einzige.
Vorbedachte Taktik war Besselers Sache dennoch kaum. Als der alliierte Kano-
nendonner in Heidelberg schon zu hören war, hat er Vorlesungen noch in der
Uniform der SA gehalten, der er nach dem erwähnten Skandal auf Anraten eines
befreundeten Germanisten beigetreten war; das ebenfalls nach jenem Skandal
verlorengegangene Amt als Sekretär des Ausschusses für die Betreuung und Her-
ausgabe der deutschen Musikdenkmäler hat er nach der – von Auflagen begleiteten – Rehabilitation durch das Parteigericht mit einer Hartnäckigkeit zurückge-
fordert, welche auch Wohlgesonnene verärgern mußte. Ähnliches gilt für insgesamt vier Anträge auf Ernennung zum »persönlichen Ordinarius« in Heidelberg.
In den inneren Kreis des akademischen Establishments ist Besseler nie vorge-
drungen und nährte das Odium des hochbegabten und unangenehm ehrgeizi-
gen, in der Wahl der Mittel gegebenenfalls nicht zimperlichen Aufsteigers kräftig. Besseler war nicht nur dank der eindrucksvoll geradlinigen Art und des breiten Einzugsgebietes seiner Argumentation und dank seiner rhetorischen Brillanz
ein faszinierender Lehrer, viele seiner bedeutenden Schüler, gerade auch die
emigrierten – Edward E. Lowinsky, Edith Gerson-Kiwi, E. H. Meyer etc. – haben sich unbeirrt zu ihm bekannt. Das wiegt auch deshalb schwer, weil direkte
persönliche Beziehungen selten entstanden; noch in mancher seltsamen Ge-
hemmtheit war Besseler eine Respektsperson und hat die hiermit verbundene
Distanzierung selten überwinden können. Wenn es doch einmal geschah – am

[9] Karl Löwith, *Mein Leben in Deutschland vor und nach 1933. Ein Bericht*, Frankfurt am Main 1989, S. 11
      und S. 59.
[10] Laurenz Lütteken, *Das Musikwerk im Spannungsfeld von »Ausdruck« und »Erleben«: Heinrich Besselers mu-
      sikhistoriographischer Ansatz*, in: Musikwissenschaft – eine verspätete Disziplin? …, a.a.O., S. 213–232.
[11] *Entartete Musik. Zur Düsseldorfer Ausstellung von 1938. Eine kommentierte Rekonstruktion von A. Dümling
      und Peter Girth*, Düsseldorf 1988, S. 53/54.

ehesten in der Jenaer Zeit – konnte er das auf makaber unkontrollierte Weise genießen, z.B. bei Seminarfesten, nachdem Alkohol geflossen war, Fotos herauskramen, auf denen er in der Nähe von Hitler zu sehen ist.

Gehört das hierher? – am ehesten, weil die schwer irritierte Erinnerung, die von der Arbeit an einem halbwegs kohärenten Bilde nicht lassen kann, nun wenigstens durch alle Irritationen hindurchgegangen sein soll; in diesem Sinne paßt auf die nicht zufällig puerile Angeberei kein Mantel der Nächstenliebe. »Mir gefällt's, zu konversieren/mit Gescheiten, mit Tyrannen« – in diesem Sinne fanden die Studenten das damals prickelnd und harmlos und keiner weiteren Nachfrage bedürftig, damit unversehens Komplizen in Dingen, von denen sie fast nichts wußten[12]. Zudem gab es in der DDR wichtigere Probleme; die Rundumverteidigung der als bürgerlich gebrandmarkten, durch den nun demonstrativ apolitischen Besseler gedeckten Enklave erzwang eine Solidarisierung und Loyalität, angesichts derer solche Fragen nicht aufkamen. Im übrigen – wie immer dies heute als selbstverschuldete, aus Zeiten der akademischen Mandarine geerbte Subalternität erscheinen mag: Daß Besseler ein im emphatischen Sinne großer Wissenschaftler und Lehrer war, stand außer Frage. Nicht zu den schlechtesten Konsequenzen der neueren Kenntnis der Aktenlage gehört, daß dieser Eindruck zugleich relativiert und verteidigt werden muß. Beschreibend kommt man an das, was Besseler verkörperte und vertrat, ebensowenig heran wie seinerzeit an ihn als Person – das Letztere im Zeichen eines Respekts, welcher bei den zahlreichen Beweisen seiner Untüchtigkeit in alltäglichen Dingen Überlegenheitsgefühle bestenfalls als Erleichterung gestattete, über ihn einmal auch lachen zu dürfen, dahinter stehend die Frage, wie ernst ihm seine wichtigen Dinge gewesen sein müssen, wenn es so schwierig war, unwichtige wichtig zu nehmen. Daß er in Jena eine abschüssige, holprige Straße auf einem klapperigen Fahrrad herunterterrasen und in einer kleinen Mappe ohne Polster auf dem Gepäckträger Schallplatten transportieren konnte, welche im Hörsaal pulverisiert ankamen, war ebenso komisch wie, daß mehrere attraktive Studentinnen, von ihm aus gutem Grund schlecht zensiert, in Simultan-Geheul ausbrechen und dem Professor sofort eine bessere Note abtrotzen konnten; der Coup fand wenig Beifall – die Gestehungskosten eines hochrespektierten platonischen Eros waren gar zu zielsicher mißbraucht worden.

Besselers über jene Gestehungskosten gewiß nicht abrechenbaren Verstrickungen steht gegenüber, daß er, »Musik und Raum« und »Schiller und die deutsche Klassik« ausgenommen[13], die schon am Jargon kenntliche qualitative Talfahrt der deutschen Musikwissenschaft nicht mitgemacht und genehme Frage-

---

[12] Vgl. die Diskussion um Theodor Schieder und Hans Ulrich Wehler, in: *Deutsche Historiker im Nationalsozialismus*, Frankfurt am Main 1998.
[13] Nachweise u.a. bei Thomas Schipperges in: MGG, a.a.O.

stellungen, die »rassische« oder das »Deutsche« in der Musik, weitgehend gemieden hat. Fast ließe das Schweigen des Musikologen zwischen dem Mittelalter-
band von 1931 und »Bourdon und Fauxbourdon«[14] sich als Verweigerung begreifen, umso mehr, weil Besseler ein mit seiner Arbeit oft gefährlich identischer
Wissenschaftler war und seine Darstellung von Mittelalter und Renaissance z.B.
sehr bald als »verfrüht«[15], also revisionsbedürftig empfunden hat. Dabei verweigerte er weniger Zugeständnisse an die Ideologie als an das Niveau. Im oben zitierten Brief an Jacques Handschin[16] schreibt er von der »landläufigen Dogmatik
à la Rosenberg, an die man sich zu halten pflegt – wir betrachten sie hier mit star-
ker Reserve, als ein höchst vorläufiges Provisorium. Die ganze Rassenlehre in
der bisherigen Form ist nur ein hilfloser Versuch, für die instinktiv erfaßte Ganzheit des Lebens gewisse Begriffe zu finden« – das klingt nicht gerade nach innerer Emigration. Im übrigen erklären auch die Pflichten des akademischen Leh-
rers und des für Ausgaben Verantwortlichen jenen Verzicht, immerhin auf Arbeit, die ihm die wichtigste war. Eine schon per Jargon einverstandene Prosa, das
unterscheidet ihn von Friedrich Blume, ganz und gar vom Souterrain der Bük-
ken, Fellerer, Moser, Müller-Blattau etc., findet sich bei diesem in etlichen
Grundsatzfragen Einverstandenen kaum – abgezogen die Teilhabe an einem gewiß auf seine Weise signifikanten, heute befremdlichen Sprachklima. So z.B. in
den Schlußsätzen des Bach-Beitrages in der Sammelpublikation »Die großen
Deutschen«[17]: »Unvergänglich aber leuchtet aus seinem Werk das Urbild deutschen Künstlertums: Ein Leben voll Kampf und Arbeit, das in rastlosem Dienst
an dem ihm zuteil gewordenen Auftrag die höchste Meisterschaft erreicht und
aus der Berührung mit dem Ewigen seine schöpferische Kraft nimmt.« Das
bleibt auch in der Nachkriegsauflage von 1956 stehen.

III.

Welches deutsche Künstlertum, welcher Auftrag, welches Ewige? Der angestrengt hohe Ton der Wortsequenz verrät mehr als die Worte selbst; aller Begabung zu derlei Diktion und den Lizenzen einer pathetisch affirmativen Kadenz
entgegen – so pflegte Besseler sonst nicht zu formulieren. Deshalb geben die Zusammenhänge, in denen es dennoch geschieht, oft wichtigere Aufschlüsse als der
befremdlich selbstverständliche Umgang mit einem Vokabular, dessen entsetzli-

---

[14] Leipzig 1950.
[15] Vorwort zu *Bourdon und Fauxbourdon*, a.a.O.
[16] S. Anmerkung 10.
[17] Hrsg. von Hermann Heimpel, Theodor Heuss und Benno Reifenberg, Berlin 2. Aufl. 1956, S. 47–
    63.

che Einlösungen er, als er den zitierten Brief an Handschin schrieb, sich längst nicht mehr verhehlen konnte. (»Daß aber in der jüdischen Religion bestimmte Elemente vorhanden sind, die uns absolut artfremd anmuten und nur aus einer anderen rassisch-völkischen Grundlage entstanden sein können, werden Sie gewiß nicht bestreiten.«[18])

Daß Heideggersche Gedankenlinien nationalsozialistisch leicht hingebogen und gebündelt werden konnten – teilweise in einem Akt der »Selbstgleichschaltung«[19] von den Urhebern selbst, verstellt den Blick auf Motive, welche mit späteren Konsequenzen nicht zu tun haben müssen und nicht eo ipso von diesen her gesehen werden dürfen. Sicherlich ist die Rede von der »instinktiv erfaßten Ganzheit des Lebens« verdächtig, jedoch dank eines schuldhaften Zusammenhangs, innerhalb dessen sie nahezu unschuldig benutzt werden konnte. Durch Heidegger war Besseler ermutigt oder gar gefordert, in Bereiche des schwer Formulierbaren vorzudringen – als für ein Terrain zuständig, in dem man schnell an Grenzen des diskursiv und verbal Faßbaren stößt. »Instinktiv erfaßte Ganzheit des Lebens« mußte einen gegen alle metaphysischen Verhärtungen allergischen, ständig auf die Unzulänglichkeit fixierender Begriffe stoßenden Heideggerianer keineswegs fragwürdig anmuten, welcher nach seinen Möglichkeiten dazu beitragen wollte, »daß das Musikalische uns ursprünglich zugänglich werde als eine Weise menschlichen Daseins. Mit Absicht wurde vom Musikalischen gesprochen, weil das Wort »Musik« die Gefahr einer gewissen Verdinglichung nahelegt.«[20] Dieser – übrigens nahe bei Marx' »Entfremdung« liegenden – »Verdinglichung« hält Besseler »Gestimmtheit« des »umgangsmäßigen Musizierens« als dasjenige entgegen, dank dessen solches Musizieren zur »Weise menschlichen Daseins«, zum Existenzial werden kann.[21] Und seine Parteinahme für das Werden gegen das Gewordene, für den Herstellungsprozeß gegen das Hergestellte geht noch weiter – und vergibt angesichts der verhärteten »Gegenständlichkeit« des Werkes oft die Chance, sich analysierend an positiven Befunden festzumachen: »Ein weitverbreitetes umgangsmäßiges Musizieren, bei dem ein jeder zur Substanzprägung beitragen kann, zumindestens aber die typologischen Wendungen selbst wieder vollzieht, so sehr in ihnen lebt, daß er sie gleichsam doch mitgeprägt hat, schafft erst die notwendige Grundlage für das Verstehen von Musik.«[22] Bei aller Sympathie für den Erkenntniswert unmittelbarer Musiziererfahrung –

---

[18] S. Anmerkung 10.

[19] Eckard John, »*Deutsche Musikwissenschaft*«. Musikforschung im »Dritten Reich«, in: *Musikwissenschaft – eine verspätete Disziplin?*, a.a.O., S. 257–279.

[20] *Grundfragen der Musikästhetik* (1927), in: H. Besseler, *Aufsätze zur Musikästhetik und Musikgeschichte*, hrsg. von Peter Gülke, Leipzig 1978, S. 57.

[21] Hierüber L. Lütteken, a.a.O., S. 63ff.

[22] A.a.O., S. 75.

die überpointierte Einseitigkeit des Fünfundzwanzigjährigen verrät deutlich,
wie sehr ihm an einem Gegenbild zur obsoleten »Darbietungsmusik« und ihren
Ritualen liegt – nicht ganz reinen Gewissens; so relativiert er die idealtypische
Zuspitzung: der Musizierende hat die Musik »gleichsam doch mitgeprägt«. Welches Musizieren meint er, da es sich um Jazz nicht handeln kann; und wie viele
werden, durch solche Erfahrung hindurchgegangen, zum Verstehen von Musik
vordringen? Das zählebige Schisma von musikalischer Theorie und Praxis erscheint allzu souverän ignoriert.

Nimmt man hinzu, daß Besseler zu den ersten gehörte, die nicht über praktische Musikausübung oder in der Kopplung mit den Pflichten eines Universitäts-
musikdirektors ins akademische Lehramt kamen, daß er sehr nachdrücklich auf
seinen Erfahrungen als Cembalist und Flötist in Gurlitts Collegium musicum
und in Wien insistierte, beim Musizieren jedoch eher unglückliche Figur machte, so bekommt die Nobilitierung des musizierenden Vollzuges auch kompensa-
torische Züge. Das mindert die theoretischen Verbindlichkeiten nicht, schon gar
nicht die eines kritischen Widerlagers zur suspekt gewordenen traditionellen
Musikkultur, die Argumentationshilfe für ein Mißtrauen, das sich – ähnlich wie
Heideggers Distanz zum »Man« – im Zeichen der Entfremdung unschwer ge-
sellschaftskritisch umschreiben ließe und nicht zufällig zu scheinbar fernliegen-
den Vergleichen einlädt. »Wer das pulsierende Leben dieser Musik wirklich fühlen will«, sagte Bartók 1927 in einem Vortrag über »Ungarische Volksmusik und
neue ungarische Musik«[23], »der muß es sozusagen erleben … Von dieser Musik
mit ihrer ganzen Macht ergriffen zu werden – was unumgänglich notwendig ist,
wenn sie schöpferisch auf uns einwirken soll –, dazu genügt es nicht, die Melodien zu lernen.« Noch näher bei Besseler der mit Bartók befreundete Constantin
Brăilou: »La mélodie populaire … n'existe réellement qu'au moment où on la
chante ou la joue et ne vit que par la volonté de son interprète et de la manière
voulu par lui. Création et interprétation se confondent ici … dans une mesure
que la pratique musicale fondée sur l'écrit ou l'imprimé ignore absolument.«[24]
Man muß mit solchen Zitaten gegenhalten, um Besseler nicht sogleich in Verbindung mit kollektiven Mechanismen zu sehen, bei denen »die Berufung auf
Wirkungszusammenhänge … die Besinnung auf die Sache … ersetzt … Bindung
um der Bindung willen …, unter Dispens von aller weiteren Besinnung. Mit der
Gemeinschaft wählt man, als ob sich das wählen ließe, Devotion und Gehorsam
ohne Rücksicht auf den spezifischen … Gehalt.«[25] »Wirkungszusammenhang«
und »Sache« lassen sich in Musik weniger trennen als in den anderen Künsten, ei-

[23] Bela Bartók, *Weg und Werk. Schriften und Briefe*, hrsg. von Bence Szabolcsi, Leipzig 1957, S. 231.
[24] *Esquisse à une méthode de folklore musical*, in: Revue de Musicologie XI, 1931, S. 233–267.
[25] Theodor W. Adorno, *Kritik des Musikanten*, in: ders., *Dissonanzen. Musik in der verwalteten Welt*, Göt-
tingen 1956, S. 84 bzw. 68.

ne in Bezug auf die »Sache« indifferente Sympathie mit heideggersch gefärbten Mythen wie »Eigentlichkeit« oder »Ereignis« findet in Musik eher ein vermeintlich adäquates Material. Dies Spezifikum, von Eisler »Dummheit der Musik« genannt[26], hat die törichten Apologien der »Sprache des Gefühls« ebenso ermöglicht wie den falschen Weiheton in Beschreibungen geringen Anspruchs und dezidiert nationalsozialistischen. War es die unerwünschte Kameraderie der Mittelmäßigkeit, welche Besseler daran hinderte, die in den ästhetischen Entwürfen der zwanziger Jahre exponierten Ansätze fortzuführen? – immerhin war Musik bei Heidegger in auffälliger Weise ausgespart geblieben und blieb es auch späterhin, und der Autor jener Entwürfe hatte sich in ihnen zu Einlösungen prädestiniert gezeigt, welche in Bezug auf Musik sogar näher lagen als in Bezug auf Dichtung oder bildende Kunst. Dieselbe unerwünschte Kameraderie mag verhindert haben, daß Besseler, obwohl dem Thema nicht fern stehend, sich kaum an den Diskussionen um die differentia specifica »deutsch« beteiligt hat; zudem wird er das Aussichtslose des viel offiziellen Beifall versprechenden Unternehmens schnell erkannt haben, z.B. auch, daß die Nichtdefinierbarkeit ein Moment der Definition selbst war, daß den emsig um sie Bemühten, hätten sie es gesehen, ihr Scheitern beinahe hätte willkommen sein müssen.[27]

IV.

»Geschäftigkeit ist die Hauptwaffe bei der Abwehr der Wirklichkeit« (Hannah Arendt)[28]. Die selbst von Emigranten anerkannte Produktivität deutscher Musikwissenschaftler vor und nach 1945 läßt sich auch als beredte Form des Schweigens verstehen, und die Resultate, etwa bei Editionen oder in der ersten Ausgabe von MGG, verwehren beinahe, hierin eine Beeinträchtigung zu sehen – nicht nur, weil »Abwehr der Wirklichkeit« vor 1945 auch für innere Emigration gelten konnte, in Anbetracht der »Selbstgleichschaltung« freilich eher ein Verkriechen in den Spezifiken des Fachs. Nicht aber mehr nach dem Ende des Krieges: da funktionierte das Kartell des Schweigens mit beängstigender Perfektion – erstaunlich auch, weil die kollegialen Verhältnisse überwiegend schlecht gewesen waren und selbst strikte Gefolgschaftstreue Hahnenkämpfe, Intrigen

---

[26] Hanns Eisler, *Fragen Sie mehr über Brecht. Gespräche mit Hans Bunge*, München: Rogner und Bernhard, 2. Auflage 1976, S. 182–184 etc.

[27] Das intelligenteste, lebendigste, beste Porträt Besselers hat Eberhard Klemm gezeichnet, in: Musik und Gesellschaft 1988; Nachdruck in: E. Klemm, *Spuren der Avantgarde*, Schriften 1955–1991, Köln 1997, S. 150–155.

[28] Hannah Arendt, zitiert nach Gesine Schwan, *Politik und Schuld. Die zerstörerische Macht des Schweigens*, Frankfurt am Main 1997, S. 97.

und Denunziationen nicht verhindert hatte; mit der Trennlinie zwischen Einverstandenen und Opponierenden fehlte zu deren beiden Seiten auch die Soli-
darität der jeweils Gleichgesinnten. Umso wirksamer nach 1945 der verläßliche
Kitt des wechselseitigen Wissens um schmutzige Westen; er erlaubte gar Drei-
stigkeiten wie Blumes Eröffnungstexte im ersten Jahrgang der »Musikforschung«, die »man heute nur noch mit Beklemmung lesen« kann,[29] nicht anders
fünfzehn Jahre später Besselers Feststellung, daß »in der deutschen Fachorganisa-
tion … bis heute jede Auseinandersetzung mit dem Nationalsozialismus« fehle,
»obwohl sie im Hinblick auf die durch ihn geschädigten Forscher eine Ehren-
pflicht war und bleibt.«[30] Die Erfolge jenes Kartells gründen u.a. in Blumes orga-
nisatorischem Genie, doch auch auf Mosers törichter Veröffentlichung des Buches »Die Musikleistung der deutschen Stämme«, welches der Zunft auf diesen
einzigen Unverbesserlichen mit Fingern zu zeigen erlaubte, auch darauf, daß
manche peinlicher Weiterungen verdächtige Grundsatzfrage aus dem Osten bequem sich als kommunistische Propaganda abwehren ließ – noch die Debatte
zwischen Carl Dahlhaus und Georg Knepler ist von jenem nicht mit offenem
Visier geführt worden.[31] Zuvor war Dahlhaus einer der Wortführer der jungen
Generation gewesen, welche lange von den Lehrstühlen ferngehalten wurden;
auch die verspätete Kenntnisnahme Adornos, der die Lehrstuhlblockade brechen half, gehört in diesen Zusammenhang.

Schweigen bedeutet nicht einfach, den Mund zu halten, das beschwiegene
Terrain mußte gesichert wo nicht verteidigt werden – nicht zuletzt, weil unter
seinem Mantel alte persönliche Antipathien fortbrodelten. Andererseits steht das
Kartell in einem so großen Kontext[32], daß Optative im Sinne von Beethovens
»… man sagt, die aufrichtigste reue sey diese, wo man sein verbrechen selbst ge-
stehet«[33] irreal erscheinen. Dennoch: was hätte es für die Offenheit und Dialog-
fähigkeit – von Moral nicht zu reden – der Disziplin bedeutet, wenn nur einer
Rechenschaft und eigenes Verschulden zu beschreiben versucht hätte wie – nur
hierin vergleichbar – Hermann Heimpel[34] oder in Bezug auf marxistische Dog-
matisierungen Georg Knepler![35] Man hielt sich lieber an das Verhaltensmuster
Heidegger bzw. Schwerte/Schneider.

»Vielleicht war die Verdrängung der erste Schritt zur Bewältigung« – dies er-

[29] Ludwig Finscher auf dem Symposion Schloß Engers, März 2000.
[30] *Das Renaissanceproblem in der Musik*, in: Beiträge zur Musikschaft V, 1963, S. 161–168.
[31] Carl Dahlhaus, *Grundlagen der Musikgeschichte*, Köln 1977.
[32] Hierzu u.a. *Deutsche Historiker im Nationalsozialismus*, a.a.O.
[33] Brief an Eleonore von Breuning, 2. November 1793, in: Ludwig van Beethoven, *Briefwechsel, Gesamtausgabe*, München 1996–1998, Band 1, S. 16ff.
[34] Deutsche Historiker …, a.a.O., S. 143ff., 152ff., 157ff.
[35] Artikel *Musikgeschichtsschreibung* in: MGG, 2. Ausgabe, Sachteil, Band 6, Kassel-Stuttgart-Weimar
1997, Sp. 1311.

wägt eine aller Beschwichtigung unverdächtige Zeugin, Ruth Klüger[36]; »die Stille war das sozial-psychologisch und politisch nötige Medium der Verwandlung«, meint Herrmann Lübbe, »nur unter der Bedingung des Beschweigens« hätten die Deutschen »in die neue Demokratie integriert werden können«.[37] Tatsächlich supponiert die Erwartung prompt geleisteter Bekenntnisse allzu apriorische, von Charakter, Befindlichkeit, Erlebnis und Erfahrung abgehobene Begriffe von Gewissen und Anstand. Um hier noch einen Unverdächtigen zu zitieren: »Die materiellen Zerstörungen und die Offenbarungen von Unmenschlichkeit, die den Zusammenbruch des Dritten Reiches begleiteten, betäubten 1945 die deutsche Vorstellungskraft. Unmittelbare Erfordernisse des bloßen Überlebens absorbierten, was der Krieg an intellektuellen und psychologischen Ressourcen übriggelassen hatte. Der Zustand eines aussätzigen, geteilten Deutschland war zu neu, die Hitlerschen Greuel zu einzigartig, als daß sie eine kohärente Kritik oder Neubewertung zugelassen hätten« – so George Steiner beim Vergleich der Einschnitte von 1918 und 1945.[38]

V.

Auch für Vorwürfe gegen das Schweige-Kartell und seine Folgewirkungen gilt, daß, je allgemeiner formuliert, sie desto leichter erhoben werden können – etwa, wenn man in diesem Zusammenhang an Defizite im fachübergreifenden Dialog oder der Selbstverständigung hinsichtlich Methoden und Gegenständen denkt. Nicht ohne Gefahr psychologisierender Verkürzung lassen sich als Hintergrund Identitätsprobleme vermuten; wer seiner Sache oder Identität sicher ist, öffnet sich dem Anderen eher, ist zu Infragestellungen seiner selbst eher bereit. Das Bedürfnis, Zuständigkeiten ein- bzw. auszugrenzen, hat in der Tat eine große Rolle gespielt. Durch die Emigration der führenden Köpfe der Systematischen Musikwissenschaft war der dort besonders intensive Dialog mit den Historikern erloschen; je näher zur Gegenwart die Arbeitsgebiete, desto weniger ließen sich weitgreifende Vernetzungen und Bezugnahmen auf die jüngste Vergangenheit vermeiden – dies einer der Gründe für die in die sechziger Jahre hineinreichende Vernachlässigung des 19. Jahrhunderts und dafür, daß ganz und gar in Bezug aufs eigene Jahrhundert viele nur zu gern sich auf Hegels erst in der Dämmerung fliegende Eule beriefen. Selbst naheliegende Brückenschläge zu Philosophie und Ästhetik blieben selten, von gesellschaftspolitisch oder linksverdäch-

---

[36] Ruth Klüger, *weiter leben*, München 1994, S. 215.
[37] Hermann Lubbe, *Der Nationalsozialismus im politischen Bewußtsein der Gegenwart*, in: *Deutschlands Weg in die Diktatur*, Berlin 1983, S. 329–349.
[38] *Martin Heidegger. Eine Einführung*, München 1989, S. 9.

tigen ganz zu schweigen, Adorno und Bloch wurden reichlich spät überhaupt erst wahrgenommen; Besseler, der von seiner Kenntnis Wagners, besonders der Schriften, im Unterricht kaum Gebrauch machte, hat die Lektüre von Adornos Wagner-Essay für unnötig erklärt; in den Debatten mit und um Adorno, u.a. in den fünfziger Jahren in »Musica«, machten Musikwissenschaftler, soweit sie überhaupt Flagge zeigten, schlechte Figur – da wurde deutlich, wieviel diskursives und sprachliches Niveau verlorengegangen war; so klingt in Mosers kleinkarierter Verhöhnung des »Adornischen« unüberhörbar Stolz auf die eigene Borniertheit mit; in Debatten um Zuständigkeiten und Verfahrensweisen der Soziologie, wo sie hätte mitreden müssen, ist die Musikwissenschaft spät eingestiegen, Besselers angesprochene Unterscheidung von »umgangsmäßiger« und »Darbietungsmusik« z.B. blieb lange stehen, ohne Differenzierungen zu erfahren; und Besseler wiederum hat Max Webers 1921 veröffentlichtes Fragment über »Die rationalen und soziologischen Grundlagen der Musik« nicht zur Kenntnis genommen. Ähnlich die Schwierigkeiten im Verhältnis zur Praxis: Besselers Hypostasierung des musizierenden Vollzugs blieb seltsam uneingelöst, auch haben ihn, seinem immensen Bildungshorizont entgegen, Brückenschläge zu anderen Problembereichen, etwa eine durch die Akzentuierung des Umgangsmäßigen naheliegende Betrachtung musikalischer Formen als Herstellungs- und Erlebnisprozesse, nicht interessiert. Vor den Zeiten der florierenden Spezialensembles, welche den von Besseler seinerzeit emphatisch reklamierten Erkenntniswert des Musizierens, wenn auch in einem speziellen Bereich, beweisen konnten, wurde Aufführungspraxis nur selten tatsächlich praktiziert, und bei der letztlich paradoxen, wenngleich als Arbeitshypothese zunächst unverzichtbaren Unterscheidung wissenschaftlicher und praktischer Ausgaben hat man sich erstaunlich lang beschieden. Daß die neuen Gesamtausgaben Bachs, Haydns, Mozarts oder Beethovens keinem Musiker direkt aufs Pult gestellt werden können, hat gute Gründe – und als Problem kaum eine Rolle gespielt.

Derlei Einwände mögen als Besserwisserei ex posteriori billig erscheinen, weil viel zu tun war und nicht alles getan werden konnte, weil die Differenz damaliger und heutiger Kapazitäten unterschlagen wird, und auch, weil die Zuschreibung so weitreichender Folgen den Nazi-Verstörungen unverdiente Ehre antut. Indessen verfängt angesichts der Dienstwilligkeit fast aller Fachvertreter eine Unterscheidung von »eigentlichen« Anliegen und oktroyierten Aufgaben kaum; dem widerspricht die auf bestimmten Spezialstrecken investierte Arbeitsintensität als mindestens teilweise im Sinne Hannah Arendts Wirklichkeit abwehrende Geschäftigkeit ebensowenig wie, daß man, einerseits in Musik des 15. und 16. Jahrhunderts sich vergrabend, politikfremdes Gelände suchte, und andererseits, etwa in Bezug auf die Generation der Isaac, Hofhaimer, Adam von Fulda, Senfl etc., eine Lanze fürs Deutsche brechen konnte, ohne einen über allgemeine Charakteristiken hinausgehenden Beweis antreten zu müssen. Besselers eindrucksvoll-einseitige Deutung des mystischen Ockeghem[39] gab hierin Etliches vor, ohne in Sachkenntnis, Subtilität und Niveau von anderen erreicht worden zu sein.[40]

VI.

Die – oft auch sprachlich – suggestive Eindringlichkeit solcher Betrachtungen und terminologischer Prägungen, welche längst ein Eigenleben führen, sind auch dem Umstand zu denken, daß dieser in seiner Disziplin prägende Historiker der Grundintention und dem Ansatz nach kein Historiker war: Die Kontur seiner Geschichtsbilder rührt auch daher, daß ein stets aufs meta-historisch Grundsätzliche ausgehender, nach »Zeugnissen höchsten Menschentums«[41] ausspähender Blick auf Gegenstände trifft, welche u.a. Ablenkungen oder partielle Zurücknahmen erforderlich machen, die er nicht mag – »wo es um das »Dasein« geht, wird das Historische zum »Historischen« und damit zu einem unliebsamen Relativismus«[42]. Eben der Divergenz, daß der die ahistorische Unmittelbarkeit der Phänomene Suchende immerfort von historischen Vermittlungen handeln muß, und der Folge, daß er seinen Gegenständen viel, oft zuviel Signifikanz im Sinne seiner Argumentation abverlangt, verdanken seine Arbeiten die einprägsamen Überbelichtungen, den intentionalen Überschuß. Geradlinigkeit des Argumentierens und Stimmigkeit der gedanklichen Architektur erscheinen mitunter als Wahrheitskriterien eigenen Rechts begriffen – das bedingt und kompensiert zugleich einen nicht selten herrischen, cum grano salis totalitären Umgang mit sperrigen Fakten. So stellen sich die von Besseler begangenen Problemzonen zumeist als überaus sauber gepflügte Äcker dar, Radikalerfüllungen des Humboldtschen Gebotes, daß »der Geschichtsschreiber, der dieses Namens würdig ist, … jede Begebenheit als Teil eines Ganzen oder, was dasselbe ist, an jeder die Form der Geschichte überhaupt darstellen« müsse.[43] Kommt nun ein Teil des Ganzen ins Wanken, so dieses gleich insgesamt; deshalb sah Besseler sich bei Detaileinwänden rasch grundsätzlich attackiert und antwortete meist scharf und apodiktisch; deshalb auch konnte er sich in Bezug auf die Wichtigkeit mancher

---

[39] *Die Musik des Mittelalters und der Renaissance*, Potsdam 1931, S. 237 ff.; *Bourdon und Fauxbourdon*, Leipzig 1950, S. 203, 227, 2. Auflage Leipzig 1974, S. 177, 196.

[40] Lawrence F. Bernstein, *Ockeghem the mystic: a German interpretation of the 1920's*, in: *Johannes Ockeghem, Actes du XLe Colloque international d'études humanistes*, Tours 1997, hrsg. von Philippe Vendrix, Paris 1998, S. 811–841.

[41] *Die Musik des Mittelalters …*, a.a.O., S. 24.

[42] L. Lütteken, a.a.O., S. 228.

[43] Wilhelm von Humboldt, *Aufgaben des Geschichtsschreibers* (1821), in: ders., *Werke*, Band 1, Darmstadt 1960, S. 560.

Einzelheit arg verschätzen und hat zuweilen unverhältnismäßig viel Mühe auf periphere Sachverhalte gewendet, etwa, wenn er auf der Darstellung eines burgundischen Hoffestes einen Mann, dessen Gesicht nahezu vollständig von einem Hut verdeckt ist, als Binchois oder auf einem sehr zweifelhaften Porträt des 18. Jahrhunderts Bach erkennen will; auch, wenn er Lücken in Dufays Biographie füllt, welche neuerlich durch Aktenfunde geschlossen werden konnten.[44] Nicht weniger erstaunlich, was bei sehr detailliert ins Auge gefaßten Zusammenhängen unwichtig bleiben kann – bei der Chronologie der Brandenburgischen Konzerte[45] u.a. eine mögliche Divergenz von Ideal- und Realchronologie oder die Frage, ob bei dem als früh eingestuften Sechsten Konzert das Scheinhafte eines fingierten Wechsels von Tutti und Soli, da stets alle sieben Instrumentalisten spielen, nicht eine moderne, ironische Distanz zum Concerto grosso-Prinzip verrate, welche die Erfahrung mit jüngeren Konzertformen gar voraussetzt; bei dem auch als Gegenentwurf zu Albert Schweitzers »Bach ist ein Ende, nichts geht von ihm aus«[46] konzipierten Aufsatz über »Bach als Wegbereiter«[47] die Fragen, ob und in welcher Weise das »Neue« bei Bach möglicherweise durch traditionelle Momente hindurch reflektiert oder gar durch sie erzwungen sei, ob nicht gerade hierin sich eine neuartige Unabhängigkeit von der Tradition zeige oder, daß der galante Stil der Folgezeit der Wegbereitung durch die zitierten Kühnheiten am allerwenigsten bedurfte, »ironically enough, that the bold harmonies and dissonances such as are to be found in the works of Bach's early maturity ... were counter progressive when measured according to the aesthetic values of the galant style ... the bolder Bach was the less he was progressive«[48].

Die Befangenheit in einmal fixierten Konzeptionen, welche Besseler nahezu verbot, mit sich reden zu lassen, hat mentalitätsgeschichtlich mit jenem »letzten Ernst« zu tun, der den großen Systemen der deutschen Transzendentalphilosophie (Fichte, Hegel) in ihrem universalen Deutungsanspruch mitgegeben und von Heidegger zum Äußerstmöglichen radikalisiert worden ist[49] – das unausweichlich Richtige kennt keine Spielräume. Zugleich rührt sie von einer kaum auflösbaren, affektiven wo nicht »erotischen« Bindung an Themen und Gegen-

---

[44] Craig Wright, *Dufay at Cambrai: Discoveries and Revisions*, in: JAMS XXVIII, 1975, S. 175–229.

[45] *Zur Chronologie der Konzerte Joh. Seb. Bachs*, in: *Festschrift Max Schneider zum achtzigsten Geburtstag*, Leipzig 1955, S. 115–128.

[46] *Joh. Seb. Bach*, Leipzig 1908, S. 3.

[47] *Bach als Wegbereiter*, in: AfMw 12, 1955, S. 1–39, Nachdruck in: *Johann Sebastian Bach. Wege der Forschung*, hrsg. von Walter Blankenburg, Darmstadt 1970, S. 196–246, und in: Heinrich Besseler, *Aufsätze ...*, a.a.O., S. 367–419.

[48] Robert L. Marshall, *The Music of Johann Sebastian Bach. The Sources, the Style, the Significance*, New York 1989, S. 41, 53.

[49] Karl Heinz Bohrer, *Heideggers Ernstfall*, in: *Sprachen der Ironie – Sprachen des Ernstes*, hrsg. von K.H. Bohrer, *Aesthetica*, Frankfurt am Main 2000, S. 366–385.

stände her, welche sich mit wissenschaftlicher Phantasie sehr wohl, nicht aber mit dem Normalverständnis von wissenschaftlichem Sine ira et studio vereinbart. Der in Musik am Ende beim Existenzial ankommen will, ist stärker, als er jenem Normalverständnis zuliebe eingesteht, auf inspirative Zündungen angewiesen denn auf Einsichten, welche historische Verläufe, kompositionstechnische Entwicklungen gewissermaßen von sich aus eröffnen. Der Fixierung auf eine risikoscheu rückversichernde Kriechspur der Erkenntnis geradenwegs entgegen geht er gewissermaßen im Sturzflug auf die für ihn signifikanten Fakten nieder und vermag diese kaum zu abstrahieren von der Art des Zugriffs; substanzielle Einwände stellten sich da nur zu leicht als Ernüchterungen dar.

Man kann diesen Zugriff mit Edward E. Lowinsky essayistisch nennen[50], insbesondere, weil – u.a. in der Nachfolge von Burckhardts »Kultur der Renaissance in Italien« oder Huizingas »Herbst des Mittelalters« – auch in weitläufigen, detaillierten Untersuchungen spontane Unmittelbarkeit im Verhältnis zum Stoff aufrechterhalten bleibt. Freilich fehlen die einem Essay allemal gut anstehende Einräumung des Vorläufigen und Toleranz gegenüber anderen Zugangsweisen. »Bourdon und Fauxbourdon. Studien zum Ursprung der niederländischen Musik« gibt sich in Titel und Untertitel durchaus essayistisch. »Der faszinierende Eindruck von Dufays Musik, ihre Lebenskraft und beispiellose Wandlungsfähigkeit waren ein einziges Rätsel. Man mußte den Stier bei den Hörnern packen und am rätselhaftesten Punkt ansetzen: beim Fauxbourdon.« Mit der etwas gewalttätigen Formulierung ernennt Besseler gleich zwei Fragen zu Kantischen, keiner neuerlichen Diskussion bedürftigen Aprioris – die prinzipielle, ob eine ein Halbjahrhundert umfassende Entwicklung sich von einer einzigen Schlüsselfrage her erklären lassen könne, und die spezielle, ob das, obendrein vornehmlich technologische Fauxbourdonproblem als dieser Schlüssel tauge.[51] In zwei Großabschnitten mit je sechs Kapiteln, also auch die numerischen Verbindlichkeiten von Werksammlungen bemühend, entwickelt Besseler ein Gesamtbild, ein dramatisches Szenario, worin auch einmal ein »Sieg des Kontrapunktes« oder ein »Gegenstoß der Tradition« stattfinden kann und jede der aus immenser Materialkenntnis gewonnenen Einzelheiten genau auf den Platz gestellt erscheint, den die supponierte Logik der Entwicklung ihm zugewiesen hat. »Die Aussage steht unter historischem Ausschließlichkeitszwang.«[52] Suggestive terminologische Prägungen – »Einheitsablauf«, »Engschrittgang«, »Harmonieträger«,

---

[50] In: JAMS XXIV, 1971, S. 499–502; hieran anschließend L. Lütteken, a.a.O., S. 224ff.
[51] *»H. Besseler sieht den »falschen« Bourdon« im Gegensatz zum »Bourdon«, den er als Terminus für einige tiefliegende, dabei aber weitgespannte Contratenores bei G. Lufay annahm. Dieser durch keinen Beleg zu erhärtende Vorschlag ist heute gewiß überholt«*; MGG 2. Ausgabe, Sachteil Band 3, Kassel-Stuttgart-München 1994, Sp. 383.
[52] K.R. Bohrer, a.a.O., S. 366.

»Stromrhythmus«, »Vollklang« etc. –, zugleich Kristallisationen der die jeweiligen Sachverhalte betreffenden Vermutungen und also intentional aufgeladen, befördern die Transparenz eines Geschichtsbildes, dessen fugenlose Schlüssigkeit wie eine Blaupause aus den Akten des Weltgeistes erscheint – die dreiste Formulierung soll am allerwenigsten den Respekt mindern vor dem, was dieser Anspruch eingebracht bzw. erzwungen hat. Selten in der Musikgeschichtsschreibung und kaum je in so vielfältigen, subtilen Verflechtungen musikalischer, kompositionstechnischer, politischer, religiöser, ästhetischer etc. Aspekte hat Hegels Weltvernunft so unangefochten regieren dürfen – ein Regiment, von dem auch die Kritik gelebt und profitiert hat; erst jüngste Darstellungen[53] verzichten auf das grelle, oft widerwillig akzeptierte Scheinwerferlicht von Besselers Argumentationen.

Er selbst hat an dem Buch sofort weitergearbeitet, ergänzt, Gewichtungen geringfügig verschoben, nirgends aber den Gesamtentwurf angetastet[54]; allzuweit durfte angesichts einer so gut organisierten Herrschaft des Ganzen kein Detail aus der Reihe tanzen, Signum einer seinem Horizont seltsam widerstreitenden Unbeweglichkeit, welche man auch im Verhältnis des Vortrages über das musikalische Hören der Neuzeit von 1956 zur Arbeit über Grundfragen des musikalischen Hörens von 1925[55] wiederfinden kann. Bei dieser verhärteten Treue zu den Träumen seiner Jugend sprechen die Defizite im wissenschaftlichen Dialog und die Blockierungen der zwölf fatalen Jahre makaber mit; gegen alle Vielfalt seiner Gegenstände und Themen ist Besseler letzten Endes auf die gedanklichen Ansätze der Jahre zwischen Promotion und dem »Mittelalter-Band« fixiert geblieben. Das betrifft auch persönliche Dinge: bis zuletzt hat er seine DDR-Zeit als Interim betrachtet und nach Freiburg zurückgestrebt.

Der erklärten Vorläufigkeit des essayistischen Zugriffs allerdings widerstreiten die auf ein stimmiges Ganzes zielenden Systematisierungen heftig. »Unbewußt und theoriefern meldet im Essay als Form das Bedürfnis sich an, die theoretisch überholten Ansprüche der Vollständigkeit und Kontinuität auch in der konkreten Verfahrensweise des Geistes zu annullieren … Seiner Form ist deren eigene Relativierung immanent: er muß so sich fügen, als ob er immer und stets abbrechen könnte … Der Essay muß an einem ausgewählten oder getroffenen partiellen Zug die Totalität aufleuchten lassen, ohne daß diese als gegenwärtig behauptet würde.«[56] Solchen Bestimmungen und allem Eindruck frischer Empirie ent-

---

[53] *Die Musik des 15. und 16. Jahrhunderts*, hrsg. von Ludwig Finscher, Laaber 1989; Reinhard Strohm, *The Rise of European Music 1380–1500*, Cambridge 1993.

[54] *Nachwort des Herausgebers*, in: *Bourdon und Fauxbourdon*, a.a.O., 2. Auflage, S. 210.

[55] Vgl. Heinrich Besseler, *Aufsätze* …, a.a.O., S. 29ff. bzw. S. 104ff.

[56] Theodor W. Adorno, *Der Essay als Form*, in: ders., *Philosophie und Gesellschaft. Fünf Essays*, Stuttgart 1984, S. 22/23.

gegen – die Suggestivität mancher Prägung rührt daher, daß sie genau den Punkt zu bezeichnen scheint, wo Besselers Wahrnehmung auf den Stoff auftrifft – verzichtet er nie auf Systematisierung im Sinne der »Einheit der mannigfaltigen Erkenntnisse unter einer Idee«, er »betrachtet alle Erkenntnisse als gehörig zu einem möglichen System und verstattet daher auch nur solche Prinzipien, die eine vorhabende Erkenntnis wenigstens nicht unfähig machen, in irgendeinem System mit anderen zusammenzustehen.«[57] Wohl betont er, die seine »Studien …« beschließende Zusammenfassung in 85 Thesen solle »den Tatbestand möglichst klar umschreiben und zur Diskussion stellen«[58], doch ist das Vorausgegangene so angelegt, daß es nichts mehr zu diskutieren geben soll; um Thesen, welche einer späteren Synthese zuliebe Raum lassen für Antithesen, handelt es sich viel weniger als um fixierende Konzentrate. Essayistisch mutet eher an, wie der an Grundsatzfragen, an einem meta-historischen Wesen des Musikalischen Interessierte in den Untersuchungsgang einbricht, etwa bei Zwischenbilanzen, welche nicht selten wie vorschnell verallgemeinernde Schlußworte erscheinen. Mit Blick auf französische, italienische und englische Traditionen resümiert Besseler zum Beispiel am Ende des vorletzten Kapitels: »Alle diese Bestandteile verschmolzen seit 1430 zu einer Einheit von überzeugender Kraft. Der Grundzug des Spontanen und Schöpferischen, der in Dufays Musik der Epochenwende so klar hervortritt, bezeichnet wohl das Geheimnis dieser Kunst. Sie entsteht gleichsam vor unseren Augen. Trotzdem wir fast jeden Schritt beobachten, jedes Element schon irgendwo vorher nachweisen können, ist an der Ursprünglichkeit des Ganzen kein Zweifel möglich. Der schöpferische Wille gestaltet einen neuen Urtypus, der von der Epoche bejaht wird und sich zu mächtiger Wirkung entfaltet.« Bezeichnenderweise fällt diese Bilanz knapp aus, andernfalls das nicht nur in der Massierung wolkiger Begriffe überraschende Ad astra – das »Spontane«, das »Schöpferische«, das »Geheimnis«, »Ursprünglichkeit des Ganzen«, »Urtypus« – etliche von der Konkretheit der vorangegangenen Untersuchung inspirierte Fragen zu gewärtigen hätte. Ob wir über ein halbes Jahrtausend hinweg einen »Grundzug des Spontanen und Schöpferischen« sicher konstatieren dürfen, steht darin, und allgemein genommen gehört er zum »Geheimnis« jeder Kunst; angesichts der Sorgfalt, mit der die Komponenten von Dufays Musik zuvor auseinandergelegt worden sind, mutet der Sprung in die Begriffswelt von Geheimnis, Ursprünglichkeit, Urtypus etc. unvermittelt und unreflektiert an, jäh werden wir von der Historie in die Ontologie, von der Zeit ins Sein gerissen.

---

[57] Immanuel Kant, *Kritik der reinen Vernunft*, tr. Dial. 2. B 2. H. 3. Abs. (I 427 – Rc 557 bzw. tr. Met. 3/H, I/668ff. – Rc 840ff.).

[58] *Bourdon …*, a.a.O., 1. Aufl. S. 229, 2. Aufl. S. 198.

VII.

»Daß Besselers Affinität zum Nationalsozialismus weder beliebig noch marginal und ganz gewiß nicht in einem positivistischen Sinn-Vakuum begründet war«[59] (von »Sinn-Vakuum« hatte Clytus Gottwald auf dem Bonner Kongreß 1970 gesprochen[60]), sagt nicht wenig über die Ausdehnung der »Konsenszone« geistesgeschichtlicher Prioritäten und »nationalsozialistischer Ideen, ja Handlungsimperative.«[61] Der oben vermuteten Verweigerung billiger Anpassungen und der Blockierung der für ihn zentralen Interessenlinien steht gegenüber, daß auch spätere Arbeiten Besselers innerhalb jener – inzwischen politisch verabschiedeten – Zone lagen, daß er sich ungewollt konform verhielt in Regionen, wo dies kaum wahrgenommen wird. Daß ein hochintelligenter Mann die braune Uniform gern angezogen hat, das »Bündnis zwischen Mob und Elite«[62] wird als Problem verschoben und verkleinert, wenn man ihn zu einem zweifelhaften Charakter erklärt, der um die Gunst der jeweiligen Oberen gebuhlt hätte[63]. Besseler war kein Anpasser; unter den Nazis brauchte er sich, von Umgangsformen etc. abgesehen, nicht erst anzupassen, und in der DDR wurde es von ihm nicht verlangt, dort haben die Oberen um seine Gunst gebuhlt, nicht er um die ihre. Mit Ernst Herrmann Meyer wußte er einen unbeirrt ergebenen Schüler nahe beim Zentrum der Macht, hat ihn aber kaum beansprucht und im übrigen respektvolle Einladungen von marxistischer Seite, mögliche Konsenspunkte zu prüfen, konsequent ignoriert. Mehr als ein hochgeachteter Gast ist er nie gewesen, nach der Schließung des Jenaer Institutes ist eigens für ihn ein zusätzliches Ordinariat in Leipzig eingerichtet worden, und bei Auseinandersetzungen[64] mußte ihm dort von jüngeren Mitarbeitern und Kollegen erst gesagt werden, auf welche Weise er sein Gewicht am besten in die Waagschale werfen könnte.

Es entbehrt nicht der Ironie, daß Besseler noch und gerade in den Notjahren zwischen der Entlassung in Heidelberg und dem Amtsantritt in Jena, halb ein Geächteter, dem zuvor ferngerückten Ideal hochkonzentrierter wissenschaft-

---

[59] L. Lütteken, a.a.O., S. 230.

[60] *Reflexionen über Musikwissenschaft heute. Bericht über das Symposium des internationalen Musikwissenschaftlichen Kongresses der Gesellschaft für Musikforschung Bonn 1970*, hrsg. von Hans Heinrich Eggebrecht, Kassel usw. 1972, S. 619–697, besonders S. 663ff.

[61] Hans-Ulrich Wehler, *Nationalsozialismus und Historiker*, in: *Deutsche Historiker* ..., a.a.O., S. 306–339, das Zitat S. 319.

[62] Hannah Arendt, *Elemente und Ursprünge totalitärer Herrschaft*, München 1986, S. 702.

[63] Martin Geck, *So kann es gewesen sein ... so muß es gewesen sein ... Zum 25. Todestag des Musikforschers Heinrich Besseler*, in: Musica 48, 1994, S. 244–245.

[64] Rudolf Eller, *Musikwissenschaft in Leipzig. Erfahrungen und Beobachtungen*, in: Neue Berlinische Musikzeitung 9, 1994 (Beiheft ZU Heft 3), S. 8–20; Lars Klingberg, *Die Kampagne gegen Eberhardt Klemm und das Institut für Musikwissenschaft der Universität Leipzig in den 60er Jahren*, daselbst S. 45–51.

licher Arbeit nahekam und damit auch, ungewollt und überflüssig, den alten Konsens bediente. Gewiß war das Vorhaben neben der Dufay-Ausgabe zugleich ein Fazit etlicher zwischen 1933 und 1945 liegengebliebener Versuche – neben der geplanten Ausgabe des Schedel-Liederbuchs verraten die Heidelberger Dissertationsthemen, daß Besseler weiterhin mit Mittelalter und Renaissance befaßt blieb. Im Hintergrund des Arbeitsfurors stand überdies, wie vermutlich schon bei der von Löwith 1935 beargwöhnten Ausrede Besselers, er fühle sich »zu alt«, um Widerstand zu leisten,[65] die Sorge, die Krankheit werde keine Zeit mehr lassen. Weil seinerzeit in Kenntnis und Beherrschung des Stoffes keiner ihm das Wasser reichen konnte, ist das Herrschaftliche, Apriorische seiner Vorgehensweise erst spät gesehen, zudem durch Diskussionen um Lesart und Verständnis der beiden Titelbegriffe überdeckt worden. Kritik daran, daß Besseler die Musik des 15. Jahrhunderts zum Glück ihrer inneren Folgerichtigkeit zwang wie etwa Campanella die Bewohner seines Sonnenstaates zum Glück ihres Zusammenlebens, sollte freilich die Gefährdungen eines gegenüber der Vielstimmigkeit der Fakten vermutlich gerechteren, den Erklärungsdruck mindernden Geschichtsbegriffs nicht übersehen; ein intolerant einseitig verstandenes Faktum wiegt allemal schwerer als ein tolerant, neutral bis gleichgültig zur Kenntnis genommenes – von diesem Konflikt kann kein Historiker sich dispensieren.

»Es ist manchmal, als ob er Stahlkonstruktionen baue, in die der Hörer unmenschlich hineingezwungen werde – es ist etwas Zwingendes, Polemisches, Herrscherliches, Anspruchsvolles in seiner Denkungsart«[66], so charakterisiert Karl Jaspers Heideggers Verfahrensweise; die Diagnose gilt cum grano salis auch für »Bourdon und Fauxbourdon«, nicht weniger übrigens für eine in mehrfacher Hinsicht vergleichbare kunstwissenschaftliche Untersuchung, Hans Sedlmayrs im selben Jahr erschienene »Entstehung der Kathedrale«[67]. »Wenn Sedlmayr die Kathedrale nach einem »Zentralphänomen« absuchte, war seine Blickrichtung bereits von einer Gesamtvorstellung determiniert, von einem nach Ganzheitlichkeit verlangenden Leitgedanken, der ihn sehen ließ, was er sehen wollte«[68]. Nicht weit von hier befinden sich das »ideale Wachstum«, nach dessen Maßstab der Hölderlin-Forscher Friedrich Beißner seinem Protagonisten die Vollendungsstufen der fragmentarischen Dichtungen zudiktiert, und Walter Muschgs »Tragische Literaturgeschichte« von 1948, in der mit Ausnahme der Vaganten »nicht-pontifikale« Dichter keine Chance haben.

»Nichts fällt den Deutschen leichter, als in der Idee radikal zu sein und in allem

---

[65] K. Löwith, a.a.O., S. 59
[66] Karl Jaspers, *Notizen zu Heidegger*, hrsg. von Hans Saner, Neuausgabe München 1989, S. 51
[67] München 1950
[68] Werner Hofmann, *Im Banne des Abgrunds. Der Verlust der Mitte und der Exorzismus der Moderne. Über den Kunsthistoriker Hans Sedlmayr*, in: *Frankfurter Allgemeine Zeitung*, 5. Februar 1999

Faktischen indifferent« – diese Feststellung eines einstmaligen Studienfreundes[69] paßt gut zu der Konstellation von Individualität, Begabung, Zeitgeist, Gesellschaft und Politik, der »Bourdon und Fauxbourdon« Entstehen und Prägung verdankt, auch als eine in esoterische Wissenschaft verlegte Antwort darauf, »daß Schuld – paradoxerweise – wesentlich dann vorliegt, wenn ich sie abweise, d. h. wenn ich nicht bereit bin, sie in meine personale Identität einzubeziehen, wenn ich den Widerspruch in mir durch Ausblenden oder Wegsehen zu vermeiden oder zu vertuschen suche«[70]. Bei derlei verlegten Antworten spielt auch eine mit sacro egoismo nahezu identische Weltfremdheit mit, diejenige, die z.B. den nach Heideggers Schweigen befragten Ernst Jünger spotten ließ, dieser könne sich nicht entschuldigen, weil er gemäß seiner Einstellung eher erwarte, daß Hitler wieder auferstehe und ihn wegen Irreführung um Verzeihung bitte. Immerhin schrieb Heidegger im Frühjahr 1950 in einem Brief an Karl Jaspers: »Ich bin seit 1933 nicht deshalb nicht mehr in ihr Haus gekommen, weil dort eine jüdische Frau wohnte, sondern weil ich mich einfach schämte.« Jaspers, der genug Anlaß zu harten Reaktionen oder taktischen Verdächtigungen gehabt hätte[71], antwortete zwölf Tage später: »Daß Sie es aussprechen, sich »geschämt« zu haben, bedeutet mir viel. Sie treten damit ein in die Gemeinschaft von uns allen, die in einer Verfassung gelebt haben und leben, für die auch »Scham« ein angemessenes Wort ist.«[72] Den Eintritt in diese – wie oben bei Kertesz von einem Opfer angebotene – Gemeinschaft hat die deutsche Musikwissenschaft gemieden. Weil zugleich mit humaner Verantwortung auch wissenschaftliche zu Bruch gegangen ist, befindet sich dicht neben imponierenden Leistungen ein Scherbenhaufen. Angesichts dieses Nebeneinanders dürfen wir weder vergessen noch geduldig hinnehmen, »daß in jeder geschichtlichen Konstellation mehr und zugleich weniger enthalten ist, als in den Vorgegebenheiten angelegt war … und das, was an jeder Geschichte immer auch neu ist, … sich kausal gerade nicht erklären« läßt[73].

---

[69] K. Löwith, a.a.O., S. 58.

[70] Gesine Schwan, a.a.O., S. 46.

[71] »Jaspers nannte das eine Ausrede«: Elzbietha Ettinger, *Hannah Arendt – Martin Heidegger. Eine Geschichte*, München 1995, S. 91. Offenbar hatte Hannah Arendt bei dem Geständnis nachgeholfen.

[72] Martin Heidegger – Karl Jaspers, *Briefwechsel 1920–1963*, München- Frankfurt 1992, S. 196/77.

[73] Reinhart Koselleck, *Vergangene Zukunft. Zur Semantik geschichtlicher Zeiten*, Frankfurt am Main 1989, S. 296/97.

Zu Georg Kneplers 90. Geburtstag

Festrede in der Hochschule für Musik »Hanns Eisler« am 15. Dezember 1996

Lassen Sie mich mit einer persönlichen Erinnerung beginnen: Gelegentlich eines Besuchs der Familie Knepler bei der Familie Gülke in Dresden vor knapp 20 Jahren zeigte ich Georg Knepler ein aus Speckstein geschliffenes Steinbeil, das ich auf einem Acker auf Rügen gefunden hatte. Nie werde ich vergessen, wie er es betrachtete, behutsamer in die Hand nahm und betastete als eine Frau einen kostbaren Schmuck, es drehte und wendete, als könne er auf diese Weise die Spur finden zu dem, der da vor ein paar tausend Jahren geschliffen hatte – in andächtigem Respekt vor homo faber, welcher sich in der Mühe mit dem nützlichen und schönen Gegenstande selbst erschafft und definiert.

Ich habe von »Andacht« gesprochen als Komparativ des Staunens, dem Grundimpuls aller originären Philosophie, bei Knepler im Besonderen einem besorgten, fragenden Staunen angesichts der längst nicht abgeschlossenen, oft rückfälligen, vom Steinbeil über die Jupiter-Sinfonie bis zu gerechteren Ordnungen des Zusammenlebens reichenden Menschwerdung. Staunen, das ihn bei der Behandlung spezieller Fragen nie aus den grundsätzlichen entläßt, nie ihm zu vergessen erlaubt, inwiefern die Hochkultur, deren Hervorbringungen seine wißbegierige Liebe gehört, vom Leiden, der Ausbeutung derer lebt, die nicht an ihr teilhaben.

Es fällt mir leicht, meine Verehrung und Liebe für Georg Knepler zu erklären, und es fällt mir so schwer, eine Festrede zu halten, die ihm und dem Anlaß gemäß wäre, daß ich sie nur versuchen kann, indem ich erkläre, weshalb es schwer ist.

Zu den harmloseren Gründen gehört, daß er sich, immer in Auseinandersetzung begriffen, forschend, schreibend, als Jubilar und Gegenstand von Weiheton und summierender laudatio verweigert. Zu den schwerer wiegenden gehört, daß ich, nie unmittelbar Schüler, später als andere von ihm »Freund« genannt, zum engeren Kreis, zu den Gesinnungsgenossen in einem einstmals konkreten Sinn nicht gehörte und mit manchem seiner Freunde heftig gestritten habe – in Kontakt getreten anläßlich des unfreundlichen Briefwechsels über einen Artikel, den ich gemeinsam mit einem inzwischen nach Westdeutschland gegangenen Kommilitonen verfaßt hatte, wenig später persönlich bekannt geworden anläßlich des Projekts einer »Klingenden Musikgeschichte«, bei dem in bezug auf Mittelalter und Renaissance offenbar ein Adept der letzten »bürgerlichen« Musikwissenschafts-Enklave, der Schule Heinrich Besselers, in Kauf genommen werden mußte. Daß er mich, der als frei flottierender Blochianer eher schon zu weit links eingeordnet gewesen wäre und angesichts des mit Gehirnwäschemethoden eingepaukten »Klassenstandpunkts« prinzipiell am Sinn fester Standpunkte zweifelte, für einen unsicheren Kantonisten halten mußte, hat freimütige Diskussionen nicht verhindert, deren Vertraulichkeit beidseits riskante Aspekte hatte, noch hat es verhindert, daß er in einer verzweifelten Notlage, in der ich vor die Gewehre der Grenzwächter zu laufen bereit war, einer jungen Frau das unzulässige Privileg erwirkte, einen knappen Tag am Sarg ihrer Mutter in Westberlin zu heulen. Wie oft mag er auch anderen geholfen haben! Dem Staat, zu dem er, gewissermaßen ein »linientreuer Dissident«, zunehmend unter machtgeschützter Verlogenheit und Verdummung leidend, zu stehen versuchte, habe ich eines Tages den Rücken gekehrt, und als wir uns Jahre später in einem Wiener Hotel wiedertrafen, fanden wir viel aufzuarbeiten und wenig Grundsätzliches zu reparieren. Über mein letztes, halb politisches Buch, worin mindestens ein Kapitel über Hanns Eisler ihn ärgern mußte, haben wir zunächst kontrovers korrespondiert und später weitgehend Einverständnis erzielt. Der Dialog, ob brieflich oder direkt oder nahezu telepathisch, brach nie ab.

Dies alles müßte allzu persönlich erinnert erscheinen in einer Stunde, da die Hochschule ihren Gründungsrektor ehrt, wenn es die Konstellation nicht verdeutlichen hülfe, in der wir feiern und einer am Rednerpult steht, der, hätte er in Berlin studiert, zweifellos häufig in den Titania-Palast zu den Philharmonikern, in die Maison de France zu *Les enfants du paradis* oder »Orphée« entwischt, von den einschlägigen Sbirren verpfiffen und zum Rektor zur »Klärung eines Sachverhalts« einbestellt worden wäre mit Androhung oder Vollzug der Exmatrikulation.

Die persönlichen Gründe gehen also in allgemeine, politische über. Ihretwegen gratuliere ich der Leitung der Hochschule zu der unselbstverständlich gewordenen Selbstverständlichkeit, diese Stunde auszurichten, welche unter dem Rang und Anspruch des Gefeierten bliebe, würden wir nicht versuchen, die durch ihn verkörperte Geschichte ins Auge zu fassen.

Hätten die Deutschen derzeit nicht große Schwierigkeiten, jüngste Vergangenheit aufzuarbeiten, und hätten wir nicht diesen Jubilar, der hierzu viel zu sagen hat, so müßte das soeben Formulierte als beleidigende Umstandskrämerei erscheinen. Denn soviel wechselnde, teilweise entsetzliche Geschichte zu vergegenwärtigen, vor einer Lebensleistung wie der seinen sich zu verneigen, bedarf es keiner Rechtfertigung. Wir geraten, seine Lebenslinie zurückverfolgend, in legendäre Zeiten, an legendär gewordene Personen, feiern also auch, daß wir am Ende des Jahres 1996 einen unter uns haben, den wir fragen können, wie in seinem Umkreis die ersten Nachrichten von der Oktoberrevolution oder vom Sturz der Monarchie aufgenommen wurden, wie man mit Schönberg, Berg, Loos, Schnitzler oder Hofmannsthal in derselben Stadt lebte, wie es im Unterricht bei Eduard Steuermann, Hans Gál, Egon Wellesz oder in den Vorlesungen von Guido Adler war. Nicht zu reden von Karl Kraus. »Ein verhängter Himmel«, formulierte dieser einmal, »dem eine Weltanschauung erspart bleibt, spendet mir mehr Trost als eine freie Erde, die zum Himmel stinkt« – und half mit solchen Vermeidungen gesellschaftspolitischer Stellungnahmen den jungen Mitarbeiter auf einen Weg drängen, dem er bis heute treu geblieben ist – in einer oft irritierten, letztlich unbeirrten, zuweilen erzwungenen und schmerzhaften Treue.

Wenn ich ihn als Zeitzeugen vorführe, darf ich es nicht, um die Tatsache abzupolstern, daß Georg Knepler ein bekennender Kommunist war und ist. Für Kommunismus im Sinne auch einer Vermittlung von Weg und Ziel, worüber er, heute politisch heimatlos, stets mit sich hat diskutieren lassen, muß man sich nicht entschuldigen.

Doch von Zeitzeugen war die Rede. Dessen Verpflichtungen ist Knepler u. a. in seinem Buch über die Arbeit bei Karl Kraus mustergültig nachgekommen, einer der wenigen Darstellungen von Wiener Vergangenheit, deren Blick nicht nostalgisch getrübt ist, eines Verfassers, der die Verbundenheit mit seinem Herkommen gerade dadurch konturiert, daß er auch die Umstände vergegenwärtigt, denen er keine Träne nachweint. »Wir kamen ja aus der Provinz Wien, und Berlin erschien uns als der Mittelpunkt der Welt«, sagte er in seinem Gespräch anläßlich seines 70. Geburtstages; wenn er von einem Umschlagspunkt in seinem Leben sprechen könne, so sei es Mitte der zwanziger Jahre die Übersiedlung nach Berlin gewesen, »der Eindruck der großen politischen Wachheit und Lebendigkeit dieser Stadt, die große kommunistische Partei, die Arbeiterdemonstrationen, … meine Bekanntschaft mit Eisler und Brecht.« Die beabsichtigte Laufbahn als praktischer Musiker – Knepler war in Mannheim, Wiesbaden und Wien als Kapellmeister tätig – wird durch Hitler verhindert. »Ich schreibe heute lieber Bücher, als daß ich La Traviata dirigiere«, sagte er ebenfalls vor 20 Jahren – und hier ergänze ich, da Knepler überdies bedauert hat, spät zur Musikwissenschaft gekommen zu sein: Wie gut ist es dem von Ihnen Geschriebenen bekommen, daß Sie einstmals La Traviata dirigieren wollten!

In unserer Wissenschaft begegnet selten eine Schreibweise, die, wie diejenige Kneplers, immerfort an Erfahrung überprüft, Eitelkeiten des Formulierens und der gedanklichen Konstruktion nicht kennt, den Bodensatz einer verantwortungsvollen Beglaubigung immer bei sich führt und kaum je die Brillanz des Denkens auf die Darstellung durchschlagen läßt. Als Pianist, Kapellmeister, Organisator, Kulturpolitiker hat ihr Verfasser zuviel realistische Tuchfühlung erlebt, um sich sein Schreiben nicht immerfort neu erschweren zu müssen durch die Fragen, wofür, wohin und für wen er schreibe. Daß wir die Vernetzungen von Theorie und Praxis gar nicht sensibel genug überprüfen können, gehört zu den Ermahnungen, die der Leser jedem kneplerschen Text entnehmen muß, der in bezug aufs jeweilige Thema Hochspezialisierte ist ein dezidierter Antispezialist.

Diese Aussage betrifft nicht allein das Fach, sie ist politisch. Nicht zuletzt selbstgefälliges Spezialistentum ließ allzuviele Musikwissenschaftler die Augen verschließen vor Ereignissen (oder ließ sie sie gar nutzen), welche in Kneplers Leben tief eingriffen und ihn noch weiter von der Wissenschaft wegführten. Früh im Exil in London, hat er als Sekretär einer Emigrantenorganisation und als Musiker in einem Exiltheater gearbeitet. Kaum weniger versperrt waren theoretische Ambitionen, als er, im Januar 1946 nach Wien zurückgekehrt, zunächst als Kulturreferent der Kommunistischen Partei Österreichs tätig war. Und abermals, als er eine Aufgabe übernahm, von der die meisten im Saal Sitzenden profitieren – das Direktorat der neugegründeten Hochschule für Musik.

Noch, wenn man Bilder von der Eröffnungsveranstaltung betrachtet – u.a. Ernst Legal und Arnold Zweig in der ersten Reihe –, erhält man eine Ahnung von den Schwierigkeiten der ersten Stunde, Schwierigkeiten auch der Gegengründung zu den Westberliner Instituten. Dank Kneplers Aktivität und Vorausschau entwickelte sie sich rasch zu einer Gegenkonzeption u.a. mit neuen Ausbildungszweigen für Opernregie und Tonmeister und einem mehrfach gestaffelten propädeutischen Apparat (Arbeiter- und Bauernfakultät, Vorschule, Konservatorium) nicht zuletzt, um Bildungsmonopole aufzubrechen. Derlei zählt sich leicht auf in einer Weise, welche den Nöten und dem ihnen entgegenwirkenden Engagement nicht gerecht wird, also auch verdeutlichen hilft, wie schwer es geworden ist, Leistungen und Einstellungen von damals gerecht zu beurteilen. Was u.a. auch bedeuten würde, zu verstehen, wieso am Impetus der ersten Stunde Überzeugungen teilhatten, die wir heute »stalinistisch« nennen. Ihretwegen hatten wir kritisch Gesonnenen, oft schlichtweg als »bürgerlich« Stigmatisierten andererseits genug Anlaß, zwischen »denen« und »uns« strikt zu unterscheiden: »die« taten es erst recht.

Nur waren da einige, wie jener Gründungsrektor, der seinen an der Sektorengrenze gelegenen Laden mit strenger Hand zusammenhalten mußte, an denen die Unterscheidung abprallte, sei es, daß sie sie kraft Erfahrung und Persönlichkeit desavouierten, sei es, daß ein Lebenshintergrund nicht zu übersehen war, welcher auch Fernstehenden verständlich machen konnte, weshalb sie die bête humaine zum sozialistischen Glück meinten zwingen zu müssen – Stalin und Ulbricht in Kauf genommen, da auf der anderen Seite der »Triumph des Beschweigens« den Schoß fürsorglich hütete, aus dem die Nazis gekrochen waren und der Kommentator der Rassegesetze im Kanzleramt saß. Es ist wohl des Überlegens wert, weshalb viele prominente Emigranten in der DDR gingen und kaum einer nach Westdeutschland.

Nach Maßgaben jenes Kommentators stellt sich als Betriebsunfall dar, daß jener Hochschulrektor überhaupt noch vorhanden war. Um so schlimmer, wie in der DDR Herrn Globke Ehre erwiesen wurde, da in früheren Würdigungen Kneplers ausgespart blieb, daß er Jude ist – einer, der aus dem »hitzigsten Zentrum der judenfeindlichen Hetze im deutschen Sprachbereich« stammt und schon durch die Nähe zu Karl Kraus mit Fragen der jüdischen Identität konfrontiert wurde – nicht nur, wenn Kraus' Freundin auszusetzen fand, der Klavierbegleiter habe »ein herausfordernd jüdisches Gesicht«.

Natürlich ließ auch der Alleinerklärungsanspruch des offiziösen Schrumpfmarxismus die Frage unangebracht erscheinen, ob Kneplers Herkommen und politische Einstellung miteinander zu tun hätten. »Das Trauma meiner Sklaverei in Ägypten«, schreibt Emmanuel Lévinas im Artikel »Judaisme« der *Encyclopaedia Universalis*, »bildet selber meine Menschlichkeit: das bringt mich von Anfang an in die Nähe aller Proletarier, aller Elenden, aller Verfolgten dieser Erde. In der Verantwortlichkeit für den anderen Menschen liegt meine Einzigkeit selbst: Ich könnte mich ihrer für niemand entziehen.« Von aufklärerischen Hoffnungen beflügelt lautet dasselbe bei Moses Mendelssohn so: »Ein Glück für uns Juden, daß man auf die Rechte der Menschheit nicht dringen kann, ohne zugleich die unsrigen zu reklamieren«. Und das wiederum mündet in die Verfassung der Französischen Republik von 1793: »Um Unterdrückung der gesamten Gesellschaft handelt es sich, wenn auch nur ein einziges ihrer Mitglieder unterdrückt wird.« Aus der Verantwortung hierfür – nun wieder Lévinas – »stammt auch die Vorstellung des Erwähltseins, die ... ursprünglich das Bewußtsein einer unwiderruflichen Zuweisung ausdrückt.«

Nach solcher »Zuweisung« bei Georg Knepler zu fragen hatten wir oft Anlaß, weil wir ihn einerseits zur Fahne stehen und manches sacrificium intellectus leisten, andererseits ihn weit entfernt sahen von den Vollzugsbeamten jenes Schrumpfmarxismus, die ein System von Frageverboten zu zementieren versuchten, während er zu fragen nicht aufhörte: »Die DDR ist mir in erster Linie deshalb wichtig, weil wir hier in einer ununterbrochenen Diskussion stehen« – er sagte das acht Jahre nach dem Einmarsch in die Tschechoslowakei sicherlich im Hinblick auf das, was in der DDR nicht oder nur in oberen Rängen diskutiert werden konnte. Der inneren Logik des »großen Anliegens« hat er vertraut, welche heute die Frustrationen des diktatorischen Nadelöhrs und morgen deren Wegfall erzwingen würde und deshalb legitimiert sei, heute ein A conto an Hingabe und Selbstverleugnung einzufordern. Ich nehme an, daß der Verlust dieses Vertrauens für ihn unendlich schwerer wiegt als der eines Staatswesens, innerhalb dessen er gegen dümmliche und aggressive Unfehlbarkeitsdogmen und byzantinische Verlogenheit leise und unerbittlich gemahnt, kritisiert, Spiel- und Denkräume offengehalten, Gegenmeinungen bedachtsam zur Kenntnis genommen und nicht als »ideologische Unklarheiten« abgetan hat. Erst recht verweigerte er sich der Gegenseite, insbesondere aller pluralistischen Beliebigkeit und einem Agnostizismus, der sich auf die Grenzen unserer Erkenntnismittel fixiert. »Unsere Unfähigkeit, das Entstehen solch überdimensionaler Leistungen menschlichen Geistes zu erklären«, schreibt er über Mozarts Musik, »sollte nicht verwechselt werden mit der Unerklärbarkeit ... der Produkte selbst.« In einem Klima mißtrauischer Kontrolle schuf er Vertrauen, im Land der verschlossenen Ohren übte er die seltene Kunst inspirierenden Zuhörens, des rückhaltlos kritischen und selbstkritischen Austauschs, des ohne dialektische Finten virtuosen sokratischen Nachfragens.

Weil Kneplers lautere Sachlichkeit vielen rätselhaft oder unbequem war, breitete sich zugleich mit wachsender Hochachtung zunehmend Niemandsland um ihn – im Osten, da etliche Freunde und Adepten sich nicht von ihm einfordern lassen wollten; im Westen, weil man gern verdrängte, wie man sich eingefordert fühlte. Hinter der nach 1968 betriebenen Selbstverdrängung der westdeutschen Musikwissenschaft steht unterschwellig der Dialog mit Knepler. Carl Dahlhaus' Buch *Grundlagen der Musikgeschichte* läßt sich geradezu als ein solcher lesen, Kneplers Name indessen taucht nicht auf. Seiner *Musikgeschichte des 19. Jahrhunderts* wurde wohlwollend reserviert Beifall gezollt als Pfad in ein seinerzeit wenig begangenes Gelände, eine Rezension eines Mozart-Buchs, der ideenreichsten Publikation im Jubiläumsjahr 1991, wird herablassend-flapsig überschrieben mit »Leckerbissen aus der Kaderküche«.

Als kürzlich in Bielefeld einer der interessantesten Historiker, Hans-Ulrich Wehler, in den Ruhestand verabschiedet wurde, schrieb er seiner Zunft ins Stammbuch, was, nur mit anderen Noten, wie ein keplerscher cantus firmus klingt (ich zitiere verkürzt): »1.) Die Einsicht in die Bedeutung der kontinuierlich wirkenden Alltagsmacht der Wirtschaft droht verlorenzugehen, … ein rechtlich, politisch, längst auch sozialpsychisch tief verankertes Institutionsgefüge mit eigener … mentalitäts- und verhaltensprägender Kraft. Auf die Dauer kann man sie nur um den Preis der Realitätsverfehlung ignorieren. 2.) Die … Einsicht in die Härte der sozialen Ungleichheit entschwindet hinter dem Nebel von bunten Lebensstilen, exotischen Milieus, kulturalistischen Individualisierungsexzessen … Gerade in der modernen Marktwirtschaft bleibt die Sozialhierarchie eine Ordnungsmacht sui generis, deren harte Strukturen ungeheuer schwer umzuschmelzen sind. 3.) Die Gefahr ist unübersehbar vorhanden, daß der … Kampf um materielle und ideelle Interessen, um individuelle und kollektive, um sozial-legitimierte Macht, mithin um Herrschaft, zu sehr zurücktritt.«

Die Koinzidenz stärkt den Verdacht, mit Hilfe von Kalauern wie »Leckerbissen aus der Kaderküche« solle kleingeschrieben werden, was sich nicht kleinschreiben läßt. Da zu replizieren nicht meines Amtes ist, beschränke ich mich auf die Vermutung, der Dialog mit Knepler sei zwischen Paradigmen eingesperrt, aus denen man ihn herauswünschen sollte. Die Beunruhigung, die von dem immer nach dem besseren Ganzen fragenden Moralisten ausgeht und über die Grenzen des Fachs hinaustreibt, könnte sich als unabhängiger von marxistischer Zuordnung erweisen, wie immer man diese bewertet – eine Vermutung zusammenhängend mit der Erfahrung, daß Paradigmen eher verblassen und sich verlängern als so, wie ursprünglich gestellt, eingelöst werden. Um jene flapsige Formulierung nochmals aufzunehmen: Wenn es unwichtig wird, ob die »Leckerbissen« aus der »Kaderküche« kommen, müssen wir nicht darüber streiten, was wir unter »Kaderküche« verstehen.

Daß sie bereit waren, sich zu revidieren, gehört zu den obligatorischen Lobsprüchen für die unvergreisten Jubelgreise der Wissenschaft. Bei Georg Knepler, der seine Philosophie, seine Existenz tiefer und genauer hineinschreibt als andere, haben sie einen besonderen Stellenwert. Die Selbstverständlichkeit, mit der der spätere Knepler den früheren, ohne ihn billig zurückzunehmen, befragt und bezweifelt, sucht ihresgleichen, seltenes Beispiel in Zeiten, da der historische Wandel uns Rechenschaften abverlangt, bei denen wir schon zu mogeln beginnen, wenn wir sie auf bestimmte Problemfelder eingrenzen. Er hat das nie getan. Im nächsterscheinenden Bande der neuen MGG werden wir aus seiner Feder im Artikel »Musikgeschichtsschreibung« u.a. dies lesen: »Manche Historiker jedoch« – hier nennt er u.a. sich selbst –, »die Kurzsichtigkeit der sowjetischen Kulturpolitik übersehend, … richteten in den 40er und 50er Jahren ihre Kritik an ›formalistische‹ Komponisten, staatliche Fehlentscheidungen mitverantwortend, die erst 1958 in der Sowjetunion halbherzig, weitergehend in der DDR seit den 60er Jahren korrigiert wurden.« Dieses ist eine Auskunft über Musikgeschichtsschreibung und ist viel mehr – ein Fragezeichen nicht nur hinter Geschriebenes und Geredetes, sondern hinter ein Stück Leben – dennoch kein Widerruf, sondern eher gewissenhaft reflektierte Treue zu den »Träumen der Jugend«.

Wie gut hätte es Wissenschaften und Künsten getan, wären andere, die es wahrlich nötiger hatten, bereit gewesen, sich auf solche Weise zur Disposition zu stellen!

Ich zitiere unvergleichbare Vergleichsfälle auch, weil das schlechte Gewissen nach dem »Triumph des Beschweigens« vor fünfzig Jahren heute die Einladungen von unbetroffener Seite befördert, sich ob der DDR Asche aufs Haupt zu streuen. Carl Schmitt war beleidigt, als er 1945 in die Wüste geschickt wurde; Karl Jaspers hat geduldig und vergeblich auf nur ein Wort der Rechenschaft von seiten Heideggers gewartet, und dieser schrieb in dem »Brief über den Humanismus« im Jahre 1946, da die Krematorien fast noch warm waren, von Humanismus zu reden sei falsch, solange es »nicht aus der Wächterschaft für die Wahrheit des Seins« geschehe; »daß er nichts bereut, ist seine Stärke«, bemerkte kürzlich der Regisseur Benjamin Korn sarkastisch zu Ernst Jünger. Und das verstockte Beschweigen der Nazijahre in der deutschen Musikwissenschaft bringt diejenigen, die es nicht auf sich beruhen lassen können, in den Ruf des Denunziantentums, ein Schweigen ebenso schäbig wie zuvor das Verhalten all derer, welche willfährig mit dem Begriff »Rasse« hantierten, der längst zum Schlächtermesser geworden war, – hingehend bis zu dem Fachkollegen, der 1942 der polnischen Jüdin Wanda Landowska die Cembali aus ihrer Pariser Wohnung räumte. Näher heran fehlen die Rechenschaften, welche spätestens seit sieben Jahren fällig sind und, wären sie geleistet worden, die einzigartige humane Chance von 1989 hätten ergreifen und Verhärtungen verhindern können, dank derer wir allzu oft nach Maßgaben von gestern aneinander vorbeireden. Als Unfähigkeit zu rückhaltloser Rechenschaft, christlich gesteigert: zu Reue, kommt zutage, wie wenig Identität wir zu hüten haben, wie rasch wir sie aufs Spiel gesetzt empfinden.

Georg Knepler danken wir das Beispiel einer Gelassenheit, welche solches nicht zu fürchten hat, noch bevor wir ihm danken für tiefe, engagierte Einblicke in die Musik, in die Bedingungen ihres Entstehens und Vorhandenseins, für eine so kluge wie erwärmende Kameradschaft, welche durch Meinungsunterschiede nur breiter gegründet und nicht bedroht werden kann. Wir wünschen ihm und wünschen uns, daß er weiterhin auf so wunderbare und gemeinnützige Weise sich keine Zeit lassen möge, einfach nur alt zu sein.

Meditatio Mortis – Das Verklingen der Töne als Problem des musikalischen Denkens

Gedenkrede auf Fritz Reckow

Gestatten Sie in Form einer dreist vorgreifenden Doppelfrage einen Kopfsprung ins Thema: Warum ließ Bach den letzten Contrapunctus der *Kunst der Fuge* unvollendet, warum hat Mozart im Finale der Jupiter-Sinfonie die summierende Kombination aller fünf Themen bzw. Kontrapunkte nahezu aus dem Satz hinausverlegt in eine als angehängt ausgewiesene Coda? Schlüssige Antworten gibt es für keinen der beiden Fälle, es sei denn, wir hielten uns im ersten an die von Carl Philipp Emanuel Bach geschäftsfördernd lancierte schöne Legende, der Tod habe dem fast erblindeten Vater die Feder aus der Hand genommen. Indessen gilt eine mögliche Antwort bzw. Teilantwort für beide Fälle: Hier wie dort erscheint die strukturelle Verdichtung, in der die Musik gegen das Verklingen ankämpft, als welche sie Pflöcke in den Zeitfluß einzurammen versucht, einem Non plus ultra angenähert, worin ihr Wesentliches, die offene, prozeßhafte Bewegung in der Zeit, nahezu verlorengeht, einer allerdichtesten Verknotung, welche Veränderung und Fortschreiten kaum mehr zuläßt. Wenn, wie eine plausible Formel der Zeitphilosophie sagt, »Struktur gebremste Zeit« ist, wäre die Bremsung hier zu einem Stillstand vorgetrieben, in dem das kombinatorische Vermögen als Inbegriff des kompositorischen sich ad absurdum führt: Wohl kann das Resultat vorgezeigt und als End- und Höhepunkt hingestellt, nicht mehr aber als bewegt-prozeßhafte, zeitverinnerlichende Musik funktionieren und erlebt werden. Mozart mag, als er bei dem mit Carl Philipp Emanuel Bach befreundeten Baron van Swieten dessen Druckausgabe der *Kunst der Fuge* zu sehen bekam, schnell erkannt haben, daß ebendort, wo der Contrapunctus XIX abbricht, wohl ein aus dem Vorangegangenen gewissermaßen errechenbarer Vollzug, jedoch kein Darüberhinaus denkbar war, daß für den Komponierenden hier nur noch Schreibarbeit übrigblieb – wie er selbst am Ende seiner letzten Sinfonie den viertaktigen »Würfel« der kontrapunktischen Verknotung wohl drehen und wenden, zwischen Tonika und Dominant hin- und herwerfen, im Interesse einer steigernden Bereicherung anfangs noch unvollständig lassen und instrumentatorisch verdichten, jedoch nicht substanziell verändern kann. Indem die Musik das Äußerstmögliche gegen ihre Zeitverfallenheit aufbietet, riskiert sie die eigene Existenz; indem sie als meditatio mortis ihren Gegenstand zu tilgen versucht, tilgt sie sich selber, dem Zugleich von Erklingen und Verklingen entkommt sie nicht.

Die nachdenklich-tiefsinnige Formel »meditatio mortis« stammt von Adam von Fulda, den wir pauschal gesprochen zur ersten Generation deutscher Komponisten zählen, welche musikgeschichtlich als Generation faßbar wird. Sie artikuliert Erfahrungen bzw. Überlegungen, welche spätestens, seit das So-und-nicht-anders eines werkhaften Ganzen im Mittelalter theoretisch ins Auge gefaßt worden ist, eine Rolle gespielt haben oder schon auf den Begriff gebracht wurden. Tiefsinnig erscheint sie auch in der Zweideutigkeit des doppelten Genitivs – als genitivus obiectivus benennt »meditatio mortis« das Nachdenken über den Tod, im genitivus possessivus denken der Tod, die Vergänglichkeit selbst nach, wird Musik also als deren Organ verstanden – metaphorisch gesprochen: in klingenden Tönen können Tod und Vergänglichkeit nachdenken, und für uns wird dieses Nachdenken vernehmbar.

Nicht nur, weil die Formel uns an die Rätsel und Unbegreiflichkeiten des Zeitbegriffs heranführt, erweist jene Doppeldeutigkeit sich auch als theoretische Verlegenheit wenn nicht als Abgrund – eben jener, dem Bach und Mozart sich in den genannten Verknotungen als äußersten Anstrengungen kombinatorischer Vergegenständlichung genähert haben. Diese Zuspitzung der Fragestellung erscheint freilich nur statthaft, solange wir an der Verknüpfung von Werkbegriff und Vergegenständlichung als Ausblick auf ein zeitenthobenes Bestehenbleiben festhalten, welche sich rückprojizierend nur allzugut festmachen läßt an des Nikolaus Listenius Formel vom »opus absolutum et perfectum« (1537) – eine als leuchtturmhafte Markierung verführerische Formel; die Ballung der drei Begriffe hilft die Frage verdrängen, was der Verfasser unter »opus«, »absolutum« und »perfectum« verstehen und was mit deren Verbindung gemeint sein konnte. Begriffliche Verhärtungen, welche denkerische Anstrengung immer sie auslösten, haben sich oft als spekulative Fallgruben erwiesen: Solange von der Gewißheit, daß zu den Qualifikationen von Kunst und Kunstwerk ein Bleibendes, den Bedingungen des Hier und Jetzt Entzogenes gehöre, die Frage abgetrennt blieb, auf welche Weise auch in der verrinnenden Zeit sich Bleibendes artikulieren, mindestens ein Analogon finden könne, hatte die Musik auf der Werteskala der Künste keine Chance, mußte die Charakterisierung als »meditatio mortis« vor allem denunzierend anmuten. Dies umso mehr in dem Maße, in dem man die spätestens seit Augustinus aktenkundige Osmose zwischen der Philosophie der Musik und der der Zeit ignorierte. An Kants und Hegels Verlegenheiten angesichts der verklingenden Musik interessiert weniger, daß sie hier ästhetisch-phänomenologisch zu versagen scheinen, als daß dieses Versagen die Dimension des Problems verrät. Kant weiß, daß Musik »zwar durch lauter Empfindungen ohne Begriffe spricht, mithin nicht, wie Poesie, etwas zum Nachdenken übriglasse und das Gemüt mannigfaltiger und, obgleich doch bloß vorübergehend, doch inniglicher bewege – freilich mehr Genuß als Kultur sei und, durch Vernunft beurteilt, weniger Wert als jede andere der schönen Künste habe«. Hegel gesteht dem musikalischen Kunstwerk zwar »den Beginn einer Unterscheidung zwischen genießendem Subjekt und objektivem Werke« zu; doch steigere sich »dieser Gegen-

satz nicht, wie in der bildenden Kunst, zu einem dauernden äußerlichen Bestehen im Raume und zur Anschaubarkeit einer für sich seienden Objektivität«,
sondern verflüchtige »umgekehrt seine reale Existenz zu einem unmittelbaren
zeitlichen Vergehen derselben«. Bei beiden mögen noch andere Ursachen für
die Auskunft mitspielen, daß Musik nichts »zum Nachdenken übriglasse«, anderenfalls sich ihnen wenigstens die komplementäre Frage aufgedrängt hätte, weshalb ausgerechnet diese flüchtigste, vergänglichste Kunst die unter den Künsten
solideste, am strengsten durchrationalisierte Handwerkslehre entwickelt hat.
Carl Dahlhaus' Formulierung, Musik »erreiche, paradox ausgedrückt, ihr eigentliches Dasein gerade in dem Moment, in dem sie vergangen ist«, pointiert
und verschiebt die Problematik – insofern, als weiterzufragen wäre, was unter
dem »eigentlichen Dasein« der Musik zu verstehen und welche Art »Moment« es
sei, in dem sie dieses erreiche.

Aus einer von Robert Kilwardy um 1250 verfaßten Einführung für Studie-
rende an der Artistenfakultät in Paris läßt sich ersehen, daß die Fragestellung, obwohl deutlich ins Auge gefaßt, dennoch ihre Unschuldszeiten gehabt hat. Wie
in der Schrift *De ortu scientiarum* ausgeführt, vermag der »musicus mechanicus« –
aristotelisch verstanden als Poietiker – nur ein »opus non manens« hervorzubrin-
gen, seine »ratio« richtet sich nicht aufs Gemachte, sondern aufs Machen, »non
in facto, sed in faciente« – womit der Verfasser es bewenden läßt, die Problematik
mithin in der Kompetenzverteilung zwischen usus und scientia aufgehoben und
stillgelegt erscheint, immerhin aber aufs Wort gebracht ist.

Zu solcher an spekulativen Zuspitzungen vorbeigehender Gelassenheit trug
gewiß bei, daß es für einen systematischen Vergleich der Künste keinen Anlaß
gab, weil die Integration in die Artes liberales eine übergreifende Definition als
ästhetische Gegenstände erübrigte. Möglicherweise spielte aber auch die Erfahrung mit, daß die Zeitbedingtheit des Klingenden nicht nur als Zeitverfallenheit,
sondern auch als Zeitmächtigkeit, als aktive Gestaltung von Zeitlichkeit gefaßt
und erlebt werden kann. Immerhin läßt sich die – wenngleich vermittelte – Polarität von chronos und aion, irreversibler und reversibler, absoluter und dissipa-
tiver Zeitlichkeit, von Zeitpfeil und Kreislauf schon in vordergründigen musikalischen Erfahrungen festmachen; die vergänglichste Kunst ist, etwa in ihrem Ka-
denz- und Formelwesen, in periodischen Gliederungen, in metrischen, rhythmischen Gruppierungen etc. zugleich die wiederholendste. Die angesprochene
Doppelung erscheint handgreiflich vergegenständlicht in den Organa von Notre
Dame – als der ersten Prägung mehrstimmiger Musik, bei der etliche Kriterien
dessen greifen, was neuzeitlich unter »Komposition« verstanden wird. Und da
kompositorische Strukturen immer auch Bewußtmachungen darstellen, darf
man fragen, unter welchen konzeptionellen Zwängen jene Vergegenständlichung zustandekam – die Langmensur des cantus vielleicht nicht nur symboli-
sche Überhöhung, sondern als diese der Versuch, die Melodie ihrem sakrosank-

ten Anspruch gemäß der »weltlichen« Vergänglichkeit, der »Knechtschaft der Zeit«, der Faßbarkeit zu entziehen i. e. sie ihres Wesens als eines verklingenden Gebildes zu entledigen zugunsten einer »platonischen«, zeitentzogenen Abstraktion; im Gegensatz zu diesem Aufstieg ins Empyreum bleiben die modal bewegten Stimmen der Realität, der Vergänglichkeit, also jener »Knechtschaft« untertan, im unaufhörlich reproduzierenden Reigentakt einerseits sich gruppenhaft faßlich machend, zugleich in Wiederholungen gegen das Verklingen ankämpfend. Dem widerspricht eine seltsame Verkehrung der Verhältnisse, wenn im großen Kirchenraum gesungen wird, nicht – der Umstand, daß hier die Langmensur, weil sie dem Nachhall besser entspricht, nachvollziehbar wird, wohingegen die modale Bewegung verschwimmt und akustisch sich als ein »Uneigentliches«, als Zutat, als Tropus darstellt. Ohne sie als kausale Zusammenhänge bemühen zu dürfen, mag hingewiesen sein auf die genaue zeitliche Parallelität zu offenbar hitzigen, theologische Grundfragen berührenden Diskussionen des 11. Buches der augustinischen »Confessiones« an der Pariser und der Kölner Universität. Sie mögen Erklärungsversuche im Hinblick auf Notre Dame flankieren, u. a. als spekulatives Gegengewicht zur rein technologischen, in sich wohl stimmigen, dennoch sehr unvollständigen Auskunft, es habe, um dreistimmige Strukturen in Gang zu setzen, einer für mehrere Stimmen verbindlichen rhythmischen Regulierung bedurft – wer eine Stimme singt, kann wohl eine andere zugleich verfolgen, nicht aber zwei unterschiedlich geführte andere.

Nicht erst in der staunenden Verlegenheit angesichts einer Musik, welche kaum zufällig zu zeittheoretischen Bezugnahmen einlädt, zur Deutung als Versuch, die Polarität von faßlicher und unfaßlicher Zeit, Vergegenständlichung und Verklingen in die Endlichkeit einer musikalischen Struktur hereinzuholen, befinden wir uns im Dialog mit Fritz Reckow, dessen Gedenken uns heute zusammengeführt hat. Als Anliegen einer von ihm ausgerichteten Tagung über Notre Dame war ihm wichtig, »bewußt zu machen, wie wenig selbstverständlich, wie überraschend, ja befremdlich neu Musik und Musikverständnis sind, die im Notre-Dame-Repertoire und der darauf bezogenen Musiklehre greifbar werden«. Nicht weniger im Dialog mit ihm – sowohl was den Gegenstand, als auch, was die Art des Zugangs zu ihm betrifft – befanden wir uns bei der versuchten Auflösung falscher Dichotomien oder Verabsolutierungen im Zusammenhang mit dem opus-Begriff. Die kompetentesten, erhellendsten Auflösungen kamen von ihm, inspiriert von der Fähigkeit und Bereitschaft, von der Mehrdeutigkeit geschichtlicher Befunde sich irritieren zu lassen, sie als Sinn- und Beziehungsfülle wahrzunehmen, inspiriert auch von tiefbegründeten Vorbehalten gegenüber glatt aufgehenden, praktikablen Erklärungsmodellen und Vereinfachungen, wie sie stets drohen, wo wir geradlinige Kausalitäten vor uns zu sehen und uns zu ihrer Benutzung als ins Dickicht der Fakten geschlagener Schneisen berechtigt glauben. Hinter dem Pathos prätentiöser terminologischer

Prägungen erkannte er stets, was Adorno treffend »die Narbe eines ungelösten Problems« genannt hat, manches anderswo zur »kopernikanischen Wende« o. ä. hochstilisierte Faktum erwies sich unter dem prüfenden Blick dessen, der Dokumente und musikalische Strukturen zu lesen verstand wie nur wenige, als nicht mehr ganz so kopernikanisch oder bestenfalls kopernikanisch in Hans Blumenbergs Relativierung, allemal eingebettet in andere, vordem übersehene Sachverhalte, welche auf ähnliche Charakterisierungen Anspruch hätten. Daß die geschichtlichen Verläufe damit an anschaulicher Dramatik verloren, könnte nur derjenige behaupten, dem die Sensibilität für eine vielfältiger verteilte, differenziertere, kleiner dosierte Dramatik und deren Erkenntniswert fehlt. Nach Rekkows behutsamen, klug relativierenden Überprüfungen standen vordem übliche, griffigere Kartographien zumeist im Lichte dreist ungedeckter Vorgriffe. Allemal wichtiger als das Einzelfaktum war ihm das Beziehungsgeflecht, worin es sich befindet, und damit die Pluralität der Deutungsmöglichkeiten. »Pour comprendre il faut aimer« – dies vor allem ließ sich von seiner Fähigkeit lernen, sich mit den Gegenständen, mit Goethe zu reden, »innigst identisch zu machen« und lieber auf Erklärungsmodelle zu verzichten, als diese Identität aufs Spiel zu setzen. Im Sinne eines nur scheinbar unwissenschaftlichen Kriteriums: sein Verhältnis zu seinen Gegenständen war auf eine unverwechselbare Weise lauter, seine Vorgehensweise weitab von dem, was eine der gängigsten und häßlichsten Neuprägungen im Wissenschaftsjargon »Hinterfragen« nennt – und suggeriert, man müsse die Phänomene hintergehen, um sie zu erkennen, womit Wahrheit als das »Unverborgene« herunterbanalisiert wäre auf etwas, was durch Demaskierung erreicht werde, und Erkenntnis auf ein vor allem detektivisches Vermögen – welches schon dank der erklärten Bevorzugung der Hintereingänge wichtige Zugänge mitsamt dem ungeschützten, direkten Gegenüber versäumt. Im Sinne jener Lauterkeit im Verhältnis zu Phänomenen, die man nicht *hinter*fragt, sondern schlicht *be*fragt, bedurfte es für Fritz Reckow keiner Hilfskonstruktion oder theoretischer Überbelichtungen, um das konkrete Detail mit grundsätzlichen Fragestellungen zu verbinden. Was er sagte, lehrte und schrieb, wurde dadurch, aller so hohen wie uneitlen Disziplin des Formulierens unerachtet, nicht leichter; aber er hat keinen Grund gesehen, über die Gestehungskosten dieser Zugangsweise nachzudenken. Das Zeitalter der vereinfachenden Schlagworte hatte in ihm einen stillen, kompetenten und unbeirrbaren Gegenzeugen.

Nicht zufällig sind in die Beschreibung seiner Arbeit Kennzeichnungen geraten, welche dem Umgang unter Menschen vorbehalten scheinen; für Fritz Rekkow galten sie hier wie dort. Dies – eine ganz und gar unzeremonielle Direktheit inbegriffen – habe ich zu intensiv und zu oft erlebt, als daß ich die dringliche Bitte nicht hätte verstehen können, am heutigen Tage nicht über ihn zu reden und damit, und sei es ungewollt, an Ritualen teilzuhaben, deren bloßes Vorhandensein kaum sich trennen läßt von dem Versuch, einen Tod wie seinen auf irgendeine Weise begreifbar zu machen. Auch, weil ich mich zu ihnen zähle, verstehe ich die, die nicht begreifen, nicht getröstet sein, die das Ausmaß der Lücke verspüren und immer wieder nachvollziehen wollen, die sein Tod gerissen hat. Andererseits hätte keiner verstanden, wenn hier und heute an ihm vorbeigeredet würde – nicht zuletzt, weil es – Reckows Ruf als eines u.a. für Mittelalter, französische Musik des 17. bis 19. Jahrhunderts und Wagner Hochspezialisierten entgegen – wenige musikwissenschaftliche Themen gibt, bei denen wir ihm nicht begegnen – schon z.B., wenn wir eine Selbstauskunft vergegenwärtigen, welche nun testamentarisch anmutet: »Denn Musikverständnis manifestiert sich … nicht nur in eleganten Klassifikationen und wohlgeordneten Regelkatalogen, sondern ebenso – und wohl sogar auf besonders intensive und aufschlußreiche Weise – in dem Ringen des Autors mit der Vielschichtigkeit, wenn nicht Widerborstigkeit der Materie, in der Erörterung von Unzulänglichkeiten der verfügbaren theoretischen und praktischen Mittel, in dem Eingeständnis auch der Grenzen eigener Erklärungs- und Begründungsfähigkeit, in der Bereitschaft, Rätselhaftes als Rätselhaftes zu respektieren, in der Entschlossenheit, selbst das Unerklärbare zur Sprache zu bringen und in das eigene Konzept von Musik und Musiktheorie als Moment der Beunruhigung und als Indiz der Vorläufigkeit einzubeziehen«.

Die Bezugnahme zwischen der Struktur des Organums und unterschiedlichen Zeitqualitäten beispielsweise hätte von ihm mindestens die Gegenfrage zu gewärtigen gehabt, ob ihr Deutungsanspruch nicht in einem schiefen Verhältnis zu dem stünde, was über das kompositorische Selbstverständnis in der Zeit Leonins und Perotins bekannt ist. Dies würde er einwenden, obwohl und gerade weil er selbst ihr die solideste Ausgangsbasis besorgt hat, indem er, ausgehend von den mittelalterlichen Begriffen »processus« und »structura«, das zeitgenössische Verständnis des Widerspiels von Verlauf und Verfestigung, Verklingen und Festhalten, irreversibler und reversibler Zeit analysierte, einerseits mit Bezug auf die Auskunft »partes sunt propter totum« (Engelbert von Admont) anschaulich von der »Hausstruktur« des Komponierten sprach, dem im Sinne des späteren Werkbegriffs durchaus Endgültigkeit und Unantastbarkeit zukomme, dabei andererseits aber das prozeßhaft Ungeschlossene nicht aus den Augen verlor, und so bei einer sehr präzise gefaßten Spezifikation von Werk als Handlungsvollzug und als Resultat dieses Handlungsvollzuges in einem ankommen konnte. Derlei vergegenwärtigend, reden wir wenigstens nicht *über* Fritz Reckow, ständig aber *mit* ihm.

Schon anhand der Notre-Dame-Organa war deutlich geworden, daß mit dem im Thema angesprochenen musikalischen Denken ebenso Denken *über* Musik gemeint ist wie Denken *in* Musik, Denken in Tönen – und implicite auch der Abstand zwischen beiden. War dieser – mit anderen Worten sei der Fritz Reckow unterstellte Einwand wiederholt – im Falle der Organa zu groß, haben die von ihm gegeißelten »eleganten Klassifikationen und wohlgeordneten Regelkataloge« mitgeholfen, die Bewegungsunterschiede der Stimmen in einer Überschematisierung zu mißbrauchen? Gewiß liegt die polarisierende und Analogien suggerierende Aufreihung der Gegensatzpaare chronos und aion, irreversible und reversible Zeit etc. weit entfernt von den Differenzierungen, mit Hilfe derer Zeittheoretiker seit Plotin und Augustinus den Kalamitäten der Zeitproblematik beizukommen versuchen.

Wo nun der Bewegungshabitus der Stimmen nicht so weit auseinanderklafft, zwingt er uns zu weiteren Differenzierungen, also tiefer in die Zeitproblematik hinein. Bei den Tenores altniederländischer Messen, besonders, wenn es sich um bekannte Melodien handelt, und nicht gerechnet, daß mindestens die schroff verfremdende Verlangsamung bestehen bleibt, scheinen die Komponierenden zuweilen bewußt auf der Grenze der Wahrnehmbarkeit zu balancieren. Ähnliches gilt für Musik von ganz anderer Art, das Adagio aus Schuberts C-Dur-Streichquintett, worin die Mittelstimmen ein breites Klangband ziehen, gewissermaßen einen überdehnten Choral, der als kohärentes Ganzes, als in sich stimmige Melodie sich fast nur in den Übergängen zu erkennen gibt, jedoch auch, wo es nicht der Fall ist, das Satzganze hinterrücks trägt, während die Außenstimmen im Vordergrund in kleinen, faßlichen Wendungen dialogisieren – auch hier also eine Zweiteilung oder Polyphonie unterschiedlicher Zeitebenen, welche die Wahrnehmung aufs Äußerste fordert. Freilich könnte man dies auch als die rezeptionspsychologische Kehrseite des Umstandes interpretieren, daß die der Zeitlichkeit anheimgegebene Musik dieselbe Zeitlichkeit eben zugleich, wie immer in Grenzen, reguliert und kommandiert, daß sie z.B. den »Zeithof«, den wir als direkte Gegenwart, als Jetztpunkt erleben, zu dehnen vermag. Nicht zufällig haben Zeittheoretiker zwischen Augustin und Husserl der Musik immer wieder die Ehre nicht nur eines Demonstrationsobjektes sondern einer – mindestens partiellen – qualitativen Identifizierung mit Zeit, Zeitfluß, Zeitlichkeit erwiesen. »Extensio animi« – Ausdehnung der Seele, als welche Augustin Zeit definiert, verdeutlicht er anhand der Wahrnehmung einer Melodie, nicht weit entfernt von Hegels Bestimmung der Zeit als »sich erweiternde Subjektivität«. Was bei Husserl »Protention« und »Retention« heißt, bildet nach rückwärts bzw. vorwärts den zu Vergangenheit bzw. Zukunft hin ausfransenden Rand dessen, was wir als Jetzt, als unmittelbar gegenwärtig wahrnehmen, des etwa drei Sekunden umfassenden »Zeitfensters«, das die zeitgenössische Gehirnforschung ermittelt hat. Musik weitet dieses Fenster, indem sie die Grenzen des unmittelbar Wahrgenommenen nach rückwärts zum Erinnerten, nach vorwärts zum Erwarteten hin verfließen macht; um Augustins Formulierung aufzunehmen: Zeit dehnt die Seele, indem die Seele die Zeit dehnt. Ähnlich dem Zusammenschließen zur Gestaltwahrnehmung oder im mystischen »Augenblick als Ewigkeit« verdankt jene Dehnung sich dem Zusammenspiel unterschiedlicher rezeptiver Kräfte: die

Arbeit, welche im Zentrum des Jetztpunktes die Unmittelbarkeit des Erlebten, Gehörten leistet, übernehmen an dessen Peripherie die stärker vermittelten, kognitiv geprägten Instanzen der Erinnerung bzw. Erwartung. »Grenzen zu erweitern in puncto Gegenwärtigkeit ist ein räumlicher, ein zeitlicher und ein kognitiver Akt« (Simone Mahrenholz) – zu ergänzen wäre: ein zugleich emotiver und rationaler Akt. Außer Betracht muß hier bleiben, inwiefern die beiden Gehirnhälften, die vornehmlich »holistisch« verarbeitende linke und die vornehmlich analytisch verfahrende rechte, einander dabei zuarbeiten, und inwiefern Musik diese keineswegs von vornherein einvernehmliche Kooperation harmonisieren hilft.

Als erinnerte, dem Jetztpunkt vorausgehende, und als erwartete, ihm nachfolgende, erscheint Musik, weil der verrinnenden Zeit halb schon entzogen, fester, greifbarer, fixierter, freilich auch abstrakter als die eben jetzt klingende; an den Rändern des Jetzt beginnt sie abstrakter zu werden, zum Begriff zu gerinnen und tut dies, je weiter entfernt, immer mehr. Als Dämme gegen Zeitfluß, Verklingen und Vergehen versehen die Handwerkslehre des Komponierens und die musikalische Terminologie auch die Funktion des stabilisierenden Widerlagers. Daß Begriffe, indem sie die Einzeldinge übergreifend zusammenfassen, also abstrahieren, allemal fixierter erscheinen als das, was sie bezeichnen, gehört zu ihrem Wesen – jeder Begriff gewissermaßen ein Oberbegriff. Bei Musik, im Hinblick auf die Notwendigkeit der stabilisierenden »Dämme«, kommt dem besonderen Stellenwert zu, muß also beispielsweise, wenn von »Thema« die Rede ist, auch reflektiert sein, inwiefern der Begriff mehr Abgeschlossenheit und Festigkeit simuliert, als ihm in der Realität entspricht, inwiefern das erste »Thema« der Fünften Sinfonie von Beethoven weniger ein Thema als nur ein Elementarmotiv ist; inwiefern die ersten Themen von Mozarts g-Moll-Sinfonie KV 550 oder Beethovens »Pastorale« im Verlauf der jeweiligen Sätze als kantable Gebilde mit sich selbst nie zu Ende kommen und die Unmöglichkeit der definitorischen Abgrenzung von Thema und Satzganzem satztragend erscheint; inwiefern das erste Thema des zweiten Klavierkonzertes von Brahms, wenn zu Beginn vom Horn intoniert, das Thema als Setzung und in sich konsistentes Gebilde offenbar noch nicht und, wenn vom Orchester aufgenommen, das Thema schon nicht mehr, also zwischen Präludium und Erinnerung aufgespannt und im Sinne der durch den Begriff prätendierten Gegenständlichkeit nirgends mit sich identisch ist, daß es schon per intentionem der festnagelnden Begrifflichkeit entwischt – bei einem, der gern von »dauerhafter Musik« sprach (wo andere prätentiöser von »absoluter Musik« sprachen) und sehr genau wußte, inwiefern Musik nicht dauerhaft sein kann.

Jede strukturell durchgeformte Musik definiert eine bestimmte Art von Vergänglichkeit, eine »vegetabilisch« wachsende Fuge nicht weniger als die über Abbrüche und Szenenwechsel hinweg hergestellte Dialektik der Sonate. Hier

wie dort sind Rückbezüge, Erinnerungen oder vorgeformte Erwartungen –
nicht nur als vorausprojizierte Wiederholungen – unabdingbar wichtig, um gegen alle forttreibende Prozessualität Korrespondenzen i.e. »Zeitgestalten« zu ermöglichen, ein Zugleich von alt und neu, vorhin und jetzt: Wiederholung im
strengen Sinne gibt es nicht, weil das Moment der Wiederholung dem, was rekapituliert wird, gegenüber dessen erstmaligem Erscheinen, worauf es sich bezieht, einen Bezug aufhalst und mit diesem also Neues. Indem sie verdeutlicht,
inwiefern Wiederholung im veränderten Zeitfluß strictu sensu nicht möglich
ist, mußte Musik zur »wiederholendsten« der Künste werden, zu der am deutlichsten auf Rückbezüge angewiesenen. Deshalb ist in ihr nur selten etwas endgültig und unwiderruflich vergangen.

Allerdings macht derjenige, der etwas für endgültig vergangen erklärt, sich
partiell unabhängig von der Zeitlichkeit, in der er bisher sich befunden hat, in
bezug auf diese vollzieht er einen emanzipatorischen Akt. Derlei, durchaus vergleichbar mit dem Aussteigen des Erzählers aus einer Geschichte, mit der er bisher identisch war (so etwa erläutert von Thomas Mann im *Joseph*-Roman), geschieht, wenn Mozart am Ende des ersten Satzes der g-Moll-Sinfonie KV 550
der Aria agitata, als welche deren erstes Thema dahergekommen ist, abschied-
nehmend zurückerstattet, was das dialektische Procedere zuvor ihr genommen
hatte; es geschieht auch, wenn die Finali von Beethovens dritter und sechster
oder Brahms' erster oder der erste Satz in Brahms' zweiter Sinfonie in Gebete
oder Choräle umkippen; was davor geschah, wird zu Vergangenheit gemacht
und kann nun nicht mehr wiederholt werden; im Sinne des Themas könnte man
auch sagen: der Komponist kündigt den Konflikt mit dem Verklingen der Töne,
indem er dieses akzeptiert und in die Struktur des Ganzen integriert, das Ver-
klungensein zum Moment der Formwerdung qualifiziert.

Musik, das zeigen solche zumal in romantischen Coden exzessiv genutzten
Möglichkeiten, versteht sich nicht nur auf Wiederholungen am besten, sondern
auch auf Abschiede. Dies, auf der Linie von Gadamers Auskunft »im Abschied
geschieht immer Erkenntnis«, mag Dahlhaus in seiner oben diskret bemängelten
Formulierung im Auge gehabt haben, Musik erreiche »ihr eigentliches Dasein
gerade in dem Moment, in dem sie vergangen ist«. Begreift man dieses »eigentliche Dasein« platonisch, so hätte man beinahe eine weitere Antwort auf die eingangs gestellte Frage nach Bachs und Mozarts vermeidendem Umgang mit den
zum Äußersten getriebenen Verdichtungen: Sie sind Abschiede ebenso sehr wie
kompositorisch komprimierte Erkenntnis.

Daß Musik bzw. musikalische Prägungen konsistenter und bei zunehmender
Abstraktheit objektiver erscheinen, desto weiter sie von der Unmittelbarkeit des
Erklingens entfernt sind, läßt sich auch kompositorisch dingfest machen. Setzen
weitgespannte Steigerungen bei Beethoven, Brahms, Bruckner oder Mahler
nicht noch mächtigere, noch »krönendere« Kulminationen voraus, als tatsächlich

eintreten, setzt das große, pneumatische Auslaufen und Verebben bei denselben Komponisten nicht größere, festere Ballungen voraus als die, die wirklich stattgefunden haben? Es gibt kein Maß, anhand dessen derlei »Mißverhältnisse« aufgerechnet werden können. Gehören sie bzw. in ihnen die jeweils übertreibende Voraussetzung nicht zu den Konstituentien großer Formen, definieren die crescendierenden Anläufe und die abflauenden Erfüllungen ihre voraus- bzw. zurückliegenden Bezugspunkte nicht schon von sich aus in einer Weise, daß es als Abstraktion oder als positivistisch verfehlendes Kalkül erscheinen muß, von »Mißverhältnis« zu reden? Der Anlauf zum Repriseneintritt des ersten Satzes von Beethovens Neunter Sinfonie hat diesem Ort per Vorausschau so viel Bedeutung angeschafft, daß sie kaum noch materialisiert werden muß und das stellvertretend dröhnende D-Dur hinreicht. Insofern die verflüssigende Zeitlichkeit der Musik im Gegenwärtigen, wenn es deutlich als bezogene Musik komponiert ist, Vorausgegangenes bzw. demnächst Eintretendes bereits enthält, erscheint auch die Frage subaltern, ob der Höhepunkt in der Marcia funebre der *Eroica* die vorangegangene kontrapunktische Anstrengung gelohnt habe und die Kulmination sich nicht zu sehr in sich drehe und zu rasch zusammenfalle.

Man könnte dieselbe Frage als künstlich oder konstruiert empfinden angesichts der von der Rezeption geleisteten Übersetzungsarbeit, welche immerfort Erinnertes und Erwartetes mit dem gegenwärtig Klingenden interpoliert und dabei das angesprochene »Mißverständnis« in bezug auf die Konsistenz musikalischer Details, welche von fernher betrachtet stärker anmutet, als sie, aus der Nähe erlebt, tatsächlich ist, zu einer Grundvoraussetzung musikalischen Erlebens und Verstehens macht. Angesichts jener Übersetzungsarbeit erscheinen die Maßgaben, unter denen mangelnde Gegenständlichkeit des musikalischen »opus non manens« als ästhetische Wertminderung verbucht wird, als einseitig auf die Materialität des Klingenden bezogen und also hilflos positivistisch. Wie selbstverständlich indessen kann sich das Bündnis mit dieser Vermittlungsarbeit kompositorisch herstellen! Die Hauptmelodie des langsamen Satzes in Schuberts Streichquartett in G hat alle Charakteristiken eines antwortenden Nachsatzes und bedürfte eines Vordersatzes. Den aber gibt es, zumindest in der »eigentlich« erforderten Form, nicht; Schubert stellt als nahezu abstrakte Vertretung des fehlenden Vordersatzes einen Ton, ein kahles, unisones h voran – und dies reicht der vermittelnden Rezeption aus, um die Funktion des Vordersatzes als erfüllt wahrzunehmen. Schuberts »Suleika I« singt, in der letzten Strophe nach Dur gekommen, diese Strophe mehrmals, als wolle sie sich in ihr Singen einspinnen, und sie singt die Strophe in der Wiederholung nicht mehr vollständig; als kaum mehr gegenwärtig vollzogener und hier und jetzt erfundener, sondern nurmehr erinnerter Text ist die unvollständige Strophe vollständiger als eine vollständige es wäre, würde deren ausbuchstabierte Vollständigkeit doch als pedantisches Zitat das Moment des Rückblicks, die Situation heraufrufenden Erinnerns verdrängen; die bereits verklungene, vergessene Zeile ist im eben noch Erklingenden besser aufgehoben, als sie es im realen Vollzug sein könnte. Die Coda des ersten Satzes von Bruckners Siebenter Sinfonie beginnt mit dem Nachsatz des ersten Themas – auch dieser, da die thematische Arbeit erledigt ist, im fragmentarisch erinnerten Thema das vollständige so suggestiv voraussetzend und ex posteriori erblickend, daß das vollständige Thema hier als hilfloses Festhalten an einer längst zu Vergangenheit gewordenen Konstellation erscheinen müßte.

Verklingen, so ist auch hieran zu lernen, bedeutet immer auch, verlängert ins Nichthörbare, Nachklingen, man könnte auch sagen: Hineinklingen in einen Bereich, für den der Komponierende nicht mehr zuständig ist. Nachdrückliche Rituale des Beendens, etwa am Ende von Beethovens Fünfter Sinfonie, haben nicht nur mit Affirmation, lieto fine und Triumph zu tun, sondern auch mit Abgrenzung des kompositorischen Zuständigkeitsbereichs wenn nicht mit der Sorge, die Musik könnte, diesen überschreitend, anders verklingen und nachklingen als gewollt. Wo die Schwelle von Musik zu Nicht-Musik indessen niedrig gehalten ist, in offenen, stillen Beendigungen, strukturiert die Musik das nachfolgende Schweigen; der letzte Ton von »Dr. Fausti Weheklag« steht in Thomas Manns Beschreibung »als ein Licht in der Nacht«, der Rhythmus von *Des Baches Wiegenlied* am Ende der *Schönen Müllerin* schwingt ins Schweigen hinein – das Klaviernachspiel könnte auch mehr wiederholen; derlei in die Stille hineinreichende Wiederholung überläßt Berg am Ende der *Lyrischen Suite* ausdrücklich dem Spieler – er »will nicht wissen«, wann die Musik aufhört; wie bei Schubert der Rhythmus klingt am Ende des *Liedes von der Erde* und von Zemlinskys *Lyrischer Sinfonie* der letzte Akkord weiter, soll kein Ende sein, jedenfalls per intentionem nicht dort, wo der letzte Ton zu klingen aufhört, sondern, wie etwa auch in Holligers *Atembogen*, ausschwingend ins Bewußtsein, am Rande des Sagbaren angelangt zu sein, au bord du silence, und dort eine Freiheit zu ahnen, welche keiner eifersüchtigen Abgrenzungen bedarf: »La préméditation de la mort est préméditation de la liberté« (Montaigne).

Freilich – wie immer wir mehr Ineinander von Erklingen und Verklingen vollziehen und erkennen mögen, als eine auf die akustischer Materialität festgelegte Analyse ergibt – zum Wesen, zur Wahrheit der Musik und ihrer großen Formen gehört, daß sie vom Hader mit ihrer Vergänglichkeit nicht loskommt. Nicht umsonst erscheint keine Kunst so legitimationssüchtig wie sie, so bedürftig nach soliden i.e. zeitentzogenen, dementsprechend im Erklärungsanspruch weitgreifenden Anhalten. Das gilt, um nur einige zu nennen, für die kosmologische Verankerung als musica mundana – mit den Unterstufen musica humana, musica instrumentalis – ebenso wie für die pythagoräische Verankerung im numerus (»omnes in pondere et mensura disposuisti«), auch mit kosmologischen Ansprüchen in der Parallelisierung von Intervallproportionen und Umlaufbahnnen der Planeten; das gilt für psychologische Bezugnahmen vom »movere ani-

mos« mittelalterlicher Theoretiker mindestens bis zur Affektenlehre und zu sim-
plifizierenden Erklärungsmodellen als »Sprache des Gefühls« wie für den Topos
»Tonsprache«; das gilt für die bei Musik rasch ihrer Grenzen innewerdende
Nachahmungsästhetik ebenso wie für die Verabsolutierung zur »Kunst aller
Künste«, das Neidobjekt der poésie pure, worin der Makel der Vergänglichkeit
endgültig umgebogen erscheint zur Dignität einer allen banalen Realien entho-
benen Existenzweise.

Es war Hegel, welcher einerseits an den diskursiven Annäherungen bzw. philosophischen Implikationen der Musik seiner eigenen Zeit vorbeihörte, welcher
andererseits, direkt an Augustinus anschließend, wohl empfunden und reflektiert hat, daß und inwiefern die fundamentalen Fragen nach Musik und Musik-
hören existenziell hinterlegt sind. Die »Zeit des Tones«, formuliert er, sei »zugleich die des Subjekts«, Zeit werde wahrnehmbar als »sich erweiternde Subjektivität des Ichs«. Die »Form der Empfindung eines Inhaltes, deren Ausdruck
hauptsächlich der Musik zukommt«, beschreibt er so: »In der Anschauung und
Vorstellung tritt, wie beim selbstbewußten Denken, bereits die notwendige Unterscheidung des anschauenden, vorgestellten oder gedachten Gegenstandes ein;
in der Empfindung aber ist dieser Unterschied ausgelöscht oder vielmehr gar
nicht herausgestellt, sondern der Inhalt trennungslos mit dem Inneren als solchem verwoben«. Hegel gerät da in ein Problemfeld, welches seine eingangs be-
mängelte Fixierung auf einen sehr materialen Begriff von Gegenständlichkeit
und die daraus folgende subalterne Einordnung der Musik halbwegs rechtfertigt.
Wobei jene grenzverwischende »trennungslose … Verwobenheit« mehr den Inhalt, weniger das Procedere betrifft, denn hörpsychologisch stellt sich »die
Wahrnehmung der Außenwelt … nicht als kontinuierliche, sondern als periodische« dar, »wie ein Licht, das ständig erlischt und wieder aufleuchtet. Der Grund
dieser Periodizität muß in zwei Notwendigkeiten gesucht werden: Einerseits
muß sich das Bewußtsein, um nicht von Inhalten überflutet zu werden, ständig
seiner Vorstellungen entleeren, um frische Wahrnehmungen aufnehmen zu
können. Andererseits, da die äußeren Wahrnehmungen für den Organismus zu
aggressiv sind, muß dieser deren Intensität vermindern, um sie aufnehmen zu
können.« So flüssig, so ungegenständlich, wie die Vorstellung eines klingenden
Kontinuums suggerieren könnte, liefern die Sinne die musikalischen Eindrücke
also nicht an, das Bedürfnis nach Verfestigung des »Flüssigen« reflektiert auch die
segmentierte Form, in der Musik im Wahrnehmungsapparat eintrifft und verarbeitet wird.

Viel weiter »vorn«, auf der Ebene des rationalen Bewußtseins, reflektiert es, als
philosophische Barriere, die Seinsfrage – weil Sein als ganz bei sich und mit sich
selbst identisch nur gedacht werden kann als aller Zeitlichkeit und Vergänglichkeit entzogen. Demgemäß wäre der zeitindifferent überdauernden Gegenständlichkeit einer Skulptur, eines Bildes oder einer schriftlich fixierten Dichtung tat-

sächlich ein höherer Seinsgrad eigen als der verklingenden, auf dreierlei Weise sich entziehenden Musik – unmittelbar sich entziehend, weil das gegenwärtig Tönende sogleich vergangen sein wird; zweitens, weil auch der technisch konservierte und aus der Konserve zurückgerufene Klang nicht derselbe ist wie der ursprüngliche; und drittens, weil das jeweils Klingende nicht geradewegs identisch mit dem Musikwerk, sondern nur eine von dessen unendlich vielen Realisationen ist. Wer gegen die Herabstufung des opus non manens zu argumentieren versucht, bekommt es mit der Ursehnsucht nach »etwas Haltbarem ... in der Erscheinungen Flucht« und deren philosophischem Widerhall, der Frage nach Zeit und Ewigkeit resp. Zeit und Sein und mit deren Geschichte zu tun, mit Platons Begriff der Zeit als eines durch Bewegung hervorgebrachten, also sekundär verursachten »Abbildes der Ewigkeit«, wenn nicht mit der allerältesten Formulierung der abendländischen Philosophie: Anaximander »hat als Ursprung der Dinge das Unendliche angenommen, indem er als erster diesen Namen für den Urgrund gebrauchte. Er bezeichnet aber als Urgrund weder das Wasser noch ein anderes der sogenannten Elemente, sondern eine andere unendliche Substanz, aus der sämtliche Himmel entstanden seien und die Welten in ihnen. Woraus aber die Dinge ihre Entstehung haben, darein finde auch ihr Untergang statt, gemäß der Schuldigkeit. Denn sie leisteten einander Sühne und Buße für ihre Ungerechtigkeit, gemäß der Verordnung der Zeit.« Dergestalt bedarf es des Unendlichen als Prinzip; »damit das Werden nicht aufhört« – so Aristoteles, wird das Werdende als Zeitbedingtes gesichert gerade in der Unter- und Zuordnung zum Bleibenden, der Zeit Entzogenen. »Denn wahrhaft sein bedeutet niemals nicht sein und niemals anders sein«, formuliert Plotin, »und das heißt: unverändert sein, und das heißt ununterschieden sein. Dies Sein hat in sich also keinerlei Verschiedenes; folglich kann man es nicht auseinandertreten lassen, nicht entfalten, man kann also auch nichts erfassen, das früher oder später als es wäre.« Weshalb das Weltall laut Plotin »zu dem ihm voranstehenden Sein hineilt, und nicht stillestehen will; es zieht sein Sein zu sich heran, indem es immer neue Dinge hervorbringt, es bewegt sich im Kreise, weil es gewissermaßen nach seinem Sinn trachtet«, es strebt heraus aus der »Knechtschaft der Zeit«. Außerhalb ihrer freilich, »in der ewigen Vernunft«, so Augustinus, auch hierin an Plotin anschließend, »kann sich der Mensch nicht halten«.

Das vorstehende Zitaten-Aufgebot erschien mir nötig, um deutlich zu machen, auf welchen Hintergrund unsere Schwierigkeiten mit dem Verklingen der Töne aufgetragen sind, wie rasch wir in ihnen bei der Unmöglichkeit aufprallen, Sein und Zeit, Bleiben und Vergehen konkret zusammenzudenken, aus welchen Gründen es nahezu unmöglich scheint, Vergänglichkeit als die Existenzweise musikalischer Botschaften nicht widerlegt zu sehen durch den – mit Nikolai Hartmann – »richtigen Gedanken, daß aller Sinn und Wert etwas Überzeitliches ist.« Im Erlebnis und Vollzug dieser Unmöglichkeit kommen das Eingedenken der »meditatio mortis« im 15. Jahrhundert und die Dichtung unserer Tage einander sehr nahe: »Wie Orpheus spiel ich / auf den Saiten des Lebens den Tod … Aber wie Orpheus weiß ich / auf der Seite des Todes das Leben.«

III. Szene, Wort und Musik

Das schwierige Theaterspielwerk

Notizen während der Arbeit an »Così fan tutte«

I. Vielbewundert, viel gescholten:

Keines der großen Werke der Wiener Klassik ist so gegensätzlich beurteilt worden wie *Così fan tutte.* Schon während der Anlaufphase des nach der Wiener Uraufführung schnell anderwärts nachgespielten Stückes formulierte der Kritiker des vielgelesenen »Journals des Luxus und der Moden« im Jahre 1792, es sei »wahrlich zu bedauern, daß unsere besten Komponisten meist ... ihr Talent ... an jämmerliche Sujets verschwenden. Gegenwärtiges Singspiel ist das albernste Zeug von der Welt ...« E.T.A. Hoffmann sprach von Mozarts »herrlichster Oper«, während Nissen, Konstanzes zweiter Mann, in seiner Biographie als mittlerweile allgemeine Meinung resümierte: »Man muß sich fast wundern, wie Mozart sich herablassen konnte, an ein so elendes Machwerk seine himmlischen Melodien zu verschwenden.« Noch schlimmer als die Tatsache, daß viele sich solchen etablierten Urteilen anschließen, ohne sie zu prüfen, ist, daß damit bestimmte Zugangswege vorgegeben werden, auf die auch Opponenten zu reagieren gezwungen und also festgelegt sind. Im Falle der *Così* erlag dieser Fixierung sogar der König der Mozart-Biographen, Hermann Abert. Freilich, welch prominente Verurteilung! Beethoven weiß von Stoffen wie *Giovanni* und *Così*, daß er sie nie hätte wählen können: »Sie sind mir zu leichtfertig«; Wagner rechnet es Mozart hoch an, daß es ihm unmöglich war, zu *Così* eine Musik von der Qualität derjenigen des *Figaro* zu erfinden, und darin ist er sich gar einig mit seinem Gegner Hanslick. Erst Strauss und Mahler haben eine Neubewertung angeregt und eingeleitet, erst allmählich wurde die Oper frei von der Belastung durch ebenso bornierte wie arrogante Einräumungen wie die, man müsse Mozart den Lapsus verzeihen, weil er, in materieller Not, auf den Auftrag angewiesen gewesen sei, weil Joseph II. selbst das Sujet angeregt, dieses sich gar auf eine wahre Begebenheit bezogen habe etc.

Wie immer man Rezeptionsgeschichte (und gar diese!) als Geschichte zeitgebundener Vorurteile entschlüsseln kann – wenn so viele und bedeutende Köpfe ein Werk mißlungen, zumindest eine himmlische Musik an ein jämmerliches Sujet verschwendet fanden, darf man es sich mit einer anderen Meinung nicht leicht machen. Wer sich durch dieses »Theaterspielwerk« (so nannte Thomas Mann Kleists *Amphitryon*) nicht vor schwierige Fragen gestellt sieht, wird es kaum angemessen begreifen. Verteidigungen und Verurteilungen haben das Ihre geleistet, um einen ohnehin großen Deutungsspielraum zu erweitern – sei es,

daß die Opera buffa hier an ihr Ende gelange, daß dem Ancien régime ein heite-
res Grablied gesungen werde, daß es vornehmlich um die borniette Arroganz
der Männer gehe und das Stück eigentlich *Così fan tutti* heißen müßte, daß die
Scuola degli amanti als Lektion für großmäulige junge Leute anzusehen sei oder als
das Credo quia absurdum absolut gesetzter Vernunft. Auch meinte man, mehr
Logik unterschieben zu können, indem man die Oper auf die neue Gruppierung der Paare als die richtige hinauslaufen sah. All das ist enthalten – freilich jeweils nur als Teil eines Ganzen, das sich auf keine Weise ins Streckbett einer eindimensionalen Logik zwingen läßt, und dessen Rätseln derjenige schwerlich
beikommt, der die beiden Hauptvorwürfe – Unwahrscheinlichkeit und Frivolität – gewissermaßen ›frontal‹ wegzuerklären versucht. Mit dem Charakter, der
Menschlichkeit der beiden Fiordiligi-Arien läßt sich der Mummenschanz auf
keine Weise vereinbaren, den die »Albaner« oder der Medicus mit den Mädchen
treiben, hier wird Fiordiligi gnadenlos für dumm verkauft; und frivol muß doch
wohl ein Handlungsentwurf heißen, der die Manipulierbarkeit der intimsten
Gefühle unterstellt, Bewährung nur als Widerstand erlaubt und dem Zuschauer
bei deren Beobachtung einen voyeuristischen Blickpunkt aufnötigt – so, wenn
er in genußsteigernden Verzögerungen verfolgen kann, wie Fiordiligi erliegt,
besser: erlegt wird.

II. Ein ironischer Titel?

Das wäre ein Novum, zumindest in der zynischen Einseitigkeit der Parteinahme;
aber alles spricht dafür: »Così fan tutte le belle, non c'è alcuna novità« meckert
Basilio im ersten *Figaro*-Akt in penetranten Wiederholungen in den Dialog zwischen dem Grafen und Susanne hinein, nachdem Cherubino in deren Zimmer
entdeckt worden ist. Von dort hat Mozart Worte und musikalisches Motiv genommen; dieses umschreibt er zunächst vorsichtig andeutend in der Oboen-
Melodie am Beginn der Ouvertüre, um es in deren Presto dann notengetreu zu
repetieren jeweils als Kadenz zur wirbelnden Drehbewegung der Holzbläser, insgesamt achtmal, und dies in der Nachbarschaft einer Wendung, die er dem
Hauptthema der *Figaro*-Ouvertüre nachgebildet hat: »folle journée« hier wie
dort. Und hier wie dort fehlt dem »So machen's alle« die Berechtigung zur ein-
seitigen Beschuldigung – Susanne war Cherubinos Besuch höchst unwillkom-
men.

Vielleicht haben Mozart und da Ponte gar erst im Verlaufe der Arbeit die
Möglichkeit der Bezugnahme entdeckt; jedenfalls gehören die Ouvertüre und
die dem zweiten Finale vorangehende Alfonso-Arie, die die fatale Moral von der
Geschicht' postuliert, zu den spät, wenn nicht zuletzt, komponierten Stücken
der Oper. Andeutend verhält die Ouvertüre sich nun nicht nur in bezug auf das

Motiv am Anfang, sondern insgesamt, auf besondere Weise dem Auftrag jeder Ouvertüre entsprechend, eine Erwartungshaltung zu definieren, zur Handlung hinzuführen ohne vorwegzunehmen. Zweimal steigt die zarte Oboen-Melodie auf nach einer markanten Punktierung, welche an barocke Einleitungen erinnert, so daß man ein pompöses Entrée erwartet; statt dessen kommt es sofort zu einem enttäuschend dürren Unisono, einer kadenzierenden Allerweltsfloskel, vom Tutti wiederholt, als gäbe es schon etwas zu beendigen – gewollte Unstimmigkeit also, die den Hörer, der das hier vorweggenommene Zitat noch nicht kennen kann, ratlos läßt und lassen will, ganz und gar, da die Musik danach sogleich in ein mechanisch rasselndes Presto übergeht, worin die einzelnen Passagen und Prägungen mosaiksteinhaft gefügt bzw. durcheinandergewürfelt, kaum verarbeitet werden. Am Ende erklingt die anfangs ›zu früh‹ gekommene Kadenzierung abermals; erst bei jener letzten Alfonso-Arie, zu spät also, erfahren wir, daß die Worte »Così fan tutte« von der aus dem *Figaro* entliehenen auf eine andere Wendung umgezogen sind, jene Allerweltsfloskel, die genau so gemacht ist, wie »alle es machen«: gemeint sind nun die Musiker. Darüber hinaus realisiert Mozart die Devise im Hauptteil der Ouvertüre insgesamt, komponiert sie als Persiflage eines Komponierens, welches sich unablässig im Kreise von vier unterschiedlichen Prägungen dreht, dort kaum herauszufinden und die einzelnen ›Versatzstücke‹ in einen folgerichtigen Zusammenhang zu bringen vermag. Die heitere Kritik an leerlaufendem Mechanismus läßt sich in diesem virtuosen Porträt an sich selbst scheiternder Geschäftigkeit schwerlich überhören; es fragt sich, ob Mozart nicht auch hiermit an den Stoff der Oper heranführen wollte.

III. Zwei Akte in einem?

Wer sich den Eindruck, dem ersten Akt sei insgesamt ein schnelles Tempo zueigen, anhand der Details bestätigen will, macht die überraschende Entdeckung, daß, abgesehen von der ersten Szene, schnelle und gemäßigte Tempi kaum anders dosiert sind als in vergleichbaren Fällen. Schnell erscheint das Tempo viel eher in der dramatischen Dichte der Ereignisse, im konsekutiven Zwang. Mozart reflektiert dies – und damit erreicht er ein im Großen schnelles Tempo mit etlichen gemäßigten Tempi im Einzelnen –, indem er ausgesprochen knapp, zuweilen miniaturistisch komponiert. Die drei Terzette der ersten Szene muten an wie Teile eines einzigen großen, nicht zufällig schreibt Mozart ein Vorspiel nur beim ersten, ein längeres Nachspiel nur beim dritten, das letztere erst in einem zweiten Arbeitsgang; um Miniaturen handelt es sich bei Alfonsos erster Arie, da er die ›Schreckensbotschaft‹ überbringt, bei dem Duettino der Offiziere, und in der Nähe einer Miniatur verbleiben auch die getragenen Abschiedsensembles. Erstmals im Sextett, da die Verkleideten sich die erste Abfuhr holen, wiederholt

Mozart einen ganzen Stollen. Wo dies zuvor geschieht, läßt es sich leicht erklären – beim ersten Duett der Mädchen als Darstellung ihrer Situation, der träge verrinnenden Zeit, bei Dorabelles »Eumeniden-Arie«, weil bei deren furiosem Tempo ein in sich stimmiges Ganzes anders schwerlich zu erzielen wäre, und in Despinas erster Arie als einer fast zu spät kommenden, darum besonders gewichtigen Exposition dieser gefährlichen Mitspielerin. Angesichts der überraschungsarmen Geradlinigkeit der Handlung muß Mozart die Nötigung stark empfunden haben, der Ereignisfolge alle nur mögliche Vehemenz zu verleihen – immerhin umfaßt der erste Akt achtzehn gezählte Nummern.

Verhielt es sich immer so? Einiges spricht dafür, daß die Autoren zeitweise anders planten. Von einer Arie, der ersten des Guglielmo, wissen wir, daß sie ausgetauscht wurde – gegen eine knappere, sogar weniger profilierte; das Original ist, mit noch deftigerem Text, ein so bedeutendes Stück, daß die Gründe schwer gewogen haben müssen, die zum Austausch führten. Eine zweite Arie, das verrät ein Hinweis in Mozarts Autograph, ist vorhanden gewesen und verloren gegangen – eine Cavatina, mit der Despina sich vorstellte, dem – wiederum miniaturistischen – Accompagnato folgend, worin Alfonso diejenigen höhnt, die auf Frauentreue setzen; harmonisch mag sie vermittelt haben zwischen dem E-Dur von »Soave sia il vento« und dem groß hingestellten Es-Dur von Dorabellas furioser Aria agitata, wie immer dort Rezitativ und Accompagnati mithelfen mögen.

Noch eine dritte Arie muß vorhanden gewesen sein, eine weitere des ohnehin gut bedienten Ferrando. Von ihr blieben nur fünf Takte übrig: im zweiten Finale nämlich, wenn die Freunde den Mummenschanz eingestehen. Der Zusammenhang läßt keinen Zweifel daran, daß es sich bei Ferrandos »A voi s'inchina bella damina« um ein Zitat handelt wie bei den beiden folgenden Passagen, – nur eben Zitat von etwas, was später gestrichen worden ist, offenbar zu einem Zeitpunkt, da das zweite Finale schon so weit gediehen war, daß Mozart nicht mehr revidieren mochte. Die Kalamität war groß: Wollten die Autoren am Eingeständnis per Zitat festhalten, so kam für Ferrando nur noch das Larghetto »Volgi a me pieto – so il ciglio« in Frage, mit dem er Fiordiligi zu Fall gebracht hatte; und das wäre nun tatsächlich der Gipfel der Frivolität gewesen. Da es um die offizielle Vorstellung des »Cavaliere dell'Albania« geht, die die schreienden Mädchen im Sextett verhindern – im gewichtigen d-Moll, welches sonst im Tonartenkreis der *Così* nicht auftaucht –, kann das Stück nur vor oder nach Fiordiligis »Felsen-Arie« plaziert gewesen sein; vor ihr stehend gäbe es ihr als resolut-feierliche Beantwortung eine weitere Veranlassung – und erscheint gut geeignet als Eröffnung eines mit dem Dur-Finale Nr. 18 schließenden präsumptiven zweiten Aktes.

Der vermutete erste hätte also mit dem Sextett geschlossen, nicht nur tonartlich sinnvoll, weil zum C-Dur der Ouvertüre zurückkehrend. Angesichts des dramatischen Tempos mutet das Sextett als inmitten eines Aktes stehendes En-

semble sehr breit ausgearbeitet an, für ein Finale eher knapp. Hat vielleicht,
nachdem Fiordiligi und Dorabella gerufen haben, der Versuch einer offiziellen
Vorstellung der ›Besucher‹ gestanden, der später gestrichen wurde? – man kann
es nur vermuten. Andererseits könnte bei der Knappheit dieses ersten Finales
schon der Hinblick auf das damalige zweite mitgesprochen haben: die Schlußsi-
tuationen beider ähneln sich allzusehr, lediglich Art und Vehemenz der männlichen Attacken haben sich verändert. Das freilich gilt für den vermuteten zweiten
Akt insgesamt – und hier mochten die Gründe liegen, die die Revision veranlaßten. Als penetrant wiederholte Attacken unterschieden die Situationen sich
im grundsätzlichen Zuschnitt kaum, bestenfalls in Methode und Dimension. So
mußten die Autoren auf Mittel sinnen, die fatale Geradlinigkeit der Handlung
(Dent: »The plot of the opera is simplicity itself«) bereichernd und steigernd so
zu kompensieren, daß man die »simplicity« darüber vergäße. Die Ergebnisse liegen auf der Hand; mit Ausnahme von Dorabellas ›zu frühem‹ furiosen Ausbruch
erscheinen erst jetzt wirklich große Arien – die »Felsen-Arie«, die später ausgewechselte des Guglielmo und »Un' aura amorosa«. Und das Finale Nr. 18 ließe
sich, beginnend mit einem weiteren Duett der Damen, unschwer erklären als
verdichtende Wiederholung all dessen, was seit dem ersten Auftritt der Damen
geschehen ist.

Am Ende haben Mozart und da Ponte sich für einen großen Akt entschieden,
wohl auch deshalb, weil als Beginn des vermuteten zweiten sich eine qualitativ
neue Situation nicht herstellen ließ. Auch steht es einem Finale – wie schon einem großen Ensemble – schlecht an, wenn für die gesamte Dauer einer der Mitwirkenden – Don Alfonso – von anderen – den Damen – nicht erkannt werden
darf, mag die Funktion des Drahtziehers hinter den Kulissen dies auch teilweise
rechtfertigen. Die Entscheidung, wenn sie zwischen den hier vermuteten Alternativen fiel, zwang zur Auseinandersetzung mit der nunmehr sich ergebenden
Vielzahl von Arien – und in bezug auf diese wären die Autoren tatsächlich radikal verfahren, indem sie bei Guglielmo austauschten, bei Despina umstellten und
austauschten und bei Ferrando strichen. Die im zweiten Finale stehengebliebene
Absurdität eines Zitates von etwas zuvor nicht Gesagtem läßt gar eine Korrektur
in letzter Minute plausibel erscheinen.

Auch für das Zögern der Autoren gibt es gute Gründe – vornehmlich in der
sinnfälligen Kurve, die der kürzere erste Akt dramaturgisch und musikalisch beschreibt. Während die Männerszene in Ton und Tonart sich noch weitgehend
im Bannkreis der Ouvertüre abspielt, ergibt sich als Mittelstück – endend mit
dem Abschiedsterzett – eine ausführliche Exposition mit beträchtlichen Kontrastierungen (Soldatenchor gegen »Di … scrivermi ogni … giorno« etc.) und
ebenso beträchtlichen harmonischen Ausschlägen bis hin zu Es- und E-Dur als
fast ›symmetrisch‹ um die C-Dur-Achse liegenden Eckpunkten. Als Säule zwischen diesem mittleren und dem dritten, letzten Teil des Aktes stünde Alfonsos

vorgreifendes »Nel mare solca, e nell'arena semina«, im bedeutungsschweren d-Moll beginnend, der Tonart, mit der Ferrando den vermuteten zweiten Akt eröffnete, und wie die Männerszene zu Beginn endend in C-Dur. Dem wäre als Eröffnung des dritten Teils und zugleich als Exposition der noch verbleibenden Figur Despinens verlorene Cavatina gefolgt und dieser als Trittbrett zum gewesenen Sextett-Finale Dorabellas »Eumeniden-Arie«. Für den Aktschluß hätte sich dramaturgisch prachtvoll als erster Etappensieg ein ›Eins zu Null‹ für Ferrando und Guglielmo hergestellt, im gewesenen zweiten Akt gesteigert wiederholt im Lachterzett. Vielerlei Ähnlichkeiten des abschließenden Molto Allegro mit dem Presto der Ouvertüre scheinen dessen Finalität betonen zu sollen, gleichfalls der das Sextett beschließende, mit dem Aufstieg der Oboe am Ouvertürenbeginn korrespondierende Dreiklangsabstieg und erst recht dialektische Finessen des Komponierens wie Alfonsos »mi da un poco di sospetto« als dem C-Dur-Trio eingesenkter Widerhaken und genaues Zitat seines »che vi sia ciascun lo dice« – von der Weibertreue nämlich, welche eben gerade – noch – sich so glänzend bewährt.

IV. »Necessità del core«

– auf diese beruft sich Alfonso einigermaßen euphemistisch bei seinem Kalkül mit der Verführbarkeit der Herzen, Despina spricht geradehin von »legge di natura« – beide recht genau auf der Linie der anthropologischen Neugier ihres Jahrhunderts, welche die enthusiastische Entdeckung von Individualität und Subjektivität zuweilen recht leichtfertig befeuerte mithilfe des Theorems, ein Vernunftwesen sei auch ein berechenbares. Dessen mechanistische Einsträngigkeit verhält sich zu den Rätseln der menschlichen Existenz etwa so wie die starr fixierten Gruppierungen der *Così*-Ouvertüre zu den Erfordernissen eines musikalischen Ganzen: der Allerweltskadenz mit dem verschwiegenen Untertext bedarf es auch, weil die fast wie ein Perpetuum mobile sich in sich drehende Musik nur gewalttätig beendet werden kann; die Ouvertüre vermag ebensowenig zu einem Ende als einem Ergebnis zu kommen – inwiefern aber wäre das ihr Auftrag? – wie die Oper insgesamt.

Auf den ersten Blick erscheint das merkwürdig, weil Alfonsos Rechnung aufgeht. Die Art und Weise freilich, wie dies geschieht, kann diejenige der Oper nicht sein; deren Dramaturgie reduziert sich »in der absurden Symmetrie der Handlung, ihrem errechenbaren Ablauf« (Adorno) auf einen vorausbestimmten Vollzug; die Schlüssigkeit eines chemischen Experiments ist eine andere als die einer von Menschen getragenen Bühnenhandlung – und um nichts weniger denn ein Experiment handelt es sich, worin der Zynismus von La Mettries *L'homme machine* ebensowohl praktiziert wie überführt wird: Menschen behandelt wie chemische Substanzen, welche sich unter bestimmten Bedingungen auf bestimmte Weise verhalten – so daß die theatralische Spannung, die enttäuschten, verzögerten, umgelenkten Erwartungen in Bezug auf die Ereignisfolge sich einzig darauf richten können, wann und unter welchen Umständen das Voraussehbare eintritt. Was die einsträhnige Rationalität des Experiments im ›eingeebneten‹ Handlungsgang verbot, kompensiert die Musik auf abgründige Weise, mit der Konsequenz von Unstimmigkeiten zwischen humaner Vertiefung und zynischem Spiel, welche auch die listigste Dialektik nicht zu beseitigen vermag. Innere Spannweite der Oper und realistische Unglaubwürdigkeit der Handlung hängen innig zusammen.

Aus der unduldsam aufhellenden Rationalität des Experiments redet ein Zeitalter, in dem, wenn man vorschnell die Imponderabilien der menschlichen Existenz, die Rätsel des Menschenherzens in Anspruch nahm, man dem Verdacht ausgesetzt war, die Geschäfte von Obskuranten mitzubesorgen; in dem, teilweise mit guten Gründen, Psychologie identisch war mit Entlarvung. Hinter Alfonsos Ärger angesichts der selbstsicheren Liebesprahlerei der beiden Freunde steht auch die Abneigung des Zeitalters dagegen, Erklärbares unerklärt stehenzulassen, und darüber hinaus die Rücksichtslosigkeit und das Pathos eines Wahrheitsdranges, welcher seinerzeit immerfort neue Bestätigungen erfuhr und Wahrheitsfindung als ein Ultimum begriff, das der einschränkenden Nachfrage nach dem Wort entzogen werden und zur Beute perverser Verabsolutierungen werden konnte; von denen ist Alfonsos Inszenierung nicht mehr weit entfernt, erreicht sind sie in den Abscheulichkeiten, zu denen in den *Liaisons dangereuses* des Choderlos des Laclos die Marquise de Merteuil ihren Liebhaber de Valmont anstiftet: da kehrt sich eine entfesselte Aufklärung gegen ihre besten Impulse.

Heutzutage, da die besonderen Dummheiten eines eindimensionalen Denkens zutageliegen, kann Alfonso schwerlich auf Nachsicht hoffen; indessen gehört er in einen Kontext, worin Analogien zwischen physikalischen, chemischen und menschlichen Affinitäten, Kommunikationen, Magnetismus etc. keineswegs als Fatalitäten aufscheinen, und, wo ihnen der Zusammenhang mit den Geheimnissen einer pantheistisch gotterfüllten Natur nicht weggeschnitten wurde, neben die *Liaisons dangereuses* ein so abgründig humanes Buch wie die *Wahlverwandtschaften* tritt, deren Titel auf *De attractionibus electivis* zurückverweist, eine Darstellung chemischer Versuche. Auch bei Goethe geraten grosso modo zwei Paare überquer, auch dort vollzieht es sich in der geradlinigen Strategie eines Experiments, was den Dichter bekennen ließ, dies sei das »einzige Produkt von größerem Umfange«, bei dem er sich bewußt sei, »nach Darstellung einer durchgreifenden Idee gearbeitet zu haben«. Der Konflikt zwischen Sittengesetz und Naturgesetz fordert dort ein Opfer, das auf unschuldigere Weise schuldig wird als irgendeiner der von Alfonsos Spiel Betroffenen – Goethe hat Ottilie verhungern lassen.

V. Für solche Opferungen hatte die Oper keinen Platz

Vergleichbares kam für Mozart und da Ponte nicht in Frage, hätte sich im gegebenen Rahmen, nicht nur der buffa, nicht abhandeln lassen. So viel der Stoff immer hergab für gängige, auch grobe Späße im Stile der buffa – an der Elle von dessen ›eigentlichen‹ Konsequenzen gemessen, hatten die beiden sich auf ein nahezu genrefeindliches Sujet eingelassen, weit hinausgehend über das Maß, in dem jeder Bühnenspaß auch Grausamkeiten einschließt. Es lohnt, sich zu vergegenwärtigen, weshalb sich ein anderer Schluß als der vorhandene verbot – ein tragischer sowieso, und die Absegnung der neuen Konstellation, weil dies als unverdient gutes Ergebnis einer anrüchigen Wette moralisch nicht anging, und weil der Charakter des heiteren Experiments der Liebesprobe verloren wäre – Gründe, von einem Standpunkt aus erwogen, welcher außerhalb der Maßgaben des Stückes liegt. Schon die stofflichen Bezugspunkte gaben genug Anlaß, alles Für und Wider zu überdenken. Während Kephalos und Prokris bei Ovid einander verzeihen, daß sie wechselweise zu Fall gebracht worden sind (sie durch den in die Gestalt eines schönen jungen Mannes verwandelten Gemahl, er bei einem spiegelbildlichen, durch Diana bewerkstelligten Betrug), gibt es in Ariosts *Orlando furioso* keine Versöhnung – die hinters Licht geführte Frau geht auf und davon zu dem jungen Manne, dessen Gestalt ihr Eheherr sich für die fatale Treueprobe ausgeborgt hat – Doralice und Fiordespina heißen die beiden dort. *Céphale et Procris* war vor nicht langer Zeit (1773) in Frankreich prominent komponiert worden – von Grétry, mit Marmontel als Librettisten; eine ähnliche Figuren-Konstellation überdies war da Ponte gewiß aus einer in Cervantes' *Don Quichote* eingeschalteten Novelle bekannt.

Unter anderen Umständen wäre wohl denkbar, daß bei dem Stoff althergebrachte moralische Palliative in Anspruch genommen würden – z.B. ein Zaubertrank, für dessen Wirkung die Betroffenen nicht verantwortlich gemacht werden können, oder irgendein Deus ex machina, der ihnen am Ende erklären könnte, alles vermeintlich Erlebte sei ein böser Traum gewesen, von dem er sie nunmehr erlöse o.ä. Doch daran war nicht zu denken, es ging um das Experiment, auch um die dezidierte Gottlosigkeit, welche Alfonso einem Schwur »al cielo« sogleich einen Schwur »alla terra« entgegensetzen läßt, worin *Così* ein Gegenwartsstück ist nicht weniger als der realistische *Figaro*: die Menschen haben es gewollt und getan, sie allein sollen dafür einstehen. Realistisch ist erst recht, wie die Herren dies besorgen bzw. vermeiden, wie sie, wie immer hinter gespielter Empörung auch schlechtes Gewissen verbergend, nun die schäbigsten Möglichkeiten einer offiziellen Moral in Anspruch nehmen. Warum ist nicht einmal der Schatten einer Möglichkeit angedeutet, daß sie ihr Spiel bereuen, gar die Bräute um Verzeihung bitten?

VI. Die Herren meinen, nur sie hätten zu verzeihen

Wenn man das so zynisch und borniert nennt, wie es tatsächlich ist, sagt man
auch, daß damit nicht das gesamte Bezugsfeld zwischen Frauen und Männern
erfaßt sein kann. Obwohl sie klingt, als solle sie die auf Offizierskasino-Niveau
abgeschlossene Wette entschuldigen helfen, wird doch die Frage fällig, ob die
Wette nicht vor dem Hintergrund einer (sicherlich nicht reflektierten) Gewißheit stehe, daß das Beste, Geliebteste, Wichtigste an den Mädchen oberhalb der
Geschehnisse bleiben, daß diese Niedertracht nicht dazu angetan sein würde, sie
ganz zu treffen oder gar zu vernichten. Die dumme Selbstverständlichkeit, mit
der die Herren über ihre Bräute als Spiel-Objekte verfügen, setzt auch voraus,
daß diese gar nicht fähig wären, dergleichen sich auch nur vorzustellen; sie ähnelt
der Art und Weise, in der man einer Autorität Ehre antut, indem man gegen sie
wütet und zugleich sicher weiß, daß man sie nicht beschädigen wird. Die Mädchen bestätigen das in der Arglosigkeit, mit der sie das Spiel mit sich treiben lassen – es sind allerbeste Gründe, derentwegen für sie außerhalb aller Denkbarkeit
liegt, daß derlei geschehe. Insofern würden sie auf sehr falsche Weise verkleinert
durch die mehrmals inszenatorisch praktizierende Unterstellung, auf halber
Strecke durchschauten sie das Spiel. Was wäre das E-Dur-Rondo der Fiordiligi,
dieses De profundis clamavi eines großen Charakters, was wäre ihr endgültiger
Fall dann noch wert? – direkter gefragt: an welche Musik dürften wir noch glauben, wenn nicht an diese?

Ferrando und Guglielmo bestätigen sogar für sich selbst – verzweifelt oder widerwillig, also glaubhaft –, daß alles Spiel und alle Bezauberung durch das jeweils
andere Mädchen an die eigentliche Liebe nicht heranreiche. Die Mädchen wissen spätestens mit dem Abschied im ersten Akt, was diese Liebe ihnen bedeutet;
die Männer wissen es erst, wenn die Bräute verloren scheinen – Ferrando fassungslos verzweifelt, Guglielmo fassungslos tobend, nachdem ihm, bevor er betroffen war, die Beschimpfung »Donne mie la fate a tanti« leicht und ausführlich
von der Zunge gegangen war. Und beide sind, von Alfonso angesprochen, so
prompt bereit, sich zu der alten Liebe zu bekennen, daß man mit ihm der Meinung sein könnte, sie hätten der *scuola degli amanti* tatsächlich bedurft.

Aber auch die Mädchen haben sich verändert; nur das Tempo des Finale hindert sie daran, zu zeigen, inwiefern mit ihnen künftig nicht mehr gut Kirschen
essen sein wird. Was zum Beispiel hat es zu bedeuten, wenn sie ihr ›Vergehen‹
bekennen just auf die vergleichsweise simple Melodie, mit der die richtigen
Bräutigame soeben zurückgekehrt waren, welche also verbunden ist mit der gespielt dummen Selbstverständlichkeit dieses Auftritts? Die Bezugnahme fällt
umso mehr auf, als das Finale unter dem Sturz der Ereignisse immer mehr von
Prägung zu Prägung fortgetrieben wird. Das Zitat kann doch wohl nur bedeuten, daß die Mädchen nun ihrerseits ins Spielfeld hinabsteigen und auf einer

Ebene sich zu bewegen entschlossen sind, die vordem die ihre nicht war; gerade mit Hilfe des fälligen Schuldbekenntnisses – zu einem entsprechenden wären die Männer nie fähig – übernehmen sie das Heft des Handelns. Gewiß, die ganze infame Wahrheit der ›folle journée‹ ist noch nicht am Licht, dennoch: »Oberwasser gewinnen die Damen, nicht die vermeintlichen Sieger. Ihrer sinnlichen Unwiderstehlichkeit bewußt, reißen sie die Situation an sich, die großen Worte des Anfangs sind wieder da von ewiger Liebe und Treue – die Herren lassen es dabei bewenden. Keine Probe mehr! Selbst Alfonso ist sprachlos, und das passiert ihm selten. Sollte auch sein Horizont ein beschränkter sein, seine ratio überholt von der Vitalität der Damen?« (Joachim Herz)

Sogar Alfonso bekennt seinen Ekel vor der lieblosen Welt, bekennt sich implicite zu etwas, woran er nicht glauben kann. Das einzige Mal, da er allein auf der Bühne steht und vorwegnehmend die »poverini« bejammert, die das Wettgeld schon halb verloren haben, fällt er in ein nur 26 Takte umfassendes Accompagnato, eine Miniatur-Arie, und fällt zugleich, mehr noch als anderwärts, mit »Nel mare solca, e nell'arena semina, e il vago vento spera in rete accogliere« in eine altertümelnde, fast biblische Redeweise, eine hochgreifende Metaphorik – lediglich, um die zu höhnen, die ihre Hoffnung auf Frauentreue setzen? Als einer, der gern und nie ohne süffisante Untertöne durchblicken läßt, daß es sich dabei um einen Gemeinplatz handelt, dosiert er verdächtig stark. Auch, wenn man einkalkuliert, daß Alfonso hier einen Abgang braucht (den hätte Mozart zur Not auch anders bewerkstelligt), fällt auf, wie diese Überdosis unterstrichen wird; es tönt groß und hohl, ein aufgeblasenes Maestoso, es hat etwas von der schauerlichen Vision von Jean Pauls *Rede des Christus vom Weltgebäude herab, daß kein Gott sei.* Wäre Frauentreue nichts als eine quantité négligeable, ein lächerlicher Primanertraum, sie müßte nicht mit solchem Aufwand verhöhnt werden, am wenigsten von Alfonso. So vollmundig pflegt man mit Dingen umzugehen, die man nicht bewältigt: Don Alfonso ist traurig, und noch trauriger ist, daß er das nicht zugeben will. Indem er verlorene Frauentreue besingt, singt er von der verlorenen Welt, d.h. von der Rettungsbedürftigkeit durch das, was er höhnt.

VII. Traurig gewordene Aufklärung

– als deren Verkörperung schafft die Figur Alfonsos einen Gegenwartsbezug von geradezu unheimlicher Präzision. Man kann sich den »vecchio filosofo«, der ins Leben geblickt hat, darüber illusionslos raisonniert und sich nichts vormachen läßt, nur zu gut vorstellen in der Gesellschaft all der im geistreichen Gespräch brillanten Abbés und Literaten, auch der teilweise dunklen Ehrenmänner, die, nun müde geworden, den heroischen fünfziger Jahren nachtrauern, da sie sich den Ehrentitel der »lumières« verdienten bzw. sich parasitär in ihm sonnten;

die nunmehr nur dürftige Ernte zu sehen vermeinen und sich zurückziehen – in der Gesellschaft des uralten Voltaire so gut wie des untüchtig gewordenen, memoirenschreibenden Casanova, des Barons Grimm, Cagliostros oder des Musikers Grétry, der sich beim Donner revolutionärer Kanonen die Ohren zuhält, ganz und gar des in Neapel (!) verbannt alternden Abbé Galiani (oder gar als dessen Porträt!?), dessen Bonmots einst in Paris von Mund zu Mund gingen, und der nun Auskünfte gibt wie diese: »Durch vieles Aufklären haben wir mehr Leere als Fülle gefunden; diese Leere, die in unserer Seele haften bleibt, ist der wirkliche Grund unserer Traurigkeit.« Alfonso ist einerseits vom Teufel geritten als der zynische Spielmeister, der sich von der Absprache nichts abmarkten läßt, will andererseits aber lieber auf Streit und Wette verzichten und leitet, da die Barke sich mit den Freunden entfernt, auffällig behutsam zum zauberischen Abschiedsgesang hinüber, stimmt gar ein, – wie immer er sich danach bescheinigt, gut geschauspielert zu haben. Er verfällt nicht nur einer Stimmung, sondern läßt – Humorist und Melancholiker in einem – etwas durchscheinen von der Dimension des Abschiedes, den er den ahnungslosen jungen Leuten verpaßt, wo nicht gar Liebe zu den Illusionen, die auf der Barke davonfahren; den Neid, mit dem er Ferrandos Lobpreis der Liebe anhört, muß er wohl unterdrücken, aber er ist zu ehrlich, um nicht einzugestehen, daß seine zynische Philosophie auch unterminiert werden kann: »e qui ve son due …?« Man kann ihm zur Ehre anrechnen, daß es ihm am Ende die Sprache fast verschlägt, er hier auf Regie nahezu verzichtet und sich beschränkt auf Formalien wie die Umarmung (von der er schwerlich meinen kann, daß sie alle Wunden heile) und durchsichtige Tröstungen wie »Tutti quattro ora ridete, ch'io già risi e riderò«. Wie nahe lag, daß er den Schlußgesang anstimmte und die anderen zu ihm einlade! – selbst darauf verzichtet er.

VIII. Realität

Wieviel und welche gesellschaftliche Wirklichkeit in den Kunstraum dieser Oper hineinragt, hat Mozart genau komponiert. Man könnte den Realitätsgrad seiner Figuren daran messen, wie sie sich zu den Redeweisen der Oper verhalten; bei keinem überspielt er deren Konventionen so sehr wie bei Alfonso – der behutsame Rezitativschluß vor dem Terzettino bestätigt dies als eine von wenigen Ausnahmen. Das zweite der drei Terzette vom Beginn (»È la fede delle femmine«) eröffnet er ohne alle Umstände – nach einem Halbschluß des Rezitativs schon im ersten Takt singend; Ähnliches gilt für die kleine Arie, da er den fassungslos Trauernden mimt, und auch für die Verhöhnung derer, die an Frauentreue glauben. Mozart hält für ihn die Schwelle zwischen Rezitativ und Arie bzw. Ensemble so niedrig wie möglich; beim geheuchelten Wiedersehen mit den »Albanern« als den »amici miei« fällt Alfonso unvermittelt ins Accompagnato und später in ein kleines, eine Galliarde erinnerndes Misurato, abermals den verhöhnend, »che sulla frascha ancor vende l'uccello«.

Ihm zunächst steht Despina. Sie kommt allmählich ins Stück hinein, als einzige mit einem Monolog; sie muß das Frühstück servieren und Dorabellas Ausbruch über sich ergehen lassen; aber das ficht sie nicht an: schon im ersten Dialog fährt sie dreist hinein, reißt das Heft der Handlung an sich und befindet sich unversehens in ihrer ersten Arie, bei der man erst nachträglich bemerkt, daß es eine ist – und was für eine! Der Abstand der Redeweise, welche obenhin betrachtet dem entspricht, was man von einem Kammerkätzchen erwartet, und dem an Härte und Bitterkeit schwer zu übertreffenden Text ist so groß, daß man staunen darf, wie bedenkenlos Despina mit ihrem munter referierten Immoralismus und als dessen vergnügte Prophetin identifiziert und damit die ostentative Lustigkeit ihres »la-ra-la« samt »amiam per comodo, per vanità« überhört war, die grell überzogene Banalität der Äußerung, welche über ihre Beziehung zu ihrer Herrschaft mehr aussagt als über sie selbst. »Moral …« – sie könnte da reden wie Doolittle – »den Luxus kann ich mir nicht leisten«; ihre Realität ist die des vierten Standes. Glücklicherweise gibt ihr die Weltfremdheit und Lebensuntüchtigkeit der Damen genug Handhabe, die Dialektik von Herr und Knecht zu eigenen Gunsten zu betätigen – in einer endlosen Kette winziger, kleinerer, größerer Demütigungen wenn nicht Racheakte, welche in der großen Intrige gewichtig zu verlängern mindestens ebenso wichtig ist wie das Honorar. Darauf angewiesen, in kleinen Kabalen, Veruntreuungen etc. sich zu behaupten und zu bewähren, bekümmert es sie sehr, daß sie den Mummenschanz nicht durchschaut hat; denn Durchschauen, Entlarven, das ist ihr Beruf.

Auch in ihre zweite Arie gerät sie unversehens hinein, überspringt gewissermaßen das ›veranstaltende‹ Vorspiel, und so wenig bewußt sie anfängt, so wenig hört sie eigentlich auf – das Stück könnte auch zwei Takte kürzer oder länger sein – und befleißigt sich abermals einer aggressiven Lustigkeit, will nicht nur das Terrain ebnen für die Fortsetzung des Spiels, sondern den Damen auf die Nerven gehen – auch in der Ausführlichkeit. Obenhin und für sich betrachtet erscheint die Arie lang, von der Substanz her nicht voll getragen; aber der übliche Strich schafft üble Abhilfe, weil sie kraft dramatischer Funktion ›zu lang‹ sein muß – Despina hört nicht auf zu reden, und die Damen lassen sie reden. Wir erleben Despina jeweils unter einem durch ihr Dienstverhältnis bzw. die Intrige viel zu genau definierten Verhaltensdruck, als daß wir je erführen, wie sie wirklich ist. Wovon sie tatsächlich träumt, sofern ihr nicht schon die Träume verdorben wurden, wird sie in diesen Situationen, vor diesen Herrschaften am allerwenigsten sagen. Dem üblichen, auf oberflächliche Munterkeit fixierten Soubretten-Gezwitscher wehrt Mozart schon durch die Tonlage; in der Uraufführung hat ein Mezzo, der Cherubino des kurz zuvor wiederaufgenommenen *Figaro*,

die Despina gesungen. Mahler hat sie mit seiner Carmen und Giulietta, der Gut-
heil-Schoder, scharf, prominent und bewußt klischeewidrig besetzt. Wer weiß,
ob er, während der *Così*-Einstudierung an der Vierten Sinfonie arbeitend, nicht
gerade hier und bei Despina zu verfremdenden Überdrehungen und Brechungen von Musik klassischen Zuschnitts angeregt wurde.

IX. Künstlichkeit

So realitätsnah die Drahtzieher sich darstellen, so realitätsfern und artifiziell die
beiden Damen, realistisch bestenfalls, insofern sie das dolce far niente sich leisten
können – und übrigens auch vorführen, um welch fragwürdiges Privileg es sich
da handelt. Das trifft sich mit der Notwendigkeit, dem Experiment übersehbare,
Laboratoriumsbedingungen zu schaffen – wiederum vergleichbar der als gesellschaftliche Wirklichkeit ›dünnen Luft‹, in der die *Wahlverwandtschaften* spielen:
»Diese Langeweile des unbeschäftigten, unbetätigten Glückes hat Goethe mit
vieler Beobachtung in das Haus eines Landedelmannes unserer Zeit einquartiert.
Ich habe manchen der Art kennengelernt, und alle leiden an einer ganz eigentümlichen Art der Hypochondrie« (Achim von Arnim).
    An dem wenigen, was für die Schwestern real ist, müssen Erotica zwangsläufig
einen so großen Anteil haben, daß sie, ohne Rückzugsmöglichkeit in einer anderen Realität, von vornherein zu deren Opfer disponiert sind. Sie können sich
nicht nur leisten, das Frühstück bereiten zu lassen – selbst vermöchten sie es
kaum; wie man Kranken Hilfe leistet, wissen sie nicht, und auch nicht, wie man
einen small talk anfängt. Willig lassen sie sich arrangieren, nicht, weil sie schön
finden, was mit ihnen geschieht, sondern schon, weil sie keine Meinung, keinen
Willen haben; wo dies einmal der Fall ist, wie in ihren Arien, verrät die Überdosis, mit welcher Inbrunst sie genießen, was von ihnen kaum je verlangt wird: einen Standpunkt zu haben. Die Frage »Sorella, che facciamo?« schwebt ständig
zwischen ihnen, und nie erleben wir, daß die eine nicht einverstanden wäre mit
dem, was die andere – meist für beide – sagt oder tut. Das gilt auch und gerade
für die großen Arien des ersten Aktes. So unglaubhaft es erscheint, daß sie insgesamt vier Verkleidungen als solche nicht erkennen – als äußerste Konsequenz ihres Realitätsverlustes hat der undurchschaute Mummenschanz durchaus seine
Stimmigkeit. Ihr erstes Duett ist ein imaginäres Quartett mit abwesenden Part-
nern – oder erscheinen diese in den angeschwärmten Bildern anwesend genug?
    Was sie von der gesellschaftlichen Wirklichkeit entfernt, disponiert sie für die-
jenige der Oper, diesesfalls fast noch der seria; deren Mechanismen treten bei ihnen voll in ihre Rechte – ausführliche Vorspiele, theatralische Auftritte, die nahezu ritualisierten Schwellen zwischen Rezitativen, Accompagnati, Arien und
Ensembles, preziöser Ziergesang; undenkbar, daß Mozart auf die besonderen

sängerischen Möglichkeiten der Ferraresi (der damaligen Mätresse seines Librettisten) eingegangen wäre, hätte sie die Despina und nicht die Fiordiligi gesungen! – hier war jeder Anstoß zu weitergehenden Artifizialisierung willkommen. Wenn man in den ersten Arien der beiden entsprechende Prägungen der seria zitiert wenn nicht parodiert sieht (wobei man im Hinblick auf vermutete Ironisierungen kaum vorsichtig genug sein kann), muß man weiterfragen, inwieweit die Figuren nicht insgesamt entliehen seien, inwieweit das synkretistische Spiel mit nicht zusammengehörigen Figuren, Genres, Lebensbereichen sich nicht dem Durcheinander annähere, das Hofmannsthal in der *Ariadne* veranstaltet hat.

Die Verquickung von Laboratorium und realitätsfernem Faulenzerleben liefert dem Librettisten zugleich weitere Argumente für sein Unternehmen: Wirklichkeit muß geschaffen werden, und sei es schlimme. Wie fragwürdig es immer erscheint, den Charakter eines Werkes als verabredeten Ausschnitt zu ignorieren und zu fragen, was mit den Figuren gewesen sein mag, bevor wir sie kennenlernten, und wie es mit ihnen weitergehe, nachdem der Vorhang gefallen ist – es gibt viel Anlaß für die Vermutung, daß die Mädchen Bräute wurden, ohne von den Realitäten der Liebe viel erfahren zu haben, auf konventionelle Weise also: die Herren lagen in Neapel in Garnison, man begegnete sich bei gesellschaftlichen Anlässen, fand sich sympathisch, irgendwann mußte dem Klatsch entsprochen und Verlobung gefeiert werden, wobei sich gut vorstellen läßt, daß die impulsive Dorabella und der schwärmerische Ferrando, eine Vorwegnahme der Verbindung von Olga und Lenski bei Puschkin, den Anfang machten und die beiden anderen, der Macht der Konstellation nachgebend, folgten; ihre Verbindung erscheint ohnehin wenig plausibel. Wie die Mädchen in ihrem Duett in den Wonnen des Verliebtseins baden, so zeigt sich Ferrando in seiner Arie vor allem ins Verliebtsein verliebt, er besingt nicht die Geliebte, sondern die Liebe schlechthin, er scheint sich innerlich zu befinden wie Shakespeares Romeo, als sein übergroßes, vielleicht auch dank des Übermaßes treulos-anonymes Gefühl jäh von der einen Fixierung auf die andere übersprang, von Rosalinde auf Julia.

Der Weg zum Brautstande mag schön, bequem, etwas langweilig gewesen sein, jedenfalls hat er den Liebes- und Erlebnishunger eher noch gesteigert; vier Personen suchten da insgeheim einen Autor – und der stillt den Hunger, doch auf wie andere denn die erhoffte Weise! Bei den oben angeführten Männern des ausgehenden Jahrhunderts, in deren Gesellschaft Don Alfonso gut paßte, müßte einer vergessen erscheinen, wäre er nicht sein alter ego – Abbé da Ponte: die vielgeschmähte Gradlinigkeit der *Così*-Fabel gehört zu den Gestehungskosten eines Kunstgriffs ohnegleichen – in diesem Spiel den Autor realiter auf der Bühne zu haben und das Zugleich von Spielmeister und Mitspielendem konsequent durchzuhalten. Gewiß ist die Reihe der erfahrenen, skeptischen, treusorgenden Alten lang, die jungen Paaren eine *Scuola degli Amanti* auferlegen; Mozart hatte, Rousseaus *Devin du village* nachkomponierend *(Bastien und Bastienne)*, fast mit einem Archetyp zu tun, und in Casti/Salieris *Grotta di Trofonio* erlebte er kurz zuvor (1785) einen Zauberer, der in seiner Grotte zwei Paare einer fatalen Gehirnwäsche unterzieht, deren verwirrende Folgen er freilich mit einem Krebsgang durch die Grotte rückgängig macht. Dennoch ist, soweit man sehen kann, jene Doppelung kein zweites Mal so differenziert und konsequent durchgespielt, so viel von der Rolle des Autoren theatralisch versinnlicht worden, ohne daß dieser mit seinen jeweiligen Quintessenzen aus dem Bühnenrahmen herausspringen müßte. So oft sich ein Ad spectatores anbietet in dieser veranstalteten Handlung, ein Spiel, von dem, das Publikum eingerechnet, nur zwei nichts wissen und eine nicht alles weiß – keine der sentenziösen Belehrungen Despinas und Alfonsos ist darauf angewiesen, nach außen adressiert zu werden. Wie umgekehrt die Komplizenschaft zwischen den Veranstaltern und dem Publikum eine Brücke baut, über welche Ferrando in seinem bühnensprengenden »Un' aura amorosa« ebenso gehen kann wie die in ihrem Kummer trostlos einsame Fiordiligi (»Per pietà, ben mio, perdona«) auf der Suche nach jemandem, dem sie sagen kann, was sie bewegt. Anders als sein mutmaßliches Modell kann Alfonso keinen Rückweg eröffnen, er ist zu real, um zaubern zu können. Sein Spiel kann nicht als Spiel enden, es bricht zusammen und wirft sich den lieto-fine-Konventionen der buffa in die Arme, ohne anbahnen zu können, daß und wie es mit den Vieren weitergehe. Die eilig ineinander gelegten Hände reparieren nichts, geschweige denn, daß sie Geschehenes ungeschehen machen. Die moraltrompetende Allergie, der *Così* zumal im 19. Jahrhundert begegnete, hat viel zu tun mit der Genauigkeit, mit der diese ineinandergezwungenen Hände kaschierende Bürgermoral symbolisieren.

X. Spielwillig sind alle vier

auch die Damen – wenn sie auch nicht wissen, was gespielt wird. Denn noch die beleidigende Aufdringlichkeit der Albaner ist interessant und anders als alles vordem Erlebte, nicht zu reden von dem Reaktionsdruck, den sie ausüben. Die Möglichkeiten der ariosen Äußerung benutzen Dorabella und Fiordiligi auch deshalb so exzessiv – fast als Fluchtwege –, weil sie den Veranlassungen hilflos gegenüberstehen; derlei direkte erotische Attacken erleben sie zum ersten Mal. Noch viel weniger wissen sie, auf welche Weise Spiel und Ernst sich zu verschränken, eins ins andere überzugehen vermag – und genau hier bricht Alfonsos Spiel die Front auf, von hier auch bezieht die krude Abenteuerlichkeit der Verkleidung ihren Sinn: ernst kann man die beiden Albanesen kaum nehmen, ernst kann es mit denen schlechterdings nicht werden – um so größer die Lizenzen, die man ihnen flirtend einräumt. Bei Dorabella reicht das Spiel nicht nur an ihr »L'accetto« heran, sondern tief in die Niederlage hinein; die Tändelei um das

Herz, das ihr nicht mehr zu eigen sei, nach dem der Albaner dennoch tasten darf, läßt ziemlich sicher alles hinter sich, was sie je Ferrando gewährte – sie verhehlt sich nur allzu gern, wieviel Identität sie geworfen hat in etwas, was immer noch als jederzeit kündbares Rollenspiel praktiziert wird; und wie verräterisch gern kommt sie, Fiordiligi gegenüber Despinas Part übernehmend, in ihrer zweiten Arie auf das Pochen des Herzens zurück!

Nicht zum Geringsten besteht die Menschlichkeit dieser Oper darin, daß sie uns zweifeln macht an der Sicherheit, mit der wir meinen unterscheiden zu können, was wir sind und was wir scheinen oder spielen, daß sie uns zu überlegen aufgibt, inwiefern sich unsere sogenannte Identität zusammensetze als schwer faßbares gemeinschaftliches Vielfaches großer und weniger großer Situationen. Wie Dorabella nicht die Affekthöhe der »Eumeniden-Arie« halten und identisch bleiben kann mit derjenigen, die so singt, kann Fiordiligi nicht die moralische Höhe der »Felsen-Arie« halten – wenn gewiß auch wieder erklimmen; immerhin erleben wir sie auch, etwa bei der Zuweisung des Blonden und des Braunen, wenn auch der Schwester nachsingend, als gackerndes Gänschen. Stärker noch als das Temperament unterscheidet die Schwestern, daß Fiordiligi Spiel und Ernst besser auseinanderhalten kann. Furchtbar ist ihre Niederlage auch, weil sie sie kommen sieht, weil sie sich – und ihm – nichts vormacht, daß es todernst und alles Spiel zu Ende ist. Ihr Ja wiegt ungleich schwerer als das der Schwester; Ferrandos Sieg erscheint größer und schlimmer, weil sie mehr aufzugeben hat und noch im Aufgeben gründlicher ist. Sie weiß nicht mehr, wer sie ist, sie erblickt sich im Spiegel als eine andere. Die soldatische Verkleidung macht sie nicht nur lächerlich und sturmreif, sie gibt ihr Anlaß, sich den Verlust ihrer Identität vorzuführen, ohne in ihrem Schrecken wissen zu können, wieviel Identität – gegen das Gesicht, das da aus dem Spiegel schaut – diejenige bewahrt, die geschüttelt ist vor Grauen. Mozart protokolliert diese Ver-rücktheit, indem er die anschließende, als Arie beginnende Szene in eben der Tonart, mit der gleichen raketenhaft auffahrenden Dreiklangsbrechung eröffnet wie Ferrandos »Un'aura amorosa«. Fiordiligi singt vom Geliebten, träumt, wie sie ihm entgegeneilt, sich durch der »Krieger Reihen« den Weg zu ihm bahnt, auf ihn zugeht, sie träumt sich in eine heroische Szene – und die Musik ›weiß‹ dazu, daß sie den Geliebten schon gar nicht mehr meint, spricht schon die Sprache des Anderen, der sie sogleich auf dem Schlachtfeld der Liebe zu Fall bringen wird. Wie gerufen fällt er prompt ein in ihre Arie und setzt genau fort, was und wie sie gesungen hat – und fleht, wie er noch nie gefleht, wie sie noch nie flehen gehört hat. Da beschert Alfonsos Experiment Erlebnisse, die beide vordem nicht kannten; Ferrando befindet sich in der Situation des Helden der *Liaisons dangereuses*, der der Auftraggeberin, nachdem das Opfer zur Strecke gebracht ist, dies meldet: »Ich bin von meinem Glükke noch zu voll, um es beurteilen zu können, aber ich staune über den unbekannten Reiz, den ich empfunden habe.« Niemand könnte der Larghetto-Melodie, mit der Ferrando Fiordiligi besiegt, nachweisen, daß sie ›gemacht‹ und nicht echt sei (in bezug auf Musik ohnehin fragwürdige, dem subjektiven Ermessen ausgelieferte Kategorien); soweit Musik überhaupt beweisen kann, beweist sie hier, daß die beiden einander wert sind.

Einer fatalen Mechanik der Wette gemäß bedienen die beiden Freunde sie umso besser, desto weiter sie sich innerlich von der Situation entfernen, in der sie beschlossen wurde, desto besser die Bezauberung durch das andere Mädchen, ein sportives Moment, männliche Konkurrenz und die Berufung auf soldatische Disziplin einander zuarbeiten. Anfangs vermeinen sie, Punkte sammeln zu können, und vergessen darüber, wieviel Vertraulichkeit sie veruntreuen, wenn sie ihre in Abschiedsschmerz vergehenden Bräute mit den Augen von Vivisekteuren beobachten – mit dem mitleidlosen »esprit d'observation« in bezug auf Gefühle, die ihnen gelten; da geht mehr verloren, als sie ahnen – wie überhaupt der innere Stand des Spiels dem äußeren immer voraus ist: Anfangs mögen die beiden Spaß daran finden, sich ungehobelt zu benehmen und die Mädchen zu verprellen, nur eben: sie finden Spaß daran, und das distanziert sie von den Bräuten in bedenklicher Weise. Mögen die fingierten Selbstmordversuche auch nicht viel Annäherung erbringen, mit ihnen geht wiederum mehr verloren, als die beiden ahnen; die Mädchen, derentwegen bisher niemand sich umzubringen gedroht oder auch nur ein vergleichbar schmeichelhaftes Theater aufgeführt hat, sind neugierig, haben wenig später die Albaner unter sich aufgeteilt, schon, bevor das nächste kupplerische Zeremoniell in Szene geht. Wenn die Männlichkeit der Offiziere zu konkurrieren beginnt, versagen bei ihnen Kameradschaft und Anstand, und sie genießen, daß sie per Wette alle Verantwortung abgetreten haben – »da soldati d'onore«. Wenn es ums Ganze geht, sind Spielmeister und Assistentin kaum mehr vonnöten.

XI. Inwiefern ist auch der Auftraggeber beauftragt?

Wer Don Alfonso an den Pranger stellt, müßte sich konsequenterweise nicht nur den – auch voyeuristischen – Freuden verweigern, zu denen er einlädt, er müßte in diesem Plädoyer überlegen spielender Rokoko-Kavaliere gegen den Tugendhochmut prosaischer Bürger, heiterer Libertinage gegen humorlos kantischen Rigorismus, südlicher Sinnenfreude gegen nördlichen Puritanismus die humane Begabung zur Toleranz übersehen, zur Selbstkritik, was auch heißt: die Fähigkeit, Spielräume des anderen anzuerkennen.

Don Alfonso ist beauftragt durch ein Zeitalter, dem die Totenglocken läuteten nur wenige Monate, bevor da Ponte und Mozart ans Werk gingen – mit etwas, was wohl Abgesang ist, aber alles andere als Verklärung. »Man muß vor 1789 gelebt haben, um die Süße des Lebens zu erkennen« – von der Wahrheit dieses Tal-

leyrand-Wortes teilt *Così fan tutte* nicht wenig mit, von der Begabung eines Zeitalters bzw. der sein Bild bestimmenden Gesellschaftsschicht, Wirklichkeit und
Spiel zu verweben und zu verwechseln, »aus dem Leben ein Kunstwerk von
höchstem Raffinement und wundervoller Transparenz zu machen, voll der sü-
ßesten Grazie und gähnender Herzensleere« (W.v. Niebelschütz), seiner gefährlich libertinen, weisen und naiven Lebenskunst. »Leicht muß man sein, mit
leichtem Herzen und leichten Händen halten und nehmen, halten und lassen« –
so läßt Hoffmannsthal die Marschallin sagen, in der er den Charme jener Lebensform zur Theaterfigur formte; sie sagt damit auch viel über das besondere
Verhältnis zur Vergänglichkeit. Denn dessen bedarf wohl eine Existenzweise, die
so nahe bei der ästhetischen liegt, nicht nur, weil sie viel Sinn für Form hatte und
weil sie die Überlegenheit besaß, sich als Gleichnis zu begreifen; zum Erstaunen
mancher, die die Herren zur Guillotine begleiteten, während *Così* in europäischen Opernhäusern die Runde zu machen begann, haben die verweichlichten
Kavaliere des Ancien régime oft würdig zu sterben verstanden. Auch das hat zu
tun mit der Nähe von Wirklichkeit und Spiel, Leben und Zeremonie, mit der
Gleichnisfähigkeit, kraft derer als Geschöpfe unschuldigerer Tage in Watteaus
Embarquement pour Cythère Damen und Herren in der Kleidung ihrer eigenen
Zeit ein emblematisches Bild bevölkern konnten. Fiordiligi und Dorabella stehen ihnen in vieler Hinsicht nahe; nur erleiden sie Schiffbruch bei ihrer Fahrt
zur Venusinsel und werden so, wie sie waren bei der Abreise, dort nie ankommen.

Im Zeichen der Stellvertretung für Lebensformen, -gefühl und -klima des zu
Ende gehenden Jahrhunderts relativieren sich die stofflichen Bezugspunkte unverkennbar; im Rahmen des narzistisch zu Traum, Zeremonie, Kunst emporsti-
lisierten Lebens kehren bestimmte Neigungen, Konstellationen, Themen
zwangsläufig wieder – psychologische Finessen, Grausamkeiten ebenso wie z.B.
Verkleidungsspiele, in denen man außerhalb der starr fixierten gesellschaftlichen
Ordnungen einer Freiheit der Gefühle, der Äußerung frönen kann, die man innerhalb ihrer nicht wagt. Insofern muten die genannten stofflichen Bezugspunkte für *Così fan tutte* mehr als Überträger denn als notwendige Anregungen an,
bzw. *Così fan tutte* als musikalische Aneignung von etwas, was z.B. im psychologischen Lustspiel von Marivaux schon mehr als 50 Jahre auf der Bühne zu finden
war; da war eine *École des Mères* zugleich schon eine von Liebenden, auch da gab
es Treueproben und eine wechselseitige Vertauschung von Paaren und bei dieser,
welche übrigens nicht rückgängig gemacht wird, einen Harlekin als alter ego des
Autors. Freilich, was sprengen und zu schlimmen Konsequenzen führen könnte,
wird vom Meister des ›amour naissant‹ vorsorglich zurückgenommen; immer
bleiben die im differenzierten Piano ablaufenden Spiele denkbar oder eingebunden als Divertissements, eingelegt in gedachte, zuweilen reale galante Feste.

Bei da Ponte ist alles härter und nüchterner geworden, das gute Ende schein-

haft und vornehmlich den Nötigungen des Genres zu danken – doch noch darin
ist es auf seine Weise realistisch, auf eben diejenige, in der auch die Kunstge-
schöpfe Fiordiligi und Dorabella viel Realität, viel vom Geist der niedrigen
Schwelle zu Ritual, Kunst und Künstlichkeit einfangen. Da erscheint der Abstand nicht groß zu den direkt ins Szenario entsandten Despina und Alfonso –
entsandt noch in dem Hochmut, der auch mit dem Letzten, Heiligsten, Intimsten meint spielen zu können, gerade dort die Nagelprobe für sein rationalistisches Credo sucht. Ausdruck jener »verborgenen Tragik einer Gesellschaft, die
an der restlosen Erfüllbarkeit ihrer Wünsche zugrundegeht« (A. Hauser). Denn
in die Welt der Schwestern, wie wir sie anfangs erleben, gibt es kein Zurück –
insofern gehört *Così* präzise ins Jahr 1789 –, und der Abschied, den die drei im
Terzettino singen, hat eine Dimension, von der keiner etwas ahnt.

XII. Kritische, ›negative‹ Musik?

Nicht anders als *Così* verfiel auch die Komödie von Marivaux, abgelöst durch
comédie larmoyante und drame bourgeois, schnell dem Verdikt frivoler Leicht-
fertigkeit; man verstand nicht und wollte nicht mehr verstehen, wie auch bei
Beethovens Verurteilung des ›unmoralischen‹ Stoffes ein Moment ostentativer,
bewußt plebejischer Verständnisunwilligkeit unverkennbar mitspielt. Nahezu
unbegreiflich aber erscheint – da dokumentiert sich eine Schnelligkeit des historischen Wandels, die wir über der Stileinheit der klassischen Musik leicht verkennen – daß man nicht nur mit dem Stoff der *Così*, sondern bald auch mit der
Musik wenig anfangen konnte. Reichlich 30 Jahre nach der Uraufführung erschien ein Klavierauszug, worin, dank des kurz zuvor erfundenen Metronoms,
genaue Tempofixierungen verzeichnet stehen – und die zeigen, wie viel Selbstverständlichkeit im Umgang mit dieser Musik bereits verlorengegangen ist.
Während schnelle Tempi einigermaßen konstant geblieben sind, wozu spiel-
technische Komponenten beitrugen, belegt der Auszug für die langsameren eine
teilweise grotesk überzogene Verlangsamung. Man weiß auch mit der Allabreve-
Vorzeichnung nichts mehr anzufangen und fixiert sich in Zweifelsfällen stets auf
die kleineren Notenwerte. Und diese Unsicherheit ließ sich offenbar schon nach
so kurzer Zeit nicht mehr korrigieren durch die Kenntnis derer, die es noch
wußten, die Mozart noch erlebt hatten! – wie wenn heute (Metronom und
Schallplattenaufzeichnung nicht gerechnet) keiner mehr wüßte oder zur Geltung bringen könnte, wie Strawinsky Mitte der fünfziger Jahre eigene Werke di-
rigierte! Die Groteske beginnt schon bei mittleren Tempi, z.B, wenn Despina
den Anfang ihrer zweiten Arie nahezu als eine langsame Einleitung mit ausge-
zählten sechs Achteln zelebrieren soll. Bei dem Projekt des Verlegers Schlesinger
stehen so viel Vorbedacht und Sorgfalt Pate, daß man die Abweichungen

schwerlich als subjektive Willkür abtun kann; zudem läßt sich ein Motiv erkennen: Überall, wo schöne Melodie, wo viel lyrisch-emotionale Unmittelbarkeit im Spiel ist, wird die Musik einem Rezeptionsbedürfnis botmäßig gemacht, welches mehr mit dem neuen Jahrhundert zu tun hat als mit Mozart; die Suche nach gefühlshafter Beglaubigung und Identifikation ließ die ›Unwahrscheinlichkeiten‹ des Theaterspielwerks gewiß noch stärker empfinden.

Man sollte nicht meinen, dies durchschauen und korrigieren wäre eins. Vermutlich werden wir an der meßbaren Größe des Tempos eines Vorganges habhaft, der weiter und tiefer reicht und uns auch vor Augen tritt, wenn wir uns vergegenwärtigen, wie schlecht wir Mozarts ›musikalische Späße‹ nachvollziehen – nicht nur die explicite ausgewiesenen, sondern all die subtilen, geistreichen Spiele mit vorausdefinierten, sodann enttäuschten bzw. überraschend andersartig erfüllten Erwartungen, Verfremdungen und Brechungen in einem Komponieren, das über einen weitgehend übersehbaren Ausdrucksvorrat verfügt und nicht nötig hat, sich in jeder Note als originell auszuweisen. Die Karikaturen des Medicus und des Notars gehören zu den gröbsten Fällen, zu den immer noch groben die Melodie, mit der die Herren »sani e salvi« heimkehren, zu den feineren die Melodie zu den Schwüren der Scheinhochheit (»Tutto, tutto o vita mia al mio foco or ben risponde«) oder die als nicht bewältigte Musik virtuos komponierte Ouvertüre; die Banalität, mit der die Musik am Ende des dritten Männerterzetts den Lärm des Festes vorwegnimmt, das man am Fuße des Treuebeweises feiern will (am Schluß spricht keiner mehr davon, auch Alfonso nicht!), gehört ebenso hierher wie die Diktion, in der Guglielmo seines und des Freundes Vorzüge beschreibt. Diese Musik scheut Banalitäten nicht, wo sie gefordert sind, sie scheut nicht einmal ›Mängel‹, wo sie die Situation verdeutlichen helfen – die aufdringliche Ausführlichkeit von Despinas Liebesbelehrung, welche schließlich auch besagt, daß die Mädchen sich nicht ungern die Gehirne waschen lassen, oder die fast unsingbar schnellen Figurationen am Ende des Sextetts und des ersten Finales, wie als seien die Mädchen Opfer der allzuschnell über sie herfallenden Ereignisse. Noch tiefer hinein in die Struktur geht es, wo Mozart den Singenden seine Unterstützung partiell verweigert, wenn z.B. bei der Scheinhochzeit Gläser klingen sollen, alles nach einem jubelnden Forte verlangt, die Musik aber in einem gespenstisch klingenden Piano festgehalten bleibt – wie anschließend auch im Kanon: Da ist der Festspruch fällig und, wenn schon kein lauter, so doch feierlicher Nachdruck; anstattdessen schreibt Mozart einen nach innen gewendeten Kanon, der still beginnt und still bleibt und Bezug nimmt auf die Melodie, mit der Ferrando Fiordiligi zu Fall brachte. Wohl nicht zufällig haben sich Skizzen zu dieser Passage erhalten und eine andere, radikalere Version, in der Mozart die vorangegangene Musik verlängert und dort den Festspruch unterbringt, ihm also die Ehre einer eigenen Prägung verweigert! – um schockierend rasch über eine enharmonische Umdeutung zur Musik des Notars umzuleiten.

Es handelt sich um eine späte, vielleicht nach der Uraufführung zu Papier gebrachte Revision. In jedem Falle zeigen sie und die Skizzierungen, wie Mozart sich durch die Delikatesse der Situation vor schwierige Fragen gestellt sah und verschiedene Antworten versuchte; stehen blieb das gespenstische Piano, worin schon der Schatten des Unglücks reflektiert erscheint, das auf leisen Sohlen daherkommt.

XIII. Noch einmal: Exemplarische Situation

Die Paare suchen Vergessen und trinken darauf, auf eine fatalistische Ergebenheit in die Tatsache, welche sich zurück- und vorauszudenken scheut; mit Ausnahme des fluchenden Guglielmo verkriechen sie sich im Gehäuse dieses Kanons, als könnten sie in dessen in sich kreisender Musik die Zeit zum Stehen bringen, die unweigerlich die Stunde der Wahrheit heranträgt; der virtuelle Zeitstillstand im Übergang von Rezitativ zu Arie wird hier als Zufluchtsort ganz und gar psychologisch, unterstützt durch die abseitsliegende Tonart. Zu ihr führen die musikalischen Festvorbereitungen wie in eine Sackgasse, und dies bestätigt der modulationslose Übergang zur Notarszene: auch musikalisch geht es nicht mit rechten Dingen zu.

In derlei Prägungen sind einzelne Opernszenen nicht anders »unmittelbar zu Gott« als geschichtliche Epochen bei Ranke, d.h. in einem Maße unabhängig von der verknüpfenden, verursachenden Aufeinanderfolge, welche zuweilen schwer verständlich erscheint. Indessen läßt unser Bestreben, jeglicher Opernhandlung durchschaubare Folgerichtigkeit zu unterstellen, leicht übersehen, daß die ihr eigentümliche Dramaturgie von einer Intention mitbestimmt wird, die, von der seria herkommend, gerade in den sogenannten Unglaubwürdigkeiten von *Così fan tutte* kräftig aufscheint – der Intention, im jeweils gegebenen Rahmen eine repräsentative Totalität exemplarischer Situationen zu versammeln, welche als menschliche Grundsituation bzw. dank ihrer unmittelbaren Plausibilität teilweise sich vom verursachenden Zusammenhang emanzipieren und über das durch ihn Geforderte hinausgehen. Alfonso überbringt die Botschaft von der Einberufung in einem überzogenen Agitato und im verräterisch abseitigen, ›lügnerischen‹ f-Moll, mit ähnlichen Mitteln wie denen von Dorabellas »Eumeniden-Arie«, die wir als durchaus natürliche Äußerung eines naiv theatralischen Naturells akzeptieren. Beide gehen (wie die Bitte der Mädchen, sie auf der Stelle zu töten) über die Veranlassung – den Gestellungsbefehl, den ein Soldat täglich erwarten muß – ebenso hinaus wie Fiordiligis »Felsen-Arie«, welche an den tölpelhaft aufdringlichen Besucher verschwendet erscheint – zu viel der Ehre. Nicht zu reden vom Abschieds-Terzettino, dessen Suggestivität auch damit zu tun hat, daß es im Verhältnis zur Veranlassung sehr groß gewählt ist, daß die Protagonisten über sie hinaussingen und nicht wissen, wieviel und welche Wahrheit sie hereinholen: Abschied vom – wie immer künstlichen – Paradies unbesorgter Jugend, vom Privileg eines verspielten Lebens und darüber hinaus Abschied von einer Epoche. Die Überschreitung der Situation bei Ferrandos »Un 'aura amorosa« macht da Ponte kenntlich, indem er sie dem Überschwang seines Helden gutschreibt: Guglielmo will speisen; Ferrando verschiebt dies auf einen Zeitpunkt nach geschlagener Schlacht und ersetzt die fällige Mahlzeit durch seine ›Hymne‹; hintersinnigerweise liegen deren genießerische Untertöne nicht gar so weit entfernt von dem Behagen, mit dem Gugliolmo sich zu Tische setzen würde. Im übrigen besiegelt er die gute Zwischenbilanz und schafft vor dem ersten Finale einen betrachtenden Aufenthalt wie in gleicher Weise Alfonsos Quintessenz *Così fan tutte* vor dem zweiten: Symmetrie gegensätzlicher Positionen.

XIV. Aber mehr noch: er zahlt Alfonso in gleicher Münze

Schon zuvor hat Ferrando sich als Stimmführer der Bräutigame profiliert, der dem Kameraden nur bei undelikaten Poltereien (beispielsweise dessen beiden Arien) den Vortritt läßt und in der Regel als erster antwortet oder anstimmt – im ersten und im zweiten Terzett und danach (mit dem Vorwurf »Scioccherie di Poeti«, obwohl, wenn es auf der *Così*-Bühne einen Dichter gibt, er es ist), im dritten Terzett abermals. Bei der Wette, die vor allem sein Überschwang verschuldet hat, ist ihm nicht wohl – nicht er, sondern Guglielmo eröffnet die Abschiedskomödie (»Sento, o Dio, che questo piede ...«), im Ensemble wie im nachfolgenden Rezitativ; bei der ersten Suada der Verkleideten bleibt er listig bei den allgemeinen, unadressierten Formulierungen, mit denen er sich wohl identifizieren kann (»Amor, il nume Sì possente per voi, qui ci conduce ...«); wo immer Alfonsos Inszenierung – selten genug – es zuläßt, geht er auf Distanz (hat vielleicht der Strich der d-Moll-Arie auch damit zu tun, daß ihr massiv auftrumpfender Gestus in diesen Zuschnitt schlecht paßte? – Ferrando wäre kein guter Schauspieler für den großmäuligen Auftritt des »Cavaliere dell'Albania«) und gibt sie erst in purer Verzweiflung über Dorabellas Verlust auf, einer unendlich viel tieferen Verzweiflung als derjenigen des Freundes, bei dem immer der Ehrenpunkt, die verletzte Männlichkeit im Vordergrund bleibt. Ferrando ist Alfonsos Widersacher im eigenen Lager; wenn in dem würdelosen Spiel auf der Männerseite Würde gerettet wird, und sei es durch Verzweiflung an sich, den Frauen, der Welt, dann durch ihn; ihm erklärt Mozart seine Liebe auf ähnliche Weise wie den Frauen. Und als Widersacher Alfonsos zahlt er mit gleicher Münze: »Un' aura amorosa« richtet er gegen den »vecchio filosofo« mit eben jenem idealistisch beflügelten Pathos, mit dem der Sturm und Drang gegen den amoralischen Skeptizismus des Ancien régime protestierte, der sich auf aufgeklärte Illusionslosigkeit so viel zugute tat, gegen die inhumane Teilnahmslosigkeit derer, die von der Welt und in der Welt nichts mehr wollen und hoffen.

Und auch mit dessen Aggressivität. Die Arie eröffnet eine energisch auffahrende ›Rakete‹, beschlossen wird sie durch ein barockisierendes, in Punktierungen befestigendes Maestoso; beides paßt schwerlich zu einer im Normalverstande lyrischen Arie. Noch viel weniger will passen, daß Ferrando dem Alfonso mit dessen eigenen ›Worten‹ heimzahlt: der Melodiebogen des »Un'aura amorosa del nostro tesoro« zitiert diastematisch genau – wie immer sonst bis zur Unkenntlichkeit in etwas Neues verwandelt – Alfonsos »È la fede delle femmine como l'araba fenice …«, das ihn in Weißglut brachte und übrigens tonartlich zu der Arie sich wie eine verursachende Dominante verhält.

Von thematischer oder motivischer Bezugnahme reden hieße in derlei Fällen, in einseitiger Abstraktion den szenisch-psychologischen Kontext wegschneiden, wenn nicht implicite deren Motivation im Bereich der musikalischen Struktur suchen. So sehr der Komponierende an derlei seine Freude gehabt – vielleicht als an Werkstattgeheimnissen, die keinen etwas angehen – und zuweilen erst während der Arbeit solche Möglichkeiten entdeckt haben mag: angemessener erscheint oft die bescheidenere Formulierung, daß die komponierten Figuren voneinander reden lernen, an ein vorhandenes Vokabular anschließen, manchmal dank einer Befindlichkeit, die die Besonnenheit einer eigenen Formulierung verwehrt und keine andere Möglichkeit läßt, als eine noch im Raum schwebende Wendung zu benutzen. Eben so ergeht es z.B. Dorabella bei »Smanie implacabili«: der Abschied »Soave sia il vento« klingt in ihr nach, und sie verwandelt dessen sanfte Wellenbewegung der Streicher in die gehetzten melodischen Nachschläge ihrer Aria agitata; erst recht aber gellt ihr noch die auftrumpfende Banalität des Soldatenchors in den Ohren, so daß sie immer wieder wie zwanghaft von dessen signalhafter Anfangswendung ausgeht. Diese aber gehörte zuvor ihrem Liebsten, der mit »Una bella serenata« das dritte Männerterzett als verfrühten Triumphgesang anstimmte – und später übrigens in »Un'aura amorosa« mit abermals der gleichen Wendung fortsetzt, nachdem er Alfonsos zynischer Auskunft über »la fede delle femmine« travestiert hat. Der pathetische melodische Ausgriff von der Unterquint zur Terz begegnet auch in der dann tatsächlich veranstalteten Serenata »Secondate aurette amiche«, die den letzten Ansturm einleitet. Deren Einsatz auf der Quint steht aber zugleich in einem anderen Zusammenhang, in dem nun schon buchstäblich einer vom anderen lernt – zunächst am Beginn des zweiten Aktes die Mädchen von der ausführlich belehrenden Zofe. Daß sie die Lektion beherzigt haben, beweist auch der der Despinen-Arie ähnliche melodische Duktus ihres nachfolgenden Duettes; darüber hinaus beginnen die vier nächsten Nummern auf der Quint der jeweiligen Tonart; so wenig hier überzogene Folgerungen am Platz sein mögen (der Tatbestand für sich allein genommen besagt nicht allzuviel) – daß Guglielmo im Duett mit Dorabella auf das frühere Duett der Mädchen Bezug nimmt, daß er sich gewissermaßen in deren Redeweise einschleicht, steht außer Frage. Nicht anders, nur viel direkter und in einem anderen, pathetisch gehobenen Ton wird das dann auch Ferrando tun, wenn er zum letzten Sturm ansetzt. Der Fall der Mädchen wird, hintersinnig genug, wesentlich erreicht durch Enteignung: Sie haben keine Sprache mehr, die ihnen allein gehörte.

XV. Ein scheiterndes Finale?

Sechzehn verschiedene Tempoanweisungen begegnen darin und achtundvierzig Fermaten; zählt man die dreizehnmal auftauchende Aufeinanderfolge von Fermatennote und Fermatenpause als einen, so bleiben immer noch fünfunddreißig Aufenthalte. Musikalisch übergreifende Zusammenhänge lassen sich da nur schwer herstellen, am ehesten, beispielsweise in einem Tonarten-Arrangement, ›hinterrücks‹ wirkende. Gegen Ende fast jeden Bühnenstückes pflegen sich die Handlungsstationen zu drängen, worunter das Gleichgewicht von innerer und äußerer Handlung leidet, die Verarbeitung der äußeren zur inneren gerät endgültig ins Hintertreffen. Gemeinhin schlägt das wenig zu Buche, weil im gleichen Maße, in dem bei einer zum Schluß hindrängenden Handlung der Anteil des Erwarteten zunimmt, die Neugier auf deren reflektierende Verarbeitung abnimmt – Glücksumstand für einen Schlußanlauf, der keinen Aufenthalt leidet.

Im zweiten Finale der *Così* muß zur Hochzeit gerüstet und diese notariell besiegelt werden, müssen die vormaligen Liebsten zurückkommen und Krach schlagen, abermals verschwinden und ihre Kleidung vorführen und endlich, nachdem sie ihre Bräute durch mehrere Beschämungen gejagt haben, diese noch fürs lieto fine gewinnen. Solchen Anforderungen wäre auch das wendigste Gemüt nicht gewachsen. Der üblicherweise stehenbleibende Überhang dessen, was noch zu verarbeiten bleibt, multipliziert sich in der Ungeheuerlichkeit der Zumutung. In die Abgründe von Verwirrung, Angst, Verzweiflung und Enttäuschung zu loten, die bei den Mädchen erst die Entdeckung der Ehekontrakte und später das Eingeständnis der Verkleidung aufreißen, muß Mozart sich versagen; in der Knappheit ihres »Ah, signor, son rea di morte e la morte io sol vi chiedo« samt rascher Wendung zu der gegen Alfonso gerichteten Anklage bzw. ihres »Stelle che veggo! Al duol non reggo« und abermaliger Anklage befindet er sich unversehens im Bunde mit der Unfähigkeit der Mädchen, all dies zu begreifen, im Bunde mit der ›Dunkelheit des gelebten Augenblicks‹, die den Betroffenen unter dem Sturz der Ereignisse deren Dimension gnädig verbirgt – und hier zum Wohl der Oper: denn würden sie so verarbeitet, wie Fiordiligi das bis hin zu ihrem Rondo getan hat, so fände ein lieto fine nicht statt. Also hält Mozart sich komponierend strikt in der ›Horizontale‹ der Ereignisfolge – mit der einen ein-

dringlichen Ausnahme des Trinkspruchs, in dessen strenge Fügung die Protagonisten sich scheinen flüchten, vor dem unheilvoll fortziehenden Zeitlauf scheinen bergen zu wollen, und wo außerdem letztmalig Widerspruch einkompo-
niert ist – Guglielmos Wunsch, die »volpi senza onor« möchten Gift trinken –
übrigens in deutlicher Analogie zum Abschieds-Terzettino im ersten Akt, dessen
E-Dur im Verhältnis zur C-Dur-Achse des Stückes genau gleichen Abstand hält
wie das As-Dur des Kanons; dort beginnender, hier besiegelter Abschied.

Doch selbst noch ein vorsätzlich ›oberflächliches‹, den Ereignissen sich auslie-
ferndes Komponieren bliebe unter dem Anspruch einer musikalisch sinnvollen
Strukturierung auf ein Quantum verknüpfender Bezüge angewiesen, das sich
bei so vielen Abbrüchen schwerlich realisieren läßt. Mit guten Gründen ersetzen
Erinnerungen, Anspielungen und Zitate, was an autonomer Strukturierung verwehrt ist: Der Beginn des Finales verweist auf denjenigen des ersten Aktes, der
Chor der Gäste – auch motivisch – auf den Soldatenchor, der Kanon auf »Soave
sia il vento« und Ferrandos letzte Attacke; die Notarszene auf die Doktorszene
des ersten Finales; sodann erscheint der Soldatenchor als erstes von vier direkten
Zitaten; die Es-Dur-Abschnitte mit Alfonsos Schreckensruf »Misericordia« bzw.
dem »Giusto ciel« der getäuschten Liebhaber schaffen wenigstens eine Verklam-
merung innerhalb des Finales; aber das »Ah Signor son rea di morte« der Mädchen verweist schon wieder weit zurück auf jene Stelle im Sextett des ersten Aktes (»Ah perdon, mio bel diletto …«), da sie die abwesenden Geliebten um Verzeihung bitten, weil sie die Albaner eingelassen haben; und der Schlußgesang
spielt auf Fiordiligis »Felsen-Arie« an. Dergestalt scheint die Musik der Oper, da
sie den Weg zu dem von Genre und Libretto verordneten Ziel nicht gehen kann,
sich zunehmend in sich selbst zu drehen, oder auch: komponiert ist, daß es Beschönigung wäre, dem, was wirklich geschieht, komponierend beikommen zu
wollen. Das Genie Mozart weiß wohl genau genug, »wie man es macht«; derjenige aber, der musizierend alle nur mögliche humane Beglaubigung für seine Figuren einholte, wendet sich, während die Klaviatur seines Könnens weiterspielt,
mit Grausen, blickt lieber zurück und läßt das Libretto im Stich.

Aber auch da Ponte hatte es schwer; allgemein verrät sein Manuskript in vielen Korrekturen, daß die Arbeit nicht leicht von der Hand ging, und auch, daß
sie gegen Ende hin schwerer wurde. Schließlich war an die Abdankung des
Spielmeisters auch die der Autoren gebunden, war das lieto fine nur zu haben,
wenn man vor dem Publikum die Maske auf kaum weniger beleidigende Weise
lüftete als die Offiziere vor den Bräuten, diese wie jene angewiesen aufs Bagatel-
lisieren und auf eine dürftige Schlußmoral als einzig mögliche.

Es erscheint plausibel – auch der paläographische Befund macht es wahrscheinlich –, daß da Ponte und Mozart erst, nachdem das zweite Finale entworfen, vielleicht schon geschrieben war, sich dafür entschieden, unmittelbar davor
einen Gliederungspunkt zu setzen. Die Handlung per se bedurfte der knapp ge-

faßten, auf das titelgebende Motto hinauslaufenden Miniatur-Arie nicht, diese wird gar ausdrücklich als akzidentiell ausgewiesen (»Frattando un'ottava ascoltete …«) und bezieht mehr als jede andere das Publikum ein, fast mit dem Anspruch einer Schlußmoral – der ›eigentlichen‹: Denn das veranstaltete Spiel ist aus. Was noch bleibt, sind formelle Nachbereitungen und der große Aschermittwoch. Auch, weil die Handlung widerstandslos dem Sog dorthin anheimzufallen beginnt, war ein Widerhaken, ein nachdenkliches Innehalten angebracht. Alfonsos Arie und die Ouvertüre sind auf gleichem Papier ziemlich sicher gegen Ende der Arbeit geschrieben worden; erst jetzt auch mögen da Ponte und Mozart beschlossen haben, als Titel der *Scuola degli Amanti* das *Così fan tutte* voranzustellen, und vielleicht gehört in diesen Zusammenhang auch die Idee, durch das Motto und seine musikalische Darstellung die verfrühte, dennoch fällige Schlußpredigt und die Ouvertüre zu verklammern, hinzugerechnet die hintersinnige Annäherung an das Unisono am Ende des zweiten Terzetts »nessun lo sa«. Gerade der auf der Arbeit lastende Zeitdruck mag auch die »Lernfähigkeit« der Autoren stimuliert haben; auch Genies muß man konzedieren, daß sie am Beginn noch nicht alles über ihren Stoff wissen: Ende August des Jahres 1789 erhielten sie den Auftrag; wahrscheinlich erst im November begann Mozart zu komponieren, und am Silvestertage führte er zu Hause die neue Oper vor – unter den Eingeladenen Haydn und der Freund Puchberg.

Im Zuge der letzten Rechenschaft mag in die mosaikhafte Stückelei der Ouvertüre auch etliches eingegangen sein von den Überlegungen, zu denen das Finale zwang – die Möglichkeit betreffend, in Gebrochenheiten der Form bestimmte Aussagen freizusetzen. Wohl nimmt Mozart mit dem Finalbeginn auf den Beginn der die Oper eröffnenden Dreimännerszene Bezug, festliche Stimmung beide Male, doch jetzt: wie veranstaltet, wie angestrengt befeuert durch Despina, die Diener und Alfonso! Die Hauptakteure kommen nicht zu Worte, wollen dies wohl nicht, auch nicht bei der in Es-Dur ausgerichteten Gratulationscour, und wenn endlich, dann mit einer denunzierend simplen Prägung und im kleinlauten Piano; danach der Kanon, kontrapunktiert von Guglielmo, dem Meister ablenkender Beschuldigung: »Ah, bevessero del tossico, queste volpi senza onor!«. So sehr die Singenden dem Sturz der Ereignisse sich versperren wollen, so unvermeidlich bricht er herein mit Notarsauftritt, Unterschrift, Chor der Soldaten und Rückkehr der Offiziere, diese in »ahnungsloser« Gemächlichkeit, welche die innere Unrast steigert, weil die Musik sie ignoriert, uns und die Mädchen mit ihr allein läßt. Aller Zynismus der *Liaisons dangereuses* steht nochmals Pate, wenn Ferrando und Gugliolmo nicht einmal (als wollten sie einen Sieg ausdehnen, dessen Folgen sie sich verhehlen müssen) auf eine doppelte Demütigung verzichten; erst spielen sie genüßlich die Getäuschten (»Indi il sangue scorrerà!«); und erst nachdem sie die Zerknirschung der Bräute eingeheimst haben, gestehen sie die Verkleidung. Das hätten sie auch gleich tun können, wären da Scham, Verantwortung, Ehrgefühl im Spiel. Sie sind es nicht, freilich auch einem Theaterspaß zuliebe, dem Vorführen der Verkleidung. Und damit scheint endgültig eine Grenze überschritten, jenseits derer nur noch die Notwendigkeit regiert, einen Schluß zu finden; nahe genug lag es wohl, die Mädchen sagen zu lassen, sie hätten von diesen Kerlen genug oder forderten wenigstens Bedenkzeit. Doch nicht die Geschichte, sondern nur noch die Oper geht hier zu Ende. Daß Mozart gleichgültig war, wie nach den Streichungen im ersten Akt bei den Zitaten einmal angespielt wird auf etwas, was nun nicht mehr vorhanden war, paßt nicht schlecht zur Abdankung, dem Verzicht darauf, die Immoralität der Auflösung zu komponieren. Wie nicht weniger die nahezu selbsttätigen Mechanismen danach: Alfonso gesteht in D-Dur, die um Verzeihung bittenden Mädchen lenken nach G in Schwüren, in deren Ausführlichkeit sie mehr sich selbst als die Herren scheinen überreden zu wollen; so bleibt am Ende fast nichts anderes übrig als Schlußgesang in C-Dur. Da wird wohl gesungen – die Figuren aber, mit denen wir litten, lachten, hofften, liebten, verzweifelten, – wo sind sie? Inwieweit ist der Gesang der Statisten des guten Endes noch der ihre?

XVI. »Es ist alles kalt für mich – eiskalt!«

Dies, am 30. September 1790 an Constanze geschrieben, hat nicht unmittelbar mit *Così* zu tun, mittelbar dafür umso mehr.

Es gibt Gründe, derentwegen das »schwierige Theaterspielwerk« abermals falsch vereinfacht erscheint, trennt man in der angedeuteten Weise seine ›Realfiguren‹ von den die frohe Schlußkurve bedienenden Charagen. Mindestens einmal schiebt Mozart dem, wie oben angesprochen, einen Riegel vor: Im Gesang der faden Schlußmoral (»Fortunato l'uom che prende ogni cosa del buon verso«) schlägt er den Bogen zurück gerade zu dem Stück, welches – gemeinsam mit dem E-Dur-Rondo der Fiordiligi – am ehesten die humane Würde der ›frivolen‹ Oper rettet, auf die »Felsen-Arie«. »Così ognor quest'alma è forte nella fede, e nell' amor« fährt Fiordiligi nach der Maestoso-Einleitung und deren barocker Metaphorik fort – mit einer Kantilene, welche deutlich auf der Linie dessen liegt, was später »Humanitätsmelodie« heißen wird. Und diese Kantilene erscheint nahezu wiederaufgenommen im Schlußgesang. »Quel che suole altrui far piangere fia per lui cagion di riso« singen sie da wenig später. Wenn einer geweint hat, dann Fiordiligi, und wenn Menschlichkeit und Gesittung gegen das schlimme Spiel gerettet worden sind, dann in ihrem Weinen. Dieses aber, so weiß die Schlußmoral, ist »cagion di riso« – und Mozart verdeutlicht das mehrmals wiederholte Lachen durch grell hineintrillernde Holzbläser. Gerade diese Melodie, Signatur eines großen, nun scheinbar zur »ehrlosen Füchsin« verkommenen Charakters, setzt er in ironische Anführungsstriche.

Wie ernst kann derjenige die »Felsen-Arie« genommen haben, dem sie nicht zu schade ist für derlei an Zurücknahme grenzende Parodie? Der Fragestellung kommt man gewiß nicht bei im Rahmen einer nur Ja oder Nein zulassenden Alternative. Weil die Autoren sich am Ende so verhalten wie der von Alfonsos Gesinnungsfreunden noch zugestandene Restbestand von Gottheit – sie hat das Uhrwerk konstruiert und in Gang gesetzt, vermag nun aber nicht mehr einzugreifen –, weil sie, soweit man von Verantwortung für ihre Geschöpfe sprechen darf, aus dieser sich fortzustehlen scheinen, lägen wohl Vergleiche nahe mit Shakespeares »All the world's a stage and all the men are merely players« oder das »tutto nel mondo è burla« des vom alten Verdi komponierten *Falstaff*, auch mit dem lachenden Alten, als den Rembrandt sich zuletzt gemalt hat, wenn nicht an Sterbende mit den Worten »commedia finita est« auf den Lippen – späte, letzte Verlautbarungen also. Angesichts der damals dreiunddreißig Jahre des Komponisten macht es schaudern, daß *Così* solchen Spätwerken in mancher Hinsicht in deren eigenstem Felde begegnet, wie immer auch Reflex einer abgelebten, verantwortungslos verspielten Kultur zumal in der Radikalität, in der humane Bewährung nur mehr als Widerstand gegen den bösen Weltlauf zugelassen ist, und in einer unterminierenden Skepsis in bezug auf fast alle gründenden Gewißheiten der menschlichen Existenz. »Aus dem Nicht-mehr-froh-werden eine fröhliche Untugend zu machen, war ein Wesenszug des Rokoko« (Hildesheimer). Was für eine Welt, in der man in seinen größten Momenten so einsam ist wie Fiordiligi? Nach der humanitären Beschwingtheit der *Entführung* und dem frischen Realismus des *Figaro* hatte Mozart sich im *Giovanni* schon fast auf den Standpunkt der partiell außermenschlichen Existenz eines Helden zurückgezogen, von dem aus die Mitspieler eher wie Schemen und Staffage anmuten. Bei *Così* wächst die Distanz abermals und anhand eines Stoffes, der deren Nöte und Gestehungskosten wohl durchscheinen läßt – eine Kurve, die sich im humanistischen Märchentraum der *Zauberflöte* und der zitierten Künstlichkeit des *Titus* fortsetzt, ohne daß man unterstellen dürfte, der auf Aufträge und Libretto-Vorschläge angewiesene Mozart habe sie kommandieren können.

»Alles kalt für mich – eiskalt« auch, weil die Überlegenheit, deren es bedarf, um die Welt als Bühne, das Leben als Traum zu sehen und zu nehmen, einen Dreiunddreißigjährigen überfordert, auch diesen und gerade diesen, der sich zur *Così*-Zeit mit fast jeder Art Sorgen plagen mußte, mit Liebes- und Geldnöten, deren Bedrückungen wir in notorischen Betteleien – bei Konstanze um Zuwendung und Treue, bei Puchberg um Geld – ebenso erkennen wie daran, daß ihre Hintergründe im Dunkel liegen. In solcher Lage komponiert Mozart eine *Così* nicht, ohne sich selbst hineinzukomponieren – wie auch der andere Autor sich u.a. einträgt noch in sehr äußerlichen Signets: die zunächst aus Triest stammenden Schwestern wurden erst später zu »Ferrarese« umkorrigiert; aus Ferrara aber kamen die Sängerinnen von Fiordiligi und Dorabella, und leibliche Schwestern waren sie tatsächlich – die eine, da Pontes Geliebte, von Mozart nicht übermäßig geschätzt. Andererseits kann wohl keiner wie hier Mozart und da Ponte humanen Anspruch und Identifikation einbringen, ohne zu leiden an der Treulosigkeit, mit der er am Ende die Maske lüftet, die Karten aufdeckt und seine Geschöpfe im Stich läßt. Genug Anlaß, um mit Thomas Mann zu fragen, »was das für Seelen sind, diese Dichter, was für ein Feuer das ist, ihre kalte Flamme, und in welcher verrucht-halbaußermenschheitlichen Beziehung zum Leben, zum Gefühl sie sich halten, das sie suchen, das sie mit Geist überfüttern, mit allen Künsten, allem Fleiß der Leidenschaft vertiefen, erhöhen, verklären – um gleich darauf, als sei es ihnen um nichts zu tun, als habe nie irgendetwas von dem, was sie mit so siegreicher Versessenheit betreuten, ihnen wirklich am Herzen gelegen, ihm und uns und der ganzen hohen Intuition eine lange Satyrnase zu drehen.«

Eine Lanze für den Dialog

»Siehst du, Tamino, ich kann auch schweigen, wenn's sein muß« – das ist einer der großen Sätze der *Zauberflöte*, er wiegt nicht geringer als »o holde Ruhe steig hernieder, / kehr in der Menschen Herzen wieder« und mindestens gleich schwer wie Sarastros »mehr noch: er ist ein Mensch« oder »In diesen heil'gen Hallen / kennt man die Rache nicht« (was der mit »siebenundsiebzig Sohlenstreich« abgestrafte Monostatus nicht bestätigen würde): Denn Papageno ist es, der die Worte spricht, nachdem er zunächst die Probleme des »hohen Paares« ignorieren und endlich nach Herzenslust essen wollte, dem die Bissen dann aber im Halse steckenblieben, da Pamina ihren Abschieds-, einen Todesgesang singt. Zumindest in einem Punkt übrigens versteht er Pamina besser als der auf hohe Minne, auf das Bild fixierte Prinz: daß Leben ohne Liebe kein Leben wäre; in eben dieser Gewißheit konnte er sich im Duett von Paminas Liebes-Pantheismus anstecken lassen und Worte finden (»sie wirkt im Kreise der Natur«), die er so vermutlich nie wieder finden wird. Beide Male antwortet Hanswursts Nachfahre, als Anwalt der einfachen Dinge des Lebens fest verpflichtet, sie dem herablassenden Lächeln des Publikums auszusetzen, den hohen Prätentionen der Oberen; so wenig er den Sinn der Prüfung, weshalb es sein muß, begreifen kann – ihren Ernst, daß es sein muß, hat er begriffen. Und dieser Brückenschlag zwischen unten und oben, dieses wie immer partielle, durch den Kummer des Mädchens vermittelte Verständnis wiegt bei der Legitimierung der Rituale und als Freispruch für Sarastro als eines Moraltrompeters, dem die erhabenen Sprüche verdächtig leicht von den Lippen gehen, ebenso schwer wie, daß Pamina und Tamino der Prüfung sich stellen und sie bestehen. Erst recht wiegt er schwer als eine der Stellen, wo die in der dünnen Luft der Rituale hochgehaltene Idealität und das einfache, der sinnlichen Unmittelbarkeit hingegebene Leben sich innig verhaken und aneinander bestätigen, Papageno nicht mehr nur Kompagnon und freiwillig-unfreiwilliger Spaßvogel: Auch er kann schweigen, wenn's sein muß.

Freilich hört man den Satz selten. Denn Dialoge sind zum Streichen da, notwendige Übel, peinliche Relikte einer Gattung oder Verfahrensweise, die nur ausnahmsweise großen Stil und große Inhalte prätendiert hatte, in den Vorstadttheatern zu Hause war und in der Linie *Entführung – Zauberflöte – Fidelio – Freischütz*, ganz und gar im Lichte nachfolgender Entwicklungen, sich als Auslaufgröße darzustellen schien. Erklärungen, weshalb in den genannten Opern besser nicht oder wenig gesprochen werden sollte, klingen oft gescheiter als die Verteidigungen. Und sie hören sich oft kompetenter an als die heutzutage auf der Bühne gesprochenen Dialoge. Deren Unterschätzung bemäntelt schlecht, daß wir mit ihnen weder rhetorisch zurechtkommen noch mit der ihnen eigenen Naivität. Daß Naivität nicht eo ipso verschwistert ist mit Borniertheit muß man betonen angesichts einer besonderen Torheit des modernen Theaters: sich allzurasch für klüger zu halten als die Stücke bzw. Autoren, mit denen man umgeht. Dank ihrer kann man sich leicht davon dispensieren, zuerst und immer wieder den Text zu befragen, beispielsweise zu erwägen, ob bei der üblichen Streichung des siebenten Auftritts im ersten *Fidelio*-Akt nicht ein dramaturgisch unentbehrliches Kettenglied verlorengehe. »Ich möchte auch einen gewaltigen Streich spielen«, sagt Jaquino da, zudem weist Rocco ihn höhnisch ab; Jaquino wird vermutlich genau zuhören, wenn Leonore und Marzelline den Freigang der Gefangenen erwirken, er – und nicht »der Offizier«, wie Marzelline meint – wird Rocco bei Pizarro verpfeifen; womit der kleinkarierte Liebeszwist weniger isoliert neben den großen Ereignissen der Oper stünde. Derlei Rechenschaft zu vernachlässigen liegt umso näher, als jede Inszenierung solideren juristischen Schutz genießt als die Autoren und Komponisten der Vergangenheit.

Gewiß haben die Letzteren es besser – Bretzner, Schikaneder oder Treitschke müssen, verglichen mit Mozart oder Beethoven, als Freiwild herhalten, und so wenig der Unterschied der Formate ernstlich in Frage steht: Worte und Töne erscheinen hierbei auseinanderdividiert, als wäre es dem Komponisten gleichgültig gewesen, wie Handlung bzw. Dialog an ihre Musik heranführen und wie sie sich von ihr abstoßen. Von dem Beethoven, der sich in den drei Fassungen des *Fidelio* zu erkennen gibt, und von Mozart, in dessen Briefen zu *Idomeneo* und *Entführung* präzise dramaturgische Vorstellungen dokumentiert sind und der u. a. vor Konstanzes großer Arie einen Dialog benötigte, welcher bis zur Drohung »Martern aller Arten« eskaliert, und eine Zentralfigur wie Bassa Selim gewiß nicht zufällig dem Dialog überließ, kann das schwerlich behauptet werden.

Gewiß hat das Bedürfnis, genauestens zu verdeutlichen, in welche Konstellation die Musik eintritt, manche allzu betulich-wortreiche Ausführlichkeit begünstigt, die dem dramaturgischen Zug entgegenzustehen scheint; indes sind dramatischer Zug und dichte Ereignisfolge keineswegs identisch, wie der Blick auf vergleichbare Verdeutlichungen lehren kann, wo sie komponiert sind, beispielsweise Wagners zuweilen ebenfalls umständliche Rekapitulationen. Im übrigen gehört zur Dramaturgie der Dialog-Oper zuallererst, daß – ideal gesprochen – Musik aus der jeweiligen Situation je neu entstehen muß, daß sie als dieses Neue, qualitativ Andere sich aber nur darstellen kann, wenn zuvor gesprochen worden ist. Wo nicht, z. B. zwischen dem Duett Pizarro/Rocco und Leonorens großer Arie, muß diese Abwesenheit mitkomponiert werden – hier als Überfall, als elementarer Losbruch auf einer emotionalen Höhe (Leonore ahnt oder hat gar mitbekommen, was soeben verhandelt worden ist), welche sich gesprochen – ganz und gar vor dem Hintergrund erwarteter Musik – nicht realisieren ließe und den nach einem »normalen« Nachspiel fälligen Sprachtext gewissermaßen von vornherein beiseiteschiebt.

Auf bessere Sitten früherer Zeiten übrigens kann sich dies Plädoyer nicht berufen. Auch anno 1794 in Weimar, unter der Regie des Theaterdirektors Goethe, durfte Papageno den Satz nicht sagen. Man spielte eine sogleich an mehreren Orten benutzte und gedruckte Einrichtung von Christian August Vulpius, der Schikaneders vermeintlichen »Nonsens« (so die primitiv-polemische Vorrede) beseitigen wollte und dabei nur noch mehr eigenen produzierte. Dazu gehörte u.a. eine Unterteilung des zweiten Aktes in einen zweiten und einen dritten, welche Paminas Arie als Schlußstück des nunmehr zweiten vom nachfolgenden Dialog abtrennt, die Torheit des Verfahrens dadurch unterstrichen, daß die Szene am Beginn des »dritten Aktes« wie bei Schikaneder fortgeht; Papageno »springt«, laut szenischer Anweisung, »vom Tisch auf« mit den Worten »Nun bin ich satt«. Offenbar hat der Inszenator sich sehr bequem auf die Vorarbeit des Schwagers verlassen.

In Schikaneders originalem Satz (er selbst spielte den Papageno) gehören Respekt vor dem rätselhaften Prüfungsritual, Mitleid mit Pamina, Bedürfnis nach Anerkennung durch Tamino und Betroffenheit von Paminas Äußerung untrennbar zusammen – gerade deshalb gelingt Papageno das Unmögliche: fortzufahren in einer Situation, da fortzufahren, anzuschließen kaum möglich ist. Besonders deutlich läßt sich hier erkennen, was auch anderwärts sich immer wieder bewährt: eine »Schwellenempfindlichkeit« für die Übergänge weitab von bequemem Verlaß auf den fälligen Wechsel vom Dialog zur Musik, von Musik zum Dialog. Papageno bricht das Schweigen, das nach der g-Moll-Arie allein angemessen erscheint, und er weiß, daß er es bricht – und hebt es eben so in seinem Satz auf; auch übrigens, weil in ihm, wenn auch mit anderem Bezug, das Wort »schweigen« tatsächlich vorkommt. Dieses »Siehst du, Tamino ...« schneidet die Musik nicht ab, sie ist noch nicht zu Ende, wie sie vor der Arie in Paminas »liebster, einziger Tamino« schon unterlegt schien, kenntlich möglicherweise auch daran, daß Pamina auf der Takthälfte, fast »zu früh« beginnt – beides Beispiele einer niedrigen Schwelle, auf der Musik und gesprochenes Wort ineinander überzugehen trachten, ein Ton, eine Redeweise, eine Stimmungslage, eine Gangart sie verbinden.

Beethoven, als wolle er um dieser Schwelle willen den musikalischen Einsatz so gering wie irgend möglich halten, nicht sogleich mit der massiven Präsenz aller Parameter hineinplatzen, eröffnet im *Fidelio* – mit zwei charakteristischen Ausnahmen – alle nach Dialogen eintretenden Nummern (außerdem auch die Ouvertüre und die Florestan-Introduktion zu Beginn des zweiten Aktes) unisono. Die volle Präsenz bei beiden (zufällig?) in G stehenden Ausnahmen hat gute Gründe – Leonore-Florestans Jubelduett in der aufbrechenden Gewißheit, gerettet und vereint zu sein, nachdem zuvor (»was hast du für mich getan ...«, »was hast du meinetwegen erduldet ...«) deutlich geworden war, was Worte nicht sagen können, daß der denkende und fühlende Mitvollzug dem soeben Erlebten nicht auf den Fersen bleiben konnte; erst, da die Musik beginnt, begreifen die beiden, was geschehen ist und was das bedeutet; der Einsatz der tiefen Streicher am Beginn des Quartetts, zunächst stehender Klang nach einer von der Regiebemerkung angewiesenen Pause, als Beantwortung eines der großen Sätze der Oper und zugleich eines der dümmsten: »Meinst du, ich kann dir nicht ins Herz sehen?« sagt Rocco zu Fidelio. Nichts kann er so wenig wie dies; die Behauptung, es zu können, manövriert den Dialog ins Abseits, wo nichts anderes mehr vorstellbar erscheint als erschrecktes Schweigen, sie reißt die Abgründe der verqueren Situation auf, bringt als vorlaute Indiskretion allen zu Bewußtsein, was jetzt nicht gesagt werden kann und wirft sie (Jaquino nähert sich erst später) je in sich selbst und die eigensten Regungen zurück. In identischen Prägungen und der strengen Organisation des Kanons stehen die vier Äußerungen schroff gegeneinander: »Mir ist so wunderbar, es engt das Herz mir ein« (Marzelline); »Wie groß ist die Gefahr, wie schwach der Hoffnung Schein« (Leonore); »Sie liebt ihn, es ist klar, ja, Mädchen, er wird dein« (Rocco); »Mir sträubt sich schon das Haar, der Vater willigt ein« (Jaquino) – zwischen diesen in Musik und Reimordnung identisch artikulierten Positionen gibt es keine Vermittlung, darf es, wenn Leonores Plan gelingen soll, keine geben, alle haben je eigene Gründe innezuhalten, abzuwarten, nur mehr mit sich selbst zu reden. Im »tönenden Schweigen« des Vorspiels und der Absurdität vier gleichzeitiger Monologe der in eine Situation zusammengezwungenen und gegeneinander abgesperrten Menschen, als der einzig verbliebenen Möglichkeit, in einer Situation fortzufahren, in der keinerlei Antwort mehr gegeben werden kann, steht die besondere Fähigkeit der Dialogoper in hellstem Licht, sich in der einzelnen Situation strukturell je neu notwendig zu machen; in einer durchkomponierten Oper könnte das Quartett so nicht stattfinden.

Niedrige Schwelle auf vielerlei Weise: Da kann das Risoluto von Leonores »Ich habe Mut und Stärke« so genau übereinstimmen mit demjenigen des nachfolgenden Terzett-Beginns (= Nr. 5), daß Roccos geschwätzige Zwischenrede (»Brav, mein Sohn, brav! Wenn ich dir erzählen wollte ...«) beiseitegefegt wird; die Musik ist es, die zur Sache kommt. Da redet Marzelline vor ihrer Arie (eine halbe hat sie schon während des Duettes gesungen: »Ich weiß, daß der Arme sich quält ...«) ausführlich und etwas formal, wenngleich – fast immer gestrichen – wichtig kommentierend zum soeben kratzbürstig absolvierten Duett: »Aus dem Mitleiden, das ich mit Jaquino habe, merke ich erst, wie sehr gut ich Fidelio bin«; mit der Musik kommt ihre Sprechweise bei ihrem Gegenstande an, und da fällt zu reden zunächst schwer; nicht nur erscheint der Anfang noch nahezu rezitativisch gesprochen (»O wär – ich schon – mit dir vereint«); daß es ihr den Hals zuschnürt, daß sie hiervon offen zu reden, hierzu sich zu bekennen erst lernen muß, verdeutlicht die melodische Gruppierung sinnfällig – zuerst zwei je zweitönige bzw. halbtaktige Gruppen, danach (»mit dir vereint«) eine ganztaktige, dann eine zweitaktige (»und dürfte Mann dich nennen«), endlich eine viertaktige. Wie sinngefällig erscheint da komponiert, daß Marzelline vom Sprechen herkommt, wie sie singend Mut gewinnt, beiseitezuschieben, daß »ein Mädchen ... ja, was es meint, zur Hälfte nur bekennen ... darf«!

Abermals auf andere Art niedrige Schwelle, wenn Pizarro, nachdem er den Trompeter auf den Turm beordert hat, in barschem Ton »Rocco« ruft und dies sich zu Beginn des folgenden Duetts in schroffen Zweischlägen wiederfindet, gar in vier verschiedenen Längenwerten (Ganze, Halbe, Viertel, Achtel); Pizarro peitscht Rocco musikalisch mit dessen eigenem Namen, um ihn als Komplizen gefügig zu machen; damit an der Konnotation kein Zweifel bleibe, wiederholen sich, abermals in mehreren Mensuren, die Zweischläge, bevor Pizarro den Gehilfen zum zweiten Mal anredet (»Du bist von kaltem Blute ...«): Um dergestalt sich als gesteigerte Rhetorik darzustellen, bedarf die Musik dieses vorangehenden Dialogs, sie macht ihn ex posteriori zu ihrem Präludium, in bezug auf die »Rocco«-Prägung gar zur Exposition. Die Schwelle zwischen Dialog und Duett-Beginn erscheint niedriger als innerhalb des Duettes die zum Rezitativ »zu dem hinab ...«

Auf wiederum andere Weise Musik vor der Musik unter den Worten vor dem Text im Kerker: Rocco, dem Florestans Not »wider meinen Willen zu Herzen« geht, hat ihm den Krug mit Wein gereicht und bemerkt bei Leonore eine Bewegung, die auch die seine ist (Leonore: »Ihr selbst, Meister Rocco –«); die Rechenschaft über die hochgehenden Emotionen nähert sich der Musik: »Es ist wahr, der Mensch hat so eine Stimme«, sagt Rocco, und Leonore schließt an »Jawohl, sie dringt in die Tiefe des Herzens« – Sätze, die, fast schon zwei Teile eines Melodiebogens, sich poetischer Skansion nähern und bruchlos in sie übergehen, ins Unisono der Streicher, als einer Vorwegnahme oder bereits Stellvertretung von Florestans Einsatz. Dessen hochgegriffener Dank – für ein paar Tropfen Wein erbittet er »Lohn in bessern Welten; der Himmel hat euch mir geschickt« – entzieht das Ensemble von vornherein der Frage, ob es nicht, nach Maßgabe des Handlungsgangs, überflüssig sei; daß hier »nichts« geschehe, ließe sich nur behaupten, wenn man die hochsymbolischen Darreichungen von Wein und Brot für nichts hielte, und eben diese verklammern Dialog und Musik: Wein im Dialog, Brot in der Musik überreicht, in einer rezitativischen, zum Unisono verdünnten Passage, nach der das Terzett kaum weniger neu beginnt als nach Leonores »Sie dringt in die Tiefe des Herzens«. Die Euphorie des Todgeweihten, die das Stück, nach dem am dunkelsten intonierten, dem »Grabe-Duett«, das am hellsten intonierte, nach a-Moll A-Dur, der Situation und Örtlichkeit nahezu enthebt, erscheint ebensosehr als eingelöste Vision des »Engels Leonore« wie als Vor-Schein eines hier unerreichbaren Glücks; so einvernehmlich in Worten und

Tönen ist in der Oper bisher noch nie Ensemble gesungen worden, Roccos vorsichtiger Widerstand (»das geht nicht an«) taugt eher als Bestätigung denn als Einwand, ist er doch (das begann während des Dialogs bei der Bewegung »wider meinen Willen«) nahezu mediatisiert im Banne einer Musik, einer Sprechweise, die den beiden anderen gehört, nur mehr assistierend bei einem als Terzett getarnten Duett, in dem Leonore und Florestan sich oberhalb der Situation vorwegnehmend gefunden haben.

Danach – zunächst ist Rocco ein »augenblickliches Stillschweigen« verordnet – bricht die Handlung kataraktartig los, der Furor des Vorangangs nun verdeutlicht durch jähe Schritte, grelle Wechsel der Tempi, der Situationen, der Ebenen bis hin zum Einbruch der ebensowohl lähmenden wie allegorischen Trompete – Wechsel, zu denen auch der kurze Dialog zwischen Jaquino und Rocco gehört, der die vom Trompetenruf Betäubten in die Wirklichkeit zurückreißt und den – sofort berstenden – Damm bildet vor der nachfolgenden Raserei. In ihr artikuliert die Musik, als tobender Austrag zuvor angestauter Spannungen, die Situation genauer als die – ohnehin kaum verstehbaren – Worte, weil die Beteiligten noch kaum imstande sind, zu begreifen, was geschehen ist. Wie genau wiederholt sich – und wie anders intoniert! – die Sequenz von Dialog und ausbrechender Musik sogleich vor dem Jubel-Duett: Nun erst können die beiden wirklich jubeln, nun sind sie bei dem Geschehenen und beieinander tatsächlich angekommen.

Die Geringschätzung der Dialoge schlägt schwer auf unser Theater zurück. Papageno sollte unangefochten sagen dürfen, daß er schweigen kann, wenn's sein muß.

Nicht nur der Musik zuliebe

Über Schuberts »Fierrabras«

Ruhm, hat André Gide gesagt, sei eine Form von Mißverständnis. Unter großen Musikern trifft das auf niemanden so genau zu wie auf Franz Schubert, den man zu Lebzeiten fast nur als Komponisten von Liedern und Klavierstücken kannte. Als Opernkomponisten kennt man ihn noch heute kaum, obwohl es doch Beachtung verdient, wenn ein Mann seines Kalibers, seit den Madrigalisten des 16. Jahrhunderts, seit John Dowland und Heinrich Schütz sicherlich der literarischste Musiker, immer wieder sich mit der Oper auseinandersetzte und entgegen allen Fehlschlägen, unglücklichen Konstellationen etc. nie endgültig entmutigt war; noch in seinem Sterbejahr hat er eine große neue Oper zu schreiben begonnen.

Freilich hat ein Rettungsversuch keine Chance, der sich nicht auch auf die Argumente einließe, mit deren Hilfe man das »Versagen« des Musikdramatikers Schubert meinte erklären zu können. Seine Situation war nicht danach, daß er sich Libretti und Librettisten aussuchen konnte – gute Opernbücher liegen ohnehin nicht auf der Straße –, und man erwiese ihm einen schlechten Dienst, wollte man ihn von aller Mitverantwortung an den Texten freisprechen. Auch einem theatererfahrenen Mann wie Carl Maria von Weber sind schlimme Dinge passiert, insbesondere bei *Euryanthe*, welche in der Werkgeschichte von *Fierrabras* eine verhängnisvolle Rolle spielt. Schubert konnte kaum noch von gültigen Konventionen des Opernkomponierens zehren: »deutsche Oper« im Verständnis jener Zeit bestand eher aus einzelnen Glückstreffern in der Nachfolge des Singspiels (*Zauberflöte, Fidelio,* selbst *Freischütz*) denn aus Ergebnissen, die in der Kontinuität stabiler Traditionen standen. Da war schwer Anhalt finden für jemanden, der, obwohl ein Opernenthusiast, mit der Bühne kaum Erfahrung hatte. Ein reichlich 15 Jahre jüngerer, unter sehr anderen Umständen Komponierender, Verdi, mußte fast zwanzig Opern schreiben, bevor er die ersten sicheren Treffer erzielte

Andererseits macht man es sich zu leicht, wenn man den lyrischen Schubert als Hintergrund und Hinderungsgrund des dramatischen begreifen will; man müßte vergessen, wieviel Dramatisches seine Lieder enthalten bis hin zur imaginären Szene des *Erlkönig*; man müßte auch vergessen, daß Schubert bei balladesken Liedformen eingesetzt hat und etliche Rezensenten zu seinen Lebzeiten der Meinung blieben, von Liedern könne bei ihm eigentlich nicht die Rede sein. Der zweite Akt des *Fierrabras* widerlegt die Mär vom »undramatischen« Schubert schlagend. Dramatischere Melodramen z.B. – wir nehmen bei dem Vergleich *Fidelio* und *Freischütz* nicht aus – sind kaum je geschrieben worden.

Schuberts größte Opern, *Alfonso und Estrella* und *Fierrabras*, entstanden innerhalb jener Periode, welche in der Schubert-Forschung gemeinhin als »Jahre der
Krise« bezeichnet wird – eine eminent produktive Krise, zu deren Resultaten
u.a. die »Unvollendete« gehört. Dennoch scheint der Begriff gerechtfertigt, weil
Schubert im Felde der großen Instrumentalformen immer wieder scheiterte und
das vordem so glücklich bediente Gleichgewicht zwischen Gewolltem und Erreichtem für ihn dahin war. Da boten sich Opern auch als Seitenwege an, als Erholungen von den Anspannungen des »Weges zur großen Symphonie«, von dem
Schubert im Jahr nach *Fierrabras* sprach. Freilich – inwieweit darf man von »Erholung« sprechen angesichts zweier mehr als tausendseitiger Partituren oder angesichts der Tatsache, daß Schubert für die beiden ersten *Fierrabras*-Akte jeweils
weniger als eine Woche brauchte, weniger, als man heute einem Abschreiber des
in dieser Frist Komponierten zugestehen würde? Der Einwand, bei solchem
Tempo hätten eine bestimmte Gewissenhaftigkeit, bestimmte Rechenschaften
keinen Platz finden können, erledigt sich schnell, denn in anderen Bereichen
hielt er es nicht anders; an einem Julitage des Jahres 1815 hat er sieben durchweg
meisterhafte Lieder geschrieben, und in bezug auf die Schaffensdichte im Jahre
1824 oder im Sterbejahr 1828 stehen wir nicht weniger vor unbegreiflichen
Wundern.

Mit der Vorstellung eines spontan draufloskomponierenden Schubert verträgt
sich der nahezu pedantische Vorbedacht schlecht, mit dem er sich auf dem unge-
wohnten Terrain der Oper bewegte. *Alfonso und Estrella*, zwei Jahre vor *Fierrabras*
entstanden, bietet ein Paradebeispiel und hat als Erfahrungshintergrund unverkennbar bei dem dramatischeren, bewegteren, bunteren *Fierrabras* mitgewirkt.
Gern wüßte man, welche Verständigungen vorausgegangen sind mit Josef Kupelwieser, dem Librettisten und älteren Bruder von Schuberts Malerfreund Leo-
pold Kupelwieser. Weil er als Sekretär am Theater angestellt war, erhoffte Schubert sich kompetenten Ratschlag ebenso wie Chancen einer Aufführung; immerhin hatte es sich um einen fest verabredeten Auftrag gehandelt – welcher
beiseitegelegt wurde, als mit dem Fehlschlag der *Euryanthe* die mit einer deutschen Oper verbundenen Hoffnungen jäh zerstoben. Daß Kupelwieser kein Genie war, wird Schubert schnell erkannt haben. Umso wichtiger war ihm, die
Unternehmung in seinem Zuständigkeitsbereich so solide wie möglich zu gründen. Alle drei Akte entwickeln sich als ein aus lyrisch-verweilenden Szenen her-
vorgehendes Crescendo; sorgsam sind die Tonarten equilibriert, selbst im dritten
Akt, dessen Komposition Schubert krankheitshalber mehrmals unterbrechen
mußte und bei dem das Libretto besondere Schwierigkeiten bereitete. Weil C-
Dur in beiden ersten Akten den Rahmen bildet (wenn der zweite auch in Es endet), fallen harmonische Umbrüche schwer ins Gewicht, im ersten z.B. derjenige vom intimen As-Dur der beiden Liebenden zum offiziellen, nahezu barock
tönenden D-Dur des Königsauftritts; vergleichbar hiermit der dramatische Um-

bruch von f-Moll nach h-Moll im zweiten Akt; bis in alle Einzelheiten ließe sich Schuberts bedachtsame Harmonieplanung verfolgen, bei der er sich sehr bewußt der überkommenen Bedeutungen und Charakteristiken bedient, mit ihnen nahezu schulbuchmäßig umgeht – As-Dur ein intimer Innenraum, C-Dur die helle, heitere, offene, auch die festliche Tonart, f-Moll und h-Moll dunkel und dramatisch bewegt; G-Dur, den dritten Akt nach gewaltigen Expansionen eröffnend, die naive, fast schon unerlaubt naive Tonart. All das ist sorgsam ausgehört und verrät die gleiche Sorgfalt, mit der Schubert sich an die Anweisungen des ihm auch persönlich bekannten Wiener Hofrats Ignaz von Mosel hält, der in einer *Ästhetik des dramatischen Tonsatzes* das – durch Schuberts Lehrer Salieri gefilterte – Erbe Glucks zu konfrontieren und in Regeln zu fassen versucht hatte.

Hierbei handelt es sich, in fatalem Bündnis mit den Schwächen des Librettos, um einen zurückgenommenen, biedermeierlich entschärften Gluck, um ein Regelbuch, in dessen Festschreibungen Stücke wie *Don Giovanni* oder *Fidelio* nicht unterkommen. »Hohe Einfachheit«, nie eilende Handlung, maßvolle Kontrastierung, symmetrische Gliederungen etc. betont Mosel etwas zu stark; wenn etwa im ersten *Fierrabras*-Akt der Auftritt der vom König ausgesandten Soldaten, die seine Tochter Emma suchen sollten, allzu tableauhaft ins Breite gerät und überhaupt dem Repräsentativ-Gepränge viel Raum gegeben wird, ruhen die Autoren sich, von Mosel sanktioniert, allzu bequem auf einem spezifischen Opern-Privileg aus: dem Recht, reale und musikalische Zeit zu verschränken, also beispielsweise Soldaten, die einen flüchtigen Verbrecher verfolgen sollen, zunächst noch ausführlich kundtun zu lassen, daß dies ihre Absicht und Aufgabe sei; realiter wäre der Gesuchte längst über alle Berge.

Vor Schuberts Zeiten war dies Privileg in der Unterscheidung von handlungstreibendem Rezitativ und innehaltendem Ensemble bzw. meditierender Arie objektiviert gewesen, immer wieder hatte die musikalische Dramaturgie das Anhalten der Realzeit plausibel zu machen bzw. zu nutzen verstanden, daß sich auch in der von uns gelebten Realzeit verschiedene Zeitqualitäten verknoten. Nun, ohne Stütze in den konventionell gewordenen Mechanismen, hängt alles davon ab, daß die Autoren den richtigen, symbolfähigen Moment zum Innehalten erwischen, einen, dessen innere Dimension alle Fragen verscheucht, ob jetzt kostbare Zeit versäumt werde. Die Neigung der großen Oper des 19. Jahrhunderts zum Tableau, zum Schaugepränge verrät genau dieses Dilemma, wie immer geschickt verbündet mit der Schaulust des Publikums. *Fierrabras* sagt hierüber Einiges, wenn es den Autoren auch oft genug gelingt, die »Senkrechte« der musikalischen Dimension über der »Horizontalen« des realen Zeitflusses zu errichten, so im hinreißenden »Leb-Wohl«-Ensemble gegen Ende des ersten Aktes oder beim »Vaterland«-Chor der gefangenen Franken im zweiten – fast unbegreiflich, welches Maß an Meisterschaft in diesem und vielen anderen Ensembles auf einem derart eng bemessenen Erfahrungshintergrund steht.

Vermutlich träten die Probleme der Tableaus nicht so fühlbar in Erscheinung, hinge die ungefüge Dramaturgie nicht mit statischen Tendenzen des Gesamtentwurfs zusammen: Die hier vorausgesetzte Welt ist fertig, sie bedarf keiner Veränderung, und ein genialer Komponist und sein ungenialer Textautor erweisen sich einmütig als Kinder ihrer Zeit, da sie das nicht bemerken oder verdrängen, jedenfalls darauf vertrauen, ein Libretto mit zweieinhalbmal verbotener Liebe junger Leute und einem beträchtlichen Aufgebot an mittelalterlicher Ritterromantik gäben genug Gewähr fürs Gelingen – Schubert war schon in zwei musikdramatischen Fragmenten des gleichen Jahres, *Die Verschworenen* und *Rüdiger*, mit Ritter-Stoffen beschäftigt gewesen. Fast könnte man, weil allzuviel im Vorhinein entschieden ist, von Scheinhandlung reden. Wohin die Zeiten, da Lessings *Nathan* Toleranz verkündete! Hier sind die Christen gut und die Heiden böse, weshalb nicht verwundern kann, daß Boland seine Tochter zu töten bereit ist, daß sein Sohn Fierrabras ihn unter den Fahnen des Todfeindes bekämpft und besiegt und diese das Stück zum guten Ende transportierende Aktion als große Tat gefeiert wird. Angemessen belohnt werden kann sie nicht, denn für Fierrabras ist kein Ritterfräulein mehr frei; das inkommodiert ihn aber nicht allzusehr, er ist es zufrieden, in König Karls Heer dienen zu dürfen. Die Schmählichkeit der Wendung wird nur wenig gemindert dadurch, daß ihm in Rom mit der Königstochter auch das Christentum nahegekommen war.

So schön die Konstellation mit der Überkreuz-Liebe der jungen Leute ausgedacht war und Anlaß gab, die Offenheit einer jungen Generation den Starrheiten der älteren gegenüberzustellen (immer um den Preis, daß die Heiden zu Kreuze kröchen) – der Titelheld muß es entgelten. Nicht zufällig findet die Hauptaktion, sein Kampf gegen die Truppen des eigenen Vaters, hinter der Szene statt. Als Gefangener am Hofe König Karls wird er als Handlungsträger stillgelegt und gezwungen, dies durch ein Übermaß an Emotion und Edelsinn zu kompensieren – einzige Aktion, daß er als Opfer für seinen einstmaligen Gegner und nunmehrigen Freund Eginhard den falschen Verdacht auf sich zieht, Emma verführt zu haben, wenig genug für den Titelhelden, der zudem für anderthalb Akte aus dem Stück verschwindet. Er büßt dafür, daß unter Metternich real verändernde Prozesse, gar politische, tabuisiert sind, daß die Autoren (immerhin verkehrte Schubert vornehmlich in oppositionellen Kreisen) die geschichtslose Windstille ihrer Zeit in dieser Oper verinnerlicht haben.

Das soll nicht heißen, Metternich sei am Debakel der großen Schubert-Opern (den *Alfonso* träfe die Auskunft in gleicher Weise) schuld – so leicht kann Schubert nicht aus der Verantwortung entlassen werden. In anderen Gattungen hat die »miserable Wirklichkeit« ihm unerhörte kreative Antworten abgenötigt, und anderswo sind unter miserablen Umständen vorzügliche Opern komponiert worden. Dennoch gibt es einen Zusammenhang zwischen den gesellschaftlichen Lähmungen von Metternichs Gnaden und den ästhetischen, tief in die musikalische Dramaturgie hineinreichenden Lähmungen in Schuberts Bühnenwerken – dies allein Grund genug, den simplen Befund abzuwehren, wunderbare Musik sei hier an schlimme Textbücher verschwendet worden. Schubert kann auch »durchschnittlich« komponieren, schon Situationen zuliebe, in denen andere Musik nicht am Platz wäre, und auch, weil die Lyrismen und hinreißenden dramatischen Partien eines Hintergrundes bedürfen, von dem sie sich abheben. Nur, weil bessere Libretti derlei besser integrieren, bleibt es dort unbemerkt.

Selbst wenn die Autoren im dritten Akt nur durch temporäre Widrigkeiten unter Druck gesetzt waren – Schuberts Krankheit, die Notwendigkeit, die Partitur rasch vorzulegen –, erscheinen dessen Fatalitäten im Zeichen jener Lähmungen aufschlußreich. Auch in einer weniger bedrängten Situation wäre es nicht leicht, wenn nicht unmöglich gewesen, ein als Lösung plausibles gutes Ende herbeizuführen. Einen als Gegenspieler glaubhaften Maurenfürsten, der so rasch verwindet, daß sein Sohn gegen ihn gekämpft und ihn besiegt hat, der seine Religion rascher von sich wirft als einen Mantel (»Durch Wahn und Täuschung war mein Herz gebunden, sie sind besiegt, den Sohn hab ich gefunden« – so schnell geht das!), hätten sie vergeblich gesucht; sie waren darauf angewiesen, die Dimensionen der Konflikte zu ignorieren, welche die dramatische Grundkonstellation der Oper enthielt, nur so ließ sich das Großreinemachen am Ende blitzartig bewerkstelligen. »Eginhard kann sich von seinem Staunen kaum erholen«, heißt es in einer Regiebemerkung; das gilt nicht nur für ihn.

Unvorstellbar, daß Schubert, trotz aller Befangenheit eines konzentriert Arbeitenden, an derlei Bedenken vorbeigegangen sei, daß er das Requisitenhafte z.B. des gerechten, milden Herrschers, des finsteren, zudem heidnischen Bösewichts übersehen habe, oder auch, wie die starken Helden auf der Bühne sich eher lyrisch und klageselig ergehen, als daß sie Beweise von Mannesmut liefern (nicht zufällig kommt die originellste Figur des Stückes, Florinda, musikalisch besonders gut weg); und die Offenheit der Anspielung auf Beethovens *Fidelio*-Trompete steht quer zu dem Ernst, den die szenische Situation beansprucht, das Zitat unterstreicht geradezu, wie sehr der ideelle Anspruch der Szene im Vergleich mit dem Vorbilde gesunken ist. Möglicherweise war Schubert das Unternehmen suspekt geworden, schon ehe er fertig war, möglicherweise wollte er am Ende nur fertigwerden, um das Werk loszusein. Vielleicht auch zeichnete sich der Mißerfolg von Webers *Euryanthe*, über die Schubert unfreundlich sprach, schon vor deren Uraufführung am 25. Oktober 1823 ab, mindestens ein Ende des Interesses an Opern solchen Zuschnitts. *Euryanthe* und *Fierrabras* waren durch die Konstellation von vornherein zu Paßpferden bestimmt. Im übrigen widmete Schubert sich spätestens seit dem Sommer, also schon zwischen der Arbeit am zweiten und dritten Akt des *Fierrabras*, einer Aufgabe, die es ihm leicht machte, sie als ureigene, durch keinerlei Fremdbestimmung belastete zu begreifen: *Die schöne Müllerin*. Trifft die Vermutung zu, so brächte sie uns einige Entlastung hinsichtlich des bei *Fierrabras* (wie beispielsweise auch beim *Freischütz*) naheliegenden Selbstvorwurfs, wir seien hier mit einer nicht mehr zugänglichen Naivität konfrontiert. Schon aber vor mehr als hundert Jahren befand Eduard Hanslick, *Fierrabras* setzte einen »vollständigen Kindheitszustand des Publikums« voraus.

Alle hier angestellten Überlegungen geben mehr Anlaß, es mit *Fierrabras*, die Umstände seiner Entstehung mitspielend, zu versuchen, als über ihm die Akten zu schließen. Obwohl fertiggestellt, erscheint er dennoch, nicht nur des hastigen Schlusses wegen, in einem gewissen Sinne fragmentarisch. Damit steht er in einer Reihe mit *Lazarus*, dem Streichquartettsatz in c-Moll oder der *Unvollendeten*. Wie Schubert scheitert, ist nicht selten interessanter und schlüssiger, als wie andere etwas zu Ende bringen. Und was bei *Fierrabras* als fragwürdig hervortritt, unterscheidet sich nur in der Dosis, kaum aber essentiell von dem, was zur geliebten, schwierigen, widersprüchlichen Gattung Oper allemal gehört.

Die widerwillig gut verkaufte Braut

Ein Werk belehrt seinen Autor

Es mutet schon merkwürdig an, daß Karel Sabina später einmal hat durchblicken lassen, er hätte die Arbeit auch ernster nehmen können; aber viel merkwürdiger noch, daß Smetana, dessen Name beinahe allzusehr mit der *Verkauften Braut* identifiziert wird, das Stück »eigentlich nur eine Spielerei« nannte, weniger »aus Ehrgeiz denn aus Trotz komponiert«, daß er »seine Kraft und Freude ganz woanders« liegen meinte und hinter jedem Lob für dieses Werk stets nur das Aber in bezug auf die ihm wichtigeren anderen vernahm.

Daraus ließe sich fast eine Psychologie der Nebenbeschäftigung ableiten – Kreativität ungehemmt entfaltet gerade, weil der Druck des großen, zentralen Anliegens fehlt. Diese Oper gibt der Vermutung einige Handhabe, ihr Komponist habe das Falsche gewollt, seine ästhetische Ideologie sei tatsächlich, wie die Gegner meinten, wagnerisch überfremdet und nach ihrer Maßgabe eine komische, eine Volksoper unter seiner Würde gewesen; demnach hatte er von Glück sagen müssen, wenn ihn ein Vorhaben wie dieses zu einer gewissen Schizophrenie verleitete und sein Ingenium der Ideologie ein Schnippchen schlug. Soviel Vorsicht hier immer geboten sein mag – ein Abstand zwischen Gewolltem und Erreichtem, zwischen Intention und Erfüllung tritt bei Smetana auffällig in Erscheinung, und dazu trug sein Naturell, die Suche des allzu Bescheidenen nach Orientierungen und Autoritäten, genauso bei wie die damalige Verhärtung der ästhetischen Diskussion und die Situation einer erwachenden Nation, welche sich musikalisch leichter artikulieren konnte als sprachlich – woraus der Musik Aufgaben erwuchsen, welche anderwärts eher der Literatur gehörten. Was konnte z. B. im Vergleich mit den Musikern eine Božena Němcová zur nationalen Bewußtwerdung beitragen, da sie eine Sache schrieb, die jene am besten verstanden, die nicht lasen, und die jene oft nicht verstanden oder gar verachteten, die sie hätten lesen können? Smetana hat sie – man wagt kaum, von »Muttersprache« zu reden – erst als Vierzigjähriger gelernt.

Glücklicherweise hat jenes ästhetische »Über-Ich« ihn nicht vermocht, sich dem Sujet zu entziehen, er hat sich von ihm, seinem Erfolg, seiner Mission in die Pflicht nehmen lassen und versucht, anhand dieses Gegenstandes jene Gespaltenheit komponierend aufzuarbeiten. Und eben so kam er zu sich selbst; nur ein enger Begriff von komischer Oper, Spieloper o.ä., mit dem Smetana sich offenbar zunächst selbst herumschlug, ließe die Diagnose zu, er habe die *Braut* allmählich im Sinne jener »eigentlichen« Intentionen umgebogen und überfrachtet. Das vermeintlich feine Gespür für das Genre, welches etwa Maries zweite Arie als nicht in eine Oper solchen Zuschnittes passend empfände, wäre übrigens fatal verbündet mit einem sozialen Vorurteil, das derlei einem Bauernmädchen nicht zutraut.

Welch sensible, liebevolle Psychologie in dieser Arie!

Zunächst klingt die bohrende Mahnung der Eltern nach, wovon Marie sich mit dem Einsatz des Rezitativs fast explosiv befreit – um sich als geschundene Kreatur zu finden in einer qualvoll gewundenen, angestrengten Melodik; wie von woandersher und nun unerreichbar klingt mit dem C-Dur der Holzbläser der Gedanke an den Geliebten herein, rasch verdrängt von den schmerzvoll gespannten Sforzati ihrer Frage, was hier Wahrheit sei. Und dann ist sie am Ende; das Rezitativ leitet paradox zur Arie hinüber genau dort, wo ihr die Wucht des ihr Unbegreiflichen alle Sprache verschlägt.

Aber die Musik rettet sie vor der Qual des Verstummens – mit der Behutsamkeit von jemandem, der sich in die Not des anderen fast bis zur Identifizierung einfühlt, hier selbst also vom Verstummen bedroht wird.

Sehr allmählich tasten sich mit fragendem Gestus die Streicher, sodann die Holzbläser an das Andante der Arie heran und setzen es nur mit Mühe in Gang; und erst nachträglich kommt Marie hinein, wobei die Bewegung des Orchesters auch ihrerseits mehrmals verebbt, als wisse die Musik nicht weiter. Die einzelnen Melodiephrasen Maries schwimmen zunächst wie verlorene Inseln im musikalischen Strom, präzis die Darstellung eines schweratmenden, zögernden Sprechens. Erst die Erinnerungen lösen ihr und der Musik die Zunge, lösen ein beredtes Strömen aus, dem sich das Mädchen nur zu gern ergibt und das immer neue, einander überlagernde Prägungen herbeizieht. Solcherart zum Sprechen befreit, kann Marie ihre Situation nun in Worte, in Töne fassen und findet zunehmend auch die großen Bögen wieder. Am Schluß bleiben die Signaturen ihrer seligen Erinnerung stehen, das Stück verweilt lange in dem durch sie geprägten Klang, gewissermaßen als der letzten Zuflucht, die ihr geblieben ist. Wonach Hans' Auftritt wie ein jäher Realitätseinbruch erscheinen muß, auf den sie kaum anders als schockiert reagieren kann, blind vorbeilaufend an der Brücke, die er ihr baut. Ein Rezensent tadelte, den »wagnernden« Smetana im Auge, hier handele es sich um »eine Arie für Orchester mit Begleitung einer Singstimme«; wie sehr er damit etwas Richtiges getroffen, wenn auch nicht als besondere Qualität erkannt hatte, war ihm schwerlich bewußt.

Volksoper auch in der Liebe zu den kleinen Figuren

Die Konstellation der beiden Elternpaare lädt wahrscheinlich zu Schematismen ein; dennoch scheinen solche nicht einmal in der Ähnlichkeit der beiden ihren Frauen unterlegenen Männer auf – des passiven, mehr aus Phlegma und Angst vor seiner Frau hartherzigen Micha und des von seiner Not zur fatalen Absprache getriebenen Krušina, der Ludmila nie zu gestehen wagte, daß er Maries Hand gegen Michas Darlehen versprochen hat. Ihr Protest, da sie es erfährt, kommt prompt; Ludmila »mauert« nun, hält die Sache für überstürzt, und wenn sie empfiehlt, sie gründlich zu überlegen, übernimmt sie gar Kecals Diktion, dessen prahlerisch auftrumpfendes Dur nach Moll wendend; und dieser verliert auch gleich die Fassung. Ludmila aber läßt nicht locker, sie will den Burschen erst sehen – zu Hause ist schließlich von Hans schon gesprochen worden, wie sehr es den Alten immer mißfallen haben muß, daß er ein Hergelaufener ist. Da Kecal Marie massiv bedrängt, fährt Ludmila ihm in die Parade mit der Aufforderung, den Bräutigam wegzuschicken, wenn er ihr nicht gefalle. Erst wenn Marie von Hans verraten scheint, spielt sie Kecals Spiel mit, hält aber nicht zurück mit dem Ärger darüber, daß Wenzel sich nicht sehen läßt; und wie wenig sie die verkniffene Devotion ihres Mannes teilt, zeigt sich, wenn sie am Ende tut, was ihr eigentlich nicht zusteht: Sie liest dem reichen Gläubiger ob seiner Hartherzigkeit öffentlich die Leviten.

Realistisch auch im Umgang mit den Prügelknaben

Kecal ist mindestens ein Außenseiter, vielleicht gar ein – milieubedingt entfernter – Verwandter Shylocks, ein Besitzloser jedenfalls, der sich als Makler und Zwischenhändler durchbringen und mehr Intelligenz aufwenden muß als die anderen. Sein großmäuliges Perorieren läßt kaum darauf schließen, daß er das Geschäft gern betriebe, im Gegenteil – soviel Zungenfertigkeit ist allemal verdächtig, ganz und gar, wenn den anderen (nur Hans kann mithalten) – das Wort schwer vom Munde geht. In ihrer Darstellung, im jähen Wechsel vom nervösen Plappern zur simplen Prahlerei, von einhämmernden Wiederholungen zu der wuseligen Überdrehtheit, mit der Kecal Wenzels Vorzüge preist, bringt Smetana alle Ruhelosigkeit des Heimatlosen unter, die heimliche, schlecht verhohlene Armseligkeit dessen, der darauf angewiesen ist, sich anzudienen und aufzuplustern, der seine bittersten Erfahrungen am lautesten zum Besten gibt und in seiner Unrast aller Bauernschläue zum Trotz peinlich aufläuft; wie wenig fehlt dazu, daß ihm Hans' Penibilität beim Formulieren des Vertrages verdächtig würde, daß er den Braten röche! Er tut es nicht und ist nun gleich an allem schuld, Prügelknabe auch derjenigen, deren Geschäft er eben noch betrieb. Irgendein Anstand, der Háta, Micha und Krušina betreten sein oder zugeben ließe, daß sie gemeinsam mit ihm geprellt worden sind, zählt nun nicht mehr, das lieto fine fordert sein Opfer und geht voll auf Kecals Rechnung; er muß weg. In bezug auf die Grausamkeit der Vertreibung (sie ähnelt derjenigen Beckmessers in den parallel fertiggestellten *Meistersingern* nicht zufällig: zum Juden fehlt beiden wenig mehr als der Name) schenkt uns Smetanas Musik nichts. Kecal wird rhythmisch eingekeilt in die Chöre der Spottenden, am Ende langt es bei ihm nur noch zu kleinen, in die kurzen Pausen hineingedrängten Hilferufen, fast denen eines Ertrinkenden; seine eigene, vom Tutti umbarmherzig gegen ihn gewendete Unruhe hetzt ihn in effigie zu Tode.

Noch ein zweiter wird hinausgefegt: Wenzel

Ein Glück, daß die Oper zu Ende geht, ehe wir erfahren, was von ihm übrigbleibt. Die Liebe, mit der Smetana sich seiner angenommen hat, die Parteinahme für den armen Kerl, gute Partie, Muttersöhnchen und Dorftrottel in einem, hat kostbare musikalische Subtilitäten gezeitigt und gibt der Humanität dieser Oper besondere Dimension und Tiefe. Marie, Hans oder Kecal werden durch die Handlung getragen und bestimmen sich weitestgehend darin, sie können als Figuren kaum mißraten. Wenzel aber bedarf der liebenden Zuwendung, als bloße Funktion der Handlung wäre er kaum mehr als ein Popanz. Gegen ihn sind alle und alles, vor allem die Konstellation; wie und wann er auch auftritt, einen Akt lang als vielberedeter lupus in fabula vergeblich erwartet, er ist immer falsch. Nach dem furiosen, jubelnden Ungestüm des Tanzes, dieser Explosion von Lebenslust, hätte es jeder einzeln und unbeachtet Auftretende schwer – wie sehr erst Wenzel! Ausdrücklich stellt Smetana da einen Bezug her, gibt ihm musikalisch ein unsicheres Tappen in jäh wechselnden Schnelligkeiten mit, deren Ablauf das Hin und Her zwischen größeren und kleineren Bewegungseinheiten wiederholt, das dem Furiant eigen ist (was dort ganze Takte, sind hier Viertel, was dort hemiolische Halbe, hier Achtel), wie als wolle er es auch einmal mit dem komplizierten Rhythmus versuchen; das geht natürlich, schon im falschen Takt angefangen, jämmerlich daneben. Noch schlimmer der zweite Auftritt, wo er die Last eines Aktbeginns tragen muß und ziellos herumhangelt zwischen den Fetzen quälender Erinnerungen. Und am schlimmsten, knapp unterhalb der Hinrichtung, der letzte: es langt nicht zu, daß er bereits ausjuriert ist – ins Bärenfell geschnürt, linkisch heruntapsend gerät er in eine Menge hinein, die sich gerade in tötendem Spott geübt hat.

Das hier fällige Gelächter hat Smetana nicht komponiert, vielleicht war es ihm nicht möglich, Wenzel im Stich zu lassen, ihn preiszugeben, nachdem er komponierend so für ihn Partei genommen, ihn mit sehr rührender Poesie beschenkt und die Musik angehalten hatte, die zagen Flügelschläge einer verängstigten Seele zu protokollieren und sich innig identisch zu machen mit dem, was ihn heilen könnte: Liebe. Das Dahertappen seines ersten Auftritts wird, da er zu reden beginnt, zum Porträt des Stotternden, dem die erste Silbe blockiert ist, ein paar folgende dann aber überschnell herausfahren; die hierbei entstehende Prägung melodisiert und entspannt Smetana, wo Wenzel vom Heiraten zu reden beginnt, er ordnet, was zuvor ungenau und krampfig herausgespuckt war – und zeigt, wie wenig es brauchte, damit Wenzel normal reden könnte – die Beseligung, mit der er von Liebe und Heirat singt, gedoppelt durch das Glück dessen, der eben dadurch geheilt wird, endlich sprechen, endlich sich mitteilen kann.

Was die Arie solchermaßen vorbereitet, entfaltet sich im Duett: auch da hangelt Wenzel zunächst nach der Melodie, stottert neben ihr her; am Ende aber hat das nette Mädchen alle seine Hemmungen gelöst, und damit keiner das Ergebnis der Heilung überhöre, vereinigt Smetana die Stimmen der beiden am Ende in laut jubelndem Unisono.

Freilich hält sie nicht lange vor; wenn Wenzel im dritten Akt auftritt, ist er verstörter als je zuvor, weiß nicht aus noch ein zwischen dem harten Willen der Mutter und dem der schönen Unbekannten gegebenen Versprechen, und eben das inspiriert eine kompositorische Gewagtheit, welche an den Auftritt des geschundenen Beckmesser im dritten *Meistersinger*-Akt denken läßt und sich noch in geistvollen Details zeigt wie etwa dem plötzlichen Wegfall eines erwarteten und schulgemäß fälligen Baßtons – wie, als würde Wenzel der Boden unter den Füßen weggezogen. Ihm fehlt wenig zur Lieblingsfigur des Komponisten, und dieser mußte im Gegenzug gegen solche Parteinahme für den Verlierer viel aufbieten, damit des Siegers Hans geradlinige Zielstrebigkeit nicht negativ absteche, u.a. die hartleibige Konsequenz, mit der er Marie die Wahrheit vorenthält, gegen die Sensibilität, die es Wenzel verwehrt, dem Unglück der schönen Unbekannten auch nur zuzusehen.

Weiterführende Fragen

Wie fröhlich kann die Hochzeit noch sein? – und weiter: Wie wird es den beiden ergehen, werden sie ihren Platz im Dorf – hier oder dort – und ein Auskommen mit Háta finden, wollen sie es überhaupt? Damit ist über die Grenzen des Stückes hinausgefragt, realistisch wohl in bezug auf die real genommenen Personen, nicht aber in bezug auf das Werk und seine Abgrenzungen. Smetana bringt es fast gewaltsam rasch zu Ende, gefeiert wird der gute Ausgang kaum. Anfang und Schluß verschränkt er auf ebenso einfache wie zwingende Weise, indem er an das Thema der Introduktion, das in der Überleitung zum Schlußchor schon anklang, allmählich heranmusiziert, dem Chor bei anderer Melodik zunächst nur den bekannten Rhythmus zugesteht und das Thema voll erst im Nachspiel des Orchesters erreicht – dies alles so lakonisch gefaßt, als müßten alle weiterführenden Fragen verdrängt werden. Allzugroß nämlich ist der Abstand nicht zu Jenufa und Laca, welche am Ende fortgehen und mit der Gründung eines neuen, eigenen Lebens in jeder Hinsicht ernstmachen. Bleiben Hans und Marie im Dorf, so werden sie es auch deshalb nicht leicht haben, weil sie dort ein Stück Emanzipation, ein Stück Aufklärung etablierten. Reinen Gewissens wird man Ehen fortan nicht mehr kuppeln können nur im Hinblick auf Erbteile und Liegenschaften, wie vergleichsweise *Figaros Hochzeit* dem ius primae noctis den Garaus macht und der *Freischütz* der fatalen Sitte des Probeschießens. Weil aber ein Brauchtum, wie überständig es immer sein und vornehmlich den Besitzenden dienen mag, auch zum Funktionieren des Zusammenlebens gehört, liebt man die, die es in Frage stellen, meist erst nachträglich.

Tonarten als Räume und Ortschaften

Die Geborgenheit eines vertrauten Zusammenseins, die die Liebenden im Dorf schwerlich finden, schafft ihnen die Musik. Da Marie Hans endlich zum Reden gebracht hat, spricht er schwer und stockend von Mutterliebe, die er kaum kennengelernt hat, und nur ganz behutsam, fast zögernd und mit weich bindender Melodie kommt Marie hinzu; erst ganz am Schluß singen beide zusammen, entgehen aber auch dann der Schwere der musikalischen Schritte und dem Moll nicht.

Wie anders, wenn sie von ihrer eigenen Liebe singen! Da öffnet ein unnachahmlich abgetöntes B-Dur einen Raum, der sie birgt – den Raum ihrer Liebe; und diese singt eher anonym aus ihnen heraus, als daß sie selbst als individuelle Personen sängen. Marie gar lallt anfangs nur, spricht seine Worte wie in Trance nach. Die Harmonien stehen lang, klanglich durch die Klarinetten bestimmt, deren Sexten sich wie unbesorgt um harmonischen Fortgang wiegen, die gleichmäßige Bewegung der Streicher besorgt ein in sich wunderbar beruhigtes Strömen – ein Wiegenlied der Liebe, das die Liebenden nicht weniger birgt und einhüllt als eine Mutter ihr einschlafendes Kind. Wenn Smetana es späterhin – zweimal – zitiert, so immer nur in dem »traumatischen« B-Dur; und die medialen Wirkungen teilen sich auch den anderen mit: beim ersten Zitat singen Maries Eltern so echohaft-passiv mit wie zuvor Marie selbst, und dem Kezal verschlägt es die Rede.

Im Tonartenplan des ersten Aktes hält dieses B-Dur die äußerste subdominantische Position als ein privates Abseits, wie im dritten Akt bei größerem harmonischem Ambitus das As-Dur der Marie-Arie. Die privaten Refugien liegen auf der subdominantischen Seite – ihnen gegenüber; ersten und zweiten Akt Kecals barock-festliches D-Dur, im dritten das A-Dur des Sextetts, als der ärgsten, leisesten Bedrängung Maries. Die Polarität bestimmt noch das letzte, von A- nach F-Dur hinüberwechselnde Finale: Im ersten Akt spart sie das zentral gelegene C-Dur lange aus, welches, im Quartett der Alten mit Marie erstmals erreicht, in der den Akt schließenden Polka seine Apotheose erlebt. Schwer zu glauben, daß das nicht vorausgeplant, sondern eine »Notlösung« war, weil ein Aktschluß gebraucht wurde! – mit dem dramaturgischen Wagnis, die Handlung kurzerhand auszusetzen (Kecal und die Krušina-Familie fliehen vor dem Trubel) und das Feld dem Volk, dem Tanz, dem Tableau zu überlassen. Wie alles individuelle Schicksal tief ins Leben des Volkes eingebunden bleibt, findet eine musikalische Entsprechung darin, daß das Tonartenpendel des ersten Aktes eben hier seinen Gravitationspunkt findet.

C-Dur ist zugleich (zweimal im 3/4-Takt) auch Hans' Tonart – die Musik »weiß« also schon, daß er dazugehört; wenn Marie später verzweifelt an ihn denkt, erklingt ein fast entrücktes C-Dur, wie entsprechend er tief in den Bereich der B-Tonarten eintaucht, da ihn auf dem Höhepunkt ihres Zerwürfnisses die Sehnsucht nach alter Vertrautheit übermannt. Genauso »weiß« die Musik im zweiten Finale, daß Kecals Sieg ein Scheinsieg ist: Bei der prahlerisch inszenierten Unterzeichnung stolpert sie davon ins abseitige, »falsche« As und weiter über cis nach h, verliert Halt und Logik eben dort, wo es um Fixierung und Formalitäten geht.

Geheimnisse der Musik und der Komponistenwerkstatt?

Sie teilen sich auch mit, ohne sich zu erklären; die Wahrheit der Oper ist mehrschichtig, die aus dem Orchestergraben kommende, die von den Sängern gesungene schon als Musik von anderer Art und Realität als die des Bühnengeschehens. Hans, nach seiner Herkunft befragt, muß notgedrungen lügen, er »lügt« ein innig-sehnsüchtiges Bekenntnis zu seiner Heimat, eine heimliche, zur lyrischen Miniatur zurückgenommene Nationalhymne, wie nur einer sie singen kann, der besser als alle Daheimgebliebenen weiß, was Heimat ist; der, als Fremdling zurückgekehrt, daheim und dennoch nicht zu Hause ist. Auch das »weiß« die Musik, sie sagt und verschweigt es zugleich: Die Heimat, von der Hans singt, ist dieses Dorf, sind diese Felder, Berge, diese Menschen vor allem; und dennoch liegt, was seine Heimat ganz wäre, »weit von hier«.

Allmählich angehäufte Erfahrungen, allmählich sich mehrender Wortschatz

Wenn gegen Ende vieler Opern kompositorische Rückgriffe zunehmen, dann kaum, weil die Einfälle ausgingen, sondern vor allem, weil ein musikalisches Vokabular entstanden ist, weil die Musik ein »Gedächtnis« entwickelt und die Differenzen ähnlicher Situationen sich in den Abweichungen aufeinander Bezug nehmender Vertonungen noch immer präziser bestimmen als durch eine gänzlich neue Vokabel. Dergestalt rekapituliert jeder Opernabend verkürzt die Entstehung von Sprache samt der Begrenzung des Wortvorrats und der Subsumierung ähnlicher Bedeutungen unter einen Oberbegriff; je reicher die musikalische Definition der vor uns hingestellten Welt wird, desto häufiger bezieht sie sich zurück.

Vom zweiten Finale der *Verkauften Braut* an greift Smetana, latente Bezüge nicht gerechnet, mindestens sechsmal auf schon Komponiertes zurück – wozu noch ergänzt werden muß, daß Musik im gleichen Maße, in dem sie Situationen bedient, diese zugleich prägt, wenn nicht schafft. Mit dem Zitat des Ouvertürenbeginns beim Einstieg ins zweite Finale verbündet sie sich mit Kecals Illusion, es ginge nun geradlinig auf den Abschluß des Handels zu; so könnte sich im Rückgriff auf den Anfang der Ring getrost zu schließen beginnen. Immer wieder bricht die Ouvertüre stückweise, fast mosaikhaft in das Finale hinein, und mindestens einmal scheint genau kalkuliert, daß wir sie kennen: Wenn Kecal es auf eine öffentliche Diskriminierung von Hans anlegt und die Erwartung der Zuhörenden spannt auf die triumphierende Eröffnung, welch schofler Handel da verabredet worden sei. Wenzel tritt zu Beginn des dritten Aktes mit der gleichen Musik auf wie im zweiten, um nun freilich halt- und hilflos herumzuirren zwischen teils beseligenden, teils bedrückenden Erinnerungen – die aphoristisch zitierte Musik gibt ein genaues Psychogramm dessen, der nichts, vor allem sich selbst, mehr zusammenbekommt, in dem die isolierten Signale verworren herumtönen als Rest einer Welt, die zugleich wie eine Obsession bedrängend nah und meilenfern liegt. Bald danach, peinlich befragt, welches Mädchen mit ihm gesprochen habe, gerät Wenzel zurück ins Duett mit Marie – und diese, wenn ihr alles verloren scheint, erinnernd zurück in die ihres Duettes mit Hans, in das »bergende« B-Dur. Wo sie, in einem zerklüfteten, immerfort zu neuen Prägungen fortgehenden Rezitativ den großen Streit mit Hans auszutragen versucht, erklingt abermals jene Ouvertürenpassage, zu der Kecal den Handel publik machte, und dies so präzis zurückbezogene Zitat macht besonders deutlich, daß den beiden verlorenging, was sie zuvor vor allem anderen ihr eigen nannten – eine gemeinsame Sprache. Am Ende der Oper, wie schon erwähnt, die Rückkehr zu deren szenischem Beginn.

Fast von außen an den Stoff heran: die Ouvertüre

Als Smetana sie schrieb, kannte er das Libretto noch nicht, wenn auch das Sujet. Dennoch hat ihre Zugehörigkeit sich nicht erst nachträglich hergestellt, etwa, weil er sie episodenhaft weiterverarbeitete oder weil bald niemand sie ohne Verbindung mit dem Stoff denken konnte. So sehr auf das Folgende bezogen, wie es sich damals für eine Ouvertüre verstand – Erwartung spannend, einen Ort, eine Gestimmtheit definierend, ohne etwas vorwegzunehmen – ist sie allemal. Unschwer lassen sich ihr furios anspringender Beginn und ihre prägnanten Ballungen mit Volk und Lebensfreude in Verbindung sehen, die geschwätzigen Achtelketten und die formaljuristische Umständlichkeit der Fugati mit Kecal und die lyrische Passage mit Marie und Hans. Mindestens gleich wichtig und triftig im Bezug auf das Sujet erscheinen aber der improvisatorische, beinahe spielmännische Zug, eine spezifische »Unfertigkeit«, im Großablauf am ehesten daran kenntlich, daß die lyrische Passage, zunächst wie ein Gegenthema, ein zweites Thema präsentiert, in dem sonst eifrig rekapitulierenden Stück eine wie zufällig hineingeratene Episode bleibt; nicht zufällig trägt Smetana gerade sie innerhalb der Oper mehrmals nach, vervollständigt und »vollendet« die Ouvertüre also außerhalb ihrer selbst. Paradefall jenes semantischen Zugewinns: Wie vollkommen verbindet diese ohne szenische Kontexte erfundene Passage sich später mit solchem!

Unter dem Gesichtspunkt der Improvisation ließe sich die Ouvertüre, die Coda nicht gerechnet, als aus drei Anläufen, drei »Strophen« bestehend ansehen, welche jeweils unterschiedlich ausfallen und, obwohl mit dem gleichen Material umgehend, eigentümlich beziehungsarm nebeneinanderstehen (am ehesten stellte die zweite »Strophe« eine Verdichtung der ersten dar), jedenfalls kaum als Stadien in der Realisierung einer übergreifenden Werkidee erscheinen, sondern eher als eine zu – hinreißender – Musik gewordene Suche nach einer solchen. Der Impetus dieser Suche wiederum verbindet die Strophen so sehr, daß man fragen muß, ob dieses ungestüme, unermüdbare Sich-in-die-Musik-Werfen nicht gerade Werkidee genug sei, veranstaltet von dem unverwüstlichen Vertrauen darein, daß Musizieren solcher Art schon von sich aus sinnhaft sei, jedenfalls als Vollzug einer vorgeordneten Idee zu abstrakt betrachtet wäre. Ein Geheimnis des »Spielmanns« bleibt obendrein, wie er seine Spielfreude nicht im Umgang mit dem Material diesem hinzufügt, sondern mit diesem fast identisch macht, wie vergleichsweise bei italienischen Volkskomödien die Freude am Spiel bereits ein Teil der Sache selbst ist. Musikalisch wird sie gerade an Details ersichtlich, die einem streng schulmäßigen Komponieren nicht unbedingt durchgehen dürften. Wiederholungen, sequenzierende Reihungen, Schematismen der Modulation, ganz und gar so Provokantes wie das unmodulierte chromatische Hinaufschieben der Harmonien vor der Coda. Doch eben dieses artikuliert unnachahmlich ein Fragen, wie es weitergehe, unsichere Erwartung, die beunruhigte Ruhe vor dem losbrechenden Sturm der Coda.

Ganz und gar ein improvisiertes Paradigma der Beginn, dies ungestüm-voreilige Hineinstürzen in die Musik, bevor auch nur eine Taktart verabredet ist; genaugenommen hat dieser Beginn, dieses unregelmäßig, obstinate Festhalten und Umschreiben eines Tons noch keinen Takt, keine Regel, findet sie erst in dem rauschenden Achtelabgang, um sogleich wieder bei etwas aufzuprallen, das sich abermals in keinen Takt schicken will: Das »Fugenthema« stellt sich als Erweiterung eines 4/4-Taktes zum 5/4- und zum 6/4-Takt und – in den anschließenden Achtelketten – als Korrektur dieser Abirrung dar. Und die »simple« Gleichmäßigkeit dieser Ketten samt ihren gesprächigen Wiederholungen hat Leben und Spannung wesentlich davon, daß man immerfort taktwidrige Störungen gewärtigt, von außen hineinfahrende Irritationen, die sich nicht voraussehen lassen – abermals weitab von dem Gefühl, daß man auf dem Pfade einer vorausplanenden Werkdisposition sicher geführt werde. Wie hilfreich mag – eben, weil hier »leichtfertig« improvisiert werden durfte – jene rätselhafte Geringschätzung des Sujets mitgewirkt, wie mag sie das Ingenium des Komponisten entspannt und ihm geholfen haben, einen Gipfel zu erreichen, da er nie meinte, einen Gipfel ersteigen zu müssen!

Carmen

Es geht, wie man es kennt: Carmen sitzt, die Hände auf dem Rücken gefesselt, zwischen den Gendarmen. Nicht nur ihrer reichbetressten Vermummung und des verdrucksten Militärgehabes wegen erscheinen eher die Bewacher von dem Mädchen bewacht als umgekehrt. Und José hat, wenn er mit ihr allein bleibt, noch viel weniger Chancen; unfroh steht er herum, grell beschienen von der Lächerlichkeit seines Dienstauftrages, dieser fade formaljuristischen Realität, gegen die Carmen nur zu leicht eine andere, stärkere setzt. Das seiner selbst sichere Weib, vor dem der Mann, hier gar prätentiös eingesperrt in Uniform und Pflicht, sich schon in seiner bloßen Präsenz blamiert – dieser Gemeinplatz an Situation und deren Mechanismen sind oft genug beschrieben worden.

Dennoch fordert die Carmen dieses Abends dazu heraus, denn sie befehligt die mythischen Komponenten jenes Gemeinplatzes mit aufregender, sparsamer Genauigkeit. Mit einem kaum merklichen Wippen, einem nur angedeuteten Wiegen ihres Körpers setzt sie eine Schwingung in Gang, eine ebensowohl seelische wie musikalische. So beginnt Nummer 9, »Chanson et Duo«, die Flöte für Carmen singend, der das Reden verboten wurde, dann »ppp possibile« der Seguidilla-Rhythmus der Streicher, und dann Carmen dennoch, aber irgendwo außerhalb des lächerlichen Befehls, der ohnehin mehr eine Kapitulation darstellt – leise, behutsam, unwiderstehlich, wie vor sich, für sich hinsingend und zugleich teuflisch genau gezielt (»Je ne te parle pas, je chante pour moi-même«), Einladung in die Schenke, Versprechen des einzigen für José wünschbaren Glücks. Nachdem wir fast einen ganzen Akt schon hinter uns haben, zwingt Carmen uns auf einen Punkt zurück – oder besser: hinauf? –, wo Musik wie zum ersten Mal beginnt, ist in ihrem leise wiegenden Schwingen oberhalb aller Unterscheidungen eins und identisch mit dieser Musik, mit dem in die wehrlose Leere von Josés Verlegenheit einfallenden Rhythmus, der ihn ansteckt, mitnimmt, wie der Biß der Schlange vergiftet, ihn zum stammelnden hypnotischen Medium reduziert (»... chez Lillas Pastia ... Carmen«).

Dies war in der Stelle seit je enthalten und präzise komponiert und hat sich in zehntausenden Aufführungen gewiß oft so zugetragen. Freilich belasten diese Realisierungen und ihre Tradition auch – als etablierte Erfahrung, als Vorauswissen, das sich im Aha des Wiedererkennens bequem selbst befriedigt. Diesmal schienen derlei Bedrohungen außer Kraft gesetzt, diese Carmen erledigte die Unterscheidung von psychologiegewordener Musik und musikgewordener Psychologie und ließ die Unschuld des Elementarischen aufscheinen, die – Susanne ebenso zu Gebote wie Lulu – auch das uralte Eva-Spiel der gezielten Verführung einschließt; sie beschwor, was der Verkrustung zur Opern-Nummer nicht erreichbar ist – die Kraft des Rituals: Carmen *spielt* und akzeptiert den Ernst des Spiels – in der Fabrik, mit den Gendarmen, in der Schenke, beim Schmuggeln, mit den Karten, mit dem Tod. Nicht aber spielt sie – als dem Gegenstand eigenster Entscheidung – mit der Liebe. Und das verstehen sie, von soviel provozierender Fremdheit verstört, alle nicht – José, der als Unbetroffener vielleicht es verstehen könnte, schon gar nicht Escamillo, diese ziemlich öde Inkarnation der reinen potenten Männlichkeit (seiner würde Carmen, bliebe ihr Zeit, noch schneller überdrüssig).

Weniger die vielberedete Urkraft der Verführung stellt Carmen hoch über sie alle als die bedingungslose Freiheit, mit der sie für sich und die jeweils Betroffenen entscheidet und sich selbst in ein Spiel einsetzt, außerhalb dessen sie nichts verlangt – Freiheit derjenigen, die nichts zu verlieren hat. Und weil sie kein privates Reservat für sich beansprucht und kein Risiko kalkuliert, vermag sie spielend von der sogenannten objektiven Realität Abstand zu gewinnen, sich ihr zu entziehen bzw. Einzelmomente von ihr in das Spielfeld ihrer eigenen Wirklichkeit einzusetzen. Weil sie, wie mit der Einladung in die Schenke, Kunst immer neu erfinden muß, rettet sie zugleich ein Stück ästhetischer Legitimation und vertritt die Würde der naiven, einfachen, unbefragt im mythischen Gleichnis lebenden Menschen. Wie anders denn als Gleichnis ließe sich das Leben derer bewältigen, die die Unveränderlichkeiten im Weltlauf zuallererst abzubüßen haben? – wobei jene »Unveränderlichkeit«, die Gleichnisfähigkeit und eine antikische Kraft der Hinnahme inniger korrelieren, als man im Zeitalter der »Machbarkeit der Sachen« wahrhaben möchte. Adorno spricht von Carmens »ausgekochter Hoffnungslosigkeit, die vom Laut des Schmerzes nicht länger dessen Milderung erwartet und die erst in solchem Verzicht dem Schmerz sein Recht, das unwiderruflicher Naturverfallenheit, gibt«, – insofern eine archaisch-fremde Figur und das Gerede vom verführerischen Weib ein billiger Trick, Zugang zu ihr zu finden, indem wir einen Teil fürs Ganze nehmen. Insofern außerdem sind die sogenannten »einfachen« Menschen am treuesten dort aufgehoben, wo ihre Fähigkeit durchschlägt, das eigene Leben, zumal dessen schlimmste Situationen, im Spiel zu überhöhen (Alexis Sorbas bewältigt den Tod seiner Frau, indem er wie ein Irrer tanzt), d.h. auch, sie als Gleichnis zu erleben, in der mythischen Scharade die eigene Situation als Wiederholung eines Grundmusters zu erkennen – *Boris Godunow* z.B. oder auch *Il Campiello*. Durch die Zurichtung zur Oper lassen sie hindurchschauen auf die schnellen, rettenden Sprünge ins Gleichnis, welche unsere Rationalisierung der »objektiven Gegebenheiten« uns so oft versperrt oder zumindest erschwert, auf die Möglichkeit, hin- und herzuwechseln über die Schwelle zwischen dem, was später als Kunst und Wirklichkeit immer sauberer unterschieden werden mußte, wenn wir nicht gar auf den Weg dorthin blicken können, wo es diese Schwelle noch kaum gab.

Draußen am Wall von Sevilla, weil schon zu gut veranstaltet, fänden wir vielleicht nicht viel davon, umso mehr aber im Zwang oder der Verführung, dorthin zu gelangen.

Aida tanzt

»Morir! ... si pur e bella« – Radames fragt das musikalisch weder »con passione«, wie die Beischrift anordnet, noch auch nur beklommen und bedrückt, er fragt es nur verwundert; und in seiner still-heiteren, entrückten Verwunderung ist die Musik den Worten und alldem weit voraus, was er in verspäteten Bezügen aufs längst verlassene Tal der Tränen denkt, sagt und sogar noch tun will: den Stein nach oben stemmen, das Grab aufbrechen. Die Töne verraten, daß ihn eine Antwort auf die unbeantwortete Frage gar nicht mehr interessiert, er ist schon weiter drüben als das meiste, was Worte sagen können.

Mit Musik am ehesten blicken wir hinüber, »sie versteht sich aufs Ende« (Bloch), sie am ehesten läßt uns ahnen und vorausfühlen, wie es wäre, wenn Ixions Rad stillsteht – dies wohl auch Kern und geheime Metaphysik aller Abschiede: jeder Abschied ein Stück Tod; oder vielleicht gar Kern jeglicher Musik, die uns zum Stillewerden verhält, die uns sammelt – der vorauswissende Blick hinüber, angesichts dessen die pietistischen Kontexte von Bachs »süßer Todesstunde« oder die dramaturgische Stimmigkeit der Schwanengesänge des Theaters, wie immer auch veranlassend, äußerlich bleiben. Es muß wohl eine geheime Affinität zum Drüben, eine verschwiegene Familiarität (»Sympathie mit dem Tode« ist zu eindeutig), die immer mitenthaltene »meditatio mortis« sein, die Musiker wie Bach, Mozart oder Schubert in Tönen so unheimlich gelassen von letzten Dingen reden und hierbei ihre Musik noch so unbegreiflich intakt läßt. Als Mythe ist uns ein altes Wissen davon nur allzu geläufig: Ins Totenreich hinab und wieder zurück ins Leben darf nur ein Lebendiger, ein Sänger: Orpheus. Und was bewog den alten Rationalisten Sokrates, den oftmals im Traum vernommenen Befehl (»mach und treibe Musik«), nachdem er verurteilt worden war, endlich wörtlich zu nehmen?

Musik am ehesten oder gar allein: Die irre, todessüchtige Ophelia hat nur noch ihr Lied, und der Schluß der *Wahlverwandtschaften*, dessen »grundeigentümliche, süße und namenlos unheimliche Friedensstimmung« (Thomas Mann) erscheint wie insgeheim mit Musik unterlegt, die letzten Sätze fast ein verschwiegenes Melodram. Über Musik allein werden uns Ahnungen, Erfahrungen, ein nichts weniger als unbestimmtes, dem Wort freilich weitgehend entzogenes Wissen zugänglich, wie sie neuerdings durch Berichte von solchen bestätigt werden, die schon fast oder so gut wie tot waren. Sie alle haben länger real gehört als real gesehen, wie um – so rätselhaft wie aufregend – die frommen Schwestern zu bestätigen, die ihren Helfern strikt verbieten, in der Nähe von

Toten zu reden, es sei denn man bete – dies allein dürften jene noch hören. Immer auch erzählen die Zeugen von Heiterkeit und Wohlgefühl, von Euphorien, welche das Hinübergleiten in der Erinnerung oft wie ein Aphrodisiakum erscheinen lassen. Weil Musik dies artikulieren kann, schützt sie diejenigen gegen alle sogenannt realistischen Einwände, die schon fast von drüben singen, Traviata und Mimi, die Schwindsüchtigen, Gilda im Sack und das eingemauerte Liebespaar.

Traurig singen sie selten, wissen wenig oder nichts von den Schatten des Todes, nichts von den Drohungen des Knochenmannes. Schlimm und unbarmherzig ist's viel eher, wenn sie, Charons Nachen schon ansichtig, ihre Musik nicht bekommen und ihnen auch noch der Anschein versöhnender Sinngebung verweigert wird, den nur Musik verschaffen kann – Desdemona, Othello –, oder, wenn sie gar auf dürr-verbale Feststellungen zurückgezwungen werden: »Et c'est là ... l'histoire ... de Manon Lescaut!« »Welch reiner Himmel« im Munde von Glucks Orfeo ist mit der in ihrer Einfachheit unsäglich richtigen Musik ein Stichwort für alle – die zum Scheiterhaufen verurteilte Azucena, die von der Heimat singt und nur ungenau weiß: von der letzten; Mimi, die die Geborgenheit der Hände im warmen Muff unwissentlich transzendiert und nie mehr frieren wird; Janáčeks Katja, die wie ein Kind sich ausmalt, wie die Vögel um ihr Grab flattern werden; Dvořáks Prinz, der Rusalka glücklich-begeistert den Todeskuß gibt, während die Wogen des Wassers und der Musik über ihm zusammenschlagen, ihn begraben; selbst Isoldens unfrohe Chromatik entspannt sich. Hätte Tristan anders als singend soviel mitteilen können von dem Land, da »der Sonne Licht nicht scheint?« Hätten anderes als Töne die Welt, da uns »dieses Wetter, dieser Braus« ängstigt, so fernrücken und so wahrhaftig die Tröstung der Untröstlichen versuchen können: »Sie ruhen, sie ruhen als in der Mutter Schoß?« Hier, wie bei Azucena, ist's am Ende fast ein Kinderlied, nahe bei der lallenden Auflösung ins pure Tönen als der Straße nach drüben, bei Aida ein ungeduldiges, zugleich rituelles Tanzen der Seele, ein stilles, längst schon nicht mehr adressiertes Jauchzen: »... ivi comincia l'estasi d'un immortal amor«. Mit ihrem Singen als einer vorleuchtenden Fackel erhellt sie für Radames wie für uns den Weg ins unbetretene Land.

Einverständnis: eine halbe Minute (»La bohème«)

Wenn die Freunde lärmend ins Momus ziehen, haben die beiden da oben, die zum ersten Mal und noch gar nicht lange beisammen sind, bereits eine eigene Geschichte und ihre eigene Sprache; ihnen und uns verdeutlichen dies zuerst die störenden, Distanz und Hintergrund schaffenden Einblendungen der Rufe von unten. Danach schon bekannte Musik (von formaler Rundung der Szene sollte man erst ganz zuletzt sprechen), und doch, weil zitiert, ganz andere: Rodolfo hatte sich Mimi zunächst fast bescheiden-rezitativisch vorgestellt, war erst bei »Talor dal mio forziere ruban tutti i gioielli due ladri« ins tenoral pathetische Cantabile umgestiegen mit hier wohl statthaftem sängerischem Imponiergehabe; und er schwärmt davon, Mimi vor Augen, wie gern er seine Tagträume gegen noch schönere Wirklichkeiten eintauschen würde. Dabei nun wird die Melodie ganz und gar seine, er eignet sie sich, in den melodischen Vorrat des Stückes hineingreifend – eine Vorform erklingt ausgerechnet beim Auftritt des Hausbesitzers! –, mit herrischem Gestus an.

Und dann – das gassenhauerische Singen der Freunde verhallt unten – kehrt sie wieder, viel dunkler tönend als vordem, mit tiefen Flöten und Klarinetten von großer sinnlicher Wärme; und sie bezeichnet, nun wie von selbst eintretend und nicht mehr Vehikel der Worte, wie durch die Situation herbeigerufen, den seltenen Augenblick, da zwei Menschen miteinander glücklich sind und dies auch wissen, da sie im Zugleich von Darinnensein und Bewußtsein verweilen dürfen und das eine am anderen sich steigert. Wie präzise das wahrgenommen ist! »Beim Umwenden erblickt Rodolfo Mimi wie von einem Heiligenschein umgeben, und er betrachtet sie hingerissen«; er sieht sie im Bilde, sieht sie als Bild; dazu die Melodie aus seiner Arie, von ihm und vom Wort abgelöst, schon zum Symbol geworden und angekommen genau in der Situation, zu deren Beschreibung er sie erfand, wie hingegossen für die beiden, die von ihr sich tragen, sich einschließen lassen. Sie birgt die beiden in dem Innenraum ihrer ersten Intimität, und der wird greiflich zumal anhand dessen, was draußen bleibt – Marcels fröhlich spottendes »Er fand die Poesie!« Rodolfo steigert, stammelnd vor Glück, das Cantabile der »einschließenden« Melodie durch fast kontrapunktisch Dazugesungenes, als wolle er sie erreichen und vermöchte es nicht. Erst später, und dann jubelnd groß, nehmen die beiden die Melodie und damit in effigie sich gegenseitig in Besitz und können danach schon sehr vertraut verhandeln, ob man jetzt hier oben bleiben oder den Freunden folgen und später, »al ritorno« sich gehören solle; das geschieht heiter, leicht, verspielt, gelöst. Wie das Mädchen sein

Ja hinter der verschmitzten Abwehr der voreiligen Zudringlichkeit des Mannes versteckt, so flüchten beide vor aller hier banalen, indezenten Direktheit ins Ritual. Sie führen eine Szene auf, die über ihr Einverständnis und dessen Spielräume viel mehr erzählt als jeder Schwur, sie zitieren – und können dies (noch deutlicher nun als mit Rodolfos Melodie nach dem Abgang der Freunde), weil es für sie schon etwas Zitierbares gibt – an welcher Feinheit der Partitur sich eine falsch verstandene italianatà des Singens, die Tonfolgen unempfindlich ins pure Legato bügelnd, oft versündigt. Zum Zitat des »eiskalten Händchens« erbittet und erhält Rodolfo Mimis Arm, »con molto grazia« veranstaltet er auf diese Musik der allerersten, scheuen Berührung eine Zeremonie, fast, daß ihr jetzt eine sehr gedehnte Gavotte unterlegt scheint. Eben diese Überhöhung ihres ersten musikalischen Liebeswortes können die beiden sich bereits leisten, so genau wissen sie schon, was es bedeutete und, daß diese Bedeutung das Ritual sehr wohl verträgt, wenn nicht verlangt; denn der erste Blick, die erste Berührung sind schon vorüber.

»... des Wahnsinns sanfte Flügel«

Trakls er-sprochene Musik

In den Nachmittag geflüstert
Sonne, herbstlich dünn und zag,
Und das Obst fällt von den Bäumen.
Stille wohnt in blauen Räumen
Einen langen Nachmittag.

Sterbeklänge von Metall;
Und ein weißes Tier bricht nieder.
Brauner Mädchen rauhe Lieder
Sind verweht im Blätterfall.

Stirne Gottes Farben träumt,
Spürt des Wahnsinns sanfte Flügel.
Schatten drehen sich am Hügel
Von Verwesung schwarz umsäumt.

Dämmerung von Ruh und Wein;
Traurige Guitarren rinnen,
Und zur milden Lampe drinnen
Kehrst du wie im Traume ein.

»In den Nachmittag geflüstert« vier Strophen in nahezu gleicher Struktur: in den ersten Versen (halbe Ausnahme: die dritte Strophe) ein Hauptwort mit Appositionen, kein Verb; in den zweiten ein kurzer vollständiger Satz, wie freigelassen wirkend aus der untätigen Substantivierung der ersten; zweimal schließt der zweite an den ersten mit »und« an, und wieder bei der dritten Strophe als halber Ausnahme hat er das selbe Subjekt wie der erste; in allen vier Strophen vergrößert sich im dritten und vierten Vers die syntaktische Dimension, alle haben einen intakten, nun also zwei Verse umfassenden Satz. Viermal mithin die gleiche Steigerung, viermal muß mit puren Benennungen »stammelnd« von vorn begonnen, viermal das Sprechen vollständiger Sätze erlernt werden. Noch als Ausnahme in Bezug auf pure Nennung zeigt der erste Satz der dritten Strophe (»Stirne Gottes Farben träumt«) in der an August Stramm erinnernden Komprimierung, wie das sprechende Subjekt sich in die Verkürzungen der ersten Verse eingesperrt fühlt, aus ihnen hinaus zu verbaler Tätigkeit hindrängt. Dem zentrifugal fortstrebenden Wachstum der syntaktischen Einheiten stellt Trakl als zentripetales Widerlager den umarmenden Reim *abba* entgegen; aus der Übereinstimmung mit dem Reimwort der zweiten Verse bezieht der Ausgriff der dritten/vierten einen Teil seiner Dynamik, am Strophenschluß wird er durch den

Gleichklang mit dem ersten Zeilenende umso nachdrücklicher in die poetische Ordnung zurückgeholt – ein durch Rückbindung gebremster, zu Heimkehr umgelenkter Höhenflug, dem die vierte Realisierung (»Und zur milden Lampe drinnen / Kehrst du wie im Traume ein«) auch inhaltlich entspricht. Die viermal gleiche Konstellation wird kontrapunktierend übergriffen durch einen prozessualen Durchgang. Die erste Strophe verharrt mit grammatikalisch stillgelegter Sonne, fallendem Obst, Stille und langem Nachmittag nahezu im »Herbsttag, wie ich keinen sah«. Der Suggestion des Innehaltens beugt sich fast auch die zweite; »Sterbeklänge von Metall« erscheint als gefährlich blumige Umschreibung eines hier nicht vorstellbaren Explosivwortes wie »Schuß«, und das akausal reihende »und« am Beginn der zweiten Zeile will vergessen machen, daß ein Tier niederbricht, weil es geschossen wurde (vgl. u.a. »Ein Wild verblutet im Haselgesträuch« – »Das dunkle Tal«; »ein Wild verblutet sanft am Rain« – »Im Winter«); die »rauhen Lieder brauner Mädchen« sind hier nur möglich als erinnert und »im Blätterfall … verweht«, der penetrante Gleichklang der Adjektive verdeutlicht, weshalb es gut ist, daß man sie nicht mehr hört und die Mädchen nicht sieht. Die »Stille« der ersten Strophe wird von der zweiten beunruhigt wo nicht durch den lyrisch unartikulierbaren Schuß hinterrücks zerstört.

In der dritten bringt der Redende sich hinter der »Stirne Gottes«, welche »Farben träumt«, selbst ins Spiel, die Gleichsetzung weniger eine Anmaßung, weil in der Kleinwelt des Gedichts der Autor nur zu oft Gott vertreten muß als die Übermacht der an Grenzen treibenden Konstellation verdeutlichend – sogar Gott spürt »des Wahnsinns sanfte Flügel«, freilich eben einen heiligen, flügelleihenden Wahnsinn. Die geträumten Farben sind im übrigen hochsymbolisch – die »blauen Räume« des ungetrübten Herbsthimmels in der ersten Strophe; das »weiße« vor allem ein unschuldiges Tier; die »braunen (braungebrannten) Mädchen« an banal Unangefochtenes erinnernd; die Verwesung »schwarz« – vier Farben in vier Strophen, in ihrer Gewichtigkeit gesteigert durch den Kontext der übrigen, eigentümlich ostinaten Adjektive: die Sonne »herbstlich dünn und zag«; der Nachmittag »lang«, die Lieder »rauh«, die Flügel »sanft«; die Gitarren »traurig«, die Lampe »mild«.

Schon diese Reihung für sich zeigt die Kurve des Gedichts an, worin »des Wahnsinns sanfte Flügel« die Harmonisierung, Musikalisierung des Sprechens befördern. Die Aussagen bzw. Bilder der dritten und vierten Strophe fügen sich leichter, der Wohllaut der lyrischen Rede steigert sich im gleichen Maße, in dem sie sich von allem Diskursiven entfernt; zunehmend ziehen im Sinne von Borchardts »ich habe nichts als Rauschen« Sprachfluß und -duktus und assoziative Verkettungen die Verantwortung für das Gesprochene an sich. Bei »Wein« sind »Guitarren« nicht fern, und am Ende bindet das »Und«, welches in den ersten beiden Strophen den zweiten mit dem ersten Vers verband, den dritten/vierten Vers ans Vorangegangene – nicht logisch, aber syntaktisch.

Mehr und mehr streifen »des Wahnsinns sanfte Flügel« das Gesagte. Lyrisch suggestive Bilder allesamt, aber zunehmend kraft der eigenwertigen Plausibilität der Metapher: Schatten mögen als »am Hügel ... drehend« allenfalls noch realistisch begriffen sein, weniger aber schon – nicht nur, weil von sich aus schwarz – als von »Verwesung schwarz umsäumt«. Die Dämmerung, welche »Ruh und Wein« zusammenbringt – auf welche Weise können sie dämmern? –, ist unheimlich, nahe bei der Eichendorffschen, die »die Flügel spreiten« will. Gitarren könnten ebensowenig traurig sein geschweige denn rinnen wie Lampen milde, handelte es sich nicht um Verkürzungen: Traurige Gitarrentöne können sehr wohl verrinnen, und das Licht einer Lampe kann milde leuchten. Der Heimkehr am Ende, einer euphonisch strömenden Coda nach dem lautlich widerständigen Vers »Trau-ri-ge Gui-tar-ren rin-nen«, ist nicht zu trauen, sie erscheint eher wie ein resignierendes Sichergeben in eine Situation, die Eichendorff mit dem subjektbewußten »hüte dich« noch abzuhalten suchte, Heimkehr »wie im Traume« im Zeichen u.a. von »Wahnsinn« und »Wein«, bestenfalls also im lyrischen Sprechen selber; womit die »milde Lampe drinnen« vor allem die der Poesie wäre.

Nach der syntaktisch krampfigen, den ruhigen Sprechtakt störenden Zeile »Stirne Gottes Farben träumt« löst und entspannt sich die Rede bis hin zum letzten Verspaar, das sich gut als al niente gerauntes Decrescendo vorstellen läßt. Dem entspricht auch die semantische Kurve des Gedichts. Nach zwei Strophen mit negativen Auskünften – die Sonne dünn und zag; das Obst fallend; die Stille der blauen Räume durch die »Sterbeklänge« rasch als Abwarten und Abwesenheit bestimmt; das Tier niederbrechend; die Lieder verweht – treten mit dem vag umschriebenen lyrischen Ich – »Stirne Gottes« – sensorische Vokabeln ein – »träumt«, »spürt« –, kaum freilich als Aktivitäten eines der suggestiven Herbstlichkeit autonom gegenübertretenden Subjekts. Schon mit den am Hügel drehenden Schatten kehrt das Gedicht zur Zustandsbeschreibung zurück, und spätestens die »Dämmerung von Ruh und Wein« gibt eine Überdachung, unter der das träumende, spürende Ich selbst Teil des Geträumten, Gespürten wird. So daß man fragen kann, ob nicht schon hier die Heimkehr der beiden letzten Verse beginne, und inwiefern die traurigen Gitarren nicht auch als diejenigen begriffen werden könnten, zu deren Spiel dieses Lied gesungen wird. An die Stelle der zuvor männlichen Endungen »zag« – »Nachmittag«, »Metall« – »Blätterfall« treten, nahezu gleichlautend mit den weiblichen »Bäumen« und »Räumen« der ersten Strophe, weich ausschwingend »träumt« – »umsäumt«, »Wein« und »ein«, »Flügel« und »Hügel«, »rinnen« und »drinnen«. Mehr Wohllaut, mehr sanft gleitende Bilder und Worte erscheinen kaum vorstellbar – so artikuliert dieses Gedichtende ebensowohl Ankunft wie Ende des lyrischen Sprechens. Wie verfänglich es immer erscheint, die Dämmerung vom Beginn der letzten Strophe als Eingangstor zu Nacht wenn nicht Tod zu verdächtigen – als Möglichkeit liegt dies nicht fern – nicht nur, weil der Herbst ins Innere des Sprechenden bzw. des Sprechens hereingenommen ist und in diesem als dem lyrisch-mystischen Indifferenzpunkt von innen und außen vergeht.

Wenn Nacht und Tod, dann herkommend aus gewesenem Tage, gewesenem Leben und im Zeichen eines »wie im Traum«, auf »des Wahnsinns sanften Flügeln« erreichbaren Einstandes, den präzise zu erfassen diskursiv-verbale Bestimmungen zu musikalischen herübergezogen werden – als den genaueren Signaturen einer »Stunde der wahren Empfindung«.

IV. Komponisten, Werke, Sinfonien

Zwischen Botschaft, Newton und Theodizee

Zur Dramaturgie in Bachs »Matthäus-Passion«

I.

In der Klosterkirche der dänischen Stadt Maribo findet sich unter alten, in den Fußboden eingelassenen Grabsteinen einer, bei dessen Betrachtung man erschrecken kann: Ein todtrauriger Gottvater hält, behutsam unter die Querbalken greifend, das Kreuz und blickt auf den Sohn, als frage er, was er angerichtet habe. Wenn er allmächtig ist und dies seinem Sohn auferlegt, wie kann er gütig sein, wenn er gütig ist und es zulassen muß, ist er dann allmächtig?

So wurde eindringlich gefragt zu Zeiten, da Bachs Passionen entstanden. »Gäbe es nicht die beste aller möglichen Welten, dann hätte Gott überhaupt keine Welt erschaffen« – so artikulierte nicht lange zuvor Leibniz eine philosophische Erkenntnis und zugleich ein Lebensgefühl, und als dessen Beleidigung gewann kurz nach Bachs Tod ein Naturvorgang, das Erdbeben von Lissabon, philosophisch-theologische Dimensionen. Kann einer, der sein leipziger Amt im selben Jahr antrat, in dem Christian Wolff von seinem Lehrstuhl im nahen Halle verjagt wurde, dessen theologische Bibliothek reich bestückt war, der Leibniz gelesen hat und in der Mizlerschen Societät mindestens formaliter auch philosophische Kenntnisse vorweisen mußte, die Passionsgeschichte komponiert haben, ohne von derlei Fragen berührt zu sein?

Freilich umgeht eine Fragekonstellation, welche die Passion, göttliche Allmacht und Güte gegeneinander ausspielt, die dreieinige Identität und mit ihr das Selbstopfer Gottes in seinem Sohn. »Die höchste Form des Sich-Mitteilens eines absolut Guten ist trinitarische Selbstmitteilung« (Werner Beierwaltes), und nur über die äußersten Risiken des Menschseins kann Gott sich als Mensch mitteilen. Darüber, daß er »nur per passiones et crucem zu finden« sei (Luther), mußte Bach nicht belehrt werden. Indes, war damit für ihn das Problem des Bösen in der besten aller möglichen Welten erledigt, konnte er übersehen, daß der Gegenstand einer Passionskomposition zum beherrschenden Thema der Philosophie seiner Zeit – nicht zufällig ist von dem 18. als dem »Jahrhundert der Theodizee«[1] gesprochen worden – querstand wie nur irgendeiner? War dieser Gegenstand, Zentralstück des Glaubens, gegen rationalistische Anfechtungen gesichert

---

[1] Lothar Kreimendahl, *Hauptwerke der Philosophie. Rationalismus und Empirismus*, Stuttgart 1994, S. 381.

etwa im Sinne von Pierre Bayle, demgemäß die Glaubenswahrheiten die Vernunft zwar übersteigen, ihr aber nicht entgegenstehen?

Die nachfolgende Untersuchung entspringt dem Zweifel hieran, also auch der Überzeugung, daß der Rang von Bachs Passionsvertonung sich wesentlich bemißt aus der Wahrnehmung der Widerstände, die sie zu bewältigen hatte, dem Problemdruck, dem sie ausgesetzt war. Zu diesem gehörten seinerzeit in erster Linie die vielfältigen Anstrengungen der Philosophie, die »Erkenntnis Gottes, wie sie zur Erweckung der Frömmigkeit und zur Förderung der Tugend unerläßlich ist«, darzulegen und zu verteidigen[2], mögen sie nun einen oberhalb aller Vernunft (Bayle) oder einen innerhalb ihrer agierenden Gott (Leibniz) annehmen, der über die vérités éternelles der Welt nicht eigenmächtig gebietet, mögen sie die Übel in der besten aller möglichen Welten nun als Erziehungsmaßnahme oder als mangelhafte Seinsmodi betrachten – allesamt Anstrengungen, sich aus der Fatalität einer Fragestellung herauszuwinden, welche sich nirgends besser festmachen ließ als im Bilde eines Gottes, der seinen Sohn opfern muß: Ob er das Übel vermeiden will, es aber nicht kann, mithin nicht allmächtig wäre; oder ob er das Übel vermeiden könnte, es aber nicht will, mithin kein gütiger Gott wäre; woher also das Übel stammte, wenn er, gütig und allmächtig, es vermeiden wolle und könne.

Der Einwand, eine Passionskomposition habe darzustellen, nicht zu erklären, setzt eine Trennbarkeit von beidem voraus, welche allein einer bis ins Letzte formalisierten Frömmigkeit zugeschrieben werden könnte und durch jede bedeutende Gestaltung widerlegt wird – kein Bild des Gekreuzigten ohne den Hintergrund der großen Frage »Warum?«. Dennoch findet die problematische Unterscheidung einigen Anhalt in der Mechanik des Wechsels von Rezitativ, Arie, Choral etc. – als einem System, welches Zuständigkeiten genau abgrenzt (Bericht, Reflexion, Verallgemeinerung) und in deren auf wechselseitige Ergänzung angelegter Trennbarkeit eine Totalität der Aspekte erfaßt, welchen keinen Rest läßt und eine den Gegenstand erschöpfende Wahrnehmung vortäuschen könnte. Bachs Handhabung indessen gibt zu fragen auf, ob nicht gerade das scheinbar perfekte Zusammenspiel der »Parabolspiegel« geeignet sei, den Anprall an der Nichtbeantwortbarkeit der Frage nach Sinn und Notwendigkeit des Todes Jesu allzusehr zu mildern: Er unterläuft das System.

---

[2] Georg Wilhelm Leibniz, Die Theodizee. *Von der Güte Gottes, der Freiheit des Menschen und dem Ursprung des Übels*, 2 Bde, Darmstadt 1985, Bd. 1, S. 41.

II.

»Laßt ihn, haltet, bindet nicht!« – ruft der zweite Chor in die *Aria* Nr. 27 a hinein; doch die Kriegsknechte, die er meint, sind gar nicht da, der Chorus I samt den beiden Solostimmen zieht unbehelligt seine Bahn, er nimmt die Interventionen nicht wahr, die Rufe gehen ins Leere. Gewiß bleibt im Bezug kein Zweifel: Eine »große Schar mit Schwertern und mit Stangen«, die »traten hinzu und legten die Hände an Jesum und griffen ihn«, berichtete der Evangelist soeben, und nicht ohne Grund meint Schweitzer, Bach sehe in dieser Musik »die Schar, den gebundenen Jesum vor sich stoßend, unter den dunkeln Bäumen von Gethsemane dahinziehen.«[3] Dennoch ist die Zeit der Betrachtung über den gefangenen Jesus eine andere, mit dem Eintritt der »Aria« bleibt das Bild des von Häschern Umringten stehen, und das »erträgt« der zweite Chor nicht. Wie um ihm Recht zu geben, läßt Bach die Musik, die zur Unzeit Zeit hat, in die tosende Verzweiflung aller Beteiligten und in den Wunsch bersten, daß, wenn schon Blitze und Donner in Wolken verschwunden seien, anstatt dreinzuschlagen, wenigstens die Hölle den feurigen Abgrund öffnen möge. Zwei Sakrilege auf einmal: daß nur noch die Hölle helfen könne, ist keine gottgefällige Auskunft, und daß der ungeduldig rufende Chor die Grenze zwischen der Realzeit des Berichts und der Eigenzeit der Betrachtung mißachtet, geschieht wider die ästhetische Abrede, gegen das System.

Es war eine sehr tragfähige Abrede: Mit der Unterscheidung des berichtenden, handlungstragenden, mit dem »historischen« Zeitfluß konform gehenden Rezitativ und Arie bzw. Ensemble als den Gefäßen von Kontemplation und affektiver Verinnerlichung, deren Zeitlichkeit »senkrecht« steht auf der Horizontale jener verfließenden Zeit, die sie also anhalten kann, war schlüssige Antwort gegeben auf die Problematik differierender Zeitqualitäten, schien der Widerspruch selbst zwischen einem dramatischen Zeitsturz und ausführlicher Reflexion gelöst – auf eine Weise, welche selbst noch in durchkomponierten Opern des nachfolgenden Jahrhunderts nachwirkt, wenn auch nicht mehr in der sauberen Abgrenzung, welche z.B. einem Händelschen Opernhelden eine Arie zu singen erlaubt, nachdem er erfahren hat, daß Rom brennt und er Grund hätte, als Retter dorthin zu eilen; während er singt, brennt Rom nicht weiter. Vor dem Hintergrund der Tatsache, daß Bach den sistierten Brand nicht akzeptiert hätte, daß bei ihm nach der Fesselung Jesu hinter der Kontemplation der Film der Realereignisse weiterläuft, stellen die barocken Formalien der Abgrenzung, Kadenzschlüsse etc. sich auch dar als Anstrengungen, jene arbeitsteilige Unterscheidung zu sichern und die Newtonsche Abstraktion der Zeit von allem in ihr

---

3 Albert Schweitzer, *J. S. Bach*, Leipzig 1948, S. 600.

Geschehenden auch in der musikalischen Dramaturgie durchzusetzen – lieber ein Antagonismus postuliert und more geometrico in einer ästhetischen Anordnung festgeschrieben als Verzicht geleistet auf das Theorem, »die absolute, wahre mathematische Zeit« fließe »gleichmäßig an sich und ihrer Natur nach, ohne Beziehung auf irgendetwas Äußerliches ... Alle Bewegungen können beschleunigt und verlangsamt werden, aber der Fluß der absoluten Zeit kann sich nicht ändern«[4]. Bachs in Leere rufender, den Dispens von der Teilnahme an den Ereignissen abwehrender Chorus II protestiert auch gegen eine Trennung der Bereiche, die die Newtonsche Versuchsanordnung innerhalb eines jeden rettet, indem sie lästige, in deren Nebeneinander enthaltene Fragen nach Vermittlung beiseiteschiebt. »Das kontrollierbar Richtige in der Kunst trägt die unbezähmbare Tücke in sich, zum Falschen zu werden«.[5]

III.

Innerhalb der Handlung protestiert der Chorus II gegen ein qua Systematik auferlegtes Schweigen zu einem empörenden Vorgang, gegen Distanz ebendort, wo größtmögliche Nähe vonnöten wäre; die Pluralität der Ebenen, die Mechaniken jähen Wechsels von einer zur anderen erlauben oder erfordern gar, peinlichen Fragen aus dem Wege zu gehen, indem man sich in übergreifende Verallgemeinerungen flüchtet.

Bach muß dies bewußt gewesen sein; wenigstens erscheint, wo unbeantwortbare Fragen ihn unter das Schutzdach jener Mechanik zwangen, dies kompositorisch reflektiert, und angesichts seines Bemühens, die Ebenen möglichst vielfältig und innig zu vermitteln, fällt umso mehr auf, wo es nicht gelingt oder nicht gelingen kann; da bleibt seine Sprach- und Ratlosigkeit in »Zwischenräumen« aufgehoben, welche nach wechselseitiger Erklärung rufen, diese aber nicht erhalten. Im letzten Rezitativ des ersten Teils der *Matthäus-Passion* endet Jesus nahezu formaljuristisch: »Aber das alles ist geschehen, daß erfüllet würden die Schriften der Propheten«. Da steht die große Frage vor den Jüngern, da »verließen« sie »ihn alle ... und flohen«. Vom Beistand, der dem Schmerzensmann zu leisten sei, handelt die Passion oft genug; hier indes, wo er besonders dringlich fällig wäre, ist davon keine Rede. Die folgende Choralpartita Nr. 29 zieht sich in eine hochgelegene Verallgemeinerung zurück, *O Mensch, bewein' dein Sünde groß* müßte fast als Allgemeinplatz erscheinen, stünde es hier nicht auch als ein erstes, intermittierendes Resümé. Sehr ähnlich bietet *O Haupt voll Blut und Wunden*

---

[4] Isaac Newton, *Mathematische Prinzipien der Naturphilosophie*, Scholium, Hg. G. Böhme, Frankfurt a.M. 1988, S. 23.

[5] Theodor W. Adorno, zit. bei Kurt von Fischer, *Aufsätze zur Musik*, Zürich 1993, S. 70.

(Nr. 54) die ganze Autorität der durch die Choräle bezeichneten Deutungsebe-
ne auf, um den brutal raschen Sturz der Ereignisse (»Und speieten ihn an und
nahmen das Rohr und schlugen damit sein Haupt« … »Und da sie ihn verspottet
hatten, zogen sie ihm den Mantel aus …«) zu kupieren und beiseitezuschieben,
daß kein Helfer zur Stelle ist. Wieviel Gewähr die Verankerung im Ritus immer
bieten mag – der Ruch vom Schiffbruch mit Zuschauer läßt sich schwer tilgen.
Kaum vorstellbar, der Komponierende habe nicht bemerkt, wie die Regularien
der Vertonung und die Ratlosigkeit derer, die Jesu Passion erleben, einander zuarbeiten können. Mehreres spricht dagegen – ebenso Bachs sorgsame Vermittlungen jener Wechsel der Perspektive, dank derer die Stellen sich besonders her-
ausheben, wo Vermittlung nicht gelingt, wie auch der Umstand, daß er von der
Vertonung des Johannes-Evangeliums herkam. Johannes zeigt »einen metaphysisch hochstilisierten Lebensbringer: den fleischgewordenen ewigen Logos, der
unter uns gewohnt hat. Zu dieser Hochgestimmtheit … gehört das Maß an
Selbsterklärungen bis hinein in das allen anderen Evangelien unbekannte Nacht-
gespräch mit Nikodemus; und dazu gehört, daß dieser Christus seine umweltli-
chen Handlungen selbst kommentiert. In diesem Zuge liegt, daß der Gekreuzigte nicht wie bei Matthäus mit einem letzten Aufschrei des Schmerzes und der
Verzweiflung stirbt. Bei Johannes erklärt er sein Werk in einem Akt des ungetrübten Bewußtseins für abgeschlossen. Die johanneische Kreuzigung … um-
schließt nicht den ganzen Jammer der Gottverlassenheit wie bei Matthäus, sondern den Vollzug eines geordneten Lebensabschieds.«[6] »Er nahm alles wohl in
acht, in der letzten Stunde« – dieser Choral könnte in der *Matthäus-Passion* ebensowenig stehen wie etwa »in der Welt habt ihr Angst; aber seid getrost, ich habe
die Welt überwunden« (Joh. XVI, 33). Johannes bietet beim Übergang zu Deutung und Kommentar mehr und breitere Brücken, und selbst, wo er berichtet,
erscheint der Fluß der Ereignisse stärker interpunktiert.

    Anders bei »dem Evangelisten der härteren Passion«[7], der uns in der Unmittel-
barkeit der Ereignisse festhält und also schroffer unterbrochen werden muß. Die
in der Johannes-Passion erprobten »Textbrücken«, bei denen der Evangelist die
Stichworte liefert, haben bei Matthäus mehr Gewicht und Dringlichkeit – bis
hin zu der grandiosen Volte von der Jüngerfrage »Herr, bin ich's?« zum Choral-
beginn »Ich bin's, ich sollte büßen«. Auch reflektiert die Vertonung des Matthäus
realistisch nüchterne Erzählweise in fast durchweg knapper gehaltenen Turba-
Chören.

    Daß der Erzählfluß Unterbrechungen schwer erträgt, wie bei den Neueinstie-
gen des Evangelisten in anschlüssigen Formulierungen deutlich wird, nimmt

---

[6] Hans Blumenberg, *Matthäuspassion*, Frankfurt a. M. 1988, S. 225.
[7] Blumenberg, *Matthäuspassion*, S. 13.

Bach sehr genau wahr. Wie immer er weitgehend dem vorgegebenen Wortlaut folgt – nach den betrachtenden Stücken werden wir jeweils neu in den Gang der Ereignisse hineingeworfen. So gleich zu Beginn: Die Verkürzung »Da Jesus diese Rede vollendet hatte« – vgl. Matth. XXVI, 1 – verstärkt das Mittendrin. Gewiß kann Bach unterstellen, der Hörer wisse, welche Rede gemeint sei, indessen mildert das die Paradoxie der Bezugnahme auf außerhalb Liegendes kaum; ex posteriori erscheint der Eröffnungschor mit Geschehnissen unterlegt. Auch im Weiteren nimmt der Erzählende die Interventionen der Arien und Choräle nicht zur Kenntnis, charakteristisch die Anschlüsse mit »Da«, »Und«, »Aber« – als ob der Gang der Ereignisse nie unterbrochen wäre, die reflektierenden Passagen ihm eher überblendet als eingeblendet. Jeweils unvermittelt steigt der Erzähler ein, wohingegen Bach beim Übergang zur Reflexion alle Mittel rhetorischer, musikalischer und theologischer Vermittlung aufbietet. Umso mehr Licht fällt auf die Momente der Ratlosigkeit, wenn er dieser Mittel nicht Herr sein darf – schwerlich ohne Zusammenhang auch damit, daß es seit nun reichlich hundert Jahren, markiert durch Spinozas *Tractus theologico-philosophicus*, Bibelkritik und philologischen Umgang mit den heiligen Texten gab und in der Schule von Christian Wolff der gefährlich undogmatische Begriff der »hermeneutischen Wahrscheinlichkeit« geprägt wurde. Wie immer der Evangelistentext es vorgab – die theologischen Verschärfungen der *Matthäus-Passion* sind ohne solche Kontexte nicht zu denken. Nicht nur endet der erste Teil der *Johannes-Passion* beim leugnenden Petrus und derjenige der *Matthäus-Passion* nach breiter Ausgestaltung der Gethsemane-Szenerie bei den fliehenden Jüngern; darüber hinaus verstärkt die Behandlung den Unterschied zwischen dem individuellen und dem kollektiven Versagen. Wie Matthäus eine erklärende Überbrückung zwischen Jesu Rede an die Häscher und der Flucht der Jünger verweigert, verweigert Bach sie zwischen Rezitativende und der Choralpartita *O Mensch bewein dein Sünde groß*; er tut es den Jüngern gleich, indem er vor dem Zwang flieht, erklären zu müssen, weshalb der Gottessohn von seinem Vater zwar »mehr denn zwölf Legion Engel« erbitten könnte, dies aber nicht tut, andererseits aber den ihm vorgezeichneten Weg nur in sehr abstrakter Weise bejahen kann.

IV.

Der Gefahr begegnend, daß die *Johannes-Passion* einseitig als Kontrastmittel oder Trittstufe herhalten muß – ihre musikalische Theologie ist von schlechtweg anderer Art, Johannes' Erzählweise hält von vornherein mehr Nähe zu Reflexion und Exegese –, wäre nun anzudeuten, worin beide Passionen sich nahestehen. Einmal auch in der früheren unterbricht der Chor einen Solisten, in der Arie Nr. 24 *Eilt ihr angefocht'nen Seelen* mit den taktwidrigen »Wohin«-Rufen; und eben diese Rufe, welche man sich als aus der Menge derer kommend vorstellen kann, die Jesus auf dem Golgathaweg begleiten, unschwer aber auch als Rufe aller Gläubigen, helfen den Solisten ans unmittelbare Geschehen heranholen, eine Zwischeninstanz, dritte Ebene zwischen derjenigen des Berichts und der Choräle. Einmal auch komponiert Bach Choral innerhalb einer Arie (Nr. 32) – nur die Kargheit der Konstellation verbirgt, daß es sich substantiell um eine Disposition a due cori handelt, um eine Verschränkung von Zeit- und Sinnebenen, deren je eigene Autonomie der Solist dadurch verdeutlicht, daß er den Choral nicht zur Kenntnis nimmt. Daß hier übereinandersteht, was nebeneinander gehört, ergibt ein Gegenbild und zugleich Pendant zur vorangehenden, unvermittelte Gegensätze nicht eigentlich bindenden Arie *Es ist vollbracht*, das Beieinander von stiller Trauer und explosivem Jubel darob, daß »der Herr aus Juda … mit Macht … siegt«, nahezu schmerzhafte Demonstration der doppelseitigen theologia crucis. Diese hier singuläre Behandlung erleichterte der Evangelist, der beidemale Brücken vorgab, so daß Bach die Arien als Tropierungen anschließen konnte. »Es ist vollbracht« nimmt er – auch musikalisch – aus dem Bericht in die Arie herein und endigt diese fast, wie sie begann. So kann die Fortsetzung des Berichtes (»Und neiget das Haupt und verschied«) an den gleichen Bibel-Wortlaut anknüpfen – »es ist vollbracht« gleicherweise Schlußformel des Rezitativs wie der Arie. Nahezu desgleichen in der nachfolgenden Arie: auch sie läuft mit »doch neigest du das Haupt« auf direktem Anschluß ans Vorangegangene wie ans Nachfolgende hinaus, nachdem eindringlich gefragt worden ist »… bin ich vom Sterben freigemacht? Kann ich durch deine Pein und Sterben das Himmelreich ererben, ist aller Welt Erlösung da?«. In der *Matthäus-Passion* erscheint die Frage in der abgehobenen Enklave der Arie *Aus Liebe will mein Heiland sterben*, kein »es ist vollbracht« beruhigt uns im Moment des Abscheidens, daß Jesus seine Passion angenommen hat; das factum brutum »und verschied« bleibt ungedeckt stehen, die Vertonung zieht sich in der Verallgemeinerung des Chorals zurück – wiederum als eine Stelle, wo eher das Verstummen des Kommentators als dessen Zuständigkeit artikuliert erscheint oder auch Angst, in die Strudel der Theodizee-Zweifel zu geraten.

Möglicherweise hat die Sequenz des gleichbleibenden, aber unterschiedlich gesetzten Chorals (= Nrn. 15, 17, 44, 54, 62) mit jener Ratlosigkeit zu tun, weil diese an der auf der Meta-Ebene des Chorals aufgebauten Konsequenzlinie Halt findet, fast, daß die Geschehnisse nun nicht mehr auslösen, sondern ihrerseits als aktuelle Exemplifikationen einer in der Sequenz der Choräle angelegten Exegese erscheinen – freilich mit der Folge, daß die Geschehnisse am Ende der Deutung entlaufen. Wie immer das »ich«, das sich im Choral nach Jesu Verscheiden nennt, jeden Christen vertritt – auch anagogisch verstanden bleibt diese Wendung (»wenn ich … von mir … wenn ich … wenn mir … reiß mich« innerhalb von acht Versen) massiv, der Rückzug auf erste Person singularis allzu prompt und bequem. War es der Hinblick auf diese Stelle, der Bach bewog, den Choral in einer späten Ergänzung (Nr. 17) in auffälliger Weise doppelt, fast als »Leitmelodie« zu exponieren? – innerhalb der Choräle eine zweite, nochmals transzendierende Ebene insofern, als die anderen, einzeln stehenden Choräle nun stärker als intermittierende Stationen erscheinen. Fast ließe sich sagen, dieses letzte Glied der »Meta-Ebene« beweise, indem es die abgehobene Hilflosigkeit des Betrachtenden vorführt, auch, was ein Choral nicht leisten könne. Vielleicht nicht zufällig schiebt der Evangelist ihn »unschuldig« beiseite, bei keinem Rezitativanfang geschieht es so nachdrücklich wie beim hier folgenden. Und die Choräle haben nunmehr ausgedient; mit »Wahrlich, dieser ist Gottes Sohn gewesen« nähern sich ausgerechnet »der Hauptmann und die bei ihm waren« einem choralhaften Habitus, und der »Rundgesang« Nr. 67 *(Nun ist der Herr zur Ruh gebracht)* versieht eine Funktion, welche normalerweise einem Choral zukommt – nunmehr Teil einer gemeinsamen Mündung in den Schlußchor, welcher die Pluralität der Ebenen in sich aufhebt und die Frage überflüssig macht, wer da singe – es könnten auch die Pharisäer sein, die Soldaten, die Henker.

»Was immer sie getan, wie immer sie gewütet haben, für diesen Augenblick stellen sie sich auf die Seite des Leidens. Es ist ein plötzlicher und weittragender Wechsel der Parteien. Er befreit sie von der angesammelten Schuld des Tötens und der Angst, daß der Tod sie selbst trifft. Was immer sie anderen angetan haben, das nimmt ein anderer nun auf sich, und indem sie ihm treu und ohne Rückhalt anhängen, entgehen sie, so hoffen sie, der Rache. Es zeigt sich so, daß die Klagereligionen für den seelischen Haushalt der Menschen unentbehrlich sind, solange sie das Töten in Meuten nicht aufgeben können«[8] – das frappierend gut passende Zitat aus Canettis Darstellung der Meuten verdeutlicht die Nähe zu archaischen Ritualen und darüber hinaus den Moment, da sie grell in Erscheinung tritt. Es ist zugleich der Moment, da Bach die hergebrachten Zuständigkeiten aufkündigt und die Frage, wer da singe, gegenstandslos macht, ebenso gegenstandslos wie nunmehr die Spezifikationen von Rezitativ, Arie, Choral etc. Eingeleitet war das schon in der konsequenten Wendung zum Ich-Bezug bei »Wenn ich einmal soll scheiden« nach dem Tod Jesu, »das Abstoßen des Todes, sobald er einmal tot ist«[9] und der gemeinschaftsbildenden Übereinstimmung von subjektivem und kollektivem Affekt. »Im gemeinsamen Jagen und Töten konstituiert sich die solidarische Gemeinschaft ... Die Aggression wird ausgespielt, im Durchgang durch den Schrecken des Blutvergießens bildet sich Bereitschaft zur Wiedergutmachung und Anerkennung einer Ordnung«[10]. Wer immer mitsingt, »der Hauptmann und die mit ihm waren«, Pharisäer, Henker oder Jünger – der

[8] Elias Canetti, *Masse und Macht*, Frankfurt a.M. 1980, S. 123.
[9] Canetti, *Masse und Macht*, S. 125.
[10] Walter Burkert, *Anthropologie des religiösen Opfers*, München 1993, S. 31.

Umschlagpunkt des »Wahrlich, dieser ist Gottes Sohn gewesen«, schließt sie, unterstützt durch das ebenfalls archaische Moment der unterstellten Freiwilligkeit des Opfers, zur ersten urchristlichen Gemeinde zusammen.

V.

Mit *Am Abend, da es kühle war* (Nr. 64) ist die Schlußkurve durch eine Poesie eingeleitet, an der mittelbar Bachs Weimarer Kantatendichter Salomo Franck beteiligt ist[11]. Nun »weicht die Hochspannung des Vorangegangenen einer idyllischen Beschaulichkeit, wenn auch der ernste Ton spürbar gegenwärtig bleibt«[12], in Wortlaut wie melodischer Formulierung (»Am Abend aber kam ein reicher Mann« ... »Am Abend, da es kühle war«), vorbereitet im vorangehenden Recitativo secco, dieses wie mehr noch das nächste (und letzte) in der berichtenden Nüchternheit zurückgenommen, halbwegs eingemeindet in das Schlußtableau und eher Bildbeschreibung als Handlung treibende Erzählung. Hier hat der pietistische Andachtston der Weimarer Zeit seinen Ort[13], teilweise, wie schon in Nr. 9 »Du lieber Heiland du«, in wörtlichen Übernahmen, Überrest möglicherweise jener »Passion nach dem Matthäus, inkomplett«, welche C. Ph. Emanuel Bachs Nachlaßverzeichnis erwähnt und wohl identisch ist mit der, die Bach seinem Schüler Christoph Gottlob Wecker im März 1729 zugesendet hätte, »wenn sie nicht selbsten heuer benöthiget wäre«[14]. Zu ihren Spuren gehören vermutlich auch die je für einen einzigen Chor komponierten Nummern 4d, 9b, 9c, 38b, 61b, 61d; noch wahrscheinlicher ist die Weimarer Provenienz der von beiden Chören vierstimmig gesungenen Nummern 45b bzw. 50b, 50d und 66b, am wahrscheinlichsten die der drei Nummern, welche vermuten lassen, Bach habe eine einchörige Disposition nachträglich in den Eröffnungsphasen zweichörig aufgefächert[15] – die Nummern 58b, 58d und 66b. Endlich muß die Choralpartita Nr. 29 schon lange vorhanden gewesen sein, bevor Bach sie zunächst als Eröffnung der *Johannes-Passion* einsetzte, offenbar ein Favoritstück aus frühen Jahren,

---

[11] Darauf wies schon Spitta hin; vgl. Friedrich Blume, *J. S. Bachs Passionen*, in: Ders., *Syntagma musicologicum II*, Kassel u.a. 1973, S. 231 ff., die Erwähnung S. 245; Julius August Philipp Spitta, *Johann Sebastian Bach*, Leipzig 1873–1880, Bd. II, S. 175 ff. bzw. 368; hierüber auch Arthur Mendel, *Traces of Prehistory of Bach's St. John and St. Matthew Passions*, in: *Festschrift Otto Erich Deutsch zum Achtzigsten Geburtstag*, Kassel u.a. 1963, S. 31 ff.; die Erwähnung S. 43.

[12] Emil Platen, *Die Matthäuspassion von J. S. Bach*, Kassel und München 1991, S. 206.

[13] Heinrich Besseler, *Bachs Meisterzeit in Weimar*, in: *Johann Sebastian Bach in Weimar*, Weimar 1959, S. 106 ff.; Lothar Hoffmann-Erbrecht, *Bachs Weimarer Textdichter Salomo Franck*, daselbst, S. 120 ff.

[14] *Bach-Dokumente*, Bd. 1: *Schriftstücke von der Hand Johann Sebastian Bachs*, hrsg. von Werner Neumann und Hans-Joachim Schulze, Leipzig 1963, S. 57.

[15] Vgl. Mendel, *Traces*, der zusätzlich darauf hinweist, daß einige Chöre aus der Johannes-Passion in ähnlicher Weise zur Auffächerung hätten einladen können.

an dem ihm viel gelegen war und für das er den richtigen Platz erst finden mußte; »ein vollendetes Stück ... und ein Stück; das mehr von echtester Passionsstim-
mung erfüllt wäre, hat Bach überhaupt nicht geschrieben«, so der panegyrische
Spitta[16].

Der Hinweis auf die Weimarer – möglicherweise im April 1917 in Gotha auf-
geführte[17] – *Matthäus-Passion* als plausiblen Fluchtpunkt vieler Vermutungen erscheint notwendig, weil mit dem Vorhandensein jener Überreste das Moment
der Fügung zusätzlich Bedeutung erhielt. Die Fügung von Rezitativen, Accompagnati, Arien, Turba-Chören, Chorälen etc. entscheidet in oratorischen Formen über das Ganze ohnehin in einer Weise, welche angesichts eingeschliffener
Modalitäten der Reihung leicht unterschätzt wird, liegt es doch immerhin in der
Hand des Komponisten bzw. eines »Librettisten« (demjenigen der *Matthäus-Passion* möchte man nicht allzuviel Kompetenz zusprechen, auch wenn er sich in
bezug auf Bachs Hinweise auf den Rostocker Theologen Heinrich Müller ge-
lehrig zeigte[18]), zu entscheiden, wann er den Bericht des Evangelisten unterbricht, wie oft, auf welche Weise und wodurch. Nun – hohe Ansprüche in bezug auf die Legitimation der betrachtenden Passagen waren ohnehin gesetzt –
kam hinzu, daß die Suche nach einem Platz für die Choralpartita möglicherweise bereits fixierte Planungen verschob oder über den Haufen warf; und jeder
Übergang brachte auch einen Perspektivenwechsel mit sich, zwang neu zu bestimmen, wer jetzt rede, der Evangelist, die Gemeinde, Personen der Handlung
oder eine der in Accompagnati und Arien supponierten Zwischeninstanzen.

Diese zeigen besonders deutlich, daß mit der Wahl des Genres keineswegs automatisch über das ästhetische Subjekt entschieden ist, das da redet. Im Mittel-
feld zwischen Evangelistenbericht und Chorälen begegnen Stufungen und
Überschneidungen bis hin etwa zum Choral Nr. 10, welcher zu Beginn auch als
von den Jüngern gesungen vorstellbar erscheint, als deren Einkehr nach der betroffenen Frage »bin ich's?«, oder zur Arie Nr. 42 *(Gebt mir meinen Jesum wieder)*,
die auch (wogegen die Nennung des »verlorenen Sohnes« in der dritten Person
nicht unbedingt spricht) von Judas gesungen sein könnte wie der Choral *Ich will
hier bei dir stehen* (Nr. 17) von den Jüngern oder die Arie *Gern will ich mich bequemen* (Nr. 23) von einem von ihnen. Daß Bach solche Interferenzen gewollt hat,
bestätigen außer Passagen wie der eingangs erläuterten, worin zwei ästhetische
Subjekte gegeneinanderstehen, die großen Tableaus wie das im Eingangschor

---

[16] Zit. nach Blume, *Passionen*, S. 235.
[17] Andreas Glöckner, *Neue Spuren zu Bachs »Weimarer« Passion*, in: Bericht über die Wissenschaftliche
Konferenz anläßlich des 69. Bachfestes Leipzig 1994, Hildesheim, Zürich, New York 1995, S. 33ff.
[18] Elke Axmacher, *Ein Quellenfund zum Text der Matthäus-Passion*, in: Bach-Jahrbuch 64, 1978, S. 181ff.;
dies., *»Aus Liebe will mein Heiland sterben«. Untersuchungen zum Wandel des Passionsverständnisses im frühen 18. Jahrhundert*, Neuhausen-Stuttgart 1984.

entworfene oder am Ende das etliche Nummern übergreifende des Abends, »da es kühle ward«, aber auch die allegorische »Tochter Zion«,

Wenn Randlösungen nach Maßgabe des traditionellen Schemas so ausfallen, darf wohl von Distanz zum »kontrollierbar Richtigen« (s. o.) gesprochen werden, zu einem Reglement, welches mit den Mitteln auch die Gegenstände vorausdefiniert. Zumal es (das gehört zu seiner quasi mathematischen Perfektion) eine Konstellation von Darstellung und Deutung vorgibt, kraft deren die Passionsvertonung nicht nur hinstellt und zu frommer Anteilnahme einlädt, sondern auch zum Begreifen – zum Begreifen von etwas, was auch ohne die philosophischen Erschwerungen zum Unbegreiflichsten gehört: warum dieser Kelch. Wenn schon der Gottessohn es bei Matthäus nicht annimmt und sich zurückzieht auf »es muß also gehen« oder »die Schriften der Propheten«, wie sollen andere es annehmen? – obendrein in einer Zeit, welche, kaum noch qua Religion ihrer »selbstverschuldeten Unmündigkeit« sicher, explicite an der Selbstgründung des Denkens arbeitet! Daß das denkende Ich vor nun fast hundert Jahren in dröhnendem Einklang mit Lebensgefühl und Zeitgeist als einzig verläßliche Gewißheit aus einem Meer des Zweifels herausdestilliert worden war, läßt sich schwerlich abgetrennt denken von einem hochambitionierten Unternehmen, das den Autor bei jedem Übergang zwang, die Position des ästhetischen Ichs gegenüber seinem Gegenstande, die je andersartige Verifikation des »Cogito, ergo sum« neu bestimmen. Es bedarf nicht des Belegs, daß man in der Mizlerschen Sozietät über Descartes diskutiert hat, um auf Bach beträchtlichen Rechtfertigungsdruck lasten zu sehen. Die hier u.a. fällige »Verteidigung der höchsten Weisheit des Welturhebers gegen die Anklage, welche die Vernunft aus dem Zweckwidrigen in der Welt gegen jene erhebt«[19], verwirkte ihren Anspruch, würden um eines faulen Vergleichs willen von vornherein Anklagepunkte ausgespart. Kant hatte in dem die *Matthäus-Passion* komponierten Bach durchaus einen Bundesgenossen in der Sorge, daß in einer bequemen Überhöhung Jesu, »wenngleich jenes Gott wohlgefälligen Menschen Natur insoweit als menschlich gedacht würde, daß er mit ebendenselben Bedürfnissen, folglich auch denselben Leiden, mit ebendenselben Naturneigungen, folglich auch eben solchen Versuchungen zur Übertretung wie wir behaftet, aber doch soferne als übermenschlich gedacht würde, daß nicht etwa errungene, sondern angeborene unveränderliche Reinigkeit des Willens ihm schlechterdings keine Übertretung möglich sein ließe, diese Distanz von natürlichen Menschen dadurch wiederum so unendlich groß werden« würde, »daß jener göttliche Mensch für diesen nicht mehr zum Beispiel aufgestellt werden könnte.«[20] Jesus stirbt schreiend, mit der Anklage gegen den

---

[19] Immanuel Kant, *Über das Mißlingen aller philosophischen Versuche in der Theodicee* (1791), in: Gesammelte Schriften, Bd. 8, Berlin 1912, S. 255.
[20] Zit. nach Uwe Schultz, *Immanuel Kant*, Reinbek 1965, S. 150.

Vater auf den Lippen, und die in effigie versammelte Gemeinde der Gläubigen, den Toten »abstoßend, sobald er einmal tot ist« (s.o.), beschäftigt sich fromm räsonierend mit dem eigenen, vorderhand nicht fälligen Abscheiden.

VI.

Lektionen über Möglichkeiten und Unmöglichkeit, legitimierende Sinn-Kontinuitäten herzustellen allenthalben, und die Unmöglichkeit in grellem Lichte stehend vor dem Hintergrund der Bemühung, jede Möglichkeit zu erwägen: Das erste Rezitativ und der nachfolgende Choral bauen die Brücke zwischen dem Exordium und dem Einsatz der Handlung »Da nun Jesus war zu Bethanien, versammelten sich die Hohenpriester und Schriftgelehrten« (Rezitativ Nr. 4a), Exposition in mehrfacher Weise – offenste und gebundenste Form stehen einander gegenüber, Evangelist und Gemeinde, Bericht und Reflexion, jener der Form nach schon Bericht, ohne schon Handlung zu initiieren, diese Reflexion in einer Allgemeinheit, welche deutlich absticht von den unmittelbaren Bezugnahmen, aus denen im weiteren der Choralgesang der Gemeinde hervorgeht; dort kam es auf das Stichwort »gekreuziget« an, hier auf die Frage, die fortan als unbeantwortbar erlebt wird: was Jesus verbrochen habe. Bach exponiert sie als Motto, wie er zuvor den Choral »O Lamm Gottes« als Motto über das Exordium »nagelte«.

Am Schluß des Erzählblocks der Nummern 4a bis 4e beschreibt Jesus von sich aus die Wendung zur Reflexion (»... wo dies Evangelium gepredigt wird in der ganzen Welt ...«), woraus sich nahezu bruchlos der Übertritt ins Accompagnato ergibt, zumal der Altist aus der Szene heraus redet, als ein zweites Weib, das »ein gut Werk« tun will, und die Diktion des Rezitativs aufnimmt: Die Wendung »daß man mich (begraben wird)« grundiert in ostinater Bewegung das Stück, in dem von der Bereitung des Leibes für das Grab gesprochen wird; und dieselbe Wendung, wenig variiert, prägt das Thema der nachfolgenden Arie (Nr. 6), welche ihrerseits den chromatischen Einstieg in einen wechselnötig umschriebenen passus duriusculus (»Buß und Reu«) in diatonisierter Form als Thema weitergibt an die Arie Nr. 8 *Blute nur*. Mit h-Moll, fis-Moll und wieder h-Moll befinden die drei betrachtenden Stücke sich, nachdem der Erzählblock zuvor bis nach C und F geführt hatte, wieder im harmonischen Bannkreis des Beginns, besonders des *Herzliebster Jesu*-Chorals, die zweite Arie die erste auch im instrumentalen Einsatz dergestalt fortführend und steigernd, daß das Rezitativ Nr. 7 nurmehr als Einwurf erscheint, im übrigen direkt auf die strukturgebenden Töne von »Blute nur« hinführt.

Wie hier das Rezitativ die beiden Arien unterbricht, so im nächsten Block der Choral den Bericht, das »bin ich's?« der Jünger zur Betrachtung »ich bin's, ich sollte büßen« umkippend, jäh die Dimension der Frage aufreißend, ein unmittelbar am Wortstand entzündeter reflektierender Ausbruch derer, die den drohenden Verrat ohne Überhöhung nicht ertragen – der Rezitativanschluß danach so, als wisse der Evangelist vom Choral nichts. Der nächste Anschluß (Nr. 11 zu 12) wird wiederum von Jesus vermittelt – in der Einsetzung des Abendmahls, er selbst auf eine andere Zeitebene hinblickend, »da ichs neu trinken werde in meines Vaters Reich«. Das Accompagnato danach hat keinen eigenen Anfang, die Bewegung der beiden Oboe d'amore verdeutlicht ebensosehr die Wellen des Tränenmeeres, wie sie die kleinschrittige, ebenfalls wellenhafte Bewegung zuvor fortführt; und die nachfolgende Arie greift musikalisch noch konziser zurück – auf die Figur im zweiten Takt der Jesus-Rede.

Vornehmlich war es wohl der Hinblick auf die »Meta-Ebene« eines mehrmals erklingenden Chorals, welche Bach veranlaßte, *Erkenne mich, mein Hüter* (Nr. 15) nach einem Rezitativ nachträglich zu ergänzen durch *Ich will hier bei dir stehen* (Nr. 17). Doch bliebe dieser Hinblick für sich allein zu hoch über den Ereignissen. Daß die Jünger bei Jesus wachen, »bei ihm stehen« wollen und dabei bis hin zu Petri Leugnung und Schlaf am Ölberg versagen, wird – anders als in der *Johannes-Passion* - bis zur Choralpartita hin immerfort präsent gehalten, auch durch die Choralwiederholung; die neue Strophe sagt genau, was die Jünger nicht vermögen. »Erkenne mich, mein Hüter« wird ausgelöst auch durch die Ankündigung des großen Aufbruchs »Wenn ich aber auferstehe ...«, verstärkt durch den Wortbezug »Ich werde den Hirten schlagen ... mein Hirte, nimm mich an«. Und die zweite Strophe Nr. 15 führt das »Desgleichen sagten auch alle Jünger« unmittelbar über in »Ich will hier bei dir stehen«; die Gemeinde singt für die Jünger, mit den Jüngern, wieder findet sich ein Choral denkbar nahe an die Berichtsebene herangebracht, fast zu dessen Bestandteil geworden und, weitab vom distanzierenden Reglement, zu höchster Eindringlichkeit gesteigert. Dieser Kongruenz als Ausgangspunkt mag es auch bedürfen, um Chor und Solisten anschließend in die Paradoxie eines sowohl gleichzeitigen als auch beziehungslosen Agierens hineinzutreiben – mit Höhepunkt in der oben beschriebenen »Arie« Nr. 27 a.

Danach geht es Bach wieder um unmittelbaren Anschluß; der Einsatz des Accompagnato Nr. 19 übernimmt die eben im Rezitativ formulierte Wendung »bleibet hier« im Rahmen eines verzweifelten Appassionato, das – dem Tenor zugeteilt – man sich als von Johannes gesungen vorstellen könnte, eine emotional hochgetriebene Tropierung der zentralen Aussage »... ach, meine Sünden haben dich geschlagen; ich, ach Herr Jesu, habe dies verschuldet, was du erduldet«. Nicht zufällig erscheint das Martyrium hier im Gegensatz zu der vom Solisten verzweifelt und detailliert beschworenen Gegenwärtigkeit bereits in die Vergangenheit gesetzt, Teil einer affektiv stark divergierenden Behandlung des gleichen Faktums, immerfort dabei unterstellt, die beiden Parte müßten eigentlich ins Nacheinander auseinandergelegt sein. Wie sie ständig einander ins Wort fallen, verdeutlichen sie, daß bei diesem Gegenstande jede gelassen abrundende Formung versagt. Und so fährt Bach fort: Abermals singt in der folgenden Arie Nr. 20 der Tenor, weiterhin als einer der Jünger denkbar, und gleich fünfmal »Ich will bei meinem Jesu wachen«; dem signalhaft auffahrenden, mit Präsenz und Wachheit verknüpften Motiv steht das wiegenliedhafte des Chores gegenüber. Man könnte sagen, die Vertonung sei hier auf den falschen, sekundären Begriff fixiert; »so schlafen unsre Sünden ein« soll doch wohl sagen, daß wir, indem wir bei Jesus wachen, entsühnt sein werden. Dennoch sieht der Musiker hier weiter und tiefer; denn demnächst werden die Jünger tatsächlich schlafen, und ihr Schlaf wird Versagen und Sünde sein. Man möchte wissen, wie bewußt Bach aus der Not einer zweideutigen Dichtung (immerhin mußte er über das blumig-didaktische »Drum muß uns sein verdienstlich Leiden recht bitter und doch süße sein« hinwegkommen) die Tugend einer Vertonung gewann, die schon mehr »weiß«. Ein Novum gegenüber der *Johannes-Passion* trifft hier mit einem anderen zusammen, mit Jesu Angst, welche dort nicht aufschien und hier die Frage »Was hast du verbrochen« immer neu stellt. Daß man von den Jüngern nichts mehr hört, da Jesus nach seinem »meine Seele ist betrübt bis in den Tod« »zu trauern und zu zagen« anfing, die Unbegreiflichkeit, daß der Gottessohn selbst zagt und zweifelt, hat Bach, da gerade jetzt ein Echo erwartet wird, durch den Raum bewußt gemacht, den die Nummern 19 und 20 beanspruchen. Und danach, endgültig allein, »ging« Jesus »hin ein wenig, fiel nieder auf sein Angesicht«; Bach verknüpft Rezitativ und Arie textlich (»fiel nieder ... der Heiland fällt vor seinem Vater nieder«; »doch nicht wie ich will ... Gerne will ich mich bequemen«) und will keinen Zweifel lassen, daß der Singende nicht mehr als einer der Jünger gedacht werden kann: »Gerne will ich mich bequemen, Kreuz und Becher anzunehmen« – daß einer sich zutraut, »gerne« zu leisten, was Jesus selbst kaum leistet, setzt, das knappe »doch nicht wie ich will, sondern wie du willst« gesprächig ausbreitend, viel Abstand voraus. Auch der nächste Choral (Nr. 25) schließt an den Evangelisten an (»so geschehe dein Wille ... Was mein Gott will, das g'scheh allzeit«), zugleich aus weiter Ferne kommend im Vergleich zu Chorälen, welche von den Jüngern gesungen vorstellbar erschienen. Was dieser Coral bekennt, konnte selbst der Gottessohn nicht immer bekennen – und gerade jetzt nicht: Fest in Gottvertrauen und Glaubenszuversicht wie kein anderer, macht dieser Choral den Gottessohn in der Stunde der ärgsten Bedrängnis nur noch einsamer. Bericht und Kommentar fallen nun auseinander, handgreiflich besonders, wo der Versuch, sie zueinanderzubringen, die Paradoxie der Aria 27a zeigt. Ruft der Chor sein »Laßt ihn, haltet, bindet nicht« auch deshalb ins Leere, weil das sprachlose Entsetzen der Jünger sogar diese hindert, es zu rufen?

Vermittlungen zwischen den Ebenen, so unterschiedlich Bach immer sie gestaltet, lassen im Fortfahren auch das Fortreden noch immer möglich erscheinen, und sei es um den Preis der in distanzierter Betrachtung gesungenen Choräle oder der in der Aria 27a auskomponierten Schizophrenie. Wie nach Jesu Verscheiden am Ende des zweiten Teils versagen sie am Ende des ersten, »da … ihn … alle Jünger … verließen … und flohen«. Im Nicht-Übergang zur Choralpartita vergrößert Bach den Bruch zwischen den letzten Jesusworten und der Auskunft über die Flucht der Jünger, in ihrer übergreifenden Allgemeinheit fängt die Choralpartita das Paradoxon des Fortgehens in einer Situation der Sprachlosigkeit auf.

VII.

Es wäre eine Anfechtung für die Chronologie, im Hinblick auf den Austausch des ursprünglich den ersten Teil schließenden Chorals *Jesum laß ich nicht von mir* gegen die Choralpartita *O Mensch bewein dein Sünde groß* in der Fassung von 1736 von verspäteter Rückkehr in einen eigentlich gemeinten Zusammenhang zu sprechen. Der erste Einwand wäre, daß Bach den Satz, den es schon lange gab und der zunächst in der zweiten Fassung der *Johannes-Passion* untergekommen war, nicht sogleich in die *Matthäus-Passion* aufnahm. »Meinen Jesu laß ich nicht« mag dennoch, den ersten Teil abschließend, allzu sehr als hilflose Beteuerung erschienen sein und hätte sich nach der Hereinnahme von »Ich will hier bei dir stehen« (Nr. 17) ganz und gar als schwächliche Wiederholung dargestellt; die Entscheidungen über beide Choräle müssen zusammengehangen haben. Die Vermutung, »der Hauptgrund für den Austausch der Choralsätze« könne »ein nachträgliches Abwägen der Gewichte und Proportionen der Gesamtform gewesen sein«[21], sieht allzusehr von der Delikatesse in Bachs Vermittlungen von Bericht und Reflexion ab. Vorsichtig unterstellt, die »Zwischenstation« in der *Johannes-Passion* sei äußeren Umständen geschuldet gewesen und von vornherein nicht als endgültig betrachtet worden, ließe sich entgegenhalten, daß man die *Matthäus-Passion* insgesamt als gewaltig entfaltete Tropierung der Choralpartita verstehen kann, angefangen damit, daß die distinkte Dreischichtung von cantus firmusführendem Sopran, Chorsatz und Orchester nach einer Entfaltung a due cori verlangte.

Hinter der aufwendigen Disposition (das bekam Bach spätestens 1739 zu spüren[22]), stand mehr als nur die Intention eines Spiels mit höherem Einsatz, reicheren Mitteln. Über eine auf gleicher Ebene angesiedelte Antiphonie wie im Er-

---

[21] Platen, *Matthäuspassion*, S. 160.

[22] Friedrich Smend, *Matthäuspassion. Untersuchungen zur Geschichte des Werkes bis 1750*, in: ders., *Bach-Studien*, hrsg. von Christoph Wolff, Kassel u. a. 1969, S. 24–83; über die Auseinandersetzungen im Jahr 1739: S. 73.

Öffnungsstück des zweiten Teils beim Dialog zwischen der Tochter Zion und dem Chor und im eingangs entworfenen Bilde der auf den Kalvarienberg ziehenden Menge hinaus reicht die Begründung der Zweichörigkeit in theologische Bereiche hinein – vor allem in dem geschilderten, als Aufspaltung auskomponierten Scheitern des Versuchs, Darstellung und Deutung kontinuierlich beieinander zu halten. Der Eröffnungschor ließe sich als programmatische Auffächerung der Partita verstehen; von deren Soprano ripieno zu dem oberhalb des Geschehens schwebenden Cantus firmus ist nur ein Schritt; nicht zuletzt diese Überwölbung sichert das mehrmals[23] eindringlich beschriebene Bild der Prozession zum Kalvarienberg. »Durch Zurufe, Fragen und Antworten entsteht der allgemeine Eindruck von Wechselreden über ein Geschehnis, das sich soeben zu vollziehen scheint«[24], welches der zweite, fragende Chor, weil er die Höhe noch nicht erstiegen hat, nicht wahrnehmen kann – ein tableauhaft gefaßtes Exordium, dessen Disposition im Eröffnungsstück des zweiten Teils bis hin zum fragenden Chor, sieht man vom Cantus firmus ab, ein Gegenstück hat. Auch die beiden Nummern gemeinsame crux- und corona-Topik[25] könnte die Vermutung stützen. Übrigens spricht eher für als gegen substantielle Veranlassungen der Zweichörigkeit, daß Bach nicht alle vermutlich aus der Weimarer Zeit stammenden Nummern umgearbeitet, also nicht überall den größeren Spielraum zu nutzen versucht hat; und ganz und gar spricht dafür, daß, nachdem »der Hauptmann und die bei ihm waren« choralhaft ihr »Wahrlich, dieser ist Gottes Sohn« gesungen und damit die am stärksten objektivierte Reflexionsebene in die Historie hineingezogen haben, die Zweichörigkeit sich erübrigt; an dem Rundgesang *Nun ist der Herr zur Ruh gebracht* kann man sich alle Agierenden beteiligt denken, und der Schlußchor gibt nur mehr ein Echo der Zweichörigkeit.

VIII.

Wahrlich, dieser ist Gottes Sohn gewesen besiegelt überdies die Verabschiedung der Choräle, zugleich Verabschiedung aller weiteren Auslegung. Abend, Abschied, Musik, Stimmung und mit ihnen die pietistische Poesie Salomo Francks treten in ihre Rechte, der Gegensatz der Genera mildert sich oder fällt dahin, die Vertonung dispensiert sich von der Anstrengung, Darstellung und Deutung beieinanderzuhalten, sie dispensiert sich auch von der unbeantworteten Frage und der ihr anhängenden Tribunalisierung. »Am Abend, da es kühle war«, fällt milde ver-

---

[23] Schweitzer, *Bach*, S. 590; Platen, *Matthäuspassion*, S. 12ff. etc.
[24] Platen, *Matthäuspassion*.
[25] Heinrich Poos, *Kreuz und Krone sind verbunden. Sinnbild und Bildsinn im geistlichen Vokalwerk J. S. Bachs*, in: *Johann Sebastian Bach. Die Passionen*, Musik-Konzepte 50/51, München 1986, S. 3–85.

söhnendes Licht über die Szene, Bach befleißigt sich einer Ästhetisierung von Glaubensgegenständen, welche zum Thema einer grundsätzlichen Kontroverse getaugt hätte, wie sie hundert Jahre später C.D. Davids »Tetschener Altar« und die Wiedererweckung des Werkes im Zeichen von Friedrich Schleiermachers »schöner« Frömmigkeit begünstigt haben mag. Bis hin zum Schlußchor wird nicht eigentlich getrauert, »der Friedensschluß ist nun mit Gott gemacht« und »O schöne Zeit! O Abendstunde« befinden sich fast ursächlich nebeneinander, die letzten Handlungsrelikte stehen nur noch erinnerungshaft in dem in Abendlicht getauchten Schlußtableau, und die ungebührlich entspannte Ausbreitung der letzten Arie *Mache dich, meine Herze rein* gehört eher diesem Tableau als dem, der Jesum selbst begraben will. Dieser Rettung ins beschönigend Schöne, diesem »Ausbruch in die Unbelangbarkeit«[26] eignen ein Nachdruck, eine Emphase, welche zu erklären weder die Notwendigkeit, etwas Unabschließbares abzuschließen, hinreicht noch ergänzend der Rückbezug auf die pietistische Gefühlsmystik der Weimarer Jahre. Unüberhörbar darin die Flucht vor dem durch die Theodizee-Frage ausgeübten Problemdruck, die Suche nach einem »Refugium menschlicher Rechtfertigungsunbedürftigkeit«[27]. »Als Urlaub vom Tribunal wird die Kunst ästhetisch: sie wird autonom und dadurch zur institutionalisierten Unerreichbarkeit und das ästhetische Kunstwerk vielleicht am meisten das, wovor die Frage: Mit welchem Recht ...? verstummt«[28]. In diesem Sinne kongruiert die Ästhetik dieses Abends mit einer der großen Tendenzen des Zeitalters, sie entzieht sich einer Überforderung, angesichts deren Bach der Choral *Wenn ich einmal soll scheiden* unerträglich formal, als eine Endstation erschienen sein mag, hier kamen eine werkeigene Problemlage und eine historische überein.

Beziehungsvoll fällt das zugleich in die Werdezeit der philosophischen Ästhetik, welche, in Christian Wolffs Schule vorgedacht, in Bachs Todesjahr mit Baumgartens *Aestetica* ihr »Grundbuch« erhielt und u.a. durch Burke (1757), Kant (1764 und 1790) bis hin zu Schillers *Ästhetischen Briefen* (1794) und Schellings Transzendalphilosophie (1800) als »Tendenz des Zeitalters« bestätigt wurde. *Am Abend, da es kühle war* hilft Bach sie an exponiertester Stelle begründen. »Die philosophische Ästhetik macht ... den Menschen geltend als den, der er im Zeichen des metaphysisch-exakten Primats des Rationalen und Rationellen nicht sein durfte: als homo sensibilis et genialis«[29].

Vorgearbeitet war dieser Wendung in den Arien des zweiten Teils, welche bezeichnenderweise allmählich immer mehr exegetische Kompetenz an sich gezo-

[26] Odo Marquard, *Abschied vom Prinzipiellen*, Stuttgart 1982, S. 51.
[27] Marquard, *Abschied*, ebd.
[28] Marquard, *Abschied*, ebd.
[29] Marquard, *Abschied*, ebd.

gen hatten. Wohl bleiben die Choräle wie im ersten Teil dicht angeschlossen, *Mir hat die Welt trüglich gericht'* (Nr. 32) an das »falsche Zeugnis« zuvor; *Wer hat dich so geschlagen* (Nr. 37) an »wer ist's, der dich schlug?«; *Bin ich gleich von dir gewichen* (Nr. 49) als Aussage des reuigen Petrus, hinweggreifend über die fast für ihn, von ihm gesungene Arie *Erbarme dich*, an sein »bitterliches Weinen«; *Befiehl du deine Wege* (Nr. 44) als Befestigung der Gründe, derentwegen Jesus vor dem Landpfleger geschwiegen hat; *Wie wunderbarlich ist doch diese Strafe* (Nr. 46) an *Laß ihn kreuzigen; O Haupt voll Blut und Wunden* (Nr. 54) an »und schlugen damit sein Haupt« bis hin zum »ohnmächtigen« Choral *Wenn ich einmal soll scheiden* (Nr. 62) an »und verschied«. Dennoch erleiden sie, obgleich die Deutungsschwerpunkte anders setzend als die Arien, einen Kompetenzverlust. Der letzte Choral im ersten Teil liegt weit zurück (Nr. 25), er gehörte, mit *Was mein Gott will, das g'scheh allzeit* Jesu Bitte kontrapunktierend, der Kelch möge von ihm gehen, zu den abgehobenen Verallgemeinerungen, dem Verdikt ausgesetzt, die betrachtende Gemeinde wisse es billig besser als der zagende Gottessohn. Und danach hatte der Choral mit *O Mensch, bewein dein Sünde groß* (Nr. 29) in der Partita bereits eine Transzendierung erfahren, war schon einmal eine Kongruenz der Genera bzw. Satzweisen anvisiert gewesen. Bach muß mit den Chorälen im zweiten Teil also neu ansetzen und mag das nun noch dreimalige bzw. viermalige Erklingen der *Befiehl du deine Wege*-Melodie auch zur Stärkung der Choral-Ebene disponiert haben. Denn hier war einer besonderen Gewichtung der Arien standzuhalten, der affektiven Eindringlichkeit des vom Alt in Vertretung Petri gesungenen *Erbarme dich* (Nr. 39) (dessen Thema vorbereitet u.a. in den Sextsprüngen des Rezitativs – »und zu schwören ... Ich kenne ... und alsbald« und das his/a bei »weinete«), dem fast von Judas gesungenen *Gebt mir meinen Jesum wieder* (Nr. 42), besonders aber der zwischen die »Kreuzige«-Chöre gestellten, über eine Wortbrücke eingeführten und die Deutungskompetenz des vorangehenden Chorals weit übertreffenden Arie *Aus Liebe will mein Heiland sterben* (Nr. 49). So explizit, so theologisch präzise verfährt kein Choral: »... daß das ewige Verderben und die Strafe des Gerichts nicht auf meiner Seele bliebe.« »Der Text der Arie kann als ein Bemühen verstanden werden, nicht nur dem unmittelbar, sondern a l l e m Vorangegangen: Verrat und Verleugnung, Gefangennahme und Anklage, Verhöhnung und Ruf nach Kreuzigung, einen Sinn zu geben – einen gleichwohl unfaßbaren Sinn«[30]. Bach komponiert, daß, was hier gesagt wird, nur zögernd (sieben Fermaten!) und unter außerordentlichen Umständen gesagt werden kann, er komponiert die Vorsicht der Annäherung an das unergründbare Paradox des Glaubens und die Tabu-Zone der Theodizee und ver-

---

[30] Rudolf Eller, *Bachs Matthäuspassion*, in: *70. Bachfest der Neuen Bachgesellschaft e. V.*, Rostock 1995, S. 162.

stärkt dies, indem er die Arie einpfercht zwischen die brutal dröhnenden »Kreuzige«-Chöre: ganz zurückgenommen, deutlicher als entrückte Enklave ausgewiesen als jede andere, symbolträchtig abgehoben von jeglicher Baßgrundlage, ist die Arie ihrer »Textaussage, der singulären Art ihrer Vertonung und ihrer Stellung inmitten eines Symmetriegefüges nach ... das Kernstück der Passion; sie nimmt zudem den im Cantus firmus des Eingangschores vorgetragenen Leitgedanken *O Lamm Gottes unschuldig* auf«[31] – auch dank ihres exegetischen Anspruchs Kernstück auf eine Weise, welche die Arbeitsteilung zwischen Bericht, Arien und Chorälen gefährdet; dieser vox caelestis glaubt man den Zuspruch, die Auskunft, die dem in höchsten Nöten zagenden Gottessohn voraus ist. Möglicherweise auch als Gegengewicht folgt als nächster Choral, einzig er in zwei Strophen, der bekannteste: *O Haupt voll Blut und Wunden.*

IX.

»Ohne das Vertrauen, das die Vernunft zu sich gewinnt, wenn sie Mathematik treibt, wäre auch die ontologische Konstruktion der Weltgewißheit nicht in Angriff genommen worden«[32] – das exemplifizieren Rezitativ, Arie und Choral als die drei koordinierten Parabolspiegel des barocken Oratoriums auf ihre Weise, eine Arbeitsteilung more geometrico, die im Vertrauen auf Mathematik als »die Wissenschaft, an der wie an keiner zweiten erkennbar ist, was der sich selbst überlassene menschliche Geist aus eigener Kraft zu leisten vermag«[33], auch Formalismen – die Zeilenstrukturen, die A-B-A-Formen, das Floskelwesen der Kadenzierungen etc. – nicht zu scheuen braucht. Sie betont sie gar, erlebt man anhand ihrer doch besonders deutlich die Versuchsanordnung in Arbeit, die Tüchtigkeit einer Maschinerie, die die Effektivität der auf je eigene Weise tätigen Instanzen als Repräsentanten unterschiedlicher Kategorien des Begreifens bzw. Darstellens garantiert. Sie stehen für das Axion, daß die Welt prinzipiell begreifbar sei – nicht anders als Newtons »Maschine«, die, auf funktionelle Unterteilungen angewiesen, in einem bestimmten Bereich auf Kosten von Ausgrenzungen funktioniert; wie das Procedere der oratorischen Vertonung gerät sie durcheinander, wo der Gegenstand sich den Kategorien nicht fügt.

Einerseits ist in dieser Formulierung ein Idealtypus unterstellt und übersehen, daß zu künstlerischer Gestaltung Überschreitung allemal gehört; auch, wo Bach die Systematik unterwandert, zehrt er von ihr, auch, wo Zeitarten, Zeitorte und ästhetische Subjekte überlappen und ineinander verschwimmen, nährt die Os-

---

[31] Eller, ebd.
[32] Hans Heinz Holz, *Descartes*, Frankfurt a.M., New York 1994, S. 97.
[33] Heinrich Scholz, *Über das Cogito, ergo sum*, in: *Mathesis universalis*, Basel, Stuttgart 1961, S. 102.

mose sich von der Zuständigkeit dessen, was da diffundiert. Andererseits ist dem Deutungsanspruch des Systems die Gefahr eingeschrieben, daß wenig reflektiertes Vertrauen in seine Kompetenz sich als Firnis einer gefühligen Pauschalandacht über die Rezeption legen könnte und übersehen hilft, inwiefern der Rang dieser Passionsvertonung sich auch bemißt nach der Präzision und Sensibilität ihrer Abdankungen, nach dem schmerzhaften Aufprall am Unbegreiflichen und der Wahrnehmung seines Widerstands, aus einer verantwortlichen Frömmigkeit, die es genau wissen und machen will und sich von den Ansprüchen des rationalen Denkens ihrer Zeit nicht dispensiert. Die *Matthäus-Passion* ist als Glaubenszeugnis auch groß, weil in ihr mit Glaubensinhalten gerungen und kein fauler Friede erlaubt wird. »Ein jeder wurde groß ganz im Verhältnis zu der Größe, mit der er kämpfte. Denn der, der mit der Welt rang, wurde dadurch groß, daß er die Welt überwand, und der, der mit sich selbst stritt, wurde größer, indem er sich selbst überwand; aber der, der mit Gott kämpfte, wurde größer denn alle.«[34]

[34] Sören Kierkegaard, *Furcht und Zittern*, Werke Bd. 3,. Reinbek 1961, S. 16.

Haydns »Tageszeiten«-Sinfonien

Was für ein Einstand! Am 1. Mai 1761 hatte der noch nicht 29jährige Haydn – unter harten, üblichen Bedingungen – den Dienst als Kapellmeister beim Fürsten Esterhazy in Eisenstadt angetreten. Bald danach schrieb er nach dem Bericht seines ersten Biographen auf Anregung des Dienstherren die drei *Tageszeiten*-Sinfonien. Daß dieser als Vivaldi-Liebhaber bekannt war, mag auf die Spuren einer in den Sinfonien verfolgten Strategie führen. Wohl sehr bewußt spielte Haydn auf Vivaldis programmatische Stücke bzw. Titel *La Notte, La tempestà* etc. oder dessen *Jahreszeiten*-Zyklus an – Geste der Erkenntlichkeit gegenüber dem Fürsten, der ihn durch die Präsentation der anspruchsvollen Stücke in einer delikaten Situation lancieren half – denn der Vorgänger, der 66jährige Gregor Werner, amtierte noch und begegnete dem Neuverpflichteten verständlicherweise argwöhnisch, nannte ihn verächtlich den »Modehansel« und »Gsangelmacher«. Die *Tageszeiten*-Sinfonien indessen klärten eindeutig, wer fortan der erste Musiker am Orte sein würde.

Strategie nicht nur hier: Eine vom Juni 1761 stammende Kapell-Liste nennt exakt die dreizehn Musiker, die die Sinfonie *Le Midi* erfordert, wenn man, was nicht ungewöhnlich war, alle Partien solistisch besetzt. Jedem von ihnen verschaffte Haydn Gelegenheit, sich, teilweise mit schwierigsten Aufgaben, solistisch hervorzutun. Auf diese Weise mag er sie nicht nur für sich gewonnen haben, sondern auch individuellen Wünschen entgegengekommen sein. Darüber hinaus kann ein Blick auf den sozialgeschichtlichen Kontext des Musikerberufs, z.B. auch auf den Kontrakt des neuen Kapellmeisters, verdeutlichen helfen, inwiefern in Werken solchen Zuschnitts zugleich mit dem kompositorischen Anspruch ein Anspruch für die Musizierenden angemeldet war, der über die Zuständigkeit für höfische Tafel- und Festmusiken und Ähnliches weit hinausgriff. »Ich war von der Welt abgesondert, niemand in meiner Nähe konnte mich an mir selbst irremachen und quälen, und so mußte ich original werden« hat Haydn viel später über den Dienst bei den Esterhazys gesagt – allzu bescheiden; daß er von Anfang an »original« war, belegen *Le Matin, Le Midi* und *Le Soir* zur Genüge.

Freilich darf man bei der pauschalen Kennzeichnung »original« nicht stehenbleiben. Beispielsweise riskiert der »Modehansel« in der Spannweite des Vorhabens durchaus den Vorwurf des Eklektizismus; er leiht sich den Anschein des ganz und gar Programmatischen und schreibt Musik von so autonomer Struktur, daß es des Anhalts an Vorstellungen, wie sie die Titel vorgaben, eigentlich nicht bedarf; er komponiert die Stücke dicht, oft geradezu knapp und schafft zugleich Raum für konzertierende Alleingänge, womit er sie an die Grenze zwischen Sinfonie und Konzert rückt bzw. an die Paßstelle zwischen barockem Concerto grosso und durchbrochener Arbeit in einem Sinne, zu dessen frühesten Definitionen die »modernen« Passagen der Sinfonien fraglos gehören; er scheut keine Pluralität der Stile, weder im historischen noch im Hinblick auf Gattungen; zuweilen klingt es wie bei Corelli, anderwärts wie erst zehn Jahre später bei Haydn selbst, altväterische und moderne Menuette begegnen ebenso wie Mannheimer Raketen und Crescendo-Effekte; zuweilen nähert Haydn sich didaktischer Musik an, z.B. in den nahezu wie simple Kontrapunktstudien intonierten Rahmenteilen des zweiten Satzes der ersten Sinfonie; oder er läßt in halsbrecherischen Kontrabaß-Soli von fernher etwas Etüdenhaftes durchschimmern; auch vokale Prägungen läßt er nicht aus, beginnt den zweiten Satz von *Le Midi* als Ombra-Szene und personalisiert den Konzertmeister zu einem ein Rezitativ mit vielerlei affektiven Umschlägen vortragenden Sänger.

All dies könnte dazu verleiten, hinter der »Tageszeiten«-Programmatik eine zweite, genauer detaillierende zu vermuten – etwa, wenn in den Rahmenteilen des zweiten Satzes von *Le Matin* einem im dürren zweistimmigen Kontrapunkt vollzogenen Anstieg beide Male wie eine Erfüllung ein Abstieg folgt, worin Haydn das Orchester vielstimmig oder akkordisch entfaltet und von der Orthodoxie des »zopfigen« Kontrapunkts ins Zeitalter der Empfindsamkeit hinüberwechselt – was unschwer bezogen werden könnte auf Haydns ungeliebten Vorgänger, der sich als Platzhalter des alten, strengen, »wahren« Stils aufspielte. Indessen, wie immer Haydn mit programmatischen Vorgaben hantiert oder gar sie erfüllt, wie immer er überkommene Konnotationen nutzt und Sinn für Rätselspiele bekundet – nicht nur dank einer Optik, die durch die Ideologie der absoluten Musik nachträglich oktroyiert wurde, bedarf diese Musik zu ihrer Legitimation nicht unbedingt der – zweifellos mitkomponierten – außermusikalischen Bezüge, sie erträgt ihre »Doppelnatur« gelassener als eine auf ästhetische Eindeutigkeit versessene Betrachtung, eingeschlossen das dem instrumentalen Rezitativ eigene Paradox einer explicite wortgezeugten Musik, die ohne Worte daherkommt. Die im Rezitativ wie künstlich verlangsamten Achtelgänge, auch als Reihung von Klagefiguren deutbar, lassen sich als introduktionshafte Vorwegnahmen der nachfolgenden Melodiegänge der Flöten verstehen, in denen sie diatonisch entspannt und aus der Adagio-Blockierung erlöst werden.

Offenbar handelt es sich bei dem Rezitativ um jene »Unterredung zwischen Gott und einem leichtsinnigen Sünder«, von der Haydn als Greis gegenüber seinen ersten Biographen sprach, ohne zu erinnern, um welche Sinfonie es sich handele. Die Verbindlichkeit der »Unterredung« erscheint nicht beeinträchtigt durch einen stehenbleibenden Freiraum, eine gewisse Beliebigkeit, in der die Bezugnahme greift oder nicht, ein freies Verhältnis zu Titel und Programm, oft eher »Schlüsselreiz« für eine halbautonome Assoziationskette, welche die Einstiege in die Musik erleichtert. Die programmatischen Titel des 18. Jahrhunderts sind zuallermeist, vom Gebrauchswert des Unterscheidungsmerkmals und allen überwältigenden Legitimationen von seiten der Nachahmungsästhetik abgesehen, freie Angebote, Einladungen, die man ungestraft auch ausschlagen, nie aber leugnen darf.

Das, wie angedeutet, gilt selbst für Haydns »Unterredung«, welche schon als Rezitativ sich als von woandersher veranlaßt zu erkennen gibt, dieses in vielen Einzelheiten konkretisiert und u.a. an die Accompagnati in Bachs Passionen erinnert. So stehen der »halben« musikalischen Autonomie die in der c-Moll intonierten Klagefiguren gegenüber, diese beendigend als verminderter Septakkord ein Aufschrei – Schmerz, den Gott angesichts des Sünders empfindet, welcher sodann in der Solo-Violine »dolce« zu reden beginnt, sehr plausibel hierbei die Wortassoziation »mein Sohn« (Hartmut Krones); rasche Bewegung der Mittelstimmen mag ängstliches Beben angesichts der göttlichen Strafe verdeutlichen, ein aufsteigendes Unisono und scharfe Punktierungen Drohung, und der Umstand, daß die »Unterredung« in c-Moll beginnt und weit entfernt in der schwarzen Tonart h-Moll vorerst endet, daß Weg, Lösung oder Versöhnung noch nicht gefunden sind. Hierfür bedarf es eines ausgedehnten Adagios, worin die Stimmen des »Sünders« (das Solocello) derjenigen »Gottes« (Solovioline) zunächst zögernd, dann immer entschiedener folgt, bevor beide, allmählich in immer dichtere Dialoge verflochten, sich in einer Kadenz vereinigen. Vor allem unsere Entfernung von der dem 18. Jahrhundert wohlvertrauten Rhetorik und ihre musikalischen Verbindlichkeiten mag derjenige veranschlagen, dem Haydns Musik auf diese Weise allzusehr allegorisch vereinnahmt erscheint, auch in der Deutung des Tritonus, des »diabolus in musica«, als Sündenvorwurf, die »reinen« ganzen Noten im Duett der Soli als Symbole Gottes bzw. des Guten oder der flüchtigen Kyklosis-Figuren als Auskunft über die Art der Sünde: Liebesumarmungen.

Von der Thematik »midi« scheint Haydn hier weit entfernt zu sein – sofern man die Wanderung durch die Tageszeiten nicht zugleich verstehen darf als Lebenswanderung und also die mittlere, zudem in C-Dur stehende Sinfonie als Vertreterin der Lebens- bzw. Mittagshöhe; kaum zufällig auch hat Haydn in ihr die Spannweite zwischen massiver orchestraler Eindeutigkeit und konzertierender Auflösung (»durchbrochener Arbeit« im nachmaligen Verständnis) besonders extensiv genutzt.

Im Sinne jenes ästhetischen Doppelwesens, dem eine starre Autonomie programmatisch – absolut nicht beikommt, wäre es auch falsch, Haydn nachzurechnen, daß er hier nicht programmatisch orientiert, dort dies zu vergessen scheint. Sofern man nicht, wie angedeutet, das hell und festlich klingende C-Dur von *Le Midi* als »mittägliche« Metapher interpretieren will, bliebe zu fragen, was die Musik dieser Sinfonie darüber hinaus mit der Themenstellung *Le Midi* zu tun habe, oder weitergehend, wie überhaupt ein Musiker das Thema »Mittag« darstellen könne, ob es möglicherweise mehr durch die Konstellation zwischen *Le Matin* und *Le Soir* getragen werde als durch eine spezifisch musikalische Einlösung. Wenig anders steht es bei der dritten Sinfonie; die »tempestà« könnte auch zu anderer Tageszeit stattfinden. Für den Abend bot sie sich als Thema eines rasanten Schlußsatzes, eines Finales für alle drei Sinfonien an – welcher einerseits bekannte Topoi von Sturm- und Gewittermusiken benutzt, wider Erwarten aber mit massiven Wirkungen vorsichtig umgeht und den Solisten viel Raum gibt – der Violine, die die tempestà »herbeispielt«, der die Blitze markierenden Flöte und dem Cello. Im Sinne der »Lebenswanderung« durch die Tageszeiten hat Haydn hier, in doppelter Weise als Abendlied, den einzigen nahezu normalen langsamen Satz des Zyklus komponiert, paarweise singen zwei Solo-Violinen bzw. Cello und Fagott, vor das Tutti wie vor einen »Raum« gestellt, welches nur selten aus dem Hintergrund hervortritt; dergestalt erhält der Satz eine gewissermaßen »landschaftliche«, perspektivische Tiefe.

La tempestà mag sich als Schlußstück angeboten haben nicht nur als kräftiger Kontrast zu diesem ausgedehnten Andante, sondern auch, weil Haydn am Ende zu jener programmatischen Eindeutigkeit zurückkehren konnte, von der er bei *Le Matin* ausgegangen war. Denn mit Dämmerung, Frühe, Sonnenaufgang läßt sich musikalisch besonders viel anfangen – Haydn hat das späterhin mehrmals wiederholt. Er bedient sich der uralten Symbolik des musikalischen Aufstiegs und komponiert seinem kleinen Orchester gleich mehrmals Crescendo-Effekte, wie man sie kurz zuvor in Mannheim neu entdeckt und – mit einem viel größeren Orchester – zu vieldiskutierter, überwältigender Wirkung gebracht hatte. Das erste, von der Flöte eingeführte Allegro-Thema gibt sich als fröhlicher Weckruf.

Damit enden, sieht man von der Symbolik etlicher Figuren ab, die im direkten Verständnis programmatischen Verbindlichkeiten, ihre Multiplikationen schlagen ins Feld der »absoluten« Formung und nehmen zugleich ihre Bedeutungen dorthin mit: die Flöte, die das erste Allegro eröffnet hat, eröffnet das Finale; und den »morgendlichen« Aufstieg am Beginn wiederholt Haydn mehrmals – in der Durchführung des ersten Satzes und in den kontrapunktisch disponierten Rahmenteilen des zweiten. Da ist eine Ökonomie am Werk, in deren Haushalt nichts umkommt und immer neu Ernst gemacht wird mit der Einsicht, eine musikalische Idee kompositorisch wahrnehmen bedeute, ihr zu Konsequenzen zu verhelfen. Wie den erwähnten Anstieg betrifft es auch das fröhliche Drauflos des Flöten-Weckrufs, welches Haydn steigert, wenn der Hornist zu Beginn der Reprise, als könne er es nicht erwarten, es zwei Takte »zu früh« bläst (war dies eine Anregung für den gleichen Vorgang in Beethovens *Eroica*?); es betrifft die Wiederkehr kantabler Solofiguren (stets in Terzen bzw. Dizemen gespielt) aus dem Andante im Trio und daselbst auch die kleine, zu Beginn des zweiten Teils er-

scheinende Rakete des Fagotts, welche diejenige des Final-Beginns vorwegnimmt.

Dank jener Haushaltsführung kehrt in der mittleren Sinfonie im Menuett-
Thema die Figur des ersten Allegros wieder, und wie im Andante der Zwiege-
sang von Violine und Cello (= »Gott« und die »Sünder«) vom Aufstieg in der
Quint ausgeht, so steigt in ihr das Thema des Finales ab. Mindestens ebenso
deutlich der motivische Bezug zwischen dem ersten Allegro und dem Menuett
der dritten Sinfonie. Menuette laden insofern besonders zur Integration ein, als
sie ihre Grundprägung von woandersher mitbringen und nur teilweise der sinfonischen Disposition unterliegen. Einen Meister der Bezugnahme mußte es rei-
zen, die verbleibenden Möglichkeiten umso intensiver zu nutzen, z.B. zu beweisen, daß er noch aus jeder Figur ein Menuett-Thema zaubern oder, wie im Menuett von *Le Matin*, dem Reglement entgegen am Ende des zweiten Teils Vor-
der- und Nachsatz des Themas einfach vertauschen kann.

In alledem äußert sich ein erkundendes, experimentierend aufgelegtes Komponieren. Weil die Frage nach der Originalität eines Musikers zumeist fälschlich
auf thematische Prägungen fixiert erscheint, weil Haydns Erkundigungen sehr
diskret im »Innenraum« der Musik stattfinden, konnte er als harmloser »Papa
Haydn« gründlich mißverstanden und übersehen werden, wieviel ihn mit der
forschenden Vernunft der Aufklärung verbindet. Nicht selten bedarf derlei Er-
kundigung gerade des einfachen Ausgangspunktes, etwa der zunächst fast nichts-
sagenden sequenzierenden Figur, mit der Haydn das erste Allegro von *Le Midi*
eröffnet, um sie sodann im Tutti und weiter im polyphon durchbrochenen
Zwiegespräch der Solisten zu entfalten – u.a. als Beweis, inwiefern der filigranen
Struktur zu Beginn des zweiten Teils eben jene simple Figur vom Satzbeginn zu-
grundeliege. Ähnlich verfährt er im Eröffnungssatz von *Le Soir*, wiederum mit
kleinem Einsatz beginnend – auch, um bestimmte Erwartungen zu fixieren, vor
deren Hintergrund er anschließend geistvolle Abwandlungen, wahre musikalische Vexierspiele zelebrieren kann, in jähen Überraschungen ein Widerspiel immerfort wechselnder metrischer Gruppen. Gerade also solche Sätze, welche
nicht zu den berühmten, dank prägnanter Kennmarken leicht zitierbaren zählen,
belegen die aufgeklärte Neugier, die durch den Experimentator Haydn in die
Musik hineingebracht worden ist, sie belegen einen Appetit auf Neues, worin er
seine großen Nachfolger übertraf – gewiß auch, weil sie dessen dank seines Ter-
raingewinns in solchem Maße nicht bedurften. Noch der Einfall, den Kontrabaß
solistisch einzusetzen (manche Herausgeber haben dies für unmöglich gehalten
und angenommen, man müsse anstatt »Violone«, »Violonc.« lesen), ist diesem
Appetit zu danken, ihm zuliebe hat Haydn die heisere Höhe des Instrumentes
nicht nur hörbar gemacht, sondern – ein Extrempunkt in der vielfältigen Farb-
skala des kleinen Orchesters – kompositorisch real genutzt. Ein paar Jahre später
wird er als erster in einer Sinfonie Skordaturen und col legno vorschreiben.

Fürst Paul Anton, der schon im nächsten Jahr das Zeitliche segnen sollte, konnte zufrieden sein. Der neuberufene Kapellmeister hatte es verstanden, wie in einem Brennspiegel alle kompositorischen Tendenzen des Zeitalters zu versammeln, getreu einer besonders anspruchsvollen Auslegung des opus-Begriffs: als Verpflichtung, im vorgegebenen Rahmen das derzeit kompositorisch Mögliche exemplarisch zu vereinen, es im Zeichen der jeweiligen Vorgabe umfassend auf dem neuesten Stand aufzuarbeiten.

Worte Wortdeutung versperrend

Zur Vokalfassung von Haydns
»Die Sieben letzten Worte unseres Erlösers am Kreuz«

Der Auftrag aus Cadiz hatte instrumentale Begleitmusik zum rituellen Vollzug erbeten, präzis auf die sieben letzten Worte des Erlösers am Kreuz bezogen, und Haydn war dem nachgekommen auf eine Weise, an der sich über Identitäten und Unterschiede vokaler und instrumentaler Musik wohl mehr lernen läßt als irgendwo sonst. Die nur scheinbar paradoxe Herausforderung einer zugleich textgebundenen und textlosen Musik spielte er in einer Höhenlage durch, in der die Vergegenwärtigung der Worte, die Anstrengung, sie in unterschiedlichen Bezügen und Entfernungen mit der Musik zusammenzudenken, unausgesetzt gefordert bleibt. In vielerlei Entfernungen, auf vielerlei Ebenen: Wie sehr die musikalischen Themen an den Worten entlangdeklamiert, an ihnen erfunden sind, läßt sich leicht nachvollziehen; wie sehr sie aber zugleich zur kompliziertesten Verarbeitung taugen, ist ebenso wunderbar wie in der Architektur des Ganzen die Equilibrierung von motivisch Ähnlichem und Neuem, von Ton- und Taktarten, sonaten- und liedhaften Formen. Zugleich werden alte musikalische Symbole vergegenwärtigt – dasjenige des Kreuzes, in allenthalben begegnenden Gleichschlägen das Hämmern derer, die Jesus ans Kreuz nageln, ohne Begleitung und Stützung zerflatternde Melodieteile als Sinnbilder des in tödlicher Einsamkeit Verlassenen; unschwer assoziieren sich Bilder mit Vorder- und Hintergrund, gar mit verschiedenen Gruppen – im »Sitio« in dürren Pizzikati und dem zagen, kaum noch artikulierenden Terzfall der Dürstende, danach im Fortissimo-Einbruch das verzweifelte Schreien der um das Kreuz Versammelten; im »Hodie mecum eris in paradiso« als Läuterung einer Melodie vom Moll ins Dur der Aufblick aus tiefer Verzweiflung zur himmlischen Verheißung, die Verwandlung einer schwerschrittigen, mehrmals stockenden Marcia funebre zum heiter-befreiten Paradiesgesang genau in dem Ton, den Glucks Orfeo in den Gefilden der Seligen findet; im »Consummatum est« zunächst fortissimo unisono die einfache, unreflektierte Wucht der furchtbaren Gewißheit, danach deren Verinnerlichung in einer Klagefigur, die immer tiefer ins Orchester hineinsinkt und zugleich doch an die kadenzierenden Grundschritte des »Consummatum« als den unabdingbaren Hintergrund gebunden bleibt; und danach, wie von woandersher kommend, eine epilogische Tröstung, ebenbürtiges Gegenstück zum »Wahrlich, dieser ist Gottes Sohn gewesen« der *Matthäuspassion*. Haydn redet mit vielen Zungen, leiht im »Mulier, ecce filius tuus« dem Gepeinigten die Stimme eines sterbenskranken Kindes und danach die Sprache trotziger, in letzter Anstrengung sich aufbäumender Anklage (»utquid reliquisti mihi«), er klagt mit dem

Gestus der Marien des Isenheimer Altars, deklamiert bald fromm tridentinisch und musiziert wenig später modern sonatenmäßig wie nur irgendeiner; und immer neu und immer anders stellt er das factum brutum der Kreuzigung und die sinnende, verzweifelte, betroffene Reflexion nebeneinander – wie schon in den ersten Takten der Introduktion.

Nicht zuletzt in solchen Positionswechseln des musikalischen Subjekts prägt er der »nur« instrumentalen Musik ein Äußerstes an Symbol- und Assoziationsfähigkeit ein. »Die Aufgabe, sieben Adagio's, wovon jedes gegen zehn Minuten dauern sollte, aufeinander folgen zu lassen, ohne den Zuhörer zu ermüden, war keine von den leichtesten«, schrieb er später – Bescheidenheit des Bescheidwissenden!

Knapp zehn Jahre später, auf der Reise nach London, hört er in Passau eine von seinem ehemaligen Kollegen Frieberth eingerichtete oratorische Fassung und nimmt diese, weil er es »besser gemacht hätte«, zur Grundlage einer eigenen – zugleich wohl auch aus Sorge um das Fortleben eines ebenso geliebten, gewichtigen wie beängstigend stark durch seine Zwecksetzung geprägten Werkes (die gleichen Gründe, derentwegen er schon eine Streichquartett-Fassung eingerichtet und eine Klavierfassung korrigiert und toleriert hatte). Indes – Frieberth zu verbessern war leicht; Haydn zu verbessern oder auch nur ihm gleichzukommen war, trotz literarischer Mithilfe des hochgebildeten van Swieten, unmöglich. Sollte das aber nicht wundernehmen bei einer Musik, welche definitive Texte nicht nur voraussetzte, sondern dem produktiven Hader mit der Wortlosigkeit geradezu ihr Dasein zu danken scheint, einer Musik, welche nun endlich hinzu- bzw. zurückgewinnen konnte, was ihr vordem vorenthalten war?

Haydn haben derlei Überlegungen gewiß ferngelegen, nicht nur, weil ästhetisches Räsonnieren ihm sowieso fernlag. Der die instrumentale Fassung zuvor komponiert hatte, mußte, wie ungenau auch immer, durchaus wissen, inwiefern es hier nichts »besser zu machen« gab. Wer ihm, den opus-Charakter falsch relativierend, prinzipiell eine fromme Demut der schöpferischen Imperative vor den äußeren Zwecken zuschreiben will, darf für die Subtilitäten dieser Musik kein Ohr haben: Die erste Fassung bleibt die eigentliche. Die hat er sich denn auch zunächst, mit Freiräumen für die Gesangsstimmen, fast vollständig neu ausschreiben lassen, Wiederholungszeichen getilgt, recht schematisch Klarinetten eingefügt und gelegentlich für das zweite Hornpaar Posaunen. Ganz und gar aber gleicht, was er singen läßt, einem Anbau, der additiven Aufstockung eines fertigen Gebäudes. Demjenigen jedenfalls, der seine Erfahrungen mit der originalen Fassung wiederfinden und bestätigen will, ist das Wort immerfort im Wege, nicht nur in offenkundigen Disparitäten (wenn der Text die Moll-Dur-Klärung im »Hodie« ignoriert und gleichbleibt, im »Consummatum« über eine wichtige Zäsur gleichgültig hinwegläuft); in frömmelnden Allgemeinplätzen, welche als »O Herr, wir danken Dir« oder »Herr, wer sollte Dich nicht lieben«

im Notschrei des »Deus meus« schmerzlich fehl am Platze sind, weil sie dem Gepeinigten seine letzte Not und Verzweiflung wegschwatzen (welche dumme
Hybris, ihm gerade hier in Glaubensfestigkeit den Rang ablaufen zu wollen!); in
deklamationsbedingten Verformungen von Themen, z.B. des »Sitio«, oder in
Banalisierungen wie »und dann – neigt er – sein Haupt – und stirbt«.

Nein, viel mehr noch ist das Wort schon als materielles Gebilde im Wege; in
seiner Gegenständlichkeit und semantischen Eindeutigkeit versperrt es die
Wahrnehmung einer musikalischen Struktur, welche es unendlich vielfältig – als
Wortkörper, als prosodisches Modell, als Begriff oder Bild, als Assoziationsträger
etc. – in sich eingesogen hat und reflektiert. Erst in zweiter Linie, weil Haydn ursprünglich den lateinischen Text zugrundegelegt hatte und nun einen deutschen
aufmontierte, ist das oktroyierte Wort ein anderes, zuweilen von hilflos redseli-
ger Verlegenheit angesichts des von der Musik so vielschichtig beschwiegenen
Wortsinnes. Diese erscheint degradiert zu Einkleidung und Begleitung, vor der
der Text, welcher auf solcher Musik bestenfalls akzessorisch schwimmen dürfte
(aber wie?), allzuviel perspektivarmen Vordergrund installiert. Eine Okkupation
findet statt, eine Überfremdung, ein unlauterer Wettbewerb, den jener Vordergrund, mit den Schwachheiten unserer rezeptiven Mechanismen verbündet, fast
immer für sich entscheidet, und seis nur, weil das gesprochene Wort immer auch
den mitbestimmt, der es spricht. Die chorisch Singenden können den Gekreuzigten nur zitieren und bestenfalls die Zuwendung wechseln – zu ihm, zur Maria, zu Gottvater. Vor allem können sie nicht mehreres zugleich. Sobald das musikalische Subjekt in realen Worten zu reden beginnt, legt es sich fest und opfert
eine der Musik eigene Ubiquität, die bei den angesprochenen Positionswechseln
ergänzt werden müßte: Wohl artikuliert das ausgedünnte Pizzikato im »Sitio« die
Not des Dürstenden, hat das Fortissimo danach alle Züge eines Verzweiflungs-
ausbruchs von Menschen, die man sich als zuvor von stummem Entsetzen ge-
lähmt vorstellen darf. Dennoch schösse eine Deutung, die die Musik fensterlos
in diese Semantik einschließen wollte, weit über das Ziel hinaus – weil in dem als
Musik formulierten Aufblick zu dem Dürstenden etc. immer sich ein von solcher Zuordnung Unabhängiges erhält, weil die Zuwendung des musikalischen
Subjekts zum einen nicht, wie beim real Redenden, die Abwendung vom anderen zwangsläufig mitbedingt. Würde man das musikalische Subjekt sich personalisiert vorstellen als das psychische des Komponierenden, so könnte man hier mit
Lukacz' »gedoppelter Mimesis« zu erklären fortfahren, möchte freilich zugleich
der allzu trickreichen Metaphorik der mehrfach reflektierenden Bilder entgegensetzen, daß Musik eine durchaus an Mystik angrenzende wechselseitige Bezogenheit von Subjekt und Objekt herzustellen vermag (wir *sind* teilweise der
Gekreuzigte hier, die Wehklagenden dort, wenn wir das »Sitio« hören) in einer
Vergegenwärtigung, die, weil sie keine Zeit kennt, innerhalb der real verrinnenden Zeit der Wiederholung bedarf als eines unabdingbaren Moments meditati-

ver Vergewisserung. Deshalb kann und muß Musik wiederholen, ohne sich der
Gefahr des Pleonasmus auszusetzen, wohingegen das als logisch-begriffliche Bestimmung die Gegenstände erledigende Wort, ist die eine Sache gesagt, zur
nächsten fortgeht. Also kam Haydn nicht umhin, da er sich einmal auf die Kup-
pelei mit den Analogien eingelassen hatte, im »Pater dimitte illis« etwa einen
auch tonartlich neuen Seitensatz entsprechend mit einem neuen Text zu versehen (»Ach, wir sind tief gefallen«); der aber hat mit dem »Herr, vergib ihnen …«
gar nichts zu tun, welches indes musikalisch in dem gleicherweise neuartigen
Seitensatz dennoch umkreist bleibt.

War es nur, um den Sängern eine Pause zu verschaffen, oder, um gegenüber
Frieberth ein sehr eigenes Signet zu setzen, oder auch, um die Architektur des
Ganzen zu differenzieren, daß Haydn eine zweite Introduktion hinzukompo-
nierte? – ein Rätselstück von sehr eigenem Ton (von hier könnte die Ergänzung
der Posaunen ausgegangen sein), von dem es nur ein Schritt ist zum Mirabile der
Wandlungsmusik in Beethovens *Missa solemnis*. Oder geschah es unter dem
Zwang, an der veruntreuten Dimension etwas gutzumachen und der »tönenden
Verschwiegenheit« das Geraubte zurückzuerstatten in dem Extremfall einer nun
eben nicht text- und themenbezogenen Musik? Dazu würde nicht schlecht passen, daß Haydn sich mit der so rationell eingeleiteten Umarbeitung offenbar
schwer getan, im Manuskript viel gestrichen, ausgekratzt, überklebt, überschrieben hat – dies möglicherweise denn doch ein sprechendes Zeugnis der
Widersprüchlichkeit in dem Vorhaben, die sieben letzten Worte unseres Erlösers
oratorisch zu zerreden.

Neue Beiträge zur Kenntnis des Sinfonikers Schubert

Die Fragmente D 615, D 708A und D 936A

Im Frühling dieses Jahres[1], in dem die Musikwelt der 150. Wiederkehr des Todestages von Franz Schubert gedachte, brachte eine neuerliche Untersuchung der in Wien liegenden Manuskripte des Komponisten eine Sensation. Lang war bekannt, daß sich in den Beständen der Wiener Stadt- und Landesbibliothek ein Skizzenbündel mit sinfonischen Entwürfen befand. Da auf dessen erster Seite von Schuberts Hand das Datum »Mai 1818« eingetragen steht und alle Satzentwürfe sich auf D-Dur als Grundtonart beziehen ließen, schien es sich hier um Skizzen für eine Sinfonie in D-Dur zu handeln, um eine siebente, die zeitlich unmittelbar an die Reihe der ersten sechs Sinfonien anschließt. Aufgrund der eigenhändigen, irrtümlich für das ganze Konvolut in Anspruch genommenen Datierung[2] stellte dieses sich als musikalisches Notizbuch eines noch nicht Einundzwanzigjährigen dar, etwa zwei Jahre vor dem Beginn jener Periode liegend, da ein neues kritisch-individuelles Selbstbewußtsein ihm das Fortfahren auf vorgebahnten Wegen verbot und Schubert jahrelang, nicht zuletzt in Krisen, Fehlschlägen und Fragmenten, eine eigene Sprache zu finden und zu definieren versuchte. Eindrucksvolles Zeugnis hiervon geben nicht zufällig auch Werke, die uns in besonderer Weise teuer sind, wie der Quartettsatz in c-Moll oder die unvollendete Sinfonie in h-Moll.

Zweifellos hat die irrtümliche Datierung der Skizzen begünstigt, daß trotz der Prüfung durch bedeutende Forscher wie Otto Erich Deutsch, Ernst Laaff[3] oder Maurice John Brown[4] vieles unentdeckt blieb. Immerhin ist Brown betroffen gewesen von der Schönheit einzelner Passagen und war einigermaßen verlegen um die Beantwortung der Frage, wie manches hier Enthaltene schon im Jahre 1818 hat skizziert werden können. Nun ist es ebenso leicht wie billig, sich darüber zu wundern, daß ältere Forscher, die etliche uns zugängliche Informationen nicht besaßen, an wichtigen Erkenntnissen vorbeisahen, auch, wo sie schon

---

[1] Dem vorstehenden Aufsatz liegen, entsprechend umgearbeitet, die Manuskripte zweier für das zweite Programm von Radio DDR gestalteter Sendungen zugrunde.

[2] Über die Einzelheiten unterrichtet E. Hilmar: *Neue Funde, Daten und Dokumente zum symphonischen Werk Franz Schuberts*, in: *Österreichische Musikzeitschrift 1978*, Heft 6, Seite 266–276, sowie im Nachwort der Faksimileausgabe der Skizzen: *Franz Schubert, Drei Symphonie-Fragmente*, herausgegeben von der Wiener Stadt- und Landesbibliothek, *Documenta Musicologia*, Zweite Reihe: Handschriften-Faksimiles, VI, Kassel-Basel-Tours-London 1978.

[3] *Franz Schuberts Sinfonien*, Diss. Berlin 1931, Wiesbaden 1933.

[4] *Schubert's Unfinished Symphony in D*, in: *Music and Letters XXXI*, 1950, S. 101–109.

auf dem Sprunge zu ihnen waren. Zudem aber waren in dem Skizzenbündel auch die Seiten durcheinandergeraten, so daß die Reihenfolge zusätzliche Rätsel aufgab. So konnte z.B. unbemerkt bleiben, daß die Schrift recht unterschiedlich ist und sich auf etlichen Blättern ein spitzerer, stärker ausgeschriebener Schrifttyp findet, der auf Schuberts spätere Zeit hindeutet.

Das sensationelle Ergebnis, das Ernst Hilmar vorlegen und Robert Winter[5] bestätigen konnte, bestand nun darin, daß es sich keineswegs durchweg um Skizzen des Einundzwanzigjährigen handelt, sondern um Entwürfe zu drei verschiedenen, sämtlich in D-Dur stehenden Sinfonien, die zu verschiedenen Zeiten niedergeschrieben worden sind – der erste, zweisätzige, wie anfangs datiert, im Mai 1818, der zweite, ein viersätziger Entwurf, im Mai und Juni des Jahres 1821 und der dritte im Herbst des Sterbejahres 1828. Mit dieser Datierung wurde zugleich die richtige Reihenfolge der Blätter ermittelt, so daß nun an der Zusammengehörigkeit der Sätze und Satzteile kein Zweifel mehr bleibt.

Ein nicht mit jüngsten Entwicklungen der einschlägigen Forschung Vertrauter mag wohl fragen, wieso diese Entdeckung just ins Jubiläumsjahr fällt und ob sie tatsächlich so eindeutig ist, wie sie hier dargestellt wird. Daß der Anlaß dieses Jubiläums zu einer erneuten Prüfung des Quellenmaterials einladen mußte, kann umso weniger verwundern, als in den vergangenen Jahren im Zusammenhang mit der neuen Gesamtausgabe der Werke Schuberts ohnehin unvermutet reiche Funde gemacht werden konnten, so z.B. im Archiv des Wiener Männergesangvereins, Funde, zu denen z.B. eine Partiturseite des von Schubert verworfenen, zur *Unvollendeten* gehörigen Scherzo-Satzes gehört.[6] Und nur ein Jahr zurück kamen zwei bislang unbekannte Klavierstücke zutage, welche im Spätherbst des Jahres 1827 entstanden sein dürften und auch im Hinblick auf die hier besprochenen sinfonischen Skizzen interessant sind.[7] Viel wichtiger aber als der kalendarische Anlaß war, daß die jüngste Prüfung der Autographen von anderen methodischen Voraussetzungen ausgehen konnte, als das noch wenige Jahre zuvor der Fall hätte sein können. Im Verlaufe etwa der letzten fünfzehn Jahre hat die Beschäftigung besonders mit beethovenschen Autographen, mit Skizzen, Reinschriften, Partiturschriften etc. der Forschung ein mittlerweile sehr feinmaschiges Netz von Anhaltspunkten zur Datierung von Notenpapieren an die Hand gegeben, wozu Beethovens ziemlich verschwenderischer Verbrauch eine wichtige Voraussetzung bildet. Aus Gründen, die hier nicht im Einzelnen dar-

---

[5] Eine Zusammenfassung seiner Studien, über die er partiell in *The Musical Times*, Juni 1978, S. 498–500 sowie auf den Kongressen in Wien, Minneapolis und Detroit berichtete, in: *Schubert-Studies*, ed. Eva Badura-Skoda und Peter Branscombe, Cambridge University Press 1979, S. 209–275.

[6] Durch Christa Landon.

[7] In C-Dur, D 916B und in c-Moll, D 916C; Neuausgabe durch Otto Brusatti als Nr. 805 der Reihe *Diletto Musicale*, Wien-München 1978.

gestellt werden können, wechselten z.B. die Hersteller die Wasserzeichen ziemlich rasch[8], so daß die Forschung heute, aufgrund der Papiersorte, der Wasserzeichen und anderer Daten oft sehr genau den Zeitpunkt der Herstellung des betreffenden Papiers bestimmen kann – und damit also ein Datum, vor dem die jeweilige Niederschrift nicht liegen kann. Diese Möglichkeiten samt den in der Beethovenforschung rasch verfeinerten Methoden sind Schubert in jüngster Zeit in großem Umfange zugute gekommen.[9] Im Falle der sinfonischen Skizzen war es eben die Fixierung jenes terminus ante quem non, welche die wichtige Entdeckung ermöglichte. Bei Schubert ergeben sich neben den bei Beethoven gewonnenen Anhalten weitere daraus, daß man bei genauerer Kenntnis der näheren Lebens- und Arbeitsumstände oft Parallelbefunde heranziehen, also z.B. vermuten kann, daß undatierte Autographe zu eben dem Zeitpunkt geschrieben sind, den Schubert auf anderen, gleichartigen Notenblättern notiert hat. Glücklicherweise datierte er ungefähr 85 Prozent aller hinterlassenen Autographe. So gibt es für die nachträgliche Datierung der verbleibenden 15 Prozent, unter denen sich wichtige Werke und spektakuläre Fälle befinden, gute Voraussetzungen.

Unter den spektakulären Fällen obenan steht die sogenannte »große« Sinfonie in C-Dur D 944, welche aufgrund eines eigenhändigen Eintrags von Schubert auf dem Deckblatt auf 1828 datiert und entsprechend als sein sinfonisches Vermächtnis angesehen worden war. Selten ist in der Musikforschung so viel Verwirrung gestiftet worden wie durch diese Datierung[10]: Weil glaubwürdig bezeugt ist, daß Schubert im Jahre 1825 während einer Kunstreise in Gmunden und Gastein an einer Sinfonie gearbeitet hat, wurde seit nunmehr hundert Jahren nach einer Gmunden-Gasteiner-Sinfonie gefahndet. Mittlerweile steht eindeutig fest, daß es sich bei jener eben um die große Sinfonie in C-Dur gehandelt hat, welche nicht zuletzt in ihrer Haltung aufs Beste zu der Produktion jener Zeit paßt, möglicherweise der glücklichsten, die Schubert erlebt hat. Indessen erlaubt uns unsere Kenntnis von Schuberts Arbeitsweise nicht, die Möglichkeit prinzipiell auszuschließen, daß er neben oder vor der großen C-Dur-Sinfonie nicht noch an einer anderen gearbeitet habe.[11] Was das C-Dur-Werk angeht, so hat er Entwürfe bereits auf jene Reise mitgenommen, auf dieser dann einzelne Teile – wie das Scherzo – in Partitur geschrieben und dann bis in den Herbst des folgenden Jahres an der endgültigen Fertigstellung gearbeitet. Das irreführende Datum

---

[8] Vgl. die einschlägigen Arbeiten von Alan Tyson, Douglas Johnson und Robert Winter.

[9] Vgl. die unter 5 genannten Beiträge von R. Winter.

[10] Hierzu vgl. die detaillierte Darstellung bei J. Reed, *Schubert – The Final Years*, London 1972.

[11] Einen möglichen, inzwischen als Fälschung erkannten Kandidaten stellte Harry Goldschmidt auf dem Schubert-Kongreß Wien 1978 zur Diskussion, vgl. den Kongreßbericht, ed. O. Brusatti, Wien 1979.

1828 mag mit der endgültigen Übergabe an die Wiener Gesellschaft der Musikfreunde zusammengehangen haben, in deren Direktorium Schubert zeitweise aktiv mitgearbeitet hat und von der ihm zuvor eine finanzielle Zuwendung zugekommen war.

Der Fall interessiert im Zusammenhang mit den neu datieren Skizzen insofern, als ein glaubwürdiger Zeuge, Schuberts Dichterfreund Eduard von Bauernfeld, in einer nach Schuberts Tode an eine Wiener Zeitung gegebenen Mitteilung ausdrücklich unterscheidet zwischen einer Sinfonie, an der Schubert auf jener Kunstreise des Jahres 1825, und »anderen Sinfonien«, an denen er später gearbeitet habe. Da nun die große C-Dur-Sinfonie ins Jahr 1825 rückte, war unklar, auf welches Werk oder welche Werke Bauernfeld sich mit der vagen Erwähnung späterer Sinfonien bezog. Die Datierung der Skizzen nun läßt kaum einen Zweifel daran, daß er – wenn möglicherweise auch nicht allein – jene Skizzierung gemeint hat, mit der Schubert in den letzten Wochen seines Lebens beschäftigt war.

Nach diesen Klärungen stellt sich die Entwicklung von Schuberts sinfonischem Komponieren in groben Zügen folgendermaßen dar: Im Jahre 1813, noch vor seinem fünfzehnten Geburtstage, beginnt eine Folge von sechs Sinfonien, in der fast regelmäßig in jedem Jahr eine neue Sinfonie entsteht oder beendet wird, als letzte die sechste im Februar 1818. Diese Regelmäßigkeit spricht nicht zuletzt für die Sicherheit, mit der der junge Schubert die Tradition des sinfonischen Komponierens aufnahm und zu nutzen verstand. Schon in gewissen Unausgewogenheiten der Sechsten jedoch verraten sich Zweifel daran, ob und wie er weiter in so jugendlich-naiver Weise vom Fundus der Tradition würde zehren können. Wie zur Bestätigung dieses Zweifels folgt der Sechsten nach nur wenigen Monaten der Entwurf D 615, in dem Schubert kühn ausgreift und eine langsame Einleitung schreibt, die ihm für die folgenden Sätze seinerzeit unerfüllbare Konsequenzen forderte. Wahrscheinlich war dieser Auseinanderfall von Gewolltem und Erreichbarem für ihn so etwas wie ein Schockerlebnis. Jedenfalls erscheint es nicht zufällig, daß von nun, vom Frühjahr 1818 an, auf drei Jahre hinaus nichts über weitere sinfonische Versuche verlautet. Drei Jahre später aber, im Frühjahr 1821, befindet Schubert sich, nun fast vierundzwanzigjährig, mitten im kritischsten Stadium seiner künstlerischen Entwicklung. Welche Ansprüche er an sich stellt, hat er im Vorjahr im c-Moll-Quartett-Satz oder im Fragment des religiösen Dramas *Lazarus* unzweideutig formuliert. Vom Zeitpunkt des neuen sinfonischen Entwurfs, dem Frühjahr 1821 an gerechnet, setzt er (soweit wir davon wissen) innerhalb nur eines reichlichen Jahres dreimal zur Komposition einer Sinfonie an und verzichtet dreimal auf die Fertigstellung, – im Frühjahr und Sommer des Jahres 1821 schnell hintereinander in zwei Entwürfen, deren erster (= D 708 A) uns hier beschäftigen wird, deren zweiter (= D 729) der Musikwelt bekannt ist, seitdem Schuberts Bruder Ferdinand das Auto-

graph an Felix Mendelssohn-Bartholdy übergeben hatte.[12] Bei dem dritten der
Entwürfe, in den Herbst des Jahres 1822 fallend, handelt es sich um keinen geringeren als das in unseren Konzertsälen meistgespielte sinfonische Werk, die
Unvollendete – ein sprechendes Zeugnis nicht zuletzt dafür, wieviel Vollendung
im substanziellen Sinne Schubert bei Unvollendung im äußeren Sinne erreichen
konnte.

Dieser Periode der vergeblichen Anläufe folgt abermals eine Pause, welche
möglicherweise wieder mit dem Fehlen von Dokumenten zusammenhängen
mag, aber doch insofern einleuchtet, als Schubert, soviel uns auch in der *Unvollendeten* erreicht und erfüllt scheint, für sich vor allem doch die Erfahrung des
Scheiterns seiner sinfonischen Ambitionen gemacht hatte. Daß er sich eine Pause verordnet hat, geht überdies aus dem ins Jahr 1824 gehörigen Brief an den in
Rom weilenden Malerfreund Kupelwieser hervor, worin Schubert formuliert,
daß er sich den Weg zur großen Sinfonie über die Komposition von Quartetten
bahnen wolle. Als er dies schrieb, lag die Komposition der *Unvollendeten* zwei
Jahre zurück; und Schubert kannte den Entwicklungsgang von Meistern wie
Haydn und Beethoven gut genug, um zu wissen, wie diese komponierend die
Genres des Streichquartetts und der Sinfonie in ein einander steigerndes Wech-
selverhältnis zu setzen verstanden hatten. Endlich darf nicht vergessen werden,
daß in der Krise der Jahre zwischen 1820 und 1823 auch ein Wandel der Einstellung zu Beethoven fällt, vermutlich präzise ins Jahr 1822, das Jahr der *Unvollendeten*.[13] Im Konvikt unter dem solid-konservativen Einfluß Antonio Salieris stehend, hatte der junge Schubert zu Beethovens »Bizarrerien« – und wie man dessen Eigenwilligkeiten sonst zu nennen pflegte – viel kritischen Abstand, worin
er eine verbreitete Ansicht teilte, welche bis zu Musikern vom Format Carl Maria von Webers hinaufreichte.[14] Wenn Schubert nun als Fünfundzwanzigjähriger
sich eine neue, eigene Meinung bildet und sich einschränkungslos zu einem
Meister bekannte, den man in Wien als »Feldherrn der Musik« ebenso fürchtete
wie verehrte und den als Individual- und Ausnahmefall anzusehen nicht gerade
schwerfiel, so mußte das gerade für seine Vorstellungen von sinfonischem Komponieren Folgen haben. Eine Aufgabe, die der Vierzehn- bis Zwanzigjährige
sechsmal mit nahezu spielerischer Überlegenheit gelöst hatte, wurde nun fast zu

---

[12] Neu hierzu Brian Newbould, *Schubert's Other Unfinished*, in: *The Musical Times*, 1978, S. 587–589,
und Paul-Gilbert Langevin, *La vraie Septième de Schubert et sa Résurrection*, in: *Schweizerische Musikzeitung*, 118. Jahrgang, 1978, S. 133–139 und 197–206.

[13] Hierzu allgemein W. Dürr, *Wer vermag nach Beethoven noch etwas zu machen? Gedanken über die Beziehungen Schuberts zu Beethoven*, in: *Beethoven-Jahrbuch*, Jahrgang 1973/1977, Bonn 1977, S. 47–67; zum
Datum 1822 Maynard Solomon auf dem Schubert-Kongreß, Detroit 1978.

[14] Vgl. z.B. die – recht billige – literarische Persiflage einer beethovenschen Introduktion in dem Fragment »Tonkünstlers Leben«, 4. Kapitel; C.M.v. Weber, *Kunstansichten*, Leipzig 1969, S. 46ff.

einem Alpdruck; eine Sinfonie zu komponieren war nunmehr unendlich schwer geworden.

Nach jenem Brief an Kupelwieser scheint es nochmals ein knappes Jahr gedauert zu haben, ehe Schubert neu zu Werke ging. Nun endlich, im Frühjahr 1825 beginnend, beflügelt durch äußere Erfolge, durch Anerkennung und Wertschätzung, kommt er voran und beendigt nach etwa anderthalbjähriger, oft unterbrochener Arbeit das Stück, welches, das einzige vollendete nach der früheren Serie, sein sinfonisches Magnum opus darstellt, die »große« C-Dur-Sinfonie.[15] Umso mehr muß ihn danach bedrückt haben, daß sie für die Mitwelt keineswegs das darstellte, was sie ihm bedeutete, daß sie in der Gesellschaft der Musikfreunde als »zu schwer und zu lang« beiseitegelegt und bei einer wichtigen Gelegenheit kurzerhand durch die sogenannte »kleine« C-Dur-Sinfonie, die letzte der frühen Serie, ersetzt wurde.[16] Nicht zuletzt mag der Umstand, daß das Hochgefühl des Jahres 1825 tiefer Niedergeschlagenheit wich, daran schuld sein, daß Schubert nicht den Versuch unternahm, die bei der großen C-Dur-Sinfonie gewonnenen Erfahrungen und Sicherheiten sogleich für die Komposition einer weiteren Sinfonie zu nutzen. Diese Überlegung freilich wird der besonderen Problematik eines weiteren Versuchs insofern nur halb gerecht, als nach den strengen Maßstäben, unter denen Schuberts sinfonische Pläne dreimal gescheitert und nun einmal glücklich verwirklicht worden waren, eine einmal erreichte Lösung viel weniger als früher den Weg freigab für weitere Unternehmungen, daß nach diesen Maßstäben die Sinfonie in einer Weise eine individuelle Schöpfung sein mußte, nach der sich jedes weitere Werk als produktive Aufhebung, dialektisch gesprochen als Negation des jeweils Vorangegangenen darstellt. Kein Wunder also, daß ein weiterer Anlauf, die Skizze D 936 A, wieder lange auf sich warten ließ, im Sterbejahr 1828 endlich unternommen, zu lange. Immerhin ist sie weit genug gediehen, um einiges von den Intentionen zu verraten, denen Schubert nachging. In diesen zeigt er sich abermals auf dem Wege zu neuen Ufern, in manchen Details gar als Zeitgenosse jenes Hector Berlioz, welcher im gleichen Jahr, vom Gastspiel einer englischen Schauspielertruppe in Paris angeregt, mit der Konzeption einer programmatischen Sinfonie umging, der nachmaligen *Symphonie phantastique*. So sehr Schuberts große C-Dur-Sinfonie nach der Zeit der gescheiterten Anläufe und nach abermaliger gewissenhafter Vorbereitung als Durchbruch erscheinen mußte, so wenig doch war sie es im Sinne eines Durchbruchs, der ein bequemes Ausbauen des neugewonnenen Terrains erlaubt hätte.

---

[15] Vgl. im vorliegenden Band S. 223f.
[16] *Schubert. Die Dokumente seines Lebens*, gesammelt und erläutert von Otto Erich Deutsch, Leipzig 1964, S. 507.

Nachdem sich dergestalt eine in der Koordinierung äußerer und innerer Daten einigermaßen glaubhafte Chronologie ergibt, müßte wohl die Frage der Zählung der Sinfonien neu gestellt werden. Indessen nennen wir hier nur die Gründe, derentwegen uns dies nicht sinnvoll erscheint. An der Numerierung der ersten sechs Werke besteht kein Zweifel. Johannes Brahms, der bei den Arbeiten an der ersten Schubert-Gesamtausgabe sich mit den Sinfonien befaßte, schlug die Zählung der großen C-Dur-Sinfonie als Nr. 7 mit der einsehbaren Begründung vor, daß damit die vollendeten Werke in einer Reihe stünden. Als nicht vollendet, in ihrer Bedeutung jedoch unübersehbar, wurde als Nr. 8 die *Unvollendete* angefügt. Mit dieser Zählung war, wie schon damals bekannt, die Chronologie ignoriert. Das Bedürfnis, ihr Rechnung zu tragen, traf zusammen mit dem Rätselraten um die legendäre Gmunden-Gasteiner-Sinfonie, und so lag es nahe, die große C-Dur-Sinfonie auf Platz 9 hinter die *Unvollendete* zu rükken und den Platz sieben freizuhalten für das möglicherweise noch aufzufindende Werk. Die Erwartung eines solchen ist durchaus erklärlich, handelte es sich doch schon bei den beiden bedeutendsten sinfonischen Werken um posthume Funde. Freilich war die legendäre Sinfonie nicht der einzige Kandidat für den offenen Platz, kannte man doch auch das Fragment D 729 in E-Dur, dessen Autograph später von Mendelssohn in englischen Besitz überging. Seit der Datierung der Wiener Fragmente gibt es nun gleich zwei weitere Kandidaten, und damit ist klar, daß man, will man bei der Zählung ein Prinzip rigoros durchsetzen, jedesmal bei absurden Ergebnissen landet. Wollte man jeden sinfonischen Versuch zählen, gleichgültig, ob er zu Ende gebracht ist oder nicht, so kämen – das frühe Fragment einer Sinfonie D 997 nicht einmal gerechnet – die *Unvollendete* auf Platz 10 und die große C-Dur-Sinfonie auf Platz 11 bzw. die letztere noch einen Platz weiter, wollte man noch einen Platz für ein hypothetisches weiteres Werk reservieren. Mit diesem Prinzip freilich wiche man von den Gepflogenheiten bei anderen Komponisten ab, wogegen wiederum sich einwenden ließe, daß bei kaum einem anderen ein unvollendetes Werk ein Gewicht hat wie bei Schubert die h-Moll-Sinfonie. Eben diese dürfte man keiner Numerierung würdigen, wollte man das Prinzip durchsetzen, nur vollendete Werke zu zählen.

Wir wenden uns nun dem ersten der Entwürfe zu (= D 615), demjenigen, den Schubert selbst auf Mai 1818 datiert hat, welcher also im Abstand von nur vier Monaten der Beendigung der Sechsten Sinfonie folgt. Wer glaubt, daß Schubert sich hier noch »in Schwung« befunden und auf dem soeben erfolgreich neu befahrenen Gleis habe fortfahren wollen, sieht sich enttäuscht. Schon in der Sechsten hatte er nicht mehr ohne Skrupel zu den Traditionen der Sinfonie stehen können, schon hier verrät sich Beunruhigung angesichts von Traditionen, die einer zunehmend individuell bestimmten Intuition mehr und mehr ins Licht von Normativen rückten, welche es ebensowohl zu benutzen wie zu widerlegen gelte. Die langsame Einleitung, die Schubert da entwirft, erscheint in diesem Sinne beinahe wie der solcher Unruhe folgende Ausbruch. Tatsächlich hat Schubert für Orchester niemals eine kühnere langsame Einleitung geschrieben, und es läßt sich kaum vorstellen, daß er sie entworfen haben könnte, ohne berühmte beethovensche Modellfälle gründlich studiert zu haben, unbeschadet der Tatsache, daß sie drei Jahre vor der definitiven Konversion zu Beethoven liegt. Die Kunst, den musikalischen Vorgang im Schweben, immer aufs Fortgehen angewiesen zu halten, jegliche Schwerpunktbildung zu vermeiden, weil sie die Orientierung auf das jeweils Kommende behindern würde[17] – diese Kunst konnte Schubert nur von Beethoven lernen. Nun übt er sie selbst mit erstaunlicher Überlegenheit und Meisterschaft, wie sich beispielsweise darin zeigt, daß die Musik genau in jenem Augenblick eine definitive Gangart gewinnt, da sie sich denkbar weitab von der Grundtonart befindet (= T. 19)[18], in einer, wenn man so will, »grundfalschen« Tonart. Zuvor hat Schubert komponierend mit der psychologischen Kategorie der Erwartung gearbeitet. Das zu verdeutlichen ist ein Vergleich mit Haydns Sinfonie Nr. 104 dienlich, die Schubert sicher gut gekannt und die hier möglicherweise Pate gestanden hat. Haydn eröffnete das Stück mit einer markanten Figur, in der dem mit pathetischer Geste »fragenden« Quintaufschlag des Beginns ein Quartabschlag antwortet (= Bsp. 1a). So lako-

Beispiel 1

nisch sie formuliert ist, so deutlich doch eignet dieser Figur in der Bezogenheit von Vorder- und Nachsatz eine gewisse Autonomie, und also kann Haydn im folgenden an sie als an etwas Festgefügtes, klar Postuliertes anschließen. Nicht so Schubert. Er fragt musikalisch auf ganz ähnliche Weise (= Bsp. 1b) – und hier muß erinnert werden, daß er sich nie gescheut hat, offen auf Vorbilder und Modelle Bezug zu nehmen und von diesen zu lernen.[19] Seine Frage aber bleibt un-

---

[17] Hierzu eingehender P. Gülke, »Indroduktion als Widerspruch im System. Zur Dialektik von Thema und Prozessualität bei Beethoven«, in: *Deutsches Jahrbuch der Musikwissenschaft für 1969*, Leipzig 1970, S. 5–40 bzw. in: *... immer das Ganze vor Augen. Studien zu Beethoven*, Stuttgart-Weimar 2000, S. 67ff.

[18] Eine vom VEB Edition Peters vorgelegte Publikation umfaßt eine diplomatische Umschrift der Klavierskizzen, eine ausführliche Analyse und die hypothetischen Partituren.

[19] Hierzu vgl. u.a. die Rolle von Mozarts g-Moll-Sinfonie KV 550 für Schuberts 5. Sinfonie, die Rolle von Beethovens Siebenter für Schuberts »große« C-Dur-Sinfonie, die Einflüsse klassischer Orchestermusik auf Schuberts frühe Kammermusik (M. Chusid auf dem Schubert-Kongreß Detroit 1978), in der Literatur u.a. M. Chusid, *Beethoven and the Unfinished*, in: Schubert, *Symphony in B minor*, ed. M. Chusid, Norton Critical Scores, New York 1971; Horst Weber, *Schuberts IV. Symphonie und ihre satztechnischen Vorbilder bei Mozart*, in: *Musica XXXIII*, 1978, S. 147–151; P. Gülke, *Zum Bilde des späten*

beantwortet, bleibt in der Luft hängen, zunächst als langliegender Ton *a*, welcher sich gewissermaßen verlängert in langgezogenen, wie aus der Höhe zurücktönenden Echos der hohen Holzbläser und Streicher – fast so, als erhielten hier nur die zugehörigen Obertöne eine melodische Formulierung. Erst, nachdem dies geschehen, nach einer Frist, da die auf Beantwortung sich spannende Erwartung des Hörers zu erlahmen droht, am Ende des sechsten Taktes, gibt Schubert die Antwort (= Bsp. 1 c). Die psychologischen Momente dieser Verzögerung erscheinen ebenso berühmten beethovenschen Beispielen abgesehen wie andererseits romantischen Wesens. Wie Haydn antwortete Schubert mit einem Quartabschlag – aber es ist, höchst überraschend und bizarr genau in dem Sinne, in dem man beethovensche Eigenwilligkeiten gern zu tadeln pflegte, eine übermäßige Quart, die die Musik gewaltsam aus ihrer Tonart hinauswirft. Der nunmehr erreichte Liegeton heißt *Es* und produziert nicht anders als sein Vorgänger den Überbau einer melodisch ausgeformten Obertonstruktur. Diesmal muß sich die Erwartung des Hörers noch mehr spannen, weil eine Korrektur der gewaltsamen Ausweichung fällig wäre, weil sich ein Bedürfnis regt, zur Grundtonart als dem harmonischen Gravitationspunkt zurückzukehren. Schubert ignoriert dies, er verweilt im Abseits und scheint den Ausgangspunkt vergessen zu haben – so sehr, daß er in der »falschen« Tonart ausführlich und schulgerecht kadenziert und das langliegende *Es* zum Grundton einer Dominante qualifiziert, die zur Tonika As-Dur führt. Und mit diesem As-Dur ist die langsame Einleitung im Takt 13 genau an dem Punkt angekommen, der harmonisch von der Grundtonart am weitesten entfernt liegt. Die damit erreichte subdominante Tiefe scheint Schubert indessen noch immer nicht auszureichen; unter ausdrucksvollen, ein wenig verloren wirkenden Bläserwendungen macht er im Baß das *As* zur Dominant von *Des* und dies *Des* wiederum zur Dominant von *Ges*, geht also immer tiefer hinab, bis er *Ges* bzw. *Fis* erreicht hat. Dort beginnt eine Wanderung durch die Tonarten, in der die Musik endlich eine definitive, feierlich langsame Gangart findet; wie mühevoll arbeitet sie sich allmählich auf die Grundtonart zu in einem Prozeß, dem Schubert keine beruhigende, in den Ergebnissen voraussehbare Zielstrebigkeit gönnt, weiß er doch, daß jähe Störungen und Überraschungen zu den besonderen, durchaus theaterartigen Mitteln einer langsamen Einleitung gehören, Spannung zu erzeugen, zu desorientieren, um dem Zuhörer sodann das Ziel mit umso größerer Wirkung neu vor Augen zu stellen. Auf jenem mühevollen Zurück zur Grundtonart kommt es zu einer Art Aufprall, immerhin nun schon auf der Dominant zu *D* und über jenem Liegeton *a*, der zu Beginn der Einleitung überlang erklungen war. Über diesem figurieren hohe Holzbläser melodisch

Schubert. Vorwiegend analytische Betrachtungen zum Streichquartett op. 163, in: *Deutsches Jahrbuch der M sikwissenschaft für 1973–1977*, Leipzig 1978, S. 5–58.

weitläufig eine Kadenz aus, wonach mit der Grundtonart D-Dur zugleich das Allegro bzw. der Beginn des Hauptsatzes mit dessen erstem Thema erreicht werden.

Nennen wir diese musikalische Entwicklung meisterhaft disponiert, so greifen wir nicht zu hoch. Gewiß läßt sich bei dem jähen Umbruch nach *Es* (= Bsp. 1 c) ein Zug von gewaltsamer Willentlichkeit nicht übersehen, gewiß sticht er eigentümlich grell heraus. Allerdings sollten wir nicht vergessen, daß wir ihm hier nun erstmals begegnen, also nicht über jenes Vorauswissen verfügen, das uns etwa bei bekannten Werken Beethovens, in denen sich Ähnliches ereignet, immer schon eine bestimmte Vor-Einstellung zu dem Kommenden verschafft. Insofern haben wir bei Funden wie dieser Einleitung teilweise noch einmal die Chance, unbelastet durch früheres Anhören mit Kühnheiten wie jenem Umbruch etwa in der Schärfe konfrontiert zu werden, die in der Absicht des Komponisten gelegen haben muß.

Insgesamt hat Schubert das Modell der haydnschen Sinfonie eher nur als ein Sprungbrett benutzt für eine unabsehbare neuartige Lösung, bei der im Weiteren Haydn kaum Hilfestellung leisten konnte. Bei dem Eintritt des Allegros jedoch ist er wieder gegenwärtig, nicht mehr als in der Stellung eines Paten, aber doch so, daß man sich dessen ebenso schlichtes wie fein durchgebildetes Thema (= Bsp. 2) sehr gut als Hauptthema einer der vorangegangenen Sinfonien vorstellen

Beispiel 2

kann – als Gestalt und in den Möglichkeiten der Verarbeitung ist es besser formuliert als das entsprechende der sechsten Sinfonie. Der weitere Verlauf der Skizze läßt deutlich verfolgen, wieviel Schubert von Haydn gelernt hat, zumal von dessen strenger Ökonomie – was bei Schubert besonders hervorzuheben ist als einem, der eher an der Überfülle von Einfällen zu leiden hatte denn an Mangel. Das Vorbild von Haydns sorgsamer Haushaltsführung zeigt sich etwa darin, daß Schubert in einer ans erste Thema anschließenden Modulation genau bis zu jenem Fis-Dur gelangt, bei dem in der Einleitung die Rückwanderung zur Grundtonart begann; und aus dieser Rückwanderung bezieht er die melodische Wendung Bsp. 3 a und formt sie zu einem schönen, vor dem Hintergrunde einer wiegenden Begleitung gesungenen Seitenthema (= Bsp. 3). Dergleichen muß uns als Ausdruck des Bestrebens interessieren, das sinfonische Ganze straff durchzuorganisieren und möglichst wenig dem Zufall zu überlassen, und sei es auch der Zufall eines schönen Einfalls.

Beispiel 3a und 3b

Derlei Delikatessen der Komposition freilich überdecken nicht den tiefen Widerspruch zwischen einer Großes versprechenden, gleichermaßen beethovensch wie romantisch inspirierten Introduktion und einem wie schön auch immer durchdachten Hauptsatz, dem eine bescheidenere Einleitung besser angestanden und der, selbst in dem so schön getroffenen lyrischen Musizierton, durchaus Platz gefunden hätte im Rahmen einer Konzeption, wie sie Schubert zuvor sechsmal realisiert hatte. Ein solcher Widerspruch konnte ihm nicht verborgen bleiben. Es kennzeichnet aber seine Schaffensweise, daß er zunächst versucht, die Konsequenzen zu ignorieren, die er ziehen müßte. Er bricht die Skizzierung des ersten Satzes nach dem Komplex des zweiten Themas ab und wendet sich dem zweiten zu, welcher merkwürdigerweise in der gleichen Tonart D-Dur steht – was innerhalb seiner zyklischen Werke nur einmal bei einem frühen Streichquartett begegnet. Hier nun gerät Schubert noch tiefer zurück in einen Stilbereich, den er in der Einleitung hinter sich zu lassen versuchte hatte. Nach deren Kühnheiten scheint er sich hier, als in vertrauten Gefilden, sehr wohl gefühlt zu haben; jedenfalls entwirft er mit rascher, überlegener Hand ein Satzganzes, läßt zunächst alle selbstverständlichen Ergänzungen beiseite und konzentriert sich aufs Wichtigste, zumal die harmonische Disposition. Dies führt er bis zu einem Punkte, da der erste Abschnitt mit bereichernden Veränderungen, wiederkehren müßte. Sicherlich hätte das hier Niedergelegte ihm als Grundlage zur Ausschreibung einer endgültigen Partitur zugelangt. Was jedoch noch wenige Monate zuvor möglich gewesen war, ist nun nicht mehr möglich. So schön, so rund, so anmutig und in vielen Einzelheiten bezaubernd schubertisch diese Musik auch ist, neu in dem durch die Einleitung geforderten Sinne ist sie nicht. Und nachdem neue Richtmaße einmal so ausdrücklich gesetzt waren, mußten Erfindungen wie dies Andante wie unzulässige Wiederholungen und Rückwendungen erscheinen. So erwies sich die Einleitung als ein großes Versprechen, das in den folgenden Sätzen einzulösen Schubert noch nicht möglich war – und das muß für einen jungen Musiker, der daran gewöhnt war, komponierend rasch zu Ergebnissen zu kommen, den seine Begabung mit einer glücklichen Harmonie von Gewolltem und Erreichbarem verwöhnt hatte, ein bestürzendes Erlebnis gewesen sein. Hier empfand er, möglicherweise erstmals mit solcher Vehemenz, Qual und Glück des Weiterschreitens, wie sie ihn in den nächsten fünf Jahren immer neu bedrängen sollten.

Als Schubert nach drei Jahren eine neue Sinfonie (= D 708A) zu skizzieren begann, war ihm dies Erlebnis anscheinend gegenwärtig. Er hat sich, was bei ihm ungewöhnlich ist, die Skizze von 1818 aufgehoben, und wohl nicht zufällig plant er abermals eine Sinfonie in D-Dur. Langsame Einleitungen freilich, so läßt sich vermuten, hat er fürchten gelernt. Diesmal fängt er konventionell an, gerade als wolle er sich die Hypothek des fehlgegangenen früheren Versuchs vom Leibe halten. Er eröffnet den Allegro-Hauptsatz mit einer Prägung (= Bsp. 4), die beinahe so etwas wie das Stereotyp eines Sinfoniebeginns darstellt

Beispiel 4

und von ihm selbst in ähnlicher Form in der ersten Sinfonie benutzt worden ist – das unübertroffene Vorbild hierzu kannte er von Mozarts Jupiter-Sinfonie. Bei ihm weniger individuell geformt, stellt es sich beinah als eine Art Leerformel dar, in der nur gesagt wird, d a ß da begonnen wird, nicht aber schon definiert wird, w a s da beginnen soll. Im Grunde weiß Schubert mit ihr auch nicht viel anzu-fangen; in einer Wiederholung greift er rasch zu jenem Mittel, dessen überreich-liche Benutzung ihm in zeitgenössischen Kritiken immer wieder vorgehalten worden ist, zur Modulation. Er landet weitab in As-Dur, wo nun ein Singen an-hebt, welches ihm offenkundig mehr am Herzen liegt – und im übrigen über seine Arbeitsweise interessante Aufschlüsse verspricht. Nach dem Maßstab des großen melodischen Bogens, den dies zweite Thema beansprucht, mögen man-che anderen Komponenten der Gestaltung seltsam verkümmert oder vernach-lässigt erscheinen (= Bsp. 5); die Kontrapunktierung mit einer imitierend nach-

Beispiel 5

ziehenden Linie sorgt zunächst eher notdürftig für einen Ausgleich. Die Linie
kreist in Wiederholungen und Akkordbrechungen allzusehr im Rahmen einer
Tonart, sie kommt harmonisch nicht eigentlich voran, was einem Melodieerfin-
der vom Range Schuberts kaum verborgen geblieben sein kann. Andererseits
muß er sich wohl, bevor er zu schreiben begann, zumindest über den Zuschnitt
der Themen Gedanken gemacht haben, ist doch nicht vorstellbar, daß er erst im
Zuge der Niederschrift an eben dem Punkte, da Neues erforderlich wird, über
dessen Formung nachgedacht hätte – umso mehr, als ihm die sanglichen zweiten
Themen als individuelle Gestalten zuallermeist wichtiger waren als die für ihn
primär von der Architektur geforderten und geprägten ersten. So bleiben zwei
Möglichkeiten, zwischen denen wir nicht eindeutig entscheiden können: entweder erschien Schubert das Thema zunächst in der präsentierten Gestalt als Vehikel eines lyrischen Komplexes ausreichend, wobei wir in Rechnung stellen
müßten, daß in derlei Komplexen die Gangart, die Bewegungsform Priorität vor
der individuellen, melodischen Formung gewinnen konnten; dann hätte die
Gewißheit, eine bestimmte Form des lyrischen Fortströmens definiert zu haben,
die Rechenschaft über die Gestaltqualitäten des Themas hintangesetzt; für das,
was unmittelbar vonnöten war, reichte das Thema zu. Und damit rückt als ergänzende Möglichkeit ins Blickfeld, daß Schubert wußte, was das Thema in der
zuerst präsentierten Form nicht leisten würde und also einen Mangel stehen ließ,
um in einer späteren Variante (= Bsp. 6) genau jene offengehaltene Lücke zu

Beispiel 6

treffen bzw. zu füllen. Hier kommt es in kühn ausgreifenden Modulationen fast
zu einem Über-Ausgleich der früheren Bedenken. Ohne Übergang schreibt
Schubert sich zur Schlußgruppe weiter und endlich in einen Abschnitt hinein,
welcher wie eine Durchführung aussieht. Mit dieser, insofern es um eine Dialektik beethovenschen Gepräges ging, hat er sich oft schwer getan; er mag die
Skizze abgebrochen haben mit der Gewißheit, daß hier noch gründlich nachzu-
arbeiten sein werde. Der Forteschlag auf *a*, mit dem er schließt, steht allerdings
unzweideutig für jenen »Doppelpunkt«, der der Wiederkehr des ersten Themas
und der Grundtonart vorausgeht.

    Im Thema des nachfolgenden Andante trifft Schubert mit schöner Sicherheit
einen persönlich intimen Ton in einem Typus von Andante-Thema, der ihm
nicht neu war. Indessen zeigt sich, daß er sich auf vorgeformte Typologien nicht
mehr einfach verlassen will; so steht dem anfänglichen Ruhen im A-Dur eine
weitgreifende Modulation gegenüber, worin der still-schwärmerische Ton der
Melodie fast allzu excessiv erweitert wird; jedoch holt Schubert sie mit einem

Beispiel 7

genial einfachen Handstreich in ihre Grundtonart zurück – und hat zugleich
doch in der Ausweichung eine Strebung exponiert, der er im weiteren Verlauf
des Satzes nur allzugern nachgibt, fast, daß sich F-Dur als zweite Grundtonart
setzt. Dort jedenfalls erklingt das Thema späterhin, wenn auch nur episodisch
inmitten einer durch ein ausdrucksvolles imitatives Geflecht geprägten Passage.
Fraglos hat Schubert auch diese Niederschrift an einem Punkt abgebrochen, wo
die Art und Weise der Fortführung für ihn klar definiert war – und nicht einmal
nur für ihn. So stellt sich uns, wenn auch prinzipiell zu verneinen, immer wieder
die Frage, ob man – wie vorsichtig auch immer – Schubert in Sätzen fortschrei-
ben sollte, die er nur als Klavierskizze hinterlassen hat und an denen er im Zuge
der Ausarbeitung zur Partitur fraglos noch geändert hätte. Wie dem auch sei:
Dies Andante gehört zu den Stücken, denen man nicht ohne Trauer nachblickt,
da sie sich uns in ihrer Unvollständigkeit entziehen; die freilich detailliert genug
ausformuliert sind, um uns einen Begriff von dem zu geben, was sich uns entzieht.

Was den Abstand des Skizzierten zu einer vermuteten Endgestalt angeht, so ist
er bei dem folgenden Satz, einem Scherzo, offenbar besonders gering: Zum einen ist er in vielen Einzelheiten typologisch so stark fixiert, daß wenig Zweifel
daran bleibt, wie er in Partitur aussehen würde. Auch hat Schubert, da er nie
Dinge skizziert hat, die sich für ihn aus dem Kontext ergaben, nur Einzelheiten
unaufgeschrieben gelassen, die man recht sicher aus der Textur des Ganzen erschließen kann. Daß am Ende des zweiten, längeren Teils eines Scherzos die
Motivik des ersten Teils, wenn nicht dieser selbst, wiederkehrt, war schon im
Vorgänger des Scherzos, dem Menuett angelegt; und wenn Schubert seine Niederschrift mit einer in sich geschlossenen, auf der Dominant stehenden Periode
abbricht, so bleibt kein Zweifel, daß die gleiche Periode, nun in die Tonika versetzt, folgen soll. Nur ein falsch verstandener Respekt würde vor so klar vorausdefinierten Ergänzungen zurückschrecken, zumal dann, wenn sie uns einen
konzertfähigen Satz bescheren, der – von Konzeptionellem nicht zu reden –
qualitativ über manchem entsprechenden der früheren Sinfonien steht und bestenfalls darin problematisch ist, daß die versuchte Distanzierung von üblichen
Lösungen Schubert zu einer Ausführlichkeit zwang, die in den üblichen Wiederholungen den Hörer ermüden könnte. Eine ähnliche Problematik veranlaßt
bekanntlich viele Dirigenten, eine Wiederholung im Scherzo der großen C-
Dur-Sinfonie zu streichen.

Der Vergleich mit diesem viereinhalb Jahre später geschriebenen Satz kommt
nicht von ungefähr, denn offenkundig hat Schubert sich hier des früheren erin-

nert. Das ist nur allzu verständlich, muß es ihn doch hart angekommen sein, ein so wertvolles, kurz vor der definitiven Vollendung stehendes Musikstück verloren zu geben, weil es als Teil einer als Ganzes für ihn veralteten Konzeption nicht zu retten war. Schubert hat nicht nur einzelne Wendungen in das spätere Scherzo hinübergenommen, als auffälligste die melodische Formel des ersten Taktes (vgl. Bsp. 8), er konnte darüber hinaus in dem C-Dur-Scherzo auf dem früheren

Beispiel 8

Versuch aufbauen, die Grenzen einer typologischen Fixierung hinauszuschieben. In der Skizze weicht er vor dem üblichen, eine markante Prägung hinstellenden Beginn in ein Fugato der Streicher aus, die regelmäßig in Viertaktabständen nacheinander einsetzen. Das klingt für uns, da wir das spätere Scherzo kennen, eher wie die Verarbeitung von etwas zuvor Exponiertem, und die Frage, ob ein in seiner kontrapunktischen und metrischen Regelmäßigkeit derart reibungslos funktionierender Mechanismus geeignet sei, einen Satzanfang abzugeben, läßt sich kaum von der Hand weisen. Wie man sie auch beantwortet (wobei man sich hüten muß, einfach von der Warte des C-Dur-Scherzos »zurückzublikken«) – als wichtige Absicht Schuberts bleibt festzuhalten, anders zu verfahren als üblich. Der Beginn des C-Dur-Scherzos stellt sich im Vergleich wie eine Rückkehr zu bewährten Formen dar; hier haben wir die handliche Prägung, den energisch anspringenden Beginn – und übrigens später im Satz (= Takte 105 ff.) eine Passage, die dem Satzanfang des Fragments nachgestaltet sein könnte. Die versuchte Abweichung dokumentiert sich in dem Fragment auch anderwärts, so im beethovenschen Festrennen auf einem taktwidrigen Sforzato (Takte 43 ff.), in sehr schroffen Kontrastierungen oder in delikaten metrischen Unregelmäßigkeiten des Trios, einem Trio (Bsp. 9), in welchem Schubert andererseits die Linie des Ländlerischen und der Bevorzugung von Bläsersoli fortführt – es ist fraglos eines der schönsten, die er geschrieben hat.

Anscheinend als ersten Ansatz zu einem Finale notiert er sodann einen Satzanfang, der wie ein Charakterstück im ungarischen Stil anmutet und durchaus in Sammlungen wie den nachmaligen *Moments musicaux* hätte Platz finden können. Dem Brauch, im Finale auf Volksmusik Bezug zu nehmen, bleibt Schubert auch in dem zweiten Entwurf treu, nur, daß er nun von Ungarn nach Italien überwechselt und eine Art virtuoser Tarantella ins Auge faßt. Hier begegnen wir einem Schubert, der mit Rossini wetteifern möchte, zugleich aber doch er selbst bleibt, und sei es darin, daß er den maschinenhaften Selbstlauf, auf dessen Effekte sich der italienische Meister besonders gut verstand, nicht erreicht. Immerhin schreibt Schubert einen ausgemacht virtuosen Satz, und wiederum einen, bei

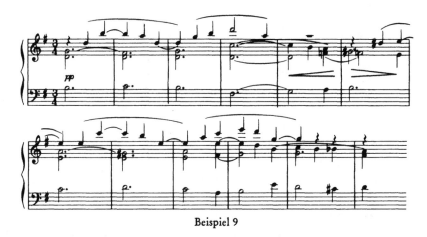

Beispiel 9

dem – die Coda nicht gerechnet – auf die Art der Fortführung nach dem Abbruch der Skizze ohne Mühe rückgeschlossen werden kann. Die luftige Poesie des rasch vorbeihuschenden Seitenthemas erinnert an Mendelssohns Sommernachtstraum-Zaubereien; ihr Kontrast zu dem Flötensolo des Satzbeginns oder den energisch zupackenden Tutti zeigt einen Komponisten am Werk, der sehr genau weiß, daß er den stark normativen Wirkungen eines raschen 6/8-Taktes sehr prägnante Dinge entgegensetzen muß. Er tut dies auch im harmonischen Bereich, nahezu wieder bis hin zur Setzung einer Art »Gegentonart«.

Eine angemessene Wertung dieses viersätzigen Entwurfs muß im Auge behalten, daß Schubert nur wenige Monate später eine weitere Sinfonie, diesmal in E-Dur[20], skizzierte und bei deren Ausarbeitung sehr viel weiter vorandrang – so weit, daß mehrmals eine Vervollständigung versucht worden ist. Schwerlich war mit dem Entschluß zu der neuen Sinfonie der zuvor niedergeschriebene Entwurf verabschiedet und zu den Akten gelegt. Schubert geht jetzt anders vor, er schreibt wieder eine langsame Einleitung, sieht Posaunen vor, was seinerzeit noch immer den Charakter einer Ausnahmelösung hat. Offenkundig strebt er eine große, in Dimension und Anspruch über den D-Dur-Entwurf hinausgehende Lösung an. Doch eben dadurch mag ihm die Problematik seiner sinfonischen Ambitionen besonders klar geworden sein: Die musikalische Substanz dieses Entwurfs, durch die erwähnten Einzelheiten einem höheren Anspruch ausgesetzt, entspricht diesem nicht ganz. Die Nähe zu den früheren Sinfonien und zu rossinischen Charakteristiken schlägt immer wieder durch und trägt dem Stück, mit Ausnahme des langsamen Satzes, einige Zwiespältigkeit ein.

Wenn wir die Gründe zu bedenken versuchen, derentwegen Schubert aufgab, haben wir uns freilich davor zu hüten, absolut zu werten und also zu vergessen,

---

[20] Vgl. die unter 12 genannte Literatur.

in welchem Schaffensstadium er sich befand. Wenn eben damals Fragmente sich
häuften, so deshalb, weil Schuberts Intentionen in einem stürmischen Entwicklungsgang das kompositorisch Erreichbare immer wieder überflügelten, so daß
auch schöne Konzeptionen schon in der – bei ihm kleinen – Zeitspanne, die ihre
Realisierung erfordert hätten, für ihn veralteten; so konnte es auch erstklassiger
Musik geschehen, daß sie, als Teil einer insgesamt uninteressant gewordenen
Konzeption, verworfen wurde, und es wäre eine grobe und ungerechte Vereinfachung, bei liegengebliebenen Kompositionen nur in kompositorischen Män-
geln die Gründe zu vermuten, derentwegen Schubert sie aufgab. Wenn für ihn
die Unterscheidung zwischen Liegengeblieben und Verworfen oft nicht klar
war, so müssen doch wir versuchen, sie zu treffen, – nicht zuletzt, um die Umstände voll zu begreifen, die ihn zwingen konnten, auch ein schönes Stück, dessen definitive Fertigstellung kaum einen halben Tag Schreibarbeit erfordert hätte, verlorenzugeben. Der Andrang an Neuem, an Ideen, Konzeptionen, muß in
eben diesen Jahren ungeheuer gewesen sein, und Schubert war mit seiner künstlerischen Arbeit auf eine Weise identifiziert, die es ihm verwehrte, mit überlege-
nem Abstande eine Arbeit zu Ende zu führen, deren ästhetischer Wert wohl außer Frage stand, mit deren Position er sich aber nicht mehr identifizieren konnte.
Vielleicht können die beiden Fragmente des Jahres 1821 sogar als schüchterne
Versuche in dieser Richtung verstanden werden. Beide halten Abstand zu den
Kühnheiten der drei Jahre zuvor geschriebenen Introduktion, in beiden verfährt
Schubert vorsichtiger. Vielleicht hat er versucht, den Abstand zwischen dem inzwischen gewonnenen Begriff einer großen Sinfonie und seinem kompositorischen Ansatz zu ignorieren, ihn sozusagen einem besseren Selbst, seinem künstlerischen Gewissen, zu verheimlichen, vielleicht hat er versucht, sich blind zu
machen gegen Erkenntnisse und Ansprüche, deren lähmende Wirkungen er
fürchten gelernt hatte. Die Sache hat freilich auch ihre pragmatische Seite, denn
Schubert hatte – ohne Auftrag, eine Sinfonie zu schreiben – allen Grund, auf etwas Praktikables, Wirkungssicheres auszugehen. Da lieferte ihm Rossini ständig
Beispiele, wenn auch auf dem Theater, mit dem Schubert jedoch gerade damals
viel zu tun hatte. So mag es auch äußere Nötigungen gegeben haben für den
Versuch, sich des Ansturms neuer Ansprüche zu erwehren und bewährte Grenzen der Gattung gegen drohende Verunsicherungen zu stabilisieren. Am Ende gelang es nicht, was kein Grund ist, diese Absperrung als schnöde, als Handlung
wider besseres Wissen anzusehen.

Nicht wenig zur Erklärung dieses Scheiterns trägt bei, was Schubert ein Jahr
später schreiben sollte: die *Unvollendete*. Die Erwartung, daß von den Fragmenten aus auf den rätselhaften Qualitätssprung zur h-Moll-Sinfonie neues Licht falle, enttäuschen diese weitgehend. Fast könnte man sagen, daß Schubert hier
noch einmal mit Lösungen umgegangen sei, die sich in dem späteren Werk endgültig verboten, gerade, als habe es sich um Manöver gehandelt, die die Untaug-

lichkeit veralteter Systeme beweisen sollten. Das Wunder der *Unvollendeten* wird durch die Kenntnis der Fragmente eher noch vergrößert; der Weg zu ihren Neuerungen führt woanders entlang, z.B. über zeitlich und genremäßig weiter entfernt liegende Kompositionen wie den Quartettsatz c-Moll vom Jahre 1820 oder gar über das ins gleiche Jahr gehörige *Lazarus*-Fragment. Aber sowohl in einer dramatischen Komposition als auch in einem Streichquartett ließ sich in dem damals für Schubert aktuellen Sinne leichter neuern als in einer Sinfonie – aus Gründen, die detailliert auszuführen hier zu weit führen würde: Schon der Abstand zwischen diesen kühn vorgreifenden Werken und den Sinfonie-Fragmenten sagt hierzu Einiges. Das Neue, um das es Schubert ging, wäre von uns zu vage und pauschal begriffen, stellten wir es uns als von einer Gattung in die andere übernehmbar vor. In jeder von ihnen mußte es auf je eigene Weise konkretisiert und herausgearbeitet werden, und eben dies war in der Sinfonie offenkundig ungeheuer schwer. Im übrigen dürfen wir, die *Unvollendete* als wichtige Station erkennend, nicht vergessen, daß sie für Schubert wiederum keine vollständige Einlösung seines Begriffs einer neuen Sinfonie darstellte, daß auch sie für ihn Stückwerk war, Bruchstück einer großen Konfession. Aber nicht nur von ihr läßt sich sagen: Welch ein Bruchstück!

Bislang sind wir Antwort schuldig geblieben auf eine Frage, die unsere hypothetischen Partituren[21] zwangsläufig aufgeben – die Frage, mit welchem Recht und welcher Autorisierung man Skizzen, die nur im Klavierauszug überliefert sind, für Orchester ausschreibt. Selbstverständlich simuliert eine Partitur mehr Vollendung und Abgeschlossenheit, als diese Stücke für sich beanspruchen können. Wo uns von Schubert – selten genug – Skizzen zu Orchesterwerken erhalten geblieben sind, läßt sich verfolgen, wie sich im Prozeß der Ausarbeitung die Fixierung kompositorischer mit instrumentatorischen Details verbindet.[22] Jedes der Stücke hätte, von Schubert beendigt, anders ausgesehen als in unserer Partitur. Freilich kann man, sofern man nicht generell in übertriebener Diskretion unvollendeten Werken das Recht auf Verborgenheit erhalten will, auch anders herum fragen. Daß wir von einem Genie wie Schubert nicht genug wissen können, muß nicht betont werden; und über Kompositionen, die für Orchester gedacht waren, bekommt man ein Maximum nur zu wissen, wenn man sie in eben der Dimension wahrnimmt, in die der Autor sie hineingedacht hat. Wir brau-

---

[21] Diese wurden unter Leitung des Verfassers im Oktober und Dezember für den Rundfunk der DDR mit dem Radio-Sinfonie-Orchester Leipzig eingespielt und im März 1978 mit der Dresdner Staatskapelle als Schallplatte. Der Rundfunk der DDR übernahm die Partituren als Auftrag.

[22] Zu den die *Unvollendete* betreffenden Dokumenten vgl. Schubert, *Symphony in b Minor*, a.a.O., und als bisher am weitesten gehende Betrachtung Michael Griffel, *A Reappraisal of Schubert's Methods of Composition*, in: *Musical Quarterly 1977*, S. 186–210.

chen uns nur vorzustellen, wir kennten die große C-Dur-Sinfonie D 944 nicht, und deren Eröffnung oder das Nebenthema ihres Finales würden uns auf dem Klavier vorgespielt: Sie würden uns kaum als die großen sinfonischen Ereignisse erscheinen, die sie in Wirklichkeit darstellen; an ihnen haftet die Dimension des großen Apparates[23] in einer Weise, die manchen nur nach musikalischer Gestalt und Struktur fragenden Betrachter entmutigen müßte. Mit anderen Worten: Auch, wenn in unseren klingenden Hypothesen der Oboe zugeteilt ist, was Schubert der Klarinette zugedacht hätte, bleibt der Abstand zu einem vermuteten Endstadium geringer, als wenn wir die Skizzen auf dem Klavier darböten – wie das übrigens Brown mit dem Andante des späteren Entwurfs getan hat. Wir müssen hier ausnahmsweise daran vorbeisehen, daß die Ausschreibung der Partitur das letzte Stadium der Arbeit darstellt. Das heißt aber nicht – wie oft fälschlich gefolgert wird –, daß der Komponist sich erst in diesem Stadium über die Instrumentation Gedanken machen würde. Zuallermeist haftet schon am Einfall – und ganz und gar bei einem so spontan Komponierenden wie Schubert – die Vorstellung einer bestimmten instrumentalen Darstellung. Hinzu kommt, daß in der klassischen Ära hierbei einiges durch Konventionen festgelegt ist und daß Schuberts Originalität in allen anderen Bereichen des Komponierens größer ist als demjenigen der Instrumentation, beinahe, daß man sagen möchte: dieser Originalität bedurfte es nicht. So kann man mit einiger Sicherheit von seinen vollendeten Partituren aus schlüssige Analogien finden. Zu den Momenten, die den Entscheidungsspielraum bei einem solchen Versuch in willkommener Weise einengen, gehören außerdem Instrumentationshinweise in den Skizzen, typologische Feststellungen wie im bläserisch geführten Trio des im Jahre 1821 geschriebenen D-Dur-Fragments und von der Gesamtstruktur eines Satzes ausgehende Rückschlüsse. Nirgends jedoch kann hier eine Orchestrierung mehr erstreben, als dasjenige zu vergegenwärtigen, was Schubert bei der Skizzierung vermutungsweise vorgeschwebt hat – wie sie auch anfangs, ohne Hinblick auf eine mögliche Aufführung, lediglich gedacht war als ein noch für das kleinste Detail geltender Zwang, die Klavierskizze so zu lesen, wie sie niedergeschrieben wurde – als Abbreviatur. Wenn man bisher an vielem in den Skizzen Enthaltenen vorbeisehen konnte, so auch deshalb, weil der Schritt zu der intensiven Vergegenwärtigung, wie sie eine – wie immer auch hypothetische – Partitur ermöglicht, nicht getan wurde.

Wir wenden uns nun dem dritten der Fragmente zu (= D 936A), demjenigen, auf das Eduard von Bauernfeld offenbar angespielt hat, als er zwischen der in Gastein geschriebenen und »späteren Sinfonien« unterschied – wobei die vage

---

[23] Weitere Gesichtspunkte hierzu bei P. Gülke, »Zur Bestimmung des Sinfonischen bei Beethoven«, in: *Deutsches Jahrbuch der Musikwissenschaft für 1970*, Leipzig 1971, S. 67–95 auch in: ... *»immer das Ganze von Augen«*, a.a.O., S. 37 ff.

Mehrzahl »Sinfonien« ein wenig verwirrt, aber damit erklärt werden könnte, daß in einem so frühen Stadium der Arbeit Genaues über Schuberts Pläne nicht mehr bekannt geworden ist, oder auch damit, daß er die früher beschriebenen, ungewöhnlicherweise aufbewahrten Fragmente vor sich liegen hatte, etwa als eine Art Materialsammlung zu einer D-Dur-Sinfonie – denn um eine solche handelt es sich abermals. Für eine derartige Materialsammlung spricht, daß bald nach Schuberts Tode die Skizzen in einem Heft vereinigt waren. Andererseits liegt die Frage nahe, in welcher Weise die früheren Skizzen ihm bei der Planung eines Vorhabens dienlich sein konnten, welches von vornherein sehr andersartig konzipiert war; immerhin fallen bei den Entwürfen ungeachtet aller Unterschiede auch Parallelitäten ins Auge, besonders die zweiten Themen der ersten Sätze betreffende: Sowohl in D 615 als auch in D 936A setzen diese schulgerecht, jedoch bei Schubert eher anomal, auf der Dominante ein, und beide Male erhält in der vorangehenden Modulation Fis-Dur als markanter Eckpunkt besonderes Gewicht. Auch mag in diesem Zusammenhang eine entfernte Gestaltähnlichkeit der entsprechenden Themenanfänge (vgl. Bsp. 5 bzw. 14) zumindest in Betracht gezogen sein.

Für den Grad der Neuartigkeit dieser letzten Unternehmung spricht schon, daß Schubert zu zweien der drei Sätze mehrere Anläufe gemacht hat, was freilich verwundern kann nur im Vergleich zu den früheren Entwürfen, welche allem Anschein nach erste Niederschriften darstellen. Normalerweise wären mehrere Ansätze nicht im Geringsten ungewöhnlich, sie sind es bestenfalls bei Schubert, der skizzierend fast wie ein Improvisator zu Werke geht, offenbar in dem Bedürfnis, schnell irgendeinen größeren Zusammenhang zu Papier zu bringen, ehe er dessen Detail genau prüft.[24] Im übrigen korrespondierte die Mehrzahl der späteren Anläufe mit dem Umstand, daß sich generell in Schuberts letzten Jahren die Abstände zwischen ersten Notaten und endgültiger Ausführung verlängern.

Am deutlichsten zeigt sich das Risiko des Neuen, das Schubert in dem späten Fragment versuchte, in demjenigen Satz, der, wenn auch – mit drei Anläufen – bis zum Satzschluß skizziert, dennoch nicht als Ganzheit kenntlich wird, am Finale. Indem wir den Satz so bezeichnen, befinden wir uns im Widerspruch zu Schubert, der die erste Skizzierung mit »Scherzo« überschrieb. Dies erscheint jedoch nur eben als Abstoßpunkt für eine Konzeption, die nur als Finale denkbar ist, eine große Synthese ebenso im Hinblick auf die innere Einheit der in den früheren Sätzen exponierten thematischen Gestalten wie im Hinblick auf kompositorische Techniken. Vorbilder wie Mozarts Jupiter-Finale oder Beethovens späte Beschäftigung mit dem Kontrapunkt haben Schubert hierbei zweifellos vor Augen gestanden. Besonders Beethovens Spätwerk mag Schubert wie ein

---

[24] Mehr zur Arbeitsweise bei M. Griffel, a.a.O., und P. Gülke, *Zum Bilde des späten Schubert*, a.a.O.

Schritt in einen Bezirk erschienen sein, in welchem er selbst sich tief inkompetent fühlte – nach dem Maßstabe dessen, was er anderwärts vermochte, zu Recht. Es ist verführerisch, darüber zu spekulieren, inwiefern für Schubert die Bereiche seines Unvermögens kraft seiner Genialität zu Reservoirs einer spezifisch ihm eigenen Frische und Unbefangenheit des Komponierens werden konnten, ob etwa die wunderbare Gelöstheit manches bei ihm begegnenden romantischen Kontrapunktes, der in erster Linie dem Bedürfnis nach gesteigerter Kantabilität entsprungen scheint, denkbar gewesen wäre, hätte die Rücksichtnahme auf schulmäßig erlerntes Metier stärker mitgesprochen – wir müssen uns weitere Spekulationen hierüber versagen. Fraglos gab es hier eine Lücke, weshalb man es nicht einfach als unangebrachte Unterwerfung unter den Akademismus ansehen kann, wenn Schubert sich kurz vor seinem Tode bei Simon Sechter, dem angesehensten Kontrapunktlehrer Wiens, zum Unterricht anmeldete. Wahrscheinlich aus Beethovens Nachlaß hat er Händelsche Oratorien-Partituren übernommen, jedenfalls deren Chorfugen gründlich studiert. Derlei war für ihn nicht nur als Komponist von Messen aktuell, sondern auch als Komponist von Werken wie der f-Moll-Phantasie D 940. Viel weniger einen Akt der Unterwerfung sollte man in Schuberts Beschäftigung mit Kontrapunkt sehen als vielmehr einen Ausdruck von Selbstbewußtsein – in dem Sinne, daß ein Komponist seines Anspruchs sich diesen Bereich unbedingt erobern müsse.

In dieser Situation muß, was Schubert kontrapunktisch gelang, eher als Glücksfall gelten – immerhin unterwarf er sich parallel zur Komposition allerbedeutendster Musik elementarsten kontrapunktischen Exerzitien. Zum Finale des späten sinfonischen Fragments, worin er Kontrapunkt, ungarische Intonation und aus den vorangegangenen Sätzen hergeleitete thematische Gestalten zu kombinieren versucht, setzt er, wie erwähnt, mehrmals an, offenbar, weil sich ihm der Kontrapunkt querstellt sowohl mit einem gar zu anonymen, lehrbuchhaften Tonfall als auch mit einem eigenen, mit dem sonst geforderten schwer vereinbaren Tempo. Schubert exponiert am Beginn der letzten, »endgültigen« Skizzierung eine kontrapunktische Struktur mit dem Thema in der Mittellage und mit zwei Kontrasubjekten, deren oberes offenkundig die Charakteristik eines rasch bewegten Satzes geben soll (= Bsp. 10). Ein schulmeisterlicher, metho-

Beispiel 10

disch vorsätzlicher Zug ist nicht zu überhören, in bezug auf den Komponisten Zeugnis einer Selbstverleugnung, der der etüdenhafte Zuschnitt den Lohn eindeutig verweigert: Diese Musik ist nicht die seine. Eher kommt Schubert zu sich selbst im zweiten Thema, einem in seiner Gelöstheit als Kontrast sinnfälligen, tempomäßig aber nicht recht passenden Komplex (= Bsp. 11).[25] Später im Satz

Beispiel 11

erscheint eine ungarisch intonierte Melodie, unter die Schubert basierend das Grundthema nun in doppelt vergrößerten Werten setzt – wie, als müsse im Sinne der erstrebten Summierung auch die Instanz traditioneller Verfahrensweisen wie solch einer Augmentation angerufen werden (= Bsp. 12). Die drei gegebenen Beispiele stellen die wichtigsten Bausteine dar, aus denen dieser Satz gefügt

Beispiel 12

[25] Die Beispiele 10, 11 und 12 erscheinen genau in der von Schubert skizzierten Form. Die Ansicht, daß es sich bei diesem »Scherzo« eher um ein Finale handele, äußerte zuerst Dr. Robert Pascall, Nottingham.

werden sollte, von dem wir, mag die dritte Skizze auch fast durchgeschrieben
sein, dennoch nicht viel mehr erkennen können als die Absicht einer Synthese,
welche sich mit dem skizzierten Material kaum hätte erreichen lassen. Dies läßt
sich umso sicherer behaupten, als der schließenden, wenn nicht krönenden
Funktion dieses Finales vom ersten Satz her viel aufgeben war. Auch in diesem
spielen unterschiedliche Tempi eine wichtige Rolle, mit dem Unterschied freilich, daß Schubert sie vermerkt und komponierend wahrgenommen hat. Dennoch kann auch dieser erste Satz insgesamt nur als eine Absichtserklärung angesehen werden, wenn auch als eine von allergrößtem Gewicht. Schubert verläßt
erstmals in einem ersten Sinfoniesatz die klassische Vorgabe vorsätzlich, er macht
sich auf den Weg zu einem Ziel, das musikalisch auszuformulieren ihm nicht
mehr möglich war. Mit »Sinfonische Phantasie« wäre es vage umschrieben,
könnte man dabei die Blickrichtung auf die »Sinfonische Dichtung« vergessen
als eine schroffe Gegenposition zur klassischen Formkonzeption. Denn gerade
Schubert hätte wohl befähigt sein können zu einer kontinuierlicheren Vermittlung beider, zu der es dann, genau genommen, nie gekommen ist.

   Schuberts erste Skizze zu dem – in zwei teilweise kombinierten Entwürfen
überlieferten – ersten Satz gibt eher über die Art seines Herangehens Auskunft
als über besondere Absichten, gerade, als habe er zunächst abermals sich den
»Weg zur großen Sinfonie« öffnen müssen. Tuttischläge und pathetische Tonska-
len weisen auf eine Einleitung etwa im Stil von Beethovens Siebenter Sinfonie
hin. Ziemlich bald aber paßt das hier unterstellte Tempo nicht mehr; Schubert
hat sich in ein rasches 4/4-Allegro hingeschrieben, die Rechenschaft über den
Übergang aber vertagt. Und endlich entwirft er einen weit ausholenden, lyrisch
erfüllten Seitensatz, zu dem tempomäßig nur ein weitschwingendes Alla breve
passen will. Doch auch dies läßt ihn nicht einhalten; er schreibt weiter, wohl in
dem Gefühl, mit der Ausformung von etwas besonders Wichtigem befaßt zu
sein, und, weil der lyrische Zug des schönen Themas ihn gewissermaßen mit
sich fort zieht. Nach dem Abschluß dieses Komplexes ist endlich Rechenschaft
fällig. Und nun entschließt Schubert sich, dem gelungenen zweiten Themen-
komplex einen neuen ersten voranzusetzen. Er streicht die langsame Einleitung
und eröffnet mit einem energischen Unisono (= Bsp. 13) sogleich den Allegro-
Hauptsatz, und merkwürdigerweise zeigt sich erst jetzt, obwohl Schubert an den
ersten Entwurf angeknüpft hat, in aller Deutlichkeit die Ähnlichkeit mit dem
Thema eines jüngst gefundenen, unvollendeten Klavierstücks, das er gegen Ende des vorangegangenen Jahres 1827 skizziert hatte.[26] Als Klavierthema (=
Bsp. 13a) mutet es etwas simpel an; aber als Unisono-Fanfare eines Sinfoniebeginns (= Bsp. 13b) hat es ganz anderen Stand und Charakter, scheint also von

---

[26] D 916B, vgl. Fußnote 7.

Beispiel 13 a

Beispiel 13 b

Schubert umqualifiziert zu einem ersten Thema, in seinen sinfonischen Qualitäten erst nachträglich entdeckt worden zu sein. Freilich müssen wir die Reihe der Merkwürdigkeiten noch weiter verlängern zu einem unvollendet gebliebenen Werk, der 1825 entworfenen *Reliquiensonate*, wie das fragmentarische Klavierstück ein C-Dur-Werk. Die thematischen Bezüge der drei Werke erscheinen umso weniger zufällig, als es sich bei diesen zugleich um die umfangreichsten Fragmente handelt, die aus Schuberts letzten drei Jahren enthalten sind. Hieran scheint sich, wie anhand der oben erwähnten »Materialsammlung«, zu bestätigen, daß Liegengebliebenes für Schubert nicht vergessen und erledigt war, sondern sich ihm immer neu zur Auseinandersetzung aufnötigte, daß auch er mit musikalischen Ideen haushielt.

In dem Thema der Sinfonie nun ist vollends ausgeprägt, was schon das Klavierstück andeutet: die Tendenz sequenzierender Wiederholung, als welche das Thema dreimal jeweils um einen Ganzton nach unten versetzt neu beginnt. Schulmäßig gewertet ist das bei einem ersten Sonatenthema ein Mangel. Schubert aber macht aus dieser – fraglos beabsichtigten – Not eine Tugend, er nimmt das Moment der harmonischen Instabilität ausdrücklich wahr, wenn er das Thema in den Orchestersatz einbettet; dem Komplex fehlt, wenn schon nicht der Gestus, so doch die strukturelle Verfestigung und Autonomie eines als Thesis präsentierten ersten Themas; durchführungshafte Momente tauchen entsprechend früh auf. Insgesamt hält Schubert eine Unruhe und Unsicherheit aufrecht, die die Musik auf Fortgang, auf spätere Stabilisierung angewiesen macht und sich, wie unfertig die Skizze auch sein möge, als ingeniöser Versuch darstellt, die Funktionen einer hinleitenden Introduktion und eines ersten thematischen Komplexes zu koppeln.[27] Jene Stabilisierung nun, auf die diese schnell die Tonart und den Tonfall wechselnde Musik angewiesen ist, bringt das zweite Thema, nun gar, bei Schubert ungewöhnlich, schulgerecht auf der Dominant eintretend. Auch unter dem harmonischen Aspekt also stellt sich der lyrische Komplex als das Eigentliche, als »Herzmitte« des Satzes dar, mehr aber noch dank der Tragfä-

---

[27] Worin er beethovenschen Anregungen folgt, vgl. C. Dahlhaus, *Beethovens ›Neuer Weg‹*, in: *Jahrbuch des Staatlichen Instituts für Musikforschung Preußischer Kulturbesitz*, Berlin 1974, S. 46–61, und die dort verarbeitete Literatur; zur Kombination von Introduktion und Exposition im Streichquartett vgl. P. Gülke, *Zum Bilde des späten Schubert*, a.a.O.

higkeit der thematischen Melodie, eines Meisterstücks im spannungsvollen, in
einem engen Spielraum zustandegebrachten Ausgleich zwischen statischen und
fortziehenden, beharrenden und treibenden, bestätigenden und verunsichern-
den Momenten (= Bsp. 14).[28] In dem, was Schubert aus dem Thema entfal-

Beispiel 14

tet, glauben wir, wie häufig bei ihm, einen Musiker beobachten zu können, der
komponierend seiner eigenen Musik lauscht, ihr fast passiv folgen und freien
Lauf lassen kann, dessen ganze Sensibilität darauf gerichtet scheint, ihr abzuspü-
ren, wohin sie strebt. Eine solche, einen gewissen Eigenwillen der Musik unter-
stellende Aussage bleibt freilich teilweise immer eine Metapher, wie deutlich
auch die Absicht des verordnenden, musikalisch disponierenden Subjekts fühlbar sein möge, sich zurückzuziehen, zumindest sich zu verhüllen – um späterhin
mit umso größerer Wirkung neu einzugreifen. Was in Schuberts reifen Sonatensätzen zumal den kantablen Themen geschieht, legt solche Vergleiche nur allzu
nahe – und eben auch das, was hier in der sinfonischen Skizze geschieht. Auch da
kommt es zu Störungen, die wie von außen herangetragen erscheinen, auch da
schließt sich dem großen lyrischen Aufschwung rasch eine Art Durchführung an
mit drohenden Kontrastbildungen und einer majestätischen Aufgipfelung, in der
Schubert auf Bruckner vorauszublicken scheint.

  Was danach folgt, gehört zu den problematischsten und aufregendsten Passagen des Entwurfs. Schubert kadenziert, und das entspricht der Schulregel für einen Expositionsschluß genau, auf der Dominante. Einem unison wiederholten *a*
folgt ein Abschnitt, der so neuartig ist, daß man fürs erste beinah zweifeln möchte, ob er überhaupt als Teil dieses Satzes geplant war: Schubert schreibt B-Dur
vor und als neues Tempo *Andante* und gibt den Posaunen etwas zu spielen, was
man eine Grabesmusik nennen könnte (= Bsp. 15). Deren Zugehörigkeit zu

---

[28] Wieder in der von Schubert skizzierten Form.

Beispiel 15

dem Satz ist jedoch mehrfach ausgewiesen[29], durch die Notierung des Tonartenwechsels und die spätere Rückkehr nach D-Dur, vor allem aber dadurch, daß der Gesang der Posaunen, zunächst gar in b-Moll, sich als Variante des vorangegangenen lyrischen Themas, geradehin als Teil, als unmittelbar geforderte Ergänzung darstellt. Da wird, wie öfter bei Schubert, und deutlich mit großer romantischer Lyrik korrespondierend, die Intention einer in grellen Kontrastierungen hingestellten Allegorie der Vergänglichkeit kenntlich. Wir haben zunächst in dem lyrischen Thema Musik einer überschwenglichen Bejahung, einen, wie immer auch vom lyrischen Singen herkommenden, schon in dem freudigen Auffahren der thematischen Melodie angelegten ekstatischen Jubel. Und eben diesen wendet Schubert jählings in ein Memento mori und bedeutet uns, daß es im Grunde die gleiche Musik sei, die plötzlich aus dem Leuchten des A-Dur in die Schattenwelt eines katakombenhaft klingenden b-Moll verschlagen ist. Kompositorisch spielt bei diesem Wechsel auch Schuberts Empfindlichkeit für den Eigencharakter der Tonarten mit. Ein ähnlich jäher Umschlag findet mehrmals auch in dem ebenfalls in die letzten Lebensmonate gehörigen Streichquintett statt, z.B., wenn Schubert aus dessen Scherzo einen rauschhaften Ausbruch von Lebensfreude, von ungebärdigem Vorandrängen macht – um dann im Trio musikalisch in eine Grabeswelt hinabzusteigen, beginnend mit einem kahlen Unisono bis hin zu fast irrealen, gespensterhaften Tonarten wie ges-Moll führend. Dies etwa entspräche dem, was er im ersten Satz der Skizze im Auge gehabt hat.[30] Vielleicht darf man in den berühmten Posaunenpassagen des ersten Satzes der großen C-Dur-Sinfonie (= Takte 200ff. bzw. 517ff.) einen Vorläufer sehen, nicht zuletzt, weil die Posaune für Schubert noch immer ein besonderes, nicht selbstverständlich ins Sinfonieorchester gehöriges Instrument war, durch so suggestive Benutzungen wie z.B. in der Komthur-Musik von Mozarts *Don Giovanni* geprägt. Auch in der C-Dur-Sinfonie wird ein freudig-affirmativer Charakter, das eingangs durch die Hörner exponierte Motto, durch die Posau-

---

[29] Für Einzelheiten der Kombination der skizzierten Abschnitte sei auf die unter 18 genannte Publikation verwiesen.

[30] Hierzu mehr bei P. Gülke, *Zum Bilde des späten Schubert*, a.a.O.

nen in eine Chiffre ernster Mahnung verwandelt, auch hier vom Dur in eine abseits liegende Moll-Tonart versetzt. Von sprengender Neuheit ist im Vergleich
damit die in dem späten Fragment niedergelegte Absicht insofern, als sie sich mit
der Konzeption der klassischen Sonatenform kaum vereinbaren läßt, einer Konzeption, die in Schubert bisher immer einen treuen Gefolgsmann gehabt hatte,
auch dort noch, wo er komponierend Inhalte zu bändigen hatte, die sich in ihr
nicht ohne Weiteres unterbringen ließen. Nun aber muß er eine der Grundvor-
aussetzungen des sinfonischen Sonatensatzes aufsprengen, die Einheit des Tempos, ein Sakrileg beinahe, das bisher nicht begangen worden war. Er muß es gar
wiederholen, wenn nach dem Andante die Musik wie blind in einem D-Dur-
Presto davonstürzt, technologisch die Verarbeitung des ersten Themas, substanziell so etwas wie eine resolut verdrängende Abwendung von den ernsten, zuvor
erblickten Gesichtern. Schubert intoniert hier in einer originellen engen Imita-
tion zweier Gruppen eine Art Geschwindmarsch und hält das wiedergefundene
D-Dur mit insistierender Hartnäckigkeit fest, gerade, als könne er nach dem
Schock des Memento mori gar nicht mehr von ihm lassen. Danach entsinnt er
sich der Form, der er so weit davongelaufen war, sein Ingenium scheint sich deren Über-Ich zu beugen in einer wie offiziell anmutenden Passage, in der er den
Eintritt der Reprise anvisiert. Nach dem, was geschehen ist, haftet dem Zurück-
lenken zu den Erfordernissen der Form etwas unnötig Formaljuristisches an.
Kaum läßt sich vorstellen, daß Schubert tatsächlich eine treue Reprise hätte anschließen können. Eher wäre zu fragen, ob ihn seine Erfindung hier nicht an einen Punkt geführt habe, da sich vor der Rekapitulation der Themen, der er
noch in seinen kühnsten Sonatensätzen getreulich und ohne einen Beigeschmack von Schulmäßigem nachgekommen war, substanzielle Hindernisse
aufbauen, daß er sich hier also fast endgültig über die Sonate hinauskomponiert,
hinausphantasiert hat.

Wir können und dürfen diese Frage nicht entscheiden, müssen aber festhalten, daß sie uns durch die Skizze aufgenötigt wird. Gewiß bleibt zu bedenken,
daß Schubert sich, derlei Dinge erstmals aufschreibend, zunächst nicht um die
Frage ihres Zusammenschlusses zu einem Satzganzen kümmerte, sondern ohne
viel Hinblick auf die Möglichkeiten ihrer Verknüpfung die ihm für diesen Satz
vorschwebenden Komplexe fixierte; vielleicht hat er sich die Posaunenpassagen
im ersten Satz der C-Dur-Sinfonie ebenfalls erst in einem langsameren Tempo
vorgestellt, möglicherweise erst später sie in den Kontext des Ganzen einzufügen
und unter das Tempo giusto zu beugen verstanden. In einer ersten Niederschrift,
ganz und gar des nahezu improvisierenden Schubert, hat die Phantasie alle Freiheiten; im Vergleich mit diesen müssen kühne Einzelheiten im weiteren Prozeß
der Ausarbeitung im Interesse wechselseitiger Vermittlung einiges von ihrer Individualität und Originalität opfern. Das ist ein normaler Vorgang. In dieser letzten Skizze aber verletzt Schubert die vorgegebene Form gleich mehrmals, bleibt

es schlechterdings unvorstellbar, wie er das Andante und den Presto-Geschwind-marsch mit dem gleichen Tempo – als dem wichtigsten Repräsentanten der Ganzheit des Satzes – hätte versöhnen können. Gerade in ihrem empfindlichsten und auffälligsten Punkt steht seine Konzeption zur Vorgabe der Sonate in einer Weise quer, die – soweit wir sehen können – keinen Kompromiß zuläßt. Schließlich gibt die Sonate, so wandlungsfähig und tolerant sie sich auch erwiesen hat, in der Methodik ihrer Abhandlung, als prinzipiell von der Lösbarkeit der aufgegebenen Probleme ausgehend[31], immer auch ein inhaltliches Moment vor. Gegen dieses opponiert Schuberts musikalische Allegorese und meldet den Anspruch der Phantasie an, sich ihre je eigenen, aus den Erfordernissen des Gegenstandes hervorgetriebenen Formen zu bauen. Schuberts Fragment tendiert eindeutig zu etwas, was man mit der oben erläuterten Vorsicht »sinfonische Phantasie« nennen könnte und das sich zu dieser Empanzipation offener bekennt als spätere, ähnlich intendierte Sinfonien wie z.B. die zweite oder vierte von Robert Schumann.

Auf dem oberen System der dem Entwurf des ersten Satzes folgenden Seite befinden sich – wobei nicht klar ist, ob von Schuberts Hand – Kontrapunkt-übungen von der Art, mit der Simon Sechter seinen Kursus zu beginnen pflegte, Studien, deren Schülerhaftigkeit in groteskem Gegensatz zu ihrer Umgebung steht. Indessen zeigt sich ein merkwürdiger, kaum zufälliger Zusammenhang: In Richtung und Schrittweise der ersten fünf Melodie-Töne gleichen sich die Oberstimme der zweiten Übung und das Thema des Andantes genau, desjenigen Satzes, dessen Skizzierung unmittelbar unter den Studien beginnt (= Bsp. 16ab). Darin freilich erschöpft sich die Vergleichbarkeit. Immerhin scheint

Beispiel 16a und 16b

hier als Möglichkeit auf, daß Schubert dem trockenen Akademismus der Studie habe entgegensetzen wollen, wie in der gleichen Tonfolge der Funke großer Musik entzündet werden könne – denn um nicht weniger handelt es sich bei dem Andante, dem in mehrerlei Hinsicht gewichtigsten Fund in dem Skizzen-bündel. Freilich darf man es sich mit einer solchen Erklärung, so plausibel sie fürs erste auch erscheint, nicht zu leicht machen, denn das Andante-Thema steht als Gestalt zugleich in einem viel weiter reichenden Zusammenhang, wofür vor allem an das Seitenthema des ersten Satzes (= Bsp. 17a) oder den Gesang der Po-

---

[31] Zu den Gefahren eines überzogen diskursiven Verständnisses musikalischer Vorgänge und Formen, wie sie in der Formulierung anklingt, vgl. P. Gülke, a.a.O.

Beispiel 17

saunen erinnert sei (= Bsp. 17b). Immer schält sich als wichtigstes Charakteristikum die Drehung um einen Ton heraus, beim Seitenthema im ersten Satz und im langsamen Satz (= Bsp. 16b bzw. 17b) überdies des gleichen. Spätestens seit den Jahren der *Unvollendeten* oder des Streichquartetts *Der Tod und das Mädchen*

hat Schubert derlei Verknüpfungen immer wieder versucht, wobei es falsch wäre, hier nur die tektonische Seite zu bemerken. Ein Beispiel wie das Streichquartett *Der Tod und das Mädchen*, worin die Thematik des Liedes im weiteren Sinne
in allen Sätzen abgehandelt wird[32], kann zeigen, in welch umfassender Weise
einzelne musikalische Bausteine für ihn zu Bedeutungsträgern werden konnten.
Innerhalb des Regelkreises solcher zyklischen Bezüge gelangen nahezu zu einer
Sonderstellung diejenigen zwischen den lyrischen Themen der ersten Sätze und
dem zweiten, langsamen Satz, welcher nicht selten so etwas wie eine erweiterte,
einen bestimmten Ausdrucksbereich tiefer auslotende Exegese des schon im ersten Satz Formulierten gibt, nicht selten auch, wie etwa im Streichquintett, eine
in Extreme vorgetriebene Zuspitzung.[33] Ähnlich sieht es in dem Fragment aus,
und deshalb möchte man dem Anklang an die Kontrapunktübung nicht viel
mehr zubilligen als eine mehr anekdotische Zufälligkeit. Das Geflecht der Bezüge läuft überdies weiter zum Finale, wo mit Ausnahme des kontrapunktischen
und des »ungarischen« Themas alle thematischen Prägungen einbegriffen sind
(vgl. Bsp. 17g bis k). Bei derlei Wertungen darf man freilich nicht übersehen, daß
der Typus der kreisenden, eine einmal gefundene Wendung in inständigen Wiederholungen nachzeichnenden Linie nahezu eine Grundfigur der schubertschen
Melodieerfindung darstellt, bis hin zu dem Extremfall der Umkreisung eines
einzelnen Tons, welcher auf solche Weise bei Schubert einen eigentümlich phänomenalen Glanz, Gewicht und Leuchtkraft zu gewinnen vermag. Das geschieht z.B. am Beginn einer Gegenmelodie zum Andante-Thema, einem
scheinbar locker hinzugesetzten, alle Freiheiten der eigenen melodischen Entfaltung sich bewahrenden Kontrapunkt (Bsp. 17e). Nicht wenig von ihrer unerhör-
ten Eindringlichkeit verdankt die Musik dieses Andante dem Umstande, daß jene Grundfigur in vielen Varianten, in vielen Schichten des Satzes und in verschiedenen Dimensionen immerfort gegenwärtig ist. Deutlich ausgeprägt in der
Formel des Melodiebeginns, verkleinert zum wechseltönigen Hin und Her am
Beginn des begleitenden Kontrapunkts begegnet sie auch in der Melodie eines
kontrastierenden, den Blechbläsern gehörigen Komplexes, der in allmählich
vergrößerten Schritten um einen Zentralton kreist (= Bsp. 17d) und, anders dimensioniert, in einem ersten Entwurf der Andante-Melodie (= Bsp. 17l). Ihre
größte Dimensionierung und nahezu Übersetzung erfährt die Grundfigur in der
Formung des Großverlaufs der Andante-Melodie als in einer allmählichen Ge-
winnung von Höhe und Abstand vom Ausgangspunkt, zu dem die Linie am Ende zurückkehrt genau in den Wendungen, mit denen sie sich von ihm entfernt
hatte (= Bsp. 18). Fast scheint es – und das läßt sich mit Schuberts Schaffensweise

---

[32] Hierzu vgl. den Beitrag von Christoph Wolff, in: *Schubert-Studien*, a.a.O.
[33] P. Gülke, a.a.O.

Beispiel 18

unschwer zusammendenken –, daß er beim Niederschreiben noch keine in allen
Details konkrete Vorstellung davon hatte, auf welchen modulatorischen Wegen
die größte Entfernung zum Ausgangspunkt erreicht werden sollte (vgl. u.a. die
Takte 16–18, 63ff.); allerdings muß ihm festgestanden haben, daß es sich um eine sehr große Entfernung handeln müsse: Da also geht die musikalische Phantasie mitunter auf etwas aus, dem selbst ein in jeder Art Modulation Erfahrener
und Geübter wie Schubert orthographisch nicht gleich beikommt! Nicht weniger kennzeichnet es seine Schaffensweise, daß er jene weitab führende Modulation in den vier Durchläufen der Melodie immer neu formuliert, diese also nie
einfach wiederholt, daß die Melodie mithin in keinem Falle definitiv ausgeformt

und fixiert ist. Insofern erscheint es nicht übertrieben, wenn man sagt, Schubert unternehme in einer sehr innigen, beinahe mystisch zu nennenden Identifikation gemeinsam mit dieser Melodie das Abenteuer der musikalischen Wanderung, nicht genau wissend, wohin sie führen wird, und also den Risiken eines gefahrvollen Weges ausgesetzt. Auch noch, wenn er sie zum vierten Male anstimmt, bleibt die Melodie für ihn ein Experiment mit keineswegs im Vorhinein gesichertem Verlauf und Ausgang. Diese Annahme eines experimentellen Vorgehens erfährt noch von anderer Seite her eine Bestätigung: Beim zweiten Durchlauf des Komplexes (= Takte 53ff.) macht Schubert den begleitenden Kontrapunkt des ersten Durchlaufs zur Oberstimme; möglicherweise hat er erst, nachdem der erste Durchlauf geschrieben war, die Qualifikation dieser Unterstimme zur Oberstimme entdeckt. Da er beim zweiten Durchlauf darüber hinaus nur die Noten des Basses aufschreibt, könnte man vermuten, er habe an einen Stimmaustausch gedacht, etwa in der Art eines doppelten Kontrapunkts, worin, wenn auch in Einzelheiten variiert, die Stimmen ihre Lagen und Funktionen tauschen. Nachdem Schubert den Satz weiter skizziert hat, kommt er auf diese Stelle zurück und schreibt nun nachträglich unten auf der Seite zu dem zur Oberstimme erhobenen Kontrapunkt eine neue Begleitstimme, welche sehr gleichmäßig dahinläuft. Wahrscheinlich ist ihm inzwischen klar geworden, daß die neue Oberstimme nicht einmal des rhythmisch subtilen Wechselspiels mit dem ursprünglichen Partner bedürfe, um als dominierende Melodie bestehen zu können, und daß als Veränderung gegenüber dem rhythmischen Ineinandergreifen vom Beginn nun ein ruhigerer Gleichlauf willkommen sei. Auch hierbei könnte die Entdeckung kompositorischer Möglichkeiten mit dieser ersten Niederschrift und Ausformung innig verwoben gewesen sein; jedenfalls wird von Schubert hier nirgends einfach protokolliert, was in seiner Vorstellung bereits feste Form angenommen hatte. Den Schluß des Satzes übrigens hat er ausgestrichen, einen neuen aber nicht geschrieben, so daß die Partitur dem Text des verworfenen folgen muß. Dieser ist freilich immer noch schön genug, um der Entschuldigung nicht zu bedürfen, daß ein von Schubert geschriebener und dann verworfener Satzschluß immer besser sei als gar keiner.[34]

Die Nähe des Andantes zum ersten Satz der fünf Jahre zurückliegenden *Unvollendeten* ist augenfällig und schon von Betrachtern vermerkt worden, die ihn für eine ins Jahr 1818 gehörige Skizze hielten.[35] Nicht nur Tonart und Gangart, wenn auch statt ³/₄ nun ³/₈, hat der späte Satz mit dem früheren gemeinsam, nicht

---

[34] 17g: Satzbeginn; 17h: T. 83ff.; 17i: T. 115ff.; 17k: T. 204ff.

[35] Brown, a.a.O., S. 107: »This Andante is without doubt Schubert's first entry into that world of passionate and sustained lyricism that later produced the ›Quartettsatz‹, the first movement of the ›unfinished‹ Symphony and the slow movement of the string Quintet. It is, even in its first crude draft, incomparably more mature than any previous slow movement of his …«

nur charakteristische Details wie einen unisonen Beginn der Bässe, der die Tonart verunklärt und den Charakter einer geheimnisvollen Frage hat[36], sondern darüber hinaus den Grundton, eine tragische Gestimmtheit – diese freilich zugleich in charakteristischen Unterschieden: Bei dem ersten Satz der *Unvollendeten* handelt es sich um einen Satz in Sonatenform, auf deren Grundriß gestellt und die exponierten Kontraste in erbarmungsloser Dramatik austragend. Es gibt da in dem berühmten zweiten Thema ein glückliches, erfülltes Singen und entsprechend katastrophische Abstürze aus den in diesem Singen gewonnenen Höhen.[37] Das späte Andante hingegen ist ein langsamer Mittelsatz. Glücklich ist sein Singen nirgends, am ehesten noch in einer ephemeren Zwischenperiode, einer in ihrer Vereinsamung rührend eindringlichen Insel von reinem Dur (= Takte 76ff.). Im Unterschied zum ersten Satz der *Unvollendeten* von dialektischen Verpflichtungen dispensiert, kann sich der Sänger des Andante ganz dem lyrischen Strömen hingeben, und er tut dies in einer Radikalisierung des in der *Unvollendeten* angestimmten Tons, in einem großbogigen Ausufern der ineinander verschlungenen Linien, worin alle metrische Gliederung vergessen scheint, als ließe die andrängende Flut sich nicht bändigen, als sei dieser Klagegesang – und um einen solchen handelt es sich in erschütternder Eindeutigkeit – dazu verurteilt, nicht enden zu dürfen. Fast möchte man sagen, daß die Unfertigkeiten in den Vermittlungen zwischen den Komplexen diesen Charakter mit besonderer Eindringlichkeit zur Geltung brächten – was dennoch ein platonischer Trost bleibt angesichts der Tatsache, daß es Schubert versagt war, ein Stück von so hohem Ernst und Anspruch zu Ende zu bringen.

Nicht zuletzt bewegt uns bei diesem Andante, daß in ihm jeglicher Abstand getilgt scheint zu einem Musiker, der das Erlebnis von Einsamkeit, Fremdsein und Verlorenheit drei Generationen später mit paradigmatischer Konsequenz durchlitt und gestaltete, mit Gustav Mahler. Von der Verwandtschaft beider ist neuerdings viel die Rede gewesen, und gewiß hat man sie zuweilen, im Gegenzug gegen die Kleinbürger-Verniedlichung Schuberts zum Operetten-Schwammerl, sogar überakzentuiert. Immerhin war Schubert auch der Musikant unendlich vieler Geselligkeiten, einer, der zum Tanz aufspielte, der Komponist der Märsche für Klavier zu vier Händen etc. Wie anders sonst hätte er, wie kein anderer seines Ranges, die entspannte, prätentionslose Direktheit des Mundartlichen auf allen Ebenen des Komponierens heimisch gemacht und in Werken heiter-geselligen Charakters wie denen von allerhöchstem Anspruch mit der glei-

---

[36] In vier am Ende der beiden oberen, die Kontrapunktübungen enthaltenden Systeme nachgeschriebenen Vortakten, welche beim Zitieren des Satzbeginns im neuen *Deutsch-Verzeichnis* übersehen worden sind.

[37] P. Gülke, *Die Verjährung der Meisterwerke. Überlegungen zu einer Theorie der musikalischen Interpretation*, in: *Neue Zeitschrift für Musik 1966*, S. 6–12.

chen Zunge reden können! Es ist wohl nötig, sich diese Spannweite vorstellig zu machen, um Äußerungen wie das späte Andante einigermaßen richtig zu begreifen und naheliegende anekdotische Aspekte nicht einseitig zu betonen: Natürlich können wir nicht vergessen, daß Schubert es auf dem Krankenlager niederschrieb, das wenige Wochen später sein Sterbelager sein sollte, und gewiß haben ihn Gedanken an den Tod seit seiner schweren, sechs Jahre zurückliegenden Erkrankung immer wieder beschäftigt. Aber als der gütige, sanft erlösende »Freund«, als den Claudius ihn in seinem berühmten Gedicht besungen hat, konnte der Tod nicht kommen zu einem, der mit einer solchen Fülle der musikalischen Gesichte begabt war und schon um derentwillen nicht vorstellbar ist ohne tiefe Liebe und einen verbissenen Willen zum Leben – und sei es nur als der Möglichkeit, all das zu sagen, was ihm zu sagen aufgegeben war. Wenn vielleicht auch sub specie finis – als Vermächtnisse und Testamente waren seine letzten Werke gewiß nicht konzipiert; es ist schon schlimm genug, daß sein früher Tod sie zu solchen machte.

Entgegen aller Bemühung indessen, die biographische Position dieses Satzes nüchtern zu betrachten, lädt der Zusammenhang von Todesnähe und historischem Vorgriff dennoch zu weiterem Nachdenken ein. Außer Frage steht, daß in dem Andante gemäß klassischen Maßstäben die Qualität der Verknüpfung der Objekte hinter derjenigen der Objekte selbst zurückbleibt – wobei zunächst ignoriert sei, inwieweit hier klassische Maßstäbe noch angemessen sind. Man bedarf, um sich einen Begriff des von Schubert hier anvisierten Ganzen zu verschaffen, einer Art »Fernblick«, die nicht darauf angewiesen ist, den üblichen Fußmarsch der musikalischen Textur zwischen den thematischen Gravitationspunkten mitzuvollziehen, sondern in den vermittelnden Passagen Unschärfen und Schwächen toleriert und also Partei nimmt für das Recht der schöpferischen Imagination, fürs erste die Wege zwischen den Hauptstationen zu verkürzen. Gewiß setzen wir uns hier dem Verdacht aus, einen Mangel zu ästhetischen Würden hinaufzuloben und zum kühnen historischen Vorgriff hochzustilisieren. Fraglos aber – und darin läßt sich eine Vorahnung der späteren Entwertung klassizistischer Bindemittel kaum übersehen – trägt jener »Mangel« viel dazu bei, die thematischen Prägungen in eine Mahlersche Perspektive zu rücken. Nicht getragen und motiviert durch eine als Gesamtverlauf zwingende Textur, scheinen sie wie hinausgestellt in Fremdheit, Ödnis und Einsamkeit. Wenn ausschließlich als Mangel, als Symptom von Unfertigkeit betrachtet, gäbe dieser Umstand mehr Auskünfte zu Mahler, an den er uns erinnert, als zu Schubert, der ihn hätte beseitigen müssen. Wie immer wir dies aber bewerten: Schubert legt uns hier – anders als vergleichsweise Beethoven oder Brahms – unzweideutig nahe, die zentralen thematischen Komplexe als vornehmlich der spontanen Phantasie entsprungen und gehörig und die vermittelnden als das Revier der späteren Ausarbeitung anzusehen, oder, noch weitergehend, in den Momenten der Ausarbeitung auch die stilistisch stärker fixierten, historisch bedingten zu erkennen. Hierzu ließen sich im Bereich der bildenden Kunst im Vergleich zwischen »modern« wirkender Skizze und »offiziös« anmutendem ausgemaltem Bilde, von Torso und fertiger Skulptur mancherlei Parallelen finden, verböte sich ein direkter Vergleich nicht durch den Umstand, daß Musik in einer ihr spezifischen Weise darauf angewiesen ist, vollendet und fertig auskomponiert zu sein: vorher kann sie normalerweise nicht gespielt, kann nicht als Musik rezipiert werden und als eigenwertiges Kunstobjekt zählen. Am Kunstwert der Skizze eines Malers hingegen gibt es kaum grundsätzliche Zweifel. Jene Besonderheit mag schuld daran sein, daß über das ästhetische Verhältnis von Skizze und Ausarbeitung, von Fragment und Vollendung, von wenigen Ausnahmen abgesehen, in Musik noch wenig nachgedacht worden ist. Die angedeutete Zuordnung der dem spontanen Entwerfen bzw. dem besonnenen Ausarbeiten gehörigen Bereiche läßt sich jedoch nicht so weit treiben, daß man in dem Skizzierten einen nahezu zeitunabhängigen Kern erblicken dürfte, welcher im Zuge der Ausarbeitung mit historischem Firnis umkleidet, wenn nicht überdeckt würde. Derlei schroffe Unterscheidungen stranden an Schuberts spätem Andante: Denn auf eine wirklich schwer erklärbare Weise haften, wie oben schon angesprochen, jene Öde und Verlorenheit, jener Mangel an Vermittlung an den thematischen Komplexen, und dieser Umstand erschwert es, konkret zu sagen, auf welche Weise die Skizze unfertig sei. Daß in keinem vergleichbaren Satz bei Schubert so viel Aussparung, so viel karge Zwei- oder Dreistimmigkeit, so viel bloßes Warten zwischen gegensätzlichen Komplexen begegnen, scheint den Schluß zu begünstigen, daß das Skizzierte späterhin um wichtige Ergänzungen bereichert worden wäre – allein schon, um den Anschluß an das Normalbild eines Schubertschen Orchestersatzes zu gewinnen. Merkwürdigerweise aber hat Schubert diesmal keinerlei Ergänzung angedeutet, nimmt man die Pizzicati der Celli-Bässe aus, was er in anderen Skizzen üblicherweise tat; und so läßt sich keine weitere Ergänzung vorstellen, welche nicht als additiv-unnötige Auspolsterung und verharmlosende Entschärfung erschiene, als jener rücksichtslos schroffen Kontrastierung zuwiderlaufend, welche in dem Entwurf bei einem fast als unpassend empfundenen, durch Blechbläser geprägten Maestoso-Komplex beinahe schmerzt. Etliche Male folgen hier Dinge aufeinander, die überhaupt kaum verbunden, nicht das eine als notwendig dem anderen folgend dargestellt werden können und also beieinandergehalten werden allein durch jenes abwartende Schweigen, das vor allem Liegetöne artikulieren. Irgendetwas Gemeinsames müßte sie von außen umhüllen; eben dies aber weist ihre Substanz ab, sie dulden keine kompositorische Vergesellschaftung. Der Primat des Ganzen über die Teile, welcher die thematischen Gestalten immer auf irgendeine Weise zusammenrücken läßt, scheint geschwächt oder gar aufgehoben.

Solchermaßen sich selbst überlassen, stehen die musikalischen Gestalten in besonderer Weise Assoziationen offen: die erwähnte Maestoso-Episode beinah ein auf herkömmliche Weise auftrumpfendes Déjà vu; einmal im Satz jene anrührende Insel von reinem Dur, unabweisbar mit dem Beiklang und Bei-Sinn von Tröstung und entlegener Verheißung; und in der Hauptmelodie, ihrem metrisch und harmonisch wie regellosen Dahinfluten eine der Intention nach unendlich lang forttönende Klage, die Ende und bändigende Formung nur widerwillig akzeptiert. Ohne die Kategorie »Abschied« kommt man bei einer Beschreibung dieser Musik schwerlich aus, Abschied im radikalsten Sinne. Von daher verstehen sich ihre Rätsel, ohne daß wir sie ganz lösen können, zumindest teilweise als zu dem letzten Wort eines Sterbenden gehörig, das sich aller kommunikativen Rücksichtnahmen, aller verbindlichen Grammatik entschlägt und im bloßen Hinstellen – als wie einer »reinen« Setzung – auf diskursive, adressierende geschweige denn argumentierende Momente verzichtet bzw. diese gar nicht mehr kennt. Wir stehen hier ganz nahe bei Erscheinungen, wie sie Adorno für Beethovens Spätstil beschrieben hat. Fast könnte man es sinnvoll finden, daß Schubert dieses Wagnis des kaum noch Sagbaren nicht mehr zum fertigen Werk hat ausformulieren können, denn: wäre dies Wagnis im ausformulierten Werk zu halten gewesen? Wohl von vornherein war diese Musik noch viel weniger vollendbar als die *Unvollendete*.

Wie und auf welche Weise war Schubert sinfonisch?

»Brüderl, bleib bei Liedern« – der dies empfahl, Wiens damals prominentester Geiger, dem Schubert das a-Moll-Streichquartett D 804 widmete, hätte es besser wissen müssen; der Torheit der Empfehlung des zwanzig Jahre Älteren scheint die schulterklopfende Herablassung der Anrede genau zu entsprechen. Freilich sagte Schuppanzigh nur, was viele meinten – irrig, und doch halbwegs verständlich, weil Schubert ihnen fast nur als Komponist von Liedern und kleinen Klavierstücken bekannt war. Der Manns fürs Kleine und Private im Gegensatz zu Beethoven als dem fürs Große, Erhabene Zuständigen – die Unterscheidung war zu handlich, um nicht suggestiv wirken und die Rezeption jahrzehntelang bestimmen zu können.

Andererseits – und zunehmend in dem Maße, in dem seine große Instrumentalmusik durchdrang – lernte man Schubert als denjenigen kennen, der nicht enden kann. Den Eindruck, zuweilen hätte er besser getan, früher zu enden, widerlegt Robert Schumanns reserviertes Lob der »himmlischen Längen« nicht so entschieden, wie man es von einem erwartet, der u.a. die späten Klaviersonaten genau kannte und den jungen Brahms gemeinsam mit seiner Frau in sie einführte. Mit dem »Meister im Kleinen« passen die – wenngleich »himmlischen« – Längen gut zusammen. Allerdings müßte man, an dem Urteil festhaltend, einen in wichtigen Teilen seines Schaffens mit falschen Ehrgeizen beschäftigten Schubert unterstellen und plausible Deutungen finden für den, der sich nach sechs fertiggestellten Sinfonien sechs Jahre lang, mindestens viermal scheiternd, auf dem »Weg zur großen Symphonie« quält und dem unentrinnbaren Beethoven sich in zwei Großwerken direkt zu vergleichen wagt – in der As-Dur-Messe D 678 als einer »Gegenmesse« zu Beethovens Missa solemnis und in der C-Dur-Sinfonie D 944 als einer »Gegensinfonie« zur Neunten. Wäre Schuppanzighs Ratschlag berechtigt, so müßte im Schubert-Kreis Schubert selbst der einzige gewesen sein, der über Schubert nicht Bescheid wußte.

Die Beschäftigung mit Vorurteilen von vorgestern (immerhin kannte man bis 1839 die »große« C-Dur-Sinfonie nicht, bis 1853 nicht das C-Dur-Streichquintett D 956, bis 1865 nicht die *Unvollendete*; erst Julius Stockhausen hat einen der Liedzyklen vollständig öffentlich vorzutragen gewagt) erschiene überflüssig, verspräche sie nicht Hilfe angesichts der besonderen Kalamitäten unseres Themas: Einerseits in seinen Zuständigkeiten vage bestimmt, erscheint »das Sinfonische« andererseits als Inbegriff dessen, worin Beethoven für Schubert zum drohenden Schatten oder gar zum Über-Ich wurde. Gewiß lassen sich Stellen, Passagen, Lösungen massenweise anführen, welche ein geradehin apriorisches Verhältnis zum großen Apparat bezeugen – immerhin bei einem, der die Mehrzahl seiner großen Orchesterwerke selbst nie gehört hat; im konkreten Voraushören dessen, was dann als Notentext zu Papiere kommt, war Schubert offenbar in ungewöhnlichem Maße von bereits gemachten Erfahrungen unabhängig. Sinfonie sei schlechtweg identisch mit Beethoven, hat Robert Schumann gesagt – und damit bei Namen genannt, was für jeden einschlägigen Ehrgeiz Ausgangspunkt, Inspiration und Einschüchterung zugleich darstellte. Der »Riese«, den Brahms beim Komponieren der ersten Sinfonie »hinter sich tappen« wußte, tappte auch hinter – genauer: in – Schubert, gleichgültig, ob er auswich oder sich stellte. Mit den Folgen haben auch wir zu tun, wenn wir »das Symphonische« in erster Linie bei Beethoven, sodann bei Brahms, Bruckner und Mahler festzumachen geneigt sind, ungeachtet dessen, daß die Verknüpfung mit der Ästhetik des Erhabenen, mit »großem Stil« oder mit der Pindar-Ode etc. in der früheren Theorie der Simfonie die einseitige Beethoven-Fixierung ebenso relativieren könnte wie z.B. Brahms' Auskunft, seit Haydn – eben nicht Beethoven! – sei eine Sinfonie eine Sache auf Leben und Tod.

Im Begriff des Sinfonischen verbinden sich Auskünfte über Dimension, Form und Anspruch; dieses Beieinander macht ihn ebenso vage wie unumgänglich. Bei großen Besetzungen wird anderes formuliert als in kleinen – das mag in bezug auf barocke Gebräuche, etwa bei Freilichtmusiken mit Pauken und Trompeten, wie ein Allgemeinplatz anmuten, gewiß aber nicht mehr, wenn Haydn oder Mozart, für große Orchester in Paris oder London schreibend, die opulenten Klangmittel eben nicht nur als Mittel, sondern als kompositorischen Gegenstand begreifen – mit dem Ergebnis einer an ein Bündnis grenzenden Entsprechung von großem Orchester, großem Raum und großem Auditorium; wie sie funktioniert, hat Mozart anhand seiner Pariser Sinfonie anschaulich beschrieben. Nicht zufällig hat das auf die Wechselwirkungen zwischen Musik und Gesellschaft aufmerksame ästhetische Denken das Orchester damals, dem Chor der antiken Tragödie vergleichbar, in einer Mittlerfunktion zwischen dramatischem Gegenstand und Publikum gesehen – ein Ansatz, welcher kaum je weiterverfolgt worden ist.

Sehr zum Schaden der im Begriffsfeld des Sinfonischen nötigen Differenzierungen! Wer, ästhetischen oder strukturbezogenen Verabsolutierungen aufsitzend, lediglich nach den Kategorien der sogenannten Formanalyse fragt, wird nicht nur das realistische Anliegen desjenigen versäumen, was in Bezug auf die überwiegend lauten Sinfonie-Anfänge des 18. Jahrhunderts der »noise-killer-effect« genannt worden ist – die üblicherweise am Anfang des Abends stehende Sinfonie hatte auch die Aufgabe, das Geschwätz des Publikums zu übertönen und dessen Aufmerksamkeit auf die Musik zu ziehen –, sondern darüber hinaus jene wechselseitigen Abhängigkeiten von Apparat, Raum und Auditorium, welche derlei pragmatische Zwecke hinter sich lassen; er wird zu fragen versäumen, weshalb die strukturgleichen viermal vierundzwanzig Takte am Beginn des Allegretto in Beethovens Siebenter Sinfonie nur orchestral möglich sind und in kleinerer Besetzung sich als informationsarme Wiederholungen darstellen müßten; weshalb eine im Anschluß an das kollektive Pathos zu Beginn der Marcia funebre der *Eroica* solistisch spielende Oboe auf andere, eindringlichere, genauere Weise sich als vox humana, wenn nicht als »Person« darstellt als eine weniger in einen »gesellschaftlichen« Kontext eingebundene – Entsprechendes bei Schubert gälte u. a. für die Solo-Episoden von Klarinette und Oboe im zweiten Satz der *Unvollendeten*; er wird zu fragen versäumen, weshalb im ersten Satz der *Eroica* die hemiolischen Krämpfe eines fast zur taktilen Belästigung gesteigerten Tutti vonnöten sind, um das raumgreifende Cantabile des dritten Themas zu ermöglichen, und weshalb in Schuberts C-Dur-Sinfonie D 944 die Musik nach der »Katastrophe« im Andante (T. 248 ff.) nur durch einen wie von außen kommenden Gesang gerettet werden kann; und auch, weshalb im ersten Satz von Beethovens Neunter ein nur mehr rhythmisch artikuliertes Dröhnen in D-Dur die Reprise des ersten Themas vertreten kann.

In allen diesen Fällen wirkt der große Apparat als Instanz eigener Qualität, und sei es diejenige einer trägen Masse, der musikalischen Idee entgegen, zwingt sie, sich abzuarbeiten oder zu steigern oder umzusteuern, er zeigt sich als auf eigene Weise produktive »materielle Gewalt«. Das Faszinosum des Allegrettos der Siebenten Sinfonie rührt wesentlich daher, daß Thema und Orchester im daktylischen Gang einander wechselseitig erschließen und steigern; das der Oboe in der Marcia funebre auch daher, daß die Suggestion des imaginierten Trauerzuges zunächst unentrinnbar und nichts Anderes neben sich zu dulden scheint; dasjenige im Andante con moto der *Unvollendeten* auch daher, daß nach dem kantablen Hin und Her zwischen Holzbläsern (und Hörnern) und Streichern vom Beginn der Eintritt des schweren Blechs eine brutale Eindeutigkeit mit sich bringt, was, antiphonisch aufgelöst und »ppp« verklingend, nichts übrigzulassen scheint, einem möglichen Fortgang nichts vorgibt – eine Nullsituation, welche ohne die erdrückende Materialität des massiven Tutti kaum vorstellbar ist; ähnlich rührt das Faszinosum im ersten Satz der *Eroica* oder im Andante con moto von Schuberts C-Dur-Sinfonie auch daher, daß ein Nicht-weiter-Können definiert wird, angesichts dessen eine Früheres erinnernde Weiterführung sich wie eine formaljuristische Beschönigung ausnehmen müßte; dasjenige der Reprise der Neunten auch darin, daß wir die Identität des ersten Themas mit seiner Entstehung und damit das Orchester als »Mutterschoß« erlebt haben und nunmehr dessen pure Präsenz eintreten kann für das, was anfangs geboren wurde.

Solche Details stellen zugleich Teilantworten auf die Frage nach dem Begriff des Sinfonischen dar und auch auf die Frage, weshalb dessen Bestimmung so sehr auf Beethoven fixiert ist – keinesfalls nur, weil seine Sinfonien die älteren in Aufwand und Dimension zumeist übertreffen.

»Vermittlung«, in abstracto gewiß zutreffend, erscheint als Charakterisierung des Zusammenwirkens von musikalischer Idee und Klangmitteln bei Beethoven seltsam verblasen und allzu friedfertig. Die Dynamik, wo nicht Dramatik im Aufprall der Idee auf der Materialität der Instrumente bzw. Ensembles rührt wesentlich aus der Kraft einer Idealität her, die ans klingende Medium anzuschmiegen sich weigert, vielmehr dessen Materialität aufzubrechen und ihr die Rolle eines eigenschöpferisches Widerparts aufzuzwingen sucht. »Was kümmert mich seine elende Geige, wenn der Geist zu mir spricht« – so soll Beethoven eben jenen Schuppanzigh angeherrscht haben, der Schubert den eingangs zitierten Ratschlag gab. Wenn nicht wahr, so wäre es vorzüglich erfunden: Da spricht wie von oben »der Geist«, und der ihn sprechen hört bzw. ihn protokolliert, kann der »elenden Geige«, der banalen Materialität des Klangmittels zunächst nicht achten. Unschwer ließe sich hier eine aus der Distanzierung jener Materialität gespeiste Psychologie der Beethovenschen Erfindung anschließen, belegt nicht nur durch die sattsam bekannten Überforderungen von Stimmen und Instrumenten oder durch Passagen, wo der Komponierende gegen beschränkte Möglichkeiten der Realisierung auf die Suggestivität der Idee, thematischer Prägungen etc. baut, und eher bestätigt als widerlegt durch Musik, in der er sich von den Strapazen dieses Spannungszustandes erholt – in langsamen Sätzen, in der Klaviersonate op. 28, in der *Pastorale* etc.

Insoweit Schubert an Beethoven anschließen mußte – im Blick auf einseitige Diskussionen dieses Verhältnisses erscheint die Verallgemeinerung nicht überflüssig, daß jeder ambitionierte Komponist an seinen großen Vorgängern, zumal nahestehenden, Maß nehmen muß –, schloß er besonders leicht an solche »Erholungen« an. Über pauschale Zuordnungen zum lyrischen, von diskursiven Anstrengungen halbwegs dispensierten Temperament hinausgehend läßt sich das bis in kleine Details hinein verfolgen, u.a. in der stollenartigen Strukturierung der Durchführungen. Was bei Beethoven des legitimierenden Zusprungs bzw. Vorwandes einer »poetischen Idee« bedurfte – in der *Pastorale* z.B. als Möglichkeit, den Klang bzw. das Orchester als »zweite Natur« zu begreifen und den Gegenstand nicht erst durch die Logik irgendeines musikalischen Prozesses, sondern schon in der Selbstdarstellung des Mediums erfaßt zu sehen –, ist dem lyrisch hinein- und heraushörenden Schubert ohne Vermittlung oder »programmatische« Rechtfertigung zugänglich; ihm fallen die großen Dimensionen leichter zu – eben hier differiert seine Wahrnehmung des Sinfonischen am stärksten von der des großen Vorbildes. Dies muß besonders dort in Anschlag gebracht werden, wo eine bewußte Steigerung Beethovenscher Lösungen vorzuliegen scheint, etwa in der geschilderten »Katastrophe« des Andante con moto der C-Dur-Sinfonie D 944, in bezug auf den Abbruch der Takte 148/149 im Al-

legretto von Beethovens Siebenter oder bei dem im Ton deren Trio beschwö-
renden, in der Dimension hingegen es gewaltig übertreffenden Trio der C-Dur-
Symphonie. In Schuberts Formverständnis spielt das Moment des Räumlichen
eine größere Rolle als bei Beethoven, er hat mehr – und also andere – Zeit und
demonstriert das schon in frühen Sonaten, Quartetten oder Sinfonien in nach-
gerade provozierender Weise; etwa, wenn er sich im Andante seiner Vierten Sinfonie in einem Wechselspiel zwischen Streichern und Bläsern zu verzetteln; zu
verlieren scheint (Takte 67ff. bzw. 176ff.) und die Zurufe der Gruppen, durchaus zeitvergessen, gewissermaßen »landschaftliche« Assoziationen wecken, mindestens unterschiedliche Richtungen und also Raum evozieren. Wenn man die
Metaphorik des Landschaftlichen riskiert, muß man sie freilich zu der – schwerlich trennbaren – Legierung orchestraler und harmonischer Bereiche hin kon-
kretisieren und substanziell begreifen, d.h. »Landschaft« nicht nur als Ort, wo etwas geschieht, sondern als musikalisches Geschehen selbst. Im ersten Satz der
großen C-Dur-Sinfonie können die Posaunen nur in as-Moll (Takte 200ff.)
bzw. des-Moll (Takte 526ff.) eintreten, diese Tonarten nicht ohne Posaunen und
deren Thema, und dies Thema nicht ohne diese Instrumente und Tonarten; zu
Beginn der Durchführungen in den Ecksätzen derselben Synphonie ertönen
Prägungen, die wir längst kennen, aber woanders, aus neuen Räumen wenn
nicht Landschaften her auf eine Weise, welche den Ort wichtiger erscheinen läßt
als das, was da tönt; konträr zu Beethoven erscheint der Diskurs der thematischen Gestalten demjenigen der Räume nachgeordnet.

Damit entspannt sich das Gegenüber von musikalischer Idee und ausführen-
dem Apparat, umso mehr, als die schwer scheidbaren Determinanten musikalischer Ortsbestimmung teilweise füreinander eintreten können und nicht unbedingt ein Ringen der Idee mit der trägen Materialität großer Ensembles vonnöten ist, um weiträumige Konzeptionen zu ermöglichen; diese finden sich auch in
Streichquartetten, Klaviertrios oder Klaviersonaten. Auch erstklassige Musiker
konnten das Grand Duo D 812 für Klavier zu vier Händen als nur umständehal-
ber in der »kleinen« Besetzung überlieferte Sinfonie und Joseph Joachims Orchestrierung als deren Wiederherstellung ansehen; Vergleichbares bei Beethoven erscheint nicht vorstellbar.

Eine Erfindungsweise, welche – anders als der von oben herab die »elende
Geige« zwingende »Geist« – sich einzufühlen, hineinzuhören, die Gegenstände,
die Instrumente wo nicht die Musik selbst zum Sprechen zu bringen versucht,
hat viel mit der lyrischen Intention gemein, innen mit außen, außen mit innen
identisch zu machen. Ähnlich wie Heidegger in bezug auf Hölderlin könnte
man ein »Schwingungsgefüge des Sagens« unterstellen, innerhalb dessen das Wie
und Was des Gesagten nicht aus der jeweiligen Konstellation herausgelöst vorstellbar erscheint. Die Subordination der »elenden Geige« unter den »sprechenden Geist« gilt nicht, wenn die lyrische Intention das Sprechen des Geistes und

der Geige beieinanderhalten will – weitab von einem instrumentellen Verständnis der Sprachmittel, dank dessen der »Geist« die Mittel seiner Verlautbarung frei wählen könnte. Schubert kann es nicht, seine Themen sind jeweils stark an bestimmte Konstellationen, Tonarten und Instrumente gebunden – und umgekehrt. Daß etwas tönt, ist in höherem Grade als bei Beethoven schon per se sinnhaft – auch deshalb kann ein sinfonisches Finale (D 944) auf 1154 Takte und dasjenige einer Sonate (D 958), zudem bei strikt durchgehaltener Bewegungsform, auf 717 Takte kommen. Nicht nur wird in oder mit Hilfe von Musik etwas gesagt; indem sie die Unterscheidung von Sagen und Gesagtem zu verbinden strebt, sagt die Musik sich selber – wenn wir »Worte« für »Themen« und »Sprache« für »Musik« setzen, nahe bei Heideggers Formulierung »Die Worte und die Sprache sind keine Hülsen, worin die Dinge nur für den redenden und schreibenden Verkehr verpackt werden. Im Wort, in der Sprache werden und sind erst die Dinge«. Weil »keine Hülse«, bleibt das erste Thema im ersten Satz der *Unvollendeten* bei den Holzbläsern, das Ländlerthema bei den Streichern, das erste Thema des Andante con moto im Dialog zwischen Streichern und Holzbläsern, das zweite bei Klarinette und Oboe; das zweite Thema im ersten Satz der C-Dur-Sinfonie D 944 wie auch das Hauptthema im Andante con moto bei den Holzbläsern, das zweite daselbst bei den Streichern, das Trio bei den Bläsern, das »Wandererthema« im Finale wiederum bei den Bläsern etc. Den Prämissen der vom Sonaten-Diskurs erforderten Beweglichkeit entgegen stehen die Themen bei Schubert nicht als beliebig wechselbare Münze zur Verfügung. Jener Beweglichkeit freilich bedarf er nur bedingt, weil Instrumente, Themen, Harmonien sehr stark aus sich heraus sprechen, nicht erst als Rolle und Funktion im übergreifenden Zusammenhang. Nach dessen Maßgabe leitet jene Stelle im Andante con moto (Takte 148ff.), von der Schumann schwärmte, (»da, wo ein Horn wie aus der Ferne ruft – das scheint mir aus anderer Sphäre herabgekommen zu sein«) nur zum Wiedereintritt des ersten Themas hin. »Hier« aber »lauscht … alles, als ob ein himmlischer Gast im Orchester herumschliche«, hier gewinnt ein Detail ein Äußerstes an poetischer Eindringlichkeit, i. e. ein Gewicht, das ihm vom Ganzen her gesehen nicht zusteht, hier wird die Art und Weise, »aus der Ferne« zu rufen, für das Horn und damit ein Teil des Instruments erstmalig entdeckt.

Nicht aber nur in diesen Takten agieren das Solo-Horn oder beide Hörner nahezu als handelnde Personen, sondern auch in der Hinführung zum zweiten Thema (T. 89ff.), im dritten Satz zum Trio, im vierten zum »Wandererthema« hinleitend, und ganz und gar zu Beginn der Sinfonie – sie führen deren Motto ein als die einzige von Gruppe zu Gruppe wandernde, nach und nach alle Gruppen in die Musik hineinziehende Prägung; den Hörnern folgen Holzbläser (T. 9ff.), dann Streicher (T. 17ff.), dann das Tutti (T. 29ff.) – auf einer Linie, deren Fluchtpunkt sich am Ende des Satzes befindet (T. 662ff.). Nicht zuletzt dieser weitgespannte Bogen steht für eine musikalische Imagination, welche ebenso im

Schatten des unvermeidlichen Vorbildes wie ihm zuwiderlaufend mit sinfonischen Kategorien souverän umgeht und sie von sich aus prägt. Wie gut, daß Schubert, widrigen Umständen entgegen, genau wußte, er dürfe nicht »bei Liedern ...« bleiben!

Die Gegen-Sinfonie

Schuberts Große C-Dur-Sinfonie als Antwort auf Beethoven

Viermal nach der Serie der sogenannten »Jugend-Sinfonien« waren Schuberts sinfonische Ambitionen gescheitert; der Abbruch der *Unvollendeten* im Spätjahr 1822 muß besonders schwer gewogen haben angesichts dessen, was in den fertiggestellten Sätzen erfüllt und versprochen war. Außer in der *a-Moll-Sonate* D 784 vom Februar schiebt er im hochproduktiven Jahr 1823 jeden Ehrgeiz in bezug auf große instrumentale Konzeptionen beiseite, nicht aber den beständigen Hinblick: Das bestätigen, zu Beginn des Jahres 1824 rasch aufeinanderfolgend, das *Oktett* und die *Streichquartette* in a und d, das bestätigt Schubert selbst in der am 31. März Kupelwieser gegebenen Mitteilung, er wolle sich »den Weg zur großen Sinfonie« über die Komposition von Quartetten »bahnen«[1]. Zwei lagen bereits vor, von einem geplanten dritten, gewiß dem erst 1826 abgeschlossenen in G, spricht Schubert im selben Brief, wie auch von der bevorstehenden Uraufführung von Beethovens »neuer Sinfonie«. Ob der Weg zum Ziel führen würde, war durchaus noch unklar. »Auch hat er sich vorgenommen, eine Symphonie zu schreiben«, berichtet Schwind unter dem »letzten Mai« an Kupelwieser über den soeben nach Ungarn abgereisten Schubert und wiederholt die Auskunft am 20. August an Schober (»… er ist fleißig. Soviel ich weiß, an einer Symphonie«[2]).

Nicht aber nur über Quartette führte der Weg, sondern auch über Klavierwerke; die der *Unvollendeten* unmittelbar folgende, möglicherweise parallel konzipierte und entstandene *Wandererfantasie* gehört dank der satzübergreifenden Momente ebenso in diesen Zusammenhang wie das *Grand Duo* D 812, welches Schubert im Juni 1824 unmittelbar nach Ankunft in Zseliz schrieb[3].

Als nächste mehrsätzige Instrumentalwerke folgen erst im November desselben Jahres die *Arpeggione-Sonate* und im April-Mai des folgenden die *Klaviersonaten in C (Reliquie)* und *a-Moll* D 845. Einiges im Sommer und Herbst 1824 für den Gebrauch in Zseliz Bestimmte nicht zu vergessen – Märsche, Variationen, Tänze, das *Divertissement à l'hongroise* –, bleibt noch genug Platz für ein über längere Zeit verfolgtes, das von Schwind genannte »Hauptgeschäft«.

Seit Haydn, dessen kompositorische Entwicklung den Jüngeren als locus clas-

---

[1] *Schubert, Die Dokumente seines Lebens.* Gesammelt und erläutert von Otto Erich Deutsch, Leipzig 1964, Neuauflage Wiesbaden/Leipzig/Paris 1996, S. 235.
[2] A.a.O., S. 240 bzw. 256.
[3] Als »verdeckte Sinfonie« indessen, wie u.a. von Joseph Joachim oder René Leibowitz, läßt es sich nicht ansehen.

sicus musikalischer Folgerichtigkeit vor Augen stand, galt die Verschränkung von Quartett und Sinfonie als so selbstverständlich, daß Schuberts explizite Erwähnung auch auf eine besondere Problemstellung hindeuten könnte[4]. In der Nachbarschaft der *Unvollendeten*, zu deren Scheitern die riskante habituelle Nähe der beiden Sätze beigetragen haben muß, und der *Wandererfantasie*, in der die Auseinandersetzung mit dem vorgegebenen Gegenstand eine neuartige Synthese von Ein- und Mehrsätzigkeit erbracht hatte, erweist sich als bestimmendes Moment jenes gesuchten Weges ein neuer Anspruch an eine satzübergreifende Gesamtkonzeption. In ihrem Rahmen können u. a. literarische Themen zu musikalischen gemacht werden und mehr als nur eine katalytische Rolle bei strukturellen Lösungen spielen bis hin zu der für alle Sätze des Oktetts verbindlichen »Kernzelle«[5], die eines literarisch benennbaren Hintergrunds nicht bedarf. Anhand des *Wanderers* und von *Tod und Mädchen* macht Schubert die Unterscheidung von programmatischer und »absolut« musikalischer Substanz (welche, dichotomisch betrachtet, der Musikwissenschaft etliche überflüssige Debatten eingebracht hat) hinfällig – in dem unvermittelt in die Durchführung der *Wandererfantasie* einfallenden Liede oder dortselbst in der zur anderen Taktart umgekippten Reprise im Scherzo oder im *d-Moll-Streichquartett* im Todessymbol des *passus duriusculus* im dritten, im agonalen Wirbel des letzten Satzes[6]. Schwerlich läßt sich verkennen, daß auch das *G-Dur-Quartett* hiervon zehrt, fast eine zweite, nun ohne explizite Bezugnahme auskommende Umkreisung des Themas *Tod und Mädchen*. Im ersten der drei Quartette, demjenigen in a-Moll, gibt der Anklang an die Vertonung von Schillers »Göttern Griechenlands« (»Schöne Welt«) einen vagen Hinweis.

Kein Wunder, daß Schubert, den »Weg« bahnend, auf die bisher am rigorosesten einheitlich organisierte Sinfonie blickt, auf Beethovens *Siebente*. Auch im weiteren Umkreis läßt sich keine Sinfonie finden, worin – wie in ihr und der nun von Schubert konzipierten – thematische Prägungen so deutlich zusammenhängen und so wenig als eigenwertige Gestalten, umso mehr als Repräsentanten bestimmter Bewegungsformen erscheinen; diese ihrerseits werden in den Sätzen äußerst konsequent festgehalten, was häufig quadrige Fügungen in großen Komplexen, zuweilen ein simpel anmutendes Alfresco des Partiturbildes zur Folge hat. In durchaus neuartiger Radikalität wird die Dimension des großen Apparates mitkomponiert, die dreimal 24 Takte zu Beginn von Beethovens Alle-

---

[4]   Peter Gülke, *Franz Schubert und seine Zeit*, Laaber 1991, ²1996, besonders S. 175 ff.

[5]   Christian Ahrens *Schuberts Oktett op. 166: Paradigma für die Emanzipation des Rhythmus*, in: *Festschrift Heinz Becker*, Laaber 1982, S. 422–434.

[6]   Hierüber eingehend Christoph Wolff, *Schubert's »Der Tod und das Mädchen«: analytical and explanatory notes in the song D 531 and the quartet D 810*, in: *Schubert Studies*, hg. von Eva Badura-Skoda und Peter Branscombe, Cambridge u. a. 1982, S. 143–171.

NB 1, 2, 3

gretto, worin das Orchester allmählich die musikalische Substanz, diese allmählich das Orchester entdeckt, beide sich wechselseitig steigernd erschließen, müßten als Kammermusik, ohne den materiellen Zuwachs des großen Apparates, geradezu informationsarm erscheinen – orchestral sind sie überwältigend.[7] Beethovens und Schuberts zweiter Satz haben dieselbe Takt- und Tonart und liegen in Tempo (ursprünglich hatte Beethoven »Andantino« notiert) und Gangart nahe beieinander, auch bei Schubert gibt es anfangs drei Komplexe (Takte 8ff., 45ff., 76ff.) und einen gelöst in Dur singenden Seitensatz; wie er Beethovens Trio, von der Klanglichkeit fasziniert, mit dessen eigenen Mitteln überholen will, so auch im zweiten Satz: Beethoven vermeidet eine Katastrophe mit knapper Not (Takte 148ff.), auf welche Schubert seine Musik unerbittlich zutreibt (Takte 248ff.) – und damit jenes unvergleichliche, durch die Celli geführte Zu-sich-Kommen der Musik notwendig macht, welches den Satz nicht weniger eindringlich rettet, wie zuvor das – von Schumann beschriebene[8] – Horn ihn »zurückruft«. In bezug auf Gefährdungen riskiert Schubert mehr als Beethoven; dessen in Takt 149 zwischen Abriß und Neuordnung gesetzte Zweischläge muten fast wie eine versöhnlerische Reverenz an Kontinuität und obligaten Satz an im Vergleich zu Schubert, der an der entsprechenden Stelle eher auf Ballung und Abbruch im ersten Satz der *Eroica* geschaut hat. Auch in harmonischen Dispositionen versichert Schubert sich des Vorbildes: U.a. setzen die Durchführungen der Ecksätze in beiden Sinfonien mediantisch an, beide exponieren dies bereits in feierlich schreitenden Einleitungen, beide Seitenthemen der ersten Sätze treten auf der Dominantparallele ein.

---

[7] Ausführlich hierzu Peter Gülke, Beethovens Bestimmung des Sinfonischen als Ausdruck seines Realismus, in: *Bericht über den Internationalen Beethoven-Kongreß 10.-12. Dezember 1970 in Berlin*, hg. von H.A. Brockhaus und Konrad Niemann, Berlin 1971, S. 349–358 vgl. auch: *... immer das Ganze vor Augen. Studien zu Beethoven*, Stuttgart-Weimar 2000, S. 37ff.

[8] *Die 7. Sinfonie von Franz Schubert*, in: *NZFM 10. 3. 1840*, Neudruck u.a. in: *Aus Robert Schumanns Briefen und Schriften*, ausgewählt, eingeleitet und mit Anmerkungen versehen von Richard Münnich, Weimar 1956, S. 217–222.

NB 4, 5, 9

Jenes gemeinschaftliche Vielfache, das bei Beethoven als daktylische Grundstruktur in verschiedenen Varianten erscheint, stellt Schubert, welcher seine Sinfonie gewiß nicht zufällig mit einem Daktylus eröffnet, vornehmlich melodisch
sicher – mit nicht weniger als Beethovenscher Konsequenz: was dort der Daktylus, ist bei ihm, im Horn-Unisono des Beginns gleich mehrfach exponiert[9], die
Terz bzw. Terzdurchschreitung (NB 1). In den letzten Takten des Unisonos verdeutlicht Schubert als wiederholend nachzeichnendes Verklingen bereits die
Gefährdung der Struktur, den Umstand, daß sie ihrer selbst nicht sicher ist – der
zweite, den Holzbläsern gehörige Durchgang muß von den Streichern eigens
herbeigeholt werden.

Terzdurchschreitungen allenthalben[10]: Die Introduktion ließe sich als Versuch
lesen, sie wo und wie immer unterzubringen; sie strukturieren das Seitenthema
des ersten Satzes (NB 2), das Thema des Andante con moto (NB 3), das in der
abseitigen »Todestonart« as-Moll anhebende Memento der Posaunen (NB 4);
die unterschiedlichen Führungen im dritten Thementakt des Scherzo (vgl. die
Takte 3 und 15) lassen als dahinterliegend die Struktur NB 5 erkennen – sie ihrerseits das so anders gelagerte Motiv der Posaunen NB 4 aufnehmend –, und in
der ursprünglich notierten Form des ersten Themas im ersten Satz (NB 6, S. 26
oben) ergaben die Ansatztöne der drei Gruppen ebenfalls den Terzanstieg. Insgesamt stellt dieser sich als Gravitationspunkt in einem Bezugsnetz dar, zu dem
auch der Nachsatz im Andante con moto (NB 7) und dessen Seitensatz (NB 9)
gehören, die terzumspielenden Girlanden beider Finalthemen (NB 10), nicht
weit entfernt das klangselige Trio und seine immerfort um die Terz sich drehende Melodik (NB 12).

---

[9] Beschreibungen bei Gülke, a.a.O., S. 306ff.; Brian Newboult, *Schubert and the Symphony. A New Per-
     spective*, London 1992, S. 293ff.; Walther Dürr, *Zyklische Form und »poetische Idee«: Schuberts große C-
     Dur-Symphonie*, in: *Probleme der symphonischen Tradition im 19. Jahrhundert. Internationales Musikwissen-
     schaftliches Kolloquium Bonn 1989*, Kongreßbericht, hg. von Siegfried Kross unter Mitarbeit von Marie
     Luise Maintz. Tutzing, Schneider 1990, S. 455–469.
[10] Hierüber auch Joshua Rifkin, *A Note on Schubert's Great C-Major Symphony*, in: *19th Century Music VI*,
     1982, S. 13–16.

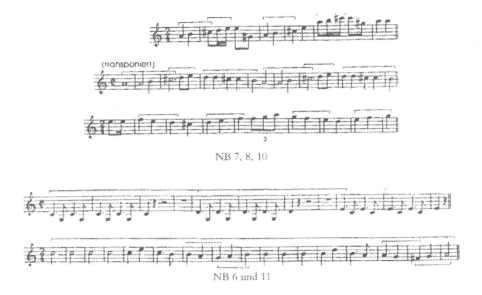

NB 7, 8, 10

NB 6 und 11

Freilich täte die Betrachtung der Strategie des Weges zur großen Sinfonie unrecht, fixierte sie sich einseitig auf melodische Gestalten. Denn das Konzept der
übergreifenden Einheit, als – im weitesten Sinne – »poetische Idee«[11], betrifft
auch und besonders das Verhältnis zwischen stärker und weniger thematischen
Partien, es duldet deren schroffe Unterscheidung nicht – welche übrigens analy-
tischen Verdeutlichungen zuliebe oft übertrieben wurde und im zeitgenössischen Sonatenverständnis wenig Stütze findet: Anlaß mehrerer Versuche in letzter Zeit, die Fixierung auf Motive und Themen zugunsten der Funktion harmonischer Bereiche und der zwischen ihnen vermittelten »Gänge« zu korrigieren[12].
In Beethovens *Siebenter* fand Schubert thematische Prägungen vor, welche kaum
eigenwertig über den Verlauf hinausragen und, soweit irgend möglich, mit ihm
identisch sein sollen. Den Gestaltwert seines ersten Allegrothemas (NB 14) hält
er bewußt gering und mindert ihn gar, indem er von der ersten Version NB 6
(welche obendrein überdeutlich anklang an Leporellos *Nott' e giorno faticar*) vom
Terzanstieg überwechselt zu einer auf den Stufen von Tonika, Dominante und
wieder Tonika identischen Figur (NB 13), welche er dann in letzter Minute,
möglicherweise erschrocken über die Reduktion auf den puren Bewegungsim-
puls, zur Version NB 14 verändert. Nicht anders stellen beide Finalthemen sich
eher als Kristallisationen von Verlaufsformen dar denn als eigenwertig abgeho-

[11] Dürr, a.a.O.
[12] Stefan Kunze, *Mozart. Sinfonie in C-Dur KV 551, Jupitersinfonie*, München 1988; Hans Joachim Hin-
richsen, *Die Sonatenform im Spätwerk Franz Schuberts*, in: *Archiv für Musikwissenschaft XLV*, 1988,
S. 20ff.

bene, zur zusammenraffenden Erinnerung taugliche Gebilde. Daß sie sich von ihrem Umfeld, Gangart etc. nicht im Sinne jenes von der Unmittelbarkeit des Klingenden entfernten Zusammenraffens abstrahieren lassen, daß jenes Umfeld untrennbar an ihnen haftet, gehört ebenso zu den wichtigen Momenten der besonderen Unmittelbarkeit Schubertscher Musik wie zu den Veranlassungen, die diesem Stück zugehörige »poetische Idee«[13] mit gebotener Vorsicht zur Charakteristik als »Wanderer-Sinfonie« zuzuspitzen.

NB 12

NB 13, 14

Aber auch auf andere Weise enttäuscht Schubert eine einseitig auf thematische Schwerpunkte orientierte Erwartung: Den Ecksätzen »erlaubt« er eine außerhalb der üblichen Regulationen liegende Kristallisation nahezu mit den Qualitäten eines Fluchtpunktes oder gar Refrains (NB 15), nicht allein darin, daß der Terzanstieg hier den komplementär nachfolgenden Abstieg erhält. Die Prägung erscheint im ersten Allegro am Ende von Exposition (T. 228 ff.) und Reprise (T. 545 ff.), überdies durch das jeweils einzige *fff* und zwei weitere, den ersten Impuls überbietende Aufschwünge herausgehoben. Am Ende der Durchführung wirkt sie als schleichendes Unisono der Bässe (NB 16), sodann an nahezu entsprechender Stelle, nur wenig abgewandelt, im Finale (NB 17), wo sie entspannendes Abfließen eines zuvor aufgebauten Staus artikuliert, welcher im Folgenden wiederkehrt, stets einen Ziel- und Lösungspunkt bildet und vor den Schlüssen von Exposition (T. 333) und Reprise (T. 921) wie im ersten Satz durch *fff* herausgehoben wird. Insbesondere hier erscheint die Wendung in der Qualität einer Übergipfelung, hervorgetrieben aus den Wellenbewegungen beider thematischer Komplexe, letzte Station einer Konsequenzlinie, deren Beginn Schubert beim erstmaligen Erscheinen auf bemerkenswerte Weise markiert: Nach dem feierlich schreitenden Melodievortrag und raschen Wechseln zwischen kleinen *ff*- und *p*-Abschnitten in der Introduktion komponiert er ein Innehalten

---

[13] Dürr, a.a.O.

und Abwarten, verstärkt nicht zuletzt durch crescendo und einen »überzähligen«
Takt (T. 58); danach, »erlösend«, tritt die Prägung NB 15 erstmals ein, auch hier
also schon als Mündung und Zielpunkt inszeniert.

NB 15, 16 – NB 17

Mußte sie zu der Zeit, da sie zu Papier kam, nicht als anmaßende Anspielung
erscheinen? Unüberhörbar exponiert Schubert hier den Zusammenhang seiner
mit Beethovens neuer Sinfonie, den er im Brief an Kupelwieser (s. o) unzweideutig angesprochen hatte. Die bevorstehende Uraufführung veranlaßte nicht
nur die Auskunft über den »Weg zur großen Sinfonie«, sondern im Sinne eines
letzten und konkreten Anstoßes diese selbst, »Gegenstück«, wie Walther Dürr[14]
formulierte, im genauen Sinne des Wortes. Der Terzgang auf-, dann abwärts gibt
lediglich das handgreiflichste Beispiel dafür, wie die bei Schubert allgegenwärtigen melodischen Wellenformen in den Assoziationsraum von Beethovens *Neunter* hineinspielen bzw. aus ihm herstammen. Das Auf und Ab des »Refrains« NB
15 entspricht im übrigen dem »himmlische Freude« anzeigenden circulus im
Verständnis der Figurenlehre[15].

NB 18

Das erste Thema in Schuberts Finale erscheint wie vom Seitensatz in Beethovens Adagio fortgedacht (NB 18), das zweite Thema im Finale als ausführliche
Einlösung eines in Beethovens erstem Satz nahezu episodisch vorbeiwehenden,
dennoch die »Freude«-Melodie antizipierenden Motivs (NB 19), der Nachsatz

---

[14] A. a. O.
[15] J. Glofcheskie, »*Zur großen Sinfonie*«: *Schubert in the Beethoven Circle*, Vortrag auf dem *International Symposion on Beethoven's Orchestral Musik*, University of Victoria, 21. III. 1986.

in Schuberts Andante (NB 7) nahe bei Beethovens »russischem« Trio-Thema NB 8 liegend.

NB 19

Nicht nur, weil mit dem »Refrain« NB 15 die präsumptive Kernzelle außerhalb der vorgegebenen Attraktionspunkte auftritt, und im Hinblick auf die Aktualität der soeben uraufgeführten *Neunten* wirkt die Bezugnahme nicht eben diskret; Schubert unterstreicht sie gar mit Hilfe eines harmonischen Achtungszeichens: In der Introduktion exponiert er ab Takt 48 den im »Memento« der Posaunen NB 4 (S. 25 oben) so wichtigen As-Bereich, verstärkt das Abseits wenig später in Richtung des-Moll (wobei die Oktavpunktierungen in Fagott und Bratschen auf das As-Dur kurz vor dem Repriseneintritt hinweisen, T. 343ff.) und gelangt über das irregulär abwartende f-Moll in den Quartsextakkord (vgl. NB 20a) – eine Fortschreitung, deren Neuigkeitswert wesentlich daher stammt, daß sie aus dem zuvor unfunktional erreichten f-Moll sich keineswegs voraussehbar ergibt. Dies wiederholt sich mit veränderter Akkordstruktur bei den Eintritten des Motivs am Ende von Exposition und Reprise (NB 20b), wobei er die harmonische Ambivalenz des ersten Akkords, welcher auch als Sextakkord über *Es* bzw. *As* gelesen werden könnte, konkretisiert: Anstatt »plagal« in den Quartsextakkord in *G* bzw. *C* könnte er auch (im Beispiel in Klammern) nach *As* bzw. *Des* führen. Im Finale (erstmals Takte 192/93) steigert Schubert das Ungewöhnliche der Akkordverbindung abermals, wobei der Halbtonschritt des Basses in den drei Übergängen hinlangt, sie als ähnlich erscheinen zu lassen: Einem Septakkord über *C* (Exposition) bzw. *F* (Reprise) folgen *G* bzw. *C* mit der Terz im Baß[16]. Das (NB 20c) ist für sich genommen schon ungewöhnlich, ist es aber umso mehr, als Schubert die geschilderte harmonische Ambivalenz nun tatsächlich wahrnimmt, wenn auch verspätet: Die Sept *b* (in der Reprise und im NB *es*) ließe sich enharmonisch umgedeutet auch leittönig lesen, der Akkord nicht nach *G* bzw. *C*, sondern nach *H* bzw. *E* auflösen (im NB in Klammern). Eben diese am Horizont des Möglichen auftauchenden Harmonien treten jeweils acht Takte später tatsächlich ein als Tonarten eines in beiden Fällen 24-taktigen Mittel-

[16] Paul Badura-Skoda, *Possibilities and limitations of stilistic criticism in the dating of Schubert's »Great« C-Major Symphony*, in: *Schubert Studies*, a.a.O., S. 187–208.

gliedes – das Quod erat demonstrandum dieser Handhabung läßt sich schwer überhören. Zu Schuberts Strategie würde gut passen, daß er die ungewöhnliche Akkordverbindung, um sie im Werkganzen zu befestigen, an den zwei anderen Stellen erst nachträglich untergebracht hätte. Von der Coda des ersten Satzes wissen wir, daß sie nachkomponiert wurde[17]; die harmonische Verwerfung im Trio (Takt 367) fällt eben genug auf, um der Rückkehr nach A-Dur (Takte 378/79) allen erdenklichen Nachdruck zu sichern.

NB 20

Mit hilfreichen Biographica steht es schlecht. Daß Schubert die Uraufführung der *Neunten Sinfonie* am 5. Mai 1824 und die zweite Aufführung am 23. Mai nicht versäumte, kann als sicher gelten – belegt ist es nicht. Schon am 31. März, als er vom »Weg zur großen Sinfonie« schrieb, muß er gewußt haben, worum es sich bei Beethovens neuem Stück handelte, sangen doch zwei seiner Freunde, Joseph Hüttenbrenner und Fritz Hartmann, im Chor mit[18]; der andere Hüttenbrenner, Anselm, hat Beethoven nach der Aufführung nach Hause begleitet[19]. Auch hatte schon im Winter zuvor der Appell von dreißig Musikern, Verlegern und Enthusiasten, das neue Werk in Wien (und nicht etwa in England) zur Uraufführung zu bringen, für Publizität gesorgt; vier autographe Blätter mit Posaunenstimmen haben sich in Schuberts Nachlaß gefunden[20]. Das ist schon alles; das außer eigenen Aufführungen für Schubert zweifellos interessanteste und spektakulärste Musikergebnis, welches in seine Zeit als arrivierter Komponist fällt, hat in den aus seinem Umkreis stammenden Dokumenten keinen Niederschlag gefunden. Wollte man hierin ein Indiz sehen, müßte man Gründe glaubhaft machen können, derentwegen die Beteiligten zögerten, eine negative Reaktion zu bezeugen. Doch auch von Zustimmung und Begeisterung verlautet nichts.

Fraglos stieß Beethovens neue Sinfonie bei Schubert auf eine durch eigene kompositorische Interessen aufs Höchste geschärfte Aufmerksamkeit. Just in dem Augenblick, da die Sinfonie nach einer bei ihm ungewöhnlichen kreativen

---

[17] Rifkin, a.a.O.

[18] *Schubert. Die Erinnerungen seiner Freunde.* Gesammelt und herausgegeben von Otto Erich Deutsch, Leipzig 1957, S. 77.

[19] A.a.O.

[20] Walther Dürr, *Wer vermag nach Beethoven noch etwas zu machen? Gedanken über die Beziehungen Schuberts zu Beethoven.* In: *Beethoven-Jahrbuch* Jg. '73 1977, S. 46–47, die Erwähnung S. 49.

Selbsttherapie wieder in Reichweite kommt, wird sie gemäß den Maßgaben des proklamierten »Weges« von der obersten Autorität überschritten, wenn nicht zerschlagen. Das erinnert an Konstellationen wie die der gleichzeitig mit Beethovens opus 111 (wenn auch vermutlich ohne dessen Kenntnis) komponierten *Wandererfantasie*, worin trotz und mit Hilfe des Liedbezuges mehr Sonate bewahrt ist als in Beethovens Sonate[21] oder an die der Beethovenschen *Missa*, beginnend bei der Tonart, als eigene *Missa solemnis* entgegengestellte *As-Dur-Messe*. Insbesondere bei ihr wird der Widerspruch, die Intention der Alternative als Moment der schöpferischen Selbstdefinition des Jüngeren kenntlich, der mit Ausnahme des Liedes in allen Schaffensbereichen kanonische Muster ersten Ranges vorfand. Mit der Sinfonie verhielt es sich ähnlich. Der erlittene Schock könnte sehr wohl als Anstoß und kreativer Stachel gewirkt haben in Gestalt der polemischen Intention, mit dem Material von Beethovens *Neunter* zu beweisen, daß deren Kündigung der sinfonischen Verbindlichkeiten, für die die *Siebente* stand, nicht hingenommen werden mußte. Was für ein Anspruch dessen, dem selbst wohlmeinende Freunde rieten, besser bei Liedern zu bleiben! Als Schubert zwei Tage nach der zweiten Aufführung der *Neunten Sinfonie* nach Ungarn abreiste, nahm er genug Entschlossenheit, Inspiration und Material mit zu etwas, was zunächst vor allem definiert war als »Gegen-Sinfonie«.

---

[21] Gülke, *Schubert und seine Zeit*, a.a.O., S. 201–206.

»Vorübungen der Universalität«

Fragmente und Fragmentarisches bei Schubert

Daß Schuberts unvollendete h-Moll-Sinfonie neben Beethovens Fünfter die meistgespielte Symphonie des Repertoires ist, würde allein ausreichen, die Frage nach Vollendung und Nichtvollendung bei ihm dringlich zu machen. Wieviel mehr aber noch, daß nur wenige Komponisten seines Ranges, am ehesten Mozart, ähnlich viele fragmentarische Werke hinterlassen haben! Andererseits ist sein Name mit dem Begriff des Fragmentarischen nicht nur jener Vielzahl wegen verbunden. Die frühromantische Ästhetik des Fragments, mit der er zumindest mittelbar in Berührung kam, spielt hier ebenso mit wie – allgemein gesprochen – Romantik als einer Konzeption von Kunst, in der im gängigen Verständnis, anders als in der klassischen, die Idee über die Grenzen des jeweiligen Werkes hinaustreibt und Fertigstellung leicht in Verdacht gerät, auch mit Zurücknahme zu tun zu haben. Damit wird als Gegenbild eine fugenlose Geschlossenheit oder gar Selbstgenügsamkeit des vollendeten Werks unterstellt, die man in Kunst obersten Ranges nie finden wird. Freilich trug genau diese Zuspitzung das Ihrige zur romantischen Nobilitierung des Fragments als eines nicht nur abgebrochenen, gescheiterten, sondern die Gründe des Scheiterns reflektierenden, wenn schon nicht absichtlich ins Scheitern getriebenen Werkes bei. Hegel bestimmte »das Romantische«, welches »an sich schon das Prinzip der Auflösung des Ideals ist«, als ein Prinzip, welches »diese Auflösung nun in der Tat als Auflösung klar heraustreten läßt«.

Schubert hinterließ Fragmentarisches nicht nur äußerer Umstände wegen, etwa im Fall mancher Oper, sondern weil er bei Liedern oft lieber neu ansetzte, als an halben Lösungen weiterzuwerkeln. Die Feststellung, dies habe auch mit seiner Arbeitsweise zu tun, mit dem Zwang, die jeweilige Aufgabe möglichst in einem Schaffensimpetus, im Handstreich zu bewältigen, führt in die Nähe der Ästhetik der Frühromantik, zu Dichtern wie Schlegel, Novalis und Wackenroder, für die Schubert sich sehr interessiert hat. Was die Ästhetik damals »Besonnenheit« nannte – planvoll bedachtsames Vorangehen der schöpferischen Phantasie, wie vorbildhaft in Beethovens Skizzen zu erkennen, Rückkoppelungen, die der ungeduldig fortstürmenden Phantasie zuweilen auch in die Zügel fallen –, hat bei Schubert einen eigenen Ort, eigene Qualität und vor allem eine kaum je nachvollziehbare eigene Schnelligkeit. Nur zu leicht sitzen wir dem Eindruck auf, vermeintlich »naiv« Produzierende wie Schubert oder Mozart seien, weil die Besonnenheit warten müsse, bis die Rauchschwaden der inspirativen Zündung sich verzogen haben, darauf angewiesen, Glück zu haben, sie arbeiteten ohne Netz und mit höherem Risiko als z.B. Beethoven, Brahms oder Wagner. Bei diesen läßt sich gemeinhin leichter nachvollziehen, daß und wie der Einfall sofort geprüft wird im Hinblick auf das, was er zu leisten habe, wie er funktionieren solle. Kaum nachvollziehen läßt sich, wie die »Naiven« dies in einer »holden Dunkelheit der Sinnen« bewerkstelligen, worin mehr Helligkeit Platz hat, als wir ahnen – genug Anlaß, voreilige Bewertungen zu meiden, wenn man in Schubertschen Fragmenten die treibende Idee auf Notwendigkeiten z.B. einer bestimmten Funktion oder Fortführung aufprallen und in diesem Aufprall scheitern sieht.

Dennoch drängt sich zuweilen der Eindruck auf, er habe sich zu viel vorgenommen, wie immer wir damit den Verdacht bequemer Besserwisserei riskieren. Kurz nach Fertigstellung seiner VI. Sinfonie (D 589), worin gewisse Beunruhigungen bereits unüberhörbar sind, skizziert Schubert eine weitere Sinfonie mit offenkundig hochgreifenden Ambitionen. In einer groß angelegten Einleitung strebt er Beethovens avanciertesten Lösungen nach – mit dem Ergebnis eines allzu prätentiösen Versprechens, welches er im nachfolgenden Sonaten-Allegro nicht glaubt halten zu können; er exponiert zwei bezaubernde Themen und gibt danach auf. Offenbar nur vorläufig – denn anschließend skizziert er die übrigen Sätze; dennoch muß die Introduktion ihm bald als ein übergroßes Eingangstor erschienen sein, als Verpflichtung auf ein Terrain, das er noch nicht würde ausmessen können. Der Schock saß tief, umso mehr, als bei Klaviersonaten und Streichquartetten neuerdings ebenfalls kaum noch etwas gelingen wollte; Fragment also, weil die Ansprüche und Möglichkeiten ihrer Erfüllung auseinanderklaffen.

Sofern die Überlieferung nicht trügt, hat Schubert drei Jahre keine Sinfonie mehr gewagt und danach beim nächsten Anlauf die Ansprüche bewußt tief angesetzt oder gar zunächst nur eine Fingerübung beabsichtigt, auf der kein Vollendungsdruck lastet, nach etlichen wider alle Absicht gescheiterten Fragmenten nun als Etüde ein gewolltes. Eine Introduktion, an deren Dimensionierung er zuletzt gescheitert war, meidet er und scheint von vornherein auf ein sangliches zweites Thema zuzukomponieren bzw. ausprobieren zu wollen, was sich ergäbe, wenn dieses Thema regelwidrig in der zur Haupttonart allerentferntesten Tonart einträte – ein Planspiel, bei dem das unbedeutende erste Thema fast nur wie das notwendige Trittbrett zum schön gesungenen zweiten, wie dessen sonatenbezogene Legitimierung anmutet.

Nicht nur hier; noch in seinem letzten Sinfonie-Entwurf tauschte Schubert, nachdem er sich zum zweiten Thema durchgeschrieben hatte, die erste Fassung des ersten Themas gegen eine tragfähige zweite aus. Überhaupt begünstigt das Übergewicht der zweiten Themen nicht selten den Eindruck, der Sänger niste sich im Gehäuse der dialektischen Form ein und bediene diese gerade soweit, daß sein Singen legitimiert erscheine. Freilich hängt das auch damit zusammen,

daß Beethovens Sonate als Norm galt und übersehen half, welch eigene, ingeniöse Lösungen Schubert fand, Lösungen, bei denen weniger das Widerspiel
thematischer Charaktere im Vordergrunde stand als, wie vor Beethoven oft, die
Equilibrierung verschiedener Tonartenbereiche, die nahezu »choreographisch«
wahrgenommene Bezugnahme auseinanderliegender Harmonieräume.

Bei der zuletzt beschriebenen Skizze (D 708A) glauben wir sagen zu können,
weshalb sie liegenblieb und von Scheitern nicht gesprochen werden kann: weil
Schubert in ihr gar nicht »ankommen« wollte. Schwierigere Fragen stellen sich
bei Fragmenten, welche unzweideutig hochgesetzte Ansprüche verraten und die
fertigzustellen es wenig bedurft hätte. Daß sie vornehmlich in der Klaviermusik
zu finden sind, legt die Vermutung nahe, Schubert habe sie zunächst nur als
Spielvorlage für sich selbst vorgesehen oder gar für möglich gehalten, einen
Konzertvortrag – immer im kleinen Kreis – quasi improvvisando zu Ende zu
bringen, vergleichbar etwa den kaum ausgearbeiteten Solo-Partien in Mozarts
Klavierkonzerten. Freilich handelt es sich um Musik für Klavier solo, überdies
war Schubert als Spieler sehr gewissenhaft und kein Virtuose. Andererseits läßt
sich schwer vorstellen, er habe an der fragmentarisch aufgeschriebenen Musik
alles Interesse verloren. Es ist gar spekuliert worden – mindestens die Dimension
des Rätsels wird dadurch verdeutlicht –, Schubert habe, gewissermaßen als Anwalt der zeitgenössischen Fragment-Ästhetik, der Werkidee, nachdem sie sichtbar gemacht war, den Vorrang lassen wollen vor ihrer perfekten materiellen Einlösung; was er gewollt habe, sei durch die fragmentarische Form erfüllt.

Derart theoretisches, obendrein vorbildloses Musikertum freilich war seine
Sache nicht; musikalische Unmittelbarkeit, konkretes Erklingen, prozessualen
Vollzug hat er in so spezifischer Weise eindringlich gemacht, daß man ihn sich
kaum als Illustrator ästhetischer Positionen vorstellen kann, der teilweise auf die
klingende Präsenz der Musik verzichtet. Anders als die fragmentarische Skizze
eines Malers, welche eine Offenbarung sein, anders als ein fragmentarisches Gedicht, welches immerhin gelesen werden kann, ist ein musikalisches Fragment
eine Katastrophe; Musik muß fertiggestellt, das Stück zu Ende gebracht, die Partitur ausgeschrieben sein, damit sie angehört, als klingende Realität wahrgenommen werden kann. Der Komponist müßte der Fragment-Ästhetik mehr opfern als die Kollegen der anderen Kunstgattungen.

Dennoch ist für simple Antworten kein Anlaß. »Der Geist«, so Hegel, »arbeitet sich nur solange in den Gegenständen herum, solange noch ein Geheimes,
Nichtoffenbares darin ist.« Versprach die noch ungeschriebene Reprise zuweilen zu wenig »Geheimes«, um Schubert am Stoff festzuhalten? Denn nur dank
jenes »Nichtoffenbaren«, so Hegel weiter, ist »der Stoff noch identisch mit uns«.
Über der Vermutung, es habe Schubert nicht gereizt, eine vorgebahnte Logik lediglich zu vollstrecken, darf man nicht vergessen, daß er in anderen Reprisen viel
wiederholt und dennoch »Nichtoffenbares« herausgeschaffen hat. Bleibt als hal-

be Erklärung ein genereller Wesenszug Schubert'schen Komponierens: die – allemal riskante – Erkundung; sie kann zuweilen so sehr im Vordergrund gestanden haben, daß der Anhäufung halbfertiger Werke der Charakter der Vorläufigkeit erhalten bleibt und die Fragen ihren Sinn verlieren, wann und warum Schubert endgültig aufgab. Kompositorisch Halbfertiges, das zeigen viele Ditails, ließ sich weiter verwenden. Für Erkundung spricht nicht zuletzt die Tonartenwahl – in h-Moll, H-Dur, fis- oder cis-Moll waren Sonaten oder Sinfonien bisher nur selten geschrieben worden.

In einer im Sommer 1817 entworfenen fragmentarischen Sonate in fis-Moll z.B. erkundet Schubert, wie man in einem durch sanft gleichmäßige Bewegung geprägten Tempo rasch in abgelegene Tonarten gelangen, wie eine anfangs überdeutliche Unterscheidung von Spielfigur und thematischer Gestalt allmählich abgebaut und die erstere zunehmend melodisiert und polyphon verflochten werden kann; dem zuliebe verzichtet er sogar auf ein explizite gesungenes zweites Thema. Auch zehn Jahre später hätte er keinen Grund gehabt, diesen Entwurf als überwunden ad acta zu legen, die anfangs getrennt exponierten Komponenten – Begleitung und thematische Prägung – verschmelzen immer mehr im Sinne einer Kontinuität, welche den Hörer allmählich vergessen läßt, wo er sich befindet. »Das Verdichten der im wirklichen Leben verloren herumirrenden Gefühle in mannigfache feste Massen ist das Wesen aller Dichtung«, hatte zwanzig Jahre zuvor der junge Wackenroder (wohl gemeinsam mit Tieck) formuliert. »Sie trennt das Vereinte, vereint fest das Getrennte, und in den engen, schärferen Grenzen schlagen höhere, empörtere Wellen. Und wo sind die Grenzen und Sprünge schärfer, wo schlagen die Wellen höher als in der Tonkunst? Aber in diesen Wellen strömt recht eigentlich nur das reine, formlose Wesen, der Gang und die Farbe, und auch vornehmlich der tausendfältige Übergang der Empfindungen; die idealische, engelreine Kunst weiß in ihrer Unschuld weder den Ursprung noch das Ziel ihrer Regungen ...«

Klassische Kunst freilich möchte keineswegs vom Versuch dispensiert werden, über »Ursprung und Ziel ihrer Regungen« Bescheid zu wissen; also dürfte das »reine Wesen« bei ihr nicht eo ipso ein »formloses« sein. Immerhin formuliert Wackenroder implicite auch, inwiefern ein fertig gestelltes Werk innerlich fragmentarisch bleiben und ein auf den Schein der Vollendung hingetrimmtes Werk an Wert und Wahrhaftigkeit, also auch »Vollendung«, übertroffen werden kann von einem ehrlich abgebrochenen; die Bruchlinien des gescheiterten Werkes konturieren Dynamik und Eigenwillen der zugrundeliegenden, die Realisierung überfliegenden Idee genauer als eine unter dem Diktat werkhafter Abrundung stehende Fortführung. Dies meint Friedrich Schlegels Auskunft, »viele Werke der Alten« seien »Fragmente geworden. Viele der Neueren sind es gleich bei der Entstehung.« Ähnlich naheliegt Theodor W. Adornos Kritik an klassizistisch veranstaltenden Repriseneintritten. »Jedes neue Kunstwerk«, formuliert er, »ist, um eines zu sein, der Gefahr gänzlichen Mißlingens ausgesetzt.« In diesem Sinne mag der Blick auf Schuberts Fragmente lehren, inwiefern Mißlingen als Werk als Gütesiegel der zugrundegelegten Konzeption erscheinen kann, als Extremfall einer Verantwortung gegenüber der Idee, welche, ehe sie dieser untreu wird, lieber das Werk fahren läßt.

So mag es sich bei dem geistlichen Drama *Lazarus* verhalten haben, einer von Schuberts modernsten Partituren. Weil sie mitten in der zweiten von drei »Handlungen« im voll ausgeschriebenen Orchestersatz abbricht, steht außer Zweifel, daß nicht alles auf uns gekommen ist; schwerlich jedoch war *Lazarus* zu Ende komponiert. Das vollständig vorhandene Libretto läßt eher vermuten, daß Schubert, der mit dem Faktum Auferstehung seine Schwierigkeiten hatte, das Interesse an der »Dritten Handlung«, eben der Auferstehung des Lazarus, verlor, vielleicht auch, daß ihm diese im ersten Akt schon komponiert erschien. Dort berichtet Jemina von ihrer Auferweckung in Musik von höchster Eindringlichkeit und zu Worten, welche präzise das Lazarus Bevorstehende vorwegnehmen; worüber gewiß schwer hinauszugelangen wäre, im übrigen eine Verdoppelung droht, von der man die wunderbare Musik der Jemina freigehalten wünscht.

Verantwortung vor dem Stoff bzw. dessen Verpflichtungen mag ihn – bei sehr anderen Kontexten – auch gehindert haben, einen Satz, der bereits zur Verfügung stand, für die *Unvollendete* in Erwägung zu ziehen. Innerhalb des Sinfonie-Fragments D 708A befindet sich ein nahezu Beethovensches Scherzo, das gewagteste aus Schuberts Feder; wohl nicht zufällig hat er sich dessen Anfangswendung später in der C-Dur-Sinfonie (D 944) erinnert. Dem für die *Unvollendete* skizzierten weit überlegen, hätte er möglicherweise in diese übernommen werden können? Schubert stellt die Frage offenbar nicht. Oder war, als es um die *Unvollendete* ging, der anderthalb Jahre ältere Entwurf noch nicht endgültig aufgegeben? Immerhin fällt auf, daß Schubert, wie bei dem ebenfalls in D-Dur stehenden vom Sommer 1818, die Skizzen aufhob und daß manches modulatorische Procedere von beiden im Herbst 1828 in den letzten Entwurf einer Sinfonie eingegangen ist. Wie immer es sich verhielt – auch hier hat er, ohne anderweitige Verwendung zu erwägen, ein nahezu fertigkomponiertes Stück liegen lassen.

Dergestalt geben die Fragmente immer neu Anlaß zu fragen, wo und zu welchen Anteilen äußere und innere Umstände ein Werk scheitern ließen, wo und inwieweit »Fragment« identisch sei mit »Bruchstück«, inwiefern Musik im Sinne von Friedrich Schlegel »gleich bei ihrem Entstehen«, mithin ihrem Wesen nach, fragmentarisch sein und wo man sagen könne, ein auf Rundung und Abschluß hingezwungenes Stück enthalte mehr Fragmentarisches als ein ehrlich abgebrochenes.

Dem Liedkomponisten drängte sich diese Frage immer wieder auf: An der Verbindung von Ton und Wort prallte der – wie immer idealtypische – Gegenbegriff zu »Fragment«, derjenige einer fugenlosen Schlüssigkeit, ohnehin ab.

Wie immer Ton und Wort sich in Metrum, Rhythmus, Versgefüge oder in der Klanglichkeit von Vokalen etc. treffen mögen – anderwärts divergieren sie notwendig; das diskursive Wort treibt weiter, wo musikalisch Bekräftigung, Wiederholung etc. angezeigt ist. Erst recht divergieren verbale Begrifflichkeit und die begriffslose Sprachlichkeit der Musik rezeptionspsychologisch – so sehr, daß man von bestimmten Kongruenzen gar nicht ausgehen kann. Wenngleich viele Vertonungen den Eindruck des So-und-nicht-anders, des getroffenen »Zauberwortes« erwecken – die eine und einzig mögliche, in allen Komponenten deckungsgleiche Verbindung von Wort und Ton gibt es nicht, stets bleibt deren Verknüpfung partiell auf kontrapunktierende Momente, auf halb verbunden nebeneinander Stehendes angewiesen. Nicht zufällig begann die Vorstellung der einander kontrapunktierenden Bereiche von Text und Musik in der Lied-Ästhetik eben damals eine Rolle zu spielen. Der Liedkomponist Schubert übte sich unausgesetzt in Nichtvollendung.

Zuweilen tat er das nahezu explizit. Mit den drei *Gesängen des Harfners* aus Goethes *Wilhelm Meister* z. B. hat er sich mehrmals auseinandergesetzt – bei »Wer nie sein Brot mit Tränen aß« mit dem Ergebnis einer Lösung, worin die Unmöglichkeit auskomponiert erscheint, den Text in einer definitiven Lösung zu treffen. Von Varianten läßt sich schwerlich reden, wenn »Ihr führt ins Leben uns hinein« einmal in einem »brutalen« Dur, das andere Mal in Moll vorgetragen wird, wie es zuvor schon beim zweimaligen Vortrag der ersten Zeile »Wer nie sein Brot mit Tränen aß«, angeklungen war – Momente einer Divergenz, zu der einer gezwungen war, der es genau machen will und bei der Suche nach der einen, alle anderen aus dem Felde schlagenden Synthese die Schlußfolgerung meiden will, daß die Entscheidung für eine Lösung identisch ist mit derjenigen gegen alle anderen. Diese Vertonung, vollendet wie nur irgendeine und viele bei Schubert, zieht das Moment der Nichtvollendbarkeit in sich hinein bzw. hebt es auf, indem sie die nicht erreichbare fugenlose Kongruenz von Wort und Ton mehrfach einkreist.

Alfred Einstein hat die Harfner-Gesänge »Schuberts [...] ersten großen Zyklus« genannt. Indem er dem durch die älteren Ausgaben verfestigten Eindruck widersprach, Schubert habe nur zwei Zyklen und sonst nur Einzellieder geschrieben, welche bestenfalls stärker zusammenhängen können, nahm er Einsichten der jüngsten Schubert-Forschung in bezug auf latente, mindestens beabsichtigt gewesene Zyklenbildungen vorweg, die sich tendenziell schon in der sorgsamen Disposition der ersten gedruckten Lied-Opera erahnen lassen. Insofern solche Zyklen, Opera, Gruppierungen zuweilen durch äußerliche Gründe verhindert wurden, gehören auch sie zum thematischen Umkreis des Fragmentarischen. Nicht zuletzt bestätigte sich die Identität dieser Problematik in Lied und Instrumentalmusik, als nach quälenden »Jahren der Krise«, da Streichquartette, Sinfonien etc. nicht mehr gelingen wollten, der übergreifende Zusammenhang ausgerechnet im Liede erstmals wieder glückte – in der *Schönen Mülle-rin*.

Aber auch in den kleinen Bauformen des Liedes arbeitet Schubert dem Schein einer quasi kausalen Schlüssigkeit des Fortgangs entgegen, etwa, wenn er im Schlußliede der *Winterreise* zwei liedhafte Gebilde – die gesungenen Takte das eine, die Klaviertakte das andere – segmentweise ineinander schneidet. Beide hängen motivisch zusammen, wodurch das Experiment erschwert wird, sie je für sich zusammenzudenken. Wohl erscheinen die beiden Bestandteile in sich stimmig, erreichen jedoch nur jenes Minimum an Autonomie, das sie aufeinander angewiesen hält. Auf solche und ähnliche Weise lassen sich ästhetische Verbindlichkeiten der frühromantischen Fragment-Theorie in kleinen musikalischen Zellen aufspüren, sie nisten auch im »Vollendeten«, im Fertiggestellten.

Nicht nur im Liede. In der oben angesprochenen Klavierskizze zur *Unvollendeten* findet sich eine Passage, welche Schubert auf dem Weg zur Endfassung zusätzlich »fragmentiert« hat – in der Überleitung zum zweiten Thema, dort also, wo die Form ohnehin den Blick in eine neue Richtung vorgibt. Schon das »Schulbuchschema« der Sonate nämlich impliziert verschiedene Stufungen von Zielstrebigkeit und Geradlinigkeit – und gerade die überleitenden, neue Perspektiven öffnenden Passagen bieten sich der Ästhetik des Fragments als Einstiegsluken für den Versuch an, dem Anschein fugenloser Geschlossenheit oder gar kausaler Verursachung entgegenzuarbeiten. Wie immer Beethovens Sonate sich diskursiven Verfahrensweisen annähert, mit wieviel Recht Schlegel von der Nachbarschaft musikalischer Strukturen zu »philosophischen Gedankenreihen« gesprochen hat und deren Beschreibung Begriffe der Dialektik ausleihen muß – letztendlich kann in Musik nichts bewiesen werden; daher hat der Eindruck eines unwiderstehlichen So-und-nicht-anders weniger mit Kausalität als mit Schlüsselreizen im Verständnis der Ethologie zu tun. Opposition gegen den falschen Anschein rationaler Prozeduren bildet eines der Wahrheitsmomente der Fragment-Ästhetik, ein selbstkritisch rationalistisches, aufklärerisches Moment. Zum Ländler-Thema in der Reprise der *Unvollendeten* überleitend, will Schubert keine falsche Schlüssigkeit simulieren, er will vielmehr verdeutlichen, daß für einen Augenblick tatsächlich unklar und nicht vom Vorangegangenen her erwartbar ist, wie es weitergehen wird. In der Klavierskizze schloß der Komplex des ersten Themas auf fis-Moll, die Terz a bleibt liegen; diese Terz nun muß zur Quinte von D-Dur, der Tonart des danach eintretenden Ländler-Themas, werden. In der Klavierskizze bewerkstelligt Schubert dies mit Hilfe der auch aus der Endfassung bekannten, in der Skizze dreimal erscheinenden modulierenden Wendung. Deren Wiederholung hat er dann jedoch als Über-Motivation empfunden und streicht zwei der drei Figuren. Damit wird er den pedantischen Überschuß an Begründung zwar los, jedoch fehlen nun der Raum, das »Ausatmen« nach dem breit ausgesungenen Komplex des ersten Themas; das zweite

Thema tritt zu prompt ein. So stellt Schubert am Ende die Dimension der ersten
Lösung wieder her und läßt von der zweiten die einmalige Modulationswen-
dung stehen; nun bleibt der Ton a liegen – lange genug, daß momentweise unklar scheint, was danach geschieht, daß wir, kennten wir die Musik nicht so gut,
nicht wüßten, wie es weitergeht. Wonach wir den Fortgang sodann als Erlösung
aus der Ungewißheit erleben, das neue Thema als ein Geschenk, welches so
nicht erwartet und vorausgesehen werden konnte.

In solchen Momenten rebelliert die unkalkulierbare, keiner Begründung bedürftige reale Gegenwart des Schönen gegen das Kalkül und jene Einladungen
zur Bequemlichkeit, welche auch drohen, weil die etablierten Formen Vorausschau bieten und damit das erledigende Aha-Sagen begünstigen. Insofern fun-
gieren Fragmente und Fragmentarisches als erratische, im Wege liegende Blök-
ke, welche nicht sogleich einer Konsequenzlinie zugeordnet und damit halbwegs
neutralisiert werden können – so daß, wenngleich vermittelt, jede unvermutete
Wendung, indem sie uns an der Realität des ästhetischen Gebildes aufprallen läßt
und die Stütze herkömmlicher Maßgaben desavouiert, mit Fragment-Ästhetik
zu tun hat. Tief eingelassen in die Stimmigkeit intakter Formen regeneriert sich
in ihnen auf diese Weise die widerborstige, reale Gegenwart des Ästhetischen –
dies nicht zuletzt eines der Geheimnisse vieler unvermutet geschenkter »schöner
Stellen« bei Schubert.

Könnten wir vergessen, daß das zweite Thema im ersten Satz des C-Dur-
Streichquintetts (D 956) genau genommen keine fixierte Tonart hat, sondern als
Tonart die mediantische Spannung zwischen Es-Dur und G-Dur, daß Schubert
also schon, um für die Schlußgruppe die Dominante zu erreichen, in Es-Dur ansetzen muß, so ließe der Übergang zu dem Thema sich mit einer scheinbar kleinen Veränderung schulbuchmäßig zur Dominante lenken: Vom liegenden G
brauche ein Cello statt abwärts nur aufwärts zu gehen. Geheimnis und Zauber
freilich wären dahin mitsamt dem Eindruck, der Gesang suche sich seinen eigenen Ton und Raum, er entfalte sich unbekümmert um Ort, Zeit und Struktur.
Zur Aura des Rätselhaften, zum »offenbar Geheimnis« gehört – nicht nur hier –
das Moment des Imprévu, strukturell gesehen des »Unzulässigen«. Freilich, wie
immer der lyrische Sänger sich, wie oben prononciert gesagt, im Gehäuse der
Form nahezu parasitär einnistet, tut er es wenigstens nicht ohne schlechtes Gewissen, nicht, ohne die Notwendigkeit der Rechtfertigung zu verspüren. Der
ästhetischen Stellvertretung des Werkganzen fürs Weltganze, seiner repräsentati-
ven Totalität traut er nicht, er kann sie als abschirmende Verabredung nicht respektieren und nicht vergessen, daß die Enklave seines Singens bedroht ist; er
kann das Draußen nicht draußen halten, er muß sich und sein Singen ihm ausset-
zen – im Streichquintett nahezu gegenständlich als Spießrutenlauf zwischen
wechselweise dreinschlagenden Peinigern, in der *Unvollendeten* u.a. in brutal-
massiven, alle glücklich in sich selbst befangene Lyrik beiseite schiebenden Se-

quenzen (1. Satz, T. 77 ff.). Was immer wir unter »Immanenz« und Gewähr der Form verstehen – aus ihr gehen solche Strafgerichte nicht hervor. Nicht länger birgt und beschirmt die Form den Gesang, sie steht offen und erscheint mindestens in ihren Kompetenzen fragmentiert. Hölderlins Lobpreis des Gesanges als »Garten, wo ich, wandelnd / Unter den Blüten, den immerjungen, / In sicherer Einfalt wohne«, vollzieht Schubert gerade dort eindringlich und glaubwürdig, wo die Einzäunungen einzustürzen drohen, wenn, mit Hölderlin, die Einfalt sicher ist, nicht aber das Wohnen. Die im Andante der A-Dur-Sonate (D 959) jäh aufschießende Protuberanz, ein scheinbar wild improvisierter, unkontrollierbarer Ausbruch, schickt den vorangegangenen Gesang nahezu ins Vergessen, sie wütet gegen die bloße Möglichkeit einer einordnenden, Beschlag nehmenden Erklärung, eine anarchistische Kündigung aller vorgeordneten, möglicherweise beschönigenden Stimmigkeit, die in deren Vollzug gewalttätig hineinstört. Erst danach, so empfindet der Hörer, als wider alles Erwarten gerettete, neu geschenkte Musik, ist der Andante-Gesang ganz bei sich selbst angekommen und gewinnt das ihm zukommende innere Gewicht.

Nicht anders im *Andante* der C-Dur-Sinfonie (D 944), welche offenbar mit Blick auf Beethovens Siebente als »Gegensymphonie« zu dessen Neunter konzipiert ist. Nachdrücklicher als Beethoven in seinem Allegretto, mit größerer Verve, Insistenz und mit größerem Aufwand treibt Schubert die Musik einer Katastrophe zu, auch hier fragmentiert er – in Dimensionen, welche die rettenden Celli zwingen, woanders, scheinbar weitab vom Thema einzusetzen.

Das Vokabular der vorstehenden Beschreibung war drastisch gewählt, weil diese Musik uns auf jene gefährliche Weise vertraut ist, welche zuviel vorausweiß und kaum überrascht werden kann, und weil Betrachtungen allzu häufig die integrierenden Momente begünstigen, mithin unterschätzen, inwiefern an der Integration das Nichtintegrierte teilhat. »Selbst noch die Andersheit des Anderen muß als solche einverleibt und zugerichtet werden, um überhaupt benennbar zu sein, sich an Kategorien und Kriterien zu halten« – dieses Bedenken eines Philosophen unserer Tage scheint Schubert in den zuletzt beschriebenen Momenten in weit vorausweisender Radikalität zu beherzigen – in Prüfungen, Bewährungen, zuweilen fast Selbstverstümmelungen der Musik, zugleich »Vorübungen der Universalität« (Friedrich Schlegel) im Sinne von Durchblicken auf eine Universalität jenseits des jeweiligen Werkes, wenn nicht jenseits der Musik, auf Horizonte, welche durch ästhetische Selbstgenügsamkeit versperrt würden.

Damit ist auch gemeint, daß Abbruch und Scheitern eines ursprünglich anvisierten Werkganzen als ausschließlich ästhetisches, gar technologisches Problem letzten Endes unbegriffen bleiben. Keineswegs nur im Hinblick auf das je betroffene Ganze schweben über der Grenze zum Nicht-mehr-reden-Können die Schatten von Verzicht und Tod – das wurde von Schuberts Generation, angefangen bei den Jungromantikern in Jena, nicht nur reflektiert, sondern erlebt und erfahren. Weil Rückschlüsse vom Leben aufs Werk allemal bequemer sind und, obenhin betrachtet, plausibler anmuten als die umgekehrten, mindestens genauso triftigen, sollte jede mit der Nachbarschaft von fragmentarischem Werk und fragmentarischem Leben hantierende Erklärung vorsichtig sein. Dennoch muß man fragen, was es bedeute, wenn Schubert, aus sozialen Gründen von Kindesbeinen an mit Sterben und Tod vertraut, schon als Knabe auffällig oft mit einschlägigen Themen und Stoffen umgehend, als 25jähriger ziemlich genau weiß, daß er nicht alt werden wird und also bei allen Träumen von einer den maßgebenden Vorgängern vergleichbaren Lebens- und Schaffenskurve mitdenken muß, daß vieles, wo nicht das meiste, unverwirklicht bleiben wird; der im selben Brief, in dem er von der Strategie des über Streichquartette führenden Weges »zur großen Sinfonie« spricht, von der »Gesundheit« schreibt, »die nie mehr recht werden will«, von »glänzendsten Hoffnungen«, die »zu Nichts geworden sind«, und davon, daß er »jede Nacht, wenn [er] schlafen [geht], … nicht mehr zu erwachen« hofft. Die schauerliche Beglaubigung Fragment gebliebener Werke durch das Fragment gebliebene Leben, durch einen Tod, der zu den großen Katastrophen der Musikgeschichte gehört, gilt keineswegs nur für das, was nicht zu Ende gebracht wurde, weil Schubert starb.

Dies Letzte gilt buchstäblich für das Sinfonie-Fragment D 936A, welches in jedem Sinne Fragment geblieben ist, vermutlich die letzte Musik, mit der Schubert beschäftigt war. Im Andante des dreisätzigen Entwurfs erinnert er sich des sechs Jahre zurückliegenden ersten Satzes der *Unvollendeten*, als sei dieser noch nicht abgegolten. Wie dort schreibt er h-Moll vor, die von Beethoven »schwarz« genannte Tonart, wieder einen Dreiertakt in mittlerem Tempo, wieder setzt er den großen Klagegesang des Themas Schicksalen und Fährnissen aus und macht sich mit ihm identisch weitab von allem Vorauswissen, das die Ereignisse wie von oben kommandiert. Als Klavierskizze mit nur wenigen Instrumentenangaben erhalten, ist das Andante nach den Maßgaben eines vom Komponisten definitiv beendigten und beglaubigten Satzes verlorene Musik. Dennoch vermag es einen Begriff zu geben von dem, was da verloren ging, beredt gerade im Gebrochenen, Unfertigen, Fragmentarischen.

Mendelssohn und Leipzig

Angesichts dessen, was sich für uns mit dem Problem Mendelsohn Bartholdy verbindet, müßte als besonderes Problem der Leipziger Zeit behandelt werden, daß der Einklang zwischen Tätigkeitsfeld und eigenen Ambitionen so unproblematisch, daß Leipzig als Erfüllung dessen erscheint, was in Mendelssohn angelegt war, zu was er sich berufen fühlte und was er als Komponist, Orgelspieler, Pädagoge, Klavierspieler und Dirigent, als ein in umfassende Verantwortung Gestellter von sich verlangt hat. Er ist stolz gewesen auf Leipzig, hat etwa gegenüber Liszt, der bei einem Konzert in Leipzig große Toiletten und Gräfinnen vermißte, den gehobenen Leipziger Bürgerstand vehement verteidigt. Mit der Obrigkeit von Leipzig hat er virtuosen Umgang gepflogen, einen Umgang, den wir in Briefen gut verfolgen können. Er beherrscht das traditionelle Devotionsbarock im Umgang mit dem – wie er schreibt – »hochwohllöblichen und hochweisen Rat« perfekt und weiß es zugleich durch individuelle Anreden zu unterlaufen. Er ist in Leipzig beliebt, es gibt sogar Modeartikel, die nach ihm benannt sind, und das genießt er auch.

In seiner Tätigkeit wirft er alles, was er ist und hat, in die Wagschale und versteht die Verantwortung des Gewandhauskapellmeisters denkbar umfassend. Er führt neuartige Programme ein, das Niveau der Programme hebt sich. Er zeigt sich auf der Höhe seiner Zeit und wohlvertraut mit ihren Tendenzen, wenn er als neuen Programmtyp das sogenannte »historische Konzert« einführt, d.h. eine Sequenz von meistens vier Konzerten, in denen jeweils die damals im Blickpunkt gelegenen Stilperioden vom Barock bis zur eigenen Gegenwart durchlaufen werden. Das war etwas Neuartiges. Er spielt auch Orgelkonzerte, sorgt sich um Musiker, deren Situation in Leipzig im Vergleich zu anderen Städten (er bezieht sich auf Dresden und Frankfurt) miserabel ist; und er gründet später das Konservatorium und übernimmt dort vielerlei Verantwortung. Er sorgt sich um Repräsentationen der Tradition wie das Bach-Denkmal, nicht nur als eine allgemeine oder eine Stiftung ins Leben rufende Aktivität, sondern kümmert sich um alle Details, sogar darum, wie das Gitter beschaffen sein solle. Bei der Erwähnung dieses Denkmals, das die Nazis geschleift haben, kann ich eine böse Parallelität schwer vermeiden: das, was jetzt in Leipzig droht, läßt sich nur zu leicht mit den Vorgängen der 30er Jahre vergleichen und keinesfalls durch andersartige Beweisgründe entschuldigen. Wir sollten tun, was in unseren Möglichkeiten steht, um zu verhindern, daß der Siegeszug der freien Marktwirtschaft die Freiheit in einer Weise mißbraucht, die für jedes historische Bewußtsein unerträglich wäre.

Als Interpret fühlt Mendelssohn sich als Erbe der Klassik; ausgehend von dieser Verantwortung begreift er den Beruf des Dirigenten neu, dirigiert zu Schumanns Verdruß auch Sachen, die früher der sogenannten Konzertmeisterdirektion anheimgefallen waren. Viele Schilderungen bezeugen den Ernst seiner Arbeit, übrigens auch der pädagogischen Arbeit, u.a. Schilderungen von Hans von Bülow, der als junger Mann Mendelssohn als Lehrenden erlebt hat.

Mendelssohn ist von Wagner verrufen worden als Vertreter rascher Tempi. Ich halte für gut möglich, daß die Sache eher umgekehrt war, daß die Tempi sich verlangsamt haben und Mendelssohn, klassischen Spielweisen besonders treu, das ihm Überlieferte weitergeführt hat. Dieses lernte er kennen z.B. durch seinen Lehrer Carl Friedrich Zelter, der in bezug auf Überlieferung die unschätzbare Tugend der Phantasielosigkeit besaß. Im übrigen waren Mendelssohns zügige Tempi ein Ausdruck auch seiner Disziplin – einer Disziplin, die er sich als Musiker in jeder Hinsicht auferlegte. Disziplin des Musizierens lernte er nicht zuletzt bei einem Besuch bei François Habeneck in Paris. Die dort entwickelten neuen Standards des Orchesterspiels hat Mendelssohn erstmals nach Deutschland gebracht. Vergessen wir nicht, daß die Aufführungsumstände in vielen deutschen Städten, übrigens besonders im Zentrum der musikalischen Klassik, in Wien, alles andere als erfreulich waren. Beethovensche Uraufführungen würden sich in unseren Ohren wahrscheinlich als infernalische Veranstaltungen darstellen, u.a. deshalb, weil bei den Generalproben zum ersten Mal alle Musiker beisammen waren und Beethoven zuweilen drei bis vier große Werke pro Abend einstudieren und uraufführen mußte. Habeneck und nach ihm Mendelssohn haben erstmals in der Arbeit mit dem Orchester realisiert, daß Stücke von der Qualität der Beethovenschen Sinfonien, der letzten von Haydn oder von Mozart eine andere Art von Orchesterarbeit verlangten, als sie bis jetzt üblich war. Das ist von Leipzig aus in die Lande gegangen. Er hatte strenge Maßstäbe; mit dem ihm nahestehenden Adolf Bernhard Marx riskiert er einen Bruch, weil dessen Oratorium ihm vom professionellen Niveau des Komponierens her unzulänglich erscheint. Das will viel bedeuten. Freunde nämlich sind für Mendelssohn so wichtig, daß eine Freundschaft aufs Spiel zu setzen ihn mehr schmerzt als andere. Mendelssohn halst sich ein unglaubliches Arbeitspensum auf. Die Unrast, die Arbeitsdichte in diesem Leben tritt als Eindruck nur zurück dank der Souveränität, Bildung, Leichtigkeit, die zu Mendelssohns Bild gehört. Schaut man sich die Termine seiner Verpflichtungen auf den Englandreisen an, so wird einem schwindlig; es passiert, daß er – als eine Ausnahme, aber eine charakteristische – aus England erst vier Stunden vor Beginn eines von ihm zu leitenden Abonnementskonzerts in Leipzig eintritt. Wo und wie er da probiert hat, weiß ich nicht. Interessant ist, daß er solche Dinge auf sich nimmt.

Er ist in Leipzig – das macht seine Beliebtheit wesentlich aus – ein Musiker der Gebildeten. Das hat auch Schattenseiten. Normalerweise pflegt ein Musiker ein

Spezialist zu sein und ein Naiver, viel seltener ein so universell gebildeter Mann wie Mendelssohn. »Was wäre aus mir ohne Weimar und Goethe geworden?« – das sagt ein Musiker! Diese Bildung hängt bei Mendelssohn natürlich mit dem Bildungsdruck zusammen, der auf der Familie lastet – darüber ist in Zusammenhang mit der Situation des assimilierten Juden schon Wichtiges gesagt worden. Der Unterricht, der den Kindern im Hause Mendelssohn zuteil wurde, war straff und streng, hier gelten puritanisch-preußische Maßstäbe. Das Arbeitsethos, das damals in den Kindern gegründet worden ist, hat Mendelssohns gesamte Wirksamkeit geprägt. Es hat ihn auch nicht verlassen auf Aufenthalten wie den englischen, vor allen den früheren, bei denen er nicht ungern den Dandy herauskehrte. Auch hier bleibt als Hintergrund allemal ein Leistungsbedürfnis, zugleich ein Rechtfertigungsbedürfnis, ohne das dieser Bildungsmusterknabe des deutschen Bürgertums im zweiten Jahrzehnt des 19. Jahrhunderts nicht vorstellbar erscheint.

Wie verhält es sich da mit der Musik? – dieser Musik, der oft Glätte nachgesagt worden ist und eine gewisse Konventionalität, der schon Heine Mangel an Naivität vorwirft. Nicht umsonst hat Wulf Konold in seinem Buch gefragt, inwiefern die Vollendung der Mendelssohnschen Musik mit einigen charakteristischen Ausnahmen mit Verhüllen zu tun habe. Adolf Bernhard Marx, wenn auch nach dem Bruch, aber doch aus der Stellung eines Mannes heraus, der innerlich fixiert blieb auf den ehemaligen Freund, hat sich über Mendelssohns Lust am Gefälligen beklagt; Mendelssohn selbst sagt, er sei kein Freund von Originalgenies, Heine spricht von der zudringlichen Anlehnung an klassische Muster: Da stellt sich wohl die Frage, ob dieses Legitimationsbedürfnis nicht allzu direkt bezogen sei auf das, was ihm als die musikalische Tradition vorstellig gemacht worden ist, besonders durch Carl Friedrich Zelter.

Vergessen wir nicht, daß die Situation der Komponierenden damals außerordentlich schwierig war. Die musikalische Welt war »ausabonniert«. Kein Genre, in dem nicht unübersteigbar große Muster aufgestellt sind, Muster, die dieser Generation (das beginnt bei Franz Schubert, der wenigstens die »Marktlücke« des Liedes besetzen konnte) bestenfalls erreichbar, schwerlich übertreffbar erscheinen mußten. Das hinterläßt bei Mendelssohn deutliche Spuren, trotz aller hohen Professionalität des Komponierens, trotz der Intention, ein Werk abzudichten, daß Grundprobleme seiner Existenz möglichst nicht in die Textur der Musik hineinwirken mögen. Kein Zufall, daß er Beethoven zwar genau kennt, und von dieser Kenntnis kompositionstechnisch Gebrauch macht, ihn aber nach Maßgabe dessen, was in den Sinfonien an menschlichem, an demokratischem Anspruch formuliert ist, umgeht – obwohl er immerfort auf ihn blickt, in der Italienischen Sinfonie z.B. ein Stück schreibt, das in vielen Einzelheiten Beethovens Siebente reflektiert. Das geht bis in Modulationspläne, das beginnt bei der Tonart, ist zu finden in der Bevorzugung jeweils einer Gangart für einen ganzen

Satz, geht bis in einzelne Tönungen etwa im zweiten Satz, der meist als Darstellung einer Prozession gilt, ebensogut aber bezogen erscheint auf Zelters Vertonung von Goethes »König in Thule«. Das Resultat ist ein Werk, von dem wir nicht unbedingt sagen müssen, es sei von Beethovenschem Geiste oder wolle es auch nur sein; vielmehr sucht es eine dezidiert andere Position – und doch alles andere als ein »glattes« Stück. Es gibt in dem langsamen Satz Stellen, wo fast ein Einbruch stattfindet – sei es, daß eine kleine, seufzerartige Wendung plötzlich den Satz auf mehrere Takte überschwemmt und man das Gefühl hat, daß das Kommando des großen musikalischen Handwerkers einen Moment versage und ein Ton der Klage sich Bahn breche, der in dieser Textur nicht unbedingt seinen Platz hat, vielleicht gar im Sinne von Mendelssohns Ästhetik nicht finden dürfte. Derlei begegnet noch öfter in Stücken, gerade in sinfonischen Kompositionen, die mit religiöser Thematik befaßt sind. In der Reformationssinfonie scheint Mendelssohn protestantischer sein zu wollen als alle Protestanten. Da begegnen Momente von Überanstrengung, die sogar in Gefahr bringen, was sonst bei Mendelssohn immer und unfehlbar funktioniert – seinen guten Geschmack. Dem entspricht, was er einmal brieflich verrät: »Ich arbeite daran, ein Frommer zu werden.« Nach unserem Begriff von Frömmigkeit ist man fromm oder ist es nicht; er aber sagt: »Ich arbeite daran, ein Frommer zu werden«. Angesichts der hohen, sensiblen Intellektualität von Mendelssohn ist es ausgeschlossen, daß er den Hintersinn der Formulierung nicht bewußt eingesetzt hat. Überanstrengungen wie in der Reformationssinfonie finden wir an vielen Stellen, oft übrigens gekoppelt mit kompositionstechnischen Wagnissen. Die Koppelung von Sonatensatz und Choralpartita im Schlußsatz der Reformationssinfonie ist fast ein Va banque-Spiel, formalästhetisch ein geglücktes Wagnis. Daß man trotzdem nicht glücklich werden kann, hängt mit jeder Überanstrengung zusammen, die sich auf untraditionelle Weise zur Tradition bekennt.

Die kompositorische Souveränität eines Mannes, der zugleich der prominenteste Dirigent seiner Zeit ist, überhaupt lange Zeit als erster Musiker der Gegenwart empfunden wird, hat eine dunkle Kehrseite. Er verrät große Unsicherheiten. Warum ist er so zaghaft in bezug auf Sinfonien? Die Italienische z. B. hat er gar nicht zum Druck gegeben. Er distanziert sich beinahe, offenbar entmutigt durch den Mißerfolg der Reformationssinfonie. Warum verfolgt er die Linie des *Lobgesanges* nicht weiter, warum hat er bei aller großen Treue zur klassischen Sinfonie (wenn wir die frühen Sinfonien ausnehmen, unter denen es wunderbare Stücke gibt, die für ihn später aber mehr in einem propädeutischen Licht gestanden haben) nicht eine einzige Sinfonie geschrieben in der Tradition, wie sie durch den späten Haydn, Mozart und durch Beethoven formuliert war, eine »absolute«, auf kein Programm gestützte, nur sich selbst, dem Erbe und dem menschheitlichen Anspruch verantwortliche Sinfonie?

Er ist gar mit Aufführungen eigener Sinfonien zaghaft. Komponierend auf der einen Seite ein Mann des ersten Handstreichs, fällt er sodann über das, was er konzipiert hat, mit überwachem, überkritischem Bewußtsein her, seine Kontrolle hält unendlich viele Filter bereit, und so arbeitet er am Ende an den Stükken oft sehr lange. Die Arbeitsfristen gerade der *Italienischen* und der *Schottischen Sinfonie* streckten sich in einer Weise, die mit einem solchen Übermaß an Begabung schwer vereinbar erscheint. Die Quellen solcher Unsicherheit liegen offenkundig unterhalb all dessen, was seine Musikerexistenz ausmacht.

Ein so überlegener Professionalist wie Mendelssohn pflegt nicht in der Weise abhängig zu bleiben von menschlichem Verständnis, von Zustimmung, von Liebe des Publikums und der Musiker, wie er es zeitlebens blieb. All dies hat er gern genossen und gebraucht. Er hat wenig Lust und Begabung zur Einsamkeit, zum Absperren von bestimmten Kommunikationen, wie sie bei vielen Musikern, überhaupt Künstlern seines Ranges eine Rolle spielen. Und er bleibt merkwürdig fixiert auf Leitfiguren. Die Vaterfixierung ist sehr stark, darüber hinaus die Fixierung auf die Familie, zugleich die Fixierung auf das Jude-Sein. Hinzu kommen die Vaterfiguren Zelter und Goethe. Der Tod des Vaters, mit dem ihn ein durchaus ambivalentes Verhältnis verbunden hat, wird fast zur Katastrophe für ihn, der Tod der Schwester, nie verwunden, war eine solche tatsächlich, im Grunde ist Mendelssohn der Schwester nachgestorben. Die Fixierung auf den Clan zeigt sich auch in seiner Eheschließung – bei den Jeanrenauds, der Familie seiner Frau, kommt ihm eine sehr ähnliche Lebensform wie die der eigenen Familie entgegen, und er sucht sich überdies eine außerordentlich schöne und außerordentlich unaufregende, auf alle Fälle Sekurität versprechende Frau. In manchen Briefen aus der Zeit der Eheschließung und der ersten Ansiedlung in Leipzig ist, erschütternd bei einem Mann seiner kosmopolitischen Weite, ein Unterton von Spießertum kaum zu überhören.

Interessant bei einem Mann seiner Produktivität auch die geradehin gefährliche Beeindruckbarkeit durch Werke anderer. Gewiß, Komponisten im 19. Jahrhundert erleben zum ersten Mal, daß Musik der Vergangenheit in großem Umfange heraufkommt, und sie helfen dabei, allen voran Mendelssohn – und später Johannes Brahms, der zeitweise seine eigene Produktivität gefährdet sah. Brahms hat einzelne Werke von Mendelssohn hoch verehrt, besonders die *Hebriden*-Ouvertüre. Mendelssohns Beeindruckbarkeit durch Bach hält seiner liebevollen Versenkung in Stücke wie die große C-Dur Sinfonie von Schubert die Waage, ebenso der Beschäftigung mit der C-Dur Sinfonie von Robert Schumann.

Zu Mendelssohns Sekuritätsbedürfnis gehört auch, daß der Kreis der Freunde sehr früh definiert ist und später nur noch vereinzelt neue dazukommen, daß die Freundschaften intensiv gepflegt werden – daher der Glücksfall dieser reichen Korrespondenz, die uns einen Einblick in sein Leben und Denken erlaubt wie bei nur wenigen anderen. Dies gehört unabdingbar zu dem Bild des eingangs angesprochenen Einklangs in Leipzig. Als tragischer Hintergrund gehört zu ihm aber auch eine nicht auflösbare Fixierung auf Berlin – als Heimat und als der Ort, der einige Niederlagen gesehen hatte, wo dennoch zu bestehen er zu hoffen nicht aufhören kann. So bleibt er gespalten zwischen Berlin und Leipzig und muß in dieser Zerspaltenheit immer neu das Problem seiner Identität reflektieren.

Dieser Hintergrund und dieses Werk passen nicht so gut zusammen, wie es zunächst erscheint. So sollten wir hinter dem, was Vollendung, Rundung, Verhüllung, Glätte oder wie auch immer genannt wird, immer wieder nach den »existentiellen« Kundgebungen fahnden. Das müssen nicht immer nur Momente der Überanstrengung oder unverstellten Leidensausdruckes sein, sind es aber häufig. Wenn etwas das Recht hierzu gibt, dann das Ende seiner kompositorischen Laufbahn – das f-Moll-Quartett, welches wesentlich durch die unbewältigte Trauer um die Schwester bestimmt ist, in solcher Form aber nicht hätte entstehen können, wäre dieser Anlaß nicht auf einen aktivierbaren Untergrund getroffen. Das läuft auf die Frage hinaus, ob in dieser Künstlerexistenz nicht ungeheuer viel uneingelöst geblieben ist, ob dieser rätselhaft früh dahingewelkte Mann nicht eine sehr andere Musik, die wir kaum mit seinem Namen verbinden würden, eine auch die Nöte des assimilierten Juden artikulierende Musik ins Grab genommen habe.

Unkomponierte Musik bei Mendelssohn?

Im Andante con moto der *Italienischen Sinfonie* scheint es nach Beendigung des nach Dur gewendeten Seitensatzes (= B) auf eine Reprise des an Zelters »Es war ein König in Thule« erinnernden »Prozessionsgesanges« zuzulaufen. Doch dies schlägt auf vielsagende Weise fehl: Die erste Phase endigt überraschend in einer phrygischen Sekund, und eben daran heftet sich Mendelssohns fortspinnende Phantasie, er entdeckt die Klagefigur und stärkt solche Konnotationen durch enge Imitationen, als fielen klagende Stimmen einander ungeduldig ins Wort. Ebenso rasch jedoch, wie er sich dieser fast neuen Prägung ergibt, verläßt er sie zugunsten einer Erinnerung an den Prozessionsgesang – fast, als habe er nur einen flüchtigen Blick in ganz andere Möglichkeiten dieser Musik getan, welchen er von ihnen wendet, ehe er ihnen verfallen könnte, ehe er sich auf zuviel Dunkelheit und Abgrund einlassen müßte.

Die Exposition im ersten Satz der *Schottischen Sinfonie* endigt auf einem liegenden e, hier intermittierender Grundton eines dominantischen Epilogs. In der Seconda volta (das Verfahren kannte er u.a. von Schubert) deutet Mendelssohn das e zur Terz von gis-Moll um – als Beginn einer ganz und gar um diesen fortklingenden Ton und sein chromatisches Abwärts zentrierten Passage, in der die Bewegungselemente des ersten Themas gegen den Akkorddruck der schwer und fremd einfallenden Harmonien zunächst kaum ankommen, bevor die Musik sich in vehementer Drehbewegung jenem Druck, dem durch die Chromatik verordneten Bann entwindet – insgesamt, verglichen mit den transparenten, durchbrochenen Strukturen davor und danach eine schockierend massive, sehr einseitig auf das vom Unisono der Streicher getragene Abwärts gestellte Passage, bei deren Betrachtung außer acht bleiben möge, inwieweit die Kontexte des barocken Lamentobasses eine Rolle spielten, der hier auf besondere Weise gedehnt und eindringlich gemacht erscheint.

Wie das e am Ende der Exposition liegt am Ende der Reprise a, und dem chromatischen Abstieg dort entspricht hier ein Anstieg, nun, weil zur Coda sich öffnend, mit freierer Bahn für Folgen, welche in der Durchführung nur angedeutet waren: eine Passage, welche mehr noch als die hierbei häufig zitierte *Hebriden*-Ouvertüre auf Wagners *Holländer*-Musik hinweist. Das wäre nicht so außergewöhnlich, handelte es sich nicht um eine nahezu »athematische«, aus dem Procedere der Form herausstrebende Musik, der das Auf- und Abwogen fast ausschließlich zum Gegenstand wird. Wiederum scheint die Möglichkeit einer anderen, dem vorgegebenen Zusammenhang entzogenen, in ihrer Konsequenz unabsehbaren Musik auf, eines »schrecklichen Anfangs, dessen Anblick wir gerade noch ertragen«.

Es liegt nahe, derlei schnell gewendete Blicke in Abgründe mit Verfahrensweisen eines Komponisten in Vergleich zu setzen, der Mendelssohn besser als jeder andere seines Ranges gekannt hat, mit Johannes Brahms. Besonders gern in beängstigend expansiven Coden seiner ersten Sätze, zumal in denjenigen seiner dritten und vierten Sinfonie, hebt er den Vorhang vor dem, was aus der jeweiligen thematischen Konstellation auch hätte werden können – und riskiert, rasch ihn wieder zuziehend, Verdächtigungen seiner Form als Beschwichtigung, Domestikation, tauglich nahezu als Illustration von Benjamins Diktum, die vollendeten Werke seien die Totenmasken der ihnen zugrundeliegenden Konzeption.

Verfahrensweisen wie diese helfen die provozierende Frage nach »unkomponierter Musik« rechtfertigen, welcher mit Wittgenstein entgegengehalten werden könnte, daß man von dem besser schweigen solle, worüber man nicht reden könne, mindestens aber, daß sie, allzuviel subjektivem Ermessen anheimgegeben und schnell der Überinterpretation verdächtig, sich unfairerweise einer Verifikation weitgehend entziehe. Bei strikter Befolgung des Wittgensteinschen Postulats freilich gäbe es nicht eine einzige substantielle Aussage über Musik, wird diese sich doch stets am Rand nicht verbalisierbarer Sachverhalte bewegen, will sie sich nicht mit technologischem oder deskriptivem »Interlineargemurmel« (Martin Walser) begnügen. Und inwiefern in Kunstwerken das knapp unverwirklicht Gebliebene zur Sache gehöre und über sie aussagen könne, läßt sich musikwissenschaftlich mittlerweile anhand konkreter, positiver Sachverhalte, anhand von Skizzen, Fragmenten etc. nachvollziehen. Im Falle Mendelssohns mögen die schroffen Frontlinien im Streit um seine sogenannte »Glätte« – als ein Gesichtspunkt, der so wenig pauschal beansprucht wie pauschal verworfen werden darf – dazu beigetragen haben, die Sensibilität in bezug auf Passagen in seiner Musik zu blockieren, in denen sich Diskrepanzen zwischen Möglichem und Realisiertem andeuten, eine offengelegte Potentialität, welche sich schwer ins Bild desjenigen fügt, der ein Gleichgewicht zwischen Gewolltem und Erreichtem immer wieder souverän herzustellen vermochte, dessen Ruf und Verruf daher rührt, daß er sich auf den Schein der jeweils lösbaren Aufgabe auch dort noch verstand, wo er sich – z.B. mit allen Sinfonien – geschunden hat. Als Ausnahmen von der Regel gelten vor allem das f-Moll-Quartett, Passagen im *Elias*, in den *Variations sérieuses* oder im *Capriccio brillant*. Allzu verführerisch verdankt sich die Charakterisierung als Ausnahme von der Regel der so legitimen Möglichkeit, Mendelssohns formale Meisterschaft in Zusammenhang zu sehen mit dem Sekuritätsbedürfnis des assimilierten Juden, dem Bewußtsein, dazugehören zu müssen, zu wollen und letzten Endes nicht zu können. Die hiermit beschworenen Gesichtspunkte haben viel beigetragen, das Klischeebild Mendelssohns zu verabschieden – indessen auch bei Strafe vorschneller Verallgemeinerungen und Schematisierungen, welche eher verhindern, die Anstrengungen dieser immer neu um Einklang mit den Lebensumständen wenn nicht um Anpassung ringenden Existenz in der Musik aufzusuchen, gerade auch derjenigen, welche, Mozart vergleichbar, das »apollinische« Mißverständnis begünstigt hat. Jedes Werk solchen Ranges hat seine Katakomben, und dieses hat sie in besonderer Weise.

Im übrigen hat Mendelssohn, mehr als vermutet, zu ihnen zu stehen versucht. Aufschlußreich der Fall der Reformationssinfonie: Nicht nur, weil die in Oxford liegenden Briefbestände spät erschlossen worden sind, hat man lange ungeprüft weitergeschrieben, Mendelssohn habe sich sehr bald von diesem Stück distanziert und es, nicht zuletzt angesichts des Ärgers mit den ersten ins Auge gefaßten, dann nicht zustande gekommenen Aufführungen, als ein an den Anlaß gebundenes Auftragswerk aufgegeben. Gerade aber an ihrem ästhetischen, über den Anlaß als Festmusik hinausgreifenden Anspruch ist die Sinfonie gescheitert, und von diesem ließ Mendelssohn keineswegs leichtherzig ab, scheiterte also in doppelter Weise – äußerlich, weil man eine simple Kantate zur Jubelfeier besser brauchen konnte; substantiell, weil er sich mit sehr unpragmatischem Ernst auf ein »Lehrstück vom Einverständnis« eingelassen hatte, eine nahezu gewaltsame Übereinkunft seiner Identität als Musiker mit dem Protestantismus, in der der assimilierte Jude sich als protestantischer ausweisen will als alle, die das Fest begingen; wobei er am besten gewußt haben mag, inwiefern das konzeptionell Gewollte sich nicht hatte realisieren lassen, mithin ein Überschuß stehenblieb. Es fehlt nicht viel zu der Aussage, daß er, der, anderwärts zögernd und selbstkritisch, sehr bald eine Veröffentlichung als Klavierauszug betrieb und in Briefen an Fanny mehrmals seine Zufriedenheit mit dem Stück unterstrich, hier hartnäckig zu einer Musik stand, die er – paradox gesprochen – so nicht komponiert hat; zumindest bekannte er sich so vehement zu dem Anliegen, als könne er den Abstand zwischen Intention und Realisierung aus der Welt schaffen, in einer Widersprüche, Widerstände riskierenden Willentlichkeit ähnlich wie bei der paradoxen Auskunft, daß er zur Frömmigkeit sich nicht disponiert fühle, aber »daran arbeite«, ein Frommer zu werden. Erst viel später hat Mendelssohn sich von der Reformationssinfonie distanziert.

In der obigen Aufzählung von Kompositionen, in welchen ein »anderer«, kompositorisch selten realisierter Mendelssohn zu Wort kommt, fehlte das Streichquartett in a-Moll op. 13, eine von dem Achtzehnjährigen im Todesjahr Beethovens verfaßte Hommage, für lange Zeit das bedeutendste Zeugnis für die Rezeption von dessen späten Streichquartetten. Als solches hat ihm jüngst viel Aufmerksamkeit gegolten (Krummacher, Konold); die Nähe zu dem Vorbild, insbesondere zu Beethovens op. 132, macht Wulf Konolds Frage verständlich, ob man, im Widerspruch zur üblichen Gleichsetzung von kühn und persönlich gegen konventionell, formal abgerundet und epigonal, nicht eher dieses ungewöhnliche Stück, und sei es nur im Hinblick auf strukturelle Aspekte »epigonal«

nennen müßte – mit mehr Recht als beispielsweise die »glatteren« Streichquartette op. 44. Freilich muß man dagegenhalten, ob die interessante Frage nicht allzusehr dem Hinblick auf Beethoven entsprungen sei und Mendelssohn in op. 13 mehr Eigenes verwirklicht habe, als eine – allemal leichter zu habende – Aufzählung der Beethoven-Bezüge vermuten lasse. Noch weiter gedacht: Wo ist – der späte, eher bestätigende Hervorbruch des f-Moll-Quartetts nicht gerechnet – der Mendelssohn geblieben, der dieses Stück komponiert hat? Über kein eigenes Werk hat er sich so ausführlich geäußert wie über dieses. Die Beethoven-Bezüge liegen auf der Hand: das einleitende Adagio, worin, in einem liedhaften Komplex verborgen, ein für alle Sätze verbindlicher melodischer Gestus exponiert wird; das »unthematische« Hineinlaufen ins Allegro giusto; der Anklang des ersten Allegrothemas an das entsprechende bei Beethoven; die eigenwillige Verknappung in allen vermittelnden Formalien des Satzes, Überleitungen, Schlußgruppen etc.; fließende Grenzen zwischen thematischen und unthematischen, exponierenden und verarbeitenden Passagen, nicht zu reden vom unverkennbar an Beethovens Sonate op. 31/II anklingenden Rezitativ im Finale und die an das Finale von Beethovens op. 132 erinnernde Satzdisposition im Agitato des Hauptthemas. Eine solche Aufzählung könnte wohl den Verdacht der Epigonalität erregen, übersähe man, daß das Modell, auf das der junge Mendelssohn blickt, viel stärker als mögliche Modelle beim mittleren Beethoven zu persönlichen, einmaligen, nur der jeweiligen Konstellation gehörigen Lösungen zwingt, daß dieses weniger als jedes andere Modell erlaubte, fremde kompositorische Erfahrungen oder approbierte Form-Mechanismen für sich arbeiten zu lassen. Den späten Beethoven nachahmen hieße – paradox gesprochen –, auch das Nichtnachahmbare nachahmen zu müssen. Wenn irgend etwas, dann reflektiert Mendelssohns frühes Quartett diese Einsicht.

Einiges spricht dafür, daß die Benutzung des unbedeutenden Liedes »Ist es wahr«, dessen Text vermutlich ebenfalls von Mendelssohn stammt, den Charakter eines Kassibers hat, so daß persönliche Implikationen die ungewöhnlichen Lösungen des Stückes befördert haben mögen – ersichtlich, wenn auch nicht erklärbar besonders am Schluß, wenn das einleitende Adagio verändert und näher zum Liedmodell wiederkehrt; möglicherweise muß das Quartett insgesamt in einem uns verborgenen Sinn als Tropierung oder Realisierung von etwas mit dem Liede Verknüpftem begriffen werden, umso eher, als eingeschachtelt in den übergreifenden Rahmen sich ein kleinerer findet: Den langsamen Satz rahmt Mendelssohn mit einem choralhaften Liedsatz, ebenfalls im Dreiviertel-Takt, ein und unterstreicht die Entsprechung durch motivische Korrespondenzen. Auffällig die Parallelität zu einem anderen a-Moll-Quartett, demjenigen von Franz Schubert, der eine Mendelssohns »Ist es wahr« fast gleichlautende Floskel verwendete, die Skansion »Schöne Welt« aus der Vertonung von Schillers *Götter Griechenlands.* Die Entsprechung bleibt aufschlußreich entgegen berechtigten

Zweifeln daran, daß Mendelssohn von Bezügen bei Schubert wußte und das – immerhin seit drei Jahren gedruckt vorliegende – a-Moll-Quartett überhaupt schon kannte. Ähnlich wie der Hinblick auf Beethoven mögen der Liedbezug und seine Hintergründe Mendelssohn geholfen haben, Abstand zu herkömmlichen Regularien des Komponierens zu gewinnen; freilich zwangen sie, ebenfalls wie Beethoven, dazu, diesen Abstand auf eigene Weise zu definieren. Kaum je in einem anderen Stück hat Mendelssohn wie hier Form begriffen und wahrgenommen als Ermöglichung von immerfort Neuem, kaum je bei ihm begegnet in Strukturen, bei denen der Hinblick auf kanonische Muster unvermeidbar ist, soviel »losgebundene«, scheinbar aus der Unmittelbarkeit der Situation hervorquellende Musik – welche bei näherem Hinblick dennoch sich als Produkt jener »Besonnenheit« erweist, von der die Ästhetik jener Zeit besonders gern redete, so daß das Ingenium des jungen Meisters nur auf die beim späten Beethoven bereitliegenden Anregungen gewartet zu haben scheint, um zu originären Lösungen, zu sich selbst zu kommen. Auf das erste Allegro-Thema muß die Musik zulaufen, und das Thema selbst kommt unthematisch, in engen Imitationen daher, ehe es sich »normal« präsentiert; schon in der Fortspinnung kombiniert Mendelssohn es mit den Sechzehntelanläufen vom Allegro-Beginn, als gelte es ein Stück Durchführung, befindet sich wenig später in einer satztechnisch und harmonisch gewagten Verdichtung und nach dieser ebenso rasch beim zweiten Thema. Eine ähnlich konzentrierende Tendenz, um nicht zu sagen: Ungeduld, läßt dem das Adagio beherrschenden Fugato wenig Raum zu polyphoner Ausspinnung, treibt zu Irregularitäten und einer kaum mehr realisierbaren Vermehrung der Stimmen, worin die Intention kontrapunktischer Verdichtung gewissermaßen scheitert und das ästhetische Subjekt, alle polyphonen Verbindlichkeiten hinter sich lassend, ähnlich davonläuft wie Mozart mehrmals in den Finali von KV 387 und KV 551 – um sich unversehens im Fugieren wiederzufinden, nun mit dem Thema in Umkehrung. Vergleichbares geschieht auch im Finale, das Krummacher zu Recht »zerklüfteter als irgendeinen Satz Mendelssohns« nennt, eine passagenweise halsbrecherische Verbindung konträrer Satzweisen und ingeniös nicht zuletzt, wo sie das Fugato aus dem Adagio hereinholt und mit eigenen Prägungen unterfüttert, ein Satz, der triftig ins schließende Adagio mündet – auch insofern, als er nach Maßgabe seines inneren Tempos nahezu unabschließbar, also auf eine von außen kommende Beendigung angewiesen erscheint.

Insoweit jedem Komponierenden je nach Temperament und Mentalität ein besonderes »spezifisches Tempo« eigen ist, ist Mendelssohn, der auch als Dirigent rasche Tempi bevorzugte und darin der wichtigste Statthalter der beschwingt musizierenden Klassik blieb, auch hierin Erbe Mozarts, insbesondere Erbe von dessen raschen Dispositionen, einer Unrast, welche besonders dann bemerkbar wird, wenn sie dem Zeitplan der etablierten Formen vorauseilt, also mit ihm kollidiert. Das läßt, wo sie sich fügt, manche Einführung oder Rekapitulation eines Themas konventionell erscheinen, und es treibt zu originellen Lösungen, wo sie ungeduldig vorgreift und mit dem auf wohlgeordnetes Nacheinander eingeschworenen Ortsbewußtsein des Hörers ihr Spiel treibt – wie beim Reprisenbeginn im ersten Satz des a-Moll-Quartetts. Da öffnet Mendelssohn einen groß dimensionierten Erwartungsraum, worin der Hinblick auf den Wiedereintritt des Themas einen breit und umwegig ausphantasierten Übergang sichert, Gewißheit im eindeutigen Wiedererkennen erst, wo Mendelssohn »zu früh«, fast ohne Vermittlung beim zweiten Thema anlangt, hier deutlich dem Zeitplan der Form voraus. Solche Lösungen belegen eine Koinzidenz von Begabungsstruktur, Temperament, innerer Freiheit gegenüber den Traditionen des Komponierens, »spezifischer Geschwindigkeit«, der man genauer nachfragen sollte. Schon deshalb, weil hier ein Mendelssohn Spur gezogen hat, der weitgehend verlorenging; weil hier Fährten liegen mögen zu einer Musik, die eine sehr eigene gewesen wäre und unkomponiert geblieben ist.

»Nimm sie hin denn, diese Lieder«

Über Schaffen und Leben und halbwahre Zueignungen

I.

»Wer, wenn ich schriee, hörte mich denn aus der Engel Ordnungen?« Es ist der berühmte Anfang der *Duineser Elegien*. Da hat jemand herausgefunden, daß Rilke dieser Anfang gekommen sei, als er an einem Sturmtage am Steilhang von Duino stand und in das aufgepeitschte Meer hinaussah und hinaushorchte. Wenn diese Information richtig ist, muß man sie schleunigst wieder vergessen, wenn man verstehen will, was dieser Anruf an die »Engel« in Rilkes Dichtung wirklich sagt«.[1] Dieser Empfehlung Hans-Georg Gadamers ähnelt eine zweihundert Jahre ältere: Johann Gottfried Herder, in seinen Spontaneitäten oftmals klüger als bei deren spekulativer Einlösung, schrieb nach dem Erscheinen von Rousseaus *Confessions*: »Einen Schlüssel zu seinen Schriften haben wir nun freilich; ich wollte aber, man hätte ihn nicht.«[2] Es fällt nicht schwer, den hiermit nahegelegten Verzicht mit Hilfe der Angst vor dem falschen Gebrauch solcher Kenntnisse zu erklären, vor Einbahnstraßen der Deutung, welche vom Leben als Bedingendem zum Schaffen als Bedingtem verlaufen, vor banalisierenden Reduktionen auf das Persönlichste – Angst auch davor, die Würde und Autonomie des ästhetischen Gebildes durch den Schweißgeruch gelebten Lebens verunreinigt zu erleben.

Weil Besorgnisse solcher Art den Verdacht auf sich ziehen, man wolle sich um des lieben ästhetischen Friedens willen dümmer machen, als man zu sein braucht, sollte man mit ihnen vorsichtig umgehen. Freilich sind sie als Maßnahmen vonnöten gegen Dammbrüche, welche immer dort sich ereignen, wo ästhetische Erklärungsversuche vor der billigeren Plausibilität historischer, biographischer, psychologischer das Feld räumen. Wir brauchen sie alle, müssen ihre Zuständigkeit indessen in jedem einzelnen Fall neu bedenken und ordnen und tun gut daran, die weiter ausgreifenden möglichst lange hintanzuhalten. Wer sich ausgiebig mit Lektüre, Verständnis und Aneignung der ersten Duineser Elegie geschunden hat, möge sich von Gadamers Verdikt dispensieren und zum Bilde des im langersehnten Schaffenstaumel glücklichen, im Sturmwind bei Duino Worte vernehmenden oder hinausschreienden Rilke zurückkehren.

---

[1] Hans-Georg Gadamer, *Wer bin ich und wer bist Du? Kommentar zu Celans »Atemkristall«*, Frankfurt am Main ³1995, S. 138/39.
[2] *Herders Briefe*, hrsg. von Wilhelm Dobbek, Berlin/Weimar 1959, S. 215.

Die Zuständigkeit jener Erklärungsmodelle und -bezüge zu ordnen heißt zumeist die Gegensätzlichkeit von ästhetischer Dignität und »unrein« empirischer Biographie zu entspannen, zu relativieren, wenn nicht das Geschaffene als deren je einmalige Vermittlung zu begreifen. Auch unter strengstem l'art-pour-l'art-Diktat vermag der Zwang zur ästhetischen Objektivierung den Konnex zur historisch-biographischen Nährlösung nicht zu unterbrechen, in der das Werk sich kristallisierte; und derlei Kristallisation läßt sich nicht vorstellen, ohne daß dem Autor bestimmte Momente seiner empirischen Existenz exemplarisch, symbolisch, mithin der Kontingenz des hier und jetzt gelebten Lebens partiell entzogen wurden. Dantes Beatrice, Petrarcas Laura oder Wagners Mathilde waren, hingehend bis zur virtuellen Austauschbarkeit, symbolisch und ästhetisch notwendig, das *Livre du Voir dit* des Dichtermusikers Machaut referiert so wenig simpel Geschehenes, wie in dem zum Vergleich sich anbietenden Titel *Dichtung und Wahrheit* zwei heterogene Momente nebeneinandergestellt und äußerlich miteinander verbunden sind. Vielmehr soll »auf eine ursprüngliche Einheit hingewiesen werden …, in welcher geschichtliche und dichterische Betrachtung sich unmittelbar durchdringen.«[3] Gadamers Empfehlung mag also eher methodisch als prinzipiell verstanden werden – und als Bekräftigung der Aussage, daß das immerfort veränderliche Verhältnis von Schaffen und Leben, Werk und Biographie für Verallgemeinerungen wenig hergibt.

II.

Ganz und gar in bezug auf Musik. Daß Individualität und Existenzweise des Künstlers in ihr später eine Rolle zu spielen beginnen als anderswo, ist weniger irgendeiner ästhetischen Verspätung geschuldet als u.a. dem Umstand, daß »sie keinen Stoff hat, der abgerechnet werden müßte«[4], der Künstlichkeit ihres Mediums, welches nicht, wie Wort, Farbe etc., eo ipso reale Bezüge bei sich führt, den Normativen eines verbindlichen Handwerks und ebenfalls normierend wirkenden funktionalen Zwängen. Guillaume de Machaut mutet als künstlerische Existenz emanzipierter an als alle Musiker der nächsten hundert Jahre, weil er sich als Dichter artikulierte; Memling hat vor allem den Kanonikus Gilles Joye gemalt, bei Musikerbildern überwiegen typisierende Symbole, die Harfe in der Hand Binchois', das Portativ bei Landini oder Dufay, der Kreis der Kapellsänger um Ockeghem. Person und Individualität erscheinen wie ineinsgesetzt mit den Formen ihrer Wirksamkeit, Berichte wie die über den schwierigen Josquin bilden

---

[3] Ernst Cassirer, *Goethe und die geschichtliche Welt*, Hamburg 1995, S. 17.
[4] Goethe, *Maximen und Reflexionen*, in: Berliner Ausgabe Band 18, Berlin und Weimar 1972, S. 353.

Ausnahmen von dieser Regel. Dessen Ruhm, auch derjenige Isaacs, Senfls, Lassos oder Palestrinas hat keinen Zeugen ihrer Tage, etwa Vasari vergleichbar, zu Viten angeregt, obwohl z. B. das der Poetik der Renaissance wohlvertraute »poeta nascitur non fit« sich auch bei ihnen hätte festmachen lassen. So bleibt es, als Regel durch nur wenige Ausnahmen bestätigt, noch lange. Hans-Joachim Schulze hat das für Bach eingehend beschrieben[5], von dem wir wenig wissen und wo dies Wenige in bezug auf substanzielle Deutungen der Musik unergiebig bleibt. Von seinem französischen Kollegen Rameau sagte sein Librettist Alexis Piron, geringschätzig auf die fugenlose Deckung von Persönlichkeit und Musikertum anspielend: »Seine ganze Seele und sein ganzer Verstand befanden sich in seinem Cembalo; wenn er es zuklappte, war überhaupt keine Person mehr im Raum«[6].

Durchaus vergleichbare Umstände mögen veranlaßt haben, daß der junge Beethoven dem alten Haydn als »Großmogul« erschien, d. h. Dinge prätendierte, die einem Musiker nicht zukämen; und wo Karl Holz in Beethovens Konversationsheft im September 1825 über Mozart schreibt, »außer seinem Genie als / musikalischer Künstler« sei »er null«[7], läßt der Zusammenhang nicht erkennen, daß ihm widersprochen worden wäre. Doch eben bei dieser vermeintlichen personalen »Null« (auch, wenn man das dreiste Urteil dem Charakter von Holz zurechnet, bleibt aufschlußreich, daß er es Beethoven gegenüber so formuliert) läßt sich, zunächst in Klavierkonzerten und Opern, etwas vernehmen, was der in Dürers, Tizians, Rembrandts Selbstporträts insistierend gestellten Frage »was, wer bin ich?« nahekommt – der Versuch einer möglichst tief in Struktur und Materiäl der Musik hineingetriebenen Selbstverständigung als schaffendes Subjekt.[8] Einerseits erscheinen Versuche, sich in Worten (Dufay: »… miserere tui labentis Dufay«), Tönen (Bach im XIX. Contrapunctus der *Kunst der Fuge*) oder affektiv (C. Ph. E. Bach in der Klavierphantasie fis-Moll) in die Musik hineinzuschreiben, auf emblematische Qualitäten eingeschränkt; andererseits verspricht Musik als »Sprache des Gefühls« Formen und Dimensionen der Identifizierung, bei denen andere Künste nicht mithalten können. Dennoch bleiben bei Malern Selbsterkundung und Erkundungen des ästhetischen Mediums näher beieinander, die Person Dürer ist in der »Marter der zehntausend Christen« viel direkter präsent als Bach im vierten Thema des Contrapunctus XIX oder auch in alldem, was seinerzeit im Zusammenhang von »Charakterthema und Erlebnisform« be-

---

[5] In: *Komponisten auf Werk und Leben befragt.* Ein Kolloquium (Großkochberg 1981), Bericht hrsg. von Harry Goldschmidt, Georg Knepler und Konrad Niemann, Leipzig 1985, S. 13–29.

[6] *Lettres d'Alexis Piron à M. Maret,* Lyon 1860, S. 5.

[7] *Ludwig van Beethovens Koknversationshefte,* Band 8, Hefte 91–103, Leipzig 1981, S. 85.

[8] Peter Gülke, *»Triumph der neuen Tonkunst«. Mozarts letzte Sinfonien und ihr Umfeld,* Kassel/Stuttgart/Weimar 1998, S. 54–73.

schrieben worden ist.[9] Der im 18. Jahrhundert vielbenutzte, von Horaz herkommende Topos, daß der, der andere in einen bestimmten Affekt setzen wolle, dies zuvor mit sich selbst getan haben müsse, beschreibt ungewollt auch eine Fatalität: Je mehr der Musizierende sich in einer Ausdruckslage steigert, die, während er es tut, ihm ganz allein zu gehören, mit ihm identisch scheint, desto tiefer gerät er in eine Anonymität hinein, welche auch anderweitig bzw. anderen verfügbar ist; Übertragung bedeutet allemal auch Enteignung.

Nach Maßgaben der Symboltheorie[10] arbeiten die vorstehenden Überlegungen sich an der Unterscheidung von detonierender und exemplifizierender Repräsentation vergeblich ab, weil von der falsch gestellten Frage ausgehend, ob die definitorische Eindeutigkeit der denotierenden Bezugnahme nicht mit den Identifizierungsansprüchen der exemplifizierenden zusammengebracht werden könne. »Musik als Autobiographie« – das, genau verstanden, gibt es nicht,[11] mag die Musik noch so sehr als solche intendiert sein. »Wenn der Dichter seine privaten und okkasionellen Motive mitteilt, verschiebt er im Grunde das, was sich als dichterisches Gebilde ausbalanciert hat, nach der Seite des Privaten und Kontingenten«[12] – dergleichen mußte dem seine *Lyrische Suite* für die Geliebte annotierenden Alban Berg gewiß nicht vorgehalten werden; er mag genau gewußt haben, in welcher Hinsicht das »esoterische« Programm[13] auch banal war, das Pudendium betraf wie die hintergangene Frau auch die hintergangene Musik. Möglicherweise hat der geheimnistuerische, allenthalben Kassiber vergrabende Berg dies gar zu verstehen gegeben, da er in seinem Kommentar an einer entscheidenden Stelle falsche Fährte legte.[14] Auf diese Weise behielt er – hier in erster Linie als Musiker – auch etwas für sich; auf ein Erschrecken darüber, wieviel diese Musik, mit der die Freundin schwerlich viel anfangen konnte, mit ihr zu tun haben sollte, rechnete er wohl nicht – so brauchte sie auch nicht alles zu wis-

---

[9] Heinrich Besseler, *Charakterthema und Erlebnisform bei Bach*, Kongreß der Gesellschaft für Musikforschung Lüneburg 1950, Bericht Kassel und Basel 1952, S. 7–32; ders., *Bach als Wegbereiter*, in: Archiv für Musikwissenschaft XII, 1955, S. 1–39; nachgedruckt in: *Johann Sebastian Bach*, Wege der Forschung Band CLXX, hrsg. von Walter Blankenburg, Darmstadt 1970, S. 196–246, und in: Heinrich Besseler, *Aufsätze zur Musikästhetik und Musikgeschichte*, hrsg. von Peter Gülke, Leipzig 1978, S. 267–319.

[10] Nelson Goodman, *Sprachen der Kunst*, Frankfurt am Main ²1998; Simone Mahrenholz, *Musik und Erkenntnis. Eine Studie im Ausgang von Nelson Goodmans Symboltheorie*, Stuttgart/Weimar 1998.

[11] Constantin Floros, *Alban Berg. Musik als Autobiographie*, Wiesbaden 1992; hierzu Dietmar Holland, *Musik als Autobiographie. Zur Entschlüsselungsmethode von Constantin Floros bei Werken von Gustav Mahler und Alban Berg*, in: *Biographische Konstellation und künstlerisches Handeln*, hrsg. von Gieselher Schubert, Frankfurter Studien Band VI, Mainz usw. 1997, S. 110–127.

[12] Gadamer, a. a. O., S. 138.

[13] Constantin Floros, *Das esoterische Programm der Lyrischen Suite. Eine semantische Analyse*, in: Hamburger Jahrbuch der Musikwissenschaft, Bd. 1, Hamburg 1975, S. 101–145.

[14] Peter Gülke, »*Musik, die fürs erste ... wie überhaupt keine anmutet*«, im vorliegenden Bande S. 428ff. Zu Alban Bergs *Lyrischer Suite*, in: *Neue Zeitschrift für Musik*, 147. Jahrgang, Heft 9, S. 14–21.

sen. Auf welche Weise er komponierend je programmatischer desto absoluter zu
sein vermochte, blieb sein, ein ohnehin kaum mitteilbares Geheimnis. Dergestalt verhindert die verliebte Schamlosigkeit der allerprivatesten Entschlüsselung
die, wie immer gering bemessene, Komplizenschaft mit denen nicht, die das in-
diskret Gesagte »schleunigst wieder vergessen«, den »Schlüssel« lieber nicht in
der Hand haben wollen.

III.

Obenhin betrachtet erscheint in Robert Schumanns Zweiter Sinfonie die Einsicht komponiert, daß »Musik als Autobiographie« nicht möglich ist. Nach seinem Einbruch ins Finale regiert das Zitat aus Beethovens Liedzyklus *An die ferne
Geliebte* (Bsp. 1a bzw. 1d) auf eine Weise, welche wohl fragen läßt, ob das Vorangegangene genau so beschaffen sein mußte, wie wir es kennen, ob das unzweideutig an Clara gerichtete »Nimm sie hin denn, diese Lieder« hier nicht so neu
sei, daß der zuvor aufgebaute Zusammenhang desavouiert, ex posteriori fast unnötig gemacht werde. Carl Dahlhaus sprach vom »Auseinanderbrechen der
Form durch Austausch der Thematik«[15], Arnfried Edler vom »ganz neuen Thema, das in der Durchführung das anfängliche Hauptthema des Finalsatzes aus-
schaltet und an seine Stelle tritt«[16]. Weil Zitate sich auf außerhalb des Werkes Liegendes beziehen, brechen, durchbrechen sie dessen Regelkreis tatsächlich, und
je eindeutiger der Bezug, desto stärker; am stärksten, wenn sie mit unvermeidlich mitgedachten Worten besetzt sind. Im vorliegenden Fall bestimmt nicht nur
Beethovens bekannteste Liedkomposition den Bezug, sondern auch, zweimal
kompositorisch bestätigt, die Qualität als »Privatmythe« der Schumanns. Zweimal in schwierigen Lebenssituationen hatte Schumann als Erlösung empfundene
Musik mit Hilfe der Worte von Beethovens Textdichter Jeitteles seiner Frau zugeeignet – in der Phantasie für Klavier C-Dur op. 17 (1836) und im Finale des
zweiten der Streichquartette op. 41 (1842)[17]. »Der erste Satz ist wohl mein Pas-
sioniertestes, was ich je gemacht – eine tiefe Klage um Dich«[18], gesteht er ihr und
ergänzt später, bezugnehmend auf Friedrich Schlegels der Phantasie vorange-
setztes »Durch alle Töne tönet / Im bunten Erdentraum / ein leiser Ton gezogen

[15] Carl Dahlhaus, *Studien zu romantischen Sinfonien – Das Finalproblem in Schumanns Zweiter Sinfonie*, in: Jahrbuch des Staatlichen Instituts für Musikforschung Preußischer Kulturbesitz für 1972, Berlin 1973, S. 110–115.
[16] Arnfried Edler, *Robert Schumann und seine Zeit*, Laaber 1982, S. 177.
[17] Hierüber u.a. Peter Ostwald, *Schumann. The Inner Voices of a Musical Genius*, Boston 1985, S. 126ff. und 174.
[18] Robert Schumann, *Jugendbriefe*. Nach den Originalen mitgeteilt von Clara Schumann, Leipzig ⁴1910, S. 278; und andere Ausgaben.

/ für den der heimlich lauschet«: »Der Ton im Motto bist *Du* wohl«. Dieser Kontext – der Komposition der Quartette waren die erste Konzertreise Claras nach der Eheschließung und eine für sie kaum erträgliche Depression Roberts vorangegangen – gab der Bezugnahme eine Vehemenz und Eindeutigkeit, welche im radikalen Wechsel der Bezugsebenen ästhetisch schwer zu Buche schlagen mußten; überdies war die Beethoven-Anspielung auch für Außenstehende leicht zu erkennen.

Beispiel 1

Kann man tatsächlich von »ausgetauschter Thematik« (s. o.) sprechen? – und ist nicht ein sehr hermetischer Begriff von Form als eines geschlossenen, selbstreferentiellen Regelkreises zugrundegelegt, wenn diese auf solche Weise »auseinandergebrochen« werden kann? Der Einwand wird durch den Umstand bekräftigt, daß die Sinfonie dem unbefangenen Hörer sich keineswegs als auseinanderbrechend darstellt, wie immer mitgedachte Worte anderweitige Bezugnahmen, etwa auf ähnliche Prägungen, blockieren mögen. Weniger noch als in der Phantasie und im Streichquartett (Bsp. 1 c) fixiert Schumann sich beim Eintritt des Zitats ins Sinfonie-Finale (Bsp. 1 d) auf Beethovens Melodie (Bsp. 1 a); eher verlängert er in seinem Sinne eine Linie, auf der Beethoven seine Prägung als Station eines vom Anfangs- bzw. Schlußthema seines Zyklus (Bsp. 1 b) abführenden, umkreisenden Weges begriff; beim ersten Erscheinen (Bsp. 1 d) verzichtet Schumann auf den Quartabschlag, steigt in die höhere Oktav hinauf und nähert sich einer Entsprechung zur emphatischen Rakete des Satzbeginns (Bsp. 1 e); er ist bei

Beispiel 2

Beethoven noch nicht ganz angekommen und nimmt eben dies im Sinne eines
zweiten, vom ersten nicht gänzlich abweichenden Beginns wahr, auch unterstreicht er das Noch-nicht durch die »falsche« Tonart Es-Dur; ihr folgen weitere
Ansätze auf G-Dur (T. 292ff.) und f-Moll (T. 316ff.), ehe die Grundtonart erreicht ist (T. 324ff.), jedoch immer noch nicht das Beethovensche »Original«.
Zu diesem (Bsp. 1f, T. 394ff.) muß er sich erst durcharbeiten und bedient sich
dabei zuvor exponierter, keineswegs »ausgetauschter« Motive, des nachdrücklich
fixierenden, wechselnötigen Motivs Bsp. 2a (T. 31ff.) bzw. Bsp. 2b (T. 301ff.),
der weitergeschwungenen Abgänge Bsp. 2i (T. 158ff.) bzw. Bsp. 2k (T. 402ff.)
und der »Raketen« Bsp. 2c (T. 1ff.) bzw. Bsp. 2d (T. 344), letztere freilich »umge-
widmet«: in der neuen Konstellation rastet hier auch die Erinnerung an Beethoven wieder ein – die Liedtakte »… singe sie denn abends wieder« (Bsp. 2e). Wobei die »florificatio«, die das bei strikter Analogie festzuhaltende d (in Entsprechung zum f bei Beethoven) ersetzt, jene Lineatur frei nachzeichnet, welche in
den durch Schumann gegenüber Beethoven eingefügten Takten (bei strenger
Entsprechung müßte er von T. 332 auf T. 344 springen), einen weiteren Clara-
Bezug herstellt: »… mein guter Geist, mein bess'res Ich« aus den *Myrthen* op. 25
(Bsp. 2f, in der Sinfonie T. 335ff. = Bsp. 2g). Auch diese Wendung war bereits als
Privatmythe installiert – in der Coda des ersten Satzes der Ersten Sinfonie
(Bsp. 2h, T. 459ff.), mindestens ein Echo klingt überdies in der Coda des dritten
Satzes nach (T. 368ff.)[19]. Offenbar gehört auch die zweimal im Adagio espressivo
(Takte 94/95, 98/99) begegnende Wendung Bsp. 3a zu den Privatmythen, geprägt wohl durch die Variationen über ein Thema von Clara in der Klaviersonate
op. 14, wiederbegegnend im Finalsatz der vierten, chronologisch zweiten Sinfonie (erstmals Takte 682ff., Bsp. 3b), im Adagio des ersten der Streichquartette
op. 41 (erstmals T. 6, Bsp. 3c), später noch im Klavierkonzert (2. Satz erstmals T.
11ff., 3. Satz erstmals T. 255ff.) und in beiden Violinsonaten[20].
     Dergestalt erscheint die Sinfonie als Fokus und Auffangbecken, was im Inein-
ander biographisch motivierter Details und »absoluter« Strukturierung und im
Sinne einer »novellistischen« Konzeption[21] dazu einlädt, die Verbindlichkeit jener Maßgaben einzuschränken, nach denen mit dem Eintritt des Beethoven-Zi-
tats die Form angeblich auseinanderbricht – das bedeutet freilich nicht, daß
Schumann sich der damit verbundenen Risiken nicht bewußt gewesen wäre.
     Dem widerspräche in dieser Sinfonie auch, daß den privaten offizielle My-

---

[19] Linda Correll Roesner, *Tonal Strategy and Poetic Content in Schumann's C major Symphony*, op. 61, in:
     Probleme der symphonischen Tradition im 19. Jahrhundert. Internationales Musikwissenschaftliches Kollo-
     quium Bonn 1989, Kongreßbericht Tutzing 1990, S. 295–306.
[20] Roesner, a.a.O., S. 305.
[21] Anthony Newcomb, *Once More »Between Absolute and Program Musik«: Schumann's Second Symphony*,
     in: *19th Century Music*, Bd. VII, Nr. 3, S. 233–250.

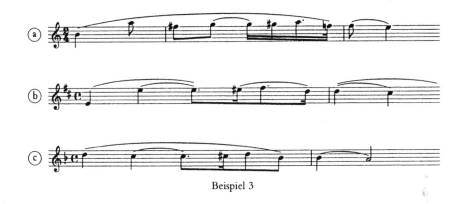

Beispiel 3

then gegenüberstehen. Das eröffnende Blechbläsersignal Bsp. 4a klingt im pp
nicht nur wie aus räumlicher, sondern auch aus zeitlicher Ferne kommend, ein
Echo der Eröffnung von Haydns Sinfonie Nr. 104 (Bsp. 4b), deren topische
Qualität Schuberts Sinfonie-Fragment D 615 bestätigt (Bsp. 4c), das Schumann
freilich nicht kannte. Schon in Sinfonie-Skizzen von 1840 (Bsp. 4d) und 1841
(Bsp. 4e) hatte ihn die Figur beschäftigt, in Bsp. 4d offenkundig in der Qualität
eines Motivs wenn nicht Themas, in Bsp. 4e eher schon auf dem Wege zu jener
»Hinterlegung« der Zweiten Sinfonie, welche offenbar historische Tiefe repräsentieren und zum Klingen bringen, nicht aber den »davor« sich vollziehenden
Prozeß präjudizieren soll: Unverbunden und unvollständig klingt es mehrmals
hinein, nach dem Beginn wieder in den Takten 19ff., sodann in den Coden des
ersten (T. 339ff.), zweiten (T. 384ff.) und des letzten Satzes (Takte 461ff.), ungefestigt genug, damit einerseits fast jede signalhafte Prägung als Anspielung, ande-

Beispiel 4

rerseits der letzte Auftritt (Bsp. 7h), nun in zwei liedhaften Perioden, als Annäherung an die Textur des »Vordergrundes« verstanden werden kann. Dem novellistischen Charakter darf man zurechnen, wie diese »heutige« Musik den Hintergrund von Vergangenheit vergegenwärtigt, vor dem sie sich vollzieht.

Dieser spricht im Adagio unverstellt. Sollte das Epitheton »espressivo« den Ruch des Historischen abwehren helfen, der sich an das Fugato der Takte 62 ff. (Bsp. 5a) ebenso heften könnte (mancher Hörer mag als Zwischenstation Mozarts Gesänge der Geharnischten assoziieren) wie an das bei der Triosonate von Bachs *Musikalischem Opfer* (Bsp. 5b) ausgeborgte Thema (Bsp. 5c)? Schon Brahms, der erlebt hatte, wie Schumann in depressiven Phasen sich in kontrapunktische Studien zu vergraben pflegte, sprach von dem Bach-Bezug; dieser fällt umso mehr auf, als es sich um die bisher in der Sinfonie – zwei Sätze liegen bereits hinter uns! – prägnanteste musikalische Gestalt handelt. Schumann schafft beidseits Vermittlungen – eine ausgemacht historische, indem er die melodische Figur, wie in Bsp. 5a angedeutet, krebsgängig im Fugato unterbringt, und eine mehrfach gegenwärtig bezogene: Im »Abgesang« des Adagio (T. 118 ff.) stellt er die charakteristische Folge des 2., 3. und 4. Tons heraus, – es ist auch die Geste von Taminos »ich fühl' es« – welche sich schon bei Bach in Grundgestalt (T. 13, Bsp. 5d) und Umkehrung (T. 14, Bsp. 5e) abgespalten findet. Sie wird sogleich im Finale in den Takten 239 ff., besonders 246 ff. wichtig werden, in einem Zusammenhang, welcher andererseits in Umkehrungen (T. 191 ff.) historischen Kontexten Tribut zollt – auch Bach hat das Thema umgekehrt (Bsp. 5f, *Musikalisches Opfer*, T. 17 ff.). Wiederum ganz in der eigenen Gegenwart dieser Musik befindet sich die Fortführung des Themas: Mit dem Terzabstieg as/f/d/(c)/h, dessen intervallischen Rahmen Schumann sequenzierend mit emphatischem Nachdruck wiederholt (g/as; f/g; vgl. Bsp. 5c), bewegt er sich nahe bei »mein guter Geist, mein bess'res Ich«, Bsp. 2f.

Die vielfältige thematische Vernetzung von Adagio und Finale macht jenes zu einem tertium comparationis zwischen Exposition und langsamer Einleitung. Dies zum Anlaß für ein quasi attacca im Übergang von einem in den anderen Satz zu nehmen und als Teilerklärung dafür, daß alle vier Sätze der Sinfonie in C bzw. c stehen, liegt sehr nahe. In der besonderen Konstellation der beiden Sätze hätte eine Reprise des Finalbeginns weder Sinn noch Funktion, man kann auch sagen: waren die vorhandenen Möglichkeiten an Finalität erschöpft – wie Schumann u. a. in den abflauenden Takten 265 bis 278 verdeutlicht, war also eine Übergipfelung nur von einem sammelnden Stichwort bzw. vom Wechsel in eine andere ästhetische Ebene zu erwarten. So viel den sogenannten »Bruch« überspringende Zielstrebigkeit immer aufgeboten werden konnte, hier war sie aufgeboten.

An gestalthafter Prägnanz sind das Eingangsmotto der Blechbläser (Bsp. 4a), das Thema des Adagio espressivo (Bsp. 5c) und das des »zweiten« Finale, die »Zu-

Beispiel 5

eignung« (Bsp. 1 d und f) den anderen Themen der Sinfonie hoch überlegen – so hoch, daß die zitierten Auskünfte über den »Austausch der Thematik«, das »Ausschalten« des »anfänglichen Hauptthemas« verdächtig werden, einem pauschalierenden Begriff von »Thema« folgend gleichzusetzen, was nicht gleichgesetzt werden darf. Die drei genannten »Leuchttürme« sind umgeben von je auf eigene Weise defizitären Prägungen: Das »anfängliche Hauptthema« des Finalsatzes (Bsp. 6a) stellt sich vor allem als »Anreißer« bzw. als Katalysator einer impetuosen, durch den ostinaten Rhythmus ♪ ♩. ♪|♫ ♩. ♪|♪ beherrschten Grundbewegung dar – da mag auch die Suggestion der sieben Jahre zuvor von Schumann ans Licht gezogenen C-Dur-Sinfonie D 944 von Schubert nachgewirkt haben. Verarbeitet, als generierender Baustein wahrgenommen wird es nicht und erscheint überhaupt nur noch ein zweites Mal (T. 105 ff.) – wohl auch deshalb erforderlich, weil es anfangs »zu schnell« herausschoß und mit dem Vordersatz in die »falsche« Tonart geriet (T. 5 bis 8): Schumann muß hier gewissermaßen korrigierend eingreifen und wiederholt den Vordersatz sogleich (Takte 9 bis 12) in der richtigen Tonart – die »Fehlleistung« gehört, wie das nunmehr regelkonforme zweite Erscheinen beweist, zur Situation des ungestümen, blind losstürmenden Beginns. Auch strukturell regiert das »Vorwärts« – rückbeziehende Korrespondenzen fehlen, lediglich stollenhafte Wiederholungen (der Takte 23–26 in T. 27–30, der Takte 31–38 in T. 39–46) gliedern die prozessuale Hervorbringung von immer Neuem, welches untereinander nur durch den ostinaten Rhythmus verbunden scheint und erst nach der »Zueignung« als Referenzpunkt wahrgenommen wird: die Skalen der Takte 23 ff. in denen der Takte 299 ff. und, vergrößert, in den Tak-

Beispiel 6

ten 349 ff., die Wechselnoten Bsp. 2a und 2b, die Abgänge Bsp. 2i und k – insgesamt also weniger Thema im Sinne einer solide-bezugsfähigen Gründung als Artikulation eines fortreißenden Stroms, welcher konsequenterweise in den wirbelnden Leerlauf der Takte 47 bis 63 mündet, dem erst der Eintritt des Adagio-Themas (T. 64) Halt und Perspektive gibt.

Der Finale-Beginn erscheint unter den nahezu spielfigurenhaften Prägungen, von denen ausgehend alle Sätze außer dem Adagio allmählich zu prägnanteren Gestalten hinstreben, gewiß noch als die thementauglichste. Im Scherzo sind, verglichen mit dessen perpetuum-mobilehaftem Einsatz (Bsp. 6b) die Takte 13 ff. prägnanter, und die Takte 21 ff. gegenüber diesen abermals, ähnlich im Trio I die Takte 122 ff. gegenüber dessen Beginn Bsp. 7n. Und derjenige des Trios II (Bsp. 6c) scheint wohl an den kantablen Nachsatz im Trio I anzuknüpfen (Takte 107 ff., Bsp. 6d), läßt die Zuordnung der Gruppen zunächst aber in der

Beispiel 7

Schwebe, ehe er sich als unfunktional vorweggenommener Nachsatz erweist, wo die Musik (Takte 239 ff., Bsp. 7 o) konzise Gestalt gewinnt. Nachdem diese (Takte 267 ff.) vom Tutti übernommen worden ist, läuft sie einem Halbschluß zu, welcher als Hinblick auf das Zitat aus den *Myrthen* (»Mein guter Geist, mein bess'res Ich«, Bsp. 2 f) verstanden werden darf, insbesondere im Aufstieg zum Spitzenton a des Dominant-Non-Akkords (Bsp. 6 e, Takte 277 ff.). In Anbetracht der oben angesprochenen, den »Bruch« überspringenden Zielstrebigkeit liegt die Frage nahe, ob im Hinlaufen auf zunehmend prägnante Gestalten nicht jeder Satz mit Ausnahme des Adagio in sich vollziehe, was die Sinfonie mit der Ausrichtung auf »Nimm sie hin denn, diese Lieder« bei gewaltig vergrößertem Risiko insgesamt vollzieht – als gleichsinnige, gleichzeitig in verschiedenen Dimensionen realisierte Tendenz.

Dazu würde passen, daß die Kristallisation der Gestalten im ersten Satz am allerwenigsten gelingt, jene Tendenz hier also den niedrigst gelegenen Ausgangspunkt hat. Sein Beginn verböte, von Thema zu sprechen, könnte die Aufgabe eines Themas nicht auch darauf beschränkt sein, eine Bewegungsform, eine Gangart zu definieren – hierin waren Beethovens Siebente und Schuberts C-Dur-Sinfonie D 944 die suggestiven Vorbilder. Schumann scheint ein Geringstmögliches an melodischer Bewegung gesucht zu haben, um die insistierende Wiederholung des Rhythmus ♪♩.. ♪/♪ zu ermöglichen und damit zugleich eine Identität des immerfort auslösenden Motivs mit dem Untergrund der Bewegung sicherzustellen, welche verhindert, daß eine autonome Gestalt über diesen Untergrund hinausrage – daher auch das metrisch-rhythmische Verwirrspiel der acht Takte (50 bis 57 bzw. 58 bis 65). Noch seltener als im ersten Satz von Schuberts C-Dur-Sinfonie läßt der Rhythmus die Musik aus dem Griff. Was da, ihm knapp entronnen, den Platz des zweiten Themas besetzt, kann sich, weil im Brio des rasanten Fortgangs gefangen, als solches nicht kristallisieren, und was als Nachsatz gelten könnte (Bsp. 6f, Takte 92ff.), erweist sich als Echo des Streichereinsatzes vom Sinfoniebeginn (Bsp. 6g).

Spätestens hier gerät die Betrachtung subkutaner Bezüge in ein Feld, worin Verknüpfungsmöglichkeiten sich umso mehr anbieten, als die Verflüssigung vieler unterhalb einer gestalthaften Verfestigung verbleibender Motive vielerlei Interferenzen ermöglicht, deren Auskunftswert im je Einzelnen jedoch in umgekehrtem Verhältnis zu ihrer Menge steht. Innerhalb eines u.a. durch Engschrittigkeit und Terzstrukturen verbundenen Repertoires von Prägungen stellen Bezüge sich einerseits so oft und so leicht her, daß die Hervorhebung eines speziellen kaum noch erlaubt scheint; andererseits bieten sie sich in Formen an, welche vermuten lassen, es sei Schumann ähnlich wie bei den innerhalb der Sätze akkumulierenden Gestaltqualitäten um einen kontinuierlichen Übergang von Prägungen gegangen, welche in summa einander so nahe stehen, daß die Bestimmung je zweiseitiger Bezüge sich erübrigt zu solchen, welche kraft individueller Profile über das allgemeine Niveau der Sprachähnlichkeit hinausragen. Wenn am Beginn des Allegro im ersten Satz (Bsp. 7a) der Funke des ostinaten Rhythmus zündet, verdeutlicht Schumann das zunächst anhand eines Minimums an melodischer Aktivität und mag in der Konstellation mit festgehaltenen Rahmentönen an Paminas Arie (Bsp. 7b), Schuberts wohl dorther kommende Prägung für *Der Tod und das Mädchen* (Bsp. 7c) oder an das Andante in Schuberts Sonate D 845 (Bsp. 7d) gedacht haben, dessen Bewegung er präzise umkehrt (Bsp. 7e). Ein minimierter Einsatz mit engen Tonschritten hatte schon am Anfang gestanden (Bsp. 6g) – fast als traue die Musik sich nicht und taste vorsichtig

voran; bei den quasi misterioso schleichenden Vierteln hatte Schumann die im
Allegro eintretende Konstellation getreppter Tonschritte, kleiner Richtungs-
wechsel sorgsam vermieden – als Umkreisung ex negativo möglicherweise auch,
weil eine andere, introduktionsübliche Umkreisung, die harmonische, durch die
abgeblendeten, an die Tonart gebundenen Blechbläsersignale verwehrt war. Offen, ungefestigt und also auf eine »Hauptsache« hinzielend erweist die Introduktion sich außerdem im unkoordinierten Nebeneinander der Streicherbewegung
und der Signale; die Neuansätze der Streicher z.B. (Takte 4 und 12) erfolgen unabhängig von den Signalen, bis zum Takt 15 laufen verschiedene Gruppierungen
nur halb verbunden nebeneinander her. Umso mehr Aufmerksamkeit gilt den
folgenden vier Takten, wo die Streicherbewegung aussetzt und Schumann in
den Bläsern eine Melodie präsentiert (Bsp. 7f), welche, von den Ansätzen der
Takte 66 bis 69 (Bsp. 7g, entsprechend Takte 261–264, 269–272) abgesehen, erst
am Ende der Sinfonie wiederkehren wird, in den Takten 453ff. des Finale. In der
Introduktion gehen sie dem zweiten Eintritt des Bläsersignals voraus, im Finale
jener die Finalität der Zueignung überbietenden Führung Bsp. 7h, mit der die
Blechbläser, nachdem sie bereits zu Beginn (Takte 6–8) als vorsichtiger Rich-
tungshinweis aufgeschienen war, den Vergangenheitshintergrund verlassen und
in die Gegenwart dieser Sinfonie eintreten und deren eigenstes jubelndes Cantabile überbieten. Nicht zuletzt ein beschwörendes, hochsymbolisches Emblem:
Die Musik ist in der Tradition der großen Sinfonie angekommen.

Noch eine zweite Annäherung ist mit den vier Takten verbunden: Sequenzierend enden sie (T. 18/19) bei jenem Terzanstieg zum Quartoberton mit nachfol-
gendem Quartabschlag (Bsp. 7i), der durch die Zueignung (Bsp. 1a) suggestiv
besetzt ist, die Tonfolge d-e-f-c zudem unterstrichen durch die wiedereintreten-
den Violinen. Wenig variiert – statt Quartabschlag nun Terz (Bsp. 7k) – erscheint
die Wendung im Übergang zum Allegro ab T. 39 achtmal mit eher schon para-
noischer, auch der Steigerung geschuldeter Hartnäckigkeit, und die Erweiterung des dreitönigen Aufgangs zum viertönigen (T. 47, Bsp. 7l) arbeitet jener
Passage vor (Takte 73ff., Bsp. 7m), in der das Allegro erstmals dem ostinaten
Rhythmus entkommt. Im Scherzo-Thema (Bsp. 6b) macht Schumann den auf-
taktigen Anlauf zum Vehikel des hartnäckig festhaltenden Perpetuum mobile,
versucht im Trio I vergeblich, ihn zu umgehen (Bsp. 7n), und spielt um den
Quartoberton im Trio II (Bsp. 6c und 7o) in verschiedenen Formen, im Vorfeld
der Zueignung unverbindlich genug, um Eindeutigkeiten der Bezugnahme zu
verhindern. In summa entsteht ein Aufgebot von Hinweisen und Anspielungen,
eine auf Offenlegung drängende Akkumulierung und Eskalation, welche das
»neue« Thema, die Zueignung in einer Weise notwendig machen, angesichts derer die Materialität, die Gestalt nahezu unwichtig wird – als Öffnung eines anderen Horizontes derjenigen ähnelnd, welche Beethoven im Finale seiner Fünften
Sinfonie durch die »unkontrolliert« überquellende, nach Maßgaben des ersten

Satzes unerlaubte Produktion immer neuer Themen vollzieht; vielleicht wußte Schumann, daß auch dort Worte mitgedacht werden konnten.

IV.

Schumann selbst hat im Zusammenhang mit seiner Zweiten auf Mozarts Jupiter-Sinfonie hingewiesen. Als die andere große C-Dur-Sinfonie stand ihm die Schubertsche vor Augen. Worin er Mozart zum Beispiel nahm, hat er nicht gesagt – am ehesten ist dabei an das summative Wesen, die dezidierte Finalität und die Wahrnehmung der Tonart C-Dur mit all ihren Konnotationen zu denken. Interessanterweise meidet er in seiner zitierfreudigen Sinfonie motivische Anklänge in beiden Fällen konsequent. Schubert gab, wie oben angedeutet, mit der innigen Kongruenz von Bewegungsform und thematischer Prägung ein Beispiel, darüber hinaus im Umgang mit der eingangs exponierten, am Ende wieder aufgenommenen Devise. Was bei Schubert die anfangs von den Hörnern vorgetragene Melodie, ist bei Schumann das Haydn erinnernde Signal. Daß er sich zu und mit ihm, wo immer es erscheint, anspielend verhält, daß er seine Distanzierung je neu bestimmen muß und dergestalt zwischen dem zerdehnenden, das Zitat fast verschleiernden Auftauchen am Sinfoniebeginn (Bsp. 4a) bis zu der choralhaften Ausfaltung an deren Ende (Bsp. 6h) im Hintergrund ein nur in membra disiecta greifbares Stück Geschichte vollzieht (wäre sie nicht, könnte man den Zusammenhang der Eckpunkte in Frage stellen), unterscheidet ihn von Schubert in charakteristischer Weise; dieser zitiert seine Devise am Ende unverändert, und er brauchte sie in Schumanns Augen tatsächlich nicht zu verändern – die Bestätigung läßt sich auch aus dem einschränkenden und neidvollen Lob von Schubert »himmlischer Länge« herauslesen: Über Mengen und Qualitäten von Zeit wie die, die die Wiederholung riesiger geschlossener Abschnitte gestatten und erfordern, verfügt er nicht mehr; noch viel weniger als Schubert kann, will und darf er die aus der musikalischen Struktur produzierte Zeitlichkeit vor Verknotungen und Konflikten mit historisch bedingter Zeitlichkeit bewahren, gegen die Vehemenz des Zeitpfeils kann er die reversiblen Möglichkeiten nur sehr eingeschränkt wahrnehmen. Bedingt auch durch den Großaufbau, gelingt das halbwegs noch im Scherzo, doch auch hier unterlaufen durch die von nahezu »amorphen« Bildungen zu gestalthafter Verfestigung treibenden Tendenzen. Die – nur durch acht modulationshalber eingefügte Takte unterbrochene – Entsprechung von insgesamt 56 Takten im ersten Allegro (= 50–105, 245–308) bleibt durch interne Unregelmäßigkeiten, rasantes Tempo, rhythmischen Einheitsablauf und geringe Autonomie der musikalischen Gestalten der Wahrnehmung weitgehend entzogen, nicht zufällig geraten Durchführung und Coda nach Maßgabe hergebrachter Proportionen unmäßig groß, welche Schumann zugunsten des verändernden Prozesses beiseiteschiebt. Am ehesten widersteht das Adagio dem Zeitpfeil – dank des langsamen Tempos ebenso wie dank des Anhalts bei Johann Sebastian Bach.

Tatsächlich gibt dieser, weil der vag zitierte Haydn die Entfaltung des sinfonischen Procedere wie ein Schatten begleitet und reflektiert, und weil Schumann an Beethovens »Nimm sie hin denn …« herankomponieren muß, den solidesten Anhalt. Alle drei Zitate jedoch erscheinen geprägter und stabiler als das, was Schumann hinzukomponiert, gewissermaßen die solide gegründeten Masten, in die das schwebende Geflecht des Werkes eingehängt ist – wie um zu zeigen, daß man heute solcher Rückversicherungen bedürfe; der Schumann so gewissenhaft beerbende Brahms hat bezeichnenderweise gern von »dauerhafter Musik« gesprochen. Was für ein Wagnis – die markantesten Prägungen auszuborgen und sich davon abhängig zu machen, daß dies samt den Beweggründen erkannt werde!

Die Rede vom Wagnis freilich verdankt sich auch der den »Nachteilen der Historie für das Leben« opponierenden Prämisse, der Künstler könne und müsse mit jedem Werk mindestens auch von vorn beginnen, neben allem Wissen um Vorheriges gehöre zum schöpferischen Akt auch, daß dieses auf eine bestimmte Weise unvorhanden sei. Wogegen man wiederum alle Formen einer sich berufenden, anknüpfenden, kritischen, weiterbauenden Arbeitsweise, eine intertextuelle Kontinuität erinnern müßte als Beweis, daß neu Entstehendes allemal darauf angewiesen ist, einige Autorität bei schon Vorhandenem auszuborgen. Die Haltemaste in Schumanns Sinfonie können in diesem Sinne auch als Spolien verstanden werden, Haydns Signal als der die sinfonische »Liturgie« vertretende cantus firmus und das von Schumann Komponierte als Tropus, der diesen cantus zur Person dieses Komponisten und seiner Situation hin auflöst und kommentiert.

Zu den Fatalitäten der aufs Noch-nicht oder Nicht-mehr ausgehenden Musikgeschichtsschreibung gehört mehr noch als die einseitige Funktionalisierung früherer Werke als Erklärungsmaterial für spätere die Instrumentalisierung des Historischen, die Neigung, jeweils bis an die Schwelle des untersuchten Werkes die historischen und danach die ästhetischen Kriterien der Deutung vorwalten zu lassen. Womit, wie immer erklärlich als Teil des »Anliegens, … ein Bleibendes zu finden in der Flucht des endlosen Entstehens und Vergehens«[22], eine Dichotomie befestigt wird, mit der die Schaffenden meist gelasseneren Umgang pflegten. Wie häufig die musikgewordenen Kenntnisnahmen, die Protokolle historischer Wendestellen! Im Streichquartett KV 465 komponiert Mozart den kritisch fortdenkenden Anschluß an ein kanonisches C-Dur-Stück, Haydns Streich-

---

[22] Nikolai Hartmann, *Zeitlichkeit und Substanzialität*, Stuttgart 1968, S. 81.

quartett op. 33/III, und setzt diese Linie fort im Streichquintett KV 515[23]; am Beginn der Trias der letzten drei Sinfonien reflektiert er, was derzeit eine »große Sinfonie« ausmacht; Beethoven eröffnet seine erste Sinfonie fast genau so wie Mozart das Trio im Vorfeld des Jupiter-Finale und übernimmt aus der Durchführung des ersten Satzes der Jupiter-Sinfonie den Harmonieplan für die seinige;[24] Schubert begibt sich in der Thematik seiner C-Dur-Sinfonie D 944 kurz nach der Uraufführung von Beethovens Neunter bewußt und provozierend in die Nähe von deren »Freude«-Thema, wie um zu beweisen, daß mit diesem auch eine Sinfonie von der soeben aufgekündigten Art noch zu bewerkstelligen sei;[25] Schumann blickt in der Überleitung von Scherzo zum Finale der der zweiten vorangehenden, als vierte gezählten Sinfonie unverkennbar auf die entsprechende Passage in Beethovens Fünfter; Brahms hält nach der großen Introduktion zum ersten Satz seiner Ersten Sinfonie eine weitere, ungleich gewagtere zu deren Finale vonnöten, um die Lizenz für den nachfolgend vollzogenen Anschluß an Beethoven zu erwirken; und Schönberg versichert sich in seinem zweiten Streichquartett, bevor er in die »luft von anderen planeten« aufsteigt, als Startpunkt im ersten Satz eines von ihm selbst erinnerten, aufs Äußerste verdichteten und verschärften Brahms.

Ein Glied in dieser Kette, stellt Schumanns Zweite Sinfonie sich als Versuch dar, den Gegensatz zwischen einem »Bleibenden« und »der Flucht des endlosen Entstehens und Vergehens« (s. o.), die Unterscheidung von historisch-biographischer »Nährlösung« und Kristallisation, i.e. von Gelebtem und Geschaffenem gar nicht erst zuzulassen, das Prozessuale oder Kontingente der Verursachungen mit dem Monadischen des in sich stimmigen Werkes zusammenzubinden – als Musik, welche nur zu dieser Zeit nur von diesem Manne nur in dieser Situation so erdacht werden konnte und zugleich alles »Private und Okkasionelle« (Gadamer, s. o.) transzendiert. Deshalb lädt er mit Auskünften wie »erst im letzten Satz fing ich an mich wieder zu fühlen« zu kurzschlüssigen Verknüpfungen von Biographie und ästhetischer Struktur geradezu ein; deshalb mag dies Risiko, welches er anderswo wahrgenommen und formuliert hat, ihm unwichtig erschienen sein angesichts einer existenziellen Beglaubigung und Selbstverständigung, welche mit ihren Mitteln noch den Augenblick protokolliert, da er der geliebten

[23] Marc Evan Bonds, *The Sincerest Form of Flattery? Mozart's »Haydn« Quartets and the Question of Influence*, in: *Studi musicali* 1993, S. 365–409; Hartmut Schick, *Ein Quintett im Diskurs mit dem Streichquartett. Mozarts Streichquintett C-Dur KV 515*, in: *Mozarts Streichquintette*, herausgegeben von Cliff Eisen und Wolf-Dieter Seiffert, Stuttgart 1994, S. 69–101.

[24] Carl Schachter, *Mozart's Last and Beethoven's First: Echoes of K. 551 in the First Movement of Opus 21*, in: *Mozart Studies*, hrsg. von Cliff Eisen, Oxford 1991, S. 227–251; Gülke, »*Triumph der neuen Tonkunst*« ..., s. Anmerkung 8, S. 252.

[25] Peter Gülke, *Die Gegen-Sinfonie. Schuberts Große C-Dur-Sinfonie als Antwort auf Beethoven*, in: Österreichische Musikzeitschrift, Jahrgang 52, 1997, S. 22–32, im vorliegenden Bande S. 223ff.

Frau die Partitur überreicht (»Nimm sie hin denn, diese Lieder ...«) und im Sinne der von ihm angesprochenen Verknüpfung von subjektiver und musikalischer Gestimmtheit in Musik das »ursprüngliche Erschließen der Stimmungen« reklamiert, »in denen das Dasein vor sein Sein als Da gebracht ist, ... weil die Erschließungsmöglichkeiten des Erkennens viel zu kurz tragen.«[26] Demgemäß braucht eine Deutung beim Scherzo das Bild eines sich blindlings in wilde Geschäftigkeit stürzenden und beim Adagio dasjenige eines verzagten, unter das Schutzdach einer ehrwürdigen Vergangenheit flüchtender Schumann nicht zu scheuen.

Umgekehrt zu sagen, die Sinfonie verenge sich auf die Zueignung, auf dieses pur Biographische hin, sie werde zu Autobiographie, ginge nur an, wenn man übersähe, wie die empirische Person, Clara Schumann im Winter 1846/47, auf dem Hinweg zur komponierten Widmung vereinnahmt und transzendiert worden ist. Gewiß mit mehr Recht als alle Beatricen, Lauren, Mariannen, Ulriken oder Mathilden durfte sie »mein guter Geist, mein bess'res Ich« genannt werden – und hätte dennoch Anlaß gehabt, angesichts der Art und Weise zu erschrecken, in der sie als Adressatin verwandelt und aufgezehrt war – wie Laura im *Canzoniere*, wie Ulrike im Weltgedicht der *Marienbader Elegie* oder Alma im Adagietto[27], worin hundertmal mehr Gustav Mahler, wenn auch ein ihr gänzlich zugewandter, enthalten ist als sie selbst – allemal Erschrecken darüber, daß sie, die Angebetete, sich auch als Angestellte der Anbetung erkennen muß.

---

[26] Martin Heidegger, *Sein und Zeit*, Tübingen [16]1986, S. 134.
[27] Peter Gülke, *Das Adagietto als Intervention. Werk- und Lebensgeschichte in Mahlers Fünfter Sinfonie*, in: *Biographische Konstellation* ... (s. Anmerkung 11), S. 107–109.

Robert Schumanns »Rheinische Sinfonie«

Robert Schumanns zweite und dritte Sinfonie bleiben heute, wie die Aufführungszahlen ausweisen, in der Wertschätzung hinter den früher komponierten Schwesterwerken Nr. 1 und 4 weit zurück. Dieser Unterschied hat nicht von Anfang an bestanden; im Falle der *Rheinischen Sinfonie* erscheint er besonders bemerkenswert, weil nach Schumanns ausdrücklichem Willen in ihr »volkstümliche Elemente vorwalten« sollten. Entsprechend schrieb Clara nach der Uraufführung am 6. Februar 1851 im Gürzenich in einem Brief, daß ihr mit Ausnahme des vierten Satzes »wohl kaum ein Takt unklar blieb; überhaupt auch für den Laien ist die Sinfonie, vorzüglich der zweite und dritte Satz, sehr leicht zugänglich«[1] Möglicherweise haben zur Hintansetzung der *Rheinischen Sinfonie* auch Tschaikowskis Urteil aus dem Jahre 1871, insbesondere seine Kritik an der Instrumentation[2] beigetragen und Brahms' Auskünfte über die Mängel des Düsseldorfer Orchesters und Schumanns Versuche, diese durch massive Instrumentation zu verdecken.[3] Nicht zuletzt, weil nur wiederholtes Anhören die Bewertung bedeutender Musik sicher fundiert, wirken negative Urteile, indem sie wiederholte Aufführungen verhindern, stets stärker als positive, ganz und gar so prominente, und dies erst recht, wenn sie durch die Befürchtung begünstigt werden, man könne der Naivität der Schumannschen Romantik und den Hilfskonstruktionen eines Inspirationsmusikers aufsitzen, den man vornehmlich als Meister der kleinen Form kennt und liebt. Solche Einwände prallen an der *Rheinischen Sinfonie* ab; auch eine Verbindung mit Schumanns »Mendelssohnianismus« (oder was man dafür hielt) erscheint bei ihr untriftig; schwerlich trifft auf sie zu, was z.B. Grieg im Jahre 1894 schrieb: »Es war, als wage er nicht, die Ergebnisse seiner Jugend einzugestehen. So geschah es, daß er häufig Schutz in der Welt von Mendelssohns Ideen suchte. Von dem Augenblick an, da er das tat, überschritt er seinen Zenith; seine Seele war krank; er war verurteilt, lange bevor die sichtbaren Symptome des Wahnsinns einsetzten.«[4] Besonders nachdrücklich hat Hans von Bülow Schumanns Sinfonien mit Mendelssohns Einfluß in Verbindung gebracht: »Für mich existiert eine schneidige Scheidewand zwi-

---

[1] Beide Zitate nach A. Gebhardt, *Robert Schumann als Symphoniker*, Regensburg 1968, S. 210 bzw. 209.
[2] P. Tschaikowski, *Erinnerungen und Musikkritiken*, ed. R. Petzoldt, Leipzig 1961, S. 142–147.
[3] In einem Brief an Heinrich v. Herzogenburg; *Joh. Brahms im Briefwechsel mit Heinrich und Elisabeth v. Herzogenberg*, ed. M. Kalbeck, 2 Bände, Berlin 1907, S. 127.
[4] Zitiert nach: *Komponisten über Komponisten*, ed. U. Kraemer, Wilhelmshaven 1972, S. 170.

schen dem Schumann, der anfangs seine eigenen Bahnen wandelte, und jenem zweiten, der, geblendet vom Formenglanz des großen Mozarterben Mendelssohn, an sich selbst irre und zu einem partiellen geistigen Selbstmorde getrieben wurde. Der Klavierkomponist und der Liedsänger in ihm stehen mir ungleich höher da als der Symphoniker, so anbetend ich mich auch zu den Adagios der zweiten und selbst der dritten Sinfonie verhalte.«[5] Endlich ist, wie bei Grieg angedeutet, bei der *Rheinischen Sinfonie* auch die zeitliche Nähe zu Krankheit und zum Ausbruch des Wahnsinns[6] geeignet, Erklärungen für vermeintliche Mängel zu liefern.

Eine solche Front von Argumenten und gewichtigen Stimmen könnte überzeugen, wenn in der Betrachtung von Schumanns Künstlertum nicht in so auffälliger Weise Lücken klafften. Mit »Inspirationsmusiker« wurde bereits eine der Vereinseitigungen genannt, die bestimmte, auf seine musikalischen Strukturen zielende Analysen weitgehend verhindert hat. Ob (mit Schumanns Worten) bei ihm »die Phantasie der Fuge schwesterlich die Hand« gebe, oder, allgemeiner gesprochen, »der prachtvolle Impuls, die Illusion«[7] von einer adäquaten musikalischen Konstruktion getragen werde, ist selten gefragt worden. Bestimmte tektonische Qualitäten werden bei ihm überhaupt kaum erwartet; ein Großteil der einschlägigen Literatur erschöpft sich in Paraphrasierungen musikalischer Einzelheiten und breiten Darlegungen zu den inhaltlichen und inspirierenden Momenten. Dieser Einseitigkeit hat Schumann ungewollt Vorschub geleistet in den besonderen poetischen Qualitäten seiner Musik und zumindest ebenso durch die rhapsodischen Formen seiner Arbeit: Wer seine erste Sinfonie in drei Tagen (23.–26. Januar 1841), eine andere, die eigentlich zweite, in der Zählung vierte, während eines einzigen Monats (Juni 1841), die dritte in wenig mehr als einem Monat (2. November–9. Dezember 1850) entwirft oder vollständig zu Papiere bringt, die letztere gar im engsten Anschluß an ein ebenso rasch komponiertes Werk fast gleichen Umfangs, das Konzert für Violoncello (10.–24. Oktober 1850), kann schwerlich lang geplant, gefeilt, durchkonstruiert haben. Diese vorschnelle Folgerung setzt voraus, daß bei planvoll-langsamer Arbeit vornehmlich der Kunstverstand am Werke und dieser in Fragen der Disposition und für das meiste zuständig sei, was die besonderen Qualitäten einer Großform ausmacht. Derlei schematische, hier vergröbernd formulierte Standpunkte aber helfen zum Verständnis Schumanns wenig. Korrigierend wäre anzuschließen an das, was Al-

---

[5] Zitiert nach A. Gebhardt, a.a.O.,; inwieweit hier eine vereinseitigende Sicht Mendelssohns mitspielt, bleibt unerörtert.
[6] D. Kerner, *Krankheiten großer Musiker*, Stuttgart 1963, S. 103–126.
[7] E. Grieg, a.a.O., S. 169.

ban Berg[8] gegen Pfitzners[9] Schumann-Betrachtung eingewandt hat. Gerade im kompositionstechnischen Bereich ist zu finden, womit Schumann sehr unmittelbar auf die Jüngeren gewirkt hat. »Was Brahms ihm verdankt, ist nicht abzuschätzen und ist bisher nicht ausreichend erkannt worden. Es gibt kaum ein stilistisches Problem bei dem jüngeren Meister, mit dem nicht schon ältere sich auseinandergesetzt hätten. Fast jede harmonische und satztechnische Tendenz ist vorweggenommen, jeder charakteristische melodische Akzent und jede Gemütsbewegung.«[10] Im Falle der *Rheinischen Sinfonie* beschränken sich selbst die dem Werke wohlgesonnenen Biographen auf Schilderungen des rheinischen Lebens als des inspirierenden Elements und auf immer wieder weitergeschriebene Bemängelungen der Orchestration, bei denen übrigens Weingartner[11] schwer als Kronzeuge zu bemühen ist, da er in den anderen Sinfonien mehr zu retouchieren empfiehlt. Eine jüngst erschienene Biographie[12] kennt nicht einmal die richtige Reihenfolge der Sätze. Die *Rheinische* kommt wohl auch deshalb schlecht weg, weil sie der musikalischen Analyse keine Ansatzpunkte zu bieten scheint. Bei den anderen Sinfonien, auch der »schwierigen« Zweiten, liegen diese in Korrespondenzen und »thematischen Prozessen«[13] offen; die Dritte aber setzt auch H. Husmann bei der Betrachtung der zyklischen Gestaltung der Sinfonien in Verlegenheit.[14] Ohne auf den »inneren Aufbau der Sätze« näher einzugehen, wie es im Interesse der von ihm verfolgten Entwicklungslinie nötig wäre, beschränkt er sich auf die Auskunft, daß »Schumanns 3. Sinfonie endlich (von 1850) auf die thematische Einheit der ganzen Sinfonie weniger Wert« lege, »dafür aber umso mehr auf den inneren Aufbau der Sätze«[15]. Das aber trifft nicht zu.

Das Hauptthema des ersten Satzes (vgl. Bsp. 1) der Sinfonie ist genuin instrumental erfunden und hat sinfonische Qualitäten wie nur selten eines bei Schumann. Die mühelos gewonnene Dimension fällt ebenso ins Auge wie seine Brauchbarkeit – als charaktervolle, unverwechselbare Gestalt kraft abspaltbarer rhythmischer und melodischer Details. Der bei ihm oft vorhandenen Gefahr, daß das Hauptthema einer Sonatenform zu sehr die Nähe zur Spielfigur halte und nur durch sequenzierende Vervielfältigung eines motivischen Kerns zu peri-

---

[8] *Die musikalische Impotenz der ›Neuen Ästhetik‹ Hans Pfitzners*, in: *Musikblätter des Anbruch*, Wien, 2. Jahrgang, Nr. 11/12, Juni 1920; neugedruckt in: W. Reich, *Alban Berg*, Zürich 1963, S. 194–206.

[9] *Die neue Ästhetik der musikalischen Impotenz*, in: *Gesammelte Schriften*, 3. Bände, Augsburg 1926, Band 2, S. 189ff.

[10] E.A. Lippmann, *Robert Schumann*, Artikel in: *MGG*, Band 12, Zitat auf Spalte 315/316.

[11] *Ratschläge für die Aufführung klassischer Sinfonien*, 3 Bände, Leipzig 1906–1918, Band 3.

[12] P.M. Young, *Robert Schumann*, Leipzig 1968, S. 243.

[13] R. Réti, *The Thematic Process in Music*, New York 1951; K.H. Wörner, *Das Zeitalter der thematischen Prozesse*, Regensburg 1969, S. 29–31.

[14] *Schumann als Gestalter*, in: *Musica*, Jahrgang X, 1956, S. 456–460.

[15] A.a.O., S. 458.

odischer Stimmigkeit bzw. gestalthafter Geschlossenheit gelange, ist Schumann hier nicht im Geringsten erlegen, ohne doch etwas von den Möglichkeiten zu opfern, aus dem Thema das zur Vereinheitlichung des Satzes notwendige motivische Kleinmaterial zu gewinnen. Instrumental konzipiert erscheint nicht zuletzt der spannungsvolle Kontrast zum fortreißenden Brio des 3/4-Taktes, das anfangs besonders die Achtel der Mittelstimmen artikulieren. So wenig es sonst hier mit der *Eroica* zu vergleichen gibt[16] – außer der Tonart hat dieser Satz mit ihr die musikalische Wahrnehmung der Möglichkeiten gemeinsam, die das Widerspiel einer beinahe »usurpatorischen«, den Charakter der Musik festlegenden Takt- und Tempoart mit sehr starken thematischen Individualitäten bietet. Der grandiose Impetus des Themas entsteht wesentlich daraus, daß es sich gegen das kräftige »Gefälle« der Taktart sperrt, in seinen Synkopen ebenso wie in der Häufung großer, mit viel affirmatorischem Nachdruck versehener Intervallschritte.

---

[16] Entgegen Gebhardt, a.a.O., S. 192.

Beides bildet insofern eine Einheit, als zu Beginn der gewissermaßen stolz ge-
reckten, wichtige melodische Eckpunkte absteckenden diastematischen Folge
die hemiolisch sperrenden Synkopen entsprechen, später aber den rhythmisch
durch Einklang mit dem Metrum entspannenden Takten 8 ff. ein gleichfalls ent-
spannender sequenzierender Abgang. Beide Formen sind geprägt durch das Intervall der Quart, die, wie in Bsp. 1 angedeutet, im engen Nebeneinander beider
Intervallrichtungen alle Schlüsselpositionen besetzt. Interessanterweise begegnet
der gleiche intervallische Grundriß, wie in der dritten Zeile von Bsp. 1 angedeutet, im Hauptthema von Brahms' Streichquintett G-Dur op. 111. Dem ersten
Thema stellt Schumann in klassischer Paarung ein innig-kantables zweites zur
Seite – eine Melodie, in der alle Widerstände gegen den ¾ Fluß gestillt sind und
diesem eine strömende Weichheit gegeben wird, die vom Charakter des Satzbeginns weitab liegt. Wie sehr sie auch als Einfall sui generis erscheint, bei näherem
Zusehen erweist sie sich in der diastematischen Struktur als Abbreviatur des ersten Themas: Bewertet man den dritten Takt als kantabilisierende Vermittlung
(womit gegen sein Gewicht bei der Prägung des melodischen Charakters nichts
gesagt ist), so ergibt sich als zugrundeliegend die Konstellation dreier Quarten in
der Folge Abstieg-Aufstieg-Abstieg (Bsp. 2a); in der zweiten Prägung (Bsp. 2b),
da der melodische Schwung zur Öffnung in die Dur-Parallele führt, wird als ver-
mittelndes Intervall die mittlere Quart zu jener Sext erweitert, die auch aus dem
ersten Thema bekannt ist. In beiden Themen liegt der hohe Ton des mittleren
Intervalls unmittelbar neben demjenigen der dritten Quart, wodurch im zweiten
lyrisch-eindringlich das melodisch schon formulierte Intervall durch eine Wiederholung hervorgehoben wird, deren gesteigerte Intensität die Versetzung des
Intervalls in der zweiten Form (Bsp. 2b) sinnfällig zum Ausdruck bringt – mit
der Transposition und dem Dur-Durchbruch hat die zunächst um ein Kernin-
tervall kreisende Melodie etwas »geleistet«. Die unterschiedliche Qualität der
Quart in beiden Themen unterstreicht Schumann durch ihre harmonische Position: Im ersten befindet sie sich in vollem Einklang mit dem Es-Dur des Beginns
und stellt sich geradehin als Funktion der Setzung der Tonart dar; im zweiten
Thema wird sie harmonisch durch den subdominantischen Wechsel zu g-moll
schwach vorbereitet, was das *cis* in Bratschen und Fagott unterstreicht. Von vornherein liegt das D-Dur, in das die Quart *d-a* sich betten müßte, im Gravitationsfeld von g-moll, weshalb das *G* beim zweiten Erklingen in Celli und Bässen
(erstmalig in T. 103) auch liegenbleibt, wie vier Takte zuvor angedeutet. Dieser
Mangel an Stützung bzw. an einer Zuordnung, in der das Intervall aufginge,
stärkt seine melodische Wertigkeit. In der Durchführung arbeitet Schumann gerade an der Quartstruktur des zweiten Themas fort und fügt neue, in Bsp. 3 her-
vorgehobene Quarten hinzu und läßt eine nach oben gehende in charakteristischer Weise »hängen«. Die Beispiele 4a und b stellen direkte Ableitungen dar;
auch das Fortspinnungsmotiv Bsp. 5a bindet Schumann an die Quart an; mit sei-

T. 239 ff.

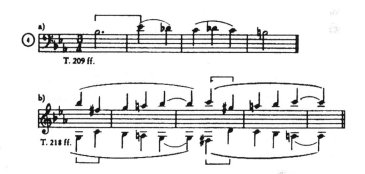

a) T. 209 ff.

b) T. 218 ff.

ner Ergänzung Bsp. 5b steckt er nicht nur den Tonraum für das zweite Thema ab, sondern nimmt auch dessen charakteristische Endung voraus, die später im

a) T. 25 ff.   b) T. 37 ff.

Finalthema Bsp. 12 nochmals auffällig hervortritt. Eine feine Wahrnehmung des konvergierenden Wesens der Reprise läßt ihn in dieser auf neue Weise zum zweiten Thema kommen und den sperrigen synkopischen Rhythmus in einer Form (Bsp. 6a) umqualifizieren, die zwischen beiden thematischen Bereichen vermittelt kraft der entspannenden Natur einer – hier überdies dreiklängig – fallenden Linie. Brahms hat in seiner dritten Sinfonie offensichtlich hier angeknüpft (Bsp. 6b), in deren erstem Satz er ebenfalls das Widerspiel von rhyth-

a) T. 449 ff.

b)

misch-metrischen Divergenzen und Einklängen gestaltete); und Schumann hat die gleiche Formulierung – als Variante einer zuvor anders lautenden – schon einmal in einem Sinfoniesatz, dem zweiten der *Frühlingssinfonie*, ebenfalls einem Es-Dur-Stück, ebenfalls in G-Dur erklingen lassen (Bsp. 6c). Im Epilog des

Satzes »kantabilisiert« Schumann das Nebeneinander von auf- und absteigender Quart noch einmal auf neue Weise (Bsp. 7), dies, wie im zweiten Thema unterbrochen durch Einschub des hemiolischen thematischen Rhythmus.

So anders der zweite Satz auch intoniert, so schroff der Wechsel von der ausgesprochen sinfonischen Sphäre des ersten zum Ländler auch ist – selbst hier erscheinen nebeneinander auf- und absteigende Quarten im Thema (Bsp. 8a), nun

allerdings in der »Rand«stellung eines Auftaktes und nicht mit dem Gewicht des bestimmenden Bauelements. Immerhin unternimmt Schumann diesen Ausflug in die usuelle Sphäre doch von der Plattform aus, die er sich im ersten Satz geschaffen hat. Auf launig-geniale Weise spielt er in der Coda mit der Quart durch deren Absenz: Im subdominantischen, durch tiefe Register abgedunkelten F-Dur erklingt, von Fagotten und Bratschen vorgetragen, die Melodie fragmentarisch, wie als hörte man aus weiter Ferne nur mehr einzelne Teile von ihr; immer ist es die Quart, die hier fehlt und die das Ohr automatisch ergänzt (Bsp. 8b). Der

Quartsprung der thematischen Variante, die im Takt 17 beginnt und später zu einem um das Thema selbst geschlungenen Ornament umgedeutet wird, bedarf kaum der Erwähnung, ebenso wie der des in den Mittelteil hineingeblendeten Pesante (T. 60ff.), das ebenfalls vom Hauptthema herkommt. Aber auch der mit unfehlbarer Sicherheit orgelhaft-archaisch intonierte Zwischensatz (Bsp. 9) kreist melodisch in Quarten. Ähnlich wie beim zweiten Thema des ersten Satzes

T. 33 ff.

wirkt der Bann der Grundtonart (hier a-moll) stark, ähnlich wie dort wird die melodische Wertigkeit des Intervalls dadurch gestärkt, daß es gegen die durchgehaltene Tonika steht; anders aber als dort, und gerade das trägt zu ihrem Tonfall bei, fällt die Melodie rasch wieder ins a-moll zurück; das gibt ihr einen Zug von still-unberührter Entrücktheit, welche einen in das »Lustige Zusammensein der Landleute« hineinklingenden frommen Orgelton suggeriert und der Szene etwas von der Hintergründigkeit einer »Media in vita«-Situation gibt.

Der Ausnahmestellung eines entrückten Idylls entspricht es, daß der dritte Satz der Sinfonie dem hier dargestellten System thematischer Beziehungen fernsteht. Immerhin beginnt er wie der zweite auf der Unterquint, und der vergrößerte zweite melodische Ansatz übernimmt von diesem den nach oben gebrochenen Dreiklang. Kann man diesen Momenten im erörterten Zusammenhang ein bestimmtes Gewicht zusprechen, ohne Gefahr zu laufen, den Bezugswert von Intervallstrukturen überzustrapazieren, so bestenfalls den eines Absprungbrettes einer Phantasie, die sich sehr autonom entfaltet und mit der Umstellung und Umwertung von Vorder- und Nachsätzen, mit überraschenden Neukombinationen schon bekannter Komplexe ein verträumt-übermütiges, in bezug auf die einzelnen Abschnitte beinahe »aleatorisches« Spiel treibt. Hier, so scheint es, hat Schumann einer im zarten romantischen Nocturno schweifenden Phantasie ausdrücklich Dispens gegeben.

Dies bestätigt nicht zuletzt der Gegensatz zum folgenden, die thematischen Bezüge aufs Äußerste konzentrierenden Satz, halb einem zweiten langsamen, halb einer gewaltig ausladenden Einleitung zum Finale, die ursprünglich »im Charakter der Begleitung einer feierlichen Zeremonie« überschrieben war, doch: »Hält uns ein Komponist vor seiner Musik ein Programm entgegen, so sag ich: vor allem laß mich hören, daß du schöne Musik gemacht, hinterher soll mir auch dein Programm angenehm sein.«[17] Der Erlebnishintergrund des Stückes ist wohlbekannt: Am 12. 11. 1850 wohnte das Ehepaar Schumann der Erhebung des Kölner Erzbischofs Geißel zum Kardinal bei. Bei Schumann erscheint undenkbar, daß dies Ereignis, wie manche diesbezügliche Formulierung suggeriert, ihn zur Komposition angeregt, negativ gesprochen: daß ohne sie Schumann den Satz nicht geschrieben hätte. Bei aller Spontaneität seines Komponierens läßt sich eine solche Art der Beeinflussung bzw. der Abhängigkeit von »zufälligen« Eindrücken schwer vorstellen. Da er schon bei der Arbeit war, mag ihn

---

[17] Zitiert nach A. Gebhardt, a.a.O., S. 31.

der Eindruck der Zeremonie wie ein endlich gefundenes Losungswort getroffen
und also zu jenen Inspirationen gehört haben, denen der Boden schon bereitet
war. Offenbar hat das Kölner Erlebnis nicht nur zur Konkretion der musikalischen Vorstellung beigetragen, sondern Schumann ermutigt, sich zu dem genre-
bildhaften Zug, der auf verschiedene Weise schon dem zweiten und dritten Satz
eignet, definitiv zu bekennen. Zu einem neuen Versuch im Sinne der Formulierung »Du aber Phantasie, gib der Fuge schwesterlich die Hand« mußten ihn seine Studien der alten Polyphonie, insbesondere Bachs, ebenso inspirieren wie die
Konzeption der Sinfonie als einer Totalität, welche hier auf eine besonders charakteristische Weise vervollständigt werden konnte. Zugleich muß er empfunden haben, daß nach dem »Ländler« und dem »Nocturno« die Sinfonie einer
energischen Zusammenfassung, daß die gedankliche Disziplinierung des ersten
Satzes eines Gegenstücks bedürfe. An den Möglichkeiten, dies in einem raschen
Finale zu leisten, mögen ihm die Erfahrungen mit der fünf Jahre zurückliegenden Zweiten Sinfonie Zweifel erweckt haben. Die Form und Konsequenz, in
der Schumann im vierten Satz die Fäden zusammenzieht, liegt weitab von aller
akzessorischen Vermittlung von außen. Das betrifft ebenso die Logik der Aufeinanderfolge, die hier einen Satz von besonderem Ernst erfordert, wie er bestenfalls im zweiten Satz intermezzohaft angeklungen war, wie die thematische
Disposition. Vom Standpunkt der letzteren spricht alles dafür, daß ein Konzen-
trationspunkt schon visiert war und Schumann bereits konkretere thematische
Vorstellungen hatte; was hier erklingen sollte, kann ihm schwerlich erst in Köln
zugetragen worden sein. Überdies bietet sich für das Thema noch ein anderer
Bezugspunkt an. In das ins Jahr 1849, also in unmittelbare zeitliche Nachbarschaft gehörige *Liederalbum für die Jugend* op. 79 reihte Schumann als Nr. 18 eine
Komposition von Goethes *Die wandelnde Glocke* ein. Aus dem Thema des Liedes
(Bsp. 10a) entwickelte er bei den Worten »läßt durch den ersten Glockenschlag
(nicht in Person sich laden)« das Motiv Bsp. 10b, welches mit der Schichtung
steigender Quarten Bsp. 11a und c übereinstimmt. Also war das Motiv zuvor
schon mit der Vorstellung von Glocken bzw. Kirche in Verbindung gebracht gewesen.

Das dem Satz zugrundeliegende, nach Polyphonistenart in verschiedenen
Mensuren (Bsp. 11a, b, c) erscheinende Thema (die in der Notierung aufs Doppelte augmentierte Form des Schlußteils T. 45 ff. entspricht tempomäßig der ersten) ist auf eine im Rahmen der Mittel Schumanns kaum überbietbare Weise
ausschließlich durch die Quart strukturiert, eine Struktur, die durch dichte,

kontrapunktische Überlagerungen gesteigert bzw. zu einem immerwährend thematischen Gefüge komprimiert wird; kaum zufällig klingt die frei variierende Diminution Bsp. 11b an die Variante des Ländlerthemas im zweiten Satz (T. 17 ff.) an; Schumann hat sie, die beim Umschlag in den 3/2-Takt merkwürdig abstrakt aus dem Satz herausragt, zunächst als melodische Formel einem glokkenartig ausschwingenden Schlußklang eingeschrieben – als ebenso kleine wie ingeniöse »Handreichung« von Fuge und Phantasie (T. 6/7). Noch in dem Maestoso der H-Dur-Klänge am Schluß wird die Quarte herausgestellt (Bsp. 12).

Mit dieser »feierlichen Zeremonie« hat Schumann sein Finale entlastet, hat wichtige Anforderungen, die er andernfalls an den Schlußsatz hätte stellen müssen, bereits erfüllt und sich dergestalt für diesen eine freiere, weniger belastete Ausgangsposition geschaffen. Zumal nach dem Vorangegangenen merkt man dies dem Ton an, den er nunmehr anschlägt. Dennoch bewegt sich auch hier seine Erfindung in der einmal abgesteckten Bannmeile. Im ersten Thema (Bsp. 13)

melodisiert er den Wechsel von aufwärtsgehender Quart, und in verschiedenen Nebenthemen erscheint der Quartsprung, zuweilen zum Tritonus vergrößert, immer wieder (Bsp. 14a-e). In allen diesen Prägungen macht Schumann von dem motivischen Vielfachen in einer Zwanglosigkeit Gebrauch, die dem Brio des Satzes freien Lauf und von Verpflichtung auf einen thematischen Gravitationspunkt und Zusammenfassung wenig verspüren läßt. Umso interessanter erscheint, wie er die im vierten Satz geleistete, »eigentlich« dem Finale gehörige

gedankliche Akkumulation in dieses herüberzieht. Zunächst erreicht er in einer wie neu erscheinenden choralhaften Prägung, in der er erstmals in diesem Satz die Posaunengruppen einsetzt (nur die Baßposaune war zuvor hin und wieder zur Verstärkung vonnöten), den Bereich eines zeremoniellen Maestoso (T. 255ff.). So neuartig dieser Bläsersatz auch erscheint, so auffällig ist doch, daß die Spitzentöne melodisch jeweils als Quartobertöne bestimmt werden (Bsp. 15).

Nach dieser Bündelung laufen die Stimmen polyphon auseinander, und nun sind es in engen Überlagerungen und rascher Aufeinanderfolge verschiedene quartgeprägte Motive, die das Stück in großer Steigerung dem Schluß entgegentragen, Stretta und letzte thematische Verdichtung in eins bringend (Bsp. 16a, b,

c). Die zusammenfassende Kraft, der konzentrierte Ernst des vierten Satzes, das empfand Schumann wohl sehr genau, ließ sich mit keiner Art Musik schnelleren Tempos überbieten oder nur nochmals erreichen; die Erwartung, daß das Gebäude der thematischen Bezüge hier gekrönt werde, enttäuschte er also zugunsten einer viel weiseren Lösung: Durch das Medium des Finales, durch die Optik seines fortreißenden Brios schaut er zurück auf die »Zeremonie« als den thematischen Gravitationspunkt seiner Sinfonie.

Eine ähnliche Verschiebung der erwarteten Objekte, in der etwas von der Inkommensurabilität aufscheint, die den dritten Satz so offenkundig regierte, tritt in der Mitte des Finales ein. Die Durchführung hat tonartlich weitab bis nach H-Dur geführt, und hier erklingt völlig unvermittelt wie ein neues Thema einer jener aufwärtsgebrochenen Dreiklänge, die in einem Wörterbuch der Schumannschen Sprache, welches wohl definierbar erscheint, als Formel festlich optimistischer Gestimmtheit einen wichtigen Platz einnähme (Bsp. 17).[18] Kraft seiner

T. 130 ff.

Neuheit und Einprägsamkeit blendet dieser glänzende Einfall den Hörer und überstrahlt alles andere, auch das, was der Funktion nach wichtiger sein müßte; aber lang genug hat Schumann die Musik auf diese Eruption zulaufen, hat dies musikalische Aufjauchzen gewissermaßen vom Impetus des Finales produzieren lassen. Mit ihm nun leistet er sich eine Modulation (T. 137), wie sie in der ganzen Sinfonie kein zweites Mal begegnet, läßt danach die Musik in großer Steigerung wiederum auf die neue Prägung zulaufen, welche nun (T. 150 mit Auftakt) in der Grundtonart erklingt und dabei so suggestiv den Gestus des Reprisenbeginns enthält, daß dem unmittelbar nachfolgenden Hauptthema alles Gewicht des Wiedererscheinens genommen ist. Auch ein erst bei diesem als letzte Steigerung vorgeschriebenes *ff* ändert nichts daran, daß es nun als Nachsatz zu Bsp. 16 gehört wird. Den Charakter des Durchbruchs erhält die neue Prägung wohl auch deshalb, weil sie zunächst mit Quartstrukturen nichts zu tun zu haben scheint und also wie von außen in das Werk hineinfährt – um dann freilich im Nachsatz ebenfalls nachdrücklich eine Quart abzustecken (vgl. Bsp. 17). Dergestalt erweist sich der zunächst »irreguläre« Einbruch als der letzte neue Beitrag zum abgehandelten Thema – und im übrigen in Charakter und Stellung als ein unverwechselbar Schumannscher Einfall.

Solche Durchbrüche – der geschilderte gehört gewiß zu den überwältigenden Momenten der Sinfonie – zeigen nachdrücklich, daß thematische Bezüge allein nicht die Ganzheit eines Werkes zu stiften vermögen und ihre Dichte nicht schlankweg als Kriterium zyklischer Geschlossenheit angesprochen werden darf. Dergleichen klingt in Karl Heinz Wörners emphatischer Frage an, wieso man bisher hat übersehen können, »daß Schumanns [4.] Sinfonie von einem themati-

---

[18] G. Knepler, *Musikgeschichte des 19. Jahrhunderts*, 2. Bände, Berlin 1961, Band 2, S. 781.

schen Netz durchsponnen ist, das noch enger und dichter gewebt ist als das der
Fünften Beethovens«[19]. Selbst, wenn dies so zuträfe, bliebe zu fragen, was aus den
thematischen Korrespondenzen kompositorisch gemacht, auf welche Weise sie
manifest, die Spannungen von Nähe und Ferne, ähnlicher Struktur und anders-
artigem Charakter etc. im Werk ausgetragen werden. Hierin ohne Frage bleibt
Schumann hinter Beethoven zurück, und in dieser Hinsicht ist es zumindest erklärlich, daß die Korrespondenzen innerhalb der *Rheinischen Sinfonie* bislang un-
erkannt blieben. In der Gesamtheit der Gestaltungsmittel bleibt ihre Ebene stärker isoliert als bei den Klassikern. Immerhin handhabt Schumann sie auf eine
Weise, in der sich ein feiner Sinn für die innere Dynamik des zyklischen Form-
ablaufs bezeugt, und in der die Dialektik von Einheit und Mannigfaltigkeit subtiler und souveräner wahrgenommen erscheint als bei vielen der in der Sinfonik
des 19. Jahrhunderts mehr und mehr üblich gewordenen zitathaften Reminis-
zenzen, bei denen, mit Brahms zu reden, jeder Esel hört, was gemeint ist.[20]
Brahms hat sie gemieden, und Tschaikowski hat sich allmählich von ihnen entfernt.

Wenn also auch nicht auf Beethovensche Weise genutzt, so verraten und verdeutlichen die thematischen Korrespondenzen der *Rheinischen Sinfonie* doch
sehr viel von den Intentionen des Komponisten, und diese verdienen um so
mehr Beachtung, als sie seine letzte Sinfonie war und darüber hinaus bis zu
Brahms' Erster, also für fünfundzwanzig Jahre, überhaupt die letzte bedeutende,
die in Deutschland geschrieben wurde. Problematik und besondere Position des
Werkes spiegeln sich auf charakteristische Weise in verengenden Kennzeichnungen wider, die zumeist der Unterschätzung und Unkenntnis der kompositionstechnischen Dimension entspringen, stellvertretend für viele diejenige, Schumann habe im Sinne gehabt, »die Lieblichkeit der Landschaft, die erhabene Größe des Kölner Domes und die bunte Fülle des rheinischen Volkslebens widerzu-
spiegeln«[21]. Wäre es darum gegangen, so hätte es keiner Sinfonie bedurft; die
Formulierung unterschlägt die ästhetische Differenz zwischen Schumanns
Rhein und beispielsweise Smetanas Moldau. Wohl keiner wußte besser als Schumann, welche Gefahren einer Sinfonie in seinem Verständnis im Gravitationsfeld einer programmatischen Vorgabe drohen. Wie genau er den Eigenwart der
Genres empfand, geht nicht zuletzt daraus hervor, mit welch planvoller Langsamkeit er sie sich komponierend erschloß – diese ein aufschlußreiches Korrek-
tiv zu seiner spontanen Arbeitsweise. Nicht wenige seiner eindrucksvollsten Partien verdanken wir dem Feingefühl, mit dem er den ästhetischen Ort einer Mu-

[19] A.a.O., S. 29.
[20] Vgl. u.a. P. Gülke, *Wider die Übermacht des Thematischen. Zur motivischen Einheit in César Francks Sinfo-
    nie d-Moll, in: BzMw* XIII 1971, S. 261–272.
[21] J. Besser in: *Konzertbuch*, ed. K. Schönewolf, Berlin 1961, S. 504.

sik empfand und definierte bzw. er ästhetische Ortsveränderungen zuwege brachte, sei es in Nachspielen zu seinen Liedern, da die Musik auf eigene Weise zu reden beginnt, sei es in den bezeichnenderweise stets ausgedehnten Coden seiner sinfonischen Scherzi; in der ersten wie der dritten und vierten Sinfonie, da hier die Nähe zur usuellen Sphäre evident ist, hat Schumann die Entfernung von der sinfonischen Ebene reflektiert, indem er am Ende der Sätze die Musik auf jene Ebene ausdrücklich zurückholt, die Wegstrecke auskomponiert – in der ersten als distanzierende Erinnerung, als Rückschau, die in ein eigentümlich haltloses Abgleiten ausläuft, in der vierten als allmähliche Dissoziation der Musik und ein thematisch vorgegebenes Hinab, welches in einem langsam ausschwingenden B-Dur endigt, aus dem sich die Überleitung zum Finale entwickelt; und in der dritten als eine Coda, in der sich programmatische und kompositionstechnische Momente eigentümlich überkreuzen: zunächst ein Bild rasch sich überhäufender Einsätze (T. 91 ff.), dann nach einem Abfließen die geschilderte subdominantische Eindunklung mit der Illusion einer räumlichen Entfernung, aus der die Melodie nur fragmentarisch herüberklingt (T. 100), danach eine wie regellos imitierende Überhäufung, gefolgt von der energischen Zusammenfassung durch ein fast neues Motiv (T. 115 ff.) und danach endlich ein Ausklingen mit immer dünner werdenden Stimmen, welches wiederum räumliche Assoziationen erweckt. In allen drei Fällen hat Schumann nicht einfach Musik hingestellt, sondern sich allmählich von ihr entfernt und damit den Ort definiert, an dem sie sich zuträgt. Die Subtilität, die dergleichen erspürt und gestaltet, muß sehr wach gewesen sein beim Komponieren eines Werkes, das sich – die *Pastorale* und einiges Programmatische bei Haydn ausgenommen – weitergehend auf außermusikalische Anregungen einließ, als dies je zuvor in der deutschen Sinfonie geschehen war; Schumann mag genau gewußt haben, daß er hier eine Grenzposition besetzt. Von vornherein, so viel steht fest, hat für ihn das Thema »Rhein« nicht jene nahezu naturalistische Qualität gehabt, aus der sich eine Bilderfolge, »Widerspiegelungen« bzw. Abschilderungen machen lassen konnten. Weit oberhalb von Bildern wie »ländlichem Treiben«, »verträumten Sommernächten mit Mondschein und Nachen auf dem Strom«[22] oder der Inthronisation des Kölner Seelenhirten stellte sich Schumann der Rhein als ein Symbol dar, das eine bestimmte Totalität des Lebens in sich schloß und Analogien in Musik, wie die Ecksätze der Sinfonie zeigen, auch ohne programmatisch konkrete Assoziationen erlaubte. Schumanns Reisetagebuch spricht vom »alten, majestätischen Vater Rhein«. »Ich drückte die Augen zu, um den ersten Anblick des Vater Rhein mit ganzer, voller, nüchterner Seele genießen zu können. Und wie ich sie aufschlug, lag er vor mir, ruhig, still, ernst und stolz wie ein alter deutscher Gott und

---

[22] K. Laux, *Robert Schumann*, Leipzig 1972, S. 217.

mit ihm der ganze herrliche blühende Rheingau mit seinen Bergen und Thälern und den ganzen Rebenparadiesen.«[23] In solchen Worten wird der Fluß als Inbegriff eines bestimmten Lebens angeschaut, einer bestimmten Lebensart, was den Ländler der *Rheinischen Sinfonie* ebenso einschließt wie das Schaudern, das Schumann auf Heines »Im Rhein, im heiligen Strome« in das sechste Lied der *Dichterliebe* einkomponierte. Schumanns Düsseldorfer Haus stand am Rhein, den er auf seinen Spaziergängen oft sinnend betrachtet[24] und in dem er schließlich den Tod gesucht hat. »Der Rhein wird ihm zum Rade der Zeit, das der einsame Hindu in Wackenroders Märchen vernahm.«[25] Nur in einem solchen umfassenden Sinne, also in einem Ambitus, in dem die vieldimensionale Totalität einer Sinfonie ohne Not unterkommt, darf Schumanns dritte als *Rheinische* Sinfonie verstanden werden. Der – wenn man so will – »programmatischste« Satz des Werkes erweist sich nicht zufällig als Knotenpunkt der thematischen Korrespondenzen; hier konzidierten die verschiedenen Gesichtspunkte der musikalischen Gestaltung nicht nur in glücklicher Weise, hier waren als Kompensation zum Gewicht der Assoziationen musikalische Absicherungen auch besonders wichtig. Ebenso hat Schumann auch den anderen programmatisch recht konkret bestimmten Satz, den zweiten, an das Netz der thematischen Bezüge angeschlossen und ihm durch die a-Moll-Episode (Bsp. 9) und ihren Kontext einen Hintergrund, eine Tiefe gegeben, welche die Abbildlichkeit eines ländlichen Treibens wirksam relativieren; im übrigen mag man in der Melodik auch das Wogen des Wassers symbolisiert sehen. Wie um auch für sich selbst die Verankerung im sinfonischen Genre zu bestätigen, hat Schumann nicht nur, wie erwähnt, seine erste, sondern sehr diskret auch die anderen Sinfonien zitiert, die zweite in der Coda des ersten Satzes (T. 555ff., Hörner), dort T. 548 möglicherweise nochmals die erste, und die vierte in der des Finales (T. 303ff.).

Neben der oben zitierten Frage, wie vieles von Brahms voll zur Entfaltung Gebrachte in Gestaltungsformen wie der hier beschriebenen vorbereitet und angeregt ist, bedarf vor allem diejenige einer neuen Prüfung, auf welche Weise sich Schumanns Rückzug und »Abdankung« vollzogen. Vorderhand scheint die Einschätzung seiner späteren Werke durch die Ereignisse der fehlgeschlagenen Revolution einerseits und den Ausbruch seines Wahnsinns andererseits allzusehr beschattet. Die *Rheinische Sinfonie* jedenfalls zeigt einen Schumann, der sich nicht nur in der Vollkraft seines schöpferischen Vermögens den Maßstäben der klassischen Sinfonie stellt, sondern darüber hinaus die Gestaltung einer schwierigen Ambivalenz unternimmt – und der der Haltung, der Begeisterung und den Träumen seiner Jugend treu geblieben ist.

---

[23] Zitiert nach M. Brion, *Robert Schumann und die Welt der Romantik*, Zürich-Stuttgart 1955, S. 94.
[24] M. Brion, a.a.O., S. 305.
[25] M. Brion, a.a.O., S. 258.

Postskript 1982

Da es nicht möglich war, den vorstehenden Aufsatz umzuschreiben, möchte ich wenigstens auf einige Punkte hinweisen, in denen er mir ergänzungs- bzw. erweiterungsbedürftig erscheint.

»Nahezu alle Werke seit 1849 werden von einer melancholischen Grundstimmung überschattet«[26]. Wenn auch das gewissenhafte »nahezu« die Formulierung anzufechten verwehrt, wäre doch zu überlegen gewesen, weshalb bei einem so gewichtigen Werk wie der *Rheinischen* solche Schatten gänzlich fehlen. Hier jedenfalls zieht sich Schumann, auf 1848/49 reagierend, keineswegs »in das Refugium der Innerlichkeit« (S. 325) zurück, im Gegenteil: geht er hier nicht – sehr allgemein gesprochen – mit besonderer Direktheit aufs »Volk« zu?, und wäre dieses nicht auch als Antwort eines ebenso sensitiven wie zeitfühligen Mannes auf die revolutionären Ereignisse denkbar, der sich diese gewissermaßen verallgemeinert in einem neuen, intensiven Erlebnis des Eingebundenseins in die Zeit, in der er lebt, in die Gesellschaft, in der er lebt, in die Menschen – auch die einfachen –, unter denen er lebt? Die *Rheinische* läßt sich sehr wohl als Bejahung eines solchen Erlebnisses verstehen, als Versuch, eine in möglichst konkreter und verständlicher Weise »welthaltige« Musik zu schreiben, eine neue Unmittelbarkeit der Kommunikation zu gewinnen – und damit als bewußter Gegenentwurf zum »Refugium der Innerlichkeit« und dessen bedrohlichen Verführungen.

In solcher Opposition wider – immer auch bequeme – Resignation mochten Schumann die realistischen Komponenten des neudeutschen Konzepts in neuem Lichte erschienen sein und damit die gleichzeitige Lisztsche Produktion (auch dessen Theorie) möglicherweise fast als bedrängend. Andererseits blieben, bei allem Respekt vor jenem Anliegen, die Mittel zu dessen Realisierung in seinen Augen in vieler Hinsicht dilettantisch, jedenfalls unannehmbar, und dies mußte eine brisante Fragestellung ergeben für einen Mann, der sich tiefer als fast jeder andere schöpferische Musiker auf das Verständnis auch wesensfremder Positionen einließ. Das Problem einer Synthese im Zeichen einer »poetischen« Musik stellte sich ihm hier mit besonderer Dringlichkeit. Dürfen wir die *Rheinische* in diesem Sinne nicht als einen letzten, hochprätentiösen Versuch dieser Synthese ansehen, da diese eben noch möglich schien und die wechselseitigen Selbstdefinitionen der sogenannten »Konservativen« und der Neudeutschen, jeweils als Negation des Gegners, noch nicht etabliert waren? Selbst, wenn dies sich als überzogen erweisen sollte, blieben die einschlägigen Argumente noch immer für ein umfassendes Verständnis der *Rheinischen Sinfonie* willkommen. In

---

[26] Nobert Nagler, *Gedanken zur Rehabilitierung des späten Werks*, in: Musik-Konzepte, Sonderband, Robert Schumann I, München 1981, S. 303, das Zitat S. 330.

jedem Falle aber steht diese in einer Weise paradigmatisch für Schumanns zentrales ästhetisches Anliegen, welche es verbietet, sie lediglich als Ausnahme von der Regel eines resignativ eingezogenen Spätwerks anzusehen. Der Zusammenhang, in den sie gehört, macht sie in ihrer Positivität zu einem herausfordernden, wenn nicht aggressiven Werk.

Nicht zuletzt läßt uns dieser Zusammenhang nach vergleichbaren Werken im näheren Umkreise Ausschau halten – vergeblich! Man tut den Sinfonie-Komponisten der zweiten Reihe und auch Mendelssohn kein Unrecht an, wenn man die *Rheinische* als ein einsames Werk charakterisiert, eines, bei dessen Verfertigung Schumann keine sowohl aktuellen als auch kompetenten Orientierungspunkte zur Verfügung und bei dem ein Mann seines Formates immer noch zu verarbeiten hatte, daß eine bestimmte Kontinuität des sinfonischen Komponierens seit Beethovens Tode abgebrochen war. Der Fall der *Rheinischen* macht drastisch klar, was für unsere Wertung großer schöpferischer Leistung fast generell gilt: Der Gesichtspunkt der unmittelbaren Nachbarschaft, des unmittelbaren Vergleichs und des hieraus resultierenden »Leistungsdrucks« kommt zu kurz. Die schier unglaubliche Eroberung des sinfonischen Terrains durch den Knaben Schubert etwa ist gar nicht vorstellbar ohne den Umstand, daß er nebenan Beethoven arbeiten wußte; da fielen ein innerer und der äußere Imperativ glücklich ineins; Schumann im Jahre 1851 war mit dem seinigen, einem ausschließlich inneren, sehr allein.

Entsprechend ist es einseitig, in bezug auf Schumanns Tendenz zur thematisch-gedanklichen Vereinheitlichung als von derjenigen zur »neudeutschen Einsätzigkeit« zu sprechen: denn er hatte sie gemäß den für ihn verbindlichen Traditionen und Vorbildern gegen die ausgeprägte Individualität von Einzelsätzen durchzusetzen, für ihn war sie, da ein Großteil der tektonischen Stimmigkeit vorausbedingt war, ein primär konzeptionell motiviertes Anliegen, für die Neudeutschen hingegen eine tektonische Mindestforderung.

Als im Jahre 1782 Rousseaus *Confessions* erschienen, schrieb Schiller in einem Brief, daß man nun ja den »Schlüssel« zu seinen Werken habe; und er setzte hinzu: »ich wollte, man hätte ihn nicht«. Ähnliches ließe sich von unserer Kenntnis der Schumannschen Psychologica sagen. An deren Betonung in Schumanns letzten Lebensjahren bestand ein Interesse, dessen Motive diskret zu benennen selbst heute noch der Respekt vor den Beteiligten gebieten will; und sie wurde späterhin von der Schumann-Exegese um so lieber übernommen, als sich mit ihrer Hilfe mit etlichen Rätselhaftigkeiten des Spätwerks (und nicht nur dieses) gut fertigwerden ließ. So blieb bei Schumann genau jenes zumeist vereinfachende Rekurrieren auf die Psychologie eines Sonderlings, wenn nicht Kranken offiziell sanktioniert, welches man z.B. den mit dem schwierigen Beethoven abrechnenden Zeitgenossen zu Recht vorgeworfen hat. Beethoven oder z.B. auch Bruckner haben sich jahrzehntelang im täglichen Umgang viel weniger »normal« und

»gesund« aufgeführt als – außer in den Augen der Nächststehenden – Schumann, ihnen ist längst jenes rätselhafte, immer wieder zu Fragen herausfordernde Nebeneinander von gefährdeter Psyche und ungefährdetem musikalischem Ingenium zugestanden, welches mindestens probeweise bei Schumann auch in Anschlag zu bringen wäre, und sei es zunächst nur in dem methodischen Vorsatz, zu jenem »Schlüssel« erst zu greifen, wenn endgültig kein anderer mehr passen will.

Hat Schumann nicht schon längst vor dem Sprung in den Rhein reflektieren müssen, daß ein eigenes Eingeständnis seines Krankseins von ihm erwartet wurde, daß für ihn kein Platz mehr war? – und blieb ihm die Möglichkeit, dies zu reflektieren (man lese die Berichte der Besucher) nicht bis tief in die Endenicher Zeit hinein? Was aber auch heißt: Blieb ihm da nicht – um den Preis schmerzlichster, nie mitgeteilter Erkenntnisse – ein Potential an klarer, nüchterner Rationalität verfügbar, welches zunehmend nur noch im musikalischen Bereich Gegenstand und Bewährung finden konnte? Angesichts solcher Wahrscheinlichkeiten droht noch die Sensibilität fragwürdig zu werden, mit der anhand der Musik schon des mittleren oder jungen Schumann psychologisiert wird, zumindest, insofern als Gegenmöglichkeit supponiert bleibt, das Werk eines Normalen hätte bei gleichem Range normaler aussehen können. Es ist ein Ausweis einer sehr spezifischen »ästhetischen Gesundheit«, wenn einer die Symptome von Krankheit in einer ästhetischen Struktur zu objektivieren vermag (dies heute fast ein Allgemeinplatz, indessen offenbar ein schwierig verifizierbarer) – auch solchem, ihn selbst bedrohenden Anruf erwies er sich damit noch gewachsen. Wobei wir »gesund« und »krank« in derlei Zusammenhängen ohnehin nur in Anführungszeichen benutzen sollten, waren sie doch bestenfalls Halbwahrheiten schon, als der weimarische Geheimrat in einer Anwandlung von Unwillen das Klassische gesund und das Romantische krank nannte. Wohin mit der *Rheinischen*, solange sie uns rätselhaft isoliert als eine Insel strahlender »Gesundheit« in einem Meer von Resignation und »Krankheit« schwimmt?

Endwerke, Abschiede

Zu Brahms' sinfonischen Konzeptionen

Im Finale seiner Dritten Sinfonie gelangt Brahms von der Reprise in die Coda wie von der Exposition in die Durchführung; im Lichte dessen, was der Musik beim zweiten Male bevorsteht, mutet die Entsprechung durchtrieben an: durch ein Nadelöhr zum Requiem für die Sinfonie. Zunächst klingt es wie variierte Durchführung – warum also nicht z.B. die triolierende Veränderung des Themas? Gewiß entfernt sich die spröde Höhe der melodieführenden Bratschen von aller erwarteten, zum Entspannen einladenden Klanglichkeit. Lange noch scheint vorausgesetzt, die Musik werde später den heroischen Gestus wiederfinden, und nur allmählich zeigt sich, daß es sie nicht tun wird. Die Enttäuschung hierüber (Eduard Hanslick: »... wohl jedermann ... erwartet ... einen glanzvollen, triumphierenden Abschluß«) verteilt sich auf eine längere Strecke. Im Rückblick eignet der Normalität des Übergangs die Lässigkeit dessen, der die Lust verloren hat. Plötzlich wiegen vorangegangene Konflikte nicht mehr, steht alles in bezugsloser Schönheit da und will nur noch sich selbst bedeuten. Die fünf wichtigsten Themen der Ecksätze klingen nebeneinander, ohne daß aus ihrer Nachbarschaft Spannungen erwüchsen und in dieser windstillen Zone noch etwas geschlichtet werden müßte. Schwerelos, wie in einem imaginären Aquarium, fahren Themen und Motive neben- und gegeneinander her, ein Reich der Entronnenen fernab von dem, was zuvor Welt gewesen war. Der Choral, im Andante der Sinfonie ein fahles Memento, am Beginn des Finales eine fremd einfallende Störung und abrupt verworfen, ist nun, harmonisch und melodisch vervollständigt, endlich »schön«, scheint voll zu sich gekommen; die Diatonisierung rückt ihn in versöhnendes Licht ebenso wie in der Coda des ersten Satzes das vordem chromatisch enge Dreitonmotiv, wenn es die Tür öffnet zum abschließenden F-Dur; in der chromatischen Fassung hatte Brahms es jüngst noch auf die Worte »nichts als Schmerz, nichts als Schmerz« (op. 86/VI) komponiert.

Daß die Schlüsse beider Sätze korrespondieren, liegt auf der Hand, allein: Wie weit griffe eine Erklärung, welche sich allein auf diese Stimmigkeit bezöge, bestensfalls noch allgemein auf Brahms' melancholische Verzichte? Hanslick hat sie in sich so einleuchtend gegeben, daß eine Verschärfung dem Verdacht ausgesetzt ist, spätere, mit Mahler verbundene Fragestellungen mißbrauchen zu wollen: »Sein Finale gleitet aus dem f-Moll unmerklich in die F-Dur-Tonart, die hochgehenden Meereswogen besänftigen sich zu einem geheimnisvollen Geflüster – gedämpfte Violinen und Bratschen brechen sich in leicht aufrauschenden Terzen- und Sextengängen leise an den lang ausgehaltenen Akkorden der Bläser, und seltsam, rätselhaft klingt das Ganze aus, aber in wunderbarer Schönheit.« Wenig anders Clara Schumann: »Welche Poesie geht durch das Ganze, das sich dann am Schluß in Wölkchen verflüchtigt und in himmlische Regionen auflöst!«

Darf so eine Musik zu Ende gebracht werden, die sich gegen das Memento des »Chorals« explosiv wehrte und im pathetischen Gestus ihres zweiten Themas den menschheitlichen Anspruch der Sinfonie so nachdrücklich realisierte? Plötzlich schreckt Brahms vor der Weltumarmung, auf die es hier hinausläuft, zurück. Er entdeckt in ihr einen überzogenen Anspruch, hat Angst vor der Courage, welche zuvor ihn befähigt hatte, sich zu den klassischen Implikationen der großen Form zu bekennen, er flüchtet zur Droge aphrodisischen Erinnerns und sagt die fällige Apotheose ab. Der auf dieses Werk und die Individualität dieses Autors bezogenen Formulierung möchte man im Sinne eines weiteren Horizontes diejenige eines Mannes hinzufügen, der Brahms nicht freundlich gesonnen war. »So möchte denn ein Freund empfindsamer Gleichnisse sagen«, schrieb Friedrich Nietzsche, »jede wahrhaft bedeutende Musik sei Schwanengesang.« Freilich erklärt sie nicht die Radikalität, mit der hier eine Apotheose abgesagt wird, deren Fälligkeit zuvor nachdrücklich vorgearbeitet worden war, eine Radikalität, welche nahezu die Frage rechtfertigt, wieso Brahms kurz danach noch eine weitere Symphonie hat schreiben können.

Als Widerlegung des am Ende der Dritten Sinfonie komponierten Verzichts indessen taugt die Vierte kaum, in der Dritten scheint mehr verabschiedet als dieses Werk oder nur ein fälliger Schlußjubel. Nicht nur hat Brahms nach der Vierten bis zu seinem Tode keine Sinfonie mehr geschrieben und sich weitgehend vom Orchester zurückgezogen, der Verzicht hat auch eine Vorgeschichte, beginnend bei der Serenade op. 11. Bei ihr war keineswegs von vornherein klar, daß es ein Orchesterwerk werden müsse; erst als Sinfonie, dann als Oktett geplant, kam sie sodann mit der Benennung »Serenade« unter einem historischen Schutzdach unter, welches dieser bezaubernd uneigentlichen, rückblickenden Musik wohl entspricht. Denn unangefochten heimisch wird Brahms im Anachronismus dieser Musik nicht, er transzendiert den Untertext mancher Serenaden-Coda, den Abzug der Musikanten, kippt das Nicht-mehr des Serenadentons in das Versprechen eines Noch-nicht um, wechselt also die historische Position, er schafft Distanz ohne Auskunft, wie es fortan gehen könnte, und zeigt, daß es wie bisher nicht mehr geht. Der eigenen, im Rückblick nicht mehr glaubwürdigen kompositorischen Veranstaltung blickt er mit dem Wissen nach, daß er nur an ihr festhielt, um zu erkennen, warum er es fortan nicht mehr darf.

Das Vorstehende müßte überinterpretiert erscheinen ohne Hinweis darauf, daß jegliche werküberschreitende Transzendierung geleugnet wäre, wollten wir einem hermetisch gefaßten Immanenz- und Vollendungsbegriff zuliebe zu belegen versuchen, daß mit diesem Schluß nur eben diese Sinfonie und sonst nichts beendet wurde. Beispielsweise kann analog von der Introduktion zur Ersten Sinfonie auch kaum weggedacht werden, daß sie nicht nur dieses nach Umwegen, Zweifeln, Verzögerungen endlich zustandegekommene Werk einführte, sondern im Namen von Brahms allgemein symphonische Ansprüche anmeldete, daß er hier das neue Terrain entschlossen betrat und beanspruchte. Die mit Abschied verknüpfte Deutung in bezug auf Musik der romantischen und nachromantischen Zeit ist zu reich entwickelt und zu leicht anwendbar, als daß man ihr nicht zunächst mißtrauen sollte – erst recht bei einem Komponisten, der für prätentiöse Deutungen nichts übrighatte. Allerdings wies er sie auf eine Weise von sich, welche vermuten läßt, da sei etwas zu verdrängen gewesen.

Fürs erste bleibt festzuhalten, daß Brahms' »Verabschiedungen«, wie sein Komponieren insgesamt, in einer Traditionslinie stehen. Schon im Barock, wo das zwölf oder sechs Werke vereinigende Opus über den Charakter einer Werksammlung hinauswuchs, war mit der Intention der kompositorischen Summe ein Moment von – wie immer vorläufiger – Verabschiedung im Spiel, sei es im Gradus ad Parnassum, den Bach in seinen Cello-Suiten verfolgt, im historischen Durchgang der *Brandenburgischen Konzerte* oder dem planvollen, einen Katalog auch der Charaktere versammelnden Ausschreiten des Harmonieraums im *Wohltemperierten Klavier* – hier wie dort eine repräsentative Totalität des derzeit Möglichen, hier wie dort exemplarisches Komponieren im Kontext eines, wenngleich immer nur für begrenzte Zeit gültigen, letzten Wortes. Sehr deutlich tritt bei Haydn das Moment der Entwicklungsstufe hinzu, ihm die wunderbare, bis ins Alter bewahrte Neugier allemal unterstellend, daß nach einiger Zeit wieder Neues und Anderes möglich würde, immer vorausgesetzt, die vorangegangene Trittstufe sei befestigt worden, wie in seinen Quartett-Opera oder Sinfonie-Gruppen geschehen. Auch die Trias der letzten Mozart-Sinfonien stellt sich als Summe dar; sieht man Produktionstempo und -bedingungen in Proportion zueinander, so sagen die reichlich drei Jahre, in denen Mozart zwischen der *Jupiter-Sinfonie* und seinem Tode keine Sinfonie mehr schrieb, Ähnliches wie Brahms' letzte zwölf Jahre ohne Sinfonie. Und noch bis in die Zeit von Beethovens *Rasumowsky-Quartetten* und die Paare der Fünften und Sechsten beziehungsweise Siebenten und Achten Sinfonie hinein lassen sich die Kriterien eines exemplarischen, im jeweils gegebenen Rahmen auf eine repräsentative Totalität des Möglichen hinzielenden Komponierens feststellen, welches die jeweilige Stufe und die jeweilige Gattung mindestens intermittierend verabschiedet.

Allerdings macht es einen – freilich nicht ausschließenden – beträchtlichen Unterschied, ob solche Abschiede im Zeichen eines Aufbruchs zu neuen Ufern stehen und als dessen Ermöglichung begriffen werden, ob sie von der Gewißheit des »Weitergehens« (Beethoven) getragen oder, wie bei Brahms, grundsätzlichen Zweifeln an Sinn und Notwendigkeit des eigenen Tuns abgewonnen sind und tiefe Ratlosigkeit hinterlassen. Bruckner, wenngleich in seinen Skrupeln anders gelagert, reagierte mit oft krankhaften Entspannungsdepressionen oder versuchte sich in direkten Anschlüssen ans eben Fertiggestellte zu verhehlen, daß nunmehr an einem Stück, das ihn jahrelang in Atem, um nicht zu sagen: bei Leben hielt, nichts mehr zu tun sei. Und wie die »Melancholie der Erfüllung«, anders als früher, am historischen Stande des Komponierens im späten 19. Jahrhundert nur allzuleicht Halt findet, zeigen Brahms' Versuche, ihr zu entlaufen und in Umarbeitungen beziehungsweise anderen Fassungen die Fertigstellung hinauszuzögern, oder nach der skrupulös beschwerten Riesenspanne von Zeit, die die Erste Sinfonie beansprucht hatte, zur Zweiten fortzustürzen und in einem von Sommer bis Spätherbst währenden Schaffensraptus Zweifel zu übertäuben, welche die Erste verzögert hatten. Möglicherweise gehört zu seinen Privat-Signets auch, daß Celli und Bässe zu Beginn der Zweiten Sinfonie melodisch an das Finalthema der Ersten anschließen, das in erster Linie Bülows (für Brahms eher ärgerliche) Rede von der »Zehnten von Beethoven« anregte – das Nichtidentische ausgewiesen am Identischen, die »Gegensinfonie« auch legitimiert durch einen Anschluß, der zugleich ganz Anderes intendiert.

Nicht weniger schwer wiegen als Zeugnisse von Brahms' immer neu gegen grundsätzliche Zweifel durchgesetztes Komponieren seine zurücknehmenden, oft brummig verärgerten oder ironisierenden Selbstkommentare. Man könnte sie aus seiner Allergie gegen prätentiös kommentierendes Geschwätz erklären, erschienen sie nicht fast gerichtsnotorisch (engagiert-positive Selbstkommentare begegnen fast nie, am ehesten in jungen Jahren) und fänden sie in der Musik nicht so viel Anhalt. Um die Formulierung, die Zweite Sinfonie müsse eigentlich »mit Trauerrand« gedruckt werden, als puren Spaß zu verstehen (was sie auch ist), mußte diese einseitig im Licht einer harmlos pastoralen Idylle gesehen werden – wie man andererseits auch dieses Mißverständnis ernstnehmen muß: Brahms hat ihm vorgearbeitet; »die neue ist aber wirklich keine Symphonie, sondern bloß eine Sinfonie«, schrieb er am 22. November an Elisabet von Herzogenberg, und den Verleger Simrock provoziert er mit der Frage »Denken Sie denn wirklich, sich noch so ein Ding zuzulegen?« Gewiß zweifelte er nicht im Ernst daran, daß Simrock es sich »zulegen« würde – dennoch paßt sie verdächtig gut in die herunterredende, relativierende Begleitmusik, mit der Brahms seine Produktion in die Öffentlichkeit entläßt. Der mit älterer Musik besser vertraut ist als jeder Komponist seines Ranges vor ihm (und die allermeisten nach ihm), scheut in seinen Selbstzweifeln auch keine Inkonsequenzen; die Distanz zu sehr theoretischer Beschäftigung mit Musik verhindert nicht den Wunsch, daß er, wenn es um die Voraussetzungen besser bestellt gewesen wäre, sich lieber – wie sein Freund Philipp Spitta – der Erforschung alter Musik gewidmet hätte als der Erfindung neuer. Auch hier darf man fragen, wie ernst das Bekenntnis zu nehmen, wie sehr es auf dem Hintergrund des Umstandes zu sehen sei, daß er das Komponieren sowieso nicht lassen könne – unverkennbar dennoch die Sehnsucht, abseits von aktuellen Frontlinien geborgen, entlastet zu sein von einer Tätigkeit, von der er Jüngeren, wenn sie anfragen oder als Schüler ankommen wollen (nur einer, Gustav Jenner, hat es geschafft), nach Kräften abrät.

Da im Jahre 1891 »nichts mehr so recht werden wollte«, beschließt Brahms, »energisch, nichts mehr zu schreiben«. Und die Unwiderruflichkeit des Entschlusses macht ihn »so froh, so zufrieden, so vergnügt, daß es auf einmal wieder ging« – da verordnet sich das trickreiche Ingenium ein uneigentliches, gewissermaßen posthumes Komponieren – und komponiert wieder: eine »List der Vernunft«, nicht viel anders bei Bruckner, wenn er sich im Traum von seinem Lehrer Kitzler oder von Beethoven höchstpersönlich ermuntern läßt.

Es ist mehr als ein Wortspiel, daß Endwerke als solche vor allem darin sich erweisen, wie sie enden. Wenn einer die Historizität seines Tuns so genau wahrnimmt wie Brahms, wird auch die stringenteste Binnenstrukturierung – und hier war er jedem Zeitgenossen überlegen – ein Werk, als nur seiner Immanenz verantwortlich, nicht aus dem Fluß der Geschichte heraushalten; so daß eine Betrachtung fehlginge, welche einseitig auf Beweise und Gesichtspunkte ausginge, inwiefern schon am Beginn festgelegt gewesen sei, wie das Werk enden werde. Die Abbiegung im Finale der Dritten Sinfonie, selbst wenn von vornherein ins Auge gefaßt, gibt einen drastischen, nicht jedoch den einzigen Beleg dafür, daß auch streng organisierte Werkvorhaben Unternehmungen mit ungewissem Ausgang und der Realzeit ihrer Entstehung ausgeliefert waren. Einerseits bindet bei Brahms, wie immer geheim, eine Fülle von Anspielungen, Zitaten und Privat-Kassibern die Musik an persönliche Umstände in einem Maße, daß kompositorische Qualitäten wesentlich mit der Form verknüpft sind, in der der Komponierende sie verdrängt beziehungsweise transzendiert. Andererseits redet er mehrmals – und gern dort, wo andere von »absoluter« Musik reden – von »dauerhafter« Musik. Damit mag er, betont handwerklich, in erster Linie eine solide »geschmiedete«, vorzeitigem Verschleiß enthobene Musik gemeint haben, schwerlich eine prinzipiell zeitunabhängige. Wenngleich die Zeitlichkeit, in der Musik sich ereignet, von anderer Art ist als die geschichtliche – unabhängig voneinander, das ist zum Beispiel eine Erfahrung der sechzehnjährigen Werdezeit der Ersten Sinfonie, sind sie nicht; so daß der Raptus, dem die Zweite Sinfonie ihr Entstehen verdankt, auch mit der Intention zusammengehangen haben könnte, wenigstens die geschichtliche Zeit samt möglichen Verunsicherungen so gering wie möglich zu halten. Dazu paßt, daß Brahms im Finale, fast wie unter dem Motto »es muß ein guter Schluß sein, muß, muß, muß«, dem Ende mit einer lauten Eile entgegen strebt, welche allen aus tieferer »Besonnenheit« (dies ein Lieblingsausdruck zwischen E. T. A. Hoffmann und Schopenhauer) kommenden Beirrungen und Verschattungen kaum eine Chance läßt, vieles im ersten und zweiten Satz Angesprochene übertönt und sich auf die Selbstfeier einer schwungvollen Stretta zu reduzieren droht.

Daß das Finale dem früher in einer Sinfonie Angesprochenen standhalten, es festhalten müsse und nicht mehr, wie oft noch beim mittleren Haydn oder in Mozarts Salzburger Sinfonien, vornehmlich den Hörer in guter Laune aus der Sinfonie zu entlassen habe, galt spätestens seit der *Jupiter-Sinfonie* und war dort zugleich auf kaum einholbare Weise beantwortet worden, nicht umsonst findet sich der in Strenge und Anspruch nächstgelegene Vergleichspunkt in Brahms' letzter Sinfonie. Alle Beethoven-Sinfonien (und etliche von Haydns Londoner Sinfonien) ließen sich als Versuch interpretieren, mit dem durch Mozart im Sommer 1788 gesetzten Anspruch zurechtzukommen, eine Sinfonie nach denselben Maßgaben zu Ende zu bringen, unter denen sie eröffnet wurde. Schubert ist an dem Problem in den »Jahren der Krise« mehrmals gescheitert (am Scherzo der *Unvollendeten* weiterzuschreiben muß ihm sinnlos erschienen sein, solange er keine Vorstellung vom Finale hatte), Jüngere haben an ihm »vorbeizukomponieren« versucht. Für Brahms kam das nicht in Frage. Schon bei dem »Riesen«, den er, Sinfonien komponierend, »hinter sich tappen« wußte, waren die – grob gesprochen – geradlinigen Lösungen (Erste, Zweite, Fünfte, Siebente Sinfonie) in der Minderzahl gewesen, hatte (von der Neunten nicht zu reden) deutlich Stilisierung mitgesprochen (Vierte, Achte) oder am Ende gebethafte Einkehr gestanden (Dritte, Sechste). Brahms gelingt mit den angesprochenen Gestehungskosten, eine einzige, die der Zweite Sinfonie – nachdem er hierin bei der Ersten gescheitert war; Clara hat mit böser Sensibilität erspürt, daß er beim Choral der Bläser Fahnenflucht begeht, genaugenommen schon zuvor: »Zweifach wird … das ›Beethovensche‹ Thema ereignishaft substituiert, zurückgewiesen«, schreibt Reinhold Brinkmann in der besten monographischen Studie, die einer Brahms-Sinfonie gewidmet wurde (München 1990, S. 23/24); »es kommt nicht zur Entfaltung seiner Hauptthema-Funktion, ihm wird die Markierung des Final- und damit Sinfonie-Höhepunktes verwehrt. Andere Themen mit anderen Konnotationen: Alphornruf und (protestantischer) Choral treten an seine Stelle. Alphornruf und Choral repräsentieren die Gegenwelt zum tragischen Ton des ersten Satzes und der Final-Einleitung. Oder weiter gefaßt: Natur und Religion treten als überhöhende Lösungen des dramatisch zugespitzten Konflikts ein … Nicht mehr das Menschheitspathos von Freiheit und Brüderlichkeit, sondern Natur und Religion sind die Lösungsmächte für Brahms.« Damit aber endet die Erste Sinfonie – dies der Kern von Claras Tadel – unter anderen Maßgaben als denjenigen, nach denen sie angetreten. In der Zweiten, darauf reagierend, definiert Brahms diese von vornherein anders. Wie folgerichtig, daß das auf Beethovens *Pastorale*-Schluß blickende »Gebet« nun sich schon am Schluß des ersten Satzes findet! – folgerichtig aber auch, daß das Finale die im ersten Satz exponierten Bedrohungen nicht aufarbeitet. »Natur und Religion« taugen besser als Zufluchten denn als ideelles Agens oder dramaturgischer Zielpunkt für sinfonisch-prozessuale Strukturen, wie die, auf die Brahms sich verpflichtet fühlte. Fast läßt der Handstreich seiner Zweiten sich als Versuch verstehen, an dieser Einsicht, so gut es geht, vorbeizukommen (insofern durfte Brahms nicht einmal deren Verharmlosungen tadeln), wonach die Dritte umso stärker sich darstellt als die »ehrlichste«, das Scheitern der Mission auskomponierende Sinfonie.

Bleibt, nahezu ein Rätsel, die Vierte – nach der verabschiedenden, der »letzten« Sinfonie eine »nachletzte«, ihrer Dimension widerstreitend einerseits ein Privatstück, ein Selbstgespräch, dem, zumal im hierfür vorgesehenen ersten Satz, das Appellatorische weitgehend abgeht, andererseits ein Versuch, den sinfonischen Anspruch über die Summation der kompositorischen Mittel zu retten. So daß nun, mehr als in den früheren, thematische Vermittlung, innig Liedhaftes, rustikale Direktheit, Vergangenheitsbezug, alte Tonarten, strukturelle Dichte etc. zusammen- und übereinanderkommen und, unter der Gewähr der Passacaglia als weder ungenügendes noch scheiterndes noch abbiegendes Finale nur Eines übrigbleibt – eine in äußerster Verknappung nochmals vollzogene Sinfonie, ein- und mehrsätzig zugleich eine »Sinfonie in der Sinfonie«, welche die von beiden ineinandergeschachtelten Stücken erforderte Finalität übereinanderbringt und die innermusikalische, dergestalt in doppelter Spiegelung aufgefangene Historizität dieser Komposition nach rückwärts verlängert durch den Rückblick auf Johann Sebastian Bach – Endwerk auch in der Verschränkung von musikalischer und historischer Zeit.

Nur verbaliter widerstreitet die Bestimmung »Abschied und Endwerk«, dem, was Schönberg an Brahms »fortschrittlich« nannte: eine letzten Endes kompositorische Wahrnehmung des nie beschwichtigten, Erfindung und Arbeit immerfort überspülenden Bewußtseins, in der Geschichte zu stehen und Geschichte vollziehen zu müssen. Schönbergs Zweites Streichquartett könnte man als dessen verkürzten Nachvollzug deuten, sein erster Satz aufs Äußerste verknappter, radikalisierter Brahms, der letzte Aufstieg und Ablösung von einer obsolet gewordenen Konstellation – jenes »Fortschrittliche« demnach, neben vielen kompositionstechnischen Details, letzten Endes Definition der Zwänge, Brahms zu überschreiten. Zu dessen aggressivem Unverständnis gegenüber Bruckner gehört nicht zuletzt die Abwehr der Einsicht, daß man auch ohne die »zehnfache Sicherheit« struktureller Verdichtungen, auf die er durch sein Legitimationsbedürfnis eingeschworen war, Sinfonien schreiben, daß Musik im dichten Geflecht ihrer Rechtfertigungen ersticken könne und Bruckners »törichte« Arglosigkeit gebraucht werde, um sie ins Freie zu führen.

»Meine Sachen sind mir lieber«

Zum Verhältnis von Bruckner und Brahms

Genies sind nicht dazu da, einander zu verstehen, sie haben Besseres zu tun: zu schaffen. Das mag man vergegenwärtigen, bevor man merkwürdig findet, daß die zwei größten Sinfoniker der zweiten Hälfte des 19. Jahrhunderts über zwanzig Jahre lang in Wien nebeneinanderher lebten und nicht mehr Kenntnis voneinander nahmen, als ihnen die Umstände aufdrängten. Was wäre von einem Gipfeltreffen zu erwarten gewesen? Die Äußerungen der beiden über den jeweils anderen klingen hilflos, distanziert, unverständig bis unfreundlich, und an diplomatischem Geschick, welches die Konstellation entschärft, vielleicht gar positiv gewendet hätte, fehlte es dem bei solchen Gelegenheiten provozierend unterwürfigen »armen Organisten« (Cosima Wagner) ebenso wie dem anderen, dem »Salon-Rüpel, ungläubig pessimistisch, unfroh sentimental« (Arnold Mendelssohn). Allemal aber erschien das Un-Verhältnis interessant genug, um von den Jüngern beider Seiten, vorab Hugo Wolf auf der einen, Eduard Hanslick auf der anderen, publizistisch ausgeschlachtet zu werden. Nicht ausgeschlossen, daß die Animositäten ohne das mehrmals neu entfachte Feuer irgendwann ermüdet, mindestens herabgekommen wären auf freundlich-desinteressierte Duldung; kaum zufällig schlug der Bruckner anfangs freundlich gesonnene Hanslick immer schärfere Töne an, während Brahms zu einer zunehmend milderen Haltung fand.

Wir sind nicht klüger, weil Brahms und Bruckner zusammenzudenken uns leichter fällt als den Zeitgenossen; wir verfügen lediglich über eine andere Perspektive, welche unter anderem uns die Zeitgenossenschaft der beiden als verbindendes Moment aufnötigt. So weit auseinander, so meint man, wie die Polemiken weismachen wollen, können die beiden sich nicht befunden haben; daß Gegnerschaften interessanter sind als Freundschaften, Zänkereien großer Menschen zugänglicher als das, was sie produzieren, scheint einen unverdient großen Anteil an der für Bruckner schwer belastenden Konstellation zu haben. Indes ist das kaum die halbe Wahrheit; dieser näher käme der Versuch, nachzuvollziehen, weshalb in den Augen der Zeitgenossen Welten zwischen den beiden lagen, und inwiefern die Kontroverse, aller unsachlichen bis abscheulichen Zuspitzungen unerachtet, im Sinne einer Selbstdefinition der Protagonisten nicht auch notwendig und nützlich war. In bezug auf Möglichkeiten und Alternativen sinfonischen Komponierens hat sie für das letzte Viertel des 19. Jahrhunderts ebenso unangenehm wie öffentlich Klarheit geschaffen.

Nicht nur im Hinblick auf das sinfonische Komponieren: Zur Verschärfung hat offenbar beigetragen, daß eine Diskussion, welche bisher Stand und Orientierungen des Komponierens allgemein betroffen und in der Brahms längst Position bezogen hatte, nunmehr sich aufs sinfonische Terrain eingeengt fand – der vormals von »neudeutscher« Seite beschworenen Dogmatik entgegen, dergemäß die Sinfonie als Gattung ausgedient habe. Diese Inkonsequenz milderte für Brahms, insoweit er die Identifizierung von Bruckner mit den »Neudeutschen« mitmachte, den Umstand nur wenig, daß der Gegner nun im eigenen Felde stand und es mit einer Selbstverständlichkeit besetzte, welche nichts zu wissen schien von der Problematik, derentwegen die Komposition einer Sinfonie zunehmend identisch wurde mit ihrer Verabschiedung. In einer seltsamen Verkehrung der Standpunkte mußte Brahms als Platzhalter klassischer Traditionen den »Anachronismus« eines »zweiten Zeitalters der Sinfonie« (Carl Dahlhaus), einer in den siebziger Jahren vehement neu einsetzenden Produktion, stärker empfinden denn Bruckner als – halb ungebetener – Vertreter der Gegenseite, welche der Sinfonie theoretisch längst das Grablied gesungen hatte. Und die ahnungs- und arglose Weise, in der er an den prohibitiven Schwierigkeiten vorbeiging, die dem skrupulösen Norddeutschen alle entsprechenden, so unabdingbaren wie tief bezweifelten Ambitionen zu lähmen drohten, begünstigten die Unterscheidung einer reflektierten beziehungsweise naiven, gebildeten beziehungsweise ungebildeten Musik auf fatale Weise; wozu die äußere Erscheinung Bruckners als des vielbelächelten provinzlerischen Tölpels ein übriges tat.

Wenn Max Auers Auskunft zutrifft, Brahms habe gemeint, daß es bei Bruckner »sich garnicht um Werke, sondern um einen Schwindel« handele, »der in ein bis zwei Jahren erledigt sein wird«, dann hat Brahms selbst sich den Zwang auferlegt, immer wieder neu zu reflektieren, weshalb der »Schwindel« sich nicht erledigte, die Erwartung mithin schwach oder falsch fundiert sei. Doch hing eben jene Fundierung direkt mit den wichtigsten Prämissen seines Komponierens zusammen, und andererseits ließ die Herausforderung der »symphonischen Riesenschlangen« sich schwerlich auf Niveaufragen herunterreden, obwohl Bruckners oft klobiger Kontrapunkt, seine Sequenzierungen oder der Mangel an »Kunst des Übergangs« unschwer als dilettantisch denunziert werden konnten. Woraus aber auch folgte, daß Bruckner die Kriterien musikalischer Qualität neu zu definieren zwang, nicht weniger aber auch, daß das schrille polemische Fortissimo vonnöten war, um die Einsicht in die Notwendigkeit entsprechender Rechenschaften zu übertönen oder wenigstens aufzuschieben.

Die große Dimension der Sinfonie, ästhetische Stellvertretung des ihr anhaftenden menschheitlichen Anspruchs, des öffentlichen Appells, mußte für Brahms gerade jener fraglich gewordenen Konnotationen wegen jeweils neu legitimiert und kompositorisch so unabweisbar abgesichert werden, daß keiner mehr vorbeihören könnte an einem Appell, für dessen Widerhall die historische und gesellschaftliche Situation zu Beethovens Zeiten das ihrige beigetragen hatte. Nun, angesichts eines spätbürgerlich verengten Konsenses, geschieht das in viel geringerem Maße, nun muß die ästhetische Struktur kompensierend leisten, was »draußen« nicht mehr geleistet wird, muß mit der künstlerischen Mitteilung zugleich das Recht zur Mitteilung selbst jeweils neu erworben werden – dies der Hintergrund von Brahms' »zehnfachen Sicherheiten«, des dicht geflochtenen Netzes der Bezüge und des testamentarischen Wesens seiner großen Werke als jeweils letzter, einer historischen Unmöglichkeit mit letzter Kraft eben noch abgewonnener Möglichkeiten.

Die Provokation Bruckner besteht darin, daß dieser von solchen Erschwerungen, vom »Nachteil der Historie für das Leben« nichts weiß. Die große Dimension ist ihm transzendental gegeben, ihre Legitimationsbedürftigkeit eine unnötige und unfromme Vorstellung, und die periodische Metrik, als in das *aion* der Dimension eingelagerter, sie erfahrbar machender *chronos*, das Zählwerk Gottes. Nicht zufällig wird Bruckners Metrik, herkommend von »wilden« Lösungen in den frühen Sinfonien, immer regelmäßiger und Brahms' Metrik, auf dem Hintergrund feinsinniger Equilibrierungen, unregelmäßiger. Eine Sinfonie dem lieben Gott widmen zu wollen erscheint auch plausibel, weil damit vor jene menschheitlichen Ansprüche andere gesetzt werden, deren Gewähr nicht in unserer Hand liegt – in Brahms' Augen gewiß eine billige Entlastung. Dieser konstruiert in seinen großen Formen aus dem Hier und Jetzt eine je neue Welt, Bruckner erschaut in ihnen ein Analogon zu schon Gegebenem und Bestehendem. Das hilft am ehesten – gewiß nicht vollständig – zu erklären, weshalb dieser dem Charakter und Lebenszuschnitt nach eher für Organisten- oder Kantorenämter geschaffene Mann riesenhafte Sinfonien komponierte, soweit man diese nicht – ebenfalls halbrichtig – als Machtausübungen eines Mannes deuten will, der sich im täglichen Leben nur zu oft als Objekt der Machtausübung anderer erfuhr.

Als transzendental verbürgtes Analogon beziehungsweise als Widerhall von schon Erschaffenem liegt der Bruckner-Sinfonie der ängstliche Hermetismus einer ihre Legitimationen aus sich heraus produzierenden Musik fern, sie ist offener und ohne Brahmssche Filter bis an die Grenzen der Collage heran welthaltiger – weshalb Erklärungen mit Hilfe innerer Logik, vielfältiger Bezüge, weitreichender Entwicklungslinien etc. oft allzu sehr den Maßgaben der anderen Seite geschuldet erscheinen und leicht übersehen lassen, wie viel mehr Gelassenheit bei Bruckner im Verhältnis zur Räumlichkeit der großen Sinfonie waltet. Sie zeigt sich ebenso im Nebeneinander gegensätzlicher Komplexe wie in musikalischen Verläufen, deren »Leere« das Pneuma der Dimension selbst zum Klingen zu bringen scheint, in gelassen auftürmenden, zeithabenden Steigerungen oder abflauenden Wellenzügen, die vorangegangenen Höhepunkten den nötigen Hallraum verschaffen, Musik, welche oft mehr durch die erwartungsvolle Situation eines Noch-Nicht oder erinnerungsträchtiges Nicht-Mehr getragen erscheint als durch thematisch-dialektische Bezogenheit der Gestalten – dies eini-

ge der Momente, kraft derer Bruckner Tore in die Zukunft, insbesondere zu
Mahler, aufstößt, während Brahms' Musik im dichten Geflecht ihrer Rechtfertigungen zu ersticken droht. Nicht zufällig hat dieser zwischen der Beendigung
seiner Vierten und seinem Tode zwölf Jahre lang keine Sinfonie mehr geschrieben, Bruckner aber fast bis zuletzt um das riesenhaft intendierte Finale seiner
Neunten gerungen.

Brahms ein diskreter Komponist, Bruckner ein indiskreter: Zur arglosen
Welthaltigkeit seiner Musik gehört auch, daß er Macharten zitiert und eingesteht. Bei Brahms erweisen sich Melodien, welche wie ein Primäreinfall daher-
kommen, bei näherem Hinblick als mehrfach kontrapunktisch bezogen, wenn
nicht als Varianten, Umkehrungen etc. von bereits Erklungenem; eine so subtile
wie raffinierte Kunst der Verbergung erspart dem Hörer den Einblick in die
Werkstatt. Nicht so Bruckner. Wenn er kontrapunktiert, so hört das, mit Brahms
zu reden, jeder Esel; von Kontrapunkt ist bei ihm nicht nur seiner kirchenmusi-
kalischen Provenienz und Prägung wegen viel gesprochen worden, sondern vor
allem, weil man ihn sofort erkennt. Nimmt man die Anstrengungen der Verbergung hinzu, so erweisen sich zum Beispiel Brahms' Zweite Sinfonie oder das *Tri-*
stan-Vorspiel als bedeutendere kontrapunktische Leistungen als die meisten der
berühmten Themen-Kombinationen Bruckners, in denen die Gestalten dreiklängig zurechtgebogen, das Widerständige des Kontrapunktes ihnen geraubt
wird. Groß erscheint hier weniger die tonsetzerische Leistung als das Vertrauen
in die Bürgschaft des Kontrapunkts. Dem eignet durchaus etwas von »Glauben
wider alle Vernunft« – ganz und gar, wenn man hier als »Vernunft« definiert, daß
es nach der klassischen Synthese von Polyphonie und durchbrochener Arbeit
verboten oder unanständig war, die kontrapunktische Maschinerie so unverstellt
und traditionsbezogen in Gang zu setzen. Denjenigen, dem das einverständige
Gespräch mehrerer Stimmen nicht weniger als ein donum Dei erschien als die
Ordnungen der Zeit und der Harmonie, muß das nicht kümmern.

Wer weiß, ob Brahms, als er im Jahre 1892 unbewegten Gesichts den Erfolg
von Bruckners Achter Sinfonie erlebte, den Älteren nicht insgeheim beneidete
um die Möglichkeit, eben jene Maßgaben von Professionalität aufzusprengen,
die ihm selbst heilig waren.

Die mögliche und die unmögliche Vollendung

Bruckners Fassungen oder: kein Ende

»Die erste Ausgabe der III. Sinfonie erschien im Herbst 1878«, berichtet Bruckners damaliger Verleger Theodor Rättig; »die Freunde Bruckners ... glaubten durch teilweise Umarbeitung des Werkes einen besseren Erfolg zu erreichen und überredeten den Meister, eine solche in Angriff zu nehmen. So erhielt ich mit der Zeit 50 Partiturseiten, die ich ... neu stechen ließ. Zufällig kam einmal Gustav Mahler ... besuchsweise nach Wien und äußerte zu Bruckner, er halte die Umarbeitung für überflüssig. Sofort war dieser umgestimmt und verwarf die bereits halb fertige Arbeit. Schließlich gelang es den ... Freunden doch, eine ... Umarbeitung durchzusetzen« – diese und ähnliche Berichte über einen tief verunsicherten Bruckner lohnt es genau zu vergegenwärtigen, und in bezug auf jede mit Fassungen zusammenhängende Frage neu zu bedenken, welches Gewicht seine Autorisation haben kann und welches nicht; und, noch weitergehend, mit welchem Recht die Diskussion der Fassungen überhaupt mit dem Hinblick auf ein Endziel operieren darf. Wer diese Diskussion als überzogen meint belächeln zu können, sollte neben dem Nutzen für das philologische Gewissen der Praktiker zweierlei bedenken: daß es um die kritischen Rechenschaften der vorliegenden Ausgaben überwiegend schlecht bestellt ist und daß mit der Gültigkeit der Fassungen zugleich stets ein ästhetisches Grundproblem zur Frage steht – unser Begriff von werkhafter Vollendung.

Ein prekärer Begriff! – denn er verbindet mit dem simplen Tatbestand der Fertigstellung eine ästhetische Wertung. Nicht nur eine hochgreifende Formulierungsweise ist hierfür verantwortlich, sondern, daß Musik in besonderer Weise darauf angewiesen ist, fertiggestellt zu sein, daß, damit sie zu klingender Wirklichkeit werden könne, eine funktionsfähige Spielvorlage vorhanden sein muß. Deshalb sind musikalische Fragmente Katastrophen, bildnerische und teilweise auch literarische Fragmente hingegen oft Offenbarungen, deshalb auch erscheint das Junktim zwischen Vollendung und Authentizität in der Musik besonders zwingend: Wenn schon die Authentizität gegenwärtig klingender Musik ebensosehr von den je besonderen Umständen ihrer Reproduktion abhängt wie von der Solidität der Textgrundlage, also nie ein und dieselbe sein kann, soll wenigstens diese Grundlage allem Zweifel entzogen sein – daher nicht zuletzt die eigentümliche Unduldsamkeit in den Debatten um spielbar gemachte oder zu Ende komponierte Fragmente, im Falle Bruckners etwa desjenigen des Finales der Neunten Sinfonie. Wie aber steht es mit jenem Junktim, wenn der weit mehr als sechzigjährige Bruckner von den Schalk-Brüdern, von Schönaich,

Eckstein, Paumgartner u.a. (so die Auskunft Rättigs) sich zu eingreifenden Umarbeitungen der Dritten Sinfonie bestimmen, von einem jungen Musiker (Mahler im Jahre 1888) sich davon abbringen und später abermals sich umstimmen
läßt? Welche Verbindlichkeit haben ein »letzter Wille«, eine »Fassung letzter
Hand«, o.ä., wenn, wie im Adagio der Achten, am Ende Streichungen stehenbleiben, bei denen Bruckners hochentwickelter Sinn für die Proportionalität
von Blöcken, Entwicklungen, Steigerungen etc. abgedankt zu haben scheint?

Angesichts der Unmöglichkeit, Bruckners Autorisation uneingeschränkt zu
beanspruchen, liegt es nahe, einen Weg über den Kopf des Verunsicherten, eigenen Intentionen Ungetreuen hinweg zu suchen und (wie u.a. beim Symposion
in Linz 1980) z.B. eine »praktische Idealausgabe« der Dritten Sinfonie ins Auge
zu fassen, eine Synthese der je besten Lösungen. Indessen wird es eine solche
nicht geben, sie wäre ein ästhetischer Irrtum nicht nur, weil Authentizität, auch
an die Stadien der Arbeit gebunden, jenseits von Bruckner, mag sie analytisch
noch so gut fundiert sein, nicht zu haben ist; weil sie suggeriert, das kompositorische Unternehmen sei von vornherein auf ein präsumptives Endziel hin angelegt, dieses nur eben vom Komponisten nicht erreicht oder abgesegnet worden.
Allerdings muß der, der so formuliert, sich fragen lassen, ob er sich selbst nicht
widerspreche, wenn er bei der Achten Sinfonie die Haas-Fassung bevorzugt; er
müßte beweisen können, daß es sich bei den Kürzungen in deren Adagio um erzwungene, wider besseres Gewissen zugestandene Verschlimmbesserungen handelt.

Als Widerlager zur Orientierung auf eine »Idealfassung« und einen hermetisch gefaßten Begriff von Werk bzw. Vollendung böte sich die Ästhetik des »offenen Kunstwerks«, des »work in progress« an, verführte sie wiederum nicht dazu, den Vollendungsdruck, die Konzentration auf das jeweils Höchsterreichbare
zu unterschätzen. Das wäre unhistorisch und würde im übrigen durch die empirische Person Bruckners widerlegt; dessen fürchterliche Entspannungsdepressionen bezeugen, wie sehr er jenes Druckes bedurfte. Und am allerwenigsten spräche für Entspannungen in bezug auf den Werkabschluß, wie sie das »work in
progress« verheißt, daß die vielberufenen Ähnlichkeiten der Sinfonien Bruckner
erlaubten, kompositorische Prägungen, Intentionen und Problemstellungen
vom einen in das nächste Werk mitzunehmen und das einzelne immer nur als
Zwischenstation zu betrachten. Eher trifft das Gegenteil zu: daß jene (oft kritisch betonten) Ähnlichkeiten eher dazu angetan waren, Bruckner die Notwendigkeit der Individualisierung und Abgrenzung des je einzelnen Werkes bewußt
zu machen.

Daß, »wären Bruckners erste Fassungen von Interpreten wie Publikum akzeptiert worden, es wahrscheinlich nur in den seltensten Fällen zu Zweitfassun-
gen gekommen wäre« (Manfred Wagner auf dem Bruckner-Symposion Linz
1980) und also, um einen avancierten Fall zu denken, nur dem »Glücksumstand«

der Nicht-Aufführung zu danken ist, daß Bruckner nicht zu schlimmen Streichungen im Finale der Fünften veranlaßt wurde, taugt nicht als Rechtfertigung, um einem kompromißlosen, sperrigen, widerständigen Begriff von Originalität zuliebe den Erstfassungen, als noch nicht von Anpassungszwängen angekränkelt, besonderen Kredit zu gewähren. Einerseits ließen sich die spezifischen Zuspitzungen des Altersavantgardismus der Neunten Sinfonie auch aus der Erwartung erklären, daß Bruckner deren Aufführung und die übliche Einrede der Bedenkenträger nicht mehr erleben werde und der Welt nun endlich rücksichtslos Bescheid sagen könne. Andererseits kam es in gewichtigen Fällen wie dem des Schlusses im ersten Satz der Achten zu eklatanten Verbesserungen und Vertiefungen, zu Rechenschaften, welche man, der später entstandenen Verlegenheiten eingedenk, nur zu gern sich als Bestandteil von Bruckners kompositorischer Ausarbeitung selbst wünschte, und es kam, nicht eben nur bei der Auswechselung eines Satzes oder Satzteils, unter dem Dach einer übergreifend identischen oder ähnlichen Konzeption, zu aufregenden Varianten, Herausforderungen in bezug auf den Werkbegriff, vor denen eine auf Pro und Contra fixierte Betrachtung versagt. Was Bruckner späterhin »rhythmisch geregelt« oder »rhythmisch etc. geordnet« hat, musiziert sich genauer und richtiger mit der Kenntnis dessen, woraus es hervorgegangen ist – etwa die in »Gesangsperioden« häufige Folge von Duole und Triole (oder umgekehrt) aus »unpraktischen« großen Quintolen. Gar nicht zu reden davon, daß zur Spezifik brucknerischer Großstrukturen das Wechselspiel kompakter, auf ein So-und-nicht-anders gegründeter Passagen gehört mit solchen, in denen der »Innenraum« des Werkes keineswegs hermetisch abgedichtet erscheint – die Generalpausen, in denen das Ob und das Wie des Fortgangs aufs Spiel gesetzt erscheint, oder die kantablen Bündel der Seitensätze, deren arbiträrer Kontrapunkt, gestützt durch unterschiedliche Disposition, unterstellt, daß vielleicht auch einmal eine Stimme wegbleiben, eine andere hinzukommen könnte. Hier prallt ein Verständnis von Vollendung, welches, die strukturelle Folgerichtigkeit noch ins kleinste Detail hochrechnend, die Dialektik von Notwendigkeit und Zufall ganz verbannen möchte, hilflos ab; und es geschähe auch, wenn wir von den verschlungenen Wegen und Unsicherheiten der Entstehung nichts wüßten. In bezug auf Integration und Fixierung unterscheiden sich die Passagen, die unter dem Druck der Ratgeber zur Disposition standen, von denen, wo es nicht der Fall war, längst nicht so sehr, wie der Gang der Überarbeitungen suggeriert.

Daß das Bestreben, zu »ordnen«, zu »regeln«, musikalische Verursachungen mit gleichbleibender Stringenz durchzuhalten, an Grenzen stößt – nicht zufällig geraten wir hier in die begriffliche Nähe zu hermetisch abgedichteten, totalitär durchherrschten Systemen –, hat Bruckner außerhalb der Revisionen am deutlichsten wohl bei der Regulierung der Tempi erfahren müssen. Wofern er den Dirigenten nicht von vornherein Freiheiten gewährte, die mit eigenen Vorschriften nicht übereinkamen, hat er mehrmals Unstimmigkeiten stehenlassen müssen – fast wie Bekenntnisse, daß ihm selbst nicht klar sei, wie man spielen solle; auch die rigorosen Verfechter genauer Befolgung der Vorschriften kommen nicht ohne Verstöße aus. Ins Finale der Sechsten Sinfonie (»M«) bricht mit pathetisch singenden Celli – Bruckner schreibt »bedeutend langsamer« vor – »verspätet« eine zweite, choralhaft intonierte Gesangsperiode ein; die von ihr erzwungene – und vorgeschriebene – Verlangsamung betrifft auch Motive, darunter ein fast rossinihaftes, die aus der rascher bewegten Musik zuvor stammen. Mit »belebter« und »Nicht zu schnell« (nicht in Bruckners Autograph) verrät die vermutlich von Franz Schalk besorgte Ausgabe den Zwiespalt, die in der Verlangsamung mitkomponierte »Ungeduld« der Motive und bezieht sich mit »a tempo« bei der Wiederkehr jener Gesangsperiode offenbar auf deren »bedeutend langsameres« Tempo. Wo die Motivik des Satzbeginns wiederkehrt und man dessen schnelleres Tempo erwartet, notiert sie vorsichtig »sehr gemäßigtes Zeitmaß«. Eine auf eindeutige Festlegungen fixierte Betrachtung muß hier die Stelle vermuten, wo Bruckner »Tempo I« zu notieren vergaß. Er notiert es aber erst, scheinbar verspätet, beim nächsten großen Tutti, will also diesem offenbar den wiedergewinnenden Gestus der Reprise reservieren, obwohl sie substanziell schon früher eintritt, er scheint mithin auf eine Divergenz, eine Grauzone auszugehen, er schiebt dem Dirigenten die Entscheidung zwischen mehreren Möglichkeiten zu, es nicht ganz richtig zu machen und, mit dem Paradox einer Festlegung im dezidiert Unfestlegbaren zurechtzukommen.

Selbst rabiate, anfechtbare Kürzungen können zum Anlaß werden für fast kryptische Rechenschaften über die Momente des musikalischen Zusammenhalts. Im Adagio der Dritten Sinfonie beherzigt Bruckner erst in der Fassung von 1889 das schon von Beethoven und Schubert geübte Verfahren, bei einer thematischen Rekapitulation einen Teil (meist den Nachsatz) fürs Ganze stehen zu lassen, erst nachträglich entdeckt er, daß die Melodie, die Hans Ferdinand Redlich ein »Echo marianischer Hymnen« genannt hat, hier nicht vollständig erklingen muß, um vollständig zu erscheinen; so steht ihr verkürzter Nachsatz für das Ganze, unterstützt durch den anschlüssigen Charakter eines Eintritts, der den entfallenen Vordersatz als erklungen voraussetzt. Man wüßte gern, ob hierbei Erfahrungen der Coda des ersten Satzes der Siebenten Sinfonie mitsprachen (»W«), wo Bruckner genauso verfuhr. Noch viel weitergehend hierin in der Dritten Sinfonie der Übergang von der Durchführung zur Reprise im ersten Satz. Dort steht in der Funktion eines sammelnden Epilogs (»R«) eine freie Variante der Gesangsperiode, zu deren F-Dur Bruckner sich in drei Tuttiblöcken und deren Harmoniefolge E – As – C hinargumentiert. Auf solche Umständlichkeiten glaubt er später verzichten zu können, vergrößert gar das E-Dur des ersten der drei, von dem er leittönig zum F-Dur-Epilog hinführt. Einerseits equilibriert er damit die Tonartbereiche im Gesamtverlauf neu, gemeinsam mit einem E-Dur-

Komplex am Ende der Exposition macht er die neugeschaffene Apotheose E-Dur fast zu einer »Gegentonart« zur Grundtonart d-Moll, und dank seiner Dimensionierung strahlt nun der vergrößerte Komplex über den F-Dur-Epilog hinaus auf den Orgelpunkt a vor der Reprisentonart D-Moll aus und gibt sich fast als deren »eigentliche« Dominant. Andererseits muten die in der Kürzung eng nebeneinander geratenen Komplexe, kaum noch Glieder einer harmonischen Argumentationskette, wie erratische Blöcke an, Appelle an ein zusammendenkendes Hören, in denen aufgehoben scheint, daß der Verlauf zwölf Jahre lang anders gelautet hatte und dem Komponierenden die Wegstrecke deshalb gesichert schien – so sehr, daß er für überflüssig hielt, sie nochmals abzugehen.

Solche Erklärungsmöglichkeiten mögen helfen, einen hermetischen Begriff von Vollendung – die verständliche Antwort unseres Begriffsvermögens auf das Mirakel dieser Werke – realistisch zu durchlöchern und den verschlungenen Wegen von Bruckners kompositorischer Logik nachzuspüren; sie legen überdies eine Frage nahe, welche oben in der anmaßenden Formulierung anklang, daß man sich manche erst in den Revisionen erfolgte Rechenschaft gern als Bestandteil der kompositorischen Arbeit gewünscht hätte. Damit nämlich ist nach deren Ort gefragt, danach, ob das Hegelsche »Abarbeiten der Idee an der Wirklichkeit«, hier der musikalischen Intention an ihrer Materialisation als Werk, von Bruckner im Entstehungsprozeß zunächst nicht so weit geführt sei wie z.B. bei Beethoven, daß z.B. der Charakter der Mitteilung und ihrer notwendigen Regularien von ihm zunächst kaum mitgedacht werde, womit doch im Entstehungsprozeß Etliches vom Anprall der Intention an der Wirklichkeit der Spielenden und Hörenden schon vorweggenommen bzw. abgefedert wäre. Nach Maßgabe des frei herausfahrenden, frei setzenden Einfalls eignet der Zurichtung zum stimmigen Werkganzen allemal ein Moment der Zurücknahme. In dieser Zurichtung, mag sie auch ausschließlich durch strukturelle, ästhetische Imperative bestimmt erscheinen, steckt immer schon der Hinblick auf die klingende, prozessuale Entfaltung, auf die Psychologie des Spielens und Hörens. In Bruckners an Selbstwiderlegung heranreichender Nachgiebigkeit gegenüber Revisionsvorschlägen artikuliert sich, hinausgehend über den Schock desjenigen, der aus der dunklen »Höhle«, dem Sakralraum des Werkinneren ins grelle Licht profaner Wirklichkeit tritt, auch das Erschrecken des für den Verdacht allzu Empfänglichen, er habe bei jener »Arbeit der Idee« Einiges versäumt; und der nun, bisweilen in Inkonsequenzen, abbüßen muß, daß er drinnen nur eine einzige Konsequenz geduldet hat.

Musik aus dem Bannkreis einer literarischen Ästhetik: Debussys »Prélude à L'Après-Midi d'un Faune«

Bei fast jeder eindringenden Betrachtung von Debussys Werk spielt die Problematik des Verhältnisses von Musik und Poesie eine wichtige Rolle. Im folgenden soll sie, mit Bezug auf ein bestimmtes Werk, im Sinne einer Probe behandelt werden, wie weit sich die Identität oder wenigstens Ähnlichkeit ästhetischer Prämissen in die Struktur verschiedener Künste hinein verfolgen und verifizieren läßt. Das beginnt bei der Frage, ob und inwiefern Debussy Mallarmés Ekloge nachkomponiert oder vertont habe; bis in jüngste Zeit hinein immer wieder gestellt,[1] ist sie vom Komponisten selbst mehrmals abgewiesen worden. »Die Musik dieses Prélude ist eine ganz freie Illustrierung des schönen Gedichtes von Stéphane Mallarmé. Sie strebt in keiner Weise nach einer Synthese mit ihm. Es sind vielmehr die aufeinanderfolgenden Stimmungsbilder, durch die hindurch sich die Begierden und Träume des Fauns in der Hitze dieses Nachmittages bewegen. Dann, der Verfolgung der ängstlich fliehenden Nymphen und Najaden müde, überläßt er sich dem betäubenden Schlummer, gesättigt von endlich erfüllten Träumen von totaler Herrschaft in der allumfassenden Natur.«[2] Ein Jahr nach diesem Kommentar im Programmheft der Uraufführung am 22. Dezember 1894 gab Debussy dem Kritiker Henry Gauthier-Villars diese drastische Auskunft: »Das Vorspiel zu L'Après-midi d'un faune, lieber Herr, ist vielleicht der Traumüberrest, der in der Flöte des Fauns steckengeblieben ist. Genauer gesagt, es ist die Gesamtstimmung des Gedichts, denn wollte man ihm auf den Fersen bleiben, so ginge der Musik der Atem aus wie einem alten Droschkengaul, der sich mit einem Vollblutpferd auf das Rennen um den großen Preis einließe ...«[3] Debussys Abwehr entspringt zunächst einer grundsätzlichen Abneigung gegenüber programmhaften Simplifizierungen, wie er sie u.a. in einer Rezension einer Aufführung von Beethovens *Pastorale* in der Gegenüberstellung von »direkter Nachahmung« und »gefühlsmäßiger Übertragung dessen, was in der Natur unsichtbar ist« formulierte,[4] was auffällig anklingt an einen – erst sehr viel später

---

[1] Hierzu umfassend William W. Austin, in: Claude Debussy, *Prelude to »The Afternoon of a Faun«*, hrsg. von dems., A Norton Critical Score, New York 1970 (im weiteren abgekürzt Austin), S. 95f.

[2] Mitgeteilt bei Léon Vallas, *Achille Claude Debussy*, übersetzt von Kurt Lamerdin, Potsdam 1949, S. 113.

[3] Mitgeteilt bei Max Pommer, *Vorwort*, in: Claude Debussy, *Prélude à L'Après-midi d'un Faune*, hrsg. von dems., Leipzig 1970, S. IV.

[4] Claude Debussy, *Einsame Gespräche mit Monsieur Croche. »Monsieur Croche, Antidilettante« und andere Aufsätze*, hrsg. von Eberhardt Klemm, übersetzt von Curt Noch, Leipzig 1971, S. 68.

publizierten – Aphorismus von Paul Valéry: »Das Schöne erfordert vielleicht die
sklavische Nachahmung dessen, was in den Dingen unbestimmbar ist.«[5] In Bezug auf den Faun mußte Debussy sich darüberhinaus provoziert fühlen, weil seine und Mallarmés ästhetische Positionen sich in wesentlichen Punkten deckten
und ihnen gerade in der gemeinsamen Blickrichtung auf eine (wie immer auch
problematische) pure Eigentlichkeit ihrer Künste die Unterschiedlichkeit der
Wege der Annäherung an ein gleiches Sujet besonders bewußt geworden war;
Debussy hatte seine Sensibilität in diesen Fragen zu streng geschult, um nicht al-
lergisch zu reagieren auf jede simple Koordinierung von Text und Musik, die jene Unterschiedlichkeit zu unterschätzen und zu übersehen geneigt ist, wo der an
einem Programm entlanghangelnden Musik »der Atem ausgeht«.

Freilich ist in der Flöte mehr »steckengeblieben«, als Debussys Kommentare
verraten. Es gibt bei Mallarmé genug Stichworte, die zur Bezugnahme auf Debussys Musik einladen, vorab die zum Bildvorrat des bei Ovid[6] überlieferten Sy-
rinx-Märchens gehörigen, an das der Dichter anknüpft: die »flûte« selbst (Vers
16) und ihre »deux tuyaux« (Vers 18), »Syrinx« als »instrument des fuites« (Vers
52/53) und, in der tiefsinnigen Paradoxie von keiner Übersetzung recht erfaßt,
das »prélude lent où naissent les pipeaux« (Vers 30). Vers 45 spricht von einem
»solo long« und Vers 51 von »une sonore, vaine et monotone ligne«, hier als dem
Symbol einer ästhetischen Transzendierung, denn diese »ligne« soll »évanouir du
songe ordinaire de dos / ou de flanc pur suivis avec mes regards clos«. Die huschenden Harfenglissandi der Takte 4 und 7 samt der dazwischenliegenden Ge-
neralpause lassen sich unschwer in Verbindung sehen mit den in der Luft zerge-
henden Bildern (»Si clair, / leur incarnat léger, qu'il voltige dans l'air« (Vers 1/2),
und die im Kontext des leise redenden *Prélude* (Mallarmés Vers 16 spricht von
»murmure«) schroffe zweimalige Folge eines Viertakters mit der diatonisch entspannten Flötenmelodie und einer kleingliedrigen, jene Modelle verscheuchen-
den Figuration (Takte 79ff.) ließe sich wohl in Parallele setzen zum Ende des Gedichtes, wo der triumphierenden Gewißheit des »je tiens la reine« (Vers 104) die
Ernüchterung »mais l'âme / de paroles vacante et de corps alourdi / tard suc-
combent au fier silence de midi« unmittelbar folgt und das Schwanken zwischen
Traum und Wirklichkeit deutlich kulminiert. Berührungspunkte zwischen Gedicht und Musik bieten sich also genug an, kaum abweisbar umso mehr, als sie
auch strukturelle Entsprechungen finden. Wie in der Musik das Piano und ein
nie unterbrochener, geschlossene Komplexionen meidender Redefluß, so überwiegen im Gedicht die langen Sätze, oft verbunden mit syntaktischen Verunklä-
rungen, in denen Mehrwertigkeit der Bilder und Bezüge aufscheint; wie die Ge-

---

[5] Paul Valéry, *Windstriche*, Frankfurt a.M., 1971, S. 94.
[6] *Metamorphosen* I, Vers 689–712.

dankenbilder zwischen Illusion und Wirklichkeit gleiten auch die Formen ihrer
Artikulation. Die Gesamtzahl der Takte von Debussys Komposition (= 110) entspricht genau der der Verse von Mallarmès Gedicht (wobei die mehrmals auf
verschiedene Zeilenhöhen gesetzten Teile eines Verses zusammengezogen sind).
Von diesem Umstand muß sich die Betrachtung auf eine Fährte gesetzt fühlen,
auf der sie indessen nichts erjagt: In Bezug auf die Abschnittsgliederung des Gedichts bzw. der Musik ergeben sich bei Gleichsetzung von Vers- und Taktzahlen
keine weiteren Korrespondenzen. So hat die Identität der Endsumme in ihrer
Isoliertheit einen Beigeschmack von Preziosität; da ein Zufall auszuschließen ist,
wüßte man gern, wie Debussy zu ihr gelangte, ob er z.B. zufällig komponierend
in ihre Nähe kam und, nachdem er dies festgestellt hatte, es nun genau machen
wollte.

Der Gedanke an eine Koordination à la lettre erledigt sich vor allen ästhetischen Begründungen anhand der Tatsache, daß das *Prélude*, wie schon aus seiner
Bezeichnung hervorgeht, als übriggebliebener Teil eines größeren Ganzen betrachtet werden muß. Zeitweise hatte Debussy an eine dreisätzige Sinfonie mit
den Teilen Prélude – Interlude – Paraphrase gedacht; von ihr war noch im Ur-
aufführungsjahr die Rede.[7] Nicht ganz auszuschließen ist, daß dies Projekt in
Zusammenhang steht mit Mallarmés Absicht, auf die ursprünglich geplante szenische Fassung zurückzukommen. In der Betitelung jedenfalls stellt sich das *Prélude* als »Vorspiel« zu einem – unausgeführt gebliebenen – Theaterstück dar, und
die Aufeinanderfolge von Prélude und Interlude muß zumindest paradox erscheinen ohne etwas Dazwischenliegendes: Einem Vorspiel, welches einer
Hauptsache präludiert, ein Zwischenspiel folgen zu lassen, das vermittelnd zwischen zwei Schwerpunkten zu stehen hat, also einen von ihnen als vorangegangen voraussetzt, wäre eine Herausforderung. Von der Bezeichnung her wäre am
ehesten vom dritten, der Paraphrase, eine Annäherung an den Text zu erwarten
gewesen.

Von dem größeren Projekt her gesehen überrascht die Selbstverständlichkeit,
mit der in der Folgezeit das *Prélude* als in sich abgeschlossenes Werk akzeptiert
worden ist; nicht zuletzt mag dazu der Erfolg beigetragen haben, der es seit der
Uraufführung begleitet und zu einer Pièce de résistance des Konzertsaals gemacht hat. Freilich – wenn Debussy tatsächlich erst spät, möglicherweise gar erst
nach Fertigstellung der Partitur des *Prélude*, von der dreiteiligen Konzeption Abschied genommen hat, dann schwerlich allein »unter Zeitdruck«[8], weil seine
Aufmerksamkeit mittlerweile *Pelléas* gehörte – dies hieße seine künstlerische
Gewissenhaftigkeit etwas gering ansetzen. Indessen läßt sich vorstellen, daß erst

---

[7] Vgl. Pommer, a.a.O., S.III.
[8] Pommer, a.a.O., S.III.

das Erlebnis der Uraufführung und deren Erfolg ihm die Einsicht befestigt haben, im *Prélude* sei bereits der ganze Faun komponiert. Darin bestärkte ihn auch der Beifall Mallarmés, den er später in einem Brief stolz zitiert hat: »Auf so etwas war ich nicht gefaßt. Diese Musik bewirkt, daß die innere Bewegung, die mein Gedicht auslöst, anhält und seinen Schauplatz mehr malt als die Farbe.«[9]

Für jemanden, der parallel zum *Prélude* ein nach traditionellem Vorbilde zyklisch geordnetes Stück wie das Streichquartett komponierte, muß eine solche »Fehlplanung« wichtige Erkenntnisse zum eigenen Schaffensweg, zur Problematik des Fragmentarischen bzw. einer möglichen abrundenden Vollendung nach sich gezogen haben. »Fragmente sind die Hochzeitszeichen der Idee«, heißt es bei Mallarmé[10], fast wie als Kommentar zu seinen und zu Debussys Erfahrungen mit dem Faun. Hinzu kommt, daß, als Debussy den Plan zum *Prélude* faßte, eine Stockung der Produktion hinter ihm lag, die, vornehmlich ins Jahr 1891 fallend, ziemlich sicher mit einer grundlegenden schöpferischen Selbstverständigung in Zusammenhang gebracht werden kann. Im gleichen Jahr hatte Mallarmé öffentlich bekannt gemacht, daß er dem Faun eine Bühnenfassung geben wolle und sich die Ekloge in der Art einer kleinen Oper vertont und gesungen vorstelle. Nach dem Zeugnis Jean Dupériers dachte er dabei an den jungen Debussy, mit dem er sich im Hause eines gemeinsamen Freundes getroffen hatte.[11]

Eines zeigt die zu mancherlei Hypothesen einladende Konstellation überdeutlich: Die Situation zur Kooperation der beiden Künstler bei einem solchen Gegenstande war denkbar günstig. Der junge, eigene Wege suchende Komponist geriet als Gast von Mallarmés Dienstagabenden in den Bannkreis einer literarischen Poetik, welche ihrerseits auf der Suche nach einer ästhetischen pureté starke Affinitäten zur – wie immer metaphorisch verstandenen – Musik entwickelt hatte. Das reicht zurück zumindest bis zu Baudelaires und Gautiers Wagner-Rezeption, wurde in Verlaines Art poétique programmatisch formuliert (»De la musique avant toute chose …«), um dann seit Mallarmé bis hin zu Valéry zu weitreichenden Überlegungen Anlaß zu geben, denen durchweg die Sprachlichkeit der Musik wenig gilt gegenüber ihrer Klanglichkeit. Darüber hinaus schauen die Poeten (bei denen bezeichnenderweise eine spontane Musikalität kaum begegnet, bei Mallarmé am wenigsten) unverhohlen neidvoll auf den Musiker als einen Mann, der nach ihrer Meinung im wohlgeordneten Reservoir seiner Kunstmittel souverän schalten und walten könne, weil er nicht Rücksicht nehmen muß auf eine Vernutztheit des Materials, auf die sie im Umgang mit dem Wort, der Sprache immerfort stoßen, und der kraft einer soliden Handwerkslehre bewußter und klarer disponieren kann. »So ein Gedicht«, schrieb

[9] Mitgeteilt bei Pommer, a.a.O., S. IV.
[10] Zitiert nach Hugo Friedrich, *Die Struktur der modernen Lyrik*, Hamburg, 1956, S. 89.
[11] Austin, S. 9.

Mallarmé am 5. Mai 1891 an den jungen Valéry, der ihm seine Bewunderung für
den Faun ausgesprochen hatte, »ist von der Musik selbst eingegeben, die wir
plündern und paraphrasieren müssen, da unsere eigene Musik, mit Dumpfheit
geschlagen, ungenügend ist.«[12] Und wenig später formuliert er in *Crise de la poésie*: »Tatsächlich, wann immer ich in Konzerten sitze, inmitten der Dunkelheiten
und Ekstasen des Klangs, gewahre ich das Werden einer jener Dichtungen, die
ihren Ursprung und ihre Wohnung im menschlichen Leben haben – eine Dichtung, die um so verständlicher ist, weil sie ungehört bleibt, denn der Komponist
fühlte sich in seinem Bestreben, ihre majestätischen Linien nachzuziehen, nicht
in Versuchung geführt, alles zu erklären. Meine Empfindung – oder mein zweifellos unausrottbares Vorurteil als Schriftsteller – ist, daß nichts überdauern wird,
was unausgesprochen bleibt, daß es gegenwärtig unsere Aufgabe ist, genau […]
einen Weg zu finden, die Sinfonie in das Buch zu transponieren, kurzum, unsere
regelmäßige Schuldigkeit wiederzugewinnen. Denn die wahre Quelle der Musik kann unleugbar nicht der elementare Klang von Blechbläsern, Streichern
oder Holzbläsern sein, sondern das intellektuelle, geschriebene Wort in all seiner
Pracht – Musik der wahren Vollendung und Klarheit, die Totalität aller universellen Beziehungen.

Unleugbar ist es eines der Idealziele unserer Zeit, die Worte in zwei verschiedene Kategorien einzuteilen: erstens für vulgäre und unmittelbare und zweitens
für die wahren Zwecke.«[13] Am Ende des Zitats ist die schroffe Unterscheidung
von »vulgärem« und »wahrem« Zweck um so mehr zu vermerken, als sie bei
Mallarmé häufig erscheint, zuweilen in noch weiter zugespitzter Form. In *Crise
de vers* beschreibt er den »double état de la parole« als »brut ou immédiat ici, là es-
sentiel«, und anderwärts formuliert er gar: »Die Sprache hat nur von einem kommerziellen Standpunkt aus eine Beziehung zur Realität der Dinge; auf literari-
schem Gebiet begnügt sie sich damit, darauf anzuspielen oder deren Eigenschaft,
soweit sie irgendeine Idee verkörpern wird, aufzuheben.«[14] Aufschlußreich genug, daß Mallarmé den Wirklichkeitsbezug der Sprache »commercialement«
verderbt sieht – eine jener Stellen, da inmitten einer hermetischen Ästhetik deren Hintergrund sichtbar wird, freilich als hingenommenes Übel, von wo keine
Vermittlungen zu den »wahren Zwecken« laufen. Wo die bezeichnenden Funktionen der Sprache so tief im Schatten der »Kommerzialisierung« liegen, muß
der Fluchtweg des Dichters sehr lang sein.

Die Überschärfung solcher Formulierungen und Standpunkte entspringt
ebensosehr einer hellwachen, schmerzlich getroffenen Sensibilität wie der Ver-

---

[12] Übertragen aus der englischen Übersetzung in: Austin, S. 10.
[13] Übertragen aus der englischen Übersetzung in: Austin, S. 121f.
[14] Das erste Zitat bei Charles Mauron, *Mallarmé par lui-même*, Paris 1971, S. 75; das zweite bei Ernesto
Grassi, *Macht des Bildes. Ohnmacht der rationalen Sprache*, Köln 1970, S. 30.

antwortung gegenüber dem künstlerischen Material, einer Verantwortung, die für ihre Protagonisten zur fast einzigen geworden ist, wozu spätbürgerliches Musikdenken manche Parallele bietet. Das mindert die poetologische Kompetenz jedoch nicht. Wenn z.B. Valéry, der Mallarmés Ästhetik gewissermaßen fortschrieb, berichtet, daß in ihm »manches [...] Gedicht [...] durch das bloße Auftreten eines Rhythmus begonnen« habe, »der sich nach und nach einen Sinn gegeben hat«[15], so steht er damit nicht nur neben einem Ahnherrn seiner Poetik wie Edgar Allan Poe, sondern auch neben Wladimir Majakowski[16] und vielen anderen. Wie der Rhythmus wohl eine musikalische, nicht aber allein der Musik gehörige Komponente ist, so gleicherweise, bewußtgemacht spätestens seit Rimbauds *Voyelles* und seiner *Alchimie du verbe*[17], die Sonorität der Worte, das Kontrapunktieren dunkler und heller Vokalklänge etc. Mit Hilfe solcher Mittel will die symbolistische Lyrik der verderbten Semantik der Sprache entkommen – in einer Anverwandlung an eine musikalische Poetik, welche als »Rettung« des Wortes wie von Mallarmé auch von Valéry anvisiert worden ist: »Sie haben sicherlich schon die sonderbare Tatsache beobachtet: Irgendein Wort ist vollkommen klar, wenn Sie es in der Umgangssprache hören oder gebrauchen, und bietet keinerlei Schwierigkeit, wenn es in den Schnellzug eines gewöhnlichen Satzes gekoppelt ist, aber es wird in magischer Weise verwirrend, leistet einen seltsamen Widerstand, vereitelt alle Definitionsbemühungen, sobald Sie es aus dem Umlauf ziehen, es für sich allein betrachten und ihm eine Bedeutung außerhalb seiner vorübergehenden Funktion geben wollen. Fast komisch ist es, sich zu fragen, was eigentlich ein Ausdruck bedeutet, den man alle Augenblicke mit voller Befriedigung anwendet. Ich greife auf gut Glück zum Beispiel das Wort Zeit heraus. Dieses Wort war absolut durchsichtig, präzis, anständig und treu in seinem Dienst, solange es seine Rolle als Teil einer Rede spielte oder von jemand ausgesprochen wurde, der etwas sagen wollte. Aber jetzt ist es ganz allein, so bei den Flügeln genommen. Es rächt sich. Es macht uns glauben, daß es mehr Bedeutung habe, als es Funktionen hat. Es war nur ein Mittel, und jetzt ist es zum Selbstzweck geworden, zum Gegenstand eines gräßlichen philosophischen Verlangens. Es verwandelt sich in ein Rätsel, in einen Abgrund, in eine Marter des Denkens ... [...]

Jedes Wort, jedes der Worte, die uns erlauben, den Raum eines Gedankens so rasch zu durchschreiten und dem Impuls der Idee zu folgen, die sich selbst ihren

---

[15] Zu den Beziehungen zwischen Valéry und Debussy vgl. Eberhardt Klemm, in: Debussy, *Einsame Gespräche mit Monsieur Croche*, a.a.O., S. 9ff.; das Zitat bei Paul Valéry, *Zur Theorie der Dichtkunst*, übersetzt von Kurt Leonhard, Frankfurt a.M. 1975, S. 113.

[16] Hierzu u.a. Walter Höllerer, *Theorien der modernen Lyrik, Dokumente zur Poetik*, Bd. I, Hamburg 1965, S. 290ff.

[17] Arthur Rimbaud, *Sämtliche Werke*, Leipzig 1976, S. 110ff. bzw. 332.

Ausdruck baut, erscheint mir als eine jener leichten Planken, die über einen Graben geschlagen werden oder über einen Bergspalt und die den Menschen tragen, wenn er sie in rascher Bewegung passiert. Aber er muß hinübergehen, ohne darauf zu lasten, muß hinübergehen, ohne stehenzubleiben – und vor allem darf er sich nicht das Vergnügen erlauben, auf dem dünnen Brett zu tanzen, um dessen Widerstand auf die Probe zu stellen! ... Sogleich schaukelt die zerbrechliche Brücke oder bricht durch, und alles stürzt in die Tiefe. Befragen Sie Ihre eigene Erfahrung; Sie werden finden, daß wir die anderen nur verstehen und daß wir uns selbst nur verstehen dank der Schnelligkeit, mit der wir über die Worte hinweggehen. Man darf sich auf ihnen nicht schwer machen, wenn man nicht damit gestraft werden will, daß man die klarste Rede in Rätsel, in mehr oder weniger gelehrte Illusionen zerfallen sieht.«[18] Diese Erfahrung nun läßt Valéry »vergleichen, was dem Dichter gegeben ist und was dem Musiker gegeben ist. Glücklich der Musiker! Seit Jahrhunderten schon hat ihm die Entwicklung seiner Kunst eine völlig privilegierte Situation bereitet. Wie ist die Musik entstanden? Der Sinn des Gehörs liefert uns die Eigenwelt der Geräusche. Unser Ohr läßt eine unendliche Zahl von Wahrnehmungen zu, die es in beliebiger Ordnung empfängt und von denen es vier verschiedene Qualitäten empfindet. Nun, uralte Beobachtungen und sehr frühe Erfahrungen haben es ermöglicht, aus der Welt der Geräusche das System oder den Kosmos der Töne zu erschließen, die besonders einfache und leicht unterscheidbare Geräusche sind, vor allem aber geeignet, Kombinationen und Assoziationen zu bilden, – deren Struktur, deren Verkettung, deren Unterschiede und Ähnlichkeiten das Ohr oder vielmehr der Verstand bemerkt, sobald sie erzeugt sind. Diese Elemente sind rein oder aus reinen, das heißt leicht unterscheidbaren Elementen zusammengesetzt; sie sind genau definiert, und, was noch wichtiger ist, man hat die Möglichkeit entdeckt, sie mit Hilfe von Instrumenten, die eigentlich echte Meßinstrumente sind, auf konstante und identische Weise zu erzeugen. Ein Musikinstrument ist ein Instrument, das man derart eichen und abstimmen kann, daß ganz bestimmte Handlungen immer wieder das gleiche ganz bestimmte Ergebnis erzielen können. Und dies ist die merkwürdige Konsequenz dieser Organisation des Gehörsbereiches; da die Welt der Töne reinlich getrennt ist von der Welt der Geräusche und unser Ohr sich außerdem daran gewöhnt hat, sie genau zu unterscheiden, so geschieht es, wenn ein reiner Ton, das heißt ein verhältnismäßig ungewöhnlicher Ton, zu hören ist, daß sogleich eine besondere Atmosphäre entsteht, ein besonderer Bereitschaftszustand sich in unserem Sinnesorgan herstellt, und diese Bereitschaft strebt in gewisser Weise danach, weitere Sinneseindrücke der gleichen Art von gleicher Reinheit zu erzeugen wie den zuerst ausgelösten. Wenn

---

[18] Valéry, *Zur Theorie der Dichtkunst*, a.a.O., S. 138ff.

in einem Saal ein reiner Ton erklingt, ist in uns selbst alles verwandelt; wir machen uns bereit für die Aufführung der Musik.«[19] Nicht ganz zufällig läßt sich das hier beschriebene Erlebnis des »reinen Tons« so zwanglos mit dem Beginn von Debussys *Prélude* zusammendenken, ist doch der literarische Anteil an der Motivation solcher musikalischer Lösungen offenkundig. Dem Phänomen eines »reinen Tones« kommt der Komponist nahe (sogar dann noch, wenn Begleitung hinzutritt), indem er eine Beschlagnahme durch einen weiteren syntaktischen Zusammenhang, z.B. in einer eine bestimmte Logik exponierenden Melodie, zu verhindern und alle Fragen nach dem Woher und Wohin abzuhalten sucht. Nun eignet freilich gerade diesem cis" der Flöte ein besonderer phänomenaler Glanz – als ein in seiner Modulierbarkeit seelenhaft lebendiger, wechselnden farblichen Nuancierungen zugänglicher Ton, der in der entspannten tiefen Mittellage aus sich selber zu klingen scheint ohne die Merkmale angestrengt-aktiven Gemachtseins, als bedürfe die Schwingung des Materials, des Rohres, die in ihm vernehmbar wird, keines Anstoßes – wie denn hier die Aufmerksamkeit des Bläsers darauf gerichtet sein muß, alle verformende Aktivität hintanzuhalten und gewissermaßen nur als Katalysator des Einschwingvorgangs zu dienen.

In Bezug auf die Beschwichtigung der Fragen nach dem Woher und Wohin freilich bleibt es für den Komponisten beim Versuch: Auch er muß sich mit einer bereits bekannten, semantische Vorentscheidungen treffenden Syntax auseinandersetzen und die Unschuld seiner »Worte«, seiner Materialien hinter deren Regulationen immer neu entdecken. Für Debussy ist diese Syntax grosso modo identisch mit der Komponierweise der anerkannten Formen, welche die Einzelheit zu usurpieren droht – auch hier also (mit Valéry) »ein Rätsel«, ein »Abgrund«, »eine Marter des Denkens«[20]. Nur, wenn er immer neu, gegen ein veranstaltendes, rasch durchschautes Management, die Abgründigkeit der Details freilegt, ihr Phänomenales immer neu vor sich hinstellt, kann gelingen, was sein Anliegen ist: »faire surgir des images«[21]; der Zusammenhang mit Prousts »mémoire involontaire« ist unübersehbar.[22] Das Debussysche Herumgehen um die Details, die behutsam-sensible Beobachtung und Wahrnehmung dessen, was mit ihnen sich assoziieren, was an Bildern aus ihnen »aufsteigen« will, die immer wieder auf das eine Objekt, das eine Concetto zurücklenkende Aufmerksamkeit – das alles widerspricht zunächst dem progredierenden Wesen der Zeitkunst Musik – und eben dieser Widerspruch ist es, den der »Komponist von Kleinfor-

---

[19] Ebenda, S. 85 ff.
[20] Ebenda, S. 139.
[21] Zitiert nach Claudia Zenck-Maurer, *Versuch über die wahre Art, Debussy zu analysieren*, Berliner musikwissenschaftliche Arbeiten Bd. 8, München-Salzburg 1974, S. 27.
[22] Mehr hierzu bei Zenck-Maurer, a.a.O., S. 23 ff.

maten«[23] fruchtbar zu machen verstand – in den großen Klavierwerken wie im *Prélude*. Der gleiche Widerspruch erschwert das Hören seiner Musik, da diese sich gewissermaßen dem Zeitfluß entgegenstemmt und ihn zum Stehen zu bringen trachtet und, weil selten ein Prozeß offenkundig zu Ende gebracht wird, danach verlangt, wiederholt und auf ähnliche Weise umgangen zu werden, wie der Komponist sein Concetto umging. Dergestalt lädt sie ihren Hörer zu einer besonders intimen und anspruchsvollen Komplizenschaft ein. Nur bei Musik mögliche, mit ihrer Materialität wie z.B. den harmonischen Mitteln zusammenhängende Mißverständnisse sind es, die derlei Schwierigkeiten bei den Orchesterwerken mildern, nicht aber beseitigen. Daß die Unterhaltungsbranche so extensiv Debussys Harmonik vermarktet, hat wohl das Anhören seiner Musik erleichtert, nicht aber ihr Verständnis. »Debussy [...] wurde [...] so etwas wie ein Renoir der Musik – er schmerzt nicht.«[24]

Eine meditative und verweilerisch gestimmte Erfindung ist in besonderer Weise auf die ihr angemessenen Gegenstände angewiesen bzw. vermag überhaupt nur diese »heraufzuholen« – solche, die sie nicht fortziehen und den musikalischen Fortgang dynamisch treiben. Wie nun aber, wenn eine ausgedehnte Komposition für großes Orchester entstehen soll, die ohne derlei Dynamik nicht auskommt? In aller Schärfe war Debussy zum ersten Mal beim Faun mit diesem Problem konfrontiert, und zugleich konnte doch gerade dies Sujet ihm die Mittel ebenso einer ästhetischen Selbstverständigung wie der kompositorischen Bewältigung des Paradoxons einer musikalisch bewegten Zuständlichkeit an die Hand geben – in dem substantiellen Zwang dieses kummerlosen Schwanengesangs auf einen Topos unschuldigen Lebensgenusses, halb ein pastoral entschärftes Baudelairesches Paradis artificiel, halb eine unter dem säkularisierten Licht der Antike liegende Sabbatstille, gesättigt von der Tradition der Faune, Nymphen und Satyrn, die seit Ovid und mehr noch seit Tassos Aminta die Bilder pastoral-unschuldigen Lebensgenusses bevölkert hatten. Auch die allzu windstille Friedlichkeit bürgerlicher Sonntagsbilder ist zugegen und lädt zur Deutung des Faun als Gegenstück zu Manets *Frühstück im Freien* ein.

Hierzu fordert nicht zuletzt die dem Maler, dem Dichter und dem Musiker gemeinsame Verwischung der Grenze von Illusion und Wirklichkeit auf; beim letzteren am wenigsten fühlbar, wiewohl vorhanden (darüber weiter unten), wirkte sie beim Dichter, obwohl teilweise durch die Unterscheidung zweier Schrifttypen verdeutlicht, zunächst irritierend. Beim Maler war sie skandalträchtig, konnte doch der bourgeoise, auf die Ästhetik des Abmalens eingeschworene Kunstsinn die den zwei – nicht einmal unbürgerlichen – Männern zugesellte

---

[23] Klemm, a.a.O., S. 15.
[24] Wolfgang Dömling, *Claude Debussy. La Mer*, Meisterwerke der Musik Heft 12, München 1976, S. 29.

nackte junge Frau nicht aus der Gleichzeitigkeit mehrerer Ebenen begreifen, zum Beispiel, psychologisch gesprochen, als Wunschbild; realiter gesehen war sie eine Herausforderung, was, diese Optik beibehalten, für die Träumereien von Mallarmés Faun noch viel mehr gilt. Verlaine nannte das Gedicht »cet admirable poème cochon«.[25] In dessen Monolog, als einem vergeblichen – zugleich mit der Angst vor dem Gelingen behafteten – Versuch, träumerisch Halluziniertes und Wirkliches reinlich zu scheiden, hat der Dichter eine lyrische Grundintention, die stimmungshafte Kongruenz von Innen und Außen, thematisiert. Der Faun gleitet und schwimmt in Träumen, Bildern, Vorstellungen, und die libidinöse Motivation seiner Phantasie bestimmt nur den Punkt, da jene Grenzverwirrung am allgemeinsten erfahrbar ist. Sie ist nicht die einzige, mit der das als Faun maskierte[26] lyrische Subjekt zu tun hat: Nicht nur muß der Faun immer neu überlegen, ob die Nymphen nur ein Wunschbild seiner fabulierenden Sinne seien (Verse 8ff.), seine Subjektivität projiziert sich auch auf vielerlei andere Weise ins Außen – die Luft, in der das Bild der Nymphen entschwindet, ist gesättigt von »dumpfem Schlaf« (Vers 2ff.), zumindest auch seinem eigenen; im erstickenden Glast des heißen Mittags »ne murmure point d'eau que ne verse ma flûte / au bosquet arrosé d'accords« (Vers 16ff.). Dennoch fallen dem Faun die Flöte (bzw. das, was sie ihm darstellt: »le visible et serein souffle artificiel / de l'inspiration, qui regagne le ciel«, Verse 21/22) und seine schwankenden Bilder keineswegs in eins; er will die Nymphen »verewigen« (»perpétuer«, Vers 1), aber er kann es nicht. Mallarmé ist hier der von Ovid überlieferten Mythologie treu und untreu zugleich – treu insofern, als die Musik der Flöte, erklingend in dem vom Windhauch durchfahrenen Röhricht, das Pan statt der Nymphe in Händen hält, als »Ruf ins Entbehrte«, als »tönender Wunschtraum« motiviert ist;[27] und auf moderne Weise untreu insoweit, als nun der Wunschtraum dem Tönen zugleich entgegen und im Wege steht: Weil ihm nicht gelingt, »aus der Schultern und der Hüften niedrem Traum« die »sonore, vaine et monotone ligne«, i.e. den »reinen«, auf sublime Weise »vergeblichen« Kunstlaut steigen zu lassen, bittet der Faun die Syrinx, »an den Teichen zu blühen, wo du mich erwartest« (Verse 49ff.). Auch ist der Faun, wiewohl unverkennbar eine unschuldige Existenzform vertretend, nicht naiv genug, um nicht seine Historizität zu kennen, weiß er sich doch »sous un flot antique de lumière« stehend (Vers 36).

Noch in einem anderen Sinne hindert der Wunschtraum das Tönen, und hieran ganz und gar wird der Faun als Alter ego des Dichters kenntlich: Die Übermacht der Eindrücke, die künstlerischer Gestaltung bedarf, lähmt die Fä-

---

[25] Vgl. Edward Lockspeiser, *Mallarmé and Music*, in: *The Musical Times* CVIII (1966), S. 212f.

[26] – eine Maskerade, die Mallarmé im Verlaufe der drei Fassungen des Werkes immer deutlicher herausgearbeitet hat.

[27] Ernst Bloch, *Das Prinzip Hoffnung*, Bd. III, Berlin 1957, S. 149.

higkeit zur kritischen Abstandnahme. Wie der Faun, der sich durch »une morsu-
re / mystérieuse, due à quelque anguste dent« (Verse 40/41) gezeichnet weiß,
bekennt sich anderwärts auch sein Dichter als geschlagen von der »Tristesse
d'été«, da sein Herz doch »l'insensibilité de l'azur et des pierres« sucht,[28] weshalb
er in einem anderen Sonett[29] den Winter als »saison de l'art serein, l'hiver lucide«
preist und sich im »printemps maladif [...] énervé de parfums d'arbres« niederfal-
len sieht.

Thematisiert erscheint bei Mallarmé nicht aber nur jene lyrische Grundintention, sondern auch ein lyrisches Verhalten, eine lyrische Befindlichkeit. Die Gedanken und Träume des Fauns beschreiben einen Kreis, sie führen zu nichts; am
Ende befindet er sich eben dort, wo er angefangen, dem halluzinierenden Aufschwung des »je tiens la reine« zum Trotz, worin der Mallarmésche Faun beweg-
ter, drängender anmutet als der Debussysche – nicht nur, weil er seine Träume
verbalisieren muß; bei Mallarmé träumt er mehr voraus, bei Debussy träumt er
nach. Im Sinne dessen, was – wie unterschiedlich und inkonsequent auch immer
– der Faun sucht, ist, was wir als seinen Monolog belauschen, tatsächlich »vaine«,
ist sinn- und zwecklos, ein ohnmächtiger Kreisgang der Gedanken und Gefühle,
der, weil er ihn nicht von seinem Ziel her empfängt, seinen Sinn nur in sich selbst
haben kann und so sich als angemessenes Sujet einer poésie pur erweist. So tritt
als Gegenstand neben alle geträumten Bilder das lyrische Reden und Raunen
selber, um nicht zu sagen: Jene bilden zu diesem den Vorwand. Zu solcher Pro-
noncierung könnten wohl Passagen des Gedichtes wie der Musik einladen, in
denen eine besondere Subtilität der Autoren sich darin scheint bewähren zu
wollen, daß sie den Gegen-Stand der Textur zu tilgen und diese auf ein lyrisches
»murmure« zu reduzieren trachtet, worin bestenfalls schon Gesagtes nachtönt
und, paradox gesprochen, das Sagen nur sich selber sagen und vernehmen will;
bei Debussy käme hierfür zum Beispiel ein Auslauf wie ab Takt 73 in Betracht.
Gerade am Rande der Paradoxie wird deutlich, wo der Musiker besser ernten
konnte, was der Dichter gesät hatte, – was diesem, da er an die denominativen
Momente gebunden bleibt, niemals voll zuwachsen kann.

Im Vergleich hierzu nun könnte die unumgängliche Vergegenständlichung
der Flöte von Mallarmés Faun in der Flöte des Orchesters geradehin als eine
Entsprechung von gefährlich programmhafter Direktheit erscheinen, zumal sie
in Gestalt einer besonderen »Verdinglichung« tief in die musikalische Struktur
hineinreicht: die Flöte und ihre Melodie bleiben aufeinander fixiert. Weder
kann die Flöte selbständig mit anderen Prägungen hervortreten, noch kann umgekehrt ein anderer Partner ihr die Melodie abnehmen, sie fortspinnen oder va-

---

[28] Stéphane Mallarmé, *Sämtliche Gedichte*, Französisch mit deutscher Übertragung von Carl Fischer,
Heidelberg 1957, S. 38.
[29] A.a.O., S. 30.

riieren. Mehrmals ist die Oboe – als wichtigster Pastoralcharakter im Orchester – hierzu auf dem Sprung, doch erweist sich eben dabei, daß die Flöte und ihre Melodie und das Orchester aneinander vorbeigehen, daß das Solo vom Tutti nicht angenommen wird – nicht einmal in dem Sinne, daß das Tutti einen bestätigenden Kontrast anböte. Was zunächst wie ein Gegenthema aussieht, erweist sich bei näherem Hinblick, wie wir noch sehen werden, als außerordentlich kunstreich vereinfachtes, sich selbst multiplizierendes Echo der kleingliedrigen Arabesken der Flöte. Die beiden Partner – Partner nur in dem Sinne, daß sie im gleichen Stück auftreten – reden aneinander vorbei, ähnlich wie diejenigen in manchen Theaterstücken des Fin du siècle, die die Beziehungslosigkeit der Menschen, die kommunikative Verarmung artikulieren, in Ibsens *Rosmersholm* etwa.[30] Das geht hin bis zu einem Grade, bei dem die Reduktion der Beziehungen die Konstruktion eines stringenten Zusammenhanges nicht mehr zuzulassen scheint. Dennoch hat Debussy jede Art von Bezüglichkeit denkbar diskret behandelt, so sehr, daß die Eigenart des jeweils gegenwärtig Erklingenden die Frage nach seiner Stellung im Gesamtablauf gegenstandslos machen will und ein gewissenhaft Analysierender wie William Austin die Frage der motivischen Verkettung der Prägungen nur vorsichtig zur Diskussion stellt.[31] Sie läßt sich nicht abstrahieren von dem Wechselspiel der Partner Flöte und Orchester, ihrem zaghaften Einander-Antworten, -Annähern, -Verfehlen, Beinahe-sich-Finden und dem erst im Abschiednehmen gewährten Ausblick auf eine mögliche Identität.

Dreimal – in jeweils vergrößerten Komplexen – »schlägt« die Flöte dem Orchester die Melodie »vor«, und jedesmal antwortet dieses auf sehr verschiedene Weise, ohne die Melodie anzunehmen – beim erstenmal in einem ersten zaghaften Widerhall, der die Musik noch unerweckt und »au bord du silence« zeigt; beim zweiten, diskret harmonisch unterlegten Mal mit einer weiterführenden melodischen Expansion, die sich rasch in einer kreiselnden Bewegung in der pentatonischen Dreitonfolge gis-h-cis fängt und erschöpft; beim dritten Mal in einer durch den Aufprall auf den Partner modifizierten Form (erstmals werden dem cis der Flöte durch die Harfe die Zählzeiten markiert), in der die Melodie dreimal auf dem Halteton ansetzt, sich taktweise von einer wiederum wellenhaften Bewegung tragen läßt und mit dem Orchester eine Gemeinsamkeit des Zustrebens auf eine der wenigen klaren Kadenzierungen des *Prélude* erreicht (Takt 30). Hier zum ersten und einzigen Mal ist die Melodie zu einem großen Bogen geformt, am weitesten entfernt vom fragend anspielenden, fragmenthaften Charakter eines Vorschlags, der beantwortet sein will.

---

[30] Hierzu umfassend Peter Szondi, *Theorie des modernen Dramas*, Frankfurt a.M. 1964.
[31] Austin, S. 75ff.

Die Antwort fällt hier sonderbar unordentlich aus: Wohl hat die – führende – Klarinette den langen Halteton der Flöte (in äußerster Entfernung zu deren cis ein g, drei Takte später ein b) und das anhängende rasche Ab-Auf, doch gerät ihr dieses zu einem raschen Wirbel, als sei die Melodie nicht zu halten, welche sodann in einer motivisch indifferenten Fontäne verschließt, oder auch: sie versucht vergeblich, dem Käfig der seit Takt 31 etablierten Ganztonstruktur zu entkommen. In jeder Hinsicht die diatonische H-Dur-Auflösung von zuvor verdrängend, hatte die Klarinette (vgl. Beispiel 1b) über das Chroma eis-fis den Auftakt zum Hauptton g genommen; transponiert kehrt es im Motiv der Celli wieder, in der entstellenden Verformung eines einstmals diatonischen Echos (3. Horn, Takt 5), welches nun die Klarinette auf eigentümlich dissoziierend-zufällige Weise kontrapunktiert – etwa in jener kunstvoll »ungeordneten«, alle harmonische oder periodische Integration scheinbar abweisenden Art, die Mahler im Sinne eines realistischen Pluralismus anhand des Ineinanderklingens von Drehorgeln, Militärkapelle und Männergesangverein erklärte, die bei dem auf eigene Weise radikalen Realisten Janáček begegnete[32] und im übrigen schon viel früher, abermals unter den Prämissen einer sehr unmittelbaren Widerspiegelung, ins Auge gefaßt war, nämlich von Grétry[33]. Bei Debussy mißlingt in den Verformungen der Takte 31ff. des *Prélude* die Aneignung der dreimal »angebotenen« Flötenmelodie. Wenn im folgenden die Oboe mit einer scheinbar neuen Melodie das Orchester aus der harmonisch unerlösten, unproduktiven, in sich drehenden Phase von zweimal drei Takten herausführt, so nicht zuletzt mit abermaligem Hinweis, daß die Flötenmelodie nicht adaptierbar ist: denn was nun erklingt (Beispiel 1c), erscheint neu und ist zugleich doch aus der Flötenmelodie hervorgegangen. Nach deren chromatischer »Entstellung« folgt hier komplementär die diatonische (Beispiel 1c) – in einer getreuen Umspielung der diastematischen Eckpunkte der Flötenmelodie, die in transponierter Umkehrung schon in den Takten 14/15 angeklungen war (Beispiel 1d). Seit jener Passage, seit dem Takt 19, hatte Debussy die Oboe für dies Neue aufgespart, das wie die Flötenmelodie mit der Beischrift »doux et expressif« versehen ist. Nun endlich hat das Orchester seinen eigenen Verlauf gefunden, hat »en animant« seine eigene, freilich rasch wieder zusammenfallende Expansion. Die seiner diatonischen Befreiung insgeheim mitgegebene Chromatik (vgl. schon Takt 38) bringt die schwungvolle Ausfahrt rasch zum Ermatten und löst sich im breitgelagerten As-Dur der Takte 51ff. als in einem Ruhepunkt, worin die chromatischen Girlan-

---

[32] Zu Mahler vgl. Natalie Bauer-Lechner, *Erinnerungen an Gustav Mahler*, Leipzig u.a. 1923, S. 147; zu Janáček vgl. Peter Gülke, *Versuch zur Ästhetik der Musik, Leoš Janáčeks*, DJbMw für 1967, Leipzig 1968, S. 5–39, im vorliegenden Bande S. 352ff.

[33] André-Ernest-Modeste Grétry, *Memoiren oder Essays über die Musik*, hrsg. von Peter Gülke, Leipzig 1973. Vgl. hierzu auch etliche Passagen bei Charles Ives.

Beispiel 1

den nur noch erinnerungshaft hängen und ein zuvor, in Takt 39, ungestüm
drängendes, synkopisches Motiv nun in einen zögernden, passiven Charakter
verwandelt ist – eine in müde-träumerischem Verweilen Vergangenem nach-
hängende Musik, die scheinbar nichts mehr suchen und gewinnen, kaum einmal
mehr fortgehen will und fast nur zufällig, mit dem Gestus des Beiseitetretens (cé-
dez un peu …) die Mündung ins Des-Dur des Taktes 55 findet – jede Schwelle,
jede Art signalisierender Interpunktion fehlt hier; die Musik läßt sich bequem
von der dominantischen Zwangsläufigkeit der Harmoniefolge As-Des tragen.
Überschattet von der Möglichkeit, daß es gar nicht mehr weitergehen könnte,
stellt sich der Eintritt des neuen Komplexes mit Zügen eines erlösenden Wun-
ders dar; Debussy bündelt hier das Tutti im Sinne eines homogenen Verlaufs zu
dem wichtigsten musikalisch-gedanklichen Widerpart der Flötenmelodie. Wie
sie – und noch viel deutlicher die Oboe (vgl. Beispiel 1c und d) – kreist auch er
melodisch in der pentatonischen Sekund-Terz-Konstellation (Beispiel 2a). Der
fast traumatische Flötenton cis ist als Des nun zum herrschenden Grundton geworden und gilt als solcher hinter allen Ausweichungen 24 Takte lang, weitaus
länger also als irgendein anderer in diesem Stück, was den Eindruck wesentlich
bestimmt, hier habe die Musik endlich gefunden, wonach sie zuvor immer wie-

Beispiel 2

der suchte. In jeder anderen Hinsicht jedoch kann die Entfernung zur Flötenmelodie kaum größer gedacht werden; in den Takten 59ff. hat Debussy sie musikalisch vergegenständlicht – als Fremdheit, mit der ein Anklang an die Flötenmelodie in dies diskret sensualistische, ein wenig mit Salonduft überhauchte
Schwelgen einfällt. Das beginnt mit dem charakteristischen Herabgehen von einem Halteton, welches, eigentlich in ges-Moll stehend, von Debussy enharmonisch umgedeutet und »falsch« notiert wird, schwerlich nur aus Zweckmäßig-
keitsgründen: Denn im Takte 61, wo eine Zurücknahme der Verirrung, eine
Heimkehr nach Des denkbar wäre, konkretisiert er den Abweg als Bezugnahme
auf die Flötenmelodie in einem eigentümlich gewaltsamen, dunkel und hart tönenden a-Moll, unterstrichen durch eine der seltenen Forte-Vorschriften. Danach steigert er das luxurierende Aufgebot in der Darstellung der Des-Dur-Melodie noch mehr; erst nach Verdrängung jenes dunklen Schattens entfaltet sie
sich voll, so daß auch das Verebben ihres Wellenschlages viel Zeit braucht. Die
massive Bündelung aller Komponenten zu einer einsinnigen Bewegung mutet
im Vergleich zur sonstigen zeichnerischen Subtilität wie ein sehr großes
Schwungrad an, dessen Drehung sich nur allmählich verlangsamt – dies insgesamt die kompakteste Partie des Stückes, man mag auch sagen: die simpelste.

Das letztere ist früh – im Jahre 1895 – empfunden und formuliert worden von
dem Kritiker Gustave Robert in einem oft nachgeschriebenen Urteil über den
massenethaften Charakter des Des-Dur-Komplexes.[34] Wollte man sich mit Bezug auf den Rang der Debussyschen Komposition dagegen verwahren, wäre
man schwerlich im Recht: Der Niveauunterschied zur Flötenmelodie erscheint
als Moment des Abstandes beider; im Gegensatz zur kammermusikalischen Subtilität des Vorangegangenen und Folgenden artikuliert sich die »träge Masse« des
Tutti simpler, eindeutiger, so daß der Niveauunterschied zu den Konstituanten
des Ganzen gehört. Im übrigen hätte ein um ästhetische Dignität besorgter guter
Geschmack auch deshalb hier nichts in Schutz zu nehmen, weil seine – zumal
die mit deutsch-bürgerlicher Gründlichkeit getroffenen – Abgrenzungen in
Frankreich nicht verfangen, blieb hier doch allemal das Verhältnis zu den Formen der Subkultur und selbst zum Kitsch tolerant freundlich, wie zum Beispiel
bei Proust nachzulesen ist. Debussy, der von Massenet etliches geerbt hat, dürfte
in diesem Sinne gegen Roberts Denunziation nichts einzuwenden gehabt haben. Was die melodische Führung angeht, so liegt eine andere überdies näher als
die auf den Gesamtcharakter bezogene zu Massenet, diejenige zum ebenfalls in
Des-Dur stehenden Nocturne op. 27 Nr. 2 von Chopin (vgl. Beispiel 2b).[35] Die
eine wie die andere kann Debussy nicht nur nicht verborgen geblieben, sie müs-

---

[34] Abdruck (in englischer Übersetzung) bei Austin, S. 147ff.
[35] Austin, S. 73.

sen einkalkuliert gewesen sein. So sehr Debussy freilich der Melodie Freiheit und expansiven Auslauf läßt, so deutlich nimmt er sie zugleich über den musikalischen Satz in einen nahezu eisernen Griff. Bei ihrem ersten, fast noch zaghaften Erklingen in den Holzbläsern (Takt 55 ff.), welches durch den geschilderten Einbruch verstört wird, begleiten die Streicher in Synkopen; kann man diese noch als ein im Widerspiel die Darstellung der ruhigen Lineatur profilierend und deren genußvolle Rezeption steigernd interpretieren, so fällt das viel schwerer – und bleibt zumindest nur die halbe Wahrheit – bei den Triolen, mit den beim zweiten Erklingen die Holzbläser nun ihrerseits die Streicher begleiten: Das ist nicht nur klangfüllendes Dekor, sondern zugleich ein hinter die Melodie gesetzter Raster, der sie, gefühlige Rubati erschwerend, zur Strenge verhält und in die duftig-weiche Sonorität des Orchesters eine Art graphischer Klarheit bringt. Darin ist das Moment der Distanzierung unübersehbar. Das Orchester erscheint nicht geradenwegs mit der Melodie identifiziert; vielmehr wird diese hingestellt und festgehalten, musikalisch nahezu wie ein Zitat in Anführungszeichen gesetzt. Auch in diesem Sinne erscheint die von Robert beanstandete mindere Originalität bewußt gewählt und kompositorisch reflektiert. Die Qualität einer Interpretation des *Prélude* läßt sich übrigens gerade hier deutlich daran erkennen, ob, mit ungenauer Bezugnahme auf das Sfumato des Debussy-Orchesters oder in Verwechslung mit dem Gebrauch, den z.B. Tschaikowski im zweiten Satz seiner Fünften Sinfonie von einer ähnlichen Konstellation von großbogiger Melodie und rascher bewegten Sekundwechseln macht, beides einem gefühligen Rubato unterworfen oder das Moment der distanzierenden, objektivierenden Klammer wahrgenommen wird.

Nach dem Auslauf der Des-Dur-Melodie kontrapunktiert Debussy deren Kopf (Violinen) und Ende (Klarinette und Holzbläser) in einem wie zufällig wirkenden, undynamischen Übereinander, das einerseits der desintegrierten Passage der Takte 31 ff., andererseits in seiner in einer Harmonie ruhenden Nostalgie und dem verweilerischen Erinnern den Takten 51 bis 54 nahesteht. Diese Stelle ist von coda- oder epiloghaftem Zuschnitt insofern, als wichtige Prägungen nochmals erscheinen, von ihrem Gegeneinander aber nichts mehr gewollt wird und alle konflikthafte Spannung gewichen ist. Dies zu betonen ist umso wichtiger, weil unmittelbar anschließend, also ohne alle hinleitende Vorbereitung, jener in der Konstellation von Flöte und Orchester und deren wechselseitig nicht adaptierbaren Prägungen anvisierte Moment einzutreten scheint, da das unvereinbar Scheinende sich dennoch vereint: Die Musik ist jäh trugschlüssig nach E-Dur versetzt, wo, weich gebettet in eine Harmonie, die ihren Anfangston zum Grundton macht, die Flöte ihre Melodie beginnt. Aus dieser wird nun, wie um den Schatten aller sperrigen Elemente zu tilgen, jener Tritonusabstand zwischen oberem und unterem Ton (Anfang: cis-g) entfernt, der ihre harmonische Zuordnung erschwerte. Debussy verändert den ersten Schritt zur kleinen

Sekund und steigt insgesamt nur eine Quart hinab zum h, welches als Quint nicht weniger gut auf dem daruntergelegten E-Dur ruht als der Anfangston e. Dieser im Sinne des musikalischen Großverlaufs große Augenblick kommt auf leisen Sohlen, in ihm wird ganz auf das spirituelle Gewicht des Vorgangs gesetzt. Im übrigen huldigt er dem Understatement, dem gedämpften Ton von Unterhaltungen, deren Partner es überflüssig finden, gewichtige Aussagen zu inszenieren und durch emotionalisierende Beigaben zu unterstreichen. Man mag da an die Konversation in Prousts *Recherche* denken, auch insofern, als jene Gedämpftheit mit einem »guten Ton« zu tun hat, den man sich dort am ehesten leisten kann, wo die Verbindlichkeiten dessen, was man äußert, gering sind. Dies die eine Seite. Die andere bildet das Vertrauen, daß diese Kunst sich ihr Piano leisten und auf Momente der rhetorischen Unterstreichung verzichten kann – welche Debussy bekanntlich als Fürsprecher einer »tendresse délicate et charmante«, die kein Bedürfnis hat »de souligner à coups de poing«[36], bei Wagner unerträglich fand: »Effort malheureusement gâté par ce besoin allemand de taper obstinément sur le même clou intellectuel, crainte de n'être pas compris qui s'alourdit nécessairement de répétitions oiseuses.«[37] Ebenso wie in der älteren französischen Musik, etwa bei Rameau, fand Debussy für die Vermeidung aller Ostentation Vorbilder wiederum auch in der Literatur, etwa in der schockierenden Beiläufigkeit, mit der Rimbauds *Dormeur du Val* als erschossener Soldat erkannt wird.[38] Auch Debussy hat mit dem großen Moment des Taktes 79 in einem bestimmten Sinne nur gespielt, er hat ihn im Nachhinein uneigentlich gemacht und ihm den Charakter eines Durchblicks auf eine Möglichkeit gegeben, die hier noch nicht realisiert werden kann: Unvermittelt werden Melodie und Harmonie von einer kleingliedrig bewegten Passage abgeschnitten, die in ihrer spitzfüßigen, geschäftigen Behendigkeit befremdlich stört und vergessen macht, daß sie motivisch sehr direkt mit dem Gestörten zusammenhängt. An keiner anderen Stelle des *Prélude* (der Vorgang wird sieben Takte später wiederholt) begegnet ein ähnlich schroffer Umschlag. Die Wiederholung der harmonisierten Flötenmelodie – nun in Es – erhält besonderes Gewicht dadurch, daß sie von der Oboe getragen, die Fixierung auf die Flöte also aufgelöst wird. Ganz und gar unter dem Eindruck des Folgenden stellen sich jene Takte als ein ungeduldiger, durch eine unwirsche Korrektur zurückgenommener Vorgriff dar. Denn nun, nachdem sie zuerst in E (Takt 79), dann in Es (Takt 86) erklungen, kommt die Melodie endlich herab in das ihr »eigentlich« gehörige cis (Takt 94). Überdies löst Debussy den solistischen Charakter auf: Nun blasen zwei Flöten. Doch als sei damit genug des Konvergierenden, geben zwei Soloviolinen einen wieder wie zufällig

---

[36] Claude Debussy, *Monsieur Croche et autres écrits*, hrsg. von François Lesure, Paris 1971, S. 89.
[37] Ebenda, S. 176.
[38] Rimbaud, a.a.O., S. 68ff.

nebenherlaufenden Kontrapunkt, und die harmonische Entspannung des Trito-
nus-Abstandes zur Quart ist wieder aufgehoben. Die nachdrücklich durch die
erstmals hier eintretenden Cymbeln angezeigte Versöhnung wird wieder nicht
zu Ende gebracht. In bezug auf die Harmonie und die nun erreichte Kontinuität
des Verlaufs – das Folgende korrespondiert mit dem dritten, im Zueinander der
Partner am weitesten gediehenen Vortrag der Flötenmelodie (vgl. z.B. die Takte
96ff. mit Takt 28) – geht sie über die Vorgriffe der Takte 79ff. und 86ff. hinaus,
in der harmonischen Eindeutigkeit und in der Konzentration auf nur einen Vorgang bleibt sie hinter ihnen zurück. Ähnlich wie in den Takten 75 bis 78 eignet
den beiden Melodien in ihrem beziehungsarmen Nebeneinander etwas Epilog-
haftes: Das Abschiednehmen hat schon begonnen, ehe der Lösungspunkt der
musikalischen Grundkonstellation erreicht ist – auch hier also ist ein Understatement wirksam, das die Momente einer Zuspitzung ausdrücklich aus einer immerhin denkbaren dramatischen Bündelung auseinanderzieht zu einer sorgsam
equilibrierenden Verteilung und, allen knalligen Manifestationen abhold, auf ein
äußerst kontinuierliches Realisieren der gesetzten musikalischen Logik aus ist.
Der Hörer empfindet darum die innere Folgerichtigkeit dieser Musik, kann sie
sich aber außerordentlich schwer definieren.

In Takt 100 endlich macht Debussy den Anfangston der Melodie zum Grundton, tilgt damit auch den »sperrigen« Tritonus und nimmt die Melodie über das
unison mitgeführte Solo-Violoncello tiefer ins Orchester hinein, auch zeigt er
im Achtel-Gleichschlag der Harfe die erreichte Harmonisierung an. Nicht aber
ist der harmonische Wechsel unter dem einstmaligen Tritonus verschwunden:
Bis zum Schluß wird ein auflösungsbedürftiger Rest aufgespart, und bis zum
Schluß wird die Neubelichtung bekannter Elemente fortgeführt. Dies am deutlichsten im unerwartet hergestellten, schönen C-Dur der Oboe in Takt 103,
worin, nach den chromatisierenden Girlanden zuvor, die diatonische Klarheit
der Wendung besondere Leuchtkraft gewinnt, und ähnlich – wie eine hörbar gemachte Analyse – in den Quartolen der Harfe (Takt 106), in denen auf sehr einfache Weise die »Grundformel« mit der Chromatik des Stückbeginns zusam-
menkommt. Schwebend und nicht voll aufgelöst (obwohl in den letzten anderthalb Takten nur noch E-Dur erklingt) bleibt die Harmonie: Das ais der Violinen
und mehr noch das cis der Flöte hängen bis zuletzt im Ohr, und nur zufällig
scheint hier eine der bei Debussy-Schlüssen so häufigen Beischriften wie en
s'éloignant, lointain oder perdendo zu fehlen.

Nur mit Unbehagen spricht man beim Prélude von Umkehrung, Variante einer Prägung oder Ähnlichem, widerstreitet doch die hierbei unterstellte Setzung
eines motivischen Ausgangspunktes oder zumindest eines unverrückbar gültigen
gemeinschaftlichen Vielfachen dem oszillierenden, jegliche Festlegung meidenden Wesen dieser Musik; dieses stellt sie nicht nur vor, sie hat es sich in der Struktur selbst zugeeignet. Hier nun springen die Analogien zu den für Mallarmés

Faun verschwimmenden Grenzen von Traum und Realität ins Auge, zu seinem Schwanken zwischen Bedürfnis und Hemmung, eines Konkreten habhaft zu werden, das sich erst allmählich für Mallarmé als Thema herausgeschält hatte: In einer früheren, ins Jahr 1865 gehörigen Version, *Monologue d'un Faune* betitelt, findet sich z.B. die szenische Anweisung »Un faune assis laisse de l'un et de l'autre de ses bras s'enfuir deux nymphes«, und sie schließt sehr eindeutig mit »Adieu, femmes; duo de vierges quand je vins«.[39] So wurde in dem Gedicht thematisch gemacht, was das Verhältnis der symbolistischen Lyrik zur Gegenständlichkeit, gleich welcher Art, allgemein kennzeichnet: das Belassen im Ungefähr, in der Anspielung, die Scheu vor jeder Art Festlegung, in die noch immer die »kommerzielle« Verderbnis, die Beschlagnahme durch banale Zweckhaftigkeit hineinschlagen müßte. Indem derjenige, der anspielt bzw. »beschwört«, sich gegenüber dem Gegenstand Freiheit bewahrt, bewahrt er zugleich diesem Gegenstande Freiheit. »Ein Ding nennen, heißt dreiviertel des Genusses an einer Dichtung verderben; das Genießen besteht im allmählichen Erraten; das Ding suggerieren, hier liegt das Ziel«[40] – dies ein Zentralsatz der symbolistischen Poetik, wobei unter jenem »Genießen« die ästhetische Rezeption insgesamt begriffen und nicht anstelle der Suggestion das »Ding« als der ästhetische Gegenstand angesehen wird. »Peindre, non la chose, mais l'effet qu'elle produit«[41], gilt es, und darum meint Mallarmés Sonett *Éventail (de Madame Mallarmé)* nicht den Fächer, sondern »cet éventail si c'est lui«, »den Fächer, falls er ist«.[42] In dieser Annäherung des künstlerischen Gegenstandes an die Prämissen seiner Bearbeitung vollstreckt die symbolistische Poetik mit der ihr eigenen Radikalität eine in jeglicher Lyrik enthaltene Intention: die Aufhebung der Unterscheidung von subjektivem Innen und objektivem Außen.[43] »Bei der Erzeugung des Werkes entsteht die Tätigkeit aus der Berührung mit dem Undefinierbaren«, formuliert Valéry[44], der sich am Ende verführt sah, den Prozeß der Entstehung eines Kunstwerkes selbst als Kunstwerk anzusehen. Debussy, nach dem Zeugnis seines Studienfreundes Raymond Bonheur, beneidete die Maler, weil sie imstande wären, »die Frische einer Skizze zu bewahren«[45], und bekannte sich in einem Interview mit Maurice Emmanuel gut symbolistisch zu den »choses dites à demi«[46]. In derlei Aussagen

---

[39] Mallarmé, *Sämtliche Gedichte*, a.a.O., S. 315ff.; vgl. auch Thomas Munro, *»The Afternoon of a Faun« and the Interrelation of the Arts*, in: Munro, *Toward Science in Aesthetics. Selected Essays*, New York 1956, S. 342–363, das Zitat S. 347.

[40] Friedrich, a.a.O., S. 92.

[41] Mallarmé im Oktober 1864, mitgeteilt bei Mauron, a.a.O., S. 67.

[42] Mallarmé, *Sämtliche Gedichte*, a.a.O., S. 96.

[43] Hierzu umfassend Emil Staiger, *Grundbegriffe der Poetik*, München 1971, S. 39ff.

[44] Valéry, a.a.O., S. 138.

[45] Mitgeteilt bei Austin, S. 138.

[46] Austin, S. 129.

ist, wenig zufällig und der Gefahr von Mißverständnissen ausgesetzt, stets mehr
Verzicht als Gewinn formuliert, ein Gewinn, der sich kaum abstrahierend fassen
läßt, sondern nur im einzelnen Werk aus der Beobachtung hervorgeht, wie im
Gedicht, dem »verlängerten Zögern zwischen Klang und Sinn«[47], der produktive
Funke aufspringt und wie »[...] les mots [...] se reflètent les uns sur les autres jus-
qu'à paraître ne plus avoir leur couleur propre, mais n'être que les transitions
d'une gamme«[48].

Die Parallelität zu Debussys Verzicht auf die Gegenständlichkeit und die Be-
zugsfunktion eines Themas liegt, wie in der Tilgung eines objektiven Gegen-
übers, auch in der Notwendigkeit auf der Hand, in jedem Detail Sagen und Gesagtes aneinander neu zu konstituieren. Wie sehr auch die Flöte und ihre Melodie im Mittelpunkt der Komposition stehen, so bilden sie doch nicht ihren thematischen Gegenstand, am wenigsten im klassischen Verständnis eines einer
Prüfung unterzogenen Postulates, aber auch nicht im Sinne eines eindeutig gesetzten und, aus welcher Entfernung auch immer, stets neu anvisierten Bezugspunktes. Schon die Faktur der Melodie macht deutlich, daß es sich viel eher um
ein tastendes An- und Umspielen handelt, womit sich die Frage nach dem Um-
spielten, hinter dem klingenden Erscheinungsbilde Liegenden stellt. Austin hat
sie in einer »hypothetical simplification«[49] zu beantworten versucht, in deren

Beispiel 3

letzten beiden Takten der »simplification« zuliebe freilich die charakteristischen,
gewiß zum »Kernbestand« gehörigen Sekundschritten weggefallen sind (im Beispiel 3a sind sie nach oben gestielt nachgetragen). Von Reduktion auf einen Mo-
tivkern sollte man nicht sprechen, auch nicht in bezug auf das sehr kleine, vielfach interpolierbare gemeinschaftliche Vielfache, wie es sich (Beispiel 3b) in
mehrerlei Gestalt aus der Flötenmelodie abstrahieren läßt – allzunahe liegt die
Verwechslung des »Kerns« mit einem latenten Hauptgegenstand der Komposition. Damit wäre auf eine dieser Musik unangemessene Weise überabstrahiert
und auch ihr Gegenstand verkannt, der keineswegs weit hinter dem klingenden
Erscheinungsbilde zu suchen und mit einer Tonkonstellation zu identifizieren

[47] Valéry, *Windstriche*, a.a.O., S. 58.
[48] Mallarmé im Jahre 1866, zitiert bei Mauron, a.a.O., S. 65.
[49] Austin, S. 76.

ist. Zunächst definiert die kleine Formel lediglich eine bestimmte, alle Details zusammenschließende Sprachlichkeit, ein verbindendes Moment, das umso wichtiger wird, als dem Komponisten im Sinne der lockeren Syntax alles daran gelegen ist, aus der Aufeinanderfolge der musikalischen Ereignisse jeden Anschein von Kausalität zu verbannen.

Im arabeskenhaften Ab-Auf des Melodiebeginns wird die »Formel« in beiden Richtungen durchlaufen, um im Übergang vom dritten zum vierten Takt auch ihre chromatisierende Umkleidung abzuwerfen, als spiele der Flötist sich an sie heran. Andererseits wird sie am Schluß zugleich um das ais vermehrt, das sie zur Folge zweier Terzen erweitert (vgl. analog Beispiel 1d), als welche sie – in anderer Konstellation – in der von der Oboe (vgl. Beispiel 1c) eingeleiteten Expansion des Orchesters mehrmals begegnet (Takte 38, 42, 44, 45). Das von der Oboe unten an die pentatonische Sekund-Terz-Formel angesetzte fis erscheint einerseits wie eine diatonisierte Richtigstellung des chromatischen Tieftons g im Flötensolo, andererseits als Pendant des melodischen Ausgriffs zur hohen Quint gis, der schon im dritten Takt des Flötensolos formuliert war – so daß die Oboenlinie insgesamt wie eine harmonisierende und in jedem Detail der »Grundformel« verfallende Version der Flötenmelodie anmutet (vgl. Beispiel 4). Zu Be-

Beispiel 4

ginn der chopinesken Melodie (Beispiel 2a) geht ihr zunächst die die Terz von oben her umschreibende Sekund verloren, doch nur, um in einer deklamativ-eindringlichen Wiederholung im dritten Takt nachgetragen zu werden. In dem aufjauchzenden Quintaufschwung der Takte 46/47 kann die Formel auf hohem Podest stehen und, kaum bemerkt, in vielfältigen Varianten den begleitenden Untergrund oder andere Details strukturieren, so in den Takten 11/12 (Celli), 22 (Flöte, Bratschen), 24 (Flöte und Streicher), 28 (Flöte und Streicher), 44/45 (Klarinetten und Fagotte bzw. zweites Hornpaar etc.). Zu den Modifikationen zählen, aus Interpolationen hervorgegangen (welcher Begriff wiederum bei einer Konsequenz der deduzierenden Bezugnahme zu Hause ist, welche zu Debussy kaum gehört), Prägungen der Flöte in Takt 28 (Beispiel 5a) oder des Horns in Takt 5 und 7ff. (Beispiel 5b) wie, rhythmisch und intervallisch diminuiert, die Motivik der die Aneignung des Themas störenden Holzbläser in den Takten 83ff. und 90ff. (Beispiel 5c und d).

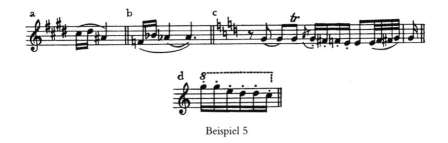

Beispiel 5

Die diskrete Vereinheitlichung im idiomatischen Bereich sichert einen Rahmen, dessen tektonisch zusammenschließende Möglichkeiten groß genug sind, innerhalb seiner eine lockere Syntax zu dulden, in der konsekutive Momente selten in Erscheinung treten und, wo nur irgend denkbar, Distanz zu den überlieferten Formen der musikalischen Grammatik gesucht wird. In dieser Distanz läßt sich unschwer eine Parallele zu Mallarmés Intention einer »musique du silence« erkennen, welche in der Auseinandersetzung mit dem »double sens« der Worte, ihrem »kommerziellen« und ihrem »wesentlichen«, auf die Ergründung des letzteren gerichtet ist. Gegen die zunächst mit seiner denominativen Funktion verbundene Verlautbarung des Wortes steht »silence« hier in erster Linie für die Radikalität der Abgrenzung und will insofern nicht à la lettre, sondern metaphorisch genommen sein. Die banale, abgeklappte und formalisierten Mechanismen unterliegende Schwatzhaftigkeit der Sprache soll zum Schweigen gebracht werden. Andererseits aber bedarf die »silence« der Rechtfertigung als polemische Zuspitzung nicht, um dem Verdacht enthoben zu sein, in den sie die Dunkelheit selbst mancher theoretischen Passage bei Mallarmé bringen könnte: daß sie Ausdruck eines künstlerischen Snobismus sei, der sich über kommunikative Verpflichtungen erhaben dünkt. Im Versuch, kaum Sagbares auszusagen, das im groben Netz einer in vielfachem Gebrauch verabredeten Begrifflichkeit des Wortes nicht hängenbleiben will, hat man sich immer wieder am Rande des Schweigens gewußt, der Mystiker Eckhart[50] nicht anders als Goethe, der sich die Formulierung »lingua fundamentum sancti silencii« am Altar einer böhmischen Wallfahrtskirche in sein Tagebuch eintrug, oder Wagner, dessen – das Problem verflachende – einschlägige Äußerung Mallarmé möglicherweise gekannt hat[51]: »In Wahrheit ist die Größe des Dichters am meisten danach zu ermessen, was er verschweigt, um uns das Unaussprechliche selbst schweigend uns sagen zu lassen; der Musiker ist es nun, der dieses Verschwiegene zum hellen Ertönen bringt [...]«[52] Für Rilke sind die Worte »nur ein paar Einfriedungen um das grenzenlos

[50] Grassi, a.a.O., S. 69.
[51] Aimé Patri, *Mallarmé et la Musique du Silence*, RM 210 (1952), S. 101–111, der Hinweis S. 103.
[52] Richard Wagner, *Gesammelte Schriften und Dichtungen*, Bd. VII, Leipzig ⁴1907, S. 130.

Wortlose«[53], und für Celan »zeigt [...] das Gedicht [...] eine starke Neigung zum Verstummen [...] Es behauptet sich [...] am Rande seiner selbst; es ruft und holt sich, um bestehen zu können, unausgesetzt aus seinem Schon-nicht-mehr in sein Immer-noch zurück«[54].

Nicht anders nun als das poetische Wort des Lyrikers Mallarmé oszilliert und definiert sich auch dieser Zentralbegriff seiner Ästhetik nur mit Hilfe des je vorhandenen Kontextes. Einerseits hat »silence« zu tun mit seiner Bestimmung der Musik »l'ensemble des rapports existant dans tout«[55], worin recht ungenau etwas Platon nachgeschrieben und der Bezug auf die »wahre«, unhörbare Musica mundana eingeschlossen ist; andererseits – und in bezug auf den ästhetischen Prozeß viel konkreter – hat sie teil an der »évocation«, der Herstellung der je einmaligen Konstellation, aus der das Wort im jeweils gegebenen Kontext von Sinn, Klang, syntaktischem Zusammenhang etc. neu geboren und bestimmt wird und die des vorangegangenen Schweigens bedarf – als des Nichts, aus dem es eben geschaffen wurde. Indessen ist der hohen Intellektualität seiner Protagonisten die Paradoxie des Griffes nach diesem Absoluten zu bewußt, als daß sie sich nicht darauf angewiesen fühlten, für das Herstellen solcher Konstellation mehr Gelingen und Authentizität zu erhoffen als für das Ergreifen der Idee, des Inhalts, der in ihr zünden soll; später sollte in lyrischen Theorien, nicht weit entfernt von derlei Tatbeständen, von »Epiphanien« die Rede sein[56]. Wäre das, was da zünden soll, tatsächlich greifbar, so wäre es das Absolute nicht mehr. Im Bewußtsein solcher Vergeblichkeit ihres Bemühens (zu dem sie dennoch sich beauftragt fühlt), trifft die »Literatur [...] bei Mallarmé Vorbereitungen zum Empfang der Idee, die selbst durch die Literatur nicht mehr geschaffen, sondern nur umrissen werden kann. [...] Und darum ist die literarische Sprache ein System, eine Struktur, die das ›Geheimnis‹ und das ›Schweigen‹ eingrenzt, ihm, wie er es ausgedrückt hat, ›Authentizität verleiht‹.«[57]

In solchen Überlegungen ist die Auseinandersetzung mit dem Tatbestand unübersehbar, daß der Dichter mit Worten als mit einem Material zu tun hat, das anderswo anders benutzt und vernutzt wird und dessen ästhetische Qualitäten er immer neu herstellen muß. Unter dem Druck dieser Problematik bot sich die Musik als Gegenwelt, als Synonym eines von derlei Verunreinigungen freien Bezirkes zu dringlich an, als daß die symbolistische Ästhetik geneigt gewesen wäre, nach Analogien in des Dichters und des Musikers Suche nach unverbrauchten

---

[53] Zitiert in: *Über Paul Celan*, hrsg. von Dietlind Meinecke, Frankfurt a.M. 1970, S. 238.
[54] Paul Celan, *Der Meridian.* Rede anläßlich der Verleihung des Büchnerpreises, in: Celan, *Ausgewählte Gedichte*, Frankfurt a.M. 1968, S. 133ff., das Zitat S. 143.
[55] Stéphane Mallarmé, *Oeuvres complets*, Bibliothèque de la Pleiade, S. 368.
[56] So bei Ezra Pound.
[57] Marianne Kesting, *Mallarmé und die Musik*, Melos XXXV (1968), S. 45–56, das Zitat S. 48.

Materialien zu forschen. »Alles in allem ist dem Dichter das bittere und paradoxe Geschick auferlegt, ein Machwerk des Alltagsgebrauchs und der Praxis zu ganz ausgefallenen und nicht praktischen Zwecken zu benutzen; er muß Hilfsmittel statistischen und anonymen Ursprungs entlehnen, um sein Vorhaben zu vollbringen, das darin besteht, seine Persönlichkeit, und zwar in ihrem reinsten Wesen und in ihrer Einzigkeit, auszudrücken und zu überhöhen.

Nichts macht die ganze Schwierigkeit seiner Aufgabe besser begreifbar als ein Vergleich des dem Dichter gegebenen Rohmaterials mit jenem, über das der Musiker verfügt. Sehen wir ein wenig zu, was dem einen und was dem andern geboten ist, in dem Augenblick, wo sie sich ans Werk machen und von der Absicht zur Ausführung übergehen.

Glücklich der Musiker! Die Evolution seiner Kunst hat ihm eine ganz und gar bevorzugte Stellung verschafft. Seine Mittel sind gut definiert, das Material seiner Komposition liegt völlig durchgearbeitet vor ihm. Man kann ihn auch mit der Biene vergleichen, wenn sie sich um nichts mehr zu kümmern braucht als einzig um ihren Honig. Die regelmäßig gebauten Waben und die Wachszellen sind völlig fertig. Ihre Aufgabe ist wohlabgemessen und auf ihr Bestes beschränkt. So auch der Komponist. Man kann sagen, die Musik ist schon vor ihm da und wartet auf ihn. Seit langer Zeit schon ist sie völlig aufgebaut!«[58] »Die Musik ist schon vor ihm da«: Da wirkt unverkennbar Mallarmés diffuser Platonismus nach und verstellt den Blick auf die gerade in der Musik des 19. Jahrhunderts so auffällige Entwicklung des Materials, den unaufhörlichen Versuch, früher gegebenen Definitionen zu entlaufen und Materialien zu finden, die neu bestimmt werden können. Debussys leidenschaftliches Interesse für Gregorianik, für javanische Gamelanorchester oder den seinerzeit kaum bekannten Mussorgski gehört in diesen Zusammenhang, dem auf seiten der Dichtung wiederum die große Zahl entlegener Worte in der Lyrik des Sprachforschers Mallarmé entspricht. Noch ein der symbolistischen Poetik verpflichteter Lyriker unserer Zeit, Paul Celan, »war ein leidenschaftlicher Leser von Wörterbüchern«[59] und hat den Titel eines seiner Gedichte, *Sprachgitter*, nicht zufällig bei Jean Paul gefunden[60]. Und eben im Zusammenhang mit der Schwierigkeit, den Empfindungsgehalt einer Phrase dem musikalischen Material einzuprägen, kommt auch Debussy – im Zusammenhang mit *Pelléas*, zugleich also während der Beschäftigung mit dem Faun – auf »le silence« zu sprechen: »Ich habe nach Musik Ausschau gehalten hinter all den Verhüllungen, die um sie sogar für ihre leidenschaftlichsten Verehrer aufgehäuft sind, und habe von der Suche etwas heimgebracht, das Sie (der Brief vom 2. Oktober 1893 ist an Ernest Chausson gerichtet) vielleicht mö-

---

[58] Valéry, *Zur Theorie der Dichtkunst*, a.a.O., S. 16f.
[59] Peter Szondi, *Celan-Studien*, Frankfurt a.M. 1975, S. 65.
[60] Adelheid Rexheuser in: *Über Paul Celan*, a.a.O., S. 174.

gen werden [...]. Ich habe – übrigens ganz spontan – von einem Mittel Gebrauch gemacht, das mir ziemlich ungewöhnlich erscheint, nämlich von dem Schweigen (lachen Sie nicht!) als einem Agens des Ausdrucks und vielleicht der einzigen Möglichkeit, den Empfindungsgehalt einer Phrase zur Wirkung zu bringen.«[61]

Ebensowenig wie in der Dichtung geht es in der Musik wortwörtlich ums Verstummen; schon ein Verweilen, das Fehlen treibender Dynamik oder einer nach Konsequenzen fragenden Logik kann Leere artikulieren, in die Neues ungerufen, unvermittelt einfällt, eine Leere, die diesem Neuen »geschwiegen« hat. Insofern erscheint eine jenem Griff nach dem Absoluten analoge Intention beim Musiker nicht so hoch prätentiös und von vornherein mit Paradoxie und Vergeblichkeit geschlagen wie beim Dichter. Immerhin hat Debussy an einer Stelle des *Prélude* das Schweigen wörtlich genommen, mag sie auch zugleich mit den in der flimmernden Sommerluft zerfließenden Bildern zusammenhängen. Das am Beginn des Stückes eintretende Ereignis gewinnt, indem der voll ausgehaltene Pausentakt 6 sich zu einer Ewigkeit zu dehnen scheint, eine Größe, vor der die Frage überflüssig wird, in welchen Vermittlungen hier die Poetik des »silence« mitspiele. Kaum klingend in Erscheinung getreten, scheint die Musik sagen zu wollen, daß sie nicht fortgehen, nicht komponiert sein, daß sie sich einer sie zur Entwicklung verurteilenden Logik entziehen will. Gerettet wird der Fortgang durch das Echo eines Echos, und dieses Echo seinerseits wird nur durch eine im Takt zuvor geschaffene Stauung ermöglicht, welche auf Entladung drängt. Das Glissando der Harfe und deren auf den Schwerpunkt fallender Spitzenton profilieren das Synkopische des Horneinsatzes im vierten Takt; zugleich artikuliert dies Glissando eine räumliche Leere – als verlängertes Verklingen der Flöte. In den Synkopen des Horns staut sich Dynamik für den Fortgang zum fünften Takt, harmonisch einem weichen Hinübergleiten kraft der Halbtonfortschreitung der Terz cis/e zu d/f, worin vom tonalharmonischen Abstand der Funktionen cis[6] und B[7] nichts zu spüren ist, melodisch einem sanften Abfedern und in seiner Vagheit entfernten Widerhall der Wendung des dritten Taktes der Flötenmelodie. Im Vergleich mit deren gleichmäßig die Linie zeichnenden Achteln muten die zwei Sechzehntel des Horns wie ein einmaliger Impuls an, der keine Energie zum weiteren Fortgehen übrig läßt; das Horn ruht auf seinem As, und nur in den zwei Sekundwechseln des dritten Horns schwappt die Sechzehntelbewegung nach; auf den zwei letzten Achteln geschieht nichts mehr. Danach der große Takt Schweigen, groß um so mehr, als nichts geschlossen, nicht mehr als ein großes Fragezeichen gesetzt ist – eine Ratlosigkeit der Situation, die noch in

---

[61] Debussy, *Lettres à Ernest Chausson*, RM VII (1925), S.117–126; hier aus dem Englischen übersetzt nach Austin, a.a.O., S.135.

jeder Aufführung elementar wirkt. Danach rettet die Musik sich am gerade noch möglichen Widerhall jenes Echos, dem in der Vergegenständlichung des Wiederholten Dynamik zum Fortgehen zuwächst. Einerseits reicht es nun im Horn nicht mehr zum zweiten Nachschwappen der Sekund: Es ist also, dem Charakter eines Echos gemäß, noch etwas abhanden gekommen. (Interessanterweise hat Debussy in einer späteren Aufführung entgegen der Bezeichnung <> dazu geraten, daß Horn III in den Takten 5, 8 und 9 von vornherein decrescendo spiele.)[62] Andererseits wird damit jener stauenden Synkope des ersten Horns Platz geschaffen als des neuen, auf Fortgang drängenden Elements. Im fünften Takt, der im achten widerhallt, gab es sie nicht, jedoch im siebten, wo ihr, ohne den Kontrapunkt des zweiten Hornrufs, die akkumulierende Stauung der Synkope weitgehend fehlte. Im achten Takt überlagern sich also Elemente des fünften und des siebenten, und eben jene Addition liefert das kleine Quantum Dynamik, das ein Weitergehen ermöglicht. Da nach dem zweiten Achtel des neunten Taktes auch die Einbettung in den B[7]-Klang fehlt, tritt sodann die auf Lösung drängende Sekundreibung d/e deutlicher als früher hervor.

Auch anderwärts bewegt sich die Musik »au bord du silence«, so, wenn in einem »müden«, an mechanisches Repetieren grenzendem Sequenzieren ein Nullpunkt sichtbar und alles Wie und Was eines Fortgangs fraglich wird – woran die Vertrautheit mit dem *Prélude* heutzutage allzuleicht vorbeihören läßt –, wie nicht weniger an den subtilen Brechungen einer eben etablierten Folgerichtigkeit, die sich, Erwartetes und Unerwartetes immer neu gegeneinander auswiegend, allenthalben in dieser Musik finden – u.a. am Ende des eben beschriebenen »Echos eines Echos«, wo die in ihrer chromatischen Engigkeit so zwingende Folge e-f-fis nicht zum neuen Melodienanfangston führt (als welcher fis wohl denkbar wäre, ja, wahrscheinlich gemacht wird), sondern, jene Zielstrebigkeit desavouierend und im gleichen Zug die traumatische Fixierung des cis befestigend, die Flöte überraschend wieder auf »ihrem« Ton einsetzt, im neuen Kontext D-Dur über der vom Horn anvisierten Terz fis, einer Art »Superterz«. Wenig später, in den Takten 19/20, befindet sich die Musik, ziellos in der pentatonischen Formel kreisend, abermals fast am Ende, wie ähnlich auch in den Takten 49/50, wonach das synkopische Motiv der Klarinette, das Pendeln im Terzraum rhythmisch profilierend, als eine neugeschaffene Konkretisierung erscheint, obwohl es schon früher (Takt 39) vorhanden war. Indessen hilft dies Motiv nicht viel weiter und sorgt gerade eben für jenes Minimum an Impuls, dessen es bedarf, um die Gefahr des Verstummens abzuwenden. Das zweite Paar der vier Takte 51 bis 54 rekapituliert das erste; es ist freilich, nachdem es zuvor in ein seraphisches As-Dur gebettet war, über den sehrenden Chromatismus der Violi-

---

[62] Austin, S. 87.

nen kaum noch haltbar, so daß das danach eintretende Des-Dur wie ein retten-
des Ufer erscheint und rückblickend der As-Dur-Komplex wie ein Eingangstor.
Notwendig gemacht wurde hier, von der Harmonie abgesehen, das Folgende
nicht durch Verursachung und als anvisiertes Ergebnis, sondern vor allem per
negationem: weil die vorangegangene Struktur sich nicht mehr halten ließ.
Ähnliches geschieht, wie erläutert, in den Takten 74 ff. als in einem Nebeneinander von Objekten, von denen sich das »Gedächtnis« der Musik nicht trennen
kann. So gelingt Debussy an den Nahtstellen, mit Ausnahme der anders disponierten Übergänge der Takte 30/31 und – mit Einschränkungen – der Takte 36/
37, immer wieder der Kunstgriff, den Eintritt des Neuen wohl notwendig zu
machen und zugleich es stets als jäh und unvermittelt eintretend zu kennzeich-
nen, weil weder der Zeitpunkt noch das Wie vorausdefiniert sind. Jeweils zuvor
verliert sich die Musik ans rückschauende Verweilen; nichts spannt sich auf das
Kommende; wo es – gar nicht selten – überleitende Führungen gibt, geschehen
sie mit sonderbar lässiger Gebärde, mit einem Zug von Beiläufigkeit oder
Gleichgültigkeit, der sich meist in vergleichsweise konventionell anmutenden
Floskeln niederschlägt; in ihnen scheint sich ausdrücken zu wollen, daß es auch
anders weitergehen könne oder möglicherweise gar nicht. Um so mehr wird,
daß es dennoch geschieht, als Glücksfall empfunden, obwohl jener Kunstgriff im
»weißen Rauschen« der Nahtstellen insgesamt mehr Kontinuität simuliert, als
der Struktur substantiell eigen ist. Im Gegensatz zu anderer Musik der gleichen
Generation, die immer wieder mit Ungewißheit über den Fortgang geschlagen
ist und dieser das Blitzhafte ihrer Erleuchtungen dankt, derjenigen Janáčeks[63],
gehört zum Understatement der Debussyschen, daß, wenn es nicht weiterginge,
dies kaum als Katastrophe erschiene: Zu nah wohnt ihre leise Diktion »au bord
du silence«, zu gegenwärtig bleibt allenthalben die Möglichkeit, daß sie dem
Schweigen anheimfallen und schmerzlos in ihm versinken könnte.

Den letzten solcher Glücksfälle präsentiert Debussy im Takt 103: Der melodische Aufschwung wäre schon einen Takt früher fällig, dann freilich von cis ausgehend; doch bleibt er hier aus, und statt seiner pendelt die Melodie in kraftlosen
Wiederholungen im Quartraum gis/cis; sie zeichnet mit passivem Gestus den
chromatischen Quartdurchgang mehrmals nach. Weil sie nicht mehr fortgehen
zu wollen scheint, verlangsamt sich der letzte Aufstieg und kommt damit auf der
Takteins 103 nur bis c; auf diese Weise wirkt die wohlbekannte Wendung, nun
im klaren C-Dur von der Oboe geblasen, wie neu gefunden. Stärker als irgendwo zuvor im Stück profiliert der Komponist damit das Erlösende ihrer diatonischen Klarheit im Gegensatz zur vorangegangenen, harmonisch diffusen Chromatik; bis zum Schluß entdeckt er Neues.

---

[63] Hierzu ausführlich Gülke, *Versuch zur Ästhetik der Musik Leos Janáčeks*, a.a.O.

Nun zeigt eine Stelle wie diese aber zugleich, daß die Beschreibung der müden, im kraftlosen Repetieren alle Dynamik verschenkenden Musik nicht alle deren Momente erfaßt: Konträr zu seinem Erscheinungsbilde versieht dieser Takt gewissermaßen hinterrücks eine befestigende Funktion. Wie oben besprochen, gehört zur Aneignung der Flötenmelodie wie zur Synthese der zunächst auf ihre Prägungen fixierten Partner die seit der »Scheinreprise« (Takt 79) anvisierte Tilgung des sperrigen Tritonus und damit der harmonischen Unbestimmtheit. Erstmals in den Komplexen der Takte 79ff. und 86ff. gelungen, wurde sie im Takt 94 noch einmal vorenthalten, um sodann flüchtig im Takt 95 und mit aller nur möglichen Endgültigkeit in den Takten 100 und 101 vollzogen zu werden. Eben dieses strukturell schwerwiegende Ereignis – immerhin bildet eben die Quart cis/gis auch den allerletzten Tonschritt im Stück – wird in der dreimaligen Girlande des Taktes 102 bestätigend nachgezeichnet, die tektonische Befestigung tritt im Gewande einer lässig-müden Pendelbewegung auf. In derlei Lösungen lassen sich Geniales und Snobistisches kaum unterscheiden, sie bilden unübersehbare Warnschilder gegen die Gefahr, den Gestus der Musik für ihr Wesen zu nehmen.

Die vorstehenden Beobachtungen einer syntaktischen Lockerung, welche traditionelle Formen der Funktionalisierung und Folgerichtigkeit zu meiden sucht, um die Unschuld des musikalischen Vokabulars gegen deren beschlagnehmende Wirkungen abzuschirmen, waren bislang so sehr auf die großen Zusammenhänge konzentriert, daß der Eindruck entstehen könnte, diese Lockerung beträfe allein die Fügung im Großen. Doch auch in den kleinen Bausteinen, in den Details nistet die Verweigerung bzw., wie oben verstanden, das Schweigen – am deutlichsten in der Flötenmelodie selbst. Die kaum auflösbare Identifizierung des Instruments mit seiner Linie rührt nicht nur daher, daß Debussy mit größter Sensibilität neue Valeurs entdeckt und diese in eine so traumhaft sichere Kongruenz zum Charakter der Melodie, ihrem Zuschnitt und selbst ihrer Lage gebracht hat. In zumindest gleichem Maß verdankt sich diese Kongruenz dem empirischen Charakter der Melodie. Diese kann – viel stärker ein Vollzug, ein Prozeß denn ein fixes Ganzes – nicht von dem Instrument abstrahiert werden, das sie nicht eigentlich als etwas Vorgefertigtes »abspielt«; die Flöte und die Melodie bringen einander wechselseitig, das eine durch das andere vermittelt, zum Klingen; wie das Instrument mit den Tönen spielt, spielen die Töne mit dem Instrument. Das gleiche melodische Vorhaben müßte sich bei gleichartiger Vermittlung zum Instrument mit einem anderen anders realisieren – die »oboistischen« Prägungen der Takte 37ff. oder 103 lassen das zumindest ahnen. Die Instrumente werden von einer Sensibilität, die ihnen mitzukomponieren erlaubt, über ihr Instrumentsein hinausgeführt, sie werden zu musikalischen Subjekten in einer neuartigen, Klangwerkzeug und Klingendes zusammenschließenden Individuation, gegen die z.B. die massenethafte Melodie als für fast alle Instru-

mente erreichbar in dumpfer Anonymität absticht: Als fertige kann sie nicht be-
schädigt, gewissermaßen aber nur »zitiert«, und nicht, wie die Flötenmelodie,
die ohne das Instrument gar nicht vorhanden ist, hervorgebracht werden. Dieser
fehlen die Verfestigung einer voll ausdefinierten Gestalt und eine dinghafte Gegenständlichkeit, welche sie aus dem einen Zusammenhang zu abstrahieren und
in einen anderen zu transponieren ermöglichen. Erst gegen Ende des Stückes
können sich, und nur mit Einschränkungen, Oboe und Cello an ihrem Vortrag
beteiligen, weil nun ihr mehrmaliges, wenn auch variiertes Erscheinen doch eine bestimmte Gegenständlichkeit bewirkt hat und ihr empirischer, für ihr Erklingen jeweils einen Punkt Null supponierender Charakter sich nicht halten
ließ. Die Kontrastierung der die »Scheinreprise« störenden, kleingliedrig zerbrö-
selnden Takte läßt sich auch als Reaktion darauf verstehen, daß die Melodie sich
in den Wiederholungen, ihrem empirischen Wesen entgegen, verfestigte und
darum einer schroffen Kontrapunktierung bedarf.

Zunächst, am Beginn, ist da nur ein einzelner, einsamer, in das Schweigen gestellter Ton, in dessen reglosem Schweben sich ein Bedürfnis nach Bewegung
und Fortgang erst bilden muß, ehe die Linie tastend herabgleitet in die rätselhafte Ungewißheit des Tritonus g und sodann zurückschwingt – wie ein Versuch,
der zu nichts führte und zurückgenommen, alsbald aber wiederholt wird.[64]
Hierin ist zunächst kaum mehr artikuliert, als daß die Flöte angeblasen wird; es
handelt sich im allergenauesten Sinne um ein Präludium, das selbst nichts vorstellen kann und will und in solcher Konsequenz indischen Instrumentalformen,
die das Einstimmen etwa der Sitar in den künstlerischen Vorgang einbeziehen,
näherstehnt als dem meisten, was in europäischer Musik »Präludium« heißt. Eben
diese Unverbindlichkeit im Hinblick auf eine musikalische Kristallisation sichert
die »animalische« Gebundenheit der Linie an das Instrument und in dieser zumal
dem Ton cis seine – später kompositorisch so präzis wahrgenommenen – traumatischen Qualitäten. Wie der magisch tönende Stoff selber steht er, alle anderwärts orientierenden Momente abweisend, in seiner baren klingenden Materialität vor uns und bohrt sich um so mehr ins Bewußtsein, als diesem zunächst alle
Hilfsmittel zuordnenden Begreifens fehlen. Lediglich als Spitzenton, als Aufhän-
ger einer Girlande ist er kenntlich, doch schon deren Konturierung bleibt im
schwimmend undefinierbaren Rhythmus und erst recht harmonisch vage. Der
Neigung unseres Gehörs, einen derart für sich stehenden Ton über den Bezugspunkt hinaus als Grundton zu setzen, wirkt die Tritonus-Girlande entgegen –
immerhin geben ihm die chromatischen Aufstiege im zweiten und dritten Takt
das Gewicht eines Zielpunktes. Jegliche Wiederholung, auch eine abschwä-

---

[64] Zu Debussys Möglichkeiten des Anfangens vgl. Maria Porten, *Zum Problem der »Form« bei Debussy.
Untersuchungen am Beispiel der Klavierwerke*, Schriften zur Musik Bd. 28, München 1974, S. 82ff.

chende, wirkt verfestigend im Zitieren von schon Bekanntem – so auch der zweite Takt der Flöte: Auf dem nun vorgebahnten Weg fährt die Linie leichter und sicherer dahin und schafft so ein Quantum melodischer Dynamik für den Ausgriff des dritten Taktes. In diesem wird in mehrfacher Hinsicht eine Basis gewonnen – cis als möglicher Grundton, ein in beruhigtem Gleichschritt fortgehender Verlauf und in der Viertonfolge cis-dis-gis-e eine erste motivische Figur. Die harmonische Befestigung indessen wird durch das nachfolgend fragende ais' bereits wieder in Frage gestellt. Es gehört zu der Viertonfolge Beispiel 6b, die die

Beispiel 6

vorangegangene (Beispiel 6a) mit verkleinerten Intervallschritten wiederholt und also, auch rhythmisch anders formuliert, im Verhältnis zur ersten wie ein modifiziertes Echo, eine verengte Sequenzfigur erscheint. In dieser Verengung aber kehrt die Melodie zugleich ziemlich genau in den Intervallraum der eröffnenden Girlanden zurück – eine Bezugnahme, der bei aller fragenden Offenheit der melodischen Gebärde auch ein Moment abrundender Korrespondenz eigen ist. Dies um so mehr, als erstmalig in dieser Verengung die »Grundformel« in Erscheinung tritt. Die ersten Takte geradenwegs deren chromatisierende Umkleidung zu nennen, entspräche kaum der Substanz dieses Beginns, dem präludierend Ton für Ton setzenden und erst allmählich Verfestigung und melodische Strebigkeit gewinnenden Vorgang. Genau genommen ist die Formel in diesen ersten Takten noch nicht gefunden; ihnen fehlt die Sicherheit der Bezugnahme auf ein fixiertes, ornamentierend umschriebenes Modell. Allerdings gibt die Formel doch einen Maßstab zur Wertung der Melodieglieder: Der dem Tasten der Anfangstakte unmittelbar nachfolgenden Viertonfolge Beispiel 6a wohnt, als erster melodischer Gestalt, natürlicherweise die Tendenz inne, sich als Hauptgegenstand und Bezugspunkt zu setzen. Indessen scheint in ihr der Überschwang der Kristallisation gewissermaßen über das Ziel hinausgeschossen: Die Grundformel wird in dem intervallisch verengten, den Überschwang halb zurücknehmenden Echo nachgetragen. Auch hier also tritt das tektonisch Bedeutsame diskret auf, wird die Hauptsache nahezu beiläufig mitgeteilt. Fast ließe sich sagen, hier sei die Entstehung einer Melodie komponiert, welche, im dritten Takt endlich herbeigeholt, der beiden vorangehenden als Anlaufbahn bedarf. Der Grundformel jedoch steht dieser Anlauf näher als die erste melodische Kristallisation.

In der Folge von Anlauf, Kristallisation und Echo (in bezug auf die melodische Hervorbringung) bzw. von Umschreibung, Verfehlung und nachträglicher Korrektur (in bezug auf die Grundformel) stellt sich die Unterscheidung der einzelnen Glieder plastischer dar als dem Ohr. Dies nicht nur, weil unser Vorauswissen die unbefangene Beobachtung dieser Hervorbringung erschwert (genaugenommen verlangt der »Punkt Null« der einsetzenden Flöte einen entsprechenden beim Hörer)[65], sondern auch, weil gegen die vereinheitlichenden Momente des Très modéré oder der einsamen, auf das Instrument fixierten Melodie die jener Unterscheidung zugrunde liegende Dynamik kaum ankommt; im Höreindruck obsiegen die Merkmale der »sonore, vaine et monotone ligne«. Dergestalt als ein – allzu – homogenes Ganzes sich darstellend, ist die Melodie denn doch den Gefahren einer Vergegenständlichung ausgesetzt, in der so charakteristische Momente wie der einzelne, ins Schweigen gestellte Ton ihre phänomenalen Qualitäten zugunsten einer Funktionalisierung einbüßen könnten, womit ihnen ein ähnlicher »Sturz« droht wie nach Valéry der Sprache »in den praktischen […] Anwendungen«: In ihr »bleibt die Form nicht erhalten, sie überlebt nicht das Verstandenwerden, sie löst sich in der Klarheit auf, sie hat gewirkt, sie hat zu verstehen gegeben, sie hat gelebt«[66]. Was schon beim erstmaligen Erklingen die Beugung unter die Logik der melodischen Führung mit sich bringt – kein späterer Ton kann so viel phänomenalen Glanz haben wie der erste –, wird durch Wiederholungen verstärkt. In diesen muß der Komponist im Sinne der immer neu die Einmaligkeit der Ereignisse suchenden Ästhetik des Schweigens gegen das Vorauswissen des Hörers ankämpfen – und zugleich doch seiner sich bedienen. Das betrifft wie die beschriebenen Nahtstellen so auch die Gestalt der Melodie selbst. In den Takten 11 ff. schafft die Tatsache der Begleitung Neuheit genug, so daß Debussy an ihrem Verlauf nichts ändert; überdies profiliert sie sich vor dem harmonischen Hintergrund, insbesondere das cis als »Superterz« (siehe weiter oben) bzw. Sept zu D in seiner traumatischen Unbeirrbarkeit. Andererseits greift nun der Satz nach der Melodie, nicht erst, wenn in den Hörnern aus den Echos der Takte 5, 8 und 9 eine – am Ende in Terzen laufende – Gegenführung wird, die der expressiven Fortspinnung der Flötenmelodie durch die Oboe (Takt 15 ff.) die Basis schafft, sondern sorgsam verborgen schon im Sul-tasto-Tremolo der Streicher, wo die Violoncelli einen schulgerechten Kontrapunkt zur Flötenmelodie spielen, wie diese die Grundformel – nur sparsamer und in Gegenbewegung – chromatisch verändernd. Im Gegensatz zur dissonanten Position im Takt 11 wird der Melodiebeginn beim dritten Mal (Takt 21 ff.) als Sixte ajoutée weich gebettet, die Tonkaskaden der ersten Harfe umgeben ihn mit einer »Wolke«, nehmen freilich dem Liegeton in ihrem Skandieren zugleich den letzten Rest von schwebender Zeitlosigkeit; die zweite Harfe akzentuiert den Impuls zur Fortschreitung sehr stark. So erscheint die Melodie hier von harmo-

---

[65] Aus guten Gründen fällt es der Werkbetrachtung – nicht nur hier – schwer, von der paradoxen Idealvorstellung eines Hörers zu lassen, der wohl alle Voraussetzungen für eine angemessene Rezeption mitbringt, nur eben gerade das betreffende Werk zum ersten Male hört!

[66] Valéry, *Zur Theorie der Dichtkunst*, a.a.O., S. 25.

nischen und rhythmischen Kategorien eingeholt und »gefangen«; ihr wie hilfloses Flattern und die rhythmische Verstörung im Takt 22 legen eine solche Charakterisierung nahe, ist in ihr doch die einstmalige melodisch einsinnige Girlande zur flüchtig-ziellosen Arabeske geworden. Darum mutet der nächste lange
Ton wie ein gerade noch gefundener Halt an, und eben dies rechtfertigt, daß er
erstmalig nicht cis heißt. Damit nun bricht die melodische Dynamik jene traumatische Fixierung auf cis und stärkt zugleich deren Grundstruktur, das Aufge-
hängtsein an Haltepunkten, zwischen denen sie auf diffus unterschiedlichen Wegen läuft. In Takt 24 finden sich der Wellenschlag der Begleitung und der Fortgang der Melodie harmonischer als zwei Takte zuvor und überlagern sich in einer aufwärtsgehenden Strebung, die die Flöte zu einer mit größter Subtilität disponierten »Verfehlung« hinaufträgt: Nicht cis, sondern nur c wird erreicht, so
daß der gesamte Takt, obwohl Zielpunkt des vorangegangenen, hinleitend, leittönig anmutet, nicht zuletzt kraft der chromatischen Gegenführung im Horn.
Im übrigen wäre das cis''', zu dem die Strebung möglicherweise hätte emportra-
gen können, das falsche gewesen, ist doch angesichts der innigen Synthese von
Instrument, Farbe, Ton und Tonlage ein um eine Oktav versetzter Ton ein sehr
anderer. Im folgenden Takt hat die Flöte über einem in der harmonischen Kom-
plexität abermals verdichteten Klang zwar ihr cis'' wieder, nur aber, um eine
noch größere Verstörung zu erleben als vordem: Die Girlande entartet zu einem
kreisenden Wirbel im Intervallraum cis''/gis', dem die Linie wie unvermutet
entkommt und die Höhe zu einem Abgesang gewinnt, der die am breitesten aus-
komponierte Schlußbildung des gesamten Stückes bildet. Nicht zufällig nimmt
Debussy hierauf später gerade in derjenigen Passage Bezug, in der das Zueinander von Flötenmelodie und Tutti am weitesten gelangt – in den Takten 96ff.
Wenn auch die Partner in der Schlußbildung der Takte 28ff. dem gleichen Ziel –
H-Dur – zustreben, so doch in unterschiedlicher Gangart. In der zweiten Hälfte
des Taktes 28 löst Debussy die Koordination von Flöten und Streichern aus der
ersten wieder auf; die Flöten verweilen auf dem ais' ein Achtel »zu lang« und
hängen nun mit dem wiederholten Motiv hinterher. Wohl wird der Zielton gemeinsam mit den Bässen erreicht, doch ist hier die Pendelbewegung der zweiten
Violinen noch nicht zum Stehen gekommen. Indem die Flöte im zuletzt geschilderten Komplex der Takte 21 bis 30, dreimal neu ansetzend, wohl sich
selbst, nicht aber ihre Melodie gegen das Orchester zu behaupten vermag,
scheint vorausgesetzt, daß nicht mehr zweifelhaft ist, wohin sie »eigentlich«
strebt, daß also nach zweimaligem Erklingen zuvor die Melodie, aller entwik-
kelnden Prozessualität entgegen, einige festigende Vergegenständlichung gewonnen hat.

  Im Zeichen der Auseinandersetzung mit eben dieser Vergegenständlichung,
die mit jeder Wiederholung, dem Wesen der Melodie zuwiderlaufend, zunimmt, erklärt sich die Handhabung in der cum grano salis »Scheinreprise« ge-

nannten Passage der Takte 79 ff. leichter. Das dort überraschend eintretende E-
Dur mutet wie ein jäh in eine neue Richtung gewährter Durchblick an und bewirkt eine entrückende Distanzierung: Die Melodie hat hier etwas Unwirkli-
ches, sie ist nicht realiter präsent und erscheint, ohne ihre »authentische« Tonlage
fata-morganahaft vorüberziehend, der Bedingungen des empirisch immer neu
beginnenden, ans jeweilige Hier und Jetzt gebundenen Vollzugs ihrer selbst
überhoben – eben derjenigen, die ihr Wesen ausmachen, denen sie andererseits
aber, als wiederholte, bekannte nicht mehr untertan sein kann. So stellt sich der
distanzierende Rahmen, in den Debussy sie setzt (samt dem nachfolgenden, gewissermaßen unwirsch korrigierenden Löschen des Bildes), als unerhörter
Kunstgriff dar: Er hat sie und hat sie doch nicht. Der Architekt gewinnt den stüt-
zenden Bezugspunkt, ohne dem Musizieren alle Züge einer Improvisation auf
ungesichertem Felde zu nehmen – worin er sich jenes Wechsels der Ebenen bedient, der schon Mallarmés Ekloge so auffällig kennzeichnet. Indessen liegt der
Horizont, an dem die Melodie vorüberzieht, nicht so fern, als daß der Komponist sich im folgenden nicht wieder mit ihrem Vorhandensein auseinandersetzen
müßte. Immerhin artikuliert der Takt 94 dem Hörer neben aller Entrückung zugleich sehr real eine Auskunft, signalisiert nicht zuletzt durch die erstmals hier
erklingenden Zimbeln.[67]

Nicht in jenen – jeweils viertaktigen – Fatamorgana-Beschwörungen, sonst
aber stets in der Flötenmelodie hält sich Debussy aller Periodik fern. Zur Empirie der den Gefahren des Verstummens und Abirrens ausgesetzten Melodie gehört der Verzicht auf beruhigende Regelmäßigkeiten. Periodik schafft, indem
sie die musikalische Zeit im vorhinein in abstracto rastriert, Sicherheit. Eine Melodie, die sich unter ihren Schutz stellt, kann wohl schlecht fortgeführt sein, aber
nicht eigentlich mehr scheitern; dafür hat sie freilich von vornherein ein Stück
Autarkie geopfert. Die Analogie zum »poème en prose« bei Baudelaire, Rimbaud und Mallarmé liegt ebenso nahe wie die zur Distanzierung von dem in
Versifikation enthaltenen Zwang, »was man zu sagen hat, von sehr hoher Warte
aus zu betrachten«[68]. Daß »musikalische Prosa, von der Symmetrie der Achttak-
tigkeit emanzipiert, sich den unerbittlichen Konstruktionsprinzipien verdankt,
die in der Artikulation des tonal Regelmäßigen heranreiften«,[69] erscheint im

---

[67] Man wüßte gern, ob der Bach-Enthusiast Debussy hier Bezug genommen hat auf die Altkantate
   BWV 53, in der das »Schlagen« der »gewünschten Stunde« durch geschlagene Glöckchen symboli-
   siert ist; nicht nur die gleichen Töne (e und h), sondern auch der Bezug auf einen herbeigesehnten
   Augenblick stützen die Vermutung.

[68] Valéry, *Windstriche*, a.a.O., S. 56.

[69] Theodor W. Adorno, *Minima moralia. Reflexionen aus dem beschädigten Leben*, Berlin u. Frankfurt a.M.
   1951, S. 426. Zur Problematik vgl. weiterhin Carl Dahlhaus, *Musikalische Prosa*, NZfM CXXV
   (1964), S. 176 ff., und Hermann Danuser, *Musikalische Prosa*, Studien zur Musikgeschichte des 19.
   Jahrhunderts Bd. 46, Regensburg 1975.

Prélude mit erstaunlicher Genauigkeit exemplifiziert: Weil die musikalische Erfindung in der Flötenmelodie eine von jeglichem Apriori unabhängige Freiheit und Voraussetzungslosigkeit sucht, gewinnt die Musik an vershafter Periodik in dem Maße, in dem sie an Originalität verliert – mit Höhepunkt in dem »massenetschen« Mittelstück und seiner Einleitung (Takte 51ff.), wo sehr klar – in der Aufteilung 1 + 2 + 3 + 1 – sieben Viertaktgruppen aufeinander folgen. Weitergehende Impliktionen einer periodischen Ordnung indessen, zum Beispiel, daß das erste Glied einen offenen Vordersatz, das zweite einen schließenden Nachsatz bilde, ignoriert Debussy; und als ein geschlossenes Ganzes erscheint der Komplex viel stärker kraft der einheitlichen instrumentalen Darstellung und – nach so viel »Prosa« – der Reihung von Viertaktern denn kraft einer üblichen melodischen Folgerichtigkeit. Debussy reiht[70] und stückelt viel mehr, als der erste Höreindruck verrät. Viel häufiger kreist die Linie in Wiederholungen im Bannkreis einer bestimmten Wendung, als daß in ihr Nachfolgendes aus Vorangegangenen deduziert wäre. Am Beginn des Des-Dur-Komplexes (Takt 55) ist es die Kernformel, die, im ersten Zweitakter konzis hingestellt, im zweiten in eine schöne melodische Gebärde integriert wird. Schon aber das ganztönige Absinken vom Ende des Taktes 57 bis auf die Takteins 59, dem in der Wiederholung der rhythmischen Folge zudem Züge eines passiven Echos eignen, wirkt lockernd und desintegrierend und würde nach der sauberen Diatonik der Folge von As-Dur (Takt 51ff.) und Des-Dur (Takt 55ff.) noch viel mehr schockieren, hätte Debussy nicht in der Satzweise alle mildernden Mittel aufgeboten und gewissermaßen im Schatten des melodischen Bogens schon in Takt 56 eine ganztönige Struktur exponiert, die, wenn sie zwei Takte später wiederkehrt, nun auch melodisch realisiert erscheint, im Sinne der hier herrschenden Regelmäßigkeit fast erwartet wird. Der ganztönige Melodiefall landet auf einem »falschen« fis-Modell und gerät hier in das motivische Gravitationsfeld des der Flöte gehörigen engschrittigen Abstieges von einem Halteton. Die rhythmische Struktur ♩ ♩ ♪ verwandelt Debussy mit Hilfe des neu ins Spiel gebrachten rhythmischen Kontrapunktes ♫ ♫ ♩ ♫ in einen drängenden Charakter, so daß die Wiederholung der Takte 59/60 nunmehr staut und Dynamik sammelt – um sich in den Takten 61/62 zu entladen, wo der Abstieg nur eine zweitaktige Gestalt gewinnt, von der aus gesehen die Takte 59/60 als motivisch wenig konkrete Vorahnung und Hinleitung erscheinen. Wie der erste Viertakter um die »Kernformel« as-f-es, so kreist also dieser zweite um den vom a ausgehenden Abstieg bzw. muß diesem überhaupt erst zum Durchbruch verhelfen. Nach dieser viertaktigen Verstörung hat die Musik sodann ihr großes Des-Dur, jetzt mit beinahe luxurierendem Dekor, und ergeht sich abermals in Wiederholungen. Die Takte

---

[70] Zu Debussys Reihungstechnik vgl. Porten, a.a.O., S. 69ff.

63 bis 66 entsprechen in der zweimaligen, variierenden Darstellung der Kernformel den Takten 55 bis 58, der folgende Viertakter wiederholt ebenfalls ein zweitaktiges Motiv – im Sinne eines dynamischen Aufschaukelns –, und im abermals folgenden Viertakter wiederholt Debussy nun auf abebbender Linie eine eintaktige Wendung gleich dreimal. Den Vorentwurf an Dimensionierung und Zeitfüllung, den die Periodik darstellt, nimmt er also nur teilweise wahr, er bedient sich ihrer sichernden Mechanismen, wirft sich ihnen aber nicht bekennerisch in die Arme und relativiert sie in der Komplexion der Binnenstrukturen, soweit dies nur möglich ist. Die Flucht vom freien Felde der »avantgardistischen« Empirie am Stückbeginn in die Geborgenheit sichernder Konventionen geht also nicht so weit, wie ein erster Eindruck und die Massenet-Verdächtigung glauben machen. Unschwer lassen sich die hier erscheinenden Ballungen und Relikte auch anders dimensioniert vorstellen; immerhin fügen sie sich. Die harmonisierende Einpassung in den vorgegebenen Rahmen hadert nicht mit der in Bezug auf die Zeitgliederung indifferenten, in sich kreisenden arabeskenhaften Rückläufigkeit.

Die Zuständigkeit des von Debussy selbst an wichtiger Stelle benutzten Begriffs der Arabeske für seine Musik geht über die eines gut passenden Epitheton ornans hinaus.[71]. Der »recherche d'un mode de sensations et de formes incessamment renouvelés«[72] als der Berufung des Künstlers stellt Debussy als Vorbild das Barock hin: »C'était l'époque où fleurissait ›l'adorable arabesque‹, et la musique participait ainsi à des lois de beauté inscrites dans le mouvement total de la nature.«[73] Arabeske meint dabei sowohl einen bestimmte Typus gebärdenhafter Linie wie auch, besonders durch Friedrich Schlegel und E.T.A. Hoffmann beschrieben, ein Strukturprinzip. Diese Doppelung erleichtert seine Exemplifikation nicht gerade, verspricht einer gelungenen aber Aussagen, worin technologische und inhaltliche Momente schlüssig verknüpft bleiben.[74] Sympathisch war Debussy der Begriff offenkundig als Möglichkeit, einen »beau mépris des formules«[75] und darüber hinaus die spezifische Freiheit der künstlerischen Phantasie und ihrer Produkte, die – in seinem Sinne – »schöne Überflüssigkeit« des Ästhetischen, zu akzentuieren. Nicht zufällig kommt der Begriff zu Ehren im Zuge einer Distanzierung von den Ansprüchen der Kunst als »moralischer Anstalt« und von allen damit verknüpften Momenten von didaktischem Ernst, Logik und Nützlichkeit. Er opponiert der Tendenz, hinter derlei Prätentionen das Schein-

---

[71] Zenck-Maurer, a.a.O., S.105ff.
[72] Debussy, *Monsieur Croche et autres écrits*, a.a.O., S.56.
[73] Ebenda, S.66f.
[74] Vgl. die Analysen von Zenck-Maurer, a.a.O.
[75] Porten, a.a.O., S.13.

hafte der Kunst vergessen zu machen, und meldet gegen diese, als »romantisches Erzeugnis eines unromantischen Zeitalters«, als »die älteste und ursprüngliche Form der menschlichen Phantasie«[76] die Rechte der künstlerischen Phantasie als Naturrechte an. Insofern, als sie »uns wieder in die schöne Verwirrung der Phantasie, das ursprüngliche Chaos der menschlichen Natur zu versetzen«[77] vermag, so daß nach E. T. A. Hoffmann ein Kunstwerk um so »vollkommener« ist, je mehr »anscheinende Willkür« herrscht, hinter der »sich die höchste Künstlichkeit [...] versteckt«[78], steht die Arabeske nicht nur für ein Strukturprinzip[79], sondern darüber hinaus für eine ästhetische Haltung. Und bei dieser kann man nicht übersehen, daß sich in der Sympathie für eine »chaotische« Natur, in der man etwa mit E. T. A. Hoffmann wie in den »mit allerlei seltenen Bäumen, Gewächsen und wunderbaren Blumen umflochtenen Irrgängen eines phantastischen Parks wandelt«[80], eine Welterfahrung äußert, der jederlei Ordnung, mit welchen besonderen Akzentuierungen auch immer, als künstlich und veranstaltet, wenn nicht gar als gewaltsam und ungerecht, als Beugung einer ursprünglichen (chaotischen) Freiheit verdächtig ist. In die Banalitäten einer solchermaßen verderbten Ordnung sich verstrickt fühlend, feiert man in der Phantasie die Möglichkeit »abstrakter, d. h. sachenentbundener Bewegungen des freien Geistes«[81], und für die Art und Weise, in der man sich diese Freiheit nimmt, steht, mit Baudelaire, »le dessin arabesque« als »le plus spiritualiste des dessins«, als »le plus idéal de tous«[82]. Der Dégout gegenüber jeglicher vorgegebenen Ordnung nun begreift auch die überlieferten musikalischen Formen als Repräsentanten jener entfremdenden Beugung ein, weshalb Debussy »sich diesem ererbten Wissen« widersetzen und »einem Traum von glasklarer Improvision« nachhängen muß[83].

Am deutlichsten in der Intention einer umweglosen, alle traditionellen Instanzen meidenden Äußerung verrät sich die Ästhetik der Arabeske als Spezialfall der Berufung auf ein Naturschönes. Debussys Vision einer »Musik im Freien« zum Beispiel setzt die Linie der zitierten Formulierungen nahtlos fort.[84] Diese »von den kleinen formalen Maniertheiten und einer willkürlich vorge-

---

[76] Friedrich Schlegel, *Schriften zur Literatur*, München 1972, S. 305. Die vorstehende Passage ist den Betrachtungen von Claudia Zenck-Maurer verpflichtet (a. a. O., S. 106 ff.).

[77] Schlegel, a. a. O.

[78] E. T. A. Hoffmann, *Über Sonaten*, in: ders., *Schriften zur Musik. Nachlese*, Darmstadt 1963, S. 16.

[79] Zenck-Maurer, a. a. O., S. 107.

[80] *Beethovens Instrumentalmusik*, in: *Fantasien und Nachtstücke*, Darmstadt 1962, S. 46.

[81] Friedrich, a. a. O., S. 43.

[82] Charles Baudelaire, *Oeuvres complets*, Paris 1968, S. 624.

[83] Pierre Boulez, *Anhaltspunkte*, Stuttgart, Zürich 1975, S. 12.

[84] Die folgenden Zitate stammen aus Debussy, *Einsame Gespräche mit Monsieur Croche*, a. a. O., S. 60 f. Vgl. auch Debussy, *Monsieur Croche et autres écrits*, a. a. O., S. 75; Porten, a. a. O., S. 18.

schriebenen Tongebung« befreite Musik, »die in der Abgeschlossenheit eines Konzertsaales anomal erschiene«, würde »mit vokalen und instrumentalen Kühnheiten [...] über den Baumwipfeln in der klaren freien Luft klingen und schweben [...] Das geheimnisvolle Zusammenwirken der Luftschwingungen, der Bewegung der Blätter und des Duftes der Blumen würde in Erfüllung gehen, da die Musik alle diese Elemente so vollkommen natürlich vereinigen würde, daß sie an einem jeden von ihnen teilzuhaben schiene ...« In solchen Phantasien scheint der abstrakte Begriff der Musica mundana (»... Das geheimnisvolle Zusammenwirken [...] würde in Erfüllung gehen«) Kontur, Farbe und Duft gewinnen zu wollen, und auch ein Moment von sozialer Utopie schwingt in dem Wunschbilde einer universellen Kommunikation mit, die »das harmonische Träumen in der Seele der Menge [...] verlängern« will. Wenn auch der Autor sich seine allzu hoch gelegene Vision nicht glauben kann (»[...] ich fürchte sehr, daß die Musik auch weiterhin ziemlich muffig riechen wird ...«), so hat er sie doch komponierend immer wieder ernst genommen. Im *Prélude* lieferte ihm der poetische Vorwurf die Stichworte massenweise, angefangen beim Syrinx-Märchen selbst, das den Flötenton, als von einem durchs Röhricht fahrenden Windhauch erzeugten, als Naturlaut begreift. Immerfort schwimmen dem Faun die Grenzen zwischen Artefakt und Natur: In der Glut des Mittags »ne murmure point d'eau que ne verse ma flûte / au bosquet arrosé d'accords«, und »le seul vent / hors des deux tuyaux« vergeudet den Klang »dans une pluie aride«, zugleich als »le visible et serein souffle artificiel / de l'inspiration, qui regagne le ciel«; die sizilischen Gestade »erzählen«, und »le jonc vaste et jumeau dont sous l'azur on joue: [...] rêve, dans un solo long, que nous amusions / la beauté d'alentour par des confusions / fausses entre elle-même et notre chant crédule ...« (Vers 43ff.). Der Faun, das Alter ego des Dichters, hat hier seine »Musik im Freien« und mußte darum den Musiker zu dem Experiment anhalten, wie weit mit der kompositorischen Vergegenständlichung dieser Vision zu kommen, wie lange das Bild einer universellen und voraussetzungslosen Kommunikation zu halten sei gegen die Bedrängungen durch all das, was Debussy schlankweg »muffig« nennt – was denn, wie gezeigt, nicht weniger bedeutet als das Paradoxon, Voraussetzungen ignorieren zu wollen, von denen er zehren muß. Je weiter er in seine Musik hineingerät, desto tiefer verstrickt er sich in diese abgründige Dialektik als in einem immerwährenden Hader mit Mechanismen, die, von vornherein durchschaut, zugleich benutzt und verworfen sein sollen. Demzufolge läßt sich die Intention am deutlichsten am Anfang greifen, einem »Anfang vor allem Anfang«, der von keiner früheren Verabredung wissen will, wie Musik beginnen könne. Diese hier soll, beim Phänomen des bloßen klingenden Tones einsetzend, wie zum allerersten Mal beginnen und alle Freiheit eines voraussetzungslosen In-Erscheinung-Tretens haben, ganz auf der Linie dessen, was Debussy bei Mussorgski pries als der »art de curieux sauvage« ähnelnd, »qui découvrirait la

musique à chaque pas tracé par son émotion«[85]. Naturhaft intendiert stellt sich
das pure Tönen dieses Anfangs also nicht nur in der oben angesprochenen »ding-
lichen«, wenn nicht magischen Bindung an das Instrument dar,[86] sondern auch
in der geringstmöglichen Höhe der Schwelle, einem nahezu kontinuierlichen
Gleiten zwischen Schweigen und Tönen, zwischen Nicht-Musik und Musik.
Wie zufällig soll diese Musik plötzlich da sein und von den Umständen und dem
Ort ihres Erklingens sich möglichst nicht abheben, soll nicht pochen auf die eigene Komplexion und Qualität des ästhetischen Gebildes. Dergestalt haftet an
dem Flötenton der – illusionistische – Zwang zum Vergessen aller vorher gewesenen Musik und aller Mechanismen, mit Hilfe derer Musik im Sinne ästhetischer Zwecke zweckvoll gemacht worden ist.

Nun bereitet aber, so oft sie auch als Modellbild einer reinen Kunst hergehal-
ten hat, keine Kunstart der Demonstration von solcher Zweckfreiheit so viel
Schwierigkeiten wie die Musik. Ihr fehlt die Möglichkeit, anhand eines Materials, das anderwärts anderen Zwecken dient, die Distanzierung zu diesen zu betonen, so daß, etwa im Sinne der symbolistischen Poetik, schon die Negation der
durch solche Zwecke geprägten Bedeutungen einen – ersten – Teil des schöpferischen Aktes bilden würde. Die Art und Weise, in der musikalische Details einen Zusammenhang bilden, ist immer schon eine ästhetische, wenn möglicherweise auch eine bis zur Banalität abgebrauchte oder durch usuelle Zwänge bestimmte. Und Zusammenhang bildet sich, indem das gegenwärtig Erklingende
– auf welche Weise auch immer – als Verursachtes und zugleich Verursachendes
wirkt und empfunden wird. Die Ästhetik der Arabeske fordert also, genau genommen, von der Musik Unmögliches, zumindest ein Paradoxon. Mehr als eine
Annäherung vermag der Musiker nicht zu vollziehen, dies freilich, wie Debussy
»sorgfältig geplante Täuschungen«[87] zeigen, auf vielerlei Weise: Er kann sich der
sichernden Wirkungen periodischer Stimmigkeit bedienen, innerhalb des damit
geschaffenen Rahmens aber alles tun, um deren Konsequenzen zu mildern; er
kann strukturell Wichtiges mit dem Gestus der Beiläufigkeit vollziehen wie etwa
die Befestigung der harmonisierenden Quart cis″/gis′ im Takt 102; er kann die
Attraktionspunkte auseinanderlegen und Verfehlungen disponieren, aus denen
sich die Erwartung auf später herzustellende Kongruenzen nährt, und also in
Takt 31 ff. in der steigenden Terzfolge der Melodiehaupttöne (Takt 31 : g; 34: b ;
37: cis) den traumatischen Ton der Flöte anvisieren, mit dessen Erreichen jedoch
eine andere Melodie als die vermutete präsentieren, was sich auch harmonisch
praktizieren läßt: In den vier As-Dur-Takten 51 bis 54 wird das folgende Des-

[85] Debussy, *Monsieur Croche et autres écrits*, a.a.O., S. 29.
[86] Hierzu umfassend Ernst Bloch, *Zauberrassel und Menschenharfe*, in: ders., *Philosophie der Musik*, Frankfurt a.M. 1974, S. 202–207.
[87] Boulez, a.a.O., S. 29.

Dur größer vorbereitet als irgendeine andere Tonart in dem Stück – eben jene
Tonart, in der der traumatische Flötenton der Grundton wäre und die also »eigentlich« der Flötenmelodie gehört; so groß aber wie die Veranstaltung gerät die
Verfehlung: Was hier versprochen war, löst die Musik erst viel später, in Takt
100, ein.

Der Schein der Zweckfreiheit wird darüber hinaus durch den mit den genannten Understatements verbundenen leisen Ton befördert, der den musikalischen Vortrag weitgehend auf einer Ebene hält, was übrigens dem Ohr mehr
Kontinuität simuliert als die Analyse der Verkettung der Ereignisse nachweisen
kann.[88] Dieser leise Ton demonstriert Zweckfreiheit, indem er suggeriert, dem
Redenden sei kaum etwas von dem, was er sagt, ganz wichtig oder wenigstens so
wichtig, daß er für hervorhebende Unterstreichungen sorgen müßte. Hieran
haftet der Eindruck von Depersonalisierung – dessen, was allzu prononciert von
Hugo Friedrich in bezug auf Mallarmés Lyrik »Enthumanisierung« genannt
worden ist[89]: »Le poète [...] cède l'initiative aux mots«, hatte Mallarmé formuliert[90], und entsprechend scheint der Komponist des *Prélude* die Initiative den
Motiven zu überlassen und ihre Bewegung mit nur geringer Anteilnahme zu
verfolgen, so, als interessierten ihn der Fortgang und der Ausgang nicht sonder-
lich. Die Analogien zum geringen Ausschlag der emotionalen Kurve dieser Musik reichen weit, weil die Emotionalität von Musik oft mit der Dynamik sich
deckt, mit der ein Ziel anvisiert und erstrebt wird, oder mit der Entspannung,
von der die Musik nach Erreichung eines Ziels lebt – worin sie dem Hörer das
Gefühl gibt, vom Komponisten geführt zu sein. Dies verweigert ihm Debussy
weitgehend, welcher hierzu durchaus mit Valéry argumentieren könnte: »Wenn
man seinen Gedanken darstellen will, ist es mir am liebsten, man tut es ohne
Wärme und in aller Durchsichtigkeit, so daß er weniger das Erzeugnis einer Individualität verkörpert als vielmehr eine Wirkung von Bedingungen, die in einem Augenblick zusammenkommen und zusammenwirken, oder ein Phänomen einer anderen Welt als derjenigen, in der man die Personen und ihre Stimmungen vorfindet.«[91]

Der Schein von Zweckfreiheit nun haftet auch den musikalischen Gestalten
an, und hier berührt sich die Ästhetik der Arabeske mit der durch sie bezeichneten Art der Linie – Henry van de Velde hat sie »übertragene Gebärden« genannt[92]. »[...] Gebärde hat ihren Sinn nicht in dem, worauf sie zielt, sondern in

---

[88] – so daß sich durchaus Diskrepanzen ergeben können zwischen dem Höreindruck und den hier ver-
       suchten Diagnosen »au bord du silence«.
[89] Friedrich, a.a.O., S. 83.
[90] Zitiert nach Mauron, a.a.O., S. 65.
[91] *Zur Theorie der Dichtkunst*, a.a.O., S. 110.
[92] Zitiert bei Zenck-Maurer, a.a.O., S. 130.

sich selbst, in ihrer Erscheinung [...]. Die Erscheinung gewinnt Vorrang vor ihrer Bedeutung. Debussy schrieb, nicht der Charakter einer Melodie sei das Wesentliche, sondern ihre Kurve. Debussys Arabesken sind nicht aktiv, sie zielen nicht.«[93] Zu ergänzen wäre: Sie schließen nicht, sie bleiben in einem Ungefähr, in einer Offenheit hängen, welche wohl einen Fortgang notwendig machen, die Art und Weise dieses Fortgangs aber nicht definieren – oder jedenfalls sehr viel weniger, als dies auch im Rahmen der – gewiß nicht kausalen – Folgerichtigkeit musikalischer Erzeugnisse möglich wäre. So läßt sich in Debussys Prägungen keineswegs idealtypisch zum »ouvert« das »clos« konstruieren und also konkreter mutmaßen, wohin, zu welcher Rundung und Ruhelage sie hinstreben. Die Flötenmelodie gibt hierzu das allerbeste Beispiel: Allenthalben steckt in ihrer arabesken Rückläufigkeit eine Tendenz zur Zurücknahme des melodisch Geleisteten. Die Aufwärtsbewegung am Ende des ersten und zweiten Taktes nimmt, indem sie zum Ausgangston zurückführt, den Abgang halb zurück, und die melodische Bestimmtheit, welche der Ausgriff des dritten Taktes erreicht, wird sogleich relativiert: Wohl bleibt einiges von der Gebärde, von der motivischen Qualität erhalten, aber die Höhe ist verloren, die Linie zurückgenommen auf die Lage, in der sie, zaghaft genug, begann. Gleichzeitig wird auch die harmonische Basis cis, welche sich im dritten Takt zu festigen schien, unterhöhlt: Das lang klingende h mag noch vermuten lassen, daß der Melodie als Hintergrund ein die Bestimmungen cis und E in der Schwebe haltender Sixte-ajoutée-Klang unterstellt sei – als eine Moll/Dur-Ambivalenz, die noch in den letzten Takten bestätigt wird –, jedoch sorgt das ais für weiteres Zwielicht, freilich wiederum nicht so entschieden, als daß die Sixte-ajoutée-Möglichkeit widerlegt erschiene: Immerhin ist von ihr im ersten Akkord einiges enthalten. Als harmonischer Hintergrund, als »Tonika« der Flötenmelodie, bietet sich – bestätigt auch durch die Schlußakte – ein Klang an, in dem der Terz e/gis als der fixen Größe die ihre diatonische Zuordnung definierenden Töne cis, h und ais als Variable gegenüberstehen. Auch hieran mag etwas von Debussys subtiler Equilibrierung verfestigender Momente deutlich werden: Hörbar wird die Harmonie gerade erst dort, wo – mit ais – ihre meistdeutige Form fällig ist, und gerade das hier neue ais hat nicht zuletzt als lang liegender Spitzenton so viel Gewicht, daß es, sekundiert durch das Horn, den Klang auf sich beziehen und sich selbst zum Grundton machen kann, obwohl es, wo es eintrat, unter allen Akkordtönen von dieser Funktion am weitesten entfernt war. Im nachfolgenden Echo wird der weite harmonische Schritt von cis[6] nach B[7] als Drehung um die durchklingende Sekund gis/ais auf einen Farbwechsel reduziert, ein ziel- und schwereloses Oszillieren des Klanges, worin gerade die Entferntheit der tonartlichen Positionen in der Un-

[93] Zenck-Maurer, a.a.O., S. 130f.

möglichkeit einer raschen modulatorischen Vermittlung die Entfunktionalisierung betont – auch dies das Beispiel einer arabeskenhaft behandelten Harmonik.

Ähnlich allem entschlossenen Determinieren ausweichend, gibt Debussy auch in der melodischen Führung die Wiederholungen als Echo, als vorsichtiges Nachzeichnen und damit als Äußerung einer Befindlichkeit, die sich von dem einmal Erblickten nur schwer trennt und schon aus der passiven Nachdenklichkeit einer Betrachtung, welche nicht sucht, sondern sich den wie von selbst ins Blickfeld rückenden Gegenständen überläßt, die Langsamkeit des Vorangangs motiviert. Demgemäß haben Redikte oder variierende Wiederholungen nur in Ausnahmefällen – wie z. B. den Takten 57/58 zu 55/56 – einen affirmativ unterstreichenden Gestus oder gar den eines eindringlich Redenden. Zuallermeist klingen die Wiederholungen nach in dem sonoren, träge schwingenden Resonanzboden, der dieser Musik unterstellt ist, und nicht selten artikulieren sie einen Schwund an Substanz, zumindest an Zielstrebigkeit. So hat etwa die in Wellenbewegung herabgehende Linie der Flöten in Takt 28 eine nach dem vorangegangenen Ankämpfen gegen Störungen lösende, vorantreibende Klarheit gewonnen; doch eben diese wird in der zweiten Hälfte des Taktes gebrochen durch die oben angesprochene Verspätung der Wiederholung, in der die zuvor vorhandene Koordinierung mit der Begleitung verlorengeht. Der von der Oboe in Takt 37 exponierten »Kernformel« eignet unverkennbar ein Moment der Vereindeutigung gegenüber dem Flötenthema; im Fortgang der Melodie aber scheint Debussy der Gefahr einer zu weit gehenden Vereindeutigung vorbeugen zu wollen, wie etwa bei einer Wiederholung der Figur auf einer Takteins. So erscheint die Figur nur beiläufig auf einer Taktdrei wieder und auch nicht beim Einsatz der Violinen, sondern erst in deren zweitem Takt. Auf diese Weise bleibt diese Passage, obwohl sie in vieler Hinsicht gegenüber der Flötenmelodie glättet, klärt und diatonisiert, dennoch in den gestalthaften Qualitäten hinter ihr zurück – als ein Stück genuiner musikalischer Prosa. Das späterhin nahezu »wilde« Expandieren, worin die Partner die Melodie einander entreißen, bedingt darüber hinaus eine besondere Engigkeit des motivischen Rahmens: So vielfältig die Prägungen sind, so rasch sie aufeinanderfolgen, so sehr doch halten sie allesamt die Nähe zur »Kernformel«; dergestalt wird auch hier, da die einander überstürzenden Formulierungen immer wieder dasselbe meinen, nicht eigentlich vorangegangen, keine Wegstrecke durchmessen, nicht konstruktiv hervorgebracht, so daß man von dem Paradoxon einer wild bewegten Zuständlichkeit sprechen könnte – oder eben auch von einer arabeskenhaften Satzstruktur. Es gehört zu der vertrackten Psychologie dieser Musik, daß nach diesem pluralistischen Kontrapunktieren eine Partie mit besonders stark verweilerischen Zügen (Takt 51 ff. und das anschließende Des-Dur) kraft der Vereinfachung des Satzes und der Konzentration auf einen Vorgang eine Fernsicht zu eröffnen scheint, wie stark auch die rückläufigen Momente in ihr ausgeprägt sein mögen.

In derlei Strukturen erweist sich im Sinne des oben angeführten Hoffmann-Zitats unter »anscheinender Willkür [...] die höchste Künstlichkeit versteckt«, die »Formlosigkeit« mit höchster Sensibilität durchgeformt, wodurch dem scheinbar autonomen, vegetativen Herauswachsen der einzelnen Prägungen Freiräume geschaffen und um diese herum die Notwendigkeit und Richtung des Fortgangs gesichert werden. Diese Art Arbeitsteilung, deren Beobachtung bei Debussy besonders schlüssige Ergebnisse verspricht, rechtfertigt die halbe Paradoxie der Formulierung, die Arabeske lasse einen Fortgang notwendig erscheinen, ohne seine Art und Weise zu definieren. Ein Komponieren, das in solcher Weise die etablierten, verabredeten Formen musikalischer Geradlinigkeit kritisiert, hat es nicht nur einfach schwerer, muß es doch zur Sicherung jener Freiräume, in denen die Gebilde der Phantasie vom Woher und Wohin nichts wissen sollen, halsbrecherische Gratwanderungen auf sich nehmen, zumal im Ausgleich zwischen der Spontaneität des Erfindens und den subtilen Zwängen der Vermeidung. Darüber hinaus hat es sich einem unerreichbaren Ideal der Vollkommenheit verschrieben – unerreichbar schon, weil dieses weit hinter der materiellen Gegenständlichkeit des Werkes liegt und seinem Wesen nach undefiniert bleiben muß. Der hohe Anspruch der Formung und ihr Bewußtsein, zum Fragment verurteilt zu sein, lassen sich nicht trennen, und im Zeichen der Eingrenzung des Unsagbaren, des »Schweigens«, wird – als von einer anderen Seite her – verständlich, weshalb der Prozeß der künstlerischen Hervorbringung immer wieder als Gegenstand durchschlägt – auch der begehrliche Faun ist »nur« ein verkappter Künstler. Mallarmés Beschreibung der schöpferischen Subjektivität als eines »schwingenden Zentrums unbestimmten Erwartens«[94] und die Befindlichkeit des am Rande von Träumen sich bewegenden Fauns liegen nicht weit auseinander. Im übrigen hat das sensible kompositorische Spiel mit einem »Eigentlichen«, das wohl die Erwartungen regieren, nicht aber als klar definierter Hauptgegenstand in Erscheinung treten darf, Vorläufer in den zum Tempo giusto hinführenden, den Eintritt des Hauptthemas aufschiebenden Introduktionen, besonders denjenigen Beethovens, dessen Pathos der Hervorbringung Debussy ansonsten so fremd war. Im Sinne eines solchen Aufschubs erscheint die paradoxe Beibehaltung der Bezeichnung »Prélude« sehr stimmig, als zu einer Musik gehörig, welche nach ihrem obersten Anspruch nur Vorspiel sein könnte zu einer eigentlichen, die nicht mehr vorstellbar erscheint, und also nur versuchen kann, dies Unvorstellbare recht eng einzugrenzen und vor ihm recht spät zu scheitern. Wohl im Sinne dieser Bemühung vor allem will Mallarmés Formulierung verstanden sein, daß »Dichtung Schöpfung« darstelle; »wir müssen in der Tiefe unserer Seele fahnden nach Zuständen und Strahlungen

[94] Friedrich, a.a.O., S. 94.

von so vollkommener Reinheit, auf so vollkommene Weise durchleuchtet und
zu Gesang gemacht, daß sie tatsächlich zu Juwelen des Menschen werden können.«[95] Woran man mit einer auf Schönberg bezogenen Aussage anzuschließen
verführt ist: Das »Geschenk soll so vollkommen werden, bis es empfangen werden muß.«[96] Damit erreicht die ästhetische Spekulation einen Punkt, der in der
gewalttätigen Introversion denkbar weit entfernt liegt von der sehr französischen
Ästhetik des »plaire«; und diese ist dem *Prélude* keineswegs fremd. Aber »wenn
man von einem vortrefflichen Kunstwerk sprechen will, so ist es fast nötig, von
der ganzen Kunst zu reden, denn es enthält sie ganz.«[97] Immerhin haben Schönbergs diktatorische und Debussys esoterische Neigungen[98] durchaus ähnliche
Hintergründe.

Nicht lange nach Debussys Tode, im Jahre 1924, hat Valéry von einem »Scheitern« der Intentionen des Symbolismus gesprochen und dieses zu begründen gesucht: »Zunächst läßt sich denken, daß wir ganz einfach einer geistigen Illusion
zum Opfer gefallen sind. Nachdem sie sich aufgelöst hat, bliebe uns nur noch das
Gedächtnis an widersinnige Leistungen und an eine unerklärliche Leidenschaft
… Aber ein Verlangen kann nicht illusorisch sein. Nichts ist so im eigentlichen
Sinne wirklich wie ein Verlangen in seinem Wesen als Verlangen: ähnlich wie
der Gott des heiligen Anselmus ist seine Idee von seiner Wirklichkeit untrenn-
bar. Man muß also weitersuchen und für unser Scheitern eine tiefer verborgene
Begründung finden. Man muß ganz im Gegenteil den Fall setzen, daß unser
Weg wirklich der einzig mögliche war; daß wir in unserer Sehnsucht an das eigentliche Wesen unserer Kunst rührten und daß wir die Gesamtbedeutung der
Arbeiten unserer Vorgänger wirklich entziffert hätten, das Kostbarste aus ihren
Werken herausgelöst, unser eigene Bahn mit diesen Wegzeichen abgesteckt, diese einzigartige Fährte verfolgt hätten, geleitet von Palmen und Süßwasserquel-
len: am Horizont immer der Stern der reinen Poesie … Da liegt die Gefahr. Genau dort unser Untergang. Und ebendort das Endziel.

Denn eine derartige Wahrheit ist ein Grenzwert der Welt. Es ist nicht erlaubt,
darin zu wohnen. Mit den Bedingungen des Lebens verträgt sich nichts, was so
rein ist. Wir durchqueren nur die Idee der Vollkommenheit, wie die Hand ungestraft durch die Flamme streift. Aber die Flamme ist unbewohnbar, und die Häu-
ser der höchsten Glückseligkeit stehen notwendigerweise leer. Ich meine, unser
Streben nach der äußersten Strenge der Kunst – nach einer Folgerung aus den

---

[95] Übersetzt aus dem Englischen, nach Austin, S. 120ff.
[96] Theodor W. Adorno, *Arnold Schönberg. 1874–1951*, in: ders., *Prismen. Kulturkritik und Gesellschaft*,
München 1963, S. 147–175, das Zitat S. 150.
[97] Goethe, Propyläen-Ausgabe I/1.
[98] Zu diesen vgl. seinen berühmten Brief an Ernest Chausson vom 6. September 1893, also gerade aus
der Entstehungszeit des *Prélude*; bei Austin, S. 133f.

Voraussetzungen, die uns frühere gelungene Werke boten, – nach einer Schönheit, die ihrer Entstehungsgeschichte immer tiefer bewußt wäre, die von allen Inhalten immer unabhängiger, von vulgären Gefühlsreizen ebenso wie von groben Effekten der Beredtsamkeit immer freier geworden wäre, – all dieser allzu aufgeklärte Eifer führte vielleicht zu irgendeiner beinahe unmenschlichen Daseinsform.«[99]

In bezug auf Debussy, zumindest als den Musiker, dessen harmonische Mittel seit Jahrzehnten von der kommerziellen Musik usurpiert sind, könnte Valérys Diagnose glatthin überzogen erscheinen: Das *Prélude* gehört ebenso wie *La mer* heute zu den Pièces de résistance der Konzertsäle; überdies weiß man, daß Debussy nach der Zeit des Faun Abstand zu Mallarmé gewann und nicht mithielt auf einem Wege, der über *Un coup de Dés* und das *Livre* bis an eine Mathematisierung ästhetischer Kategorien heranführte. Auch zeigte sich, daß keine Prämisse einer literarischen Poetik umstandslos sich musikalisch realisieren läßt, abgesehen davon, daß Debussy nichts ferner lag als Exemplifikation von Prämissen. Dennoch ist er keineswegs so sehr, wie es zunächst scheinen mag, von der hermetischen Problematik verschont geblieben, mit der Mallarmé geschlagen ist; der Blick auf die Rezeption der bedeutenden Klavierwerke genügt zum Beweis. Die ästhetische Kommunikation des Dichters und des Musikers geht zu tief, als daß man nicht fragen müßte, ob nicht der Erfolg des letzteren in starkem Maße auf Mißverständnissen beruhe, die der materiale Vordergrund seiner Musik zuläßt; ob nicht deren irritierende Momente die wahreren seien.

---

[99] Valéry, *Zur Theorie der Dichtkunst*, a.a.O., S.73f.

Versuch zur Ästhetik der Musik Leoš Janáčeks

Vierzig Jahre nach seinem Tode ist Leoš Janáček in der Totalität seines Schaffens und dessen künstlerischer Physiognomie immer noch wenig bekannt. Das wäre bei einem Musiker, dessen bedeutende Werke fast durchweg in unserem Jahrhundert entstanden, nicht erstaunlich, wenn das Problem des Mißverhältnisses von ästhetischem Anspruch und Wirkung bei ihm nicht besonders gelagert wäre. Nicht nur ist Janáček älter als die Generation der Mahler, Debussy, Strauss, Reger, Pfitzner, nur zwanzig Jahre jünger als Brahms, fünfzehn als Dvořák; auch sind viele der Vorwürfe, in denen sich seit mehr als einem Halbjahrhundert die Ablehnung zeitgenössischer Musik artikuliert, auf ihn nicht anwendbar, er entspricht geradezu dem Bilde des vitalen, ungebrochenen, von keines Gedankens Blässe angekränkelten Musikanten, das die Konvention so gern beschwört. Aber so sehr er das ganze Gegenteil eines »Intellektuellen« ist oder eines »Entwurzelten«, so sehr sein Werk, in dem die Kreatur sich in unverwechselbarer Weise feiert, die Gemeinschaft hörender Menschen anspricht, so sehr auch ist ihm das Odium des Einzelgängers verblieben, und wenn man ihn heute neben Dvořák und Smetana als dritten großen Musiker seines Landes nennt, so geschieht es mehr aus besserem Wissen als nach dem Maßstabe der Popularität.

Dieser Darstellung ließen sich argumentierend steigende Aufführungsziffern entgegenhalten[1], aber von einer Gleichberechtigung zu den beiden älteren kann vorderhand nicht die Rede sein, und ausschließlicher als andere Komponisten verdankt er die Ausbreitung seiner Werke der Initiative von Musikern und Regisseuren, also der unmittelbar mit ihm Befaßten.

Die vorliegende Arbeit will versuchen, diese Widersprüche zu erklären. Daß sie Werke aus dem Umkreis der Oper *Katja Kabanowa* und diese selbst bevorzugt, geschieht aus äußeren Gründen[2] und in der immer wieder bestätigten Überzeugung, daß die Betrachtung anderer Werke seiner Reifezeit zu gleichen Ergebnissen geführt hätte, dieser Umstand also keine grundsätzlichen Einschränkungen mit sich bringen würde. Wenn auch von vornherein die Analyse der Musik als Ausgangspunkt anvisiert war, bedeutet es dennoch eine Einschränkung, daß der Verfasser fast nur die in deutscher Sprache vorliegenden Dokumente und Schriften heranziehen konnte. Der Versuch, die der Musik eingeschriebene Ästhetik

---

[1] Vgl. die jüngsten Verlagsberichte der Universal Edition Wien.
[2] Der Verfasser leitete eine Einstudierung der *Katja*.

zu formulieren, hätte von den bisher nur in tschechischer Sprache vorliegenden Arbeiten Janáčeks mancherlei Bestätigung, Ergänzung oder auch Relativierung zu erwarten gehabt.

Die besondere Schwierigkeit beim Hören janáčekscher Musik besteht darin, daß die gewohnte Proportion zwischen der Zugänglichkeit der Sprachmittel und der Einordnung der Eindrücke in ein Ganzes gestört scheint. Jene sind in weiten Strecken auf Anhieb verständlich, in Details wie von vornherein vertraut, doch löst die Form nicht ein, was dergestalt der Apperzeption versprochen wird. Schroffheiten, unvermittelte Kontraste, jähe Umschläge, abrupte Schlüsse etc. lassen die Musik improvisatorisch unfertig, skizzenhaft, geradezu als einen hochgetriebenen Dilettantismus erscheinen, sieht man, klassizistische Maßstäbe voreilig übertragend, Verknüpfung und Vermittlung als Kriterien formaler Bewältigung an. Besonders irritierend wirkt das Nebeneinander scheinbar gestaltloser und äußerst prägnanter Partien, welches selten durch Entwicklungen etwa im Sinne eines Zusichkommens der Musik integriert ist, so daß die im Ohre haftenden Momente den Charakter des Zufälligen an sich tragen und selten sich als identisch mit dem musikalischen Thema erweisen. Dergestalt versagt die Hörererfahrung klassisch-romantischer Musik, die das Thema als prägnantesten Baustein aufzufinden und von hier aus ein Bezugssystem aufzubauen gewohnt ist.

Im zweiten Bild der Oper *Katja Kabanowa* schildert die Titelheldin die religiösen Ekstasen ihrer Mädchenzeit. Die wogende Bewegung der Flöten über dem sanft leuchtenden Des-Dur von Harfe und Fagotten (Beispiel 1[3]) läßt mancherlei

Assoziationen zu – zeremonielle Gleichmäßigkeit des Rituals, naiv-gläubige Hingebung des Mädchens, Gefühl von Geborgenheit, das wabernde Aufsteigen des Weihrauchs, bei dessen hingerissener Schilderung[4] die Violinen das Motiv übernehmen und Bratschen und Klarinetten die Figur Beispiel 2 hineinflechten. Anfangs führt das Horn die Melodie, später die Klarinette, Katja singt darüber rezitativisch, nahezu atemlos stammelnd; so hat jeder Partner seine eigene Form der Äußerung auf der Grundlage einer gemeinsamen, abschnittweise ostinaten

---

[3] *Katja Kabanowa*, Klavierauszug, Wien 1922, S. 42, 3 Takte nach Ziffer 7.
[4] a.a.O., S. 43, Ziffer 8.

Harmonie, findet sich Katja dem Orchester gegenüber wie damals dem Zauber ihres Erlebnisses. In einer Steigerung wird aus der Floskel Beispiel 2 der melodische Ansatz Beispiel 3[5], der erste Versuch, den Komplex melodisch zu überwöl-

ben. Das gelingt erst der Solovioline im *Meno mosso* Beispiel 4[6], und hier, mit dem die Schilderung beschließenden »Auf die Knie fall ich nieder und weine«

vermählt sich die Singstimme dem Orchester, kommt es zu der Synthese, die das »und weine« unvergeßlich macht, – eben jene Wendung, mit der die Melodie über das schon in Beispiel 3 Erreichte hinausgeht und aus dem Bannkreis eines ostinat festgehaltenen harmonischen Komplexes ausbricht, einen Schritt ins Freie tut, der nun die Harmonie in Bewegung bringt. Katjas folgendes »doch ich weiß es selbst nicht, warum ich lieg und weine« ist an der Melodie orientiert, und diese wird fortgesponnen, so daß nicht nur die vordem getrennten Partner zusammengefaßt sind, sondern auch erstmalig eine vollständige melodische Phrase produziert wird. Die einleitende Bewegung der Flöten Beispiel 1, aus der sie entstand, erscheint rückblickend wie eine zur Sprache drängende Zuständlichkeit, ein unruhiges Suchen, wie Katja nach Worten suchte, um das Erlebnis zu schildern.

In ähnlicher Weise erreicht Katja nach langen rezitativischen Partien im Monolog des zweiten Aktes erst mit dem innigen »ihn sehen«[7] am Ende des unablässig im Orchester wiederholte Motiv, ganz entsprechend auch im Monolog des letzten[8].

---

[5] a.a.O., S. 43, 3. System, Takt 3 und 4.

[6] a.a.O., S. 44, Ziffer 9. Wir zitieren durchweg die deutsche, von Janáček autorisierte Übersetzung von Max Brod, zuweilen mit kleinen Varianten.

[7] a.a.O., S. 76, Ziffer 6, bis S. 80, *Meno mosso*.

[8] a.a.O., S. 148, Ziffer 25, bis *»ganz tief in mir, da tut es so weh.«*

Im sechsten Liede des *Tagebuchs eines Verschollenen* beschreibt ein heftig voranstürmendes Unisono Beispiel 5[9] die Unruhe des jungen Mannes, sein Getrie-

bensein; plötzlich hält es ein, und im *Meno mosso*, nun harmonisiert, wird ebenso inständig wie vergeblich die Verwünschung der Zigeunerin ausgesprochen, vgl. Beispiel 6[10]. Dies jäh eintretende Adagio ist, obschon zunächst als Verwün-

schung, die Ergebung ins Schicksal (»Weh mir, weh den Sinnen, weh wenn sie in Flammen stehn«), wie vorher die ungestüme ostinate Wiederholung der Versuch, seinen Fangstricken zu entgehen. Im Blitzschlag der tragischen Erkenntnis kristallisiert sich die Musik zu einer äußerst prägnanten, in sich abgeschlossenen Gestalt. Sie tut dies nicht allein in der – schon vorher einsetzenden – Harmonisierung, sondern vor allem in einer melodischen Modifikation: Beide Formen wiederholen in den ersten drei Takten das gleiche Motiv (die zweite mit einer kleinen Veränderung), jedoch in verschiedener Richtung; die erste setzt auf dem höchsten Ton an und macht dessen hartnäckige Wiederholung zum bestimmenden Merkmal, die zweite beginnt auf dem tiefsten und gewinnt allmählich die Höhe, wodurch der Absturz des vierten Taktes ungeheuren Nachdruck erhält. Im Unisono stehen die Glieder parataktisch nebeneinander, als Gemeinsames tritt der Rhythmus hervor; im Adagio sind die in ihnen ruhenden Möglichkeiten melodisch geweckt, sind sie damit zu Teilen eines Ganzen geworden.

In der Kongruenz musikalischer mit psychologisch-dramatischen Vorgängen erscheinen solche Synthesen zwingend. Einseitige psychologische Ableitung aber verbietet sich; die Musik tut Gleiches auch ohne solche Motivierung. Der

---

[9] *Tagebuch eines Verschollenen*, Klavierauszug, Prag 1953, S. 25. Hierzu vgl. auch die Betrachtungen von J. Racek, *Der Dramatiker Janáček*, in: DJfMw V, 1960, S. 37ff.

[10] a.a.O., S. 26.

zweite Satz des im Jahre 1924 komponierten Bläsersextetts *Mladi (Jugend)*[11] beginnt mit einem Unisono der tiefen Instrumente, das den Charakter eines barocken Ostinato, eines abstrakten Postulates trägt, auch wenn die höheren Instrumente es mit Ansätzen einer Harmonisierung wiederholen. Erst in den Takten 9 und 10 harmonisiert Janáček das Motiv voll aus, zudem mit einem charakteristischen Wechsel von Dur- und Mollterz, und schafft mit dem Quartanstieg der Flöte und dem herabtropfenden Gang der Klarinette den melodischen Austrag; demgegenüber erscheint das Anfangsmotiv nur als Auslöser dieses 17/16-Taktes, erscheint dieser als Erfüllung.

In der Unmittelbarkeit, sei es psychologisch oder musikalisch, mit der solche Kristallisationen zustande kommen, wird ein Postulat der Ästhetik Janáčeks zu erkennen sein; da sie den überschaubaren Raum vorauszusetzen scheint, stellt sich die Frage nach ihrem Verhältnis zur großen Form.

Im ersten Satz des ersten Streichquartettes[12] fällt die Symmetrie der Teile ins Auge (ABC – D – A′B′C′), die ebenso von der dreiteiligen Liedform aus zu erfassen wäre wie von der Sonatenform, sähe man B (Takt 46–56) bzw. B′ (Takt 133–148) als Bereiche des zweiten Themas und D als eine Durchführung en miniature an. Indes ist mit beiden Bezügen wenig erklärt, nicht nur, weil alle motivischen Prägungen mit dem Hauptthema zusammenhängen, sondern noch mehr, weil die Suggestivität einer Kristallisation dem Hören Erwartungen aufzwingt und Erfüllungen bringt, die mit den vorgenannten Formen nur wenig korrespondieren oder gar ihnen widersprechen. Das hier wie in der *Katja* und im *Tagebuch* beherrschende Motiv der über die Quarte erreichten Quinte eröffnet in der Form von Beispiel 7 den Satz als Aphorismus, der nur eben anreißt, buchstäblich den Ton anschlägt, d.h. den Akkord, welcher über neun Takte liegenbleibt; unter ihm spielt das Violoncello in rascherem Tempo eine tänzerische Melodie, die in Varianten die Quinte e-h ausfiguriert und zu Beispiel 7 einen

---

[11] Studienpartitur, Prag 1947, S. 19ff.

[12] Studienpartitur, Prag 1960. Die Betrachtung dieses Werkes setzt mehr noch als die vorangehenden den vorliegenden Notentext voraus.

Gegensatz, nicht eine Ergänzung formuliert. Dies geschieht auf verschiedenen Stufen insgesamt dreimal; dem sorglos wiederholten Nebeneinander zweier unterschiedlicher und beziehungslos scheinender Komplexe eignet etwas spielerisch Präludierendes; es spannt solcherart die Erwartung, wie aus der Addition Form werde und die Musik sich zu einer Prägung entschließe. Nicht als Synthese entsteht diese, sondern indem die aphoristischen zwei Takte des Grundmotivs einen Nachsatz erhalten (Takt 38–45), der ein neues Element darstellt und zugleich doch als das längst Erwartete erscheint. Damit ist ein Ziel, eine bestimmte Höhe erreicht, von der aus, nach dem Doppelpunkt der Modulation in Takt 45, die Musik fortgehen kann (B). Was eine Betrachtung unter dem Aspekt der Sonatenform als Seitenthema beanspruchen müßte, erscheint dem Hörer als Entspannung und gelöstes Weiterfließen nach der Anstrengung der Kristallisation der Takte 38–45. Später (Takte 57–71 = C) wird durch rascheres Tempo, kleinere Werte und Motivwiederholungen aus dieser Entspannung Desintegration, ein Zerflattern, das melodisch unmittelbar aufs Grundmotiv bezogen ist, dessen Auflösung beschreibt und endlich über dem Orgelpunkt h verlischt. Die Harmoniefolge der Takte 71/72 erscheint als Trugschluß, der den Eintritt der »Reprise« (Takt 86) zum wichtigsten Zielpunkt und damit die Takte 72 bis 85 (D) zum Übergang bestimmt. Mit A′ nun wiederholt sich der geschilderte Vorgang vom Beginn, jedoch mit charakteristischen Veränderungen: Der anreißende Aphorismus erscheint nur einmal, die Abschnitte der tänzerischen Figuration sind durch gleichartige Kadenzen verbunden und haben die müde, tief ins Subdominantische absinkende harmonische Abfolge e-d-c (gegenüber der konstruktiven Abfolge e-fis-h am Anfang), der ergänzende Nachsatz wird wiederholt. So ist das Ziel der Kristallisation müheloser und eindeutiger erreicht, dem konvergenten Wesen einer Reprise entsprechend, diesem entgegen aber wirken B′ und C′ wiederum auflösend und desintegrierend; nicht mit Bekräftigung, sondern mit einer Reminiszenz, einem schon nahezu außerhalb des formalen Bogens stehenden Zitieren des Grundmotivs schließt der Satz.

Eine ähnliche Überlagerung von klarem formalen Aufriß – hier einer strengen Zweiteiligkeit in der Folge der Großabschnitte – und einer eigenen Dynamik der musikalischen Ereignisse kennzeichnet den zweiten Satz, doch mit deutlicher Akzentverschiebung, zugunsten der letzteren. Auch hier anfangs ein Präludieren, Anläufe ohne Ergebnis, unterbrochen durch eine müde herabgleitende Sul-ponticello-Sequenzierung, in der alle Entwicklung erstorben scheint (Takt 48–61). Sehr ähnlich dem Teil B des ersten Satzes sichert ab Takt 68 gleichbleibende Figuration eine bestimmte Ebene, auf der nun das Motiv erscheint, dessen Kristallisation sich als Vereinfachung darstellt: Die Unrast der Triolenbewegung verstummt, die Akkordfolgen werden diatonisiert, Generalpausen spannen die Erwartung, bis mit dem *Meno mosso* Takt 113/114 das Ziel erreicht ist. Im zweiten Teil wird diese Prägung als Komplex mitgeschleppt, noch einmal zi-

tiert (Takt 123/124), aber nicht noch einmal erreicht, obwohl sich in einer Ausweitung des Abschnittes Takt 183–24 die Kräfte *energico ed appassionato* anspan-
nen; am Schluß wieder eine Reminiszenz.

Mit *Molto espressivo ed appassionato* wird der Kristallisationspunkt des dritten
Satzes ausdrücklich ausgewiesen, jedoch ist die auf ihn hinführende Entwicklung komplizierter geworden. Den ersten Abschnitt des Satzes bestimmt der Gegensatz zwischen dem schlichten, eng kanonisch im Einklang geführten Thema
und der Zweiunddreißigstelbewegung, die dessen Schlußglied diminuiert; den
Eindruck einer ins Abstrakte zielenden Strenge verstärkt der schulgerecht als
Quintbeantwortung geschriebene zweite Einsatz des Themas Takt 8. Die Bezeichnung *pavento* deutet auf die Vorstellung, aus der der Komplex erfunden
wurde, bestätigt durch das auf ihn Folgende: Die diminuierende rasche Bewegung wuchert immer mehr, geriert sich als ärgerlich negierende Verdrängung eines allzu vorschriftsmäßig angelegten Themas, läßt dieses endlich über Ansätze
kaum noch hinauskommen, bis mit dem Einbruch synkopisch dahinjagender
Gänge gegen eine erst in der Violine, dann im Violoncello krampfhaft festgehal-
tene Figur alle Dämme bersten (*Vivace* Takt 35 ff.). Nach jähem Abreißen prägt
das folgende Andante den Nachsatz des Themas zu einer neuen Figur um, behandelt sie präludierend und diminuierend, aber die vergebliche Addition der
verschiedenen Formen und Lagen erweist sich nur als das Vorfeld einer Kristallisation von etwas vollkommen Neuem (Takt 77 ff.), einer kurzen, durch Wiederholung prägnanter melodischer und rhythmischer Formeln gekennzeichneten
Ballung, nach der die Rückkehr auf den Anfang, bereichert um ein zweimaliges
untergründiges Zitieren des Rhythmus von Takt 77, nur noch den Charakter einer Reminiszenz hat – die Dynamik der Entwicklung bzw. die Suggestivität der
Kristallisation haben den tektonischen Eigenwert des letzten Formgliedes bis
zum Äußersten gemindert.

Abermals zugunsten der Entwicklung findet sich das Verhältnis im Schlußsatz
verändert, so daß im Ganzen das Werk den Rahmen der gesicherten, virtuell
vorgegebenen Form unter dem Diktat des Auszusprechenden immer mehr verläßt. Selbst was wir Kristallisationen, Ballungen, Erfüllungen[13] nannten, scheint
dem vorantreibenden Brio im Wege zu stehen und erfährt als Zitat – die Kristallisation des ersten Satzes nun in Takt 123/124 – deutliche Entwicklung in der
Unterordnung unter die Entwicklung. Damit der komplizierte, vielgliedrige
Satz nicht der Formlosigkeit verfalle, sind harmonische Kräfte mobilisiert. Unmittelbar zu Beginn wird *lugubre* der düstere as-Moll-Bereich betreten, das
Grundthema als diastematische Ausfaltung der dominantischen Vorstufe, des

---

[13] In der terminologischen Not, die der Verfasser mit diesem Phänomen hat (Erfüllung, Ballung, Kristallisation, Einstand, auch »*image*«, »*Epiphanie*«) spiegeln dessen Beziehungsreichtum wider, die
Schwierigkeiten einer Definition und in diesen die Fremdheit zur gängigen Formästhetik.

Klangkomplexes B-es-f-b komponiert. Indem dieser immer neu formulierte Komplex die vagierend suchende Melodie der ersten Violine auslöst, wird der präludierende Gestus der Anfänge des ersten und des zweiten Satzes wiederaufgenommen und zugleich in der Unterscheidung verursachender und bewirkter Vorgänge übertroffen. Auch die durch rhythmischen Einheitsablauf geschaffene Flächigkeit des zweiten Abschnittes (*un poco più mosso*, Takt 37 ff.) stellt eine Analogie zu den ersten beiden Sätzen her. Sie wird unterbrochen durch einen Ruhepunkt *Meno mosso*, der die im eröffnenden Recitando der ersten Violine benutzte Chromatik und den ebenfalls dort entwickelten Quartabstieg (das Grundthema des Stückes ist durch den aufsteigenden Quartschritt geprägt) gegen harmonische Flächen setzt – dies eigentlich eine Kristallisation, aber von ausgesprochen episodischem Charakter, rasch fortgespült vom Weitertreiben der Musik, die auf die Struktur des vorangegangenen Abschnittes zurückgreift, von der im *Meno mosso* neu produzierten Melodie sogleich Gebrauch macht, energisch nach as-Moll zurückmoduliert und dort das Grundthema vorfindet, welches nun die gehetzten Triolen des dritten Satzes neu auslöst. Mit dem Erscheinen des chromatischen Motivs Takt 115 *(Adagio)* scheint das collagehaft willkürliche Anschlagen thematischer Relikte, ihr desintegriertes Über- und Durcheinander vollkommen, so daß nur das Grundthema, wiederum im nun schon komplexhaften as-Moll, im machtvollen ff-*Maestoso* dem Chaos wehren kann, hier in seiner geprägtesten, geschlossensten Form, der Kristallisation des ersten Satzes. Danach wiederum, deutlich auf das *più mosso* Takt 37 bezogen, eine Fläche, nun mit rhythmisch aktiverem Impetus, wobei zweite Violine und Bratsche die raketenhaft durch große Intervallräume auffahrende Potenzierung des Grundthemas aus dem ersten Satz wiederaufnehmen. Im Schlußabschnitt *feroce* (Takt 167 ff.) finden sich Grundthema und die melodische Neuprägung des *Meno mosso* vereint, nicht jedoch im Sinne von Versöhnung und Ausgleich, sondern eher als addierende Montage auf der gemeinsamen Grundlage ruhender harmonischer Flächen. Besonders im Rhytmus, das Grundthema im Festhalten einer synkopischen Formel, das andere in der gegen den ⁶/₁₆-Takt stehenden Triole, sperren sie sich gegen jede synthetisierende Aufweichung.

In allen angeführten Beispielen findet sich der traditionelle Gegensatz zwischen thematischen und unthematischen Partien überkreuzt und oft verdeckt durch denjenigen zwischen gestalthaft verfestigten und scheinbar ungeformten, wobei die Art der Prägung an Wichtigkeit zurücktritt hinter ihrem Grade. Damit sind die vorgegebenen musikalischen Formen als integrales Prinzip, als Bezugssystem in Frage gestellt. Einen wesentlichen Teil ihrer Leuchtkraft verdanken Janáčeks Kristallisationen ihrer Freiheit, der Tatsache, daß sie nicht formal kalkulabel sind, nicht als Resultanten auftreten. Derlei Veranstaltungen liegen Janáček fern: Der erste Satz des Streichquartetts entwickelt sich nicht zu den Takten 38–42 hin, sondern objektiviert im Nebeneinander schroff unterschiedlicher Komplexe vorher den Mangel an Verbindendem, an musikalischer Integration, nicht aber das psychologisch wachsende Bedürfnis, eine solche zu erleben. So bleiben die Erfüllungen geglückte Momente, blitzartige Erhellungen. Es gehört zu Janáčeks ästhetischem Realismus, daß er es verschmäht, sich als Inszenator seiner Einfälle zu bestätigen.

»Die Darstellung eines solchen Komplexes innerhalb eines Augenblicks erzeugt ein Gefühl plötzlicher Befreiung und Lösung aus zeitlichen und räumlichen Schranken, ein Gefühl jähen Wachsens ...« Diese Definition, die durchaus das Erlebnis der oben geschilderten Erfüllungen charakterisiert, kommt aus dem Bereich der Literatur und steht in der Poetik von Ezra Pound[14]. Eine solche Parallelität ist kein Zufall, – eine andere etwa stellt Joyces Theorie der »Epiphanien« dar: »Unter Epiphanie verstand er eine plötzliche geistige Manifestation, sei es nun in der Vulgarität der Sprache oder Geste oder in einer denkwürdigen Phase des Geistes selbst.«[15] Der Gedanke, daß die Welt zu singen anhebe, triffst du nur das Zauberwort, ist nicht neu; neu ist die Bewertung, die er hier erfährt, eine Verabsolutierung, die sich aus einem kritischen Verhältnis zur Tradition und der durch sie vorfabrizierten Form herleitet. Das image Pounds, die Epiphanie Joyces oder die beschriebenen Prägungen Janáčeks verhalten sich zur Form zunächst einfach negativ, weil sie Momente des Einstands darstellen, punktuell, dimensionslos, unmittelbare Objektivationen der Inspiration, die mit radikalem Purismus gegen alle Rücksicht auf Zusammenhang, auf Vor- und Nachher formuliert sind. Damit werden alle Apsekte der Ausarbeitung und formalen Entfaltung zur Gegenkraft der Inspiration, der verwehrt werden muß, den Pfeil der reinen Intention abzulenken, ehe er sein Ziel erreicht hat. Diese Einstellung ist absolutistisch und jeder Dialektik abhold. Konsequenterweise gibt es von Pound zweizeilige Gedichte. Andererseits gehört der Gedanke des Einstands, der Kongruenz von Besonderem und Allgemeinem, der Welt an einem Punkt wiederum zu jedem Versuch, den künstlerischen Einfall zu beschreiben, beispielsweise in der Äußerung Janáčeks, daß sich »das Wesen des Akkords mit meinem in einem Daseinsaugenblick« decke[16].

Dies kommentiert anschaulich ein Bericht über den komponierenden Janáček, den L. Kundera gab. »Von dort (aus dem Klavierzimmer des von Janáček bewohnten Häuschens, d. V.) erklang den ganzen Vormittag über das Klavier. Allerdings in ungewohnter Weise. Janáček hämmerte dort so laut, wie es überhaupt

---

[14] vgl. W. Höllerer, *Theorie der modernen Lyrik*, Hamburg 1965, S. 185. Pounds *Imagist Manifesto* stammt aus dem Jahre 1914. Zur Problematik der Persönlichkeit und des Schaffens von Ezra Pound siehe u.a. Georg Maurer, *Welt der Lyrik*, in: *Sinn und Form XX*, 1968, 1. Heft.

[15] James Joyce, *Stephen Daedalus*, Frankfurt/Hamburg 1963, S. 153.

[16] Jaroslav Vogel, *Leoš Janáček, Leben und Werk*, Prag 1958, S. 14.

möglich war, und zumeist bei ständig gehobenem Pedal, mit den Fingern immer wieder ein und dasselbe Motiv von ein paar Tönen aus dem Klavier hervor … Er wiederholte das Motiv mehrere Male rundum, entweder in unveränderter Gestalt oder zuweilen mit einer kleinen Abänderung. Aus der Verve, mit der er spielte, war herauszufühlen, wie stark er von dem Gefühlsinhalt des Motivs erregt und hingerissen wurde … Bei diesem Beginnen komponierte er nicht – er wollte sich nur durch das ständige Wiederholen eines kleinen Motivs in eine bestimmte Stimmung versetzen, um dann ohne Klavier das zum überwiegenden Teile aus diesem Motiv aufgebaute Tonwerk in fieberhafter Hast unmittelbar auf das Papier zu werfen.«[17]

Wenn das Integral der Form und die ihm eingeschriebene Idee der Versöhnung von Inspiration und Verarbeitung, das Aufgehen der Dynamik von Verursachung und Wirkung in einer höheren Einheit aufgegeben ist und das image sich autark stetzt, scheint die Form zum Vor- und Nachspiel eben jenes Einstandes verkümmern zu müssen oder ihre Substanz gar auf diesen reduzierbar zu sein. Die Erfüllungen geben aber weder im ideellen noch im thematischen Sinne eine Quintessenz, noch wären sie Erfüllungen ohne den Raum, den die Form ihnen bietet, und ohne ein bestimmtes Verhältnis zu diesem.

Für den Hörer stellt es sich so dar: Die Prägnanz einer Erfüllung ist so groß, daß er das Bedürfnis nach einer Beziehung auf den Zusammenhang nicht empfindet, also die Funktion »plötzlicher Befreiung und Lösung« zunächst jede andere überschattet. Zumeist bewährt sich dabei die Suggestivität der musikalischen Periode: Beim ersten Auftritt Katjas und Kabanichas[18] schwimmen die knappen Antworten Katjas wie Inseln im Meer der zerfaserten, stereotyp wiederholten Figuren, die die Vorhaltungen der Schwiegermutter begleiten. Ähnliches geschieht im *Tagebuch*, außer bei der erwähnten bei Stellen wie im 9. Liede *Un più mosso* »Doch Du stehst so lange …«[19] oder das *Meno mosso* im dritten, »Warte nicht, warte nicht, wirst mich nicht erlauern …«[20]. Das »Gefühl plötzlicher Befreiung« ist, genauer definiert, psychologische Entlastung der Rezeption, – von der Ungewißheit einer offenen Form, von der Notwendigkeit der Zuordnung, einer Beziehung auf einen in der Musik noch nicht eindeutig manifesten Sinn, von der Rechenschaft über nicht ohne weiteres plausible Übergänge. Die Entlastung tritt ein, weil das kristallisierte Gebilde in sich selbst sinnhaft ist und der Rezeption des komplizierten Systems musikalischer, dramatischer, psychologischer, assoziativer etc. Beziehungen, in das sie sich gestellt sieht, nicht länger bedarf; die vielen Kanäle der Information sind augenblicksweise auf einen einzi-

---

[17] cit. Vogel a.a.O., S. 42.
[18] Klavierauszug, S. 27 ff.
[19] a.a.O., S. 33.
[20] a.a.O., S. 20.

gen reduziert. Die Suggestivität der geprägten Gestalt ist so groß, daß der Erfül-
lungscharakter kaum aus der Objektivation eines darzustellenden Sinnes hervorgeht, sondern fast ausschließlich der zunächst rein musikalischen, von irgendeinem konkreteren Inhalt gänzlich unabhängigen Tatsache sich verdankt, daß in
diesem Augenblick eine neue Gestaltebene aufgesucht wird. Katja eben und
nicht Kabanicha gehört die erste in sich stimmige Melodie, und das gibt der Figur mehr Gewicht, Hintergrund und Kontur, als irgendein Ausdruckscharakter
im Stilbereich einer so einfachen Melodie es tun könnte.

Die jäh erreichte neue Gestaltebene ist Janáčeks Eigentum, vorgebildet in der
klassisch-romantischen Musik gerade dort, wo diese aus ihrem Formenkanon
ausbrechen will, an Stellen, die schon exterritorial liegen, zumal Epilogen, die
nach dem Austrag aller formalen Spannungen noch einmal zusammenfassen, indem sie unerwartet aus dem bekannten thematischen Material Neues bilden. Im
Bereich der Sinfonie finden sich im Schlußsatz von Beethovens *Pastorale*[21] und
am Ende des ersten Satzes der zweiten Sinfonie von Brahms[22] Beispiele. Wenn
dergestalt wichtige Gravitationsstellen außerhalb der Sonatenform liegen, ist
diese selbst relativiert bzw. Bestandteil einer umgreifenden neuen Konzeption
geworden, in der sie sich nicht mehr aus eigener Dynamik erfüllen und vollenden soll. Das korrespondiert insofern mit dem radikalen Janáček, bei dem auf
lange Strecken hin die Musik durch das Gegeneinander unversöhnter Kontraste,
durch die Darstellung eines bestimmten Zustandes, der nach genauerer Artikulation drängt, unfertig scheint, als seine Erfüllungen nie transzendent schon vorgeschriebene Resultanten sind. Der das Grundmotiv zur Vollständigkeit brin-
gende Nachsatz[23] im ersten Satz des ersten Streichquartetts wird wohl erwartet,
weil das Motiv zur Gestalt drängt, nicht aber als Ergebnis musikalischer Entwicklungen. So bleibt die Art seines Erscheinens die eines Deux ex machina, –
ein Charakter, den auch solche Erfüllungen haben, die, wie anhand des Monologes der Katja dargestellt, wohl aus dem Zusammenhang herauswachsen; auch
hier bleibt immer noch ein Sprung zu tun, so daß die Entwicklung nicht kontinuierlich an die neue Qualität heranführen kann.

Das janáčeksche Verhältnis zwischen der Zeitkunst Musik und dem Wesen des
nahezu dimensionslosen *image* hat so deren Gegensätzlichkeit zum Inhalt und
sucht nicht nach einer Synthese, in der das *image* vorausdefiniert ist. In Zeit aus-
gebreitet ist das Unerfüllte, die Erfüllung zusammengezogen zur Welt in einem
Punkt. Es gehört zum Wesen einer solchen Kunst, daß sie in der Erfüllung ihre
Dimensionalität, ihre ästhetische Struktur entwerten und leugnen muß. Darin
unterscheidet sie sich grundsätzlich von der klassischen und der an deren Maß

---

[21] Takte 237 ff.
[22] Takte 477 ff.
[23] vgl. oben S. 356 ff.

entwickelten romantischen Musik. Während diese alle Details zu determinieren trachtet, allen Stationen also die Gewißheit über Verlauf und Funktion eingeschrieben ist, läßt jene alles offen – wie, wann, und ob überhaupt der Flug gelinge. Ungewißheit über den weiteren Verlauf ist eine wichtige Signatur der Musik Janáčeks und sicherlich ihr größtes psychologisches Hemmnis beim Hörer, den der Komponist nicht gegen die Schwierigkeiten und Überraschungen der künstlerischen Arbeit abschirmt. Der Hinweis auf gewisse Analogien in der charakterlichen Veranlagung des Komponisten, z.B. seine kommunikativen Schwierigkeiten, drängt sich auf und ist gerechtfertigt, solange er diese nicht einfach als Ursache hinstellt.

Offenheit kennzeichnet nicht allein das Gefüge der Musik Janáčeks im Großen, sondern ebenso ihre kleinsten Zellen. Der redende Gestus, die deklamatorische Eindringlichkeit, die der Erfindung Janáčeks schon im kleinsten Motiv eignen, sind nicht nur eine Folge der von ihm selbst theoretisch unterbauten Orientierung an der Sprache, sie entspringen gleicherweise dem Umstande, daß der musikalische Gedanke, das Motiv, Thema, die Melodie nicht in einer prästabilierten Form sich geborgen wissen und auf die ihnen selbst innewohnende Dynamik, auf die eigene Entwicklung angewiesen sind. In ihnen ist die Unruhe dessen, der zu einem Ziel kommen muß, das er noch nicht kennt. Deutlichster Ausdruck dieser Unruhe ist die Wiederholung, sowohl diejenige eines ganzen Motivs als auch diejenige einer bestimmten diastematischen Anlage innerhalb einer Melodie.

An der Wiederholung haben sich kritische Einwände gegen Janáčeks Musik früh und häufig entzündet, scheinbar berechtigt insofern, als hier das Unintegrierte seiner Musik, zunächst nur negativ begriffen, besonders kraß in Erscheinung tritt. Generell wurde in derlei Kritiken an dem Funktionswandel vorbeigesehen, dem das wiederholte Motiv unterliegt – nicht allein durch den Akt der zitierenden Wiederholung, sondern durch ihre Art und Weise, die oft ein Mittel sinnfälligster psychologischer Darstellung ist: Laca spottet böse über den Blumenstrauß, der, von einer Schönen stammend, von dem betrunkenen Stewa Jenufa zugeworfen wurde; Jenufa fühlt sich nicht nur verletzt, sondern auch durchschaut; das starrsinnige Behaupten ihres ihr selbst schon zweifelhaften Standpunktes kristallisiert sich in der Wendung »der macht mir Freude« Beispiel 8[24],

Der macht mir Freu - de

---

[24] *Jenufa*, Klavierauszug, Wien 1917, S. 86.

die das Orchester mehrmals in raschem Tempo wiederholt, wie Jenufa krampfhaft versucht, sich die Freude an Stewa bzw. dem Blumenstrauß einzureden; anschließend klingt die Figur weiter in der Tiefe als Spielfigur, als ein unbewältig-
ter Kontrapunkt. Ganz Ähnliches findet sich im Liebesduett des zweiten Aktes
der *Katja*: Katjas Widerstreben ballt sich zusammen in der Figur »du willst mich
verderben« Beispiel 9[25]. Nach Boris' verständnisloser Wiederholung der Wen-

dung übernimmt das Orchester sie in einem raschen, verstört und fremd wirkenden Unisono, versetzt sie in die Tiefe, und hier bleibt sie als Spielfigur, als ständig
beunruhigende Quartole gegen den ⁶/₈-Rhythmus des übrigen Orchesters und
der Sänger der Szene eingesenkt als unaufhörliche Mahnung »du willst mich verderben«, als Kontrapunkt zu Boris' ekstatischen Liebesschwüren. Einen analogen Funktionswandel eines Rediktes im instrumentalen Bereich beschrieben
wir im dritten Satz des ersten Streichquartettes[26]: Aus der Diminution der
Schlußfigur des Themas entsteht eine schnelle Figuration, die, zudem im Fortissimo gespielt, einen kontrastierenden Komplex ergibt, welcher in dem unablässigen Wiederholen der gleichen Figur formlos zu wuchern scheint und den Vergleich mit der Hand eines Malers nahelegt, die eine bestimmte Linie immer wieder nachzeichnet und damit verstärkt. Auf gleiche Weise entsteht im zweiten
Satz des *Capriccio*[27] und im Schlußsatz der *Sinfonietta*[28] rasche Figuration, die als
Spielfigur ein ganzes Feld beherrscht.

Deklamatorische Wiederholung bestimmt auch variierende Bildungen innerhalb geschlossener Melodiekomplexe. Katjas Auftrittsthema[29], das seit Ziffer 26
ständig im Orchester erklingt, aber im Sinne einer Erfüllung erst in der voll aus-
harmonisierten Fassung im *Adagio* voll in Erscheinung tritt (Beispiel 10), durch-
mißt zweimal absteigend den Intervallrahmen ces-es, wobei der Quartabstieg

[25] Klavierauszug, S. 99.
[26] vgl. oben S. 357 ff.
[27] Studienpartitur, Prag o. J., S. 15 ff.
[28] Studienpartitur, Wien o. J., S. 79 ff.
[29] *Katja Kabanowa*, Klavierauszug, S. 23 ff.

as-es eine besondere Rolle spielt; beim zweiten Mal wird der gleiche melodische Verlauf im Sinne einer deklamatorischen Verstärkung differenziert und gesteigert, der obere Rahmenton ces um eine Terz überstiegen und die charakteristische Quartole eingeführt, die dem Quartabstieg neues Gewicht verleiht. Ein Gleiches geschieht im Thema des Katja-Monologes im ersten Bilde des zweiten Aktes (das Thema erscheint schon in dessen Vorspiel), welchem der gleiche melodische Gestus, nur radikalisiert und vereinfacht, zugrundeliegt (vgl. Beispiel 11[30]). Ähnlich verstärkt im Thema des dritten Satzes des ersten Streichquartetts[31]

der zweite Takt den ersten und wiederholt der dritte, als sei die Ausweitung des zweiten bereits zu weit gegangen, noch einmal die Terz ges-heses.

Die variierende Wiederholung eines bestimmten melodischen Gestus gehört zu den wichtigsten Mitteln der deklamatorischen Melodieerfindung Janáčeks; insofern beginnt das Redikt nicht erst beim Wiederholen ganzer Komplexe. Unterschieden ist lediglich die Wiederholung, die von einer endgültig geprägten Gestalt ausgeht und sie wie ein Trauma behandelt (Beispiele 8 und 9) von derjenigen, die nach geprägter Gestalt erst sucht. Zur letzteren gehört die Variabilität der Figur; so sind bei den Beispielen 10 und 11 Rhythmus und Richtung der Melodieschritte fixiert, deren Größe jedoch variabel. Das Thema Beispiel 11 ist ständig in Wandlung begriffen, sein Drängen auf die endgültige Form ist identisch mit Katjas Suche nach einem Entschluß; schon am Beginn ihres Monologes[32] sind extreme Möglichkeiten gegeneinander gestellt – das kahle, über den Oktavraum gespannte Unisono, die nackte melodische Gebärde, und danach *dolcissimo* ihre Einbettung in die Tonart, ins weiche Des-Dur, eine Harmonisierung, deren Wirkung durch den Sextrahmen der Melodie und behutsam nachzeichnende Sextparallelen unterstützt wird. Hier ist der Hauptton die Terz der Tonart, später wird er Quint oder Grundton sein. Sehr ähnliche Modifikationen erlebt das Motiv von Skuratows Erzählung am Ende des ersten Aktes der Oper *Aus einem Totenhaus*[33].

Eine Kritik, die ohne Blick auf den psychologischen Darstellungswert die Wiederholung eines gleichen Motivs als die Beweglichkeit und den Reichtum

---

[30] a.a.O., S.76 unten ff.
[31] Studienpartitur, S.21.
[32] *Katja Kabanowa*, Klavierauszug, S.76 unten ff.
[33] *Aus einem Totenhaus*, Klavierauszug, Wien 1930, S.33ff. und S.54/55.

der musikalischen Form beeinträchtigend anprangerte, beträfe bestenfalls den anhand der Beispiele 8 und 9 erläuterten Fall, ginge aber ganz an Verfahrensweisen wie den letzterläuterten vorbei, bei denen das Motiv noch auf der Suche nach sich selbst ist. Die traditionelle Musikbetrachtung, die die Vorgänge vom tragenden Motiv ausgehend als dessen Geschichte zu deuten gewohnt ist, setzt voraus, daß dies Motiv als Bedeutungsträger hinreichend definiert sei, um als Bezugspunkt, als Baustein zu taugen, daß die Erfindung mit seiner Formulierung das Westenlichste getan habe und bei der Ausfaltung, Entwicklung, Fortspinnung nun von einem gesicherten Komplex ausgehen könne. Eben das trifft bei Janáček aber nicht zu. Motive wie diejenigen der Katja-Monologe sind keine Einfälle in diesem Sinne, sondern eher der traditionellen Spielfigur zu vergleichen; sie schaffen eine bestimmte Disposition des Materials, definieren einen Grundhabitus und also einen bestimmten Raum, in den die Erfindung zu zielen hat, der zu tun fast alles noch übrig bleibt. Der Weg der Entwicklung, die wohl mit dem Motiv, aber doch in einer gewissen Unabhängigkeit von ihm vor sich geht, ist nicht von dessen Dynamik vorgezeichnet; deshalb kann es nicht als Repräsentant einer solchen Entwicklung und eines von ihr objektivierten Sinnes angesehen werden, im Gegenteil: der musikalischen Variabilität entspricht eine gewisse Indifferenz der motivischen Struktur gegenüber dem Darzustellenden, das erst der musikalische Verlauf präzisiert. Das Thema Beispiel 11 hat im Unisono einen trotzig sich emporreckenden Gestus, in der harmonisierten Fassung einen liebend hingebungsvollen, sehnsüchtigen. In beiden Fällen spricht es eindringlich auf Grund der beiden Prägungen gemeinsamen deklamatorischen Gebärde, einer Grundstruktur, die allein wir, ein gedachtes, in verschiedenen Individuationen verschieden sich realisierendes gemeinschaftliches Vielfaches, im Auge haben dürfen, wenn wir das Motiv Janáčeks beschreiben. Sein virtueller Charakter, seine Unfertigkeit und seine Beredtheit bedingen einander und haben ihr Gemeinsames im Drang zur Erfüllung, die etwas qualitativ Neues darstellt, das über jenes gemeinschaftliche Vielfache hinausgeht und eines neu hinzutretenden Elementes als des Katalysators bedarf.

Der Sinn dieser Gebilde ist also allein in ihrer Geschichte zu fassen, ihren Stadien und Wandlungen, in der Vielfalt ihrer Erscheinungsformen. Motivische Beziehungen und Verwandtschaften Janáčekscher Themen sind in der Literatur in großer Fülle nachgewiesen worden. Die Gefahr solcher Analysen besteht darin, daß sie verschiedenste Prägungen in eine Reihe stellen, in der sie als gleichberechtigte Glieder auftreten, während doch gerade die Form ihrer Beziehung einer bestimmten Hierarchie und Bewertung innerhalb des musikalischen Verlaufs entspringt und über diesen viel Wesentlicheres sagt. Beispiel 1 war eine Bewegungsform, die Definition einer Zuständlichkeit, deren Drang nach Artikulation sich deutlich in der unruhigen Drehbewegung von Beispiel 2 verstärkte, welches noch im Banne des Rhythmus der Sechzehntel gefangen ist, Beispiel 4 endlich löst das Versprechen ein, das Beispiel 1 implicite bereits enthielt. Der motivische Zusammenhang steht für einen der Musik wesentlicheren, den funktionellen. Nicht werden bestimmte Merkmale einer musikalischen Gestalt auf eine andere übertragen und mit dieser dann, nachdem sie geformt ist, weitergearbeitet. Eine solche vom Verlauf abstrahierende Arbeitsweise ist bei Janáček unwahrscheinlich. Alles spricht dafür, daß seine musikalische Intuition selbst sich in den durch ein Motiv definierten Raum hineinbegibt und von dort aus weiterdenkt:

Im ersten Liede des *Tagebuchs* erscheinen die abwärts laufenden Sechzehntel Beispiel 12[34], den Fluß der beginnenden Erzählung symbolisierend, und das

Motiv Beispiel 13, das für die mit rezitativischer Beiläufigkeit einsetzende Stim-

me immer wichtiger wird und am Ende des Liedes die größte Verdichtung erfährt, wo es in Sexten ausharmonisiert und vom Sänger dreimal wiederholt wird, das Intervall sich streckt und ein vorgeschalteter Auftakt die melodische Eindringlichkeit stärkt. Am Ende des Liedes bleibt es auf dem Ton ces hängen, und eben auf diesem Ton setzt der Sänger mit dem zweiten Liede ein, geht den diastematischen Weg rückwärts, woraus das im folgenden wichtige Motiv Beispiel 14 entsteht, geprägt durch den Quintschritt abwärts, erfunden als Krebs. Nicht

weniger an Entschiedenheit gewonnen, wesentlich durch rhythmische Mittel, hat die Wendung Beispiel 15, melodisch die Umkehrung von Beispiel 13. Zu-

[34] a.a.O., S. 15ff.

gleich hat der Fluß der Erzählung an Tempo und Prägnanz der Formulierung
zugenommen, aus Beispiel 12 wurde Beispiel 16, welches zugleich die Quinte
von Beispiel 14 ausschreitet.

Das dritte Lied scheint zunächst mit spielerischen Figuren, eingegeben durch
»der Glühwürmchen Spiel«, ganz andersartig einzusetzen, doch benutzt die
Singstimme wiederum das Motiv Beispiel 13, zunächst im Auslauf der Melodie
(Takte 8 und 12/13); später aber breitet es sich im Sinne einer Kristallisation melodisch aus, harmonisch grundiert, und kehrt im Klavier wie in der Singstimme
die Quart-Quint-Struktur hervor (Beispiel 17). Diese war überdies schon vorher (Takt 15, *Meno mosso*) in einer neuen, am Ende auch die Wendung Beispiel
17 enthaltenden Prägung hervorgetreten, hier noch (Beispiel 18) der zur musi-

kalischen Periode geballte Wille des Burschen, der Verführung zu widerstehen,
der dort (Beispiel 17) ihr, die melodisch im Klavier breit und suggestiv dahin-
zieht, nur noch mühsam, schwer artikulierend, ohne Form antwortet. Waren
dergestalt starke Gegensätze beisammen, so vereinigt das vierte Lied Singstimme
und Instrument auf einem Motiv, das die spielerischen Figuren des Liedes Nr. 3
fortbildet und nach Art volkstümlicher Improvisation kanonisch ineinanderfügt,
zudem sich die Quart-Quint-Struktur zu eigen macht (Beispiel 19), also die Prägungen des vorangehenden Liedes auf seine Weise synthetisiert. Eben die Inter-
vallstruktur kommt zur Geltung, wenn sich die Schlußwendung als ostinate Fi-

gur verselbständigt und eine Augmentation von Beispiel 19 begleitet (Beispiel 20).

So ließe sich fortfahren, immer mit dem Ergebnis, daß die musikalische Entwicklung und mit ihr die Wandlungen des Grundmotivs (sofern dieses nicht besser nur als eine bestimmte Formtendenz der Sprachmittel angesprochen werden sollte) linear fortschreiten, das Gegenwärtige sich aus dem Vorangehenden ergibt und dergestalt alle Beziehungen, Verknüpfungen und Varianten unmittelbar erlebt werden können. In deren Netz ist es derart versponnen, daß es, aus ihm gelöst, als Baustein abstrakt betrachtet, wenig mehr aussagt; dem Komponisten ist es ein solcher offenbar nie gewesen.

Damit aber ist es als musikalischer Sinnträger stärker an die jeweilige Konstellation gebunden als bei anderen Musikern. Mit Gestalt und Funktion sind natürlicherweise auch seine Bedeutungen im Fluß. So offenkundig sich Janáčeks Erfindung an Programmen entzündete, so eindeutig opponiert seine Musik gegen das Assoziationsprinzip der Programmmusik, gegen ein Verfahren der Abmarkung nach Bedeutungen, welches für die Dauer eines Werkes festlegt, daß eine bestimmte musikalische Gestalt einen bestimmten Inhalt symbolisiere. So entsteht die paradoxe Situation, daß eine Musik, die mit oft erstaunlicher Naivität an der Linie eines Vorwurfs entlang erfunden ist, dennoch dem Hörer Schwierigkeiten bereitet, weil sie ihm die Sicherheit der assoziativen Verknüpfung verweigert und damit keine Haltepunkte für ein sekundäres System bestimmter Bedeutungen bietet, das er allzu gern für das Verständnis der Musik selbst nimmt[35]. Im

---

[35] Die *Ballade vom Berge Blaník* ist geradezu ein Muster programmatischer Undeutlichkeit.

dritten Satz des *Taras Bulba* kann in diesem Sinne das Motiv alles bedeuten, was
der letzte Teil der Gogolschen Erzählung beschreibt, das Festnageln des Helden
am Baum über dem Scheiterhaufen, sein sehnsüchtiges Hinausblicken in die
Ferne[36], der Gedanke an die führerlos gewordenen Mitstreiter[37], der wilde Kra-
kowiak der ihn triumphierend umtanzenden Feinde[38], das Verstummen der letzten Fanfaren der Freunde in der Ferne[39] und endlich mit Orgelton und Glocken-
klang die Vision eines freien, besseren Lebens.

Zu Beginn des zweiten Aktes der *Katja* spiegelt sich in der monotonen Drehbewegung des melodisch immer wieder auf den Ausgangspunkt zurücksinken-
den Motivs Beispiel 21[40] die lastende Schwere der Situation, in der die drei Frau-

en zusammensitzen, in der Minuten zu Stunden sich dehnen. Später, wenn Warwara vom Rendezvous spricht, scheint mit dem Tempo auch die Assoziation ins
Fließen zu geraten[41]: Zunächst, mit dem munteren Liebesliedchen kontrapunktiert, will es für die Lage, den Zwang einstehen, dem Warwara zu entfliehen
sucht, aber im doppelten (für die von Janáček dafür vorgesehenen Hörner unspielbaren) Tempo bekommt es plötzlich den Charakter eines untergründigen
Heraufbrodelns, dem Katja denn auch antwortet (»Was hast Du vor, Verführe-
rin«)[42]. Dieser Sinnwandel ist im nächsten Erscheinen, wenn es drohend aus der
Tiefe aufsteigt, endgültig vollzogen, und wenn es gegen Ende des Monologs[43] in
hoher Lage geradezu triumphierend wiederholt wird, ist seine Verdrängung
endgültig mißlungen, Katja zum Treffen mit Boris entschlossen. Beim Erklingen
danach und am Bildschluß, nach dem makabren Rendezvous der beiden Alten,
raunt es verführerisch als beredte Verlockung der Sommernacht.

Ähnlich extrem verschiedene Ausdruckslagen ließen sich anhand des Wolga-
Themas in den beiden letzten Bildern zeigen, von der quirligen, cholerischen
Getriebenheit im Gespräch Dikojs mit Kudrjasch[44] über die majestätische Sym-

---

[36] *Taras Bulba*, Studienpartitur, Prag 1947, S. 64, Ziffer 22, con dolore.
[37] a.a.O., Maestoso, Ziffer 23.
[38] a.a.O., Presto T. 52ff.
[39] a.a.O., Allegro T. 129ff.
[40] Klavierauszug, S. 71ff.
[41] a.a.O., S. 74.
[42] a.a.O., S. 75/76.
[43] a.a.O., S. 79.
[44] a.a.O., besonders S. 120.

bolik der »Strafe Gottes«[45] bis zu dem düsteren Gewoge des Chorgesangs, dem Grablied für Katja[46].

Es scheint sich ein Widerspruch zu ergeben zur oben[47] beschriebenen Arbeitsweise Janáčeks, dem bohrenden Ausloten des Ausdruckswertes von Motiven, zumal es Hinweise genug gibt, daß einmal gefundene Assoziationen für ihn geradezu zwanghaften Charakter hatten: Da schlägt er[48] in einer Unterrichtsstunde einen Akkord an, fragt, was dieser Akkord »sei«, ist ärgerlich, weil keine Antwort kommt (und bemerkt nicht, daß sie nicht kommen kann), hämmert ihn wieder und wieder, um endlich zu erklären, daß dies eine »Feuersbrunst« sei und wütend den Raum zu verlassen. Charakteristisch ist die vorschnelle Gleichsetzung eines bestimmten Ausdruckswertes mit einem realen Symbolinhalt. Eine ähnliche Zündung wie bei dem Feuersbrunst-Akkord mag vielen Motivbildungen vorangegangen sein, wobei der assoziierte Symbolinhalt nie, wie etwa ein begrifflicher Komplex, vom Ausdruckswert des Motivs so weit abliegt, als daß er nicht unmittelbar erlebt werden könnte. Damit aber ist er mit diesem zusammen auch beweglich und wandelbar. Wie das Motiv entwickelt er sich linear; die inhaltliche Prägung der einen Situation wird in die nächste eingebracht, so daß jede vorangehende an jeder zukünftigen teilhat und allmählich sich eine Vielzahl von Be-Deutungen sedimentiert, die miteinander verkettet sind und die Geschichte, das Leben, das Schicksal eines Motivs ausmachen. Das gibt dem Abschiedsruf des Verschollenen, dem Schlußhymnus des *Taras Bulba,* dem dröhnenden Wogen des Wolgamotivs am Schluß der *Katja* das Gewicht, die Tiefe und Weite, worin die Musik, zumal im Falle der Oper, weit über die realistische und psychologische Konkretheit einer szenischen Situation hinausgeht.

Im ständigen Wandel von Gestalt, Funktion und assoziiertem Sinn realisiert sich die häufig übersehene Tatsache, daß der Zusammenhalt von Musik und dem von ihr Gemeinten nie einfache Kongruenz ist (womit die Darstellbarkeit des gleichen Gehalts durch verschiedene künstlerische Medien supponiert und im Grunde deren Sinn liquidiert wäre), sondern eine Synthese von Ungleichartigem. Wie die Ausprägung eines Motivs ist auch der Zusammenhalt von Musik und Bedeutung an Ort und Stelle gebunden, nicht abstrakt übertragbar, und stellt sich nicht selten als vielschichtiger Komplex dar. Da erklingt bei den Auftritten der Kabanicha im zweiten Bild ein schon aus dem Vorspiel bekanntes

---

[45] a.a.O., S. 120.

[46] a.a.O., S. 158 und S. 165.

[47] S. 360ff.

[48] nach einem Hinweis von Herrn Prof. Dr. Robert Smetana, Olomouc, dem ich an dieser Stelle für verschiedene Hinweise danken möchte; vgl. auch seine Veröffentlichung *Vyprávění o L. Janáčkovi.* Olomouc 1948.

Troikaliedchen, das ihr ständiges Drängen auf die Abreise des Sohnes, die vor dem Hause stehende Troika symbolisiert; in ihrem unerbittlichen Drängen ist die ganze Kabanicha enthalten, die von ihr verkörperte Gewalt finsterer Konventionen, hier im Gewande schellenklingender Lustigkeit auftretend und auch ein unschuldiges Liedchen zur Grimasse verzerrend; dessen Tonrepetitionen werden unversehens zum Abbild ihrer Starrheit. Beklemmender läßt sich die Macht der Konvention kaum darstellen als in der makaber entstellenden Selbstentfremdung dieses Liedchens. Dies ist ein Musterbeispiel für den bei Janáček häufigen Fall, daß in einer solchen Synthese eine oft an äußerlichen Assoziationen inspirierte Musik symbolträchtig wird. Die rasche Bewegung beim Beginn von Katjas erstem Monlog[49] entstammt assoziativ der Vorstellung frei in der Höhe flatternder Vögel, wie zu sein Katja sich sehnt, und trägt so ihre Freiheitssehnsucht in sich, ist zugleich aber der erregte Pulsschlag ihres Bekenntnisses; was wir oben die Weihrauchassoziation der Kirchenzählung nannten (Beispiel 1), wirkt danach wie eine Konkretisierung einer zuvor nervös ungebändigten Bewegung. Am Ende der Oper sind es die ums Grab flatternden Vögel[50], die das Motiv prägen; es verrät auch, daß dieser Abschied vom Leben nun nicht mehr schwer ist, es beschreibt ein Niedersinken, ein Immer-weiter-hinab-zur-Tiefe, in dem die Pauke unerbittlich die letzten Sekunden zählt.

Die so offenkundig synthetische Natur solcher Erfindungen verhindert die Abstempelung eines Motivs durch eine Bedeutung, das Festnageln auf eine Assoziation, wie es das programmatische Denken des 19. Jahrhunderts betrieb. Der Umstand, daß die Synthese an eine bestimmte musikalische Situation gebunden bleibt und nicht abstrakt übertragen werden kann auf eine andere, hält das Material verfügbar auch für andere, anders strukturierte Zusammenhänge, in denen es anderes sagen kann – im Gegensatz etwa zum Wagnerischen Leitmotiv, das suggestiv auf der Gültigkeit der einmal getroffenen Definition besteht. Neben dem oben[51] geschilderten Wandel der Assoziationen zeigt sich das im Vorkommen sehr ähnlicher Bildungen in verschiedenen Werken.

Hier ließe sich ein reicher Katalog anschließen, der bei elementaren Idiomatismen ansetzen müßte; was aus der *Katja* als das Wogen der Wolga bekannt ist, das – hier im Quart-Quintraum – Herabsinken einer Melodie und Zurückkehren zum Ausgangston, findet sich in einfachen Varianten in zahlreichen Werken als Ausdruck von Janáčeks Neigung, durch Spielfiguren eine bestimmte musikalische Zuständlichkeit zu definieren. Beispiel 1 gehört zu den einfachsten Formen, die ganz ähnlich beispielsweise auch nach dem Tode des »Füchsleins« er-

---

[49] *Katja Kabanowa*, Klavierauszug, S. 37 ff.
[50] a.a.O., S. 161.
[51] vgl. S. 366 ff.

klingt[52]. Auch im *Füchslein*[53] steht eine zur melodischen Ausfaltung Beispiel 2 parallele Bildung. Das Wogen der Wolga, das mit ihm identische Grundmotiv des ersten Streichquartettes und des *Tagebuchs* wurzeln viel zu tief in den Dispositionen des Materials, als daß es erlaubt wäre, die Parallelität der Inhalte[54] ins Feld zu führen und das Gebilde etwa als »Leidenschaftsmotiv« zu bezeichnen, mag oft auch der Charakter leidenschaftlicher Gespanntheit hervortreten. Die von Sekunden umrahmte Terz oder Quart spielt in auf- und absteigender Form schon im ersten Akt der *Jenufa* eine beherrschende Rolle und schließt dort mehrere Komplexe zusammen[55]. Sprachlich-deklamatorischer Natur sind die »exaltiert absteigende Quartole«[56] in der *Katja*[57] und im *Tagebuch*[58] oder im instrumentalen Bereich die gehetzten Synkopen im ersten Streichquartett[59] und im vierten Satz der *Sinfonietta*[60]; folkloren Gepräges der quasi improvisierte Kanon am Ende des vierten Bildes der *Katja*[61] (Beispiel 23), melodisch sehr ähnlich dem Beispiel 19 aus dem *Tagebuch*, und der Galoppcharakter der Themen im Schlußsatz des *Concertino*[62] und im zweiten Satz der *Sinfonietta*[63]. Auch breiter angelegte Melodien finden sich an sehr verschiedenen Stellen, wie eine gleiche im dritten Satz des Bläsersextetts *Mladí*[64] und in der Boris-Erzählung des ersten Bildes der *Katja*[65], der gleiche melodische Gestus im zweiten Satz des ersten Streichquartettes Takt 68ff. und im Thema des zweiten Satzes des zweiten Streichquartettes. Wie weitgehend die Situation den Sinn einer musikalischen Bildung bestimmt, verraten die radikal unterschiedlichen Orte, an denen die polkahafte Wendung Beispiel 22 steht[66], im zweiten Satz der *Sinfonietta*[67] in seiner ganzen folkloristischen Unschuld, im Vorspiel der Oper *Aus einem Totenhause* breit hingestrichen ein

---

[52] *Das schlaue Füchslein*, Klavierauszug, Wien 1924, S. 159, Ziffer 32.
[53] a.a.O., S. 29.
[54] auch in den *Ausflügen des Herrn Brouček* spielt es eine bedeutende Rolle.
[55] Klavierauszug, S. 14ff., S. 23ff., S. 60ff., S. 72ff., S. 74ff., S. 80ff., S. 82ff., S. 87ff.
[56] J. Vogel a.a.O., S. 349.
[57] Im Thema ab Klavierauszug S. 99 unten ff.
[58] S. 18, 2. System; S. 21, 3. System; S. 24. 3. System.
[59] 3. Satz, Ziffer 3.
[60] Presto nach Ziffer 7, Studienpartitur S. 75.
[61] Klavierauszug, S. 106, ein Takt vor Ziffer 24ff.
[62] Studienpartitur, Prag 1959, S. 24, Ziffer 2.
[63] Studienpartitur, S. 11, 2. System.
[64] Studienpartitur, S. 31, Ziffer 2, *Meno mosso*.
[65] Klavierauszug, S. 22, Ziffer 25.
[66] vgl. hierzu auch die Nixenszene im ersten Akt von Dvořáks *Rusalka*.
[67] Studienpartitur, S. 18/19, *Più mosso* nach Ziffer 3.

ohnmächtiges Kreisen im Banne der Todestonart as-Moll – und hierher kam es erst aus einem geplanten und später verworfenen Violinkonzert[68]. Das *Blaník-*Thema[69] wirkt wie ein aus dem Schlußhymnus des *Taras Bulba* herausgeschnittenes Segment[70].

Zweifellos sind es generalisierende Momente, die die Motive für so unterschiedliche Zusammenhänge und Funktionen tauglich machen, das Spielfigurenhafte, das Strukturhafte, die folkloristische Typisierung, der hymnische Zug. Ihnen stehen konträr ganz andere und einmalige Gebilde gegenüber, die, so Janáček, »klebrig auf ihrem Beweggrunde sitzen« und gar nicht von diesem abzulösen sind, nicht sich zum Motiv verfestigen, alle jene Erfindungen, die er selbst Sprachmelodien nannte, wozu auch jede Art nachgeformten Naturlauts zu rechnen wäre. In ihnen dokumentiert sich eine geniale Sensibilität des Zuhörens, Hineinhörens, Abhörens, eine im höchsten Grade schöpferische Rezeptivität. »Diese Melodien sitzen klebrig auf ihrem Beweggrunde, ihrer Ursache; durch Bloßlegen ihrer Ursachen erzittern sie durch gleiche Freude, durch gleichen Seelenschmerz. Es sind dies verständliche Stichworte, mit deren Hilfe Du ohne weiteres als Gast in eine andere Seele gelangst. Ein Vogel in eine Vogelseele, ein Mensch in eine menschliche: alles ist gleich. Heftig drängen sich Melodien auf, sind es doch Ausrufe der Seele!«[71] Eine einzigartige Verbindung von naiv empfänglicher Frische des Erlebnisses und psychologischer Sensibilität ließ Janáček überall das Gleichnis entdecken, im leise dahingesprochenen Wort eine Tragödie, im Flattern des Vogels die nervöse Hochspannung eines intimen Geständnisses oder die phrasenlose, aller Bindungen schon enthobene Leichtigkeit einer Lösung vom Leben, aber auch in selbstkomponierten Fanfaren für ein Turnerfest[72] das Symbol für den Geist des wiedererstandenen tschechischen Staates die Rahmenstücke seiner *Sinfonietta*, in denen in unbefangenster, gänzlich unhistorischer Weise die Idee der Intrade noch einmal eingelöst ist. »Und das Geschmetter der siegreichen Trompeten, die heilige Ruhe des entlegenen Königinklosters, die nächtlichen Schatten und der Atem der grünen Berge, die Vision des sicheren Aufschwungs und die Größe dieser Stadt erwuchs aus dieser Erkenntnis in meiner Sinfonietta, aus meiner Stadt, – Brünn!«[73]
Der die Sache so gründlich mißverstehende Vorwurf naturalistischer Kopie

---

[68] vgl. J. Vogel a.a.O., S. 465.

[69] *Ballade vom Berge Blaník*, Studienpartitur Prag 1959, erstmals vollständig S. 32ff., 3 Takte vor Ziffer 18ff.

[70] Auf weitere Parallelitäten weist besonders Jarmil Burghauser hin, *Janáčkova tvorba komorni a symfonická*, in: Musikologie III, Prag/Brünn 1955, S. 211.

[71] L. Janáček, *Feuilletons aus den »Lidove noviny«* hrsg. von Leo Spies, Leipzig 1959, S. 86.

[72] die er in einem Feuilleton am 4. Juli 1926 veröffentlichte, vgl. *Feuilletons* a.a.O., S. 177.

[73] *Feuilletons*, a.a.O., S. 38ff.

lag nahe, weil die Veranlassungen sich sehr offenkundig verraten und nicht stilisiert, angepaßt und im Sinne eines bestimmten Schönheitsideals zugerichtet werden, ehe sie ins Werk eingehen. Das Spezifikum der Janáčekschen Metaphorik besteht darin, daß bei aller Transformation eine bestimmte Rohform, die den assoziativen Ansatz verrät, im Falle der Wortmotive und -melodien sogar ausdrücklich der Charakter eines von der Wirklichkeit ohne ästhetische Absicht geschaffenen *ready made* erhalten bleibt.

Unter den Versuchen, nach dem Ausverkauf der Kunstmittel am Ende des romantischen Zeitalters[74] neues, unverbrauchtes Material zu mobilisieren, ist derjenige Janáčeks, die Sprachmelodie, gewiß der eigenartigste und persönlichste, überdies ein betont moralischer, weil er nicht von der Faszination durch bestimmte Materialeigenschaften wie etwa die Jazzmode der zwanziger Jahre, durch das artifizielle Spiel mit Stilhaltungen oder durch etwelches Kalkül ausgeht, welche zumindest als Ausgangspunkt zum schöpferischen Impuls peripher liegen. In diesem, ein Bild des Menschen zu reflektieren, wurzelt er ganz unmittelbar und ähnelt in seiner psychologischen Fühlsamkeit frappant bestimmten Erscheinungen der Literatur. Diogenes, die Suche, nach der Offenbarung auf der Straße, das Scharren im Alltag, der Hinblick auf das, was hinter und zwischen absichtslos dahingesprochenen Worten ist, sind sich gleich in einem Ausschnitt aus Joyces *Daedalus* und einem der Feuilletons aus den *Lidové noviny*:

»Eine junge Dame stand auf der Treppe eines jener braunen Backsteinhäuser, die die Inkarnation der irischen Paralyse zu sein scheinen. Ein junger Mann lehnte an dem rostigen Gitter, welches das Grundstück umgab. Während Stephen auf seiner Suche vorbeiging, vernahm er die folgenden Fetzen ihres Gespräches, die einen Eindruck in ihm hinterließen, der seine Empfindsamkeit sehr stark berührte.

Die junge Dame (mit leiser, schleppender Stimme). ›Ja ... der Ka...pelle‹. Der junge Mann (kaum hörbar). ›Ich... (wieder unhörbar)... ich...‹ Die junge Dame (leise): ›Aber... du bist... bö...se...‹«[75]

»Es war am 15. Februar 1922, gegen Abend. In der Dämmerung der achtzehnten Stunde beim Bahnhof.

Auf dem erhöhten Gehsteige zuckte die Größere, die mit den gesunden, rosigen Wangen, in einen rötlichen Wintermantel gekleidet, zusammen. Erregt sprach sie: ›Wir stehen hier, und ich weiß, er wird nicht kommen.‹ (mit Notenbeispiel)

Ihre Gefährtin, mit bleichen Wangen, in ein dunkles, ärmliches Jäckchen gekleidet, fiel in den letzten Ton mit dunklem, traurigem Seelenecho ein: ›Ach, das macht nichts!‹ (mit Notenbeispiel)

Und rührte sich nicht, halb aus Trotz, halb aus Erwartung! Ich ging weiter und trug in meinen Gedanken, später schon in Noten gesetzt und gemessen, dies kurze Gespräch.

Etwas entfernt, drehte ich mich um; im Nebel verschmolzen beide Gefährtinnen in einem unbestimmten dunklen Schatten auf weißem Schnee. Ich möchte raten: daß der Lebensroman beider einen verschiedenen Weg gehen wird?

Ich hebe die Schönheit der Töne dieses Gesprächs hervor: Ihr Mädchen, Ihr wart Euch dieser Tonschönheit eurer Sprache nicht bewußt. Ihr ahnt gewiß nicht, daß durch sie nicht nur euer Inneres enthüllt wurde, sondern weit mehr!

(...)

---

[74] dessen Problematik Janáček wenig berührt hat.
[75] James Joyce, *Stephen Daedalus*, Frankfurt/Hamburg 1963, S. 152/153.

Und die Traurige der beiden Gefährtinnen? ›Ach, das macht nichts.‹ Stand sie dort, ob er nun kam oder nicht? Was wartete ihrer?«[76]

Andere Feuilletons Janáčeks wiederum lesen und fast die ganze Hühnerhofszene des *Füchsleins* erweist sich als antizipierte moderne Tierpsychologie, – die übrigens einer sehr ähnlichen künstlerisch anthropomorphen Deutung tierischer Ausdrucksformen, Selma Lagerlöfs *Niels Holgerson*, hohen Respekt gezollt hat[77].

Als Rohform, die nicht bereit ist, die Unmittelbarkeit ihres Sprachcharakters ästhetischen Normen zu opfen, behandelt Janáček auf weite Strecken auch sein Orchester. Weit hinausgehend über das, was in der Darstellung des Charakteristischen und Grotesken sich entwickelt hatte, verändert er die Grunddispositionen: Expressive Momente erscheinen nicht mehr als Abweichungen gegenüber einem Normalzustande von Ausgewogenheit und Materialgerechtheit, vielmehr wird dieser Zustand selbst als Ausgangslage beseitigt, die Balance des Orchesters zerstört[78], gegen die Möglichkeiten der Instrumente und nicht selten weit über sie hinaus komponiert. Gelegentlich scheint hier die herrische Imagination mit der Unkenntnis instrumentaler Praktiken im Bunde zu sein, so z.B. bei einigen unspielbaren Horn- und Harfenpartien der *Katja*[79] oder Posaunenpartien des *Capriccio*, bei denen rechtfertigend nicht einmal der von Wagner herrührende Gedanke heranzuziehen ist, der Instrumentalist könne ersehen, was der Komponist gemeint habe, und danach verfahren – so weitab sind derlei Stellen von allen Möglichkeiten der Realisierung, so wenig auch koloristischen Charakters, der eine Verwischung oder Veränderung der Noten zuließe, so wenig auch der besonderen Natur des Instrumentes nachempfunden, ja in dieser Hinsicht geradezu gegen den Strich gekämmt. In einem Feuilleton heißt es dazu: »Auch meine anderen Motive springen geradenwegs in die Partitur, ... sind nicht durch die Instrumentation gefärbt«[80] – wobei dieses »gefärbt« offenbar im Sinne einer Anpassung an bestimmte Normen des Instrumentengebrauchs verstanden werden soll. Mit welch allergischer Empfindlichkeit Janáček reagierte, wenn mit der Begrenztheit instrumentaler Möglichkeiten argumentiert wurde, berichtet J. Vogel[81] anhand der raschen Flötenläufe im dritten Satz der *Sinfonietta*.

---

[76] *Feuilletons*, a.a.O., S. 59/60.

[77] vgl. die Schriften von Konrad Lorenz, u.a. *Er redete mit dem Vieh, den Vögeln und den Fischen*, München 1963, und *Das sogenannte Böse*, Wien 1963.

[78] vgl. die Betrachtungen Th. W. Adornos zu ähnlichen Erscheinungen bei Gustav Mahler, *Mahler*, Frankfurt 1960.

[79] Harfe, 2. Bild vor Ziffer 15; Hörner besonders Anfang 3. Akt. Es bleibt dennoch fraglich, ob einige der üblichen, großenteils auf V. Talich zurückgehenden Retouchen die Grenze beobachten, die zwischen notwendiger Korrektur und der Angleichung an ein dem Komponisten fremdes Klangideal verläuft, vgl. hierzu die bei Supraphon produzierte Gesamtaufnahme des Werkes.

[80] vom 7. April 1925, vgl. *Feuilletons*, a.a.O., S. 67.

[81] J. Vogel a.a.O., S. 498.

Janáčeks Antwort vertritt unduldsam das Recht der Imagination: »Ob Sie es herausbringen oder nicht – das muß wie der Wind vorübersausen. Ich habe es gehört.« Aber er selbst weiß: »Die praktische Seite und die Gefühlsglut beim Komponieren, – das deckt sich manchmal bei mir nicht.«[82]

Die »praktische Seite«, das sind nicht selten auch Dinge, deren Korrektur am klingenden Bilde nichts oder kaum etwas ändern würde. Die Notation kennt keine Rücksicht auf den Ausführenden. In hohen B-Tonarten notierte Streicherstimmen verlieren, zumal wenn die Musik noch tiefer in den B-Bereich hinein moduliert und Doppel-B's sich häufen, allen tendenziellen Sinn, da sie auf Grund ihrer Kompliziertheit doch zum enharmonischen Umdenken nötigen. Die flächige Struktur der Hauptpartie in der Liebesszene des vierten Bildes der *Katja* läßt Janáček einen 4/2-Takt schreiben, die kleingliedrige, grazile Leichtigkeit des Warwaraliedchens hingegen suggerierte einen 6/16-Takt; stoßen nun beide aufeinander bei kaum verändertem Pulsschlag[83], so muß das in beiden Taktarten im fast gleichen Tempo gespielte Motiv einmal wie Beispiel 23a und einmal wie Beispiel 23b notiert werden[84]. Nahezu Unmögliches wird durch ein Septolenverhältnis zu den Pausen gefordert (Tempo ♩ = 66, zudem *ritenuto*) (Beispiel 24), welches deutlich machen soll, daß die von mehreren Instrumentengruppen gespielte Terz der abgesprengte Überrest einer Septole ist[85].

Der ausgewogene, in sich ruhende Klang des romantischen Orchesters, der sich als zweite Natur setzt, ist Janáček nahezu fremd, wie jede Art musikalischer Erfindung, die sich in die Materialität des Klanges als in etwas Gegebenes hineinhört und ihn, ein homogenes Ganzes, aus dem nichts störend herausragt, scheinbar von selbst, scheinbar unbeeinflußt durch bestimmte Intentionen tönen läßt. Bezeichnenderweise bevorzugte er bei der Arbeit Papier, auf dem er die Notenlinien selbst zog und die Musik oft nur in Particellform ausschrieb; der durch

---

[82] am 26. März 1919 in einem Brief, vgl. J. Vogel a.a.O., S. 499.
[83] Klavierauszug, S. 102ff.
[84] a.a.O., S. 106; in der b-Fassung fehlen Doulenzeichen.
[85] a.a.O., S. 67.

vorgedruckte Linien symbolisch vorgegebene und damit Ausfüllung erhei-
schende Raum mochte seiner Imagination hinderlich oder eine Belastung sein.
Auch waren seine Vorstellungen so konkret, daß er von vornherein ins Particell
entwarf und Instrumentation also nicht ein zweiter einkleidender, verarbeiten-
der, ausstaffierender Arbeitsgang war.

Es fehlen die Bindemittel, Füllstimmen, oft die Mittellage; die Spaltung der
Vorgänge, die Pluralität der Objekte wird betont. Dies Verfahren treibt Janáček
gern in Extreme, schreibt engste Lagen in der Tiefe, die sich auf Grund der Vielzahl entstehender Ober- und Kombinationstöne für das Ohr kaum in der gemeinten harmonischen Struktur darstellen und, nur als autarke Klangflecken
wirkend, die Zuordnung einer oft in hoher Lage über ihr liegenden Melodie zur
Gemeinsamkeit einer harmonischen Funktion erschweren oder gar verhindern.
Im letzten Satz der *Sinfonietta*[86] liegen in tiefer, teilweise noch enger Lage die Posaunen, deren harmonisch labile Quartsextlage durch die zunächst den Grundton verstärkenden Kontrabässe stabilisiert wird. Die komplizierte Harmoniefolge (fis, G[7], des, F[7], b, A[7], Cis[7]) erschließt sich schon als Folge dem Ohre schwer,
was auch die durchlaufende Akkordfiguration der Celli nicht erleichtert, und erweist sich in den späteren Takten als Überbau der zunächst chromatisch aufwärts
strebenden Baßlinie. Mit dieser korrespondiert eine mehr als vier Oktaven höher
liegende Melodie des Piccolos; beherrscht aber werden die acht Takte durch eine in extremer Höhe von der B-Klarinette geblasene Variante des Themas; erst
in den letzten Takten, wenn alle Partner dem dominantischen Cis zustreben, um
zur Wiederholung (auf fis beginnend) zu kommen, gelingt es dem Ohr, sie auf
eine gemeinsame Funktion zu beziehen. Eben dieser Rhythmus von Auseinan-
derstreben und Zusammenfinden der Vorgänge bleibt auch im weiteren wichtig.

Sehr häufig koppelt Janáček extreme Höhenlagen verschiedener Instrumente,
zudem oft in empfindlichen Terzführungen, nicht zu reden von Oktavkoppe-
lungen der Violinen, die die hohen Parte weit hinauftreiben. Hier werden
Schwierigkeiten geschaffen, die den Aufführungen auch exquisitester Orchester
anzumerken sind, weil schon physikalisch aus der Zusammenstellung sehr unterschiedlicher Klangkomplexe ein unreines Klangbild notwendig folgen muß. Die
Frage, ob Janáček von technisch perfekten Aufführungen seiner Werke geträumt
habe, wie frühere Komponisten sich bessere Möglichkeiten als die ihnen zur
Verfügung stehenden wünschen mußten, verliert nicht nur ihren Sinn, weil er
Helfer wie Talich oder Bakala fand: Während bei den früheren wohl die gegenwärtig vorhandenen Möglichkeiten überfordert wurden, lag ihren Vorstellungen doch ein klangliches Integral zugrunde; bei Janáček hingegen scheint die
Strapazierung des Klangmaterials, die flirrende Höhe der Violinen, die äußerste

---

[86] Studienpartitur, S. 83, *Meno mosso* nach Ziffer 2.

Anspannung der Bläserlippen, die schreienden, schwer kontrollierbaren Höhen der Flöten und Klarinetten etc. ein Teil der Intention selbst zu sein; so sind die extremen Anforderungen seiner Musik Ausdruck von deren Expressivität. Der Kampf mit der Materie mit allen seinen Beigaben von Geräuschhaftem, Atemschwierigkeiten, Unreinheiten etc. bringt die Instrumente in die Nähe der menschlichen Stimme zurück, der es nie gegeben ist, nur die reine, intentionslos klingende Materie zu sein. So wirkt sein Orchester oft wie ein Ensemble menschlicher, singender, rufender, schreiender Stimmen.

Doch nicht allein hier ist der Kanon des Schönen verletzt. Allgemein stellt sich nicht das ästhetische Gebilde als Ziel und Endzweck der künstlerischen Arbeit dar, sondern die möglichst direkte Vermittlung des Erlebnisses, das Janáček zur Niederschrift drängte. Alles, was die Tradition zur Bereicherung und Ausfaltung der Form zur Verfügung stellt, verfällt dem Verdikt, weil es formalen Selbstlauf begünstigen und die Vermittlung eben jenes Erlebnisses, die schrankenlose künstlerische Mitteilung auf Umwege locken könnte. In der Radikalität, mit der Janáček sich all dieser Mittel begibt, sucht er seinesgleichen. Den Kontrapunkt verspottete er als Verdünnung der Substanz, als handwerkelnde Entschuldigung für mangelnde Erfindungskraft. Der Begriff der Überleitung ist seiner Musik fremd als ein aus formaler Notwendigkeit geborener, es fehlen alle modulierenden, vermittelnden Gruppen; selbst gegen die Schlußbildung als eine Vermittlung zur nachfolgenden Nicht-Musik sperrt sie sich, wie schon am ersten Streichquartett beobachtet wurde[87]. Erst in zweiter Linie ist es dort der thematische Vorwurf, der am Ende jeden falschen Schein von Versöhnung verbot. Dergleichen hätte beispielsweise beim zweiten Streichquartett durchaus im Sinne des Programms der *Intimen Briefe* gelegen, – dennoch ist dessen Schluß ähnlich kompromißlos. Durchweg fehlen Janáčeks Schlüssen die Vereinfachungen, die Reduzierung der Antriebe, die die Tradition in wiederholten Kadenzen, liegenden Harmonien, an metrische Perioden gebundenen Akkordschlägen etc. entwickelt hat. Nach seiner Dogmatik wäre dergleichen offenbar als versöhnlerische Vereinfachung des in der Musik Ausgetragenen verdächtig, als ein schematisierender Leerlauf, in dem von der Substanz des Werkes nichts mehr lebt, dem die Funktion des Abschließens selbst zum Gegenstande wird und der sich damit an der raison d'être des Stückes versündigt. Schon die Befriedigung, daß ein Konflikt ausgetragen ist, verfälscht das Bild der Art und Weise, wie er ausgetragen wurde. Dergestalt opponiert Janáček gegen die falsche Selbstsicherheit des Beethoven nachstilisierten Durch-Nacht-zum-Licht-Schemas und seiner Gefahr, im letzten Augenblick das Werk zum Vorspann eines obligatorischen, dog-

---

[87] vgl. oben S. 359.

matischen Jasagens zu degradieren. Janáčeks Musik bleibt bis zum letzten Takt
vorgänglich, in Bewegung und Unruhe. Melodische Figurationen stören und
umschreiben eine zur Ruhe strebende Harmonie; man eliminiere beim zweiten
Quartett in den letzten zwei Takten die beiden es″ der ersten Violine, um den
ganzen Unterschied zu erkennen zwischen seiner Lösung und einer anderen, die
im Vergleich gängig wirkt. Die hier über den Grundton nach oben schlagende
Quinte der fünften Stufe ist allgemein in seiner Melodiebildung häufig[88]. Weil
sie am konkreten musikalischen Gegenstande haften, wirken Janáčeks Schlüsse
jäh. Gleiches gilt für die Grenzen musikalischer Formteile; nie wird der Hörer
sanft und unmerklich um die Kurve geführt; ein auskomponierter Übergang
würde verlangen, mindestens an einer Stelle das Alte nicht mehr und das Neue
noch nicht zu sein – nach Janáček ein Formalismus.

Eine Dogmatik, der solcherart jegliche Verarbeitung, Fortspinnung und Vermittlung als Surrogat, als schlechte Methode verdächtig ist, Musik auch ohne Inspiration über die Runden zu bringen, muß freilich postulieren, daß jeder Takt
ohne Ableitung aus anderem seine eigene Inspiration besitze, daß er auch dann
neu erfunden sei, wenn Beziehungen zum Vor- und Nachher ersichtlich sind.
Auch deshalb erscheinen Janáčeks thematische Verwandlungen nicht als Ableitungen in dem Sinne, daß er hier dem Eigenwillen des Mediums nachgegeben
habe, sondern in jeder von ihnen ist der Einstand von Intention und Struktur
neu überprüft, ist also die Erfindung immer neu, unter dem Diktat einer jeweils
anderen Intuition an die Materie herangetreten, so daß thematische Verwandtschaften nahezu ein unfreiwilliges Ergebnis sind, weil der erfindende Geist sich
von vornherein in einem durch bestimmte motivische Bildungen definierten
Raum bewegte[89].

Mit dem Maßstabe einer künstlerischen Ethik, der die direkte Vermittlung des
schöpferischen Erlebnisses oberstes Gesetz ist, erscheint die Doppelbödigkeit des
klassisch-romantischen Werkes unmoralisch, die dasjenige dem Hörer als natürlich gewachsen, als unmittelbar inspiriert darbietet, was als Ergebnis höchst bewußter Kunstarbeit zustande kam. Im Bereich des künstlerischen Mediums und
seiner Gesetze reserviert der Autor dort sich einen eigenen Bezirk, von dem der
Hörer nichts erfährt, über den er geradezu getäuscht wird insofern, als er sich
beim Anhören der Musik mit deren Autor auf einer Ebene wähnt. Dergestalt erlauben die traditionellen Techniken der Verarbeitung das Kalkül mit dem Erlebnis des Hörers und den Schein einer Identität mit demjenigen des Komponisten;
damit objektiviert sich in ihnen der Umstand, daß das künstlerische Erlebnis

---

[88]　hierzu vgl. unten S. 387f. die Überlegungen zur Pentatonik, auch die in den Anmerkungen 64 und
　　 65 zitierten Melodien, und den Anfang des Vorspiels zum *Schlauen Füchslein*.
[89]　vgl. oben S. 361 f. die Betrachtungen zu motivischen Wandlungen.

nicht in seiner Totalität, sondern nur partiell vermittelt werden kann, vertreten sie als Praktiken des musikalischen Handwerks, mit deren Hilfe die Intention am Material sich »abarbeitet«[90], die Entfremdung der Partner im Werk, – so sub specie maestri, dem die volle Mitteilbarkeit eine moralische conditio sine qua non und deshalb jede »Verdeckung des Produktionsvorganges durch das Produkt«[91] zuwider ist. Das korrespondiert deutlich mit Auseinandersetzungen in der modernen Literatur, speziell mit Einwänden gegen den klassischen realistischen Roman und seine Nachfahren, die Verfolgung bestimmter Absichten bestimme die Autoren, die Figuren am Leitseil ihrer Intentionen tanzen anstatt sie frei sich entwickeln zu lassen, die Autoren gerierten sich im Werk als vorauswissender Gott und täuschten damit eine Durchschaubarkeit der Welt vor, die es nicht oder nicht mehr gäbe.

Wenn der umhüllende Schein eines ästhetischen Ganzen fällt, müssen die künstlerischen Mittel dem Hörer stärker ins Bewußtsein treten. Schon in der *Jenufa* hat Janáček letztmalig ein Ensemble geschrieben, in dem verschiedene Personen wesentlich aus musikalischen Gründen Gleiches singen, einem formalen Ganzen also Genüge getan ist[92], aber schon kommt es zu einer Ausarbeitung nicht mehr, häufen sich motivische Redikte und verwandelt das Thema am Schluß sich in einen Basso ostinato; immerhin aber gewinnt die Musik Eigengewicht gegenüber der fortstrebenden Handlung, bleiben Zeit und Figuren stehen. Doch schon wenige Jahre nach der Uraufführung heißt es in einer ihrer Argumente durchaus nicht ganz sicheren Verteidigung dieses Ensembles gegen den Vorwurf stereotyper Textwiederholungen: »Vor allem liegt hier gewissermaßen eine kleine Konzession an das wirksam musikalische Motiv vor, zu welcher ich mich heute schwerlich entschließen würde ...«[93]. Später ist Polyphonie reduziert auf quasi improvisierte Kanons im Einklang[94], die bestenfalls eine Periode umfassen, oder vollends spielerische Imitationen wie im *Tagebuch* (Beispiel 19) und der *Katja* (Beispiel 23), charakteristischerweise als Symbole des Einfachen, Unverbildeten, auftretend – immer so gehandhabt, daß die Verfahrensweise zum Bewußtsein kommt.

Nicht, daß sich darin Janáčeks Polyphonie erschöpfte: Zuallermeist konzipiert er gleichzeitig mehrere Komplexe, und da er verbindende Techniken meidet, tritt die Pluralität der Objekte besonders plastisch hervor, simultan wie suk-

---

[90] eine Formulierung Th. W. Adornos, *Noten zur Literatur III*, Frankfurt 1965, S. 157.

[91] cit. Th. W. Adorno, *Versuch über Wagner*, München/Zürich 1964, S. 115.

[92] *Jenufa*, Klavierauszug, S. 66 ff., Ziffer 55 ff., »Jedes Paar muß im Leiden ...«

[93] cit. nach *L. Janáček in Briefen und Erinnerungen*, ausgewählt, mit Beiträgen und Anmerkungen versehen von B. Stedron, Prag 1955, S. 99.

[94] z. B. im zweiten Satz des ersten Streichquartetts.

zessiv, so daß seine Musik sich Definitionen wie der des Kontrapunktes als Verbindung gleichzeitig erklingender, musikalisch selbständiger Elemente nicht
fügt, am wenigsten darin, daß die Selbständigkeit der Partie sich einer überge-
ordneten Gemeinsamkeit unterwerfen müsse. In expressiver Unbarmherzigkeit
nimmt er den Kontrapunkt in seinem Ursinne beim Wort und desintegriert die
Musik wie die Gruppen des Orchesters zu einem Ensemble verschiedener
durcheinanderrufender Stimmen; er nähert sich damit gewissen Erscheinungen
bei Mahler: »Mit Polyphonie meinte er offenbar jenen Hang zum chaotisch-un-
organisiert Tönenden, zur regellosen, zufälligen Gleichzeitigkeit der ›Welt‹, deren Echo seine Musik durch ihre künstlerische Organisation hindurch werden
will.«[95] In eben solcher Weise enthält die Musik nach Katjas Geständnis deren
stürzende Welt: Mit dem unablässigen Bohren des Motivs Beispiel 25[96] wird

Katja das Geständnis gleichsam herausgedreht; als »Gewittermotiv« fährt Beispiel
26 störend und verstärkend dazwischen. Beide Motive finden sich übereinander,

wenn Kabanicha und Dikoj mit sadistischer Freude den Namen des Liebhabers
erfragen, wobei das erste durch einen Quintolenrhythmus in wirbelnde Bewegung verwandelt ist und Posaunen und Pauke den düsteren, durch die Quarte
der Pauke bestimmten Komplex hinzufügen, der schon im Vorspiel der Oper die
Tyrannei harter Konventionen symbolisierte[97]. Doch nicht genug damit: Bei der
Nennung des Namens von Boris tritt in zweiten Violinen und Bratschen das
Motiv hinzu, mit dem am Bildanfang der Regen dargestellt ist, und darüberhin
gellen schrill die hohen as-Moll-Terzen von Trompeten und Oboen, die nach
dem Vorspiel hier zum ersten Mal wieder auftauchen, hier wie dort Ausdruck
des Aufruhrs der Elemente. Endlich jagt die Quintolenbewegung die Musik auf
ihren Höhepunkt[98] (Szenenanmerkung »Katja stürmt in das Gewitter hinaus«).
Das machtvolle Wogen der Wolga, welches die Oper beschließen wird, hier aber

---

[95] Th. W. Adorno, *Mahler*, Frankfurt/M. 1960, S. 148.
[96] *Katja Kabanowa*, Klavierauszug, S. 133. 5. Takt nach Ziffer 14.
[97] a.a.O., Ziffer 15.
[98] a.a.O., Ziffer 16.

schon seit dem Auftritt Katjas erklang, dröhnt in mächtigen Schlägen in Oboen, Klarinetten und doppelgriffigen ersten Violinen, seine Diminution in doppelt rascher Bewegung in zweiten Violinen und dem zweiten Hörnerpaar, die nun wirbelnd schnellen Quintolen in den ersten Bratschen, daneben in den zweiten und Flöten in Sextolen der charakteristische Kern des »Regenmotivs«, Posaunen und Pauken mit dem düsteren Symbol der Konvention, und endlich das erste Hörnerpaar und Trompeten mit einem charakteristisch vorwegnehmenden Rhythmus, der das Posaunen/Pauken-Motiv verschärft und vorher die hohen as-Moll-Terzen prägte – all dies steht übereinander: Eine entfesselte, aus den Fugen gehende Musik steht für eine aus den Fugen gehende Welt.

Wenn in solchen musikalischen Collagen[99] Miteinander und Nacheinander verschmelzen, so nicht zuletzt durch die Illusion eines Raumes, verschiedener Richtungen, aus denen Rufe kommen. In diesem Sinne ist auch das Nacheinander der Komplexe im Vorspiel vielstimmig. Strikt durchgehaltene Zweiunddreißigstel-Triolen geben ein Abbild des Getümmels, des Aufruhrs, die Katjas Thema zu ersticken und übertönen suchen, das in vielen Instrumenten, Vergrößerungen, Streckungen, Zerlegungen, in verschiedenen, funktional kaum vermittelten Tonarten immer neu hervorbricht.

In chaotisch rascher Aufeinanderfolge unterschiedlichster Komplexe desintegrierte Partien stehen in den Opern häufiger. Am Ende des zweiten Bildes der *Katja* erscheint Tichon eben in dem Augenblick, da Katja das Letzte, Intimste gestanden hat; ein ⅜-Presto reißt sie lawinenhaft fort[100], ein hilflos chromatisches Abgleiten der Harmonie, dazwischen wildes Pulsieren in Sechzehnteln[101], schrill hineingellend die Quarte des Troikaliedchens, alles jäh aufgehalten durch das Adagio »Tichon du liebst mich nicht mehr«, von neuem losbrechend und mündend in hämmernde Sextolen, in denen die weiche Melodie »Wenn du daheim bliebest«, einen letzten Haltepunkt geben will, letzter vergeblicher Versuch liebender Inständigkeit. Katjas Forderung auf einen Schwur, ihre Raserei fraulicher Selbsterniedrigung treibt die Gegensätze noch höher hinauf, drohende Ganztonskalen der Posaunen, ihre Verwandlung zu hetzenden Quintolen in der Höhe, das jähe Zitat der Melodie vom Ende der Kirchenerzählung Beispiel 4, nun ein Bild des verlorenen Paradieses, eben aufleuchtend, um vertrieben zu werden – bis mit der makabren Lustigkeit des Troikaliedchens Kabanicha eintritt und in schrecklicher Ironie die »Sitte« Katja eben den Schwur abfordert, der eben noch als ihr eigener, vom Manne nicht erfüllter Wunsch Ausdruck tiefster

---

[99] Zu ähnlichen Erscheinungen bei R. Strauss – bei völlig anderer Ausgangslage – vgl. Reinhard Gerlach, *R. Strauss: Prinzipien seiner Kompositionstechnik*, in: AfMw XXIV, 4, 1966, S. 276, auch die weiteren dort genannten Veröffentlichungen des Verfassers.
[100] Klavierauszug, S. 52, Ziffer 17.
[101] im Auszug fälschlich im doppelten Tempo notiert.

Verzweiflung war. Das harte Diktat der Schwiegermutter wird von einem hak-
kenden Motiv begleitet, unterbrochen durch schüchterne melodische Ansätze
bei Tichons kleinmütigen Wiederholungen des von ihr Vorgesprochenen, die
sich im Orchester ausbreiten wollen, jedoch unterbrochen werden durch abgerissene, hämmernde Sextolen, wenn die Eheleute wieder allein sich gegenüberstehen – dies nur für einen Augenblick, denn Kabanicha tritt erneut ein, wiederum mit dem Troikaliedchen, welches bald durch ihre hackenden Befehle abgelöst wird, bis die wirbelnden Sechzehntel des Liedchens, die eben nur kurz entfaltete Melodie, Eigentum der gedemütigten Katja, und die hackenden Triolen
der Kabanicha miteinander wetteifern, schnell hinweggefegt vom Sturm der
Sextolen und dem mit ihnen verbundenen, durch den Oktavraum abstürzenden
Motiv, verstärkt durch die grell instrumentierte Reibung es/fes. Hier scheint das
Collageprinzip im Nacheinander rein ausgeprägt: Die Musik hält mit dem Tempo der Geschehnisse nicht mehr Schritt in dem Sinne, daß sie diese ordnet und
verbindet; unter dem Sturz der Ereignisse bringt sie sich insofern zum Opfer, als
sie mit kurzen, abgerissenen Selbstzitaten stammelnd versucht, ihnen auf den
Fersen zu bleiben. Dergestalt ist von dieser Szene, einem Kernstück, das die tiefste Erniedrigung und Entwürdigung Katjas zeigt, jeder Schein mildernder Versöhnung gerissen, den eine Integration zu musikalischer Form gebracht hätte in
dem Umstande, daß der Sturz der Ereignisse im künstlerischen Medium eben
doch abzufangen war.

Der böse Blick der Kritik hat diese Tatbestände früher und präziser erkannt als
die Apologeten: »Janáček versucht sich auch an Duetten, allerdings nicht an polyphonen, sondern an sprachmelodischen, wie wenn Menschen im Leben einander ins Wort fallen.«[102]

Ein solches Abfangen hätte Janáček als Verrat an der Sache erscheinen müssen
wie alle Arten von Vermittlung und Glättung, zwischen den Formteilen, an
Schlüssen, in der Formulierung der musikalischen Gedanken, ihrer Darstellung
in der Form wie in der Behandlung von Stimmen und Instrumenten, als schnöde Anpassung an ein bestimmtes ästhetisches Ideal und eine mit diesem verknüpfte Art, Kunst zu rezipieren. Im Gegensatz zu dieser hängt er, der es mit
menschlicher Kommunikation so schwer hatte, einem Ideal totaler ästhetischer
Kommunikation an, die die Veranlassungen zur künstlerischen Arbeit durch diese hindurch einschränkungslos mitteilen und also die Dialektik der Wechselwir-
kung von Intention und künstlerischem Material nicht anerkennen will. Es ist
der gleiche Schutzmantel der Konvention, der den Hörer gegen allzu hautnahen
Kontakt mit der künstlerischen ekstasis durch deren Verarbeitung im Ganzen ab-

---

[102] Zdeněk Nejedlý 1916, cit. nach *L. Janáček in Briefen und Erinnerungen*, a.a.O., S. 115.

schirmt, der dem Autor bequemen Verlaß auf technische Mittel anbietet und der das traditionelle Bild des stimmigen, gerundeten Werkes verbürgt. Dies Junktim und die daraus sich für ihn ergebenden Konsequenzen, die emanzipatorische Einstellung zur Tradition, waren Janáček wohl bewußt. »Deine Kompositionen schaffe allein! Hüte das Geheimnis ihrer Arbeit und ihren Beweggrund! Die Helle ihrer Werkstätte verdüstere nicht mit fremden Werken, ersticke sie nicht in fremder Umgebung.«[103] Die Glagolitische Messe soll sein »ohne die Düsterheit der mittelalterlichen Klosterzellen in den Motiven / ohne Nachhall stets gleicher Imitationsgeleise, / ohne Nachhall der bachschen Fugengewirre, / ohne Nachhall des beethovenschen Pathos, / ohne Haydns Verspieltheit, / gegen den Papierdamm der wittschen Reformen ...«[104]. Selten, wenn er sich über seine Arbeit äußert, fehlt der antikonventionelle Zungenschlag, immer – und die rhapsodische Atemlosigkeit seiner mehr in den Bildern als in der Gedankenführung starken Prosa ist dessen getreuer Spiegel – steht die Unmittelbarkeit des auslösenden Erlebnisses im Vordergrund, das ins Werk gebannt und mitgeteilt werden müsse. Dieser Forderung erscheinen alle Vermittlungen als Gegenkraft, die gebrochen werden muß im Interesse einer moralischen Rettung der Kunst. Sie verachtet die traditionelle Form, die vom Postulat der Direktheit, vom Einstand des erfüllten Augenblicks sich entfernen, ihn dimensionieren und zur Erstreckung in Zeit und deren Erfordernissen hin vermitteln muß. In der Offenheit der Form Janáčeks, im Verzicht auf das, was die klassisch-romantische Ästhetik unter Vollendung verstand, schlägt sich der Widerspruch zwischen dem moralischen Postulat und dem ästhetischen nieder. Um den Preis des Augenscheins von Vollendung erkauft die Musik die geglückten, von allen strukturellen Rücksichten sich befreienden Momente, die Durchbrüche, in denen sie ihre eigene Dimensionalität tilgt, um der Reinheit des Impulses willen ihr Wesen verleugnet.

Hinter dieser Revolte der Intention gegen ihre Beugung unter ästhetische Regeln steckt mit einer sehr eigentümlichen Ethik der künstlerischen Arbeit auch die Orientierung an einer Musik vor dem Sündenfall der Zurichtung zum Werk – und zugleich damit der Widerspruch verschiedener Schichten in der Musik Janáčeks, derjenigen der Mittel, die er als Komponist seiner Zeit zu benutzen gezwungen war und derjenigen einer vergleichsweise geschichtslosen Tiefe, der Volksmusik, die für ihn als eine paradiesische Frühe und im Gegensatz zu den zivilisatorischen Schichten mythische Züge trägt: »Ich reinige mir so mein musikalisches Denken; mehr als einmal versank ich in Gedanken und erholte mich ein wenig in den erfrischenden Wellen der Lieder ...« heißt es in einem Feuille-

---

[103] Feuilleton vom 1. Oktober 1919, *Feuilletons*, a.a.O., S. 160.
[104] Feuilleton vom 27. November 1927, *Feuilletons*, a.a.O., S. 45.

ton mit dem bezeichnenden Titel »Musik der Wahrheit«[105]. In einem anderen:
»Kompositorisches Denken kann sich nicht entwickeln – wenn es nicht schon
dem kompositorischen Primitivismus unterliegt: der ersehnte goldene Apfel des
Volksliedes kommt ihm dann nicht mehr in den Sinn! Jeder schöpferische Geni-
us hat die Zeit des kompositorischen Primitivismus erlebt: die Zeit, da er einen
Ton ohne Namen, ohne Noten liebkoste, wo er ihn von den Saiten riß und mit
unbeschreiblicher Leidenschaft überschüttete.«[106] Im Sinne eines Hinab zu den
Müttern sind tatsächlich viele der Erfüllungen Janáčeks jähe Vereinfachungen,
Vereindeutigungen, Reduktionen und muten darin an wie Durchbrüche von
Archaischem, Ursprünglichem. Im oben[107] dargestellten Beispiel des sechsten
Liedes im *Tagebuch* wirkt der als ostinater Rhythmus ausgearbeitete Teil gegenüber der Kristallisation wie eine in Zeit auseinandergezerrte Entartung, Entfremdung, Entstellung, als gewaltsame Beugung unter ein fremdes Gesetz, diese
aber wie die Heimkehr der Musik zu sich selbst. Indem sie sich gegen die Umwelt der Form zur Wehr setzen, bewahren sich die Erfüllungen Janáčeks und
sprechen mit der Eindringlichkeit dessen, um den Fremdheit sich breitet, wie die
Heimat des Verschollenen ganz erst in seinem Abschiedsschrei umfaßt ist. So rettet sich auch die bannende Gewalt des Zauberspruchs, nähert in Momenten na-
turhafter Intention die Musik dem archaisch Rituellen sich an, wie im neunten
Liede des *Tagebuchs*, wenn die rasche Figur des Klaviers[108] den Zauberkreis der
erotischen Verstrickung umschreibt, oder im vierten Bilde der *Katja*, das die Liebe Warwaras und Kudrjaschs als wahres Volksliedritual darstellt, im Gegensatz zu
dem zivilisatorischen und ganz individuellen Sündenfall der tieferen, reicheren
und tragischen Liebe Katjas.

Eben dieser Gegensatz aber ist vom gleichen Unterstrom musikalischer Archetypen getragen, wozu Warwaras und Kudrjaschs Liebesabschied[109] den Offenbarungseid gibt. Die das Grundmotiv der Oper prägende Aufeinanderfolge von
Quart- und Sekundschritt in gleicher Richtung strukturiert das Liedchen
durchgängig (Beispiel 27) und verrät sich, indem sie die konstitutiven Intervalle

---

[105] *Feuilletons*, a.a.O., S.49.
[106] Feuilleton vom 5. Februar 1922, *Feuilletons*, a.a.O., S.57.
[107] S.351f.
[108] S.35, 6/16-Takt.
[109] Klavierauszug, S.110ff.

Quint und Quart melodisch bindet, als pentatonische Formel. Sie wird simultan zusammengezogen in dem bordunhaft festliegenden Akkord Beispiel 28, auf

dessen Herkunft – Substrat eines melodischen Vorgangs – die Auftakte des Fagotts nachdrücklich hinweisen. Hier ist, durch die Lage im Dissonanzgrad aufs äußerste gemildert, der pentatonische Raum definiert, in dem die Melodie sich ausbreitet. Ganz ähnlich spannen vor Beginn der oben[110] beschriebenen Kirchenerzählung Celli und Fagotte einen pentatonischen Raum auf (Beispiel 29),

eine Struktur, die die nachfolgenden Spielfiguren Beispiel 1 festhalten. Überhaupt ist es vornehmlich die Aufgabe der Spielfigur Janáčeks, in der beschriebenen Weise eine Definition zu geben und gegenüber dem nach harmonischer Auflösung suchenden Ohre darauf zu bestehen, daß das »Gitter«[111] zweier übereinanderstehender Quinten, als Gleichzeitigkeit der ersten und zweiten Stufe erscheinend, zu einem nicht reduzierbaren Grundklang gehört. Selten beschreibt deshalb die Spielfigur eine harmonische Auflösung in den reinen Dreiklang, habe sie nun – eine ganze Typologie wäre aufzustellen – die weiche, melodisch geprägte Form Beispiel 30a[112] oder die die Spannungen deutlich hervorkehrende von Beispiel 30b[113]. Die Mehrschichtigkeit dieses die an sich dominantische

Quinte integrierenden Klanges macht ihn zu einem autarken Komplex, der viele Entfaltungen erlaubt, sich funktional nicht eindeutig festlegt und deshalb kei-

---

[110] S. 353 ff.

[111] entsprechend der Formulierung »*Quintgitter*« von L. Bárdos, vgl. MGG Bd. XIII; 1966, Sp. 551.

[112] Erstes Streichquartett, Studienpartitur, erster Satz, Takt 46 ff.

[113] Zweites Streichquartett, Studienpartitur, erster Satz, Takt 33 ff.

ne ausführliche harmonische Umschreibung verlangt. – eine Art »Supertonika«, stünde der Terminus bei Schönberg nicht schon für anderes[114].

Seine harmonische Ambivalenz wird schon in einer einfachen Form wie dem in Beispiel 28 gegebenen Akkord deutlich, in dem As und des fast gleichberechtigt um die Stellung des Grundtones streiten und nur der Zusammenhang diesen eindeutig bestimmt; Entsprechendes geschieht in Beispiel 7, wo erst mit dem (hier weggelassenen) Einsatz des Violoncellos auf e die Entscheidung zu dessen Gunsten fällt. Aufschlußreich, daß gerade am dramatischen Höhepunkt der *Katja*, nach dem Geständnis, Janáček die Schichtung der Quinten potenziert: Im Orchester stehen deren drei übereinander, die oberste von ihnen grell herausinstrumentiert, und der triumphierende Schrei der Kabanicha setzt die vierte darüber, eine tosende Überhäufung, deren Struktur der nachfolgende Wechsel von Trompeten und Hörnern zwischen den Quinten des-as und es-b verdeutlicht[115]. Weder in diesem Extremfall noch beim einfachen Quart-Quintklang darf von einer Addition der harmonischen Funktionen gesprochen und beispielsweise das oben[116] erwähnte Überschlagen der Quinte der fünften Stufe als dissonante Störung einer Schlußtonika bewertet werden. Zur Gestaltung kräftiger dominantischer Wirkungen von einem solchen Komplex aus bedarf es freilich der doppelten Dominante wie z.B. am Anfang des ersten Streichquartetts, dessen erster motivischer Impuls (Beispiel 7) auf e, dessen zweiter in Takt 12 auf fis steht. Eben hier[117] ist die pentatonische Einheit von Melodie und Akkord vollkommen, sind im Tonvorrat beide identisch; jene erscheint nur wie ein diastematisches Anschlagen des Grundklanges, dieser wie ein verlängerter Nachhall des melodischen Impulses[118]. An solchen Stellen kommt die Disposition des Materials auf ihre einfachste Formel, weshalb sie auch Ausgangs- oder Endpunkte sind – eine Ruhelage, zu der Ganztonstrukturen den äußersten Gegenpol darstellen als ein System ohne eigene Gravitation, dem die Intervalle Quart und Quint, mithin die wichtigsten Mittel einer Verfestigung, fehlen. Es gehört zu Janáčeks allem Vorauswissen abholder Musik, daß er gern über Ganztonstrukturen zu neuen Tonarten kommt, wodurch das Erreichen des Zieles nie den Charakter eines durch Modulation erzielten Re-

---

[114] vgl. A. Schönberg, *Die formbildenden Tendenzen der Harmonie*, Mainz 1957, Originalausgabe New York 1954.

[115] Klavierauszug, S. 136, 6 Takte vor Ziffer 16ff.

[116] S. 372.

[117] vgl. Beispiel 7. Etwas ausführlicher schreitet das Thema des zweiten Satzes im zweiten Streichquartett den pentatonischen Raum aus.

[118] Hier wie auch in Beispiel 30b ist die bei Janáček häufige Schärfung durch den Gebrauch der Mollterz zu beobachten, als »*Métabole*« (C. Brailoiu, *Sur une mélodie russe*, in P. Souvtchinsky, *Musique russe II*, Paris 1953) ein Kennzeichen pentatonischer Verfahrensweisen.

sultats hat, sondern eher den eines jähen, unvermuteten Landens auf dem festen Grunde einer Tonart[119].

In ähnlicher Weise wie in seiner Pentatonik umgeht Janáček die determinierenden Zwänge reiner Diatonik auch im Gebrauch alter Modi; beide Ordnungen sind vergleichsweise archaisches Gut, beide überlagern sich bei ihm in charakteristischer Weise. Sie geben auch einfachen harmonischen Vorgängen ihre Leuchtkraft zurück, indem sie ihnen den Automatismus schematisierter Stufenfolgen austreiben[120]. Das b-Dorisch des Katja-Themas im Vorspiel der Oper (Beispiel 31) steht von vornherein im Spannungsfeld der Moll-Sphäre b und der

Dur-Sphäre Des. Sein Nachsatz b (unser Beispiel skizziert nur das Wesentliche) strebt zunächst aus dem Bannkreis des b hinaus, die Figuration c fixiert ausdrücklich die Charakteristika der dorischen Skala. Unvermutet gelingt einem veränderten Vordersatz a′ der Sprung ins subdominantische es, wo er festhängt, ehe über ein flüchtiges As der Nachsatz endlich den Durchbruch zum erlösenden Des-Dur findet, welches die Flöten, hoch über dem Orchester und dem Getümmel seiner raschen Figuration schwebend, zwei Takte lang feiern. Die Kadenz hat hier, indem sie einen lang währenden Zustand der Unentschiedenheit überraschend beendet, die Kraft ihrer Finalität wieder, auch sie ein nicht vorauskalkulierter Deus ex machina. Am Ende des Vorspiels wiederholt sich der Vorgang, als müsse die Musik sich der Mächtigkeit dieser Erlösung und der milden Innigkeit, die der als sixte ajoutée von Des-Dur endende Nachsatz erhält, erneut versichern.

---

[119] hierzu vgl. u.a. *Katja Kabanowa*, Klavierauszug S. 23. *Un poco più mosso* ff., oder S. 155.
[120] Die Sachverhalte sind so vielschichtig, daß sie hier nur angedeutet werden können und einer späteren Studien vorbehalten bleiben müssen.

Aus der allgegenwärtigen Fixierung unterschiedlichster Gestalten auf eine Grunddisposition des musikalischen Materials folgt die Sprachähnlichkeit der Werke Janáčeks. Ihnen ist das kollektive Unbewußte musikalischer Archetypen gemeinsam, eines latent tragenden, mitunter gewaltsam heraufdringenden Unterstroms, vor dem das komponierend verordnende Ich zeitweise zurückzutreten scheint. Das Vertrauen auf die Kraft der Bilder, die sich kaum als Eigentum des künstlerischen Individuums darstellen und dies eher medial beanspruchen, hat Janáček mit Musikern wie Bruckner, Dichtern wie Hölderlin, Eichendorff und Trakl gemeinsam, sämtlich Künstlern, deren Bilderwelt wie die seinige eine deutliche Begrenzung, deren Werke wie die seinen ein einheitlicher Grundton kennzeichnet.

Die Radikalität freilich, mit der der Gegensatz zu den zivilisatorischen, durch Tradition reglementierten Schichten begriffen wird, ist allein ihm eigen. Pluralität der Schichten ist an sich nichts bei ihm Neues: Auf der Opernbühne beschwören schon Azucena und Desdemona, ihr Ende ahnend oder wissend, Heimat und Kindheit in musikalisch archaischen Bildern, rufen eine verlorene, fernab liegende Welt des Friedens und der Versöhnung herauf; schon die Dur-Aufhellungen im Liede Schuberts enthalten Ähnliches – jähe, später bei Mahler nahezu verbotene Durchblicke darauf, wie es sein könnte. Es fehlt aber in Janáčeks Verhältnis zu den Archetypen, zur Volksmusik das »Oh wüßt ich doch den Weg zurück«, ist sie doch für ihn keine verlorene Welt, in seiner Umwelt ihm ebenso gegenwärtig wie in der Intonation seiner Musik. Eben darum verpflichtet sie ihn, eine »Musik der Wahrheit«, als moralische Instanz und hat neben dem Ästhetischen, Idiomatischen in seinem Werk eine zweite Existenz, als mythische Idee unvermittelter künstlerischer Mitteilung, die sich gegen musikalische Komplexionen sperrt und in selbstvergessenen Stürzen in die volle Identität um ihrer Wahrheit willen den ästhetischen Schein bricht.

Der Zuspruch der Schwäne

Über die Fünfte Sinfonie von Jean Sibelius

I.

Zu Beginn, harmonisch unsicher – die Quint im Baß als leiser Paukenwirbel – ein Anruf des Solohorns, der in einer Fermate verklingt; danach dreimal zwei Takte mit gleicher Grundstruktur – genaue Wiederholungen in Fagotten und Hörnern. Als mehrfach gestuftes Echo setzen sie Kompakteres voraus als jenen Anruf; dessen anspielungshaftem Noch-nicht folgt dergestalt sofort ein nachklingendes, nachschwingendes Nicht-mehr. Was dazwischen stehen müßte, die nicht von vornherein eines Bezuges auf Vorangegangenes oder Kommendes bedürftige Setzung, die pralle Gegenwärtigkeit eines sich als solches bejahenden Themas, gibt es nicht.

Dergleichen findet sich ähnlich u.a. in Beethovens Klaviersonate op. 31/II oder im zweiten Klavierkonzert von Brahms, eines Komponisten, dem Sibelius sich in seiner Fünften mehrmals nähert;[1] es wöge also nicht schwer, eröffnete es nicht ein reichgestuftes Spiel mit halben Zurücknahmen und unterschiedlichen Präsenzgraden, welches noch den Schluß der Sinfonie drastisch prägt: Wohl stünde das letzte Wort jenen suggestiv schaukelnden Terzen zu, die Sibelius' Freund und Vertrauter Axel Carpelan schon 1916 sehr selbstverständlich »die Schwanenhymne« nannte[2], wohl erscheint die immer weiter ausgreifende Schwingung wie geschaffen, den großen Apparat einer krönenden Kulmination zuzutreiben. Sibelius jedoch beendet die Sinfonie mit sechs harten Tuttischlägen, einer brutal anonymen Schlußformel, querständig noch darin, daß ihre Folge alle simpel bestätigende Regelmäßigkeit verweigert. Wie sehr Sibelius am schroffen Abschneiden gelegen war, wird auch dadurch belegt, daß er die Schläge in den vorangegangenen Fassungen der Sinfonie[3] in ein durchgehaltenes Tremolo der Streicher gebettet hatte – welches ihm am Ende offensichtlich als unzulässig bequemes Polster erschien.

---

[1] So im Anklang des Beginns an Brahms' Opus 17 »Es tönt ein voller Harfenklang« oder der Takte 111 ff. im Andante an dessen Vierte Sinfonie (Finale); auffallend mindestens ebensosehr, daß die harmonische Konstellation des dritten Taktes der Sinfonie, in den früheren Fassungen deren Beginn, mit der Eröffnung von Beethovens ebenfalls in Es stehender Klaviersonate op. 31/III übereinstimmt.

[2] James Hepokoski, *Sibelius, Symphony Nr. 5*, Cambridge Music Handbooks, Cambridge usw. 1993, S. 37. Der ausgezeichneten Arbeit bin ich nicht nur im Hinblick auf etliche wichtige Informationen verpflichtet.

[3] Hierüber eingehend Hepokoski, a.a.O., S. 31. Dort auch Hinweise auf weitere Literatur.

II.

»Nichts Endgültiges, Hinzunehmendes« also in dem Sinne, daß der Komponist sein Verhältnis zu ihm mitformulieren muß. »Verbindliche Unverbindlichkeit der Einzelformulierung, der Verzicht auf fixierte Themen ist dazu das vornehmste Mittel«[4]. Dieses »vornehmste Mittel« hat als Auseinandertreten von thematischer Bedeutung und thematischer Gestalt eine lange Tradition; wer, zunächst das Beieinander unterstellend, dessen Vermeidung spezielle Aussagekraft zubilligt, macht sich also einer idealtypischen Argumentationsweise verdächtig. Freilich können individuelle Gestaltungen kaum anders denn als Abweichungen beschrieben werden, sind also auf Unterstellung eines Grundmusters angewiesen, von dem abgewichen wird. Das gilt auch für den Komponierenden: Sibelius' sehr unterschiedliche Sinfonie-Lösungen bezeugen dies deutlich genug.

Die Trennung von thematischer Gestalt und Funktion kommt indessen als Erklärung nicht gegen die Verwunderung an, mit der der Hörer das ausufernde Singen der Holzbläser zu Beginn verfolgt, obendrein in einer Textur, welche rhythmische Fixierungen weitestgehend meidet – die Verwunderung, mit der er dieses um Exposition provozierend unbekümmerte Dahinspinnen dennoch als exponierenden Komplex erkennen muß, spätestens, wenn übergangslos ein andersartiger folgt, welcher neue Rätsel aufgibt: Da steht ein Unisono der Holzbläser, anfangs gar harmoniefremd, gegen ein Fast-Tremolo der Streicher, da wird einem als Melodieprägung thematisch tauglichen Gebilde jene Bündelung der Komponenten vorenthalten, welche zu einer derartigen Ballung gemeinhin gehört. Diese vollzieht sich wenig später in einem großen Tutti, allerdings kaum noch thematisch, schon gar nicht im normativen Verständnis.

Daß Sibelius vor einer zur vollen Gegenwärtigkeit ihrer selbst sich bekennenden musikalischen Realität, vor der angesprochenen Bündelung der Komponenten zurückschreckt, daß er gern einen unrealisierten Rest zurückbehält, zeigt sich anschließend, wo er den Vorgang verändert wiederholt. Von einer zweiten Exposition ließe sich sprechen, relativierte Sibelius die Definitionskraft der Prägungen nicht so vielfältig und wiese der Begriff nicht auf einen sonatenhaften Zusammenhang hin, der demnächst nicht mehr gelten wird. Der von James Hepokoski[5] vorgeschlagene Begriff »rotation« bleibt der oftmals vegetabilisch wuchernden Entfaltung der Strukturen nahe und bewahrt sie vor allzu tektonisch definierten Erwartungen; freilich unterschlägt er die unterschiedlichen Abstände zu einer »Hauptlinie«: Wenigstens als vage Hinterlegung bleiben den ersten beiden »rotations« (ab Beginn bzw. Takt 36) exponierende Momente

---

[4] Theodor W. Adorno, *Mahler*, Frankfurt am Main 1960, S. 72.
[5] a.a.O., S. 58ff.

ebenso erhalten wie der dritten (ab Takt 72 = 1. Takt nach »J«) diejenige eines, wenn auch nicht à la lettre durchführenden, Mittelteils. In komplizierten, kaum durchhörbaren Überlagerungen und einer flirrend raschen, mindestens »antitonalen« Streicherbewegung verflüchtigt sich der Untergrund fast zum weißen Rauschen, worüber das Fagott »lugubre«, dann »patetico« monologisiert. Weil alle Anhalte fehlen, läßt sich kaum nachvollziehen, daß es den Rhythmus des »zweiten Themas« Bsp. 1a zur geschlosseneren Gestalt Bsp. 1b vervollständigt.

NB 1a und b

Ins Licht tritt diese erst, wenn die Streicher sie unisono in großen Intervallen aufnehmen (Takte 92ff.). Weil Sibelius die Prägungen selten zu dem kommen läßt, was ihnen traditionell zustünde, »distanziert« er die Musik »vom objektiven Medium ihres Vokabulars«[6]. In drei Fassungen erarbeitet, zweimal – teilweise offenbar eingreifend – verändert, verschmäht sie überkommene Bindemittel fast systematisch, stürzt jäh wie unvorbereitet in zumeist kurze »Erfüllungen«[7] – und erscheint kraft solcher »Mißverhältnisse« fast immer unfertig, unterwegs, fragmentarisch. Volle, emphatische Ankunft, Vollbesitz aller Komponenten der jeweiligen Identität wird selten erlaubt. So daß bei ihr, etlichen von Adorno anhand Mahlers beschriebenen Sachverhalten nicht unähnlich, zentrale Wahrheitsmomente dort aufscheinen, wo die kommentierende Verdeutlichung auf Distanzierung überkommener Kategorien verwiesen ist. Freilich wehrt Adornos Auskunft, daß Sibelius' »Versagen als Gelingen, sein Nicht-Können als Müssen gedeutet würde«[8] diese Möglichkeit höhnisch ab.

III.

»… ein Meisterstück von Persiflage und sophistischem Witze, der sich aus allen möglichen Standpunkten sorgfältig denjenigen auswählt, aus dem ihm der Gegenstand schief vorkommen muß, und sich dann recht herzlich lustig darüber macht, daß das Ding so schief ist« – dieses polemische Grundmuster[9] bestimmt

---

[6] Adorno, a.a.O., S. 49.

[7] … abermals eine bei Adorno, a.a.O., triftig angewandte Kategorie.

[8] Theodor W. Adorno, *Glosse über Sibelius*, in: Zeitschrift für Sozialforschung, Jg. 1938, Heft 3; neugedruckt in: ders., *Impromptus*, Frankfurt am Main 1968, S. 88–92; sodann in: ders. *Gesammelte Schriften*, Band 17, Frankfurt am Main 1982, S. 247–252.

[9] Wieland über Goethes Farce »Götter, Helden und Wieland«, cit. u.a. bei Irmela Brender, *Christoph Martin Wieland*, Reinbek bei Hamburg 1990, S. 100.

Adornos *Glosse über Sibelius*[10] in besonderer Weise. Was da von einem Zweiunddreißigjährigen im Jahre 1938 in einer Zeitschrift mit geringer Breitenwirkung formuliert wurde, könnte als »töricht«[11] bis unerheblich passieren, operierte es nicht geschickt mit Vorurteilen aus sehr unterschiedlichen Lagern, und erweckte es nicht den Eindruck, es lohne nicht, Sibelius genau zuzuhören, weil er dies gar nicht wolle und zu fürchten habe; Adorno stellt Sibelius als Protagonist dessen hin, was er später als »Regression des Hörens« schlüssig beschrieben hat – und befleißigt sich selbst eines solchen. Freilich ist es das »Paradox aller Rezeption, daß der nichts erfährt, der noch nichts erfahren hat«[12].

Üble Nachrede, zumal prominente, haftet allemal besser als freundliche – dies hätte Adorno bei der Neuveröffentlichung fünfundzwanzig Jahre später ebenso bedenken müssen wie eine mögliche Anwendbarkeit jener Kategorien, die er jüngst in seinem Mahler-Buch exponiert hatte[13]. Gewiß gehört zur besonderen Diätetik solcher Zugewinne, daß ihre Erarbeitung zunächst an den Gegenstand gebunden, mithin viel abschirmender Hermetismus im Spiel ist; dennoch darf man sich wundern über das Mißverhältnis zwischen dem weitgreifenden Deutungsanspruch von Adornos Kategorien und dem oft aggressiven Unverständnis, mit dem er an Komponisten vorbeisieht, deren Musik sich zum Vergleich anbot – Sibelius, Nielsen und Janáček.

Dabei sprachen auch convenus der Verachtung mit; viel zu gut ließ sich Sibelius, besonders der junge, in einer Weise reduzieren, welche genau vorgab, wie und worauf man bei ihm hören, was man von ihm erwarten solle und was nicht. Kein Zufall, daß bei Adorno *Valse triste* und *Der Schwan von Tuonela* eher für Sibelius stehen als die beiläufig erwähnte Vierte und Fünfte Sinfonie. Im Übrigen sprach er mit dem Übereifer des nie voll akzeptierten Jüngers der Schönbergianer ein Urteil nach, das auf Mahler zurückgeht. Dieser hatte im Spätherbst 1907 in Helsinki Sibelius kennengelernt. »Im Concert hörte ich auch einige Stücke von Sibelius« – es handelte sich um die Sinfonische Dichtung *Vårsång* (Frühlingslied) op. 16 und *Valse triste* –, »den finnischen National-Komponisten, von dem nicht nur hier, sondern auch in der musikalischen Welt, großes Aufheben gemacht wird. In dem einen hörte ich ganz gewöhnlichen Kitsch durch diese gewissen nordischen Harmonisationsmanieren als nationale Sauce angerichtet ... So sehen im übrigen überall die Herren nationalen Genies aus, in Russland und Schweden ist ein Gleiches – und in Italien diese Huren und Louis erst

---

[10] a.a.O.
[11] Ludwig Finscher in: *Die Musik in Geschichte und Gegenwart*, zweite, neubearbeitete Auflage, Sachteil, Band 9, Kassel usw./Stuttgart/Weimar 1998, Sp. 105.
[12] Hans Blumenberg, *Matthäuspassion*, Frankfurt am Main 1988, S. 171.
[13] a.a.O.

recht«[14]. Unüberhörbar klingt da eine billig zentralistische Arroganz an, deren Opfer Mahler selbst war und mehr noch werden sollte. Auf der Linie solcher Urteile – Mahler hatte nicht gerade die bedeutendsten Werke gehört – konnten sich Schönbergianer und ihre Gegner leicht auf Geringschätzung und partielle Kenntnisnahme verständigen. Auch Furtwängler z.B., obwohl mit Sibelius persönlich bekannt, hat nur wenige Werke von ihm dirigiert und längst nicht die wichtigsten.

IV.

Eben dort, wo die unisonen Streicher *forte e patetico* den in Bsp. 1b notierten Rhythmus aufnehmen, verlangsamt sich das *Tempo molto moderato* des Sinfoniebeginns zum *largamente* (in Sibelius' 1942 nachgetragenen Tempoangaben ♩. = 66 zu ♩. = 63). Durch rhythmische Kontrapunkte der Holzbläser in ihrem Vorangang beschwert, gerät die Musik in schwere See und staut sich in einer Kulmination, als welche die dem Hornruf antwortenden Takte 3ff. der Sinfonie bei gewaltig gesteigertem Aufwand wiederkehren – Zielpunkt des Vorangegangenen einerseits, andererseits Beginn einer neuen Entwicklung: Denn nun treiben die Wechselschläge der Streicher *poco a poco meno moderato al Allegro moderato* einem Scherzo im Dreivierteltakt zu. Als tänzerisches Grazioso löst es sich aus dem hochgetürmten Klanggebirge und verabschiedet die Konnotationen des Erhabenen mit beschwingter Selbstverständlichkeit, als sei es immer schon vorhanden und enthalten gewesen – ein befreiender Durchbruch und zugleich fröhlich-unbekümmertes Embarquement pour Cythère. Das erinnert u.a. an die Takte 191 bzw. 373 im Finale von Mahlers Fünfter Sinfonie – die Sibelius genau studiert hat – als ebenso elementare wie überwältigende Metapher jäher Lösung aus vordem herrschenden Zwängen, auch als ins fast fugenlose Jetzt zusammengezogene Apologie leichter Musik, vergleichbar jenen Augenblicken klassischer Musik, wo diese den »gelehrten«, zumeist kontrapunktischen Verbindlichkeiten jäh ins »Galante«, Einfache entläuft.

Zur Wahrheit solcher Momente gehört der Traum vom Beeinander von »oben« und »unten« ebenso wie, daß der Furor der Grenzübertretung mehr Wende und Ablösung suggeriert als tatsächlich möglich, selbst, wenn wie hier genug Bedachtsamkeit mitspricht, so daß vom Vorangegangenen Etliches mitgenommen werden kann und das Neue sich fast als – freilich radikale – Verwandlung des Gewesenen erweist. So beschwingt und frei wie nach dem großen

---

[14] *Ein Glück ohne Ruh. Die Briefe Gustav Mahlers an Alma*, hrsg. von Henry-Louis de la Grange und Günther Weiß, Berlin 1995, S. 344.

Coup ist die Musik nicht lange. *Poco a poco stretto* gerät sie in den Sog eines Accelerando, welches Sibelius 1942 mit den Stationen ♩. = 80 (*Allegro moderato*, Takt 114), ♩. = 96 (Takt 218 = »D«), ♩. = 104 (Takt 372 = »K«), ♩. = 112 (Takt 423 = »M«) ♩. = 126 (Takt 447 = »N«), ♩. = 138 (Takt 507 = 4 Takte nach »Q«) und einem weiteren *Più presto* (Takt 555) genau fixiert. Die lawinenhafte Wucht der Beschleunigung betrifft nicht nur das Tempo; fast könnte man umgekehrt sagen, die agonale Struktur der mehr als 450 Takte erzwinge sie von sich aus, weil die Verfallsdaten der einzelnen Prägungen immer dichter aufeinander folgen. Sibelius komponiert gegen ein schattenhaft mitgeführtes Verlangen nach Reprise rasend schnell sich verkürzende Halbwertzeiten. Vielleicht hat er, ohnehin mit der Bezeichnung »Phantasie« liebäugelnd, auf Schuberts »Wandererphantasie« geblickt, wo, nachdem das Liedzitat in eine fällige Durchführung hineingestört hat, im raschen 3/4-Takt des Scherzo eine nahezu genaue Reprise ertönt – die erste bedeutende Verbindung von Ein- und Mehrsätzigkeit.

Zu Beginn der Sinfonie war dem Horn von den Holzbläsern über die Fermate hinweg geantwortet (Bsp. 2a), die Antwort anschließend zusammengezogen (Bsp. 2b) und ausgeziert worden (Bsp. 2c). Unmittelbar vor dem Durchbruch

NB 2a   NB 2b

NB 2c   NB 2d

NB 2e

zum »Scherzo« stellt Sibelius dies wieder her (Bsp. 2d), verselbständigt im letzten Takt (= 113) die Antwort der Holzbläser und präsentiert deren Fortbildung danach als Thema (Bsp. 2e). Auch die Quart/Quintstruktur des Anrufs wird, zunächst als diskreter Nachsatz, wiederaufgenommen (Bsp. 2e, Takte 5–7), steckt unverkennbar im frechen Thema der Trompeten (Takte 218ff. = »D«, Bsp. 3a

NB 3a und b   NB 3c

und b), bricht später (Takte 455ff.) als gewalttätig ordnungschaffendes Motto ein, um gegen Ende fast als Peitsche die Musik in die Endrunde ihres agonalen Wirbels zu treiben (Takte 539 = »R«). Letztmalig vermag das Trompetenthema Bsp. 3b in viermal acht Takten den Verlauf auf eine konsistente Gestalt zu beziehen, zuvor gelang das nur am Beginn des *Allegro moderato* (Takt 114 = Bsp. 2e) in zweimal acht und dreimal vier Takten. Immer drängender das Accelerando der Verfallsdaten: Im Anschluß an Passagen, welche als Virilios »rasender Stillstand« ebenso beschrieben werden könnten wie mit Adorno als irre, blinden Weltlauf reflektierende Geschäftigkeit, verselbständigt die Variante Bsp. 3c sich in kleingliedrig zerfasernden Imitationen, denen der Gegenstand umso mehr verlorenzugehen scheint, desto dichter die Maschen des kontrapunktischen Geflechts gezogen werden; weil das Motiv Bsp. 3c rasche harmonische Umschläge erzwingt, geht auch die tonale Orientierung verloren – in summa ein Strudel, ein Fall ins Bodenlose, dem Hornpedale zunächst an »falscher« Stelle zu wehren suchen (Takte 427ff., 435ff.) und der den danach (Takt 455) eintretenden Trompeten den unerläßlichen Ordnungsruf aufnötigt. Bremsen indessen, rückbezügliche Besonnenheit erzwingen können sie nicht, das nahezu taktil dröhnende Es-Dur des Satzendes ist viel eher Zuflucht als Zielpunkt. Wie um dies zu bestätigen, gibt Sibelius quadratische Erwartungsschemata vor und desavouiert sie im letzten Augenblick; das Übereinander verschiedener Gruppierungen (in Bsp. 4

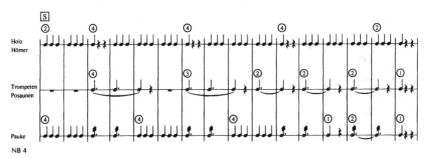

NB 4

nicht alle) bleibt bis zum Schluß ebenso aufrechterhalten wie das Nach- und Übereinander der Quart/Quintstruktur: Allem Tutti und Fortissimo entgegen keine bestätigende, gar triumphierende Ankunft oder Heimkehr, der Furor der entfesselten Bewegung erlaubt kaum Komplexionen, welche autonom genug wären, um als gliedernde Säulen über den Zeitfluß hinauszuragen. Gerade anhand bekannten Materials kann Sibelius verdeutlichen, daß Verknüpfungen und Rückbezügen kein Raum gelassen, daß die Grenze zwischen entwickelnder Variation und Potpourri überspült wird und die Prägungen nur notdürftig unter den Peitschenhieben der Beschleunigung durchschlüpfen.

V.

Überlagerungen wie im Beispiel 4 begegnen bei Sibelius besonders in Partien, welche zuallererst Befremden erregen – und erregen sollen, weil sie dem Hörer

die harmonische wie die zeitliche Orientierung rauben, aus dem thematischen
Kontext herauszufallen und das sinfonische Wohlverhalten nicht weniger provo-
kativ aufzukündigen scheinen wie etliche Figuren der Zeitgenossen Strindberg
oder Hamsum das bürgerliche. »Pneumatischen« Wesens erscheinen sie insofern,
als sie Raum und Dimension schaffen – und damit an Vorbilder bei Schubert
und Bruckner anschließen –, Anläufe oder »Abflüsse«, deren vermeintlich amorphe Zuständlichkeit zuweilen an weißes Rauschen oder aleatorische Lösungen
grenzt und die durchgeformte, »zivilisierte« Textur auf eine »vorzivilisierte«, un-
domestizierte Folie zieht. Gerade bei ihnen, hierin z.B. dem das *Allegro misterioso*
der Lyrischen Suite dodekaphonisch organisierenden Alban Berg ähnlich, strukturiert Sibelius, aller chaotischen Beliebigkeit entgegen, nahezu mathematisch.
In einer »abfließenden« Passage der *Tapiola* (ab »N«) setzt er unregelmäßige
Gruppierungen über einen (ab Takt 431) siebenmal, beim siebenten Mal unvollständig erklingenden Baß-Ostinato und läßt die Diskrepanz in einer allmählich
zunehmenden Harmonisierung sich auflösen. In den »flirrenden« Passagen des
dritten Satzes der Fünften Sinfonie verändert er die orchestrale Konstellation
analoger Verläufe teilweise eingreifend, die Grundstruktur, von Verkürzungen
abgesehen, jedoch kaum:
    ab Takt 6: 6 + 6, 4 + 5; 6 + 6, 4 + 4; 5 + 3; 6, 5 + 3 …
    ab Takt 281: 6 + 6, 4 + 4; 5 + 3; 6, 5 + 3 …
    In den Schlußschlägen der Sinfonie, die das Ausschwingen der »Schwanen-
hymne« jäh abschneiden, bleibt diese, in die Akkorde eingesperrt, erhalten. Die
Dialektik des Identischen und Nichtidentischen hat in Sibelius einen sensiblen,
grüblerisch tüftelnden Anwalt; so wenig wie eine dodekaphonische Unregelmä-
ßigkeit in Bergs *Misterioso* verschlügen Verstöße in Sibelius' angesprochenen Passagen; gerade, wo es nicht daraufanzukommen scheint, rechnet er penibel und
beweist sich als Fanatiker der Substruktur.
    Im Finale gewiß auch, weil die Legitimation für die Übereindeutigkeit der
»Schwanenhymne« erworben werden muß, jenes von den Hörnern (Takte
105ff. = 2. Takt nach »D«) eingeführten girlandenhaften Schwingens, das Sibelius selbst mit dem Erlebnis fliegender, rufender Schwäne in Verbindung gebracht
hat. Wobei aller programmatisch billigen Verknüpfung schon dadurch vorge-
beugt ist, daß das Thema schon vor dem Erlebnis vom April 1915 (s.u.) da war,
daß er gewiß oft Schwäne erlebt hat, nur, metaphorisch gesprochen, eben erst
jetzt die Schwäne dieser Sinfonie. Vor der ersten Präsentation durch die Hörner
nimmt Sibelius die Hymne in den Bässen voraus (Takte 99ff.), vor dem zweiten
in akzentuierten Repetitionen der Bratschen (Takte 35ff.) und in einem hinter
ppp zurückgenommenen Alla punta der Streicher (Takte 362ff.) – nicht gerechnet die latenten Vorklänge im Andante.
    Was die sparsamen kantablen Nachsätze im Andante nur versprachen, löst der
kantable Kontrapunkt Bsp. 5a ein. Mit kleinen Intervallschritten im Kontrast zu

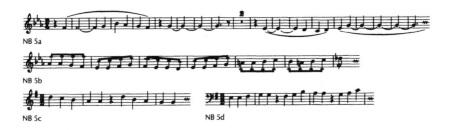

NB 5a

NB 5b

NB 5c   NB 5d

den großen der »Hymne« schließt er an das Flirren vom Satzbeginn an (Bsp. 5c), mehr noch dessen Vorbereitung bei Bratschen und Celli (Takte 5ff., Bsp. 5d). Dieses aber ist woandersher gekommen – aus der kurz zuvor komponierten Bühnenmusik zu Strindbergs *Svanevit (Schwanenweiß)*, dessen Gegenstand die Zündung des Schwanenerlebnisses erklären hilft. Er mag auch die Skizze Bsp. 6 erklären, deren Simplizität ebenso bemerkenswert erscheint, wie, daß Sibelius sie in der niedergeschriebenen Form nicht benutzt hat.

NB 6

Umso deutlicher schimmert sie – von ferne anvisiert, angetönt, halb eingelöst, rasch sich entziehend – immer wieder durch, einen Druck des Vorenthaltenen erzeugend, welcher entscheidend zur einlösenden Finalität der großen Es-Dur-Passage (*Largamente assai*, Takte 426ff.) beiträgt, worin die Unisoni der Geigen und Bratschen die »Überreste« aus dem oberen System der Skizze Bsp. 6 eindringlich melodisieren (Bsp. 7). Auch die Skizze übrigens beschreibt eine »rota-

NB 7

tion«, auch ihr muß, wie etlichen weitergreifenden Entwicklungen bei Sibelius, von »außen« her ein Ende gesetzt werden. Sie mag ihm auch die Gefahr verzettelnder Wiederholungen verdeutlicht haben, in denen zutagekäme, womit er überaus vorsichtig umgeht: die schlagende Simplizität des von den Flöten eingeführten Themas bzw. Motivs. Man könnte das *Andante* geradezu als Versuch interpretieren, sich ihrer ebensowohl zu versichern wie zu erwehren, d.h. sie jeweils neu aus dem Zusammenhang zu erzeugen. Der Quartdurchgang, meist -abgang, prägt sich der Musik allenthalben ein, gerade auch im scheinbar amorph-chaotischen Dahinhuschen des Finalbeginns; wo Sibelius die skizzier-

te Oberstimme einmal fast vollständig passieren läßt (*Andante* Takte 14ff. mit
Auftakt), vermeidet er, soweit nur irgend möglich, die simpel kontrapunktierenden Grundschritte und ebnet das Terrain in der ostinaten Bewegung von 2. Violinen und Celli ein. Die bange Frage, ob ein unverstelltes Bekenntnis zu dieser
Prägung, sei es in der G-Dur-Naivität der Flöten, sei es bei der Inständigkeit der
poco largamente spielenden Streicher, (Takte 198ff.) erlaubt sei, bleibt als Hintergrund des Satzes bestehen – noch die anrührende Naivität seiner Beendigung,
nicht anders als der eröffnende »Choral«, antwortet ihr.

VI.

Große Vorsicht indessen scheint geboten bei einem möglicherweise von hier
ausgehenden Versuch, die Reviere des Einfalls, einer *di prima intenzione* verbürgten Direktheit und einer von hier aus forthangelnden, ausspinnenden Arbeit
sondern zu wollen; allzu rasch käme man bei der falschen Entgegensetzung eines
»eigentlichen« und eines dieser »Eigentlichkeit« sich schämenden Sibelius, d.h.
bei den Schablonen von Adornos »Glosse« an. Die Fünfte Sinfonie liefert kaum
vermutbare Gegenbeweise. Weder der präludierende, am Beginn nahezu als
Ersteinfall hingestellte Anruf des Horns noch der Durchbruch vom ersten Satz
ins »Scherzo«, welchen man mit guten Gründen zu den zentralen Formideen
zählen könnte, war früh oder gar von Anfang an da – beide gehören zu den
Früchten der Revisionsarbeit, welche an die Uraufführung zu Sibelius' 50. Geburtstag am 8. Dezember 1915 anschloß. Daß die ersten Sätze in der zweiten, ein
knappes Jahr danach beendigten Fassung in der bekannten Weise zusammengezogen waren, hinderte Sibelius nicht, auf dem Wege zur dritten, endgültigen
Fassung den ersten Satz insgesamt in Frage zu stellen. Und das *poco largamente* gegen Ende des *Andante* (Takte 198ff.) artikuliert nicht nur so etwas wie endlich
freigelassene Emotionalität, sondern gesellt dichter als je zuvor als wichtigstes
Komplement dem Quartabstieg des Hauptthemas den Quartanstieg. Dieser war,
beginnend beim eröffnenden »Choral«, in vielerlei Anspielungen, Diminutio-
nen, Vergrößerungen etc. längst gegenwärtig (vgl. u.a. Takte 6ff., 12ff., 41ff. –
Oboen und Flöten 53, 62ff., 82ff., 112ff.), bisher jedoch kaum als eigenwertige
Vokabel zum Sprechen gebracht worden. Dies geschieht nun kurz vor dem Satzende; woraufhin der Quartabstieg sich mit solcher Sinnfälligkeit als entspannen-
de Antwort darstellen kann, daß man das *Andante* insgesamt als Versuch zu betrachten versucht ist, dieser zum Hauptthema kaum disponierten Prägung den
passenden Vordersatz zu besorgen. Nun bekommen wir ihn und danken der
Verspätung eine Eindringlichkeit, bei deren Begründung Adornos Kategorien
»Erfüllung« und »Durchbruch« gleichermaßen naheliegen.

VII.

»Heute zwischen zehn und elf sah ich sechzehn Schwäne. Eines meiner größten Erlebnisse! Herrgott, diese Schönheit! Lange Zeit kreisten sie über mir, verschwanden im Sonnendunst wie ein leuchtender Silberstreifen. Sie rufen im selben Holzbläserklang wie die Kraniche, jedoch ohne tremolo. Der Schwanenruf näher bei der Trompete, obwohl offensichtlich ein Sarrusophon-Klang. Ein tief klingender Refrain, der an das Weinen eines kleinen Kindes erinnert. Naturmystik und die Ängste des Lebens. Das Finalthema der Fünften Sinfonie:

Legato in den Trompeten!! ... Daß mir dies geschehen sollte, der ich so lang der Außenseiter war. So habe ich im Heiligsten Zuflucht gefunden, heute am 21. April 1915.«

Als Sibelius dies in seinem Tagebuch notierte[15], hatte er bereits ein Dreivierteljahr an der Sinfonie gearbeitet. Daß die Schwäne Außenseiterkomplexe gegenüber der Natur fortträumten, erscheint umso plausibler, als die »Hymne« seit Sommer oder Herbst des Vorjahres bereits ins Auge gefaßt war[16], Sibelius also, seine Melodie in das Trompeten der Schwäne hineinhörend, dies, »eines meiner größten Erlebnisse«, als Zuspruch und Bestätigung erfahren konnte – Sonderfall einer »Inspirationsmythe«:[17] Deren »Arbeit«, kompositorische Zündung und Befestigung, ist bereits getan – sofern man zu ihren Aufgaben nicht auch die nachträgliche Überhöhung zählt. Umso wichtiger die Frage, weshalb der Autor des Zuspruchs so dringlich bedurfte, der vergewissernden »Rückübersetzung des Ergon – des fertigen Gebildes – in die Energeia, aus der es hervorgegangen ist«[18], der jubelnd als Wiedererkennen begrüßten Bestätigung der Sinfonie durch die Schwäne.

Von etlichen Reisen in die europäischen Musikzentren war der Fünfundvierzig- bis Fünfzigjährige mit dem Bewußtsein zurückgekehrt, nicht nur ein Außenseiter, sondern ein Unzeitgemäßer zu sein, eine von Depressionen und Selbstzweifeln begleitete Wahrnehmung umso mehr, als ihm, der – wie Smetana – erst als Erwachsener die Sprache des eigenen Volkes erlernte, klar war, was die

---

[15] Aus dem Englischen übersetzt, cit. Hepokoski S. 36/37.

[16] Hepokoski, a.a.O., S. 31ff.

[17] Carl Dahlhaus, *Wagners Inspirationsmythen*, in: *Komponisten auf Werk und Leben befragt. Ein Kolloquium*, ed. Harry Goldschmidt, Georg Knepler und Konrad Niemann, Leipzig 1985, S. 108–125.

[18] a.a.O., S. 109.

Erhöhung zum musikalischen Nationalheros im Guten und Bösen bedeutete. Die Lösung von der nationalromantischen Orientierung, als deren Exponent er bekannt geworden war, reflektierte er als bessere Form von Treue genau – zeitweise hatte die verächtliche Abfertigung des »Heimatkomponisten« in ihm selbst den besten Bundesgenossen; weitab von dieser Festlegung, welche der alt und älter werdende, zum Denkmal versteinernde Sibelius unfreiwillig beförderte, begegnet in seiner Musik genug, was ihn eher als Bruder der schwierigen Exzentriker aus dem Norden, Strindbergs, Edvard Munchs oder des jungen Hamsun, ausweist denn als Protokollanten einer unreflektiert aus sich selbst tönenden Natur, als getreuen Dolmetsch von Seen, Wäldern und Wasservögeln; der als »bodenständiger Finne«[19] Verrufene dementiert die simplen Prägungen musikalischer Bodenständigkeit, wo er nur kann.

Gewiß hat er die der Fünften vorangehende Sinfonie »als Protest gegen den herrschenden musikalischen Stil«[20] komponiert, gewiß hat er am 10. November 1911 tief deprimiert an seine Frau geschrieben: »Wir wollen die Welt ihren eigenen Weg gehen lassen … laß uns nichts und niemandem erlauben, uns von dem Weg abzubringen, den wir, wie wir wissen, gehen müssen. Ich meine den Weg meiner Kunst …«[21]. Wie immer Sibelius hier entschlossen scheint, sich aus der Zeitgenossenschaft zu verabschieden – in seiner Musik widerlegt er dies. Nicht zuletzt feiert er die Koinzidenz von Sinfonie und Schwanenruf so emphatisch, weil er sich bequemes Verharren bei derlei Bestätigung und Heimkehr nicht gestattet. Und eben deshalb kann er drei Tage später schreiben: »Die Schwäne sind immerfort in meinen Gedanken und geben dem Leben Glanz. Merkwürdig, zu erleben, daß nichts in der ganzen Welt – nichts in Kunst, Literatur oder Musik – mich in der Weise bewegt, wie es diese Schwäne, Kraniche und Wildgänse tun.«[22]

Ob man dies als schroffe Gegenüberstellung von Natur und Kunst lesen und den Schwanenruf ausschließlich als Ruf der Natur begreifen darf, steht freilich dahin. Viel eher vertritt der metaphorisch-symbolisch vorbelastete Schwan eine Überbrückung, so daß Sibelius die Prägungen der in Arbeit befindlichen Sinfonie bei ihm gar nicht zufällig wiederfinden konnte. Als Lieblingskind von Volksliedern, Märchen und Sagen kannte er den Schwan ohnehin, er hatte reichlich zwanzig Jahre zuvor den der 14. Rune des *Kalevala*-Epos auf dem Totenflusse dahingleitenden *Schwan von Tuonela* mit einer musikalischen »Legende« bedacht, worin, als schon bei Platon auftauchende Konnotation, auch die Nähe von Schwanengesang und Tod enthalten und in ein hochsuggestives Tonbild über-

---

[19] Adorno, *Glosse*, a.a.O., Ausgabe 1968, S. 91.
[20] Hepokoski, a.a.O., S. 15.
[21] a.a.O., S. 16.
[22] a.a.O., S. 36.

setzt ist. Kein anderer Vogel hat so viele anthropomorphisierende Projektionen
auf sich gezogen, in keines anderen Vogels Gestalt sind so viele Prinzen und
Prinzessinnen verwandelt, aus keines anderen Gestalt so viele erlöst worden bis
hin zu dem aus der Schwanenrittersage des 13. Jahrhunderts herkommenden
Gottfried, Elsas Bruder. Und Lohengrins Vater Parzival konnte nichts Törichte-
res tun, als einen Schwan zu schießen, dieses Inbild von Stolz, Treue und Reinheit. Singend ist der Schwan ein Bruder des Dichters, also auch des Musikers.
»Nach Platon hat sich Orpheus in der Unterwelt in einen Schwan verwandelt ...
Von der frühen Antike bis in die Dichtung des 19. Jahrhunderts hinein und noch
bis zu Baudelaires Gedicht *Le cygne* ... erscheint der Schwan als Sinnbild des
Dichters.«[23] Kurz vor der Fünften Sinfonie, im Jahre 1908, hatte Sibelius das
Sinnbild der Reinheit in der Bühnenmusik zu Strindbergs *Svanevit* vergegenwärtigt: Insgesamt genug mythische Mitgift, um Natur und Kunst zueinanderzubringen und den Komponisten für das glückhafte Erlebnis ihrer Koinzidenz
zu disponieren; da brauchte er nicht mehr absurd zu finden, daß Schwäne aus
seinen Entwürfen zitieren. »Die Fünfte Sinfonie, mirabile, um nicht zu sagen:
horribile dictu ist nun in ihrer endgültigen Form abgeschlossen« notiert er am
22. April 1919; »ich habe mit Gott gerungen. Meine Hände zittern, so daß ich
kaum schreiben kann ... Draußen 2 Grad plus und Sonne. Der See noch über-
froren. Ich habe noch keine Zugvögel gesehen außer Wildgänsen. Keine Schwäne.«[24] »Sibelius hat ein Naturerlebnis aus der Zeit nie vergessen, da er letzte Hand
an die Partitur legte. Zwölf Schwäne landeten auf dem See, kreisten dann dreimal über seinem Haus, bevor sie davonflogen«[25] – hier sind nun nicht nur die
Vögel, sondern auch die Zahlen mythisch!

Im Juni 1914 war der Komponist von einem längeren Besuch der Vereinigten
Staaten zurückgekehrt, am 29. Juli erwähnt er »ein schönes Thema«, am 1. Au-
gust spricht er von »einer neuen Sinfonie«[26]. Einen Tag vor dem des »schönen
Themas« erklärt Österreich-Ungarn Serbien den Krieg, am Tage selbst stellt
Deutschland ein Ultimatum an Belgien, am 1. August erklärt Deutschland Ruß-
land, zwei Tage später Frankreich den Krieg. Drei Jahre später proklamiert der
Landtag in Helsinki die staatliche Unabhängigkeit, dem folgt der Bürgerkrieg.
In solchen Zeiten, da die idyllische Enklave in Järvenpää sich nicht abdichten
ließ, mußte der Zuspruch der Schwäne als Mahnruf eines Unverlierbaren, »Un-
auslöschlichen« besondere Eindringlichkeit gewinnen. Damals arbeitete Carl
Nielsen an seiner Vierten Sinfonie *Det Uudslukkelige*. Nachdem das »Unaus-

[23] Jochen Schmidt, »*Sobria ebrietas*«. Hölderlins »Hälfte des Lebens«, in: *Gedichte und Interpretationen*,
  Band 3, Stuttgart 1984, S. 256–267, das Zitat S. 262.
[24] Hepokoski, a.a.O., S. 57.
[25] Santeri Levas, *Sibelius. A Personal Portrait*, London 1972, S. XXII.
[26] Hepokoski, a.a.O., S. 32.

löschliche« zu Beginn als singendes Thema verhießen worden war, gestattet Nielsen die rauschende Apotheose im Finale nur nach den »Stahlgewittern« der duellierenden Pauken, ähnlich wie Janáček, ebenfalls in diesen Jahren, die himmlische Höhe der »Prophezeiung« des Taras Bulba, hier auch narrativ bedingt, erst nach dem prasselnden Feuer des Scheiterhaufens erreicht. Um große Gesänge, um hymnisch gehobene dreischlägige Takte handelt es sich in allen drei Fällen, alle drei legitimieren Finalität und Pathos im schrill verschärften Per aspera ad astra vor allem durch die Mühsal, mit der die Musik sich zu ihnen durchkämpft. Sibelius hat seine Schwanenhymne, ohnehin die am wenigsten autonome Gestalt der drei, in der letzten Fassung gar verkürzt und riskiert in der schroffen Beendigung der Sinfonie den Anschein eines halben Dementi, jedenfalls schockierenden Abstand zu dem auf so glückhafte Weise beglaubigten Gesang. »Die authentischen Kunstwerke, die der Versöhnung von Natur nachhängen, indem sie sich vollkommen zu zweiter machen, haben stets, gleichwie um Atem zu schöpfen, den Drang verspürt, aus sich herauszutreten.«[27]

---

[27] Theodor W. Adorno, *Ästhetische Theorie, Gesammelte Schriften, Band 7*, Frankfurt am Main 1970, S. 100. Zu Adornos »Glosse«, vgl. auch Erik Tavaststjerna, *Über Adornos Sibelius-Kritik, in: Adorno und die Musik*, ed. Otto Kolleritsch, Graz 1979, S. 112–124.

Offene Tempi in Mahlers Fünfter Sinfonie

Dem Paradox der Interpretation, soweit es nicht zu tun hat mit dem Grundverhältnis von schriftlicher Fixierung und klingender Realisierung, hat Gustav Mahler sich nur ungern ausgesetzt – und er riskierte bei dem Versuch, möglichst viele, im Normalverständnis dem Interpreten gehörige Subjektivitäten festzuschreiben oder kompositorisch zu integrieren, andere, sehr spezifische Paradoxe. Bei jeder Aufführung einer eigenen Sinfonie hat er revidiert, gebessert, präzisiert – ein herkulisches Ringen um die endgültige Fassung, wie oft und halb zutreffend gesagt – denn es liegt in der Natur dieses Ringens, daß es zu keinem definitiven Ende kommen kann. Von »work in progress« freilich läßt sich ebensowenig sprechen: Substanziell eingegriffen, kompositorische Strukturen angetastet hat Mahler nur ausnahmsweise. Der Gesichtspunkt »Deutlichkeit«, was immer er bei unterschiedlichen Stellen unterschiedlich meint, erklärt vieles, aber nicht alles. Kaum je hat Mahler die Partituren spieltechnisch sicherer gemacht wie etwa Schumann mit seinen Verdoppelungen, im Gegenteil: er tilgt klangliche Polster, läßt Parallelführungen jäh einsetzen und abbrechen, beraubt die ersten Violinen an schwierigen Stellen der Stützung durch die zweiten; »runder«, gefälliger wird es kaum je, viel öfter schärfer, dünner, prononcierender, zerklüfteter, für Spieler wie Hörer unbequemer.

Mit den meisten Revisionen befindet sich Mahler gewissermaßen in der Probenarbeit, nimmt ihr im Vorhinein etliches ab, beugt Fehlern vor, bekämpft die Trägheit der bête humaine in einer Weise, daß man sich fragt, ob seine Partituren ihm nicht als Obsessionen erschienen sein müssen, als Konglomerate von tausend Gelegenheiten, mißverstanden zu werden. Der Genauigkeitsfanatismus profitiert von den Erfahrungen des Dirigenten, und er mißachtet sie, insofern er festzuschreiben versucht, was je nach Sitzordnung, Akustik des Raumes, Qualität einer Stimmgruppe oder einzelner Musiker sich zwangsläufig unterschiedlich darstellt – noch innerhalb der Grenzen, die in den verschiedenen Darstellungen der gleichen Partitur gezogen sein sollten. Die Sorge, mißverstanden zu werden, schlägt auch auf periphere Details, fixiert oft, was sich von selbst versteht, hinauslaufend zuweilen auf eine Bevormundung, die ein bereitwilliges Verständnis der Musik nicht unbedingt fördert.

Gewiß reagieren Mahlers Maßnahmen darauf, daß der Durchblick auf seine Strukturen – und ein Durchblick auf die polyphone Fünfte Sinfonie besonders – schwer zu gewinnen ist, und daß die Selbstregulierung des mitdenkenden Musikers ihrer Maßgaben nicht so sicher ist wie bei früherer Musik. Oft genug aber

hält er die Aufmerksamkeit durch Überdifferenzierung in Bereichen, welchen
normalerweise jene Regulierungen anheimgegeben sind, übermäßig stark beim
jeweils eigenen Part fest und fördert so die Fließbandarbeiter-Mentalität, die er
andererseits verabscheut. Viele Revisionen ändern am klingenden Erschei-
nungsbild früherer Fassungen weniger, als dies einer guten Einstudierung an
zwei aufeinanderfolgenden Abenden in verschiedenen Sälen passieren kann.

Aber auch das widerlegt die Revisionen keineswegs. Nicht nur als Verdeutlichung seiner Absichten sind sie kostbar, zur Entlastung der Arbeit mit einer Musik, bei der man schon des Quantums, aber auch anderer Strapazierungen wegen
mit klassischen Methoden der Einstudierung leicht aufläuft. Darüber hinaus
wiegen sie schwer als Zeugnisse eines Musikers, der im Hinblick auf sein Werk
einem allgemeinen Konsens im Musizieren nicht mehr traut und deshalb sich zu
einer möglichst vollständigen Materialisation seiner Absichten gezwungen sieht.

Bei den verlorengegangenen Selbstverständlichkeiten der Epochen, die fast
ausschließlich ihre eigene Musik pflegten, lagen das vom Komponisten und vom
Musizierenden über den Text hinausgehend Gemeinte näher beieinander, sie
benutzten denselben Konsens. Mahlers Revisionen zeigen, daß man dem nicht
mehr trauen kann, in ihnen arbeitet das Gebot »das Geschenk muß so vollkommen gemacht werden, daß es angenommen werden muß« (Adorno über Schönberg) – und in ihnen arbeitet das Leiden daran, daß derlei Gewalttat vonnöten
ist.

Das Bestreben, interpretatorische Momente in die werkhafte Festlegung hereinzuholen, schlägt sich in Mahlers Revisionen indessen noch peripher nieder
im Vergleich mit Maßnahmen, die Unmittelbarkeit der Musik gegen die Beschlagnahme durch erwartete Mechnismen in Verlauf und Form zu retten, worin ein ihm eigener »Realismus« Unsicherheiten, Widersprüche, Unmöglichkeiten riskiert, welche dem Geist jener an anderer Stelle geübten Akribie der Fixierung geradenwegs widerstreiten. In den ersten beiden, von Mahler als »1. Ab-
theilung« zusammengefaßten Sätzen der Fünften Sinfonie hält es der jeweilige
»implizite Autor« bei sich selbst nicht aus: In den Trauerkondukt schlägt der
zweite Satz hinein (»plötzlich schneller. Leidenschaftlich wild«), den wir noch
nicht kennen (Beispiel 1, S. 407; Beispiel 2, S. 409).

Und der zweite Satz wiederum wird in bezug auf den jäh erinnerten Kondukt
rückfällig. Unübersehbar als Folie das klassische Verhältnis von Introduktion und
Hauptsatz, nun in zwei Sätze auseinandergelegt, die der Dirigent Mahler durch
eine zweiminütige Pause trennte und deren erster sich ebensowenig auf Einführung und Hinleitung festlegen läßt wie der zweite auf eine in sich geschlossene
Sonatenabhandlung. Derlei eindeutige Unterscheidung ist Mahler als konventionelle Formalie verdächtig, in ihren Zeitplan, ins Schema der wohlreguliert
einander zuarbeitenden Funktionen will er sich nicht einsperren lassen, er legt es
fast auf imaginäre Gleichzeitigkeit an, insofern er sich als »impliziter Autor« des

Beispiel 1

Trauermarsches von den »stürmisch bewegten« Gesichten des zweiten Satzes bedrängt zeigt bzw. im zweiten als einer, der bei allem tosenden Ausbruch, allem Stürmen und Drängen den Trauermarsch und die dort angetönten Tröstungen nicht vergessen kann; er verfällt ihnen gar in einem Umschlag so jäh, wie im ersten Satz »zu früh« die Musik des zweiten losbricht, vehement schon darin, daß sie hier nicht hingehört. Konsequenterweise benutzt die Trompete des Kondukts das erste Erschlaffen dieser gewaltsamen Okkupation (vor Ziffer 11), um gellend hineinzufahren, zur Ordnung zu rufen und die Musik zur Marcia funebre zurückzuholen. Die Zweiheit der Sätze stellt sich zunächst dar im Gegeneinander verschiedener Tempi bzw. Bewegungsformen.

Aber da ist ein Drittes. Nachdem Mahler die Marcia in selten getreuer Rekapitulation zu Ende gebracht hat, bleibt, wie vor dem großen Einbruch die Trompete, nur die Pauke übrig und suggeriert, daß es aufs Ende zugehe. Da aber tritt, in neuer Tonart – der des folgenden Satzes – eine neue Melodie ein (vgl. Beispiel 3, S. 410). Fast überflüssig, zu fragen, woher sie komme – sie ist nicht weniger durch sich selbst legitimiert, nicht weniger ungefragt »da« wie der Einbruch zuvor. Von diesem hat sie nicht nur das Seufzermotiv geerbt, sie führt allmählich in seinen Bannkreis zurück, hat bald den tröstenden Nachsatz und wenig später den leidenschaftlichen Gestus, die wildbewegte Klage, und sie mündet in den von Adorno eindringlich beschriebenen Zusammenbruch (Ziffer 18). Dieses Zurück zum »Einbruch« freilich schreit nach dessen bewegterem Tempo, das als doppelt so schnell mindestens vorstellbar erscheint, zuweilen so auch realisiert wird. Das aber vergrößert das Dilemma; beim Eintritt der neuen Melodie nämlich hatte Mahler »Immer dasselbe Tempo« vorgeschrieben, erst spät betont vorsichtig: »Etwas drängend«. Soll der Musik das ihr bisher gehörige Tempo vorenthalten bleiben, gibt es ein solches vielleicht gar nicht – oder versteht Mahler »Tempo« als synthetisierenden Inbegriff (anderswo tut er das zweifellos nicht), innerhalb dessen Charakter der Bewegung und meßbare Schnelligkeit einander relativieren können? – wie man seinerzeit von »gemäßigtem« oder »beschleunigtem« Hauptzeitmaß sprach und Alban Berg als »Tempo I« eines bezeichnen konnte, das nach Ausweis der beigefügten Metronomziffer erheblich von dem angesprochenen abweicht. Mahlers Welte-Mignon-Einspielung gibt hier keine Antwort, sie bleibt seltsam diffus. Doch auch, wenn man sich an sie halten könnte, bliebe die Frage, ob Offenheit, Unrealisierbarkeit nicht zur Sache gehörten, ob das Gegeneinander der Tempi und Charaktere als nicht lösbar geschweige denn geschlichtet erscheinen dürfe, ob Mahler hier sich nicht bekenne als einer, der an eine Absurdität herankomponiert hat und keine Auskunft zu geben vermag, wie, in welchem Tempo die Musik zu spielen wäre.

Nicht anders im zweiten Satz. Mit dem Beginn dieses – sonatengemäß verstanden – auf die »Introduktion« folgenden »Allegro giusto« findet dessen im Kondukt vorzeitig durchgebrochener Hauptsatz endlich seinen eigenen Ort,

Beispiel 2

Beispiel 3

oder sollte ihn doch finden: denn die erste, voraussetzungslos behauptende, der Exposition gehörige Präsentation hat schon stattgefunden, und diese Kongruenz von Prägung und Konstellation läßt sich nicht mehr herstellen, läßt sich ihrem Wesen gemäß nicht nachholen. Mahler weicht aus in eine überanstrengte, gepreßte Exposition mit vier thematischen Anläufen, angesichts derer man weniger von »Thema« im Sinne einer konsistenten Prägung sprechen möchte, eher schon von »thematischem Gestus« wenn nicht von wilden Anläufen. Schon diese Disposition erzwingt eine Polyphonie, die die Fünfte Sinfonie von den vorangegangenen unterscheidet – als »stürmisch bewegtes«, schwer zu zügelndes, »mit größter Vehemenz« zu immer neuen Komplexionen treibendes Durch- und Miteinandertönen, das dem Kommando eines übergreifend regulierenden Subjekts davonzulaufen scheint, rasch außer Atem gerät, einem Nachklang des Kondukts sich in die Arme wirft, um danach in kleiner Figuration zu zerbröseln. Die »mißlungene« Exposition hinterläßt ein Vakuum, wohinein sich Erinnerung in den Trauermarsch ergießt – dessen drittes, erst gegen Ende eingetretenes Thema: sein nunmehriges *f*-Moll steht zum *a*-Moll des zweiten Satzes im gleichen Verhältnis wie im ersten sein *a*-Moll zu dessen *cis*-Moll. Die Frage, ob es sich um das zweite Thema handele, das wie das erste im Kondukt vorzeitig erklungen sei, erscheint ebenso berechtigt wie schulfromm und zuordnungsbesessen – selbst dann, wenn man das traditionelle Gegeneinander der Komplexe auf Charaktere, Bewegungsformen bzw. auf zwei Sätze in einer Weise ausgeweitet sieht, welche die Modalitäten der Abhandlung sprengt: Opposition gegen den offenkundig als unwahr empfundenen Anschein der Lösbarkeit und die beschlagnehmenden Ansprüche der etablierten Formen. Gegen diese versucht Mahler eine Direktheit der Formulierung und der Konstellation, welche nicht durch Identifizierung mit einer Funktion überdeckt und relativiert wird, er versucht, die musikalische Prägung, und sei's für Augenblicke, herzustellen nur als das, als was sie sich hier und jetzt darbietet. Daß er wußte und musikalisch wahrnahm, wie schwer solche Naivität in einem von bestimmten Erwartungen überwucherten Terrain freizuschaufeln sei, daß er nie der Illusion zuarbeitet, das Problem ließe sich durch Wegsehen aus der Welt schaffen, gehört zu seiner Größe wie zum Ärgernis.

Mehrmals schlägt die Musik zwischen der »stürmisch bewegten« Gangart und der des Konduktes hin und her, und die Allgegenwart des dreitönigen Seufzermotivs, mit dem alle Prägungen zusammenhängen, mutet wie der Teil eines nicht einlösbaren Versprechens an angesichts der unterschiedlichen Bewegungsformen, in die die nach herkömmlichem Verständnis zu wechselseitiger Vermittlung angetretenen Komplexe eingesperrt, voneinander abgesperrt sind; ihr Wechsel erscheint eher psychologisch als kompositorisch plausibel gemacht. Wenn in den Nachsatz des »langsamen« Themas tatsächlich ein Motiv aus der Verarbeitung des schnellen eindringt, mag damit auf eine spätere Synthese hingewiesen sein. Die aber mißrät zunächst, die »stürmische Bewegung« greift aber-

Beispiel 4

mals Platz – und weicht im radikalsten Umschlag des Satzes dem tröstenden Nachsatz des Kondukts – eine Konstellation, in der die Musik sich weit abgeschlagen von der zuvor anvisierten Synthese befindet (vgl. Beispiel 4, S. 412). Als sei der Irritation nicht genug, findet der Nachsatz sich in eine derbe, grell instrumentierte Polka gerissen, welche ihrerseits in den nun erstmals angetönten Choral übergeht. Die Amplituden der Umkreisung eines möglichen gemeinschaftlichen Vielfachen, worin die disparaten Prägungen konvergieren könnten, vergrößern sich fortwährend, dessen Einlösung rückt in immer weitere Ferne.

Der Choral, wie immer »nur« das im Satz Note gegen Note akkordisch und melodisch breit entfaltete Grundmotiv, gibt sich als deus ex machina; zunächst, insofern er eine Reprise herbeiführt, welche man guten Gewissens so nur nennen dürfte, wäre eine Durchführung vorangegangen. Immerhin eignet dem Choral der reprisenhafte Gestus des Quod erat demonstrandum, welchen der Hauptsatz, viel stärker Charakter eines Aufbruchs als einer Ankunft, sich nie zueignen könnte. Immerhin enthielt er ein latentes Versprechen; schon am Satzbeginn hatte es eine Andeutung von Seitensatz, ein »Flußbett« gegeben und darin momentweise konsistente, nicht sogleich von der »stürmischen Bewegung« zerfaserte Melodie. Nun kehrt das »Flußbett« wieder (Ziffer 20) und wird von der mittlerweile fast obsessiv gewordenen Kantilene der langsamen Abschnitte okkupiert, dem großen Gesang, allerdings im »falschen« Tempo: »Etwas langsamer, ohne zu schleppen« – genau dort, wo er sich des vorzeitigen Einbruchs in den ersten Satz erinnert (vgl. Beispiel 5, S. 414).

Ist das zuvor unvereinbar Erscheinende nun doch vereint? Fast ließe sich sagen, die Musik verweigere die Antwort: Dem pathetischen Appassionato sich ergebend rafft sie wohl zusammen, gibt der jeweiligen Strebung der Prägungen (immer noch für die eine zu schnell, für die andere zu langsam) ein wenig nach, die rhapsodisch schlingernde Gangart – Vorschriften wie »Nicht eilen«, »Gehalten«, »Etwas drängend«, »Wuchtig« etc. häufen sich – sticht deutlich ab gegen die entschieden voneinander abgesetzten Bewegungsformen zuvor; eine eigene, halbwegs trittfeste Gangart findet die Passage nicht. Der Impetus des Vortrags hilft darüber hinwegtäuschen, daß eine Synthese im Sinne von Bestätigung und gefestigter Struktur nicht erreichbar wird. Also bedarf es der Rettung von außerhalb, des nun ganz und gar als deux ex machina eintretenden Chorals. Damit er nicht einen Triumph prätendiere, den das Geschehene nicht rechtfertigt, spuken danach nochmals alle Gestalten in neuen Komplexionen vorüber, welche wohl anzeigen, daß der Satz beendigt, nicht aber, daß die aufgegebene Arbeit getan, eine Lösung erreicht sei. Die Vorschrift »Etwas langsamer, ohne zu schleppen« bemäntelt notdürftig, daß der anderwärts in der Akribie der Fixierung seiner Absichten keine Reste duldende Mahler von der Logik des Komponierten gezwungen wird, dem Interpretierenden eine Lösung zu überlassen, die er selbst nicht weiß.

Beispiel 5

Beispiele aus: EP 3087a
Abdruck mit Genehmigung von C.F. Peters, Musikverlag, Frankfurt/M.

Über Schönbergs Brahms-Bearbeitung

In einer Zeit wie der unsrigen, deren Musikleben so intensiv mit der Problematik der Gegenwärtigkeit älterer Musik befaßt ist, mag es erstaunlich erscheinen, daß das Ansehen von Bearbeitungen, die dieser Problematik – wie auch immer – antworten, eher im Sinken begriffen ist. Der Bearbeitende sitzt zwischen zwei Stühlen, meist mit dem Odium dessen, der die Authentizität der vermittelten Musik beseitigt. Nun gehört der Begriff der Authentizität im Bereich der Musik, zumal wenn einseitig auf ein vermeintlich originales Klangbild, eine vermeintlich originale Intention bezogen, zu den allerfragwürdigsten. Authentizität in dem allein legitimen Sinne einer möglichst umfassenden Beglaubigung des Musizierens muß in jeder Aufführung neu hergestellt werden; als ihr Maßstab kann allein die Gewissenhaftigkeit gelten, mit der zwischen der überlieferten kompositorischen Struktur sowie deren Kontexten und den jeweils gegebenen Bedingungen ihrer Realisierung vermittelt wird. Der Bearbeiter zöge sein Recht vor allem daraus, daß er den Abstand zwischen diesen Positionen verringert und eine Vor-Interpretation gibt, also den Ausführenden von einigen Verpflichtungen entlastet. Dies indessen scheint gering zu wiegen angesichts des Umstandes, daß er den Durchblick von der Aufführung auf das Original verstellt, einen Durchblick, der auch eine schlechte Darbietung noch als approximativ zu verstehen erlaubt und auch ihr einen Rest von der Dignität des »eigentlich Gemeinten« leiht. Hier wird auf einer Trennung – zwischen Bearbeitung und Interpretation – bestanden, die ins Einzelne gehend, z.B. in Bezug auf Retouchen und Bläserverdoppelungen in Beethoven-Sinfonien, sehr schwer durchzuführen sein dürfte. Auch pragmatische Argumente gelten wenig, allen voran dasjenige, dem die Bearbeitung, als Zurichtung für bestimmte Aufführungsmöglichkeiten, ihr Leben verdankt: daß sie anderenfalls ungehört bleibende Musik zugänglich macht – gang und gäbe beispielsweise einst die Einrichtung populärer Orchesterwerke für kammermusikalische Besetzungen oder fürs Klavier. Nur selten fühlt sich heute ein Bearbeiter auf den Plan gerufen, weil ein Großteil musikinteressierter Konzertgänger riesige, der sinfonischen Literatur gleichwertige Bereiche wie Bachs Orgelwerk oder klassische Kammermusik vor allem deshalb nicht zur Kenntnis nimmt, weil die äußeren Umstände ihrer Darbietung und Rezeption ungünstig sind; zu den Möglichkeiten und Unmöglichkeiten solcher Einrichtungen will der vorliegende Aufsatz Einiges beisteuern. Die Schallplatte kann hier nicht einspringen; ihre besondere Eignung für Musik, die nicht primär dem großen Konzertsaal gehört[1], schlägt sich im Interesse und in den Proportionen des Aufgebo-

tenen vorderhand kaum nieder. Mit dem Absterben der häuslichen Musikpflege
hat sich nun eine merkwürdige Umkehr vollzogen: Früher wurde ein Werk
praktikabler, wenn es kleiner besetzt war; heute steigen seine Chancen, angehört
zu werden, wenn es größer besetzt ist. Die Vergrößerung der Besetzung aber
stellt eine qualitativ andere Aufgabe dar als ihre Reduktion, wie bei Beethoven
aus dem erheblichen Niveauunterschied zwischen der Streichquartettfassung der
Klaviersonate op. 14/I oder der Quintettfassung des Klaviertrios op. 1/III (=
op. 114) und seiner Einrichtung der zweiten Sinfonie für Klaviertrio zu ersehen
ist, in abgeschwächter Form auch im Schönbergkreise am Unterschied der
Streichorchesterfassungen von Schönbergs *Verklärter Nacht* oder Weberns op. 5
und Weberns Einrichtung von Schönbergs erster Kammersinfonie op. 9.

Angesichts der hohen Ansprüche, unter denen von Schönberg und seinen
Schülern bearbeitet worden ist, erscheint es merkwürdig, wie er in dem Brief,
den er im Zusammenhang mit seiner Brahms-Bearbeitung an den *San Francisco
Chronicle* richtete, die ästhetische Problematik eines solchen Unternehmens
wenn nicht verschweigt, so doch geradehin bagatellisiert: »… ich wußte …, wie
es klingen soll. Ich hatte nur den Klang auf das Orchester zu übertragen, und
nichts sonst habe ich getan.«[2] Einige Herablassung im Umgang mit der geschwätzigen publicity wird man veranschlagen müssen, unterliegt es doch keinem Zweifel, daß kaum einer wie Schönberg sich verpflichtet fühlte auf eine
Stimmigkeit und Konsequenz im Werk, bei der schon das kleinste Detail nicht
ohne Schaden für das Ganze würde verändert werden können, in seinem Unterricht ebenso[3] wie als Komponist und im Anspruch an die Aufführung, auf die
man in seinem »Verein für musikalische Privataufführungen« nach etlichen Proben zuweilen verzichtete. So wenig er im Falle Brahms auf eine Alternative oder
gar eine »Verbesserung« des Originals ausgegangen sein kann – es muß ihm ein
großer, in seinen Augen für Brahms nicht absehbar gewesener Gewinn gewun-
ken haben, wenn er sich zu einer derartig eingreifenden Veränderung entschloß,
wie sie die Einrichtung für großes Orchester bei striktester Wahrung der kompositorischen Textur darstellt.

Nicht zufällig hat von allen Bearbeitungen des Schönberg-Kreises Weberns In-
strumentierung von Bachs *Ricercar* die weiteste Resonanz gefunden: Eine Urfas-
sung oder auch nur Absichtserklärung hinsichtlich der Realisierung liegt nicht
vor, so daß das Stück überhaupt nur in Form einer Einrichtung spielbar ist; darüber hinaus stellt der zu Recht vielberufene analytische Charakter dieser Bearbeitung[4] eine Form der Verpflichtung auf die kompositorische Struktur dar, ange-

---

[1] P. Gülke, *Erlebtes oder photographiertes Konzert?*, in: *Musik und Gesellschaft 1973*, 218–225.
[2] A. Schoenberg, *Briefe*, ed. E. Stein, Mainz 1958, 223.
[3] E. Wellesz, *Der Lehrer Arnold Schönberg*, in: Melos, II. Jg., 12–13.
[4] Literatur hierzu bei W. Kolneder, *Anton Webern*, Rodenkirchen 1963.

sichts deren der Subjektivität des Bearbeiters straffe Zügel angelegt, gewissermaßen »nur« objektive Konsequenzen gezogen scheinen, wie es in der Formulierung anklingt, daß »die Bach-Bearbeitungen Schönbergs und Weberns ... die minutiösesten Motivbeziehungen der Komposition in solche der Farbe umsetzen und damit erst realisieren.«[5] Ganz und gar in bezug auf Schönberg, dessen Bearbeitungen sich nur teilweise mit Weberns *Ricercar*-Version vergleichen lassen, wird in dieser Formulierung, indem sie den Bearbeitenden vornehmlich als ausführendes Organ hinstellt, eine andere Seite nahezu unterschlagen – der Anteil einer »naiven«, auf klangsinnliche Vergegenständlichung drängenden Phantasie, die den musikalischen Details aus der klanglich »chiffrierenden«, objektivierenden Zurücknahme im Kammer-Ensemble heraushelfen will zu größerer, umfassender Realität. Eben hier spielen subjektive Faktoren und die Erfahrungswelt der Bearbeitenden eine große Rolle, und so hat Schönbergs Vorstellung davon, wie z.B. die strukturellen Verbindlichkeiten von Bachs großer Tripelfuge mit den Mitteln des modernen Orchesters zur Erscheinung gebracht werden könnten – die erheblichen Unterschiede der Durchleuchtung abgerechnet – doch Einiges mit Stokowsky gemein. Sein in bezug auf die Brahms-Bearbeitung gebrauchtes, ebenso auf die Bach-Einrichtung anwendbares Diktum »Ich wollte einmal alles hören«[6] zieht die Frage nach sich, auf welche Weise er es hören wollte.

Gerade, weil Schönberg sich, den unterschiedlichen geschichtlichen Abstand nicht achtend, Bach und Brahms auf gleiche Weise näherte, mußten sich beträchtliche Differenzen ergeben: Daß es sich im ersten Fall um angeeignete Musik handelt, kann keinen Augenblick zweifelhaft sein; im zweiten Fall hingegen bleibt die Nähe zu den Orchesterwerken eines Komponisten, mit dem der junge Schönberg noch gemeinsam Mitglied des Wiener Tonkünstlerverbandes war, immerfort präsent. Ein Vergleich mit Brahms' Sinfonien, durch vielerlei Anklänge nahegelegt, läßt sich schwer abweisen, obwohl Schönberg nichts ferner lag, als eine fünfte Brahms-Sinfonie zu verfertigen. Er ist der inneren Folgerichtigkeit seiner lediglich als Vollzug begriffenen Arbeit so gewiß, daß die Frage der Historizität außer Betracht bleibt (wie nicht anders bei seinen Generalbaßaussetzungen und den Monn-Bearbeitungen)[7] und er sich also im Assoziationsfeld des Brahmsschen Orchesterwerkes bewegt, ohne dies explicite zur Kenntnis zu nehmen, sei es in bewußter Anähnelung oder auch verfremdender Distanzierung. Offenbar hätten für ihn hier bereits die fragwürdigen ästhetisch-historischen Rücksichtnahmen begonnen, die die direkte Zuwendung auf die Sache nur stören könnten. Daß das Unternehmen sie in seinen Augen nicht implizierte, be-

---

[5] Th. W. Adorno, zit. nach Kolneder, a.a.O. Eine ähnliche Formulierung Adornos in: *Prismen*, München 1963, 146.

[6] *Briefe*, a.a.O.

[7] R. Lück, *Die Generalbaßaussetzungen Arnold Schönbergs*, in: DJdMw für 1963, Lpz. 1964, 26–35.

stätigt die Auskunft, er habe beabsichtigt, »streng im Stil von Brahms zu bleiben und nicht weiter zu gehen, als er selbst gegangen wäre, wenn er heute noch lebte.«[8] Abgesehen von der eigentümlichen Mischung von Hypothese und unerschütterlicher Sicherheit in der Vollstreckung Brahmsscher Intentionen, auch der nur vermutbaren, abgesehen auch davon, daß Brahms, »wenn er heute noch lebte«, das Stück nicht so komponiert hätte, wie es Schönberg vorlag – am meisten muß angesichts der von Schönberg kompositorisch gesetzten Maßstäbe erstaunen, wenn nicht befremden, daß die Disposition der ausführenden Mittel als Variable begriffen und hierbei überdies die Grenze zwischen Orchester- und Kammermusik ignoriert wird. Eine solche Formulierung ließe sich vielleicht als dem Zeitungsleser hingeworfener Brocken ansehen, würde die in ihr artikulierte Haltung nicht durch die Bearbeitung bestätigt.

Das Ziel, »einmal alles hören« zu wollen, scheint Schönberg mit der ihm eigenen, mitunter gewalttätigen Kompromißlosigkeit verfolgt zu haben; er hat oft mit dickem Pinselstrich gemalt und Verdoppelungen vorgenommen, die bekanntlich nicht nur ein besonderes Problem im dodekaphonen Orchestersatz darstellen, sondern in der vorliegenden Form auch in Brahmsschen Sinfonien nicht begegnen. Tatsächlich bleibt kein musikalisches Detail verborgen – freilich um das Opfer einer bestimmten Diskretion der musikalischen Darstellung, die der Kammermusik allgemein und Brahms im besonderen eigen ist. So gehört z.B. zu der spezifischen Deutlichkeit, in der kompliziertere Musik sich artikuliert, nicht selten eine bestimmte Stufung von deutlich und undeutlich, von Vorder- und Hintergrund, eine genaue Unterscheidung zwischen mehr und weniger genau Hörbarem – dies übrigens ein Gesichtspunkt, der in Wagners und Weingartners Revisionsvorschlägen zu Beethoven in auffälliger Weise vernachlässigt ist.[9] Wichtige strukturtragende Details z.B. können lange im Hintergrund gehalten werden, um später dann in einem jähen Hervortreten auch von der vordem gewahrten Latenz zu profitieren – ein von Brahms häufig geübtes Verfahren, etwa im ersten Satz der dritten Sinfonie, wenn in der Durchführung (T. 101 ff) ein großes Hornsolo den vom ersten Takt an fast allgegenwärtig gewesenen Kontrapunkt Grundton – kleine Terz – Oktav in einer weitgeschwungenen Kantilene manifest macht. Nun läßt die »Szenerie« eines Orchesters sehr viel weitergehende Differenzen zwischen Vorder- und Hintergrund zu als ein Kammermusikensemble, dem klanglich die Möglichkeiten einer Tiefenperspektive nahezu fehlen. Den Gegensatz zu Passagen, in denen Schönberg diese Tiefenperspektive in denkbar subtiler Weise nutzt (Höhepunkte sind hier die unten be-

---

[8] Briefe, a.a.O.

[9] P. Gülke, *Zum Verhältnis von Intention und Realisierung bei Beethoven*, in: Bericht über den Internationalen Beethoven-Kongreß 10.-12. Dezember 1970 in Bln. ed. H.A. Brockhaus u. K. Niemann Bln. 1971, 517–532, bes. 526ff.

schriebenen Eröffnungen von Durchführung und Coda im ersten Satz), bilden andere, in denen er als der, der »einmal alles hören« wollte, die Struktur auf eine grell ausgeleuchtete Vorderbühne zu ziehen bestrebt ist, so daß keine Schatten und Tiefen mehr vorhanden sind und sich eine gleichwertige Präsenz aller Teile der Struktur herstellt. Den Kenner des Originals mag daran schmerzen, daß damit die spezifisch kammermusikalische Diskretion schroff verletzt ist, jene distanzierende Objektivierung, die ein vergleichsweise kleines und nuancenarmes Ensemble, wie hier ein Klavierquartett, den musikalischen Details gibt, merkbar zumal dann, wenn wie im Marsch des dritten und im *Alla zingarese* des vierten Satzes bestimmte Musiziersphären und -formen sehr konkret angesprochen bzw. zitiert werden. Solche Passagen könnten mitsamt der oben zitierten Formulierung »ich hatte nur den Klang auf das Orchester zu übertragen und nichts sonst habe ich getan« bestätigen, daß die Aufgabe für Schönberg lediglich handwerkliche Probleme enthalten habe (»Natürlich gab es da viele schwere Probleme. Brahms liebt sehr viele Bässe, für welche das Orchester nur eine kleine Zahl von Instrumenten besitzt …«)[10], nicht aber ästhetische.

Diese handwerklichen Probleme treten sehr viel deutlicher als bei der Behandlung der tiefen Stimmen bei der Übertragung ausgesprochen klavieristischer Passagen in Erscheinung, umso mehr, als Schönberg sich mit dogmatischer Strenge dem Text der Vorlage verpflichtet. Der prominenteste Tadel darob kam von Strawinsky: »Selbst Schönberg, der immer ein Meister der Instrumentation war …, strauchelte bei dem Versuch, Klavier-Arpeggien von Brahms für Orchester zu übertragen.«[11] Strawinsky meinte offensichtlich den neuen Nachsatz beim zweiten Erklingen des Themas im dritten Satz (T. 40ff., in Schönbergs[12] – durchlaufender – Zählung T. 618ff.), wo Schönberg die Arpeggien den Holzbläsern gibt und die Grenze des Unspielbaren zu streifen und zu überschreiten sich nicht scheut, abgesehen davon, daß die Figuration durch massive Verdoppelungen eine kompakte Schwere erhält, die sie auf dem Klavier auch im forte nicht hat, hier aber als Gegengewicht gegen das übrige Orchester braucht. Einen Triumph feiert Schönbergs Dogmatik in der Klavierkadenz des Finales als einer Passage, in der die Raffinesse der vielfarbigen Aufteilung von der »kunstfremd« schreienden Es-Klarinette bis zum rasanten *D-Dur*-Absturz der Celli und Bässe, dazu die wohl einem hart geschlagenen Zimbal nachgestalteten Akkorde der Streicher, den Charakter der Übersetzung nicht verdecken. Umso leichter kann Schönberg unmittelbar danach Struktur und Orchestration übereinbringen,

---

[10] Briefe, a.a.O.
[11] *Gespräche mit Robert Craft*, Zürich 1961, 180.
[12] Die Erörterungen beziehen sich auf den innerhalb der Gesamtausgabe edierten Text; A. Schönberg, *Sämtliche Werke*, Abt. VII: Bearbeitungen, Reihe A, Bd. 26, *Johannes Brahms: Klavierquartett g-Moll op. 25, für Orchester gesetzt*, ed. R. Stephan, Mainz/Wien 1972.

wenn er den intermittierenden Charakter des Folgenden (Brahms T. 294ff. bis
zum letzten Anlauf T. 335ff.) – das Tutti und die periodisch regelmäßigen Komplexionen haben sich in der Kadenz gewissermaßen »überschlagen« – durch soli-
stische Besetzung betont.

Am ehesten darf sich Schönberg dort als Sachwalter struktureller Latenzen
empfinden, wo er verborgene Linien ans Licht zieht, wie im dritten Satz in der
Triolenbewegung Bsp. 1a die Linie Bsp. 1b (Brahms T. 46f., Schönberg T.

Beispiel 1

624ff.), womit formaljuristisch vom Text nicht abgewichen, dennoch ein wichtiges Detail hinzugewonnen ist. In derlei Lösungen erscheint nicht nur die Vielsträhnigkeit des großen Apparates sinnvoll genutzt, sie weisen auch vielsagend
auf das Original zurück: Saubere Kontrapunkte sind nicht eben häufig in derlei
gleichmäßig dahingehenden Bewegungen aufzufinden; Schönberg zeigt, wie
tief Brahms' Durchgestaltung geht. Ähnliches geschieht im Nachsatz zum dritten Thema des ersten Satzes: Eine sehr einheitliche, einlinige Faktur löst sich
hier auf (T. 113ff.) in vielstimmiges Singen, eine Ausfaltung, welche Brahms in
der zweiten Periode noch steigert, u.a. durch die Klavierfigur Bsp. 2a, aus der
Schönberg den Komplex Bsp. 2b macht; weil dessen weiche Lineatur den Trio-

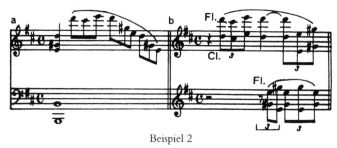

Beispiel 2

lenrhythmus allzu sehr amalgamiert, gibt er ihn zugleich den Bratschen; in der
Reprise strukturiert er die Stelle abermals neu und führt, über Brahms hinausgehend, in den Hörnern den charakteristischen Rhythmus Bsp. 3 ein. Überhaupt

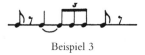

Beispiel 3

liegt ihm im Sinne einer sinfonischen Logik sehr daran, das, was in der Durchführung an Tiefe und Reichtum der orchestralen Palette entfaltet wurde, in der
Reprise in Erinnerung zu halten, und so liegt vor der zuletzt erörterten Ergän-

zung in den Hörnern eine andere: Das handfeste, in der Bewegungsform sehr einheitliche, sehr sicher im diatonischen B-Dur ruhende dritte Thema der Exposition versetzt Brahms in der Reprise ins Moll (T. 304 ff.), in ein eigentümliches Dämmerlicht, in dem die Konturen umso mehr verschwimmen, als sie figurativ aufgelöst sind. Die Zurücknahme in den verschleierten Moll-Grundklang des Werkes und eine aller vorandrängenden Impulse bare Zuständlichkeit sind nicht zu übersehen. Diesen Eindruck verstärkt Schönberg, indem er Fagott und Klarinette neue Figuren hineinspielen läßt, wobei er eine so eigenständige wie die des Fagotts Ton für Ton aus dem vorhandenen Satz deduziert (Bsp. 4), gleichwohl individuell formt und eben damit das »Desorganisierte« der Stelle im scheinbar ziellosen Nebeneinanderpendeln verschiedener Motive unterstreicht.

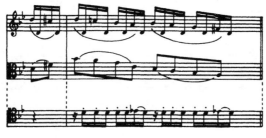

Beispiel 4

Den auch die formale Dynamik vergrößernden Wirkungen des großen Apparates trägt Schönberg im zweiten Satz Rechnung, wenn er bei dem zweiten Erklingen des Themas, der Brahmsschen Zerlegung in zwei Gruppen folgend, jeweils eine Gegenbewegung hinzubringt (Brahms T. 52 ff., Schönberg T. 425 ff.). (Das Beispiel 5 verzeichnet einige Noten, die bei Schönberg fehlen, aus

Beispiel 5

Analogien aber leicht als von ihm gemeint erschlossen werden können,[13] wie auch darüber hinaus Flüchtigkeiten und Inkonsequenzen der aufs Genaueste differenzierenden dynamischen Bezeichnung widersprechen, was einer genauen

---

[13] Lücken in den Takten 426, 430 und 432.

Rechenschaft in einem kritischen Bericht bedürfte. Eine gewisse Eile der Niederschrift und Schwierigkeiten bei der Übertragung des Particells in die große
Partitur mögen hieran gleicherweise Schuld tragen – beispielsweise fehlt schon
in Schönbergs Niederschrift[14] das Crescendo in der ersten Hälfte des Taktes 18.
Auf der Linie der eben angesprochenen »vermehrenden Wiederholungen« des
zweiten Satzes liegt auch die Hinzuerfindung eines neuen, das vergrößerte Volu-
men betonenden Kontrapunkts beim zweiten Erklingen des zweiten Themas
(Brahms T. 85ff., Schönberg T. 458ff.). Doch gerade solche »eigenmächtigen«,
über die vorliegende Textur hinausgreifenden Ergänzungen sind meisterlich genau kalkuliert; an ihnen am allerwenigsten wäre die Bearbeitung zu erkennen:

Beispiel 6

Dies Paradox sagt einiges über die Art des Unternehmens: Der komponierende,
mit äußerster Diskretion Einzelnes hinzusetzende Schönberg bewegt sich präzis
und gewissenhaft auf der durch Brahms vorgegebenen Linie, genau als der, der
sich vornahm, »streng im Stil von Brahms zu bleiben und … alle die Gesetze
sorgfältig zu beachten, die Brahms befolgte, und keine von denen zu verletzen,
die nur Musiker kennen, welche in seiner Umgebung aufgewachsen sind.«[15] Die
Konsequenzen, welche Schönberg in solchen behutsamen Ergänzungen wahrnimmt, unterliegen offenbar anderen Maßstäben als, allen aufschließenden, offenlegenden Wirkungen zum Trotz, die der Orchestrierung. Hier geht er von
der eigenen Position aus – erklärtermaßen, wenn man das Unisono der ersten
Takte so deuten darf, mit Es- und Baßklarinette als mit zwei Instrumenten, die
Brahms nie verwendet hat. Weniger aber die Mitwirkung neuer als die Art der
Verwendung schon von Brahms gebrauchter Instrumente (so auch Kontrafagott
in der 1., Tuba in der 2. Sinfonie) prägt die Bearbeitung auf eine Weise, daß nahezu bei jedem Takt genau bestimmt werden könnte, weshalb Brahms ihn in solcher Form nicht gesetzt hätte. Vorab sind hier die mehroktavige Führung der
Baßinstrumente, der Kontrabässe (oft mit Celli gekoppelt), Fagotte und besonders tiefe Posaune und Tuba zu nennen, welch letztere Kombination, bei Brahms

---

[14] Vgl. das in der Gesamtausgabe wiedergegebene Faksimile.
[15] Briefe, a.a.O.

nie begegnend, eine undurchdringlich massive Klang»wand« herstellt, gegen die jeweils alle Möglichkeiten des Tutti mobilisiert werden müssen – doch dies eben innerhalb einer kammermusikalischen, auf wenig Parte begrenzten Satzstruktur, die zwangsläufig in Verdoppelungen in ein zuweilen plakatives Alfresco multipliziert werden muß. Innerhalb der Dimensionen, die ein groß besetztes Orchester (3, 3, 3, 3 – 4, 3, 3, Tab – Pk, Schl – Str) absteckt, scheint die Übernahme einer ursprünglich dem Klavier gehörigen, in Oktaven mezzoforte espressivo vorgetragenen Kantilene wie des zweiten Themas im ersten Satz (T. 59 ff.) durch drei Flöten, drei Oboen, drei verschiedene Klarinetten, zwei Fagotte und bald noch ein Horn dem Grundsatz der Verhältnismäßigkeit durchaus zu entsprechen, doch vornehmlich im technologischen Sinne – denn sie erhält in der neuen Form eine kompakte Massivität, der die subjektiv getönte, spontan singende Lyrik, die frei schwingende cantabilità weitgehend abhanden kommt.

Der überrollende, gewalttätige Charakter solcher Passagen läßt sich aber nicht allein aus dem Aufgebot an Mitteln erklären. Schönberg hatte es mit Kammermusik zu tun und bei ihrer Umschreibung zu einem Orchesterwerk also mit Unterschieden der musikalischen Ereignisfolge, die ein Komponist vom Range Brahms' sehr genau wahrnahm. Je größer die Masse der Ausführenden wird, desto deutlicher tritt sie dem Komponierten als eigengewichtiger Partner gegenüber, zuerst in dem Moment der Trägheit, wie es sich in der langsameren Aneignung neuer Details oder in weiter gespannten Entwicklungen bemerkbar macht.[16] Diese Trägheit muß Schönberg mißachten; das Gewalttätige seiner Tutti stammt mindestens ebensosehr wie aus der Massivität daher, daß sie zu rasch kommen und zu rasch gehen, daß sie im Vergleich zur Sinfonik wenig vorbereitet sind und wenig Folgen haben. Nicht selten – vor allem im ersten Satz – entsteht der Eindruck, als werde das Orchester an den Ereignissen entlanggehetzt, als habe es Mühe, ihnen zu folgen, und nicht die notwendige Zeit, um ihrer voll habhaft zu werden, sie zur Kenntnis zu nehmen und die Konsequenzen zu ziehen, die die Konfrontation der musikalischen Gegenstände mit einem großen Apparat erheischt. Dergestalt mußte Schönberg gerade durch das strikte Festhalten an der Textur des Brahmsschen Werkes zu einer komprimierten, zuweilen erzwungen anmutenden Dichte der Ereignisfolge gelangen, die derjenigen seiner eigenen Werke nähersteht als den Brahmsschen. So schiebt sich beispielsweise im ersten Satz das »Gewitter« der Takte 188 ff. sehr rasch zusammen; nach nur zwei Übergangstakten (T. 194/95) befinden wir uns in einer durchführungsartigen Partie, welche ihrerseits wieder sehr rasch ins Vorfeld der zentral stehenden, auf Engführungen gestellten Steigerung hinüberführt. Diese nun, den kammer-

---

[16] Hierzu eingehender P. Gülke, *Zur Bestimmung des Sinfonischen bei Beethoven*, in: DJdMw für 1970, Lpz. 1971, 67–95.

musikalischen Rahmen durchaus strapazierend und über ihn hinausweisend, hat endlich die Dimensionen, innerhalb derer ein großer Apparat sich des musikalischen Materials bemächtigen, sich an im entfalten und auch auspendeln (T. 205–236) kann. Ähnliches geschieht nochmals – und auch hier wird Brahms' op. 25 als auf dem Hinweg zur Sinfonie liegend kenntlich – in der Coda des ersten Satzes (ab T. 343).

Das Gewicht der musikalischen Ereignisse wird außerdem gesteigert durch die klangliche Individuation, die sie bei Schönberg erleben, eine Individuation nicht selten mit denunzierenden Zügen. Ein kleines Ensemble gestattet eine dichtere Ereignisfolge nicht nur, weil der Widerstand der trägen Masse, in der die Musik sich realisiert, gering ist, sondern auch, weil die dynamischen, farblichen etc. Beschränkungen vereinheitlichend, zusammenschließend, wenn nicht gar verschließend wirken. Der enge Aktionsraum zumal der klanglichen Parameter verhindert, daß die Individualität der musikalischen Objekte voll zur Erscheinung und zum Austrag gebracht werden kann; Brahms' Vorliebe für die Kammermusik darf nicht zuletzt daher verstanden werden, daß sich hier Gegenstände leichter schlichten ließen, Gegensätze, deren Bedrängungen ein Meister oft sehr stark empfunden haben muß, dessen Meisterschaft in so starkem Maße wie die seine durch die integrierende Beschwichtigung möglicherweise sprengenden Potenzialitäten gekennzeichnet ist. Besonders deutlich vermögen dies in op. 25 der Marsch im dritten Satz und das *Alla zingarese* des letzten zu zeigen: Im Klavierquartett und darüber hinaus allgemein in Kammermusik erscheinen sie zu einem Teil entliehen und zitiert, sie weisen über sich hinaus, wie abgesehen davon allgemein viele große Kammermusik nicht zu denken ist ohne die Spannung eines in einen engen Rahmen Gezwungenen zu einem Erscheinungsbilde, das farbiger, praller, klangsinnlich realer wäre. In diesem Sinne verliert die Formulierung »Ich hatte nur den Klang auf das Orchester zu übertragen« Einiges von ihrer herausfordernden Paradoxie, sah Schönberg doch offenkundig in der Musik ein Potential an Charakter, Farbe, Dynamik etc. bereitliegen, das im Orchester teilweise sehr konkret evident gemacht werden konnte. Insofern bringt er den Marsch oder das *Alla zingarese* dorthin zurück, woher Brahms sie entliehen hatte, bzw. führt uns an den Ort, auf den Brahms, aus sicherer Entfernung zitierend, geblickt hatte. An die Stelle des als Funktion einer ästhetischen Struktur Bezeichnenden tritt gewissermaßen das Bezeichnete selbst, welches nun in seiner prallen Präsenz viel weniger auf den Zusammenhang hinweist bzw. angewiesen ist, in dem es steht. Hautnah an uns herangebracht, raubt es uns weitgehend die Fernsicht auf das Ganze und hilft verstehen, weshalb Brahms in seinen Sinfonien derart konkret vorgegebene Charaktere mied. Anders Schönberg: Im Finale überholt er im Aufgebot orchestraler Wirkungen Brahms' *Ungarische Tänze* und Liszts Rhapsodien bei weitem und bringt mit Schärfe und Konsequenz alle Erfahrungen ins Spiel, die ihm die Kärrnerarbeit des Instrumentierens von Operetten (»Habe

7000 Seiten Partitur instrumentiert«)[17] eingebracht hat. Im Marsch muß bei dieser Verfahrensweise aller Spaß aufhören; das Erlebnis Mahler fließt ein und ein apokalyptischer Zug, eine schmerzende, schrille Angestrengtheit, zu deren Wahrheit auch gehört, daß eben in dem Jahr, da Schönberg die Partitur schrieb, Hitlers Militärstiefel über österreichische Landstraßen marschierten. Der erbarmungslosen, ungemilderten Konsequenz, mit der Schönberg den Marsch realisiert, eignet ein kunstfeindliches Moment, nicht nur in der den ästhetischen Zusammenhang sprengenden Wirkung, sondern auch als Feindschaft gegenüber einer Ideologie der Beschwichtigung und Beschönigung, welche leise oder andeutend zu sagen erlaubt, was geschrien werden müßte. Der solcherart denunzierte Marsch – dessen Darstellung »geschmacklos« zu nennen Schönberg sich vermutlich nicht gescheut hätte, gehört doch zum Geschmack eben jene Distanz, die er tilgen wollte[18] – rückt dem Hörer in einer Weise auf den Leib, die die auf solche Offenbarungseide nicht vorbereitete Komposition nicht mehr integrierend einholen kann. Hier dürfte – und dabei wäre über Mahler hinaus besonders die *Eroica* zu erinnern – nur noch verbrannte Erde bleiben. Bei Brahms aber sammelt sich die Musik recht rasch und findet sogar das große kantable Pathos des Satzbeginns wieder. Schönberg, an diese Vorgabe gebunden, muß die Konsequenzen verschenken, die diese gnadenlose Stunde der Wahrheit enthält. Wenn bei seinen Bearbeitungen von Analyse gesprochen werden kann, so viel weniger in bezug auf hörbar gemachte Motivbeziehungen, strukturelle Verkettungen etc. als im Sinne eines – nicht selten erschrockenen – Blicks auf unerschlossene Latenzen, stillgelegte oder mühsam bewältigte Sprengkräfte, im Sinne der Erfahrung von »des Schrecklichen Anfang, dessen Anblick wir noch gerade ertragen.«[19]

Dem entspricht eine gleiche Konsequenz, wenn Schönberg die Dialektik integrierender und gefährdender Momente der Struktur bloßlegt. Zu Beginn der Durchführung im ersten Satz (T. 130ff.) entfaltet sich bei Brahms ein Dialog zwischen Klavier und Streichern, dem eine mehrmalige sequenzierende Wiederholung, die sehr klar definierte harmonische Strebung und die Regelmäßigkeit des Widerspiels Einheitlichkeit und Ziel geben. Gegen diese befestigenden Faktoren nun stärkt Schönberg die zentrifugalen einer aufsplitternden, weit gestreuten Verteilung der Motive an sehr verschiedene, größtenteils solistisch eingesetzte Instrumente, baut also eine Spannung zwischen den kompositionell vorgegebenen

---

[17] Zit. nach R. Lück, a.a.O. 28.

[18] »Mit großem Widerwillen hat Schönberg zeitlebens von dem Begriff des Stils gesprochen als von etwas der Idee Übergestülptem, einem fragwürdigen Kleid, das seinem Besitzer nach kurzer Zeit vom Leib fällt, und in seinen Äußerungen zur Problematik von Inhalt und Form in der Musik betonte er stets die ausschließliche Bedeutung der Idee, welche unter dem Aspekt künstlerischer Wahrheit allein Überzeugungskraft besitzen könne.« E. Freitag, *Arnold Schönberg*, Reinbek bei Hamburg 1973, 119.

[19] R.M. Rilke, *Erste Dueneser Elegie*, Werke, Auswahl in zwei Bänden, Lpz. 1957, Bd. I, 233.

zusammenschließenden Faktoren und einer weitgetriebenen Individuation der Instrumentalfarben bzw. Dialogpartner und damit einen Kulminationspunkt auf, den das Original nicht kennt. Die Individualität der Erscheinung vereinzelt die – musikalisch paarweis wiederholten – Motive derartig, daß jede Antwort auf den zur insistierenden Frage gewordenen Kopf des ersten Themas nahezu als Glücksfall empfunden wird, weil sie einer Tendenz zur Ermüdung, zur Dissoziation, wenn nicht gar zum Verstummen abgezwungen ist. In der melodischen Strebung der anschließenden Takte 147 ff. deckt Schönberg dementsprechend die Funktion der Sammlung und neu erwachten Zielstrebigkeit auf; das dergestalt gerade noch einmal bewältigte Risiko gibt der verfrühten Scheinreprise des ersten Themas (T. 161) besonderes Gewicht als befestigende Rückkehr. In dieser Partie, die verkürzt noch einmal zu Beginn der Coda erscheint und hier der letzten großen Expansion voransteht, sind Erfahrungen der Klangfarbenmelodie aus op. 16 auf ein Brahmssches Modell projiziert worden, auf das Schönberg offenkundig geblickt hat: Der der Reprise vorausgehende Schlußabschnitt der Durchführung im ersten Satz der 4. Sinfonie (T. 227 ff.) ist wie die erörterte Stelle gebaut auf ein gewissermaßen sich selbst nachlauschendes piano, auf einen taktweise vollzogenen Wechsel verschiedener Instrumentengruppen und auf äußerste motivische Beschränkung. Auch hier wird ein Äußerstes an Spannung erzielt. In Takten wie den beschriebenen hat der bearbeitende Schönberg Brahms mit höchster Sensibilität, Konsequenz und der ihm eigenen präzisen Phantasie fortgedacht.

Das Partiturbild solcher Passagen – und nicht nur dieser – hat mit einem Brahmsschen wenig gemein; noch mehr gilt das für das Bild der einzelnen Stimme, so daß die Erarbeitung eines solchen Stückes durch das Erstaunen zumal des einzelnen Musikers gekennzeichnet ist, wie viele verstreute, vereinzelte, spröde, nicht selten wenig instrumentengerechte, unbrahmsische Details sich zu einem Brahms zusammenfügen. Nun ist das, was »instrumentengerecht« heißt, nicht nur in dem Sinne historisch bedingt, daß, was heute für unspielbar gilt, morgen gespielt wird. Konventionen des Instrumentengebrauchs spielen eine wichtige Rolle, und nicht zuletzt die Erfahrung, daß einem bestimmten Quantum technischer Schwierigkeiten eine bestimmte musikalische Belohnung entspricht, wobei das Verhältnis beider sich bei jedem Komponisten anders darstellt. Nicht instrumentengerecht und unbrahmsisch in diesem Sinne schreibt Schönberg nun nicht nur dort, wo die Übertragung von Klavierfiguren es verlangt. Aus seiner Einrichtung ist zu lernen, in wie starkem Maße zu unserem Bilde großer Meister der Vergangenheit auch die Wege gehören, auf denen wir uns ihnen musizierend nähern. Wie der durchschnittliche Hörer bei einer Brahms-Sinfonie ungefähr weiß, was ihn an Ansprüchen, Schwierigkeiten, Schönheiten und Erfüllungen erwartet, weiß dies auch der Musizierende von den spieltechnischen Problemen; der Stil impliziert eine bestimmte Technologie. Diesen Zusammenhang nun löst Schönberg auf und zwingt uns auf einen neuen, schwierigeren

Weg zu Brahms, und er zeigt, daß das Terrain nicht so bekannt ist, wie es uns zuvor dünkte. Über Schönberg muß die musikalische Gestalt des Brahmsschen Werkes neu erarbeitet werden, eine zugleich Brahmssche und neue Gestalt, die sich – das ist das Erstaunliche – nur einer Rezeption erschließt, die Schönberg angemessen ist: »Schärfste Aufmerksamkeit für die Vielheit des Simultanen; Verzicht auf die üblichen Krücken eines Hörens, das schon immer weiß, was kommt; angespannte Wahrnehmung des Einmaligen, Spezifischen und die Fähigkeit, die oftmals auf kleinstem Raume wechselnden Charaktere und ihre wiederholungslose Geschichte präzis aufzufassen.«[20] Der Musizierende muß – und da helfen ihm Schönbergs Symbole für Haupt- und Nebenstimmen nicht allzuviel – sich das Verhältnis von Wichtig und Unwichtig, von Vorder- und Hintergrund immer neu definieren, er kann sich z.B. angesichts der individuellen Bewegtheit begleitender Stimmen einer Brahmsschen Kantilene und deren spontaner Gestaltung selten so überlassen wie bei Brahms selbst, da Schönberg ihm deren Kontext in Form spieltechnischer Probleme, etwa bei der Bewältigung kompliziert ineinandergreifender, kleingliedriger Figuren, vergegenständlicht und überdies über Verdoppelungen eine Disziplinierung der Ausführenden erzwingt, die mit gewohnten Formen einer elastischen, »improvisatorischen« Zuordnung zu einer führenden Melodie kaum vereinbart werden kann. Fast alles, was das Musizieren »im großen Bogen« bequem machen könnte, wird verbannt; eben so läßt sich die Dichte einer musikalischen Struktur neu entdecken, deren wir hörend und musizierend möglicherweise schon allzu sicher waren. Solche falsche Sicherheit aber, Tradition von der Art, die Mahler »Schlamperei« genannt hat, gefährdet die Spannung zwischen dem musikalischen Bilde, das wir zu verwirklichen trachten, und den Mitteln der Ausführung, oder schlichtet sie normativ; diese Spannung aber dürfte in keiner ernsthaften Interpretation zum Erliegen kommen. Gewiß schmerzt es – und das betrifft in Schönbergs Bearbeitung gerade die effektsicheren instrumentatorischen Bravourstücke –, wenn wir ein vertrautes Bild grell angeleuchtet finden und uns der Betrachtung beunruhigender Einzelheiten und Tiefen nicht verschließen können, die zuvor in einem harmonisierenden, dämmrigen Ungefähr lagen und sich leicht einordnen ließen ins Ganze. Dieses Stachels aber bedarf es, wenn wir das Ererbte lebendig halten und als Teil unserer Gegenwart begreifen wollen. Schönberg hat ein Modell geliefert weniger im Sinne einer Anweisung dafür, wie Brahms heute zu klingen habe (als Konkurrenz oder gar Überwindung der Brahmsschen Fassung konnte er seine Einrichtung nicht ansehen), sondern – allgemeiner – dafür, wie man sich interpretierend verhalten, welche Fragen man stellen solle.

[20] Th. W. Adorno, *Arnold Schönberg*, in: Prismen, München 1963, 147.

»... Musik, die fürs erste ... überhaupt wie keine anmutet«

Alban Bergs »Lyrische Suite«

I.

Bergs Geheimpartitur verspricht allzuviel Entlastung, nun, da wir sie kennen und es genau wissen – von ihm selbst, aufgeschrieben für Hanna Fuchs: auch ästhetisch Sensible kommen erleichtert bei dem Ergebnis an, daß es sich um programmatische Musik handele. Warum aber, so fragt man sich angesichts der delikaten Geschichte, die ungewollt und doch nicht unzufällig sensationellen Illustriertenenthüllungen ähnelt, warum, wenn man die klapprige Antinomie schon bemüht, ist der Musik nicht gestattet, »absolut« und »programmatisch« zugleich zu sein, das eine am anderen zu steigern; warum wird ein »Beweis« fürs eine sofort als Argument gegen das andere gelesen; warum wirft manche Betrachtung sich so willig einer Vulgärpsychologie in die Arme, der das kraft Sublimierung Verdrängte allemal als das Eigentliche gilt (absolute Musik mithin als oktroyiertes Über-Ich), und die bei nichts lieber endet als bei der Kumpanei des »Etiam tu, mi fili«; warum sollte die Dignität des Rätsels, als welches jedes Werk solchen Ranges sich darstellt, diesem nur noch eingeschränkt zustehen; warum lädt die Entdeckung dazu ein, einen der Anstöße zur Entstehung dieser Musik mit ihrem Wesen, Genese schlichtweg mit Substanz ineinszusetzen?

Gewiß hat Bergs Geheimnistuerei begünstigt, daß die detaillierte Zueignung nun fast wie eine letzte Wahrheit dasteht. Wenn er gewollt hat, daß es herauskäme, kann man ihm sehr wohl vorwerfen, sein Geständnis sei nur eingeschränkt aufrichtig – zumal der Musik gegenüber, von der es mindestens insofern Etliches veruntreut, als er ihr, ausschließlich vom Niederschlag des Erlebnisses redend, nichts ihr Gehöriges reserviert. Doch damit auch gegenüber der Freundin: Nicht nur hat er die despektierliche Anspielung auf ihren Ehemann in dem Wozzeck-Zitat (»... lauter kühle Wein muß es sein«) unterdrückt, sondern eben ganz unerwähnt gelassen, daß auch diese Musik neben allem intimen Bekennen ihre andere, sehr eigene Wahrheit hat, eine – um das fatale, schwer vermeidbare Wort zu benutzen – »absolute«, über Anstoß, Intuition und Meinen weit hinausreichende. Der Vorwurf wird nicht entkräftet durch Schönbergs Unterscheidung von »Was ist es« und »Wie es gemacht ist«; weder erschöpft sich dies Was in irgendeinem Dargestellten, noch will man verlangen, daß Berg Hanna Reihenmanipulationen vorrechnet. Indessen hat er oft genug bewiesen, daß er musikalische Sachverhalte und Verursachungen oberhalb der schönbergschen Unterscheidung aufs Wort bringen konnte – eben darauf verzichtet er hier, und mitunter riskiert der Kommentar die Nähe zu Lappalien im Stile einer *Sinfonia domestica* oder, wo er eine wenig gefiltert zu Musik ausgeschwitzte Liebesaffäre suggeriert, zu den Erläuterungen, zu denen sich Bruckner in Gauses Kneipe verleiten ließ, wenn das Bier ihm die Zunge gelöst hatte. Zu derlei Vergleichen verleitet der Umstand, daß Berg an die Freunde – Schönberg, Webern und Kolisch – über das Stück sehr anders geschrieben hat – so anders, daß, wäre da nicht von einer Viertonkonstellation die Rede, man meinen könnte, es beträfe gar nicht das gleiche Stück. Wie immer unter Professionellen (und ganz und gar im Kreise Schönbergs, dem alles ästhetisierende Gerede verdächtig war) von Wesen und Substanz, Idee und Konzeption, vom Was allemal weniger gesprochen wird als vom Wie, von der Machart, von Struktur und Handwerk – diesmal liegt die Frage nicht fern, wie janusköpfig ein Werk sein dürfe bzw. könne, inwiefern man zwei fast beziehungslos nebeneinanderstehende Ansichten als zwei Seiten der gleichen Medaille, als Ausdruck von Reichtum, Differenzierung und perspektivischer Tiefe ansehen, wo das beiden gemeinsame Identische liegen könne.

Dennoch erscheint die Musik der *Lyrischen Suite* auf solche Weise nur von außen, nur von den Kommentaren her befragt, in denen Berg zwangsläufig mit partiellen Wahrheiten handelte. Wenn ihm daran gelegen war, daß sein in die Partitur annotiertes Geständnis eines viel späteren Tages öffentlich würde, dann gewiß weniger ästhetischer Erkenntnisse als jener moralischen Bürde, jener Lebenslüge wegen, die nicht nur Hannas Namen trägt. Nicht auf immer sollte die doppelte Moral stehenbleiben, über die, damals peinlich beschwiegen, heute so leicht sich reden läßt, irgendwann einmal sollte die Flaschenpost gelesen und erkannt werden als Zeugnis von einem, der sein »Verbrechen« lieber hinausgeschrien hätte. Berg hat gewiß und immer auch Helene geliebt, zuweilen vornehmlich wohl unter den Prämissen einer Treue oberhalb aller Affären und bestärkt durch Empfindlichkeiten, die ihre Herkunft mit sich brachte. Was er, zumal nach 1925, an sein »Pfescherl« schrieb, darf man nun keineswegs für überführt halten. So ungewiß immer bleiben wird, ob er Helene mit Hanna im landläufigen Sinne betrogen hat (was nach der ungeheuren »Entsühnung« durch die *Lyrische Suite* Dritte noch weniger angeht als vordem) – gewiß ist, daß er Hanna mit der Musik betrog. So sehr ums Letzte wie dort, als in einem verzehrenden Alles oder Nichts, demgegenüber mitunter selbst Abälard und Tristan in gemäßigten Zonen zurückbleiben, kann es mit ihr nicht gegangen sein. Hanna war Material und Katalysator, wie schwer das private Darüberhinaus zeitweise gewogen haben mag, und Berg verzehrte die Beute des Erlebnisses am Komponiertisch in Wien und Trahütten. Gegen derlei Auskunft hätte er sich gewehrt, zumindest, solange Inspiration und Arbeit dies erheischten; spätestens aber, als er die Partitur annotierte, wußte er es wieder; aber er konnte es ihr nicht sagen.

Dennoch wäre es ihm ein Leichtes gewesen, auch tiefer hinein in die Struktur private Symbolik und musikalische Sachverhalte zu verknüpfen, z. B. anhand der Art und Weise, wie er die Zitate einwebt und kompositorisch notwendig macht, oder anhand derjenigen, auf die er im *Andante amoroso* zum Hauptthema, Hannas Thema, d. h. zu ihr zurückkehrt – immer wieder mit allen Künsten des Übergangs auf eine Unvermitteltheit des Auftauchens und Verschwindens ausgehend, kraft deren sie virtuell allgegenwärtig erscheint, ebenso zufällig-selbstverständlich wie ihre Anwesenheit ihre Abwesenheit, das eine so wenig wie das andere der Veranstaltung bedürftig. Die erste Wiederkehr des Themas im *Andante amoroso* (Takt 41) liegt mitten in dem zum Tempo primo hinführenden Allargando »zu früh«, denn diesem Tempo stünde die Präsentation des Themas zu. Wo – wie Berg erläutert – Hanna beim Zank der Kinder dazwischentritt (= Takte 131 ff.), steht der Nachsatz ihres Themas voran und als solcher kaum erkennbar, weil über einem im Satz fortwirkenden Accelerando erklingend, dessen treibender Impuls allmählich einem Diminuendo erliegt; »irgendwo« dort (die Umnotierung zum ⁶/₈-Takt gibt nur ein äußeres Zeichen) erscheint das Thema wieder, nun auf andere Weise zu Ende gesungen und Vehikel eines abrundenden Zuendegehens. Im *Adagio appassionato* mündet ein mit »ich und du« annotierter Kanon von Bratsche und erster Violine unvermittelt in ihr Thema, und drei Takte weiter befindet Berg sich schon im Zitat des *Trio estatico*, nun vermehrt um das erste, hier kaum erkennbar eingewobene Zitat »Du bist mein eigen, mein eigen« – als dem Startpunkt zur letzten, größten Peripethie, der wichtigsten Prüfung wenn nicht dem Offenbarungseid im Zusammenspiel von Konstruktion und Programm (wozu unten). Auch tempomäßig unterliegt das Thema den jeweiligen Zusammenhängen. Mit ♪ = 100 am Beginn des *Andante amoroso* hat es, soweit das zu sagen möglich ist, sein eigenes; im Allargando der Takte 41/42 liegt es darüber und – nach der fausse reprise der Takte 81 ff. »im eigenen« – nach der beschriebenen Steigerung in den Takten 143 ff. mit ♪ = 69 weit darunter. Und diesen Achteln entsprechen im *Adagio appassionato* die halben Takte (= ♩), da Berg es eher emblematisch denn als Subjekt einsetzt. Wie sicher er sich der Identität des Themas ist, beweist er auch, in dem er als »quasi Tempo I, ma più lento« kennzeichnet, wo ♪ = 69 gilt; Tempo I aber schrieb ♪ = 100 vor; angesichts seiner peniblen Bezeichnungen läßt sich dies »più« nur verstehen, wenn man weiß, daß er Tempo – allgemein als Bewegungsform, Gangart – nicht als unabhängig denken mochte von der zugehörigen Musik, auch hierin getreuer Schüler Schönbergs.

Berg nachzurechnen, was er unkomponiert gelassen hat, wäre töricht, verhülfe es nicht dazu, die Kompetenz der Geheimpartitur genauer zu bestimmen und ein wenig mehr zu erkennen von dem, was er komponiert hat. Der ewige Jüngling, der Johannes unter den Jüngern des zornigen Propheten, der Disharmonien im engeren persönlichen Umkreis nicht ertrug und, immer bereit zu Ausgleich und Beschwichtigung, sehr wohl empfinden mußte, daß da vieles auf seine Kosten ging und die Grenze zwischen diskreter Rücksicht und kleinmütiger Konfliktscheu schwimmen konnte (auch deshalb wirkt er in der Summe der betulichen brieflichen Versicherungen an seine Frau schwer erträglich) – hier hatte er sich in einen Radikalismus der Wahrheitsfindung hineingeschrieben, der eher zur Intransingenz des potentatenhaften Meisters paßte, und mußte erschrocken sein darob, wie er Hanna zum Anlaß umfunktioniert hatte, um sich durch einen Abgrund von Sehnsüchten und Schuldgefühlen zu rückhaltlosem Geständnis hindurchzukomponieren und, wie immer verschlüsselt und vertagt, jene Generalbeichte zu leisten, der, da er sich ohne Rest preisgab, Absolution nicht verweigert werden kann. Sollte er von ihr auch noch Verständnis dafür einfordern, daß das Bekenntnis, das sie mindestens gleichberechtigt neben Héloise und Isolde stellt, zugleich gebeichtet war – und nicht ihr? Auch und gerade Hanna gegenüber mußte Berg, da der Ernst der Musik denjenigen des »Verhältnisses« so ungeheuer überstieg, etwas gutzumachen empfunden haben – nicht nur als der mit der Musik fremdgehende Ehemann, der darunter leidet, daß das Vertrauen zur Frau notwendigerweise weiter eingeschränkt ist als das zur Freundin. Er wollte ihr etwas sehr Liebes sagen, und dies konnte doch wieder nicht alles sein, und je weiter er ging, desto schwerer wog, was er nicht sagte; denn er geriet in einen Bereich, wo Aufrichtigkeit nicht mehr nur eine moralische Qualität und Sache des guten Willens ist – so unendlich schwer wird es dort, das Ganze zu wissen und zu bekennen; und zugleich macht die Intimität des Geständnisses alles nicht Gesagte zum Verschwiegenen.

Weil die nunmehrige Publizität der Affäre, von der Eingeweihte immer gewußt haben (der zu ihnen gehörende Adorno sprach 1934 sybillinisch von dem Werk als der »geheimnisvollen Begleitung dramatischer Vorgänge, die es verschweigt«), die Illusion begünstigt, Wahrheitsgehalt bemesse sich nach der Kryptik und Tiefe, aus der er heraufgeholt worden sei, und, noch viel schlimmer, diejenige, man erkläre und erkenne Kunst, indem man sie enttarne (was man schlechten Medienjargon nennen dürfte, hätten sich nicht auch Philologen schon auf den häßlichen Begriff des »Hinterfragens« eingelassen), müßte gerade sie die Einsicht fördern können, daß man auf derlei Weise deren Rätselcharakter nicht beikommen und sich vorbeimogeln kann an der wunderbaren Schinderei mit dem, was Goethe ihr »offenbar Geheimnis« genannt hat.

II.

Je intimer oder spontaner der Impuls, desto härter die Zwänge seiner Sublimation, je direkter der heiße Atem der inspirierenden Veranlassung weht, desto komplizierter die Kanäle, durch die er hindurchgezwungen werden muß – das lernte der Jünger vom Meister nicht nur als allgemeine Regel, er erlebte es exemplifiziert bis hin zu privaten Katastrophen im Zusammenhang mit dessen zweitem Streichquartett. Man könnte, für den literarischen Musiker Berg keineswegs paradox, auch so formulieren: je programmatischer, desto absoluter. Um ästhetisch zu rechtfertigen, was er unterbringen wollte, mußte er das Allerstrengste aufbieten, da kam ihm das neue, strenge Gesetz gerade zupaß – fast, daß man sagen möchte, sein Ingenium habe die allerprivateste Motivation herbeiinszeniert, um diesem Gesetz sogleich in der allerschwersten Prüfung zu begegnen, in der er wohl zu versagen riskierte, nicht aber, sich zu verlieren. Die Prüfung steckt in der *Lyrischen Suite* ebenso im Wechsel dodekaphon und frei komponierter Sätze bzw. Satzteile wie auch in demjenigen zwischen der barbarisch direkt »ausbrechenden« (Berg benutzt das Wort als Anweisung zu Takt 69) Musik des *Trio estatico*, bei der es fast auf einen Urschrei abgesehen scheint, der, um sich mitzuteilen, keinerlei Vorwissen und Sprachkonvention bedingt, und – im Misterioso der Rahmenteile – einer nicht nur hochvermittelten, sondern geradehin illusionären Musik, die sich fast aller Sprachlichkeit entledigt. Nimmt man es mit dem Tempo genau, das Bergs symbolträchtige Zahlenspielereien hier erheischen ($\downarrow$ = 150), so überschreitet man die Grenzen des Spielbaren und Rezipierbaren – wobei einkalkuliert ist, daß in derlei Passagen gut trainierte Finger es oft besser und schneller »wissen« als der Kopf; schon ein tempogemäßes, konkret imaginierendes Lesen bereitet partienweise allergrößte Schwierigkeiten. Weil sich hiervon nichts abmarkten läßt über die Frage, was von dieser Musik gespielt und rezipiert werden müsse und könne (das steht haargenau notiert im Text), liegt der Vorwurf nahe, derlei Überforderung führe Musik als Mitteilung ad absurdum. Wenn einer das empfand und fürchtete, dann Berg: Unüberhörbar die Erleichterung, mit der er während der ersten Erarbeitung mit den Kolischs Schönberg berichtet: »… Es war für mich aufregend und spannend zu sehen, wie diese Musik, die fürs erste in den Proben überhaupt wie keine anmutete, nach und nach Sinn bekam …«.

Daß ausgerechnet der kommunikativste Musiker im Schönberg-Kreis dies komponierte, derjenige, der mit einer vor allem sich selbst genügenden Stimmigkeit der Struktur am wenigsten anfangen konnte, auch deshalb mit der neuen Methode sich weidlich geschunden und überhaupt viel jüngerhafte Ergebenheit aufgeboten hat, um seine typologische Fremdheit zum Meister und den Freunden zu kompensieren, erscheint viel weniger verwunderlich denn folgerichtig. Gerade der Kontrapost zum »Urschrei« des *Trio estatico* mußte sich ihm anbieten, sie bis zu den Gefahren hin auszuloten, bis zur Absurdität die Konsequenzen eines Systems durchzuspielen, das in der Gier nach möglichst umgreifender Verfügbarkeit der Objekte diese am Ende als Individualitäten aufzufressen droht und also seine künstlerische Legitimität wesentlich aus dem ihm produktiv entgegengesetzten Widerstand bezieht. Als wolle er dem immanenten Terroris-

mus des Systems freie Bahn schaffen, hält er sich hier daran, daß zuviel Gestalt
übel anschlüge. Eine vollständige zwölftönige Reihe läßt sich als gestalthaftes
Ganzes ohnehin kaum erfassen; da musikalische Gestalten aber als Ketten von
Verursachungen und Wirkungen auch den Zeitlauf integrieren, Bergs krebsgän-
gige Wiederholung ihn aber umzukippen versucht (man kann wohl eine Ereignisfolge umkehren, nicht aber – jedenfalls nicht in diesem Rahmen – die Zeit),
ließe zuviel Gestaltqualität nur immerfort den Bezug auf die Grundgestalt bzw.
die abstrakt vorgefaßte Gewaltsamkeit des Verfahrens, die Manipulation hervortreten – und darin, daß dies nicht geschehen darf, sind sich Berg und das System
einig. Daher das Zurückweichen in die amorphe Zuständlichkeit des »misterioso« huschenden Wisperns und Flüsterns (das Wort fällt auch in Bergs Erläuterungen) – nahe heran an den Eindruck, daß es auf den einzelnen Ton nicht ankomme, dem Berg beim Ausschreiben der rückläufigen Wiederholung einigen
Vorschub geleistet hat. Wie stimmig, daß sein Kommentar sich hier programmatischer Direktheiten enthält (Adorno: »Wer poetische Assoziationen liebt, mag
bei dem Stück an eine verzweifelt leidenschaftliche und zugleich unterdrückt
geflüsterte Szene denken, die einmal auszubrechen wagt, um dann wieder ins
fiebernde Flüstern zurückzufliehen ...«) und eine übersetzte Bedeutung anspricht: »noch war alles Geheimnis, uns selbst Geheimnis« – und eben dies eine
Struktur betreffend, in der eine bestimmte Kalkulation, ein »rationales« Ord-
nungsprinzip rigide durchgesetzt ist wie kaum irgendwo sonst! Eine eigene Folgerichtigkeit liegt darin, daß Bergs Tempoanweisung die Zertrümmerungsar-
beit, die Amorphisierung auf andere Weise fortzusetzen befiehlt. Auch der an
sich markanten emblematischen Viertonfolge a-b-h-f bzw. ihren Interpolationen eignet mehr Bedeutungs- als Gestaltqualität, man nimmt sie als angedeutete
oder als sich entziehende wahr; die Musik bzw. ihre Organisationsform unterdrückt Gestalten und befleißigt sich zugleich der Gestik von jemandem, der unablässig nach solchen hascht – als in einem übergeschäftig und nutzlos, ohne substanziellen Reibungswiderstand sich drehenden Perpetuum mobile. Die Trou-
vaille ist einzigartig auch darin, daß das konkret Klingende (wie mag hier der erste Einfall ausgesehen haben, von woher mag er gekommen sein?) und seine
Strukturierung, wie immer mühevoll und penibel übereinandergebracht, dennoch wenig miteinander zu tun zu haben scheinen, die totale Organisation und
der Eindruck von Willkür sich immerfort neu verschränken, daß der hier einkomponierte »Sinn« (Geheimnis? Geflüster? gestaltarmes Dahinhuschen? müh-
same Disziplinierung?) kaum als klingende Musik unmittelbar sinnfällig werden
kann, dazu verurteilt, als Abstraktum oberhalb zu schweben. Wie in Bezug auf
die musikalischen Gestalten erscheint auch hier das Nichtgreifenkönnen als
Thema dieser Musik, welche wie geschaffen anmutet, ein Credo quia absurdum
allerstrengster kompositorischer Strukturierung abzugeben und die Ratlosigkeit, Objektlosigkeit, Nutzlosigkeit einer in sich kreisenden, weder Fuge noch

Fenster offenlassenden noch Störung duldenden Ordnung zu reflektieren, Schreckbild totaler Herrschaft, die sich aufhebt, weil sie allem, was sie beherrscht, das Genick bricht.

Möglicherweise kann man darin auch die verklausulierte Antwort des »romantischen« Inspirationsmusikers auf das heillos Makellose einer sich selbst beweisenden Methode sehen, privater Kontrapunkt also auch zu der Beflissenheit, mit der er Schönberg seine Reihendispositionen unterbreitete – und die Antwort seiner sensiblen Humanität auf ihren »terroristischen« Erlösungsanspruch immerhin hatte Schönberg sehr prompt mit ihr auch den Herrschaftsanspruch der deutschen Musik verknüpft. Nur erscheint eben dies konzeptionell eingefügt in ein Ganzes, das dem Bilde von Sinnlosigkeit Sinn gibt und einen Ort zuweist, in tiefgefächerter Semantik eine Musik der Angst. Berg, der Treueste der Treuen, aber nie vereinnahmt, sah weiter als die anderen.

Und dies Unspielbare steht nun in einem der meistgespielten Werke des einschlägigen Repertoires, Alptraum aller Musiker, die es ernst und genau nehmen und sich die Ausrede verbieten wollen, es komme nicht so genau darauf an, schwarze Stunden auch für Spitzenensembles, wie auf Platten nachzuhören. Wo diese dennoch Preise einheimsen, müssen des Kaisers neue Kleider im Spiele sein wenn nicht die übers Klingende hinauszielende contradictio in adiecto, Unspielbarkeit sei hier so gespielt worden, daß sie als notwendig zur Sache gehörig ausgewiesen ist. Wie aber könnte plausibel, also nicht einfach schlecht gespielte Unspielbarkeit klingen? Außer Frage jedenfalls steht, daß man bei zwölftönigen Reihen im Pianissimo nicht zehnmal pro Sekunde mit dem Bogen auf die Saite schlagen kann – schon gar nicht koordiniert in einer Gruppe. Wohl vor allem deshalb riet der erfahrene Kapellmeister Webern – vergeblich – davon ab, diesen Satz in die Orchesterfassung aufzunehmen.

III.

Nach dem von ihr im dreifachen piano und »ganz frei rezitativisch« gesagten »Du bist mein eigen, mein eigen« treibt Berg die Musik in groß schwingenden Schaukelbewegungen – das Motiv des vormaligen Kanons nun (= Takte 51/52) in konsequenten Intervallspreizungen zu einer kompletten All-Intervallreihe ausformend, viel mehr Vorgang einer allmählich zerreißenden Lineatur denn organisierte Reihe – einer Eskalation zu, an deren Ende und Höhepunkt die Violinen die a-b-h-f-Konstellation »sempre fortissimo, quasi tr.« und »molto espressivo« festhalten, in einem verzweifelten, »irren« Wirbel in höchster Lage alle Form verlierend. Darunter bauen sich wie eine Bedrohung, beginnend beim Cis/G des Cellos auf der Hälfte des 55. Taktes, alle verbleibenden anderen Töne allmählich als massiv-akkordische Gegenmacht auf, welche auf der Vier des 56.

Taktes mit allen acht »Gegentönen« im dreifachen Forte voll aufgerichtet dasteht. Der unmittelbar zuvor jäh abgerissene a-b-h-f-Triller kehrt, wie verloren
und ängstlich flatternd, als sechsmaliger Sechzehntelanschlag wieder; danach,
nur ff, sieben Gegentöne, ihnen »f« folgend fünf langsamere a-b-h-f-Anschläge –
dann »mf« sechs Gegentöne, anschließend »mp« und weiter verlangsamt vier a-b-
h-f-Anschläge, nun schon mit allen Charakteristiken kraftlosen Dahinwelkens;
»piano dolce« und »flautando« danach nur noch fünf Gegentöne, nun kaum noch
Gegenmacht und Drohung, sondern eher diffuses Raunen. Und danach erhebt
sich die a-b-h-f-Konstellation »pp, molto espressivo« wie über Trümmern als
Melodie, worunter die Reduktion der Gegentöne fortgeht, auf der Vier von
Takt 59 vier, einen Takt später drei – auch hier wie zuvor schon immer wieder
andere, wie um die Zerstäubung perfekt zu machen. Bewegung, Töne, Anschlä-
ge und Dynamik werden dergestalt gleicherweise konsequent zurückgenommen, auskomponiert erscheint nicht weniger als der Zusammenbruch der Konstellation, die die Musik bis hierher trug, wie als solle etwas ausgewischt, Geschehenes ungeschehen gemacht werden. Wo die Violine sich melodisch auf-
schwingt als in der Kalmenzone eines absoluten, von aller Realität sich lösenden,
von allem Konflikt befreiten, von ferner erinnernden Epilogs (= T. 59), setzt
auch Bergs zuvor karger, an den Vortragsbezeichnungen entlanggeschriebener
Kommentar wieder ein (»… (ins) ganz Vergeistigte, Seelenvolle, Überirdische«)
meint also unzweideutig Transzendierung wenn nicht Verklärung, also ein Jenseits zum Bisherigen. Und danach, wenn auch hinterrücks kanonisch engge-
führt (= Takte 63 ff.), das pure Zuendekommen, Nachklang und Epilog nach
dem Epilog, Musik ohne alle Intention außer derjenigen, eine Ruhelage, das
Auslöschen und Vergehen ihrer selbst zu finden und zu formulieren, das Schon-
nicht-mehr-Klingende ins Noch-eben-Klingende, die endgültige Ruhe noch in
die letzten Fortschreitungen hineinzunehmen.

Welches Vorangegangene rechtfertigt diesen an Endgültigkeit schwer über-
bietbaren Schluß, der unausweichlich zu fragen aufgibt, was bereits hier zu Ende
gebracht, inwiefern das Werk nicht hier schon zu Ende sei – was es in der nur
wenig später fertiggestellten Orchesterfassung dann tatsächlich ist? Hannas Thema, das erste, von ihm gesagte »Du bist mein eigen, mein eigen« und die Konfiguration des *Trio estatico* sind vom 31. Takt an eng beieinander, und eben, wo er
diese Musik im Satz zuvor ins Misterioso zurückbog, führt Berg sie, noch weit
über ihr ekstatisches Lodern hinaustreibend, einem Höhepunkt von durchaus
schockierender Eindeutigkeit zu. Im Vergleich mutet die Abbiegung ins Misterioso nun wie die mit knapper Not gelungene Vermeidung einer fälligen Konsequenz an – dort, nach der »Exposition«, eben noch umgangene, nun unausweichlich hereinbrechende »Durchführung« – der Nebensinn der termini tech-
nici soll und kann nicht vermieden werden. Schockierend schon, wie Berg in
der Parallelführung von Bratsche und Cello (die er in der Orchesterversion noch

durch die Kontrabässe verstärkt), weil die parallelen Septen fast wie gesteigerte Oktaven, mithin noch »schlimmer« erscheinen als diese, eines der obersten Gebote beiseiteschiebt, wie als müsse er zeigen, daß etwas aus den Fugen geht, daß eine elementare Wahrheit sich Bahn bricht, die alle Ordnung kündigt; darüber, wie ohnmächtig flatternd und rasch in sich zusammenfallend, die aus dem Trio geerbten, leidenschaftlich erregten Triolen. Das erscheint gerade nach der Maßgabe von Bergs Künsten des Übergangs und der Vermittlung simpel gefügt, wie gleicherweise der anschließende, oben beschriebene Zusammenbruch der Konstellation in der Differenzierung durchaus hinter seiner subtilen Handhabung der Reihen, des Satzes etc. zurückbleibt. Unter welchem Zwang? Der Kommentator Berg schweigt – zu einem Vorgang, der an Direktheit keineswegs hinter Straußens *Rosenkavalier*-Vorspiel zurücksteht, sofern er es nicht, weil nicht kulinarisch verbrämt und abgepolstert, gar übertrifft. Bei Berg freilich bleibt immer genug für die Musik und innerhalb der Musik reserviert, was in keinem Dargestellten aufgeht bzw. sich auflösen läßt, eine weitreichende, allem einseitig festnagelnden Bedeuten entzogene Symbolfähigkeit; auch in diesem Falle noch ist seine Direktheit vor allem symbolischer, viel weniger hautnah-emotionaler Art, innerhalb der musikalischen Erscheinungen gelegenes Analogon etwas zu dem, was Rilke im Sommer 1913 mit spanischer Landschaft erlebte: »... indem dort das äußere Ding selbst: Turm, Berg, Brücke zugleich schon die unerhörte, unübertreffliche Intensität der inneren Äquivalente besaß, durch die man es hätte darstellen mögen.« Insofern hat z.B. das Stillwerden vor dem von ihr gesagten »Du bist mein eigen« mit den Seligkeiten gemeinsam erlebter Ermattung ebensoviel und so wenig zu tun wie u.a. mit Schopenhauers sehr philosophischem »schmerzenslosem Zustand, den Epikuros als das höchste Gut und als den Zustand der Götter pries: denn wir sind, für jenen Augenblick, des schnöden Willensdranges entledigt, wir feiern den Sabbath der Zuchthausarbeit des Wollens, das Rad des Ixion steht still.« Deshalb wohl hat man an dem »fatalen« Kontext der Passage vorbeihören können, deshalb schlugen auch programmversessene Wünschelruten nicht aus.

Vielleicht aber hat der besessene Geheimniskrämer nicht nur geschwiegen, sondern bewußt falsche Fährte gelegt: Mit »Tags darauf« über diesem *Adagio appassionato* scheint ein oder das große Ereignis in den vorangehenden Satz verwiesen; nur AB und HF aber wissen, was »tags darauf« geschah, welches tags zuvor Exponierte nun »durchgeführt« wurde. Sollte es Anlaß gegeben haben, im landläufigen Verständnis von einem »Tag danach« zu sprechen, so hätte Berg auch Hanna auf die falsche Spur gesetzt, um, skrupulös taktvoll auch hier, ihr und sich das peinliche Geständnis zu ersparen, daß er »es« verarbeitet und als Musik ausgeplaudert habe. Und daß dies andererseits, als weit ins Essentielle, ins anonym Allgemeine hinaufkomponierte Sublimation, dennoch nur teilweise zutraf, und nur teilweise noch ihnen beiden gehörte, mag er vor ihr als zusätzliche, andersartige

Schuld empfunden haben: noch die intimste Stunde (wie immer sie es nicht mehr ist, wenn man von ihr zu reden beginnt) nur Material. Dieser »Verrat« mochte, wenn schon nicht entsühnt, so doch kompensiert erscheinen durch den Gegenverrat, als welchen er vor Hanna Etliches von seiner Musik veruntreute, sie eindeutiger, abhängiger, erlebnishöriger hinstellend, als sie ist.

Wie immer es im Einzelnen und Besonderen ausgesehen hat – die Schlüssellochperspektive bleibt leer; in Bezug aufs Werk beweist das realiter Geschehene ebensowenig wie das Werk in bezug aufs Geschehene. Im Komponierten jedenfalls ist alles enthalten und vollzogen – als alle Tabus hinwegfegender, befreiender Durchbruch zur jubelnden Eindeutigkeit des Bekennens, einem Glückstaumel des Zueinander und Miteinander. »Molto forte e patetico« fahren Bratsche und Cello mit dem emblematischen Viertongang kraftvoll aus der Tiefe herauf und bringen die zunächst ekstatisch rufenden Triolen der Violinen rasch zum Ermüden, geleiten sie in ein euphorisches Verschweben, »calando e diminuendo« mit allen Charakteristiken seliger Ermattung. Nach kurzem Einhalt sodann (Berg: »Nun sagst auch Du: du bist mein eigen, mein eigen«), »molto tranquillo« nach dem groß Geschehenen, die Essenz aller verhaltenen, andächtig hingegebenen, sich selbst nachlauschenden Innigkeit, ein ganz inwendig gewordenes Klingen, als hörte die Musik selbst hinein in die heilige Stunde und das in ihr raunende, unfaßbare Glück, die Melodie nun der (solistischen) zweiten Violine gegeben und damit – die Orchesterfassung hat dies erst ganz zutage gebracht – wie aus der Mitte wenn nicht Tiefe des Ensembles gesprochen mit der Eindringlichkeit der ganz leise gesagten, gehauchten Bekenntnisse, worin, weitab von allem Danebensein und Darübersprechen, das Geschehnis selbst vernehmbar wird. Unüberhörbar die Intuition, alle Vermittlung und artifizielle Veranstaltung abzutun und nicht mehr Darstellung und Widerhall, sondern das Dargestellte, das Ereignis selbst zu sein, deren Unterscheidung in sich aufzuheben – so sehr, daß wenig zu dem Eindruck fehlt, das Werk insgesamt, als schützender Ring um diesen Einsturz allen ästhetischen Wohlverhaltens, diese Initiation gelegt wie Joyces »Ulysses« um das Ja der Frau, sei nur aufgeboten, dies zu ermöglichen.

Der Tadel, gerade das fände als Zitat, mithin in doppelter Vermittlung und Brechung statt, Berg verzichte gerade in diesem Augenblick auf Eigenes und überlasse einem anderen das Wort, bleibt wie beim Bach-Choral des Violinkonzertes der Substanz des Geschehenden äußerlich. Wie zehn Jahre später hat er sich an das Zitat längst herankomponiert (worin er in Beethoven und mehr noch in Brahms Vorbilder hatte, der letztere in der Vorliebe für kryptische Spiele ihm besonders ähnlich); bevor er es direkt einbekennt, gehört es ihm schon so sehr, daß man, hätte es nicht seinen ins Intimste, ganz Stille gewendeten »Königsauftritt«, meinen können, Berg habe längst Vorhandenes lediglich »entspannt« zu jener behutsam archaisierenden Setzweise mit Bordunquinten, still, sperrig und wichtig gewordenen, versetzten Albertibässen und mit Hilfe des verstohlenen

Blickes hinüber ins verbotene diatonische Paradies, womit er der Melodie die unverwechselbare, selbst vom kritisch schulmeisternden Ansermet bewundernd beschriebene Transzendierung verschafft. Ihr zweimaliger Sekund bzw. Terzfall (»… mein eigen, mein eigen«) erscheint schon im fünften Takt des *Andante amoroso* als Nachsatz des schlichtweg mit »Du« bezeichneten Hauptthemas und bleibt von hier an der Musik kaum in geringerem Maße unterlegt als Baudelaires »De profundis« dem *Largo desolato*. Immerfort wird irgendwo in dieser Musik das »Du bist mein eigen, mein eigen« gesagt, es wirkt als Ferment der prosodischen Prägung kleiner Motive und deren Verwandlungen wie in der Symbolik der innig verschlungenen Linien oder derjenigen der übergreifenden Form. »Ich hab Dich gefangen und Dich eingesponnen, Geliebte, in das Netz meiner Musik« – dies, bei Zemlinsky dem »Du bist mein eigen« vorangehend, wird von Berg nicht gesagt, es wird getan. Wie die Geliebte und als deren Vertretung ist das Zitat sein eigen, ehe er zitiert.

Dennoch mußte er, um dies zu tun, aus dem Bisherigen heraustreten wie die zweite Violine aus dem Ensemble, mußte über die Bannmeile der Musik hinausgehen, daß sie fast »wie keine anmutet«. Bisher als Subjekt selbst sprechend, wird sie hier zur Definition einer Situation, aus der heraus allein dies Letzte, Intimste gesagt werden kann. Indem Berg ins Zitat tritt, tritt er in die Anonymität des Gleichnisses, das für alle spricht, in die vollkommene, auch stolze Selbstverfügung und Freiheit dessen, der sich im Gleichnis leben weiß. Was könnten die dramatisch zurücknehmenden Kontrastierungen der Takte danach, der einzigen, da er die Kontinuität des musikalischen Fortgangs bricht, anderes meinen als Sühne und Selbstopfer dessen, der, »unerlaubt« seine Kunst über sie selbst hinaustreibend, ein Äußerstes gewagt hat?

Neoklassizismus

Überlegungen zu einem legitimationsbedürftigen Stilbegriff

I.

»Ein Werk ist dann sehr schön, wenn es einige Zeit lang den Eindruck vermittelt, das einzige Objekt zu sein – das unabdingbare, das wahrhaftige. Und je länger diese Zeit währt, desto schöner ist es. Doch ich weiß, daß sie stets begrenzt ist.« Paul Valéry notierte dies in seinen *Cahiers*[1] (VI, 22) zu einer Zeit, da musikalisch auf vielerlei Weise versucht wurde, jenen Schein unabdingbarer Einzigkeit zu verabschieden und diese Verabschiedung, als Einspruch gegen den artifiziell hergestellten Schein von Naturwüchsigkeit, als moralische Ehrenrettung, als Moment ästhetischer Wahrhaftigkeit verstanden wurde. Was, um Valérys Formulierung aufzunehmen, auf den waghalsigen Versuch hinauslief, auf eine andere als die von ihm beschriebene Weise schön zu sein.

Dies muß notwendig vorausgeschickt werden angesichts einer Kategorie, welche, hinausgehend über das Fragwürdige jeglicher ästhetischen Klassifikation, Unbehagen auslöst. »Neoklassizistisch« – im Deutschen eine doppelte Denunziation – hört wohl kein Poet oder Musiker ein eigenes Werk gern nennen, erst in zweiter Linie aufgrund der fatalen Nähe zu dem so törichten wie vielgebrauchten Begriff des »gemäßigt Modernen«, welcher seinerseits herabgesetzte Preise suggeriert. Wer hier auf klare Unterscheidungen und Ehrenrettungen ausgehen will, kann dies schwerlich, ohne sich mit der Problematik dieser Verknotung zu beschäftigen. Immerhin steht außer Frage, daß Strawinsky erfolgreicher war und sich leichter anhört als Schönberg und daß Berg auch erschrocken war über den Erfolg des »Wozzeck«. Und nicht erst Adornos Diatriben gegen Hindemith, auf deren Argumentationslinien unsere Diskussion hoffentlich, ohne sie ignorieren zu dürfen, nicht haltmachen wird, haben dem, was nachmals der Kategorie »neoklassizistisch« anheimfiel, den Ruch ästhetischer Unzulänglichkeit angeheftet, den Vorwurf, es stehle sich an fälligen historischen Konsequenzen vorbei. Gewiß aber gibt es andere Konsequenzen als diejenigen, die Adornos Verdikte fundierten; bestehen bleibt indessen, daß das Moment der Intertextualität, der Bezugnahme, von »Musik über Musik« eine herausragende Rolle spielt. Man könnte auch historisch konsequent und keineswegs rückwärtsgewandt finden, daß die ästhetische Produktion in Zeiten, da so viel frühe-

[1] Bd. VI., Frankfurt am Main 1993, S. 22.

re Musik gegenwärtig ist und als Bezugspunkt in den Ohren liegt, den Schein
des Ab ovo aufkündigt – gewiß, um die Frage auf sich zu ziehen, ob damit nicht
ein zentraler kreativer Impuls getroffen sei, inwiefern und inwieweit künstlerische Schöpfung immer auch Neuschöpfung sein müsse.

II.

Intertextuelle Bezüge, »Musik über Musik« gab es längst; neu ist (Ausnahmen
wie Mozarts *Musikalischer Spaß* nicht gerechnet) das nach älteren Maßstäben
»schamlose« Eingeständnis, daß es sich tatsächlich so verhalte. Noch das über die
ungeliebte Zwischenstation Mendelssohn entliehene *Dresdener Amen* im *Parsifal*
soll neugefunden erscheinen oder so sehr »sitzen«, daß sich die Herkunftsfrage
erübrigt; und Brahms' Texturen sollten nicht verraten, wie sehr sie von Bezugnahmen, verschwiegenen Zitaten, Anspielungen usw. überquellen, seine Kunst
kompositorischer Integration wird oft geradezu identisch mit der Kunst der Verbergung. Insofern sie sich nicht trennen läßt von dem Moment der Legitimierung und eine – wie immer mögliche oder unmögliche – »absolute«, durch sich
selbst gerechtfertigte Musik als Rettung vor ästhetischer Lüge anvisiert, vor dem,
was Adorno »Verdeckung des Produziertseins durch das Produzierte« nannte, erscheint sie klassisch bzw. klassizistisch intendiert – als Ausgangspunkt für Entwicklungen, bei denen Schönbergs op. 9 oder sein zweites Streichquartett auf je
unterschiedliche Weise Endpunkte darstellen, als Konsequenzlinie durchaus
Hanslicks Ästhetik und deren Wirkung auf Strawinskys Poetik vergleichbar.
Kommt hinzu, daß Brahms schon in seiner Dritten Sinfonie die große Besetzung
und deren repräsentativste Formprägung verabschieden wollte; allemal verbirgt,
verdeckt die große Besetzung mehr als die kleine, der Zwang zu klassischen,
klassizistischen Maßgaben erscheint besonders triftig, wo die auf reine Struktur
gerichtete Intention die Dimensionalität des großen Apparates und deren bei
Bruckner, Mahler und beim frühen Schönberg breit ausgefahrene Wahrnehmungen zu ignorieren bzw. zu ersetzen versucht. Schönbergs op. 9, obwohl
nicht von klassizistischem Gestus, erscheint als »gepreßte Sinfonie«[2] in diesem
Sinne als wichtige Station, auf die *Gurrelieder* so schlüssig folgend wie *Histoire du
soldat* auf die russischen Ballette oder, in Personen gesprochen, Satie auf Debussy.

---

[2] Reinhold Brinkmann, *Die gepreßte Sinfonie. Zum geschichtlichen Gehalt von Schönbergs op. 9*, in: *Gustav
Mahler. Sinfonie und Wirklichkeit*, Studien zur Wertungsforschung Band 9, Graz 1977, S. 133 ff.

III.

Daß man, Einiges von Strawinsky ausgenommen, Werke obersten Ranges ungern mit der Kategorie »Neoklassizismus« in Zusammenhang bringt, hängt weniger mit individuellen Begabungen zusammen als damit, daß durchgehaltene
Attitüden oder Mechaniken − »Einheitsablauf«, Motorik, mittlere Dissonanz-
grade oder Orientierung an alten Formen − ähnlich wie der Generalbaß des Ba-
rockzeitalters auch wenig inspirierte Musik halbwegs über die Runden bringen,
also, gewiß mit beschränkter Reichweite, Mittelmaß notdürftig zu nobilitieren
vermögen − »mittlere« Musik im 19. Jahrhundert erscheint von vornherein ungleich dürftiger als vergleichbare in den ersten Jahrzehnten des achtzehnten oder
des zwanzigsten. Betonungen des Funktionierens haben daran ebenso Anteil
wie, daß der Verzicht auf unabdingbare Einzigartigkeit im Sinne der Valéry-No-
tiz den ästhetischen Anspruch zu entspannen geeignet ist, nahe bei Adornos zen-
tralem Einwand gegen Hindemith, »seine Musikalität« habe »sich spezialistenhaft
abgespalten von der Kraft der Subjektivität«[3]; man möchte korrigieren: von den
Risiken der Subjektivität. Hindemiths nahezu tragische Leugnung seines Früh-
werks legt diese Korrektur nahe, eine bestimmte insistierende Motorik z.B. mutet oftmals an wie gewollte Zuflucht vor den mit Geniestreichen wie op. 9 oder
Sancta Susanna verbundenen, nicht eigentlich beschwichtigten oder gar über-
wundenen Anfechtungen, und der Gestus des »épater le bourgeois« erscheint
auch als Rettung in Aggressivität und Feindbilder, »Tonschönheit ist Nebensa-
che« befindet sich nahe bei dem protestierend gebrüllten »Glotzt nicht so romantisch!«. Von vieler neoklassizistisch orientierter Musik ist ein angestrengtes,
schwer durchzuhaltendes Attitüdenbewußtsein kaum wegzudenken, kenntlich
auch und gerade bei geringeren Werken, wenn es, z.B. bei einigen affirmations-
süchtigen Jungstars der Nazi-Zeit, zusammenbricht, kenntlich aber auch in
Werken, die das Bewußtsein eines Defizits auf hoher Ebene beantworten, Hindemiths *Das Unaufhörliche* oder sein *Mathis*. Die letzteren antworten auch darauf,
daß starke intertextuelle Bezogenheit die dem je einzelnen Werk eigene Stimmigkeit schwächt, daß die Außenbeziehungen der Musik an die Stelle der inneren zu treten drohen − daher in minderen Werken (welche möglicherweise
grundsätzlich besser zur Exemplifikation stilistischer Kategorien taugen, wobei
freilich ein Einwand gegen die Zuständigkeit für die erstrangigen impliziert ist)
oft ein leer Gestenhaftes hervortritt, Apotheosen ohne Begründung und Vorgeschichte, unprozessual aufgeregte Geschäftigkeit ohne Zielbewußtsein, mit Paul
Virilio zu sprechen: »rasender Stillstand«.

---

[3] *Impromptus*, Frankfurt am Main 1986, S. 51 ff., das Zitat S. 86.

IV.

Das mit der klassizistischen Intention verbundene Eingeständnis, daß in neukomponierter Musik allemal mehr präformiert sei als gemeinhin angenommen, und Zitierungen schon in den formbildenden Tendenzen der Harmonie, Stilhaltungen und bei der Wahl von Besetzungen beginnen, erscheint einerseits als Wahrheitsmoment gegenüber den Maßgaben der Einmaligkeitsdogmatik des 19. Jahrhunderts. Mit deren Maßgaben andererseits ließe sich gegenfragen, inwieweit der schöpferische Impuls des diese Wahrheit wenigstens zeitweise verhüllenden Selbstbetrugs bedürfe und die Illusion eines unabdingbar so und nicht anderen, neuartigen Werkes über die Wirklichkeit hinausschießen müsse, um ein solches halbwegs zustandezubringen; ob er sich nicht auch betrüge, wenn er sich im Schein frei wählbarer Verfahrensweisen, Orientierungen und Haltungen sonne und in ihm zu ergehen auch dort nicht aufhören will, wo jene Freiheit in die innere Logik, den Zwang des jeweils gewählten Gegenstandes münden muß. Nicht weitab liegt die Kategorie »angewandte Musik«, welche, gerade auch bei großen Protagonisten wie Eisler, zu fragen auffordert, welche Musik sie nun eigentlich haben schreiben *müssen* – vor aller Bestimmung durch Zwecksetzungen. Der mit einem Eigenwesen der Musik verbundene Begriff der »Tiefe«, ungenaue Formulierung eines Anspruchs, ist im Gegenzug gegen eine Intention, welche sich nicht scheut, zitathaft gar dort zu erscheinen, wo sie nicht zitiert, nicht schon dadurch erledigt, daß wir ihn als Instanz einer obsolet gewordenen Ästhetik erkennen.

V.

Kaum zufällig gleichzeitig mit klassizistisch intendierter Musik kam, nun entlastet von den bei Schiller angemeldeten Ansprüchen, der homo ludens neu zu Ehren. Im Zeichen des Spielerischen gibt es eine neue Nähe von Komponierenden und Spielenden, nur scheinbar dadurch widersprochen, daß die Spielanweisungen, zumal bei Strawinsky, besonders genau ausfallen, der Komponierende auf deren Befolgung rigoros besteht und für die Spielräume der Musizierenden theoretisch wenig übrig hat. Dennoch steht er dem Spieler insofern näher, als diesen die Blickrichtung auf werkhafte Abgeschlossenheit und fugenlose Eigenlogik der Textur besonders nachdrücklich zum ausführenden Organ machte. Zur klassizistischen Musik gehört, besonders in Übergängen, doch auch in vielerlei Brechungen und Verfremdungen, der Anschein, es könne auch anders weitergehen, die Collage könne auch anders zusammengesetzt, im genauen Sinne komponiert sein, der Autor verhalte sich gegenüber dem soeben Erklungenen und der in diesem angelegten Logik improvisatorisch, beinahe wie ein Spielender, der sich leistet, der Verpflichtung auf einen bestimmten Fortgang offen müde zu sein.

Etliche Passagen bei Strawinsky laden dazu ein, zu rekonstruieren, welches vermeintlich natürlichere Muster zugrundegelegen haben mag und anschließend mutwillig verbogen wurde – ein Versuch übrigens, der am Ende meist scheitert. Daß eine derartige Aufforderung enthalten ist, zeigt indessen den zuweilen aus dem selbstgeschaffenen Zusammenhang heraustretenden, ihm frei gegenübertretenden Komponisten, einen, der sich als »Macher«, als mit dem Gegenstande Spielender zu erkennen gibt und die Freude am Funktionieren, die er mit den Spielern teilt, durch Störungen des Funktionierens aktiviert. Kommt hinzu, daß in solchen Kontexten zwar spieltechnisch oft knifflige, jedoch sehr klar definierte, prinzipiell lösbare Probleme begegnen. Zu der solchermaßen, im Zeichen eines Produktion und Reproduktion übergreifenden Pragmatimus hergestellten Kameraderie zwischen Autor und Musiker gehört das Bewußtsein, daß jene übersichtlichen Lösungen die Essenz darstellten, hinter der nicht mehr viel – dem Musizierenden nicht von vornherein Verborgenes – vermutet und gesucht werden muß. Durchschnittlich spielen Musiker Werke von Strawinsky lieber als die der Wiener Schule, und erst in zweiter Linie aus spieltechnischen Gründen. Nicht zufällig auch gehen zuweilen gar die Physiologie des Spielens oder die Materialität der Instrumente in die musikalische Erfindung ein, gewissermaßen neu erblickt und wahrgenommen nach allzu transzendentalen Beanspruchungen.

VI.

Die klassizistische Intention erscheint im Vorbeisehen an überkommenen ästhetischen Dogmen und in der Wahrnehmung der Historizität des Komponierens illusionslos. Glücklicherweise aber zeigt auch sie, daß Kunst ohne Träume und Utopien, und seien es selbstbezogene, nicht auskommt. Zu ihnen gehört gewiß, was man parallel zur »literaturnost« der russischen Formalisten »musiknost« nennen könnte, eine primär auf Materialität und Struktur der Kunstmittel bezogene Neuentdeckung des ästhetischen Mediums und seine Rettung gegen heteronome Vereinnahmung, eine differentia specifica nicht ohne Zusammenhang, jedoch nicht auf direkter Linie mit »absoluter Musik« oder »l'art pour l'art«. Das mag ein nahebei liegender anderer, alles »trobar clus« und ideologisch behütete Verdunkelungen des ästhetischen Prozesses abwehrender Teiltraum erklären helfen, der Traum von einer offenlegenden, möglichst tief in die Konfiguration des Werkes hineinreichenden Transparenz, man könnte auch sagen, der Ornamentlosigkeit im Sinne von Adolf Loos. »Das Ziel der Dichtung ist«, um abermals einen russischen Formalisten zu zitieren[4], »das Gewebe des Wortes in *all* seinen

---

[4] F. Eichbaum, in: V. Erlich, *Der russische Formalismus*, Frankfurt am Main 1988, S. 205.

Aspekten wahrnehmbar zu machen« – musikalische Parallelen liegen auf der Hand. Und als ein dritter Teiltraum bietet sich ein neuartiges Bündnis von Komponist und Spielenden an, eine Annäherung im Zeichen eines in effigie noch nicht zu Ende gebrachten, durchsichtigen Herstellungsprozesses, welche die weitgetriebene Arbeitsteilung zwischen Textherstellung und klingender Realisierung eines schriftlich vorgelegten Fertigprodukts aufweicht. »Das wäre ein Kunstwerk, würdig des Künstlers, bei dem die Ausführung selbst zum Kunstwerk geriete«, lautet eine andere Notiz in Valérys[5] *Cahiers*, »ob der Verhaltenheit und Überlegtheit, mit der zu Werke gegangen wird – ob der wohlbemessenen Begeisterung, die, so wie aus Pflichtarbeit Meisterschaft wird, im Fortgang der Tätigkeit zur Vollkommenheit führte. – Unmenschlich wäre das.«

---

[5] A.a.O., S. 97.

Über Protest, Vergeblichkeit und verweigerte Resignation

Gedanken beim Studium von Petterssons neunter Sinfonie

I.

Ein Anrollen aus der Tiefe, das in spitzige Triolen mündet, gefolgt von einem zweiten Anrollen, welches zu Achteln hinführt, über denen, abermals beschleunigt, die Bewegung in Sechzehnteln in die Höhe drängt; bald danach bei Celli und Bässen etwas, das ein Thema werden könnte, es aber nicht wird – so beginnt, als dem Paradigma eines großen, alle Folgewirkungen für sich behaltenden Anfangs, Allan Petterssons neunte Sinfonie, eine Musik, zu deren Wesen es gehört, denjenigen in Verlegenheit zu lassen, der auf markante Orientierungshilfen beim Anhören ausgeht. Denn diese könnten kaum auf Merkmale einer Disposition verzichten, kraft deren der Komponierende sein Werk im Griff hat und als allwissender Gott schalten und walten kann. Eben das kann und will Pettersson nicht, er begreift seine Musik existentiell, als gelebt in einer Weise, der er selbst ausgeliefert ist, er sucht in ihr eine Nähe zu den Realien unseres Lebens, unserer Welt, welche ihm alle Distanz verbietet. Das macht seine Musik glaubwürdig und oft schwer erträglich.

II.

Seit Beethoven war eine neunte Sinfonie eine Station; daß Bruckner die seine nicht vollenden konnte und Mahler trotz des Umweges des *Liedes von der Erde* in der zehnten steckenblieb, bestätigte einen Mythos, dem Schostakowitsch in seiner betont unfeierlichen *Neunten* auswich. Nach Bestätigung sah es auch bei Pettersson aus: Ohnehin schon fast 20 Jahre krank, teilweise schwerkrank, rang er bald nach der Komposition der *Neunten* (1970) nahezu ein dreiviertel Jahr mit dem Tode.

Hat er nicht aber auch in der Komposition dem Mythos der *Neunten* Tribut entrichtet? Zumindest hat er in einer Hinsicht ein Non plus ultra komponiert: Dieses Werk wurde zum längsten ununterbrochenen Orchestersatz der sinfonischen Literatur. Mindestens hinsichtlich der Zumutung liegt ein Vergleich mit Beethovens *Eroica* nahe: Allein deren erster Satz übertraf mit der vorgeschriebenen Wiederholung die Spieldauer fast jeder seinerzeit bekannten Sinfonie.

Spätestens seit Schönbergs Kammersinfonie op. 9 erschien die Verschränkung von Ein- und Mehrsätzigkeit als aktuelles Thema des sinfonischen Komponie-

rens, Konsequenz bedeutender Rechenschaften über die innere Einheit der vier
Sätze seit Beethoven und Schubert. Diese sind in Petterssons ohne Unterbre-
chung durchlaufender siebenter Sinfonie, seiner meistgespielten, dennoch deutlich zu erkennen. In der neunten verschärft Pettersson das Problem der Verschränkung von Ein- und Mehrsätzigkeit, indem er Momente des übergreifenden Zusammenhangs fast immer gegenwärtig hält, so daß z.B. eine Prägung,
welche sich einem bestimmten Satztypus zuordnen ließe, zumeist mit einer anderen verbunden begegnet, die ihm widerstreitet. Pettersson wirkt dem Anschein entgegen, der sinfonische Prozeß könne stationenweise aufgeteilt und bearbeitet werden.

III.

Dem entspricht, daß Pettersson sich auf eine Unterscheidung von Entstehungsprozeß und Ergebnis nicht einlassen darf, daß er lieber den Vorwurf dilettanti-
scher Formlosigkeit auf sich nimmt als den der Unglaubwürdigkeit. Ein in den
Folgewirkungen nicht leicht nachvollziehbares Vertrauensvotum für seine Hörer
zwingt ihn, diesen ein gleiches Verhalten gegenüber seiner musikalischen Wirklichkeit zu unterstellen wie sein eigenes, an allen Seitenwegen, Risiken wenn
nicht Irrgängen sie zu beteiligen, an der Problematik der Scheidewege, bei denen momentweise offen ist, wohin die Reise geht und alles Vorauswissen über
Weg und Ziel versagt. Das ist viel verlangt, weil musikalisches Hören sich am
Wiedererkennen orientiert und die Suche danach oft enttäuscht wird, weil das
Erwartete nicht eintritt und die »willkürliche« Vielfalt den Komponierenden erpicht erscheinen läßt auf den Vorwurf, er hätte sein Material vorsortieren sollen,
ehe er es dem Hörer unterbreitet.

Freilich werden die Risiken jener Scheidewege gerade anhand des jeweils Folgenden deutlich, anhand endlich gefundener Gangarten, deren Sicherheiten den
früheren Unsicherheiten zu entsprechen scheinen und für diese entschädigen,
riesenlanger, durch eine Bewegungsform, ein Motiv geprägter Strecken, wie sie
bei Pettersson immer wieder begegnen. Nicht selten gewinnt ihre Entfaltung die
Dimension, wo nicht die überrollende, nahezu physisch bedrohende Gewalt
entsprechender Steigerungen bei Bruckner, Mahler oder Schostakowitsch, wie
bei diesen oft Gleichnis eines blinden Weltlaufs samt den Möglichkeiten der Katastrophe. Denn auf triumphale Peripethien läuft es nie hinaus, zumeist brechen
Petterssons Steigerungen, von ihrer eigenen Dynamik über die »kritische Masse«
hinausgetrieben, in sich zusammen, laufen ins Leere oder verlöschen gar. Wie
immer bestimmte Prägungen, Gangarten, Harmonieverläufe konkretisierend,
erscheinen sie wie der Anlauf zu einer Hauptsache, die dann nicht kommt; der
Weg war das Ziel.

IV.

Deutlicher als bei den vorangegangenen Sinfonien mutet Petterssons *Neunte* in ihrer ersten Hälfte zerfasert an, entsprechend deutlicher wirken die auf ostinate Gangarten bauenden Passagen sammelnd und konzentrierend, als fände die Musik allmählich Weg oder gar Mündung. Zunehmend wirkt bei ihrer Grundierung die Harmonie mit. Zunächst e-Moll, später b- und f-Moll schälen sich als Gravitationszentren heraus, bald auch als Fixierungen, denen die Musik kaum entkommt. Und zurückblickend erweist sich, daß das eröffnende Anrollen nicht zufällig von c (als der Dominant von F) zu ais (bzw. b) verlief und die harmonische Strebung ihr von vornherein mitgegeben war und damit eine bestimmte Fernsicht. Neben dem verbohrten Mut zum Festhalten an ostinaten Figuren hat sie entscheidend dazu beigetragen, daß Pettersson heute als derjenige erscheint, der nach Schostakowitsch am ehesten das Erbe des großen sinfonischen Bogens zu verwalten verstand.

Sein nahezu manisches Festhalten an einmal gefundenen Strukturen ist dem Vorwurf der Primitivität ausgesetzt – nicht anders als manches bei Bruckner, Mahler, Schostakowitsch, die je auf ihre Weise sich zur Dialektik von Differenzierung und Eindeutigkeit bekannten, ohne die sinfonische Zusammenhänge nicht zustande kommen. Würde man, wie in der Polemik gegen Bruckner geschehen, strukturelle Verdichtung als oberstes Richtmaß setzen und die Vermittlung der Substanz zur Dimension, des Orchesters, also den Umstand vernachlässigen, daß eine große Masse sich schwer bewegt und eine Prägung Zeit brauchen kann, um sich eines Orchesters zu bemächtigen, müßte man bei Schönbergs erster Kammersinfonie enden als dem Beweis, daß sinfonische Dimensionen im allzu engen Geflecht der Bezüge kaum mehr atmen können. In Petterssons »primitiven«, bohrenden Wiederholungen wird ein wichtiges Erbe des 19. Jahrhunderts fortgeschrieben, an dem festzuhalten in unserem schnellebigen Jahrhundert schwer geworden ist – das Vermächtnis der weitreichenden musikalischen Zusammenhänge. Da bedurfte es wohl des Savonarola-Tons, der Verve und Mentalität des Bußpredigers.

Wie seine Sinfonien auf solche Passagen hinlaufen, am Ende in sie münden, so ähneln sie einander in ihnen auch am stärksten, noch in Manipulationen wie der jäh in Vergrößerung umschlagenden Begleitfiguren – so daß, wenn nicht der Materialstand die Werke unterschiede, man wie bei Bruckner zu der Auskunft verführt sein könnte, Pettersson habe nicht so sehr mehrere verschiedene Sinfonien komponiert als vielmehr ein und dieselbe mehrmals. Dies nicht zuletzt – da läßt sich anschließen an die präludierenden Anläufe zu einer Hauptsache, die dann ausbleibt –, insofern sie unabgeschlossen und hinzuweisen scheinen auf eine unerreichbare, alles unerlöste Hinstreben stillende »Hauptmusik«. Da liegt der Hinweis nahe auf die zentrale Passage in Schopenhauers *Welt als Wille und*

Vorstellung, in der vom Rade Ixions die Rede ist. Weil auf dieses Rad geflochten, bzw. dessen quälend pausenlose Drehung artikulierend, fehlen Petterssons Musik Leichtigkeit, Witz und Humor; die Verpflichtung auf das Anliegen, auf Lösung im großen, jene »Hauptmusik« antönenden Gesang duldet keinen Dispens. Und bei jenem Gesang dominieren zwangsläufig die einfachen Formeln und eine Typologie, angesichts derer nicht wichtig erscheint, ob Pettersson, wie in der sechsten Sinfonie, auf eine Melodie seiner *Barfuß-Lieder* zurückgreift oder neu erfindet, ob er, wie im Schlußabschnitt der *Neunten*, in vielmals wiederholten Ansätzen vom abwärtsgehenden f-Moll-Dreiklang zur aufwärtsgehenden Quint wechselt und von dieser zur aufwärts durchschrittenen Terz; zu sehr stellen sie sich dar als nach allen Ausbrüchen und Katastrophen je einzig verbleibende Möglichkeit, fortzufahren.

V.

Diese Möglichkeit offenzuhalten, ist eine zentrale Motivation von Petterssons Musik, er scheint nicht enden zu können, weil hinter dem letzten Ton das Nichts lauert; ebensolche Gründe helfen auch innerhalb des Werkes Unterbrechungen meiden und verhindern, daß eine zuvor erklungene je gänzlich vergessen werden kann.

In die Vielsträhnigkeit des ersten Großabschnittes bringen episodisch regelmäßig skandierende Hörner einige Ordnung, bevor die Musik sich in spitziggrell artikulierende Höhenlagen zurückzieht, von wo eine erste Steigerung ausgeht, jäh überführt in einen fugisch disponierten zweiten Großabschnitt. So ungewöhnlich die Gestalt des von den zweiten Violinen eingeführten Themas, so ungewöhnlich die Disposition dieses Teils, worin die anrollenden Figuren vom Beginn wiederkehren, es in Zwischenspielen zu störenden Interventionen kommt und jäh hineindröhnende Blechbläser den Kontrapunkt nahezu zum Erliegen bringen; erstmals begegnet mit ihnen – im Wechsel von Hörnern und Posaunen bzw. von e-Moll und H-Dur-Akkorden – der Versuch einer harmonischen Fixierung. Wonach die Musik dem organisierenden Kontrapunkt davonläuft und zu den Bildungen des Sinfoniebeginns zurückkehrt.

Im dritten Großabschnitt erscheint die Sinfonie zu einem zweiten Anfang verurteilt, gelangt zu einer wieder anrollenden, nun deutlicher abprallenden Prägung, rasch auch zur Sicherung durch laufende Achtel, und, nach einem durch Bläserterzen und synkopische Bildungen bestimmten Zwischenspiel, zu Sechzehnteln. Und diese tragen ein Crescendo der ungeheuersten Art, dessen Gravitationskraft nahezu alle bisher erklungenen Prägungen an sich zieht, dem reißenden Strom anverwandelt, dessen Vehemenz, zu immer größerer Eindeutigkeit drängend, alles bisher Erklungene ins Vergessen zu schicken droht. Diesem orchestralen Inferno gebieten gellende Blechbläser Einhalt – einen Einhalt, welcher seinerseits Zeit braucht und sich als Übergangsfeld darstellt, worin individuelle Prägungen wenig Platz haben.

Danach winkt dem in den Strudel der Ereignisse geworfenen Hörer Erholung in beruhigten Klangflächen, Erinnerungen an die Anläufe vom Beginn und – als vierter Großabschnitt – in einem auf ostinate Viertel und großlinige Kantabilität gestellten Komplex, der am ehesten die Charakteristiken eines langsamen Satzes zu sammeln scheint, auch dadurch bestätigt, daß er jene steigende Terz einführt, mit der die Sinfonie enden wird. Wie immer bekannte Motive hineinklingen, die Vielsträhnigkeit vorangegangener Passagen bleibt diesem auch zu neuen Prägungen fortgehenden Teil erspart, und eine ostinate, auf e-Moll fixierende Figur tat das ihrige zur Charakteristik von Innehalten wenn nicht Ruhepunkt.

Nach einer Verstörung durch Erinnerungen und Strukturen vom Sinfoniebeginn etablieren Posaunen über neuen ostinaten Bildungen erstmals, fast als »Gegentonart«, b-Moll, welches im Folgenden immer wichtiger und bald rhythmisch eindringlicher formuliert werden wird. Bevor dies geschieht, bündeln sich die anrollenden Figuren des Beginns zu einer neuen Steigerung, wonach, angeführt von Baßklarinette und Fagotten, ein melodisch aufwärtsgehender Dreiklang – zweite Vorwegnahme einer im Abgesang wichtigen Wendung – den Beginn fast eines zweiten langsamen Satzes markieren, eines fünften, noch deutlicher im b-Moll Bereich angesiedelten Großabschnittes, welcher wiederum früher exponierte Motive in sich hineinzieht und zu dem sechsten Großabschnitt hinführt. Diesen nun treibt jenes rhythmisch geschärfte b-Moll-Motiv, das, jäh von einer Tutti-Entladung mit Bläsersignalen und jagenden Sechzehnteln hinweggefegt, mit umso größerem Nachdruck wiederkehrt und die Musik über viele Hindernisse dem Schlußgesang entgegentreibt, letzte Hürden auf diesem Wege eine neue Tutti-Entladung mit hetzenden Streichern, großlinig geführten Blechbläsern, eine Passage von filigraner Strukturierung, in der Pettersson nochmals an die anrollenden Figuren vom Beginn erinnert, nun als Introduktion zum letzten Großabschnitt, dem mit großer Geste fast alles zuvor Geprägte in sich hineinziehenden Abgesang.

VI.

Das schwedische Wort »lagom« bedeutet »passend«, im weiteren Sinne »freundlich«, »ausgeglichen« – ein positiv besetzter Begriff; seine dunklere Seite betrifft Vorsicht, die Angst davor, sich zu nahe zu treten, eine höflich desinteressierte Toleranz, die wenig kostet, wichtige Maxime im Verhaltenskodex einer harmoniesüchtigen Wohlstandsgesellschaft, die für Kassandrarufe kein Ohr hat und den, der sie formuliert, leicht zum Störenfried stempelt, einer Gesellschaft, welche, auf die Lösbarkeit ihrer Probleme eingeschworen, die unlösbaren verdrängt und der Kunst (u. a. als deren Anwalt) nicht unbedingt bedarf. Ihre Harthörigkeit scheint in Petterssons protestierender Musik vorausgesetzt, im Zorn des Bußpredigers, mitenthalten auch Angst vor dem »Wärmetod« einer Kunst, die auf andere als freundlich duldende Weise gebraucht werden will und sich empört, daß die Wohlstandsgesellschaft den kräftezehrenden Umgang mit Utopien meidet. Pettersson weiß es besser, »lagom« darf er nie sein. So wenig Musik dieses Ranges sich Parteiabzeichen anheften läßt, so wenig bedarf es der Kenntnis seiner Texte oder des Wissens, daß er genug Elend der Erniedrigten und Beleidigten erlebt und erlitten hat, um sie als »linke Musik« zu erkennen, als Einspruch gegen die Unbeweglichkeit bestehender Verhältnisse und den Zynismus höflich repressiver Toleranz.

Sie steht in der Tradition ästhetisch verübter Racheakte – als welche der exilierte Dante einen frischverstorbenen Papst in seiner »Commedia« in die Hölle schickt, Tizian einen korrupten Pontifex denunziatorisch genau porträtiert, Beethoven oder Schönberg die auf bequeme Einverständnisse erpichte bête humaine zu züchtigen versuchen, Schostakowitsch den Bonzen den verordneten Optimismus zu grimassierender Lustigkeit entstellt oder unerträglich laut entgegenschreit. Unter deutschen Sinfonikern hat Pettersson einen Gesinnungsgenossen hierin nahezu verpaßt – Karl Amadeus Hartmann.

VII.

Petterssons Neunte endet in zwei lang liegenden Akkorden – B-Dur und F-Dur. B und F haben als harmonische Fluchtpunkte schon lange regiert, insofern könnten die Akkorde als Summe erscheinen. Wie »unverdient« dennoch dies pikardische Dur, vielleicht auch, bezugnehmend auf Dur-Schlüsse im Barockzeitalter, wie traditionell, oder gar, bezugnehmend auf das bußpredigerische Moll: wie läppisch! Angesichts der zuvor ausgestandenen Kämpfe kommt es mit seinen Konnotationen Friede, Versöhnung, Ruhe spät und überraschend und, weil die Musik nicht darauf zugearbeitet hat, wie von außen; es kommt zu wenig als Ergebnis, als daß die Auskünfte über die Anläufe zu einer sodann verweigerten »Hauptmusik« revidiert werden müßten.

Wenn derlei Formulierungen negativ akzentuiert erscheinen, dann dank der Orientierung unseres ästhetischen Denkens auf die Vorstellung von Kunst als eines Spiels, dessen Regeln so gestellt sind, daß es aufgehen kann. Mindestens zweierlei ist da vernachlässigt: zum Einen, daß es in der Aufeinanderfolge musikalischer Ereignisse einen Kausalnexus nicht gibt, Musik also eine Problemlösung wohl darstellen kann, daß sie aber nicht strictu sensu beweisen kann. Zum Anderen suggeriert die Vorstellung des lösbaren Spiels eine Abhängigkeit der

Gelungenheit von der Wahrnehmung der Spielregeln. Wie immer die vermeintliche Eigengesetzlichkeit der Musik dies zu fordern schien – keine Komposition von Rang und Anspruch hat dem sich unterworfen, jede definiert sich durch Abweichungen.

Je weiter die sinfonischen Ansprüche hinsichtlich der inneren Folgerichtigkeit griffen, desto deutlicher zeigte sich das – am deutlichsten anhand der Problematik eines Finales, das dem Gewicht des zuvor Angesprochenen genügen sollte. Wie schwer dies war, bewiesen die »von außen« kommenden Hilfestellungen, die »Gebete« in den Schlüssen von Beethovens *Eroica* oder *Pastorale*, nicht zu reden von der *Neunten*; genauso beweist es Bruckner in seinen überanstrengten Finalgestaltungen und Brahms in seiner ersten Sinfonie, wenn er an die Stelle des am Reprisenbeginn fälligen Hauptthemas den Naturklang des Hornrufs vom Satzanfang setzt und an das Ende einen Choral. Natur und Religion lösen, was der Mensch, d.h. die Sinfonie im vorgegebenen Regelkreis, nicht mehr lösen kann, oder auch: Sie nehmen es in ihre größeren Zusammenhänge hinein.

Petterssons pikardisches Schluß-Dur steht also in einer langen Tradition komponierter Bekenntnisse, daß wir selbst die von uns ausgerichteten Spiele nicht zu Ende spielen können – noch im religiösen Beiklang, den Assoziationen mit Kirche, Palestrina, Cäcilianismus usw. Als ob er, wie der alte Heidegger in seinem letzten Interview, sagen wolle: »Nur Gott kann uns helfen.«

Holligers »Atembogen«

Diese Musik befindet sich so sehr am Rande des Schweigens, daß der Rand zu verschwinden scheint. Ganz schnell beim Zuhören wird dir klar, wie dumm es ist, nach vorn zu schauen, einen viel zu großen Teil deiner Aufmerksamkeit vom Auge absorbieren und deinen Erwartungen vom Dirigierenden die Einsätze geben zu lassen wie ein Musiker. Wie ungewohnt, im Konzertsaal ohne die kleine Vorausschau und Ablenkung zuzuhören, die der Blick nach vorn gewährt, sich abzusperren gegen den kommunikativen Druck, den das Zusammensein so vieler Menschen ausübt, sich schutzlos dem auszuliefern, was kommt und klingt, der Musik unabgelenkt nachzulauschen bis hinein in eine Stille, da schon keiner mehr spielt, oder sich überfallen zu lassen von Eruptionen, Einbrüchen, jähen Aufschreien. Geschlossenen Auges, bei dem angespannten Versuch, ganz Ohr zu sein, hörst du plötzlich dein Blut, kann dein Herzschlag dich stören, das Pulsieren der Ader am Jochbein, wohin die Finger geraten, da du den Kopf mit der Hand abstützt – so leise wird es, und oft in einer Weise, daß keiner sagen kann, ob wir uns diesseits oder jenseits der Grenze zum Schweigen befinden. Das Morendo des letzten Tons bündelt die Aufmerksamkeit aller Lauschenden, die du als starke psychische Energie erfährst, die letzten Klangspuren haben sie zugerichtet wie als werde sie sich ihnen entsprechend zu chladnischen Figuren ordnen – ein »schwarzes Loch«, magnetisch geladen und durchströmt, als schwänge und klänge die nachlauschende Spannung selbst, als würde das Hören sich selbst hörbar. So daß man, wenn ein neuer Ton eintritt, zunächst nicht weiß und nicht wissen will, ob nicht die eigene Aufmerksamkeit ihn hervorgebracht hat, ob man halluziniert, oder ob einer ihn spielt. Jedenfalls trifft er die Kraftlinien unseres angespannten Lauschens so genau, daß dieses lediglich zum Klingen gebracht erscheint. Das dichotomische Gegenüber, das so sauber transitive Verhältnis in der Formulierung »ich höre Musik« fällt dahin, fast möchte man sagen »mich hört die Musik« – so genau scheint sie mein Lauschen, meine Bereitschaft zum Klingen zu bringen, nur diese, und diese ganz.

Vergleichbar hiermit neben der mystischen Komplizenschaft von Innen und Außen, von der besonders Lyriker viel zu sagen wissen, u. a. die Betrachtung von Caspar David Friedrichs *Abend am Fluß* in Köln – das übrigens eine Reproduktion ebensowenig wiedergeben könnte wie eine Platte Holligers Musik. Du mußt genau hinsehen bei dem miniaturhaften Bilde, mußt hineinsehen, hineinsteigen in sein tiefgefächertes Blau, worin die blasse Mondsichel fast ertrinkt – bis du nicht mehr entscheiden magst, ob die Konturen, die dir entgegenkommen – Bäume, eine diffuse Uferlinie, ein Häuschen und davor offenes Feuer, das sich im Wasser spiegelt, ein Boot mit zwei Gestalten, aufgespannte Netze –, ob all das gemalt oder von deiner Erinnerung an solche Abende behende dort hinein gepackt worden ist; die Finsternis hat Platz genug dafür, ein Inbegriff von all dem, was deine dunklen Abende waren, und also meinst du dich darin zu vernehmen wie das Rauschen des eigenen Blutes in den Muscheln, die man Kinder ans Ohr hält, wobei man sagt: da hörst du das Rauschen des Meeres. Wie du bei der Betrachtung des Bildes, als wenn du aus einem hellen Haus in die Nacht hinausträtest, am fast Unsichtbaren neu sehen lernst (und vielleicht eine Ahnung davon erhältst, wie blinde Seher sahen), so lehrt dich das fast Unhörbare im *Atembogen* das Hören neu und weist dich in den Grund, den Goldgrund des gespannten, rauschenden, dröhnenden Schweigens, in den alle Musik eigentlich sowohl eingetragen sein, aus dem sie aufsteigen will, wie sie ihn zugleich erst erschafft. Als würde dein zu soviel Hurerei verdammtes Ohr doch noch wie zum ersten Mal die Syrinx hören können, die nur für dich tönt.

Drucknachweise

Selbstvorstellung, in: Jahrbuch der Deutschen Akademie für Sprache und Dichtung 1997, S. 101–103.

Über Musik schreiben, in: Musikkultur heute. Positionen, Profile, Perspektiven, Kassel usw. 1998, S. 107–111.

Rede zur Wiedereröffnung der Stadthallte Wuppertal, 8. Dezember 1995, ungedruckt.

Tönende Zeitbäume. Vom musikalischen Umgang mit einer undefinierbaren Kategorie, in: Aus Forschung und Medizin. Mensch und Zeit, hrsg. von Friedrich Cramer und Ferdinand Hucho, 9. Jahrgang, 1994, Heft 1, S. 75–83.

Schalks banale Trompete, oder: Grenzlinien der Fertigstellung. Beobachtungen bei Corelli, Mozart und Bruckner, in: Festschrift für Carl Dahlhaus, Laaber 1988, S. 155–167.

Zwischen opus perfectum und work in progress, in: Form, vollendet, WDR 3, Köln 2000, S. 40–43.

Die Nazis und der Fauxbourdon. Anfragen an nicht vergehende Vergangenheit, in: Musikforschung – Nationalsozialismus – Faschismus. Referate der Tagung Schloß Engers vom 8.–11. März 2000, hrsg. im Auftrag der Gesellschaft für Musikforschung von Isolde v. Foerster, Christoph Hust und Christoph-Hellmut Mahling, Mainz 2001.

Zu Georg Kneplers 90. Geburtstag. Festrede in der Hochschule für Musik »Hanns Eisler« am 15. Dezember 1996, in: Blätter der Hochschule für Musik »Hanns Eisler«, 1997.

Meditatio mortis. Das Verklingen der Töne als Problem des musikalischen Denkens, Gedenkrede auf Fritz Reckow, Erlangen 21. November 1998, in: Akademische Reden und Kolloquien, Friedrich-Alexander-Universität Erlangen-Nürnberg, Band 17, S. 15–27.

Das schwierige Theaterspielwerk. Notizen während meiner Arbeit an »Così fan tutte«, Wuppertaler Bühnen 1987, Sonderdruck, auch in: Musik-Konzepte, Sonderband Mozart – Die Da Ponte-Opern, München 1991, S. 254–280.

Eine Lanze für den Dialog, in: Das Orchester, 44. Jahrgang, 1996, S. 8–11.

Nicht nur der Musik zuliebe. Über Schuberts »Fierrabras«, in: Programmheft der Wuppertaler Bühnen, Spielzeit 1993/1994, S. 16–25.

Die widerwillig gut verkaufte Braut, in: Programmhefte der Oper Köln, Spielzeit 1984/1985, S. 2–7.

Carmen, ungedruckt.

Aida tanzt, in: Oper in Hamburg 1982/1983, Jahrbuch X der Hamburgischen Staatsoper für die Spielzeit 1982/1983, S. 47–49.

Einverständnis: eine halbe Minute »La bohème«, in: Oper in Hamburg, a.a.O., S. 49–50.

»des Wahnsinns sanfte Flügel«. Trakls er-sprochene Musik, ungedruckt.

Zwischen Botschaft, Newton und Theodizee. Zur Dramaturgie in Bachs Matthäus-Passion, in: Festschrift für Georg Knepler zum 90. Geburtstag, Hamburg 1997, Band 1, S. 263–283, leicht verändert.

Haydns »Tageszeiten«-Sinfonien, in: Das Orchester, 44. Jahrgang, 1996, S. 16–18.

Worte Wortdeutung versperrend. Zur Vokalfassung von Haydns »Die sieben letzten Worte des Erlösers am Kreuz«, in: Schweizer Jahrbuch der Musikwissenschaft 3, 1983, S. 79–82.

Neue Beiträge zur Kenntnis des Sinfonikers Schubert. Die Fragmente D 615, D 708 A und D 938 A, in: Musik-Konzepte, Sonderheft Schubert, München 1979, S. 187–220.

Wie und auf welche Weise war Schubert sinfonisch? In: Franz Schuberts Symphonien. Entstehung, Deutung, Wirkung, hrsg. von Renate Ulm, Kassel usw./München 2000, S. 28–35.

Die Gegen-Sinfonie. Schuberts Große C-Dur-Sinfonie als Antwort auf Beethoven, in: Österreichische Musikzeitschrift Jahrgang 52, 1997, S. 22–32.

»Vorübungen der Universalität«. Fragmente und Fragmentarisches bei Schubert, in: Franz Schuberts Symphonien, a.a.O., S. 200–211.

Mendelssohn und Leipzig, in: Felix Mendelssohn Bartholdy, Repräsentant oder Außenseiter? Fünf Vorträge zu den Kasseler Musiktagen 1991, Kassel 1993, S. 55–63.

Unkomponierte Musik bei Mendelssohn? in: Felix Mendelssohn – Mitwelt und Nachwelt. Bericht zum 1. Leipziger Mendelssohn-Kolloquium 1993, Wiesbaden-Leipzig-Paris 1996, S. 123–126.

»Nimm sie hin denn, diese Lieder«. Über Schaffen und Leben und halbwahre Zueignungen, in: Über Leben, Kunst und Kunstwerke: Aspekte musikalischer Biographie, hrsg. von Christoph Wolff, Leipzig 1999, S. 13–33.

Zu Robert Schumanns »Rheinischer Sinfonie«, in: Beiträge zur Musikwissenschaft, 16. Jahrgang, 1974, S. 123–135; auch in: Musik-Konzepte, Sonderband Robert Schumann II, München 1982, S. 237–253 (nur dort das »Postskript«).

Endwerke, Abschiede. Zum Brahms' sinfonischen Konzeptionen, in: Johannes Brahms – Das symphonische Werk, hrsg. von Renate Ulm, Kassel usw./München 1996, S. 35–43.

»Meine Sachen sind mir lieber«. Zum Verhältnis von Bruckner und Brahms, in: Die Symphonien Anton Bruckners, hrsg. von Renate Ulm, Kassel usw./München 1998, S. 143–147.

Die mögliche und die unmögliche Vollendung. Bruckners Fassung oder: kein Ende, in: Österreichische Musikzeitschrift, 51. Jahrgang, 1996, S. 330–335.

Musik aus dem Bannkreis einer literarischen Ästhetik: Debussys »Prélude à l'Après-midi d'un faune«, in: Jahrbuch Peters 1978, S. 103–146.

Versuch zur Ästhetik der Musik Leoš Janáčeks, in: Deutsches Jahrbuch der Musikwissenschaft für 1967, S. 5–39; auch in: Musik-Konzepte 7, Leoš Janáček, München 1979, S. 4–40.

Der Zuspruch der Schwäne. Über die Fünfte Sinfonie von Jean Sibelius, in: Das Orchester, 48. Jahrgang, 2000, S. 2–9.

Offene Tempi in Mahlers Fünfter Sinfonie, in: Musikalische Interpretation. Reflexionen im Spannungsfeld von Notentext, Werkcharakter und Aufführung, Symposion zum 80. Geburtstag von Kurt von Fischer, Zürich 1987, S. 77–86.

Über Schönbergs Brahms-Bearbeitung, in: Beiträge zur Musikwissenschaft, 17. Jahrgang, 1975, S. 5–14; auch in: Musik-Konzepte, Sonderband, Arnold Schönberg, München 1980, S. 230–242.

»… Musik, die fürs erste … überhaupt wie keine anmutet«. Alban Bergs »Lyrische Suite«, in: Neue Zeitschrift für Musik, 147. Jahrgang, 1986, Heft 9, S. 14–21.

Neoklassizismus – Überlegungen zu einem legitimationsbedürftigen Stilbegriff, in: Die klassizistische Moderne in der Musik des 20. Jahrhunderts. Internationales Symposion der Paul-Sacher-Stiftung Basel 1996, Basel 1997, S. 21–26.

Über Protest, Vergeblichkeit und verweigerte Resignation. Gedanken beim Studium von Pettersons neunter Sinfonie, in: Das Orchester, 43. Jahrgang, 1995, S. 7–11.

Holligers »Atembogen«, in: Neue Zeitschrift für Musik, 150. Jahrgang, 1989, S. 20–21.

Bildquellennachweis

Nicht in allen Fällen war es möglich, die Rechtsinhaber geschützter Noten zu ermitteln. Selbstverständlich wird der Verlag berechtigte Ansprüche auch nach Erscheinen des Buches erfüllen.

Breitkopf & Härtel, Wiesbaden 20

C. F. Peters Musikverlag, Frankfurt/M., Leipzig, London, New York 407, 409, 410, 412, 414.

Gedankengänge
eines Komponisten